시집전상설(詩集傳詳說) 3

-시집전상설 5권 (詩集傳詳說 卷之五)·시집전상설 6권 (詩集傳詳說 卷之六)-

이 저서는 2017년 대한민국 교육부와 한국연구재단의 지원을 받아 수행된 연구임 (NRF-2017S1A5B4056044)

호산 박문호의 칠서주상설 22

시집전상설(詩集傳詳說) 3
-시집전상설 5권 (詩集傳詳說 卷之五)·
시집전상설 6권 (詩集傳詳說 卷之六)-

책임역주(주저자): 신창호
전임역주: 김학목·빈동철·조기영
공동역주: 김언종·임헌규·허동현

일러두기

1. 본서는 1921년 풍림정사(楓林精舍)에서 간행된 박문호의 『칠서주상설(七書註詳說)』(한국학중앙연구원 장서각 소장)을 저본으로 하였다. 아울러 아세아문화사(亞細亞文化社)에서 간행한 『호산전서(壺山全書)』(1~8, 1987~1990)를 참고하였으며, <호산 박문호의 『칠서주상설』 연구번역총서>의 번호 순서는 『호산전서』(제4~5책)의 목차에 따랐다.

2. 원전(原典)은 직역(直譯)을 원칙으로 하되, 필요한 경우에는 현대적 의미를 고려하여 의역(意譯)하며 풀이하였다. 원문은 번역문과 함께 제시하되, 원문을 앞에 번역문을 뒤에 배치하였다.

3. 역주(譯註)의 경우 각주(脚註)로 처리하고, 간단한 용어나 개념 설명은 본문에서 그대로 병기하여 노출하였다(예: 잡기(雜記: 잡다하게 기록함)). 주석은 인용 출처 및 근거를 찾아 제시하고, 관련 자료의 원문 또는 번역문을 수록하였다. 내용이 중복되는 부분일지라도 편장이 달라질 경우에는 다시 수록하여 연구 토대 자료로서의 편리성을 도모하였다.

4. 원전의 원문은 칠서의 '경문(經文)', 주자의 주석인 '주주(朱註)', 박문호의 주석인 '상설(詳說)'로 구분하되, '경문-주주-상설'순으로 글자의 모양과 크기를 달리 하였다. 경문의 경우, 별도로 경문이라는 표시 없이 편장별로 번호를 붙였다(예: 『논어』「선진」 1장 첫 구절은 「선진」이 『논어』의 제11편이므로 [11-1-1]로 표시; 나머지 경전도 편-장-절의 순서에 따라 번호를 매김).

5. 경전의 맨 앞부분에 '별도의 권(卷)으로 나누어져 있지 않는 부분'은 편의상 <권0>으로 표기하여 구분하였다.

6. 박문호의 주석인 '상설(詳說)'은 모든 구절에 ○를 붙여 의미를 분명하게 하였다.

7. 원문의 표점 작업은 연구번역 저본과 참고로 활용한 판본을 대조하여 정돈하였다. 『칠서주상설』 편제의 특성상, 혼란의 소지가 있는 부분은 번역에서 원전을 다시 제시하였다. 필요한 경우에는 원문이나 각주에서 경전(經傳;『 』)이나 편명(篇名;「 」), 구두(句讀;, ; .) 인용문(따옴표; " "; ' ') 강조점(따옴표; ' ') 등을 구분하여 표시하였다.

8. 원전의 특성상, 경문의 바로 아래에 제시되어 있는 음운(音韻)이나 음가(音價)는 호산이 주자의 주석을 재인용한 것이 대부분이므로 상설(詳說)로 되어 있더라도 주주(朱註)로 처리하였다.

9. 원문이나 역주 가운데, 인명이나 개념어는 기본적으로 한글과 한문을 병기하되, 상황에 맞추어서 정돈하였다(예: 주자(朱子)의 경우, 때로는 주희(朱熹)로 표기하고, 개념어는 원문을 그대로 노출하기도 하고 풀이하기도 하였는데, 도(道)의 경우, 도리(道理), 이치(理致), 방법(方法) 등으로 해석함).

시집전상설 총 목차

시집전상설 1 　　시집전서상설(詩集傳序詳說)
　　　　　　　　시강령상설(詩綱領詳說)
　　　　　　　　시집전상설 1권 (詩集傳詳說 卷之一)
　　　　　　　　시집전상설 2권 (詩集傳詳說 卷之二)
시집전상설 2 　　시집전상설 3권 (詩集傳詳說 卷之三)
　　　　　　　　시집전상설 4권 (詩集傳詳說 卷之四)

시집전상설 3 　**시집전상설 5권 (詩集傳詳說 卷之五)**
　　　　　　　　시집전상설 6권 (詩集傳詳說 卷之六)

시집전상설 4 　　시집전상설 7권 (詩集傳詳說 卷之七)
　　　　　　　　시집전상설 8권 (詩集傳詳說 卷之八)
시집전상설 5 　　시집전상설 9권 (詩集傳詳說 卷之九)
　　　　　　　　시집전상설 10권 (詩集傳詳說 卷之十)
시집전상설 6 　　시집전상설 11권 (詩集傳詳說 卷之十一)
　　　　　　　　시집전상설 12권 (詩集傳詳說 卷之十二)
시집전상설 7 　　시집전상설 13권 (詩集傳詳說 卷之十三)
　　　　　　　　시집전상설 14권 (詩集傳詳說 卷之十四)
시집전상설 8 　　시집전상설 15권 (詩集傳詳說 卷之十五)
　　　　　　　　시집전상설 16권 (詩集傳詳說 卷之十六)
　　　　　　　　시집전상설 17권 (詩集傳詳說 卷之十七)
시집전상설 9 　　시집전상설 18권 (詩集傳詳說 卷之十八)
　　　　　　　　시서변설상설(상) (詩序辨說詳說 卷上)
　　　　　　　　시서변설상설(하) (詩序辨說詳說 卷下)

차례

일러두기 / 4

시집전상설 5권 (詩集傳詳說 卷之五)

1-9. 위풍 (魏 一之九)/ 16

[1-9-1-1] 糾糾葛屨. 可以履霜. 摻摻女手, 可以縫裳. 要之襋之, 好人服之./ 19

[1-9-1-2] 好人提提, 宛然左辟, 佩其象揥. 維是褊心, 是以爲刺./ 22

[1-9-2-1] 彼汾沮洳, 言采其莫. 彼其之子, 美無度. 美無度, 殊異乎公路./ 26

[1-9-2-2] 彼汾一方, 言采其桑. 彼其之子, 美如英. 美如英, 殊異乎公行./ 29

[1-9-2-3] 彼汾一曲, 言采其藚. 彼其之子, 美如玉. 美如玉, 殊異乎公族./ 31

[1-9-2-4]「汾沮洳」三章, 章六句./ 32

[1-9-3-1] 園有桃, 其實之殽. 心之憂矣, 我歌且謠. 不知我者, 謂我士也驕. 彼人是哉, 子曰何其, 心之憂矣. 其誰知之. 其誰知之. 蓋亦勿思./ 33

[1-9-3-2] ○園有棘, 其實之食. 心之憂矣, 聊以行國. 不知我者, 謂我士也罔極. 彼人是哉, 子曰何其, 心之憂矣. 其誰知之. 其誰知之. 蓋亦勿思./ 36

[1-9-3-3]「園有桃」二章, 章十二句./ 38

[1-9-4-1] 陟彼岵兮, 瞻望父兮. 父曰嗟予子行役, 夙夜無已. 上愼旃哉. 猶來無止./ 38

[1-9-4-2] ○陟彼屺兮, 瞻望母兮. 母曰嗟予季行役, 夙夜無寐. 上愼旃哉. 猶來無棄./ 40

[1-9-4-3] ○陟彼岡兮, 瞻望兄兮. 兄曰嗟予弟行役, 夙夜必偕. 上愼旃哉. 猶來無死./ 42

[1-9-4-4]「陟岵」三章, 章六句./ 44

[1-9-5-1] 十畝之間兮, 桑者閑閑兮, 行與子還兮./ 44

[1-9-5-2] ○十畝之外兮, 桑者泄泄兮, 行與子逝兮./ 46

[1-9-5-3]「十畝之間」二章, 章三句./ 47

[1-9-6-1] 坎坎伐檀兮, 寘之河之干兮, 河水淸且漣猗. 不稼不穡, 胡取禾三百廛兮; 不狩不獵, 胡瞻爾庭有縣貆兮. 彼君子兮, 不素餐兮./ 47

[1-9-6-2] ○坎坎伐輻兮, 寘之河之側兮, 河水淸且直猗. 不稼不穡, 胡取禾三百億兮; 不狩不獵, 胡瞻爾庭有縣特兮. 彼君子兮, 不素食兮./ 53

[1-9-6-3] ○坎坎伐輪兮, 寘之河之漘兮, 河水淸且淪猗. 不稼不穡, 胡取禾三百囷兮;

[1-9-6-4]「伐檀」三章, 章九句./ 56

[1-9-7-1] 碩鼠碩鼠! 無食我黍. 三歲貫女, 莫我肯顧, 逝將去女, 適彼樂土. 樂土樂土! 爰得我所./ 56

[1-9-7-2] ○碩鼠碩鼠! 無食我麥. 三歲貫女, 莫我肯德, 逝將去女, 適彼樂國. 樂國樂國! 爰得我直./ 59

[1-9-7-3] ○碩鼠碩鼠! 無食我苗. 三歲貫女, 莫我肯勞, 逝將去女, 適彼樂郊. 樂郊樂郊! 誰之永號./ 60

[1-9-7-4]「碩鼠」三章, 章八句./ 62

[1-9-7-5] 魏國七篇, 十八章, 一百二十八句./ 62

1-10. 당풍 (唐 一之十)/ 63

[1-10-1-1] 蟋蟀在堂, 歲聿其莫. 今我不樂, 日月其除. 無已大康. 職思其居, 好樂無荒, 良士瞿瞿./ 65

[1-10-1-2] ○蟋蟀在堂, 歲聿其逝. 今我不樂, 日月其邁. 無已大康. 職思其外, 好樂無荒, 良士蹶蹶./ 71

[1-10-1-3] ○蟋蟀在堂, 役車其休. 今我不樂, 日月其慆. 無已大康. 職思其憂, 好樂無荒, 良士休休./ 72

[1-10-1-4]「蟋蟀」三章, 章八句./ 74

[1-10-2-1] 山有樞, 隰有榆. 子有衣裳, 弗曳弗婁; 子有車馬, 弗馳弗驅, 宛其死矣, 他人是愉./ 74

[1-10-2-2] ○山有栲, 隰有杻. 子有廷內, 弗洒弗埽; 子有鐘鼓, 弗鼓弗考, 宛其死矣, 他人是保./ 78

[1-10-2-3] ○山有漆, 隰有栗. 子有酒食, 何不日鼓瑟, 且以喜樂, 且以永日? 宛其死矣, 他人入室./ 81

[1-10-2-4]「山有樞」三章, 章八句./ 83

[1-10-3-1] 揚之水. 白石鑿鑿. 素衣朱襮, 從子于沃. 既見君子, 云何不樂./ 83

[1-10-3-2] ○揚之水. 白石皓皓. 素衣朱繡, 從子于鵠. 既見君子, 云何其憂./ 86

[1-10-3-3] ○揚之水. 白石粼粼. 我聞有命, 不敢以告人./ 87

[1-10-4-1] 椒聊之實, 蕃衍盈升. 彼其之子. 碩大無朋. 椒聊且. 遠條且./ 90

[1-10-4-2] ○椒聊之實, 蕃衍盈匊. 彼其之子. 碩大且篤. 椒聊且. 遠條且./ 92

[1-10-4-3]「椒聊」二章, 章六句./ 93

[1-10-5-1] 綢繆束薪, 三星在天. 今夕何夕. 見此良人. 子兮子兮, 如此良人何./ 93

[1-10-5-2] ○綢繆束芻, 三星在隅. 今夕何夕. 見此邂逅. 子兮子兮, 如此邂逅何./ 97

[1-10-5-3] ○綢繆束楚, 三星在戶. 今夕何夕. 見此粲者. 子兮子兮, 如此粲者何./ 98

[1-10-5-4] 「綢繆」三章, 章六句./ 99

[1-10-6-1] 有杕之杜. 其葉湑湑. 獨行踽踽, 豈無他人, 不如我同父. 嗟行之人, 胡不比焉. 人無兄弟, 胡不佽焉./ 100

[1-10-6-2] ○有杕之杜! 其葉菁菁. 獨行睘睘, 豈無他人, 不如我同姓. 嗟行之人, 胡不比焉. 人無兄弟, 胡不佽焉./ 103

[1-10-6-3] 「杕杜」二章, 章九句./ 104

[1-10-7-1] 羔裘豹袪, 自我人居居. 豈無他人, 維子之故./ 104

[1-10-7-2] ○羔裘豹褎, 自我人究究. 豈無他人, 維子之好./ 106

[1-10-7-3] 「羔裘」二章, 章四句./ 107

[1-10-8-1] 肅肅鴇羽! 集于苞栩. 王事靡盬, 不能蓺稷黍, 父母何怙. 悠悠蒼天. 曷其有所./ 108

[1-10-8-2] ○肅肅鴇翼. 集于苞棘. 王事靡盬, 不能蓺黍稷, 父母何食. 悠悠蒼天! 曷其有極./ 112

[1-10-8-3] ○肅肅鴇行. 集于苞桑. 王事靡盬, 不能蓺稻粱, 父母何嘗. 悠悠蒼天! 曷其有常./ 113

[1-10-8-4] 「鴇羽」三章, 章七句./ 114

[1-10-9-1] 豈曰無衣七兮. 不如子之衣, 安且吉兮./ 115

[1-10-9-2] 豈曰無衣六兮. 不如子之衣, 安且燠兮./ 118

[1-10-9-3] 「無衣」二章, 章三句./ 119

[1-10-10-1] 有杕之杜! 生于道左. 彼君子兮! 噬肯適我. 中心好之, 曷飲食之./ 120

[1-10-10-2] ○有杕之杜! 生于道周. 彼君子兮! 噬肯來遊. 中心好之, 曷飲食之./ 123

[1-10-10-3] 「有杕之杜」二章, 章六句./ 123

[1-10-11-1] 葛生蒙楚, 蘞蔓于野. 予美亡此, 誰與獨處./ 123

[1-10-11-2] ○葛生蒙棘, 蘞蔓于域. 予美亡此, 誰與獨息./ 126

[1-10-11-3] ○角枕粲兮, 錦衾爛兮. 予美亡此, 誰與獨旦./ 126

[1-10-11-4] 夏之日, 冬之夜. 百歲之後, 歸于其居./ 127

[1-10-11-5] ○冬之夜, 夏之日. 百歲之後, 歸于其室./ 128

[1-10-11-6] 「葛生」五章, 章四句./ 129

[1-10-12-1] 采苓采苓, 首陽之巔. 人之爲言, 苟亦無信. 舍旃舍旃. 苟亦無然, 人之爲言, 胡得焉./ 129

[1-10-12-2] ○采苦采苦, 首陽之下. 人之爲言, 苟亦無與. 舍旃舍旃. 苟亦無然, 人之爲言, 胡得焉./ 132

[1-10-12-3] ○采葑采葑, 首陽之東. 人之爲言, 苟亦無從. 舍旃舍旃. 苟亦無然, 人之爲言, 胡得焉./ 133

[1-10-12-4] 「采苓」三章, 章八句./ 134

[1-10-12-5] 唐國十二篇, 三十三章, 二百三句./ 134

1-11. 진풍 (秦 一之十一)/ 135

[1-11-1-1] 有車鄰鄰, 有馬白顚. 未見君子, 寺人之令./ 137

[1-11-1-2] ○阪有漆, 隰有栗. 旣見君子, 並坐鼓瑟. 今者不樂, 逝者其耋./ 139

[1-11-1-3] ○阪有桑, 隰有楊. 旣見君子, 並坐鼓簧. 今者不樂, 逝者其亡./ 141

[1-11-1-4] 「車鄰」三章, 一章四句, 二章章六句./ 142

[1-11-2-1] 駟驖孔阜, 六轡在手. 公之媚子, 從公于狩/ 142.

[1-11-2-2] ○奉時辰牡, 辰牡孔碩. 公曰左之, 舍拔則獲./ 145

[1-11-2-3] ○遊于北園, 四馬旣閑. 輶車鸞鑣, 載獫歇驕./ 149

[1-11-2-4] 「駟驖」三章, 章四句./ 153

[1-11-3-1] 小戎俴收, 五楘梁輈. 遊399)環脅驅, 陰靷鋈續, 文茵暢轂, 駕我騏馵. 言念君子, 溫其如玉. 在其板屋, 亂我心曲./ 154

[1-11-3-2] ○四牡孔阜, 六轡在手. 騏駵是中, 騧驪是驂, 龍盾之合, 鋈以觼軜. 言念君子, 溫其在邑. 方何爲期. 胡然我念之./ 163

[1-11-3-3] ○俴駟孔羣, 厹矛鋈錞. 蒙伐有苑, 虎韔鏤膺. 交韔二弓, 竹閉緄縢. 言念君子, 載寢載興. 厭厭良人, 秩秩德音./ 166

[1-11-3-4] 「小戎」三章, 章十句./ 171

[1-11-4-1] 蒹葭蒼蒼, 白露爲霜. 所謂伊人, 在水一方. 遡洄從之, 道阻且長; 遡游從之, 宛在水中央./ 171

[1-11-4-2] ○蒹葭凄凄, 白露未晞. 所謂伊人, 在水之湄. 遡洄從之, 道阻且躋; 遡游從之, 宛在水中坻./ 174

[1-11-4-3] ○蒹葭采采, 白露未已. 所謂伊人, 在水之涘. 遡洄從之, 道阻且右; 遡游從之, 宛在水中沚./ 175

[1-11-4-4] 「蒹葭」三章, 章八句./ 177

[1-11-5-1] 終南何有. 有條有梅. 君子至止, 錦衣狐裘. 顔如渥丹, 其君也哉./ 177

[1-11-5-2] ○終南何有. 有紀有堂. 君子至止, 黻衣繡裳. 佩玉將將, 壽考不忘./ 180

[1-11-5-3] 「終南」二章, 章六句./ 182

[1-11-6-1] 交交黃鳥, 止于棘. 誰從穆公. 子車奄息. 維此奄息, 百夫之特. 臨其穴, 惴惴其慄. 彼蒼者天. 殲我良人. 如可贖兮, 人百其身./ 182

[1-11-6-2] ○交交黃鳥, 止于桑. 誰從穆公. 子車仲行. 惟此仲行, 百夫之防. 臨其穴, 惴惴其慄. 彼蒼者天, 殲我良人. 如可贖兮, 人百其身./ 185

[1-11-6-3] ○交交黃鳥, 止于楚. 誰從穆公. 子車鍼虎. 維此鍼虎, 百夫之禦. 臨其穴,

　　　　　惴惴其慄. 彼蒼者天. 殲我良人. 如可贖兮, 人百其身./ 186
　　[1-11-6-4] 「黃鳥」三章, 章十二句./ 187
　　[1-11-7-1] 鴥彼晨風, 鬱彼北林. 未見君子, 憂心欽欽. 如何如何, 忘我實多./ 191
　　[1-11-7-2] ○山有苞櫟, 隰有六駁. 未見君子, 憂心靡樂. 如何如何, 忘我實多./ 193
　　[1-11-7-3] 山有苞棣, 隰有樹檖. 未見君子, 憂心如醉. 如何如何, 忘我實多./ 195
　　[1-11-7-4] 「晨風」三章, 章六句./ 196
　　[1-11-8-1] 豈曰無衣, 與子同袍. 王于興師, 修我戈矛, 與子同仇./ 197
　　[1-11-8-2] ○豈曰無衣, 與子同澤. 王于興師, 修我矛戟, 與子偕作./ 200
　　[1-11-8-3] ○豈曰無衣, 與子同裳. 王于興師, 修我甲兵, 與子偕行./ 201
　　[1-11-8-4] 「無衣」三章, 章五句./ 201
　　[1-11-9-1] 我送舅氏, 曰至渭陽. 何以贈之. 路車乘黃./ 204
　　[1-11-9-2] ○我送舅氏, 悠悠我思. 何以贈之. 瓊瑰玉佩./ 206
　　[1-11-9-3] 「渭陽」二章, 章四句./ 208
　　[1-11-10-1] 於我乎, 夏屋渠渠, 今也每食無餘. 于嗟乎! 不承權輿./ 211
　　[1-11-10-2] ○於我乎, 每食四簋, 今也每食不飽. 于嗟乎! 不承權輿./ 212
　　[1-11-10-3] 「權輿」二章, 章五句./ 214
　　[1-11-10-4] 秦國, 十篇, 二十七章, 一百八十一句./ 217

1-12. 진풍 (陳 一之十二)/ 218

　　[1-12-1-1] 子之湯兮, 宛丘之上兮. 洵有情兮, 而無望兮./ 221
　　[1-12-1-2] ○坎其擊鼓, 宛丘之下. 無冬無夏, 値其鷺羽./ 223
　　[1-12-1-3] ○坎其擊缶, 宛丘之道. 無冬無夏, 値其鷺翿./ 225
　　[1-12-1-4] 「宛丘」三章, 章四句./ 226
　　[1-12-2-1] 東門之枌, 宛丘之栩, 子仲之子, 婆娑其下./ 226
　　[1-12-2-2] ○穀旦于差, 南方之原. 不績其麻, 市也婆娑./ 229
　　[1-12-2-3] ○穀旦于逝, 越以鬷邁. 視爾如荍, 貽我握椒./ 230
　　[1-12-2-3] 「東門之枌」三章, 章四句./ 233
　　[1-12-3-1] 衡門之下, 可以棲遲. 泌之洋洋, 可以樂飢./ 233
　　[1-12-3-2] ○豈其食魚, 必河之魴. 豈其取妻, 必齊之姜./ 236
　　[1-12-3-3] ○豈其食魚, 必河之鯉. 豈其取妻, 必宋之子./ 237
　　[1-12-3-4] 「衡門」三章, 章四句./ 237
　　[1-12-4-1] 東門之池, 可以漚麻. 彼美淑姬, 可與晤歌./ 238
　　[1-12-4-2] ○東門之池, 可以漚紵. 彼美淑姬, 可與晤語./ 239
　　[1-12-4-3] ○東門之池, 可以漚菅. 彼美淑姬, 可與晤言./ 240

[1-12-4-4]「東門之池」三章, 章四句./ 241

[1-12-5-1] 東門之楊, 其葉牂牂. 昏以爲期, 明星煌煌./ 241

[1-12-5-2] ○東門之楊, 其葉肺肺. 昏以爲期, 明星晢晢./ 242

[1-12-5-3]「東門之楊」二章, 章四句./ 243

[1-12-6-1] 墓門有棘, 斧以斯之. 夫也不良, 國人知之. 知而不已, 誰昔然矣./ 243

[1-12-6-2] ○墓門有梅, 有鴞萃止. 夫也不良, 歌以訊之. 訊予不顧, 顛倒思予./ 245

[1-12-6-3]「墓門」二章, 章六句./ 247

[1-12-7-1] 防有鵲巢, 邛有旨苕. 誰侜予美, 心焉忉忉./ 247

[1-12-7-2] ○中唐有甓, 邛有旨鷊. 誰侜予美, 心焉惕惕./ 250

[1-12-8-1] 月出皎兮, 佼人僚兮. 舒窈糾兮, 勞心悄兮./ 252

[1-12-8-2] ○月出皓兮, 佼人懰兮. 舒憂受兮, 勞心慅兮./ 254

[1-12-8-3] ○月出照兮, 佼人燎兮. 舒夭紹兮, 勞心慘兮./ 255

[1-12-8-4]「月出」三章, 章四句./ 256

[1-12-9-1] 胡爲乎株林, 從夏南. 匪適株林, 從夏南./ 257

[1-12-9-2] ○駕我乘馬, 說于株野. 乘我乘駒, 朝食于株./ 259

[1-12-9-3]「株林」二章, 章四句./ 260

[1-12-10-1] 彼澤之陂, 有蒲與荷. 有美一人, 傷如之何. 寤寐無爲, 涕泗滂沱./ 262

[1-12-10-2] ○彼澤之陂, 有蒲與蕳. 有美一人, 碩大且卷. 寤寐無爲, 中心悁悁./ 264

[1-12-10-3] ○彼澤之陂, 有蒲菡萏. 有美一人, 碩大且儼. 寤寐無爲, 輾轉伏枕./ 265

[1-12-10-4]「澤陂」三章, 章六句./ 266

[1-12-10-5] 陳國, 十篇, 二十六章, 一百二十四句./ 266

시집전상설 6권 (詩集傳詳說 卷之六)

1-13. 회풍 (檜 一之十三)/ 270

[1-13-1-1] 羔裘逍遙, 狐裘以朝. 豈不爾思, 勞心忉忉./ 271

[1-13-1-2] ○羔裘翶翔, 狐裘在堂. 豈不爾思, 我心憂傷./ 273

[1-13-1-3] ○羔裘如膏, 日出有曜. 豈不爾思, 中心是悼./ 273

[1-13-1-4]「羔裘」三章, 章四句./ 275

[1-13-2-1] 庶見素冠兮, 棘人欒欒兮. 勞心慱慱兮./ 275

[1-13-2-2] ○庶見素衣兮, 我心傷悲兮, 聊與子同歸兮./ 277

[1-13-2-3] ○庶見素韠兮. 我心蘊結兮, 聊與子如一兮./ 278

[1-13-2-4]「素冠」三章, 章三句./ 280

[1-13-3-1] 隰有萇楚, 猗儺其枝. 夭之沃沃, 樂子之無知./ 284

[1-13-3-2] ○隰有萇楚, 猗儺其華. 夭之沃沃, 樂子之無家./ 286

[1-13-3-3] ○隰有萇楚, 猗儺其實. 夭之沃沃, 樂子之無室./ 287
[1-13-3-4] 「隰有萇楚」三章, 章四句./ 287
[1-13-4-1] 匪風發兮, 匪車偈兮. 顧瞻周道, 中心怛兮./ 287
[1-13-4-2] 匪風飄兮, 匪車嘌兮. 顧瞻周道, 中心弔兮./ 289
[1-13-4-3] 誰能亨魚. 漑之釜鬵. 誰將西歸, 懷之好音./ 290
[1-13-4-4] 「匪風」三章, 章四句./ 292

1-14. 조풍 (曹 一之十四)/ 294

[1-14-1-1] 蜉蝣之羽, 衣裳楚楚. 心之憂矣, 於我歸處./ 294
[1-14-1-2] ○蜉蝣之翼, 采采衣服. 心之憂矣, 於我歸息./ 297
[1-14-1-3] ○蜉蝣掘閱, 麻衣如雪. 心之憂矣, 於我歸說./ 298
[1-14-1-4] 「蜉蝣」三章, 章四句./ 299
[1-14-2-1] 彼候人兮, 何戈與祋, 彼其之子, 三百赤芾./ 299
[1-14-2-2] ○維鵜在梁, 不濡其翼. 彼其之子, 不稱其服./ 304
[1-14-2-3] ○維鵜在梁, 不濡其咮. 彼其之子, 不遂其媾./ 306
[1-14-2-4] ○薈兮蔚兮, 南山朝隮. 婉兮孌兮, 季女斯飢./ 307
[1-14-2-5] 「候人」四章, 章四句./ 309
[1-14-3-1] 鳲鳩在桑, 其子七兮. 淑人君子, 其儀一兮. 其儀一兮, 心如結兮./ 310
[1-14-3-2] ○鳲鳩在桑, 其子在梅. 淑人君子, 其帶伊絲. 其帶伊絲, 其弁伊騏./ 314
[1-14-3-3] ○鳲鳩在桑, 其子在棘. 淑人君子, 其儀不忒. 其儀不忒, 正是四國./ 316
[1-14-3-4] ○鳲鳩在桑, 其子在榛. 淑人君子, 正是國人. 正是國人, 胡不萬年./ 318
[1-14-3-5] 「鳲鳩」四章, 章六句./ 319
[1-14-4-1] 冽彼下泉, 浸彼苞稂. 愾我寤嘆, 念彼周京./ 319
[1-14-4-2] ○冽彼下泉, 浸彼苞蕭. 愾我寤嘆, 念彼京周./ 321
[1-14-4-3] ○冽彼下泉, 浸彼苞蓍. 愾我寤嘆, 念彼京師./ 322
[1-14-4-4] ○芃芃黍苗, 陰雨膏之. 四國有王, 郇伯勞之./ 323
[1-14-4-5] 「下泉」四章, 章四句./ 326
[1-14-4-6] 曹國, 四篇, 十五章, 六十八句./ 329

1-15. 빈풍 (豳 一之十五)/ 330

[1-15-1-1] 七月流火, 九月授衣. 一之日觱發, 二之日栗烈, 無衣無褐, 何以卒歲. 三之日于耜, 四之日擧趾, 同我婦子, 饁彼南畝, 田畯至喜./ 335
[1-15-1-2] ○七月流火, 九月授衣. 春日載陽, 有鳴倉庚, 女執懿筐, 遵彼微行, 爰求柔桑. 春日遲遲, 采蘩祁祁, 女心傷悲, 殆及公子同歸./ 345

[1-15-1-3] ○七月流火, 八月萑葦. 蠶月條桑, 取彼斧斨, 以伐遠揚, 猗彼女桑. 七月鳴鵙, 八月載績, 載玄載黃, 我朱孔陽, 爲公子裳./ 350

[1-15-1-4] ○四月秀葽, 五月鳴蜩, 八月其穫, 十月隕蘀. 一之日于貉, 取彼狐狸, 爲公子裘. 二之日其同, 載纘武功, 言私其豵, 獻豜于公./ 357

[1-15-1-5] ○五月斯螽動股, 六月莎雞振羽, 七月在野, 八月在宇, 九月在戶, 十月蟋蟀, 入我牀下. 穹窒熏鼠, 塞向墐戶. 嗟我婦子! 曰爲改歲, 入此室處./ 364

[1-15-1-6] ○六月食鬱及薁, 七月亨葵及菽, 八月剝棗, 十月穫稻, 爲此春酒, 以介眉壽. 七月食瓜, 八月斷壺, 九月叔苴, 采荼薪樗, 食我農夫./ 373

[1-15-1-7] ○九月築場圃, 十月納禾稼, 黍稷重穋, 禾麻菽麥. 嗟我農夫! 我稼旣同, 上入執宮功, 晝爾于茅, 宵爾索綯, 亟其乘屋, 其始播百穀./ 381

[1-15-1-8] ○二之日鑿冰沖沖, 三之日納于凌陰, 四之日其蚤, 獻羔祭韭. 九月肅霜, 十月滌場, 朋酒斯饗, 曰殺羔羊, 躋彼公堂, 稱彼兕觥, 萬壽無疆./ 390

[1-15-1-9] 「七月」八章, 章十一句./ 401

[1-15-2-1] 鴟鴞鴟鴞, 旣取我子, 無毀我室./ 406

[1-15-2-2] 迨天之未陰雨, 徹彼桑土,/ 413

[1-15-2-3] 予手拮据, 予所捋荼, 予所蓄租./ 417

[1-15-2-4] 予羽譙譙, 予尾翛翛, 予室翹翹./ 421

[1-15-3-1] 我徂東山, 慆慆不歸. 我來自東, 零雨其濛. 我東曰歸, 我心西悲, 制彼裳衣, 勿士行枚./ 424

[1-15-3-2] 我徂東山, 慆慆不歸. 我來自東, 零雨其濛. 果臝之實, 亦施于宇,/ 432

[1-15-3-3] 我徂東山, 慆慆不歸. 我來自東, 零雨其濛. 鸛鳴于垤, 婦歎于室./ 438

[1-15-3-4] 我徂東山, 慆慆不歸. 我來自東, 零雨其濛. 倉庚于飛, 熠燿其羽. 之子于歸, 皇駁其馬. 親結其縭, 九十其儀. 其新孔嘉, 其舊如之何./ 444

[1-15-4-1] 旣破我斧, 又缺我斨,/ 453

[1-15-4-2] 旣破我斧, 又缺我錡,/ 459

[1-15-4-3] 旣破我斧, 又缺我銶, 周公東征, 四國是遒, 哀我人斯, 亦孔之休./ 460

[1-15-5-1] 伐柯如何, 匪斧不克. 取妻如何, 匪媒不得./ 464

[1-15-5-2] 伐柯伐柯, 其則不遠. 我覯之子, 籩豆有踐/ 465

[1-15-6-1] 九罭, 之魚, 鱒魴./ 468

[1-15-6-2] 鴻飛遵渚, 公歸無所, 於女信處/ 474

[1-15-6-3] 鴻飛遵陸, 公歸不復, 於女信宿./ 476

[1-15-6-4] 是以有袞衣兮, 無以我公歸兮, 無使我心悲兮./ 477

[1-15-7-1] 狼跋其胡, 載疐其尾./ 478

[1-15-7-2] 狼疐其尾, 載跋其胡. 公孫碩膚, 德音不瑕./ 484

시집전상설 5권
詩集傳詳說 卷之五

1-9. 위풍 (魏 一之九)

朱註

'魏', 國名, 本舜‧禹故都, 在禹貢冀州雷首之北‧析城之西, 南枕河曲, 北涉汾水. 其地陿隘, 而民貧俗儉, 蓋有聖賢之遺風焉. 周初, 以封同姓, 後爲晉獻公所滅而取其地, 今河中府解州, 卽其地也. 蘇氏曰："魏地入晉久矣, 其詩, 疑皆爲晉而作, 故列於唐風之前, 猶邶‧鄘之於衛也. 今按, 篇中'公行'‧'公路'‧'公族', 皆晉官, 疑實晉詩, 又恐魏亦嘗有此官, 蓋不可考矣.

'위(魏)'는 나라 이름이니, 본래 순(舜)임금과 우(禹)임금의 옛 도읍으로 「우공(禹貢)」에서 기주(冀州)의 뇌수(雷首) 북쪽과 석성(析城) 서쪽에 있었으니, 남쪽으로는 하곡(河曲)에 이르고, 북쪽으로는 분수(汾水)를 지난다. 그 땅이 좁고 험해서 백성들이 가난하고 풍속이 검소하였으니, 대개 성현이 끼치는 풍교(風敎)가 있었던 것이다. 주(周)나라 초기에는 동성(同姓)을 봉하였는데, 뒤에 진(晉)나라 헌공(獻公)에게 멸망되어 그 땅을 취하였으니, 지금의 하중부(河中府) 해주(解州)가 곧 그 땅이다. 소씨(蘇氏：蘇轍)가 말하였다. "위(魏)나라 땅이 진(晉)나라에 편입된 지 오래이니, 그 시(詩)도 의심컨대 모두 진(晉)나라가 되고나서 지어졌기 때문에 당풍(唐風)의 앞에 열거하였으니, 패(邶)와 용(鄘)이 위(衛)나라에 있어서와 같은 것이다." 지금 살펴보건대, 시편(詩篇) 가운데 '공항(公行)'‧'공로(公路)'‧'공족(公族)'은 모두 진(晉)나라의 관직(官職)이니, 의심컨대 실로 진(晉)나라의 시(詩)일 것이고, 또 아마도 위(魏)나라에도 또한 일찍이 이 관직이 있었던 듯한데, 대개 상고할 수 없다.

詳說

○ 孔氏曰："舜都蒲坂, 禹都平陽, 或安邑, 皆魏境內也."[1]

'본순‧우고도(本舜‧禹故都)'에 대해, 공씨(孔氏：孔穎達)가 말하였다. "순(舜)임금은 포판(蒲坂)에 도읍하였고, 우(禹)임금은 평양(平陽)이나 혹은 안읍(安邑)에 도읍하였는데, 모두 위(魏)나라 경계 안이었다."

---

1) 호광(胡廣) 등 찬, 『시전대전(詩傳大全)』의 소주 내용에서 발췌한 것이다. 그 전문은 다음과 같다. "孔氏曰 : '舜都蒲坂, 禹都平陽, 或安邑, 皆河東界, 魏境內, 有其都爾. 魏不居其墟也.'(공씨가 말하였다. '순임금은 포판에 도읍하였고, 우임금은 평양이나 혹은 안읍에 도읍하였는데, 모두 하동의 경계이니, 위나라 경계 안에 그 도읍이 있었을 뿐인데, 위나라는 그 터에 거주하지 않았다.')"

○ 二山.
    '뇌수지북・석성지서(雷首之北・析城之西)'의 경우, 두 개의 산이다.

○ 去聲.2)
    '침(枕)'은 거성(去聲 : 다다르다)이다.

○ 過也.
    '섭(涉)'은 지나는 것이다.

○ 東萊呂氏曰 : "處河山之間."3)
    '기지협애(其地陿隘)'에 대해, 동래 여씨(東萊呂氏 : 呂祖謙)가 말하였다. "강과 산 사이에 자리한 것이다."

○ 鄭氏曰 : "舜耕・陶, 禹菲・卑, 儉約之化, 猶存."4)
    '개유성현지유풍언(蓋有聖賢之遺風焉)'에 대해, 정씨(鄭氏 : 鄭玄)가 말하였다. "순(舜)임금이 밭을 갈고 흙을 빚었으며, 우(禹)임금이 음식이 보잘것없고 궁실이 낮았음은 검약(儉約)한 풍화(風化)가 여전히 남아서이다."

○ 周之初.
    '주초(周初)'의 경우, 주(周)나라의 초기이다.

○ 『左』「閔元年」.5)

---

2) 호광(胡廣) 등 찬, 『시전대전(詩傳大全)』의 소주에는 "之鴆反.(지와 짐의 반벌음이다.)"으로 되어 있다. 그 뜻이 '베개, 베다'일 경우에는 『광운(廣韻)』에서 "章荏切.(장과 임의 반절이다.)"이고 상성(上聲)이라 하였고, 그 뜻이 '눕다, 임하다'일 경우에는 『광운(廣韻)』에서 "之任切.(지와 임의 반절이다.)"이고 거성(去聲)이라고 하였다.
3) 호광(胡廣) 등 찬, 『시전대전(詩傳大全)』의 소주 내용에서 발췌한 것이다. 그 전문은 다음과 같다. "東萊呂氏曰 : '水經注, 魏國城西南, 竝去大河, 可二十餘里, 北去首山十餘里, 處河山之間, 土地迫隘.'(동래 여씨가 말하였다. '… 강과 산 사이에 자리하여 토지가 좁고 험하다.')"
4) 호광(胡廣) 등 찬, 『시전대전(詩傳大全)』의 소주 내용에서 발췌한 것이다. 그 전문은 다음과 같다. "鄭氏曰 : 昔舜耕歷山, 陶河濱, 禹菲飲食, 惡衣服, 卑宮室, 此儉約之化, 於是猶存.'(정씨가 말하였다. '옛날에 순임금이 역산에서 밭을 갈고 황하물가에서 흙을 빚었으며, 우임금이 음식이 보잘것없고 의복이 나빴으며 궁실이 낮았으니, 이는 검약한 풍화가 이에 여전히 남아서이다.')"
5) 호광(胡廣) 등 찬, 『시전대전(詩傳大全)』의 소주 내용에서 발췌한 것이다. 그 전문은 다음과 같다. "鄭氏曰 : 魯閔公元年, 晉獻公滅之, 以其地賜大夫畢萬.'(정씨가 말하였다. '노나라 민공 원년이니, ….')" ; 두씨(杜氏) 주・육덕명(陸德明) 음의・공영달(孔穎達) 소,『춘추좌전주소(春秋左傳注疏)』권39. "閔元年, 晉獻公滅之."

'후위진헌공소멸이취기지(後爲晉獻公所滅而取其地)'의 내용은 『좌전(左傳)』「민공(閔公) 원년」조이다.

○ 上聲.6)
　'해(解)'는 상성(上聲 : 옛 땅이름)이다.

○ 眉山蘇氏曰 : "檜, 鄭所滅也, 詩不爲鄭, 何也? 未亡而詩先作矣, 邶・鄘・魏詩, 作於旣滅."7)
　'유패용지어위야(猶邶・鄘之於衛也)'에 대해, 미산 소씨(眉山蘇氏 : 蘇轍)가 말하였다. "회(檜)나라는 정(鄭)나라가 멸망시킨 것인데 시(詩)를 정(鄭)이라 하지 않음은 어째서인가? 멸망하지 않음에 시(詩)가 먼저 지어졌으며, 패(邶)나라와 용(鄘)나라와 위(魏)나라의 시(詩)는 이미 멸망함에 지어졌다."

○ 音杭.8)
　'편중공항(篇中公行)'에서 행(行)은 음이 항(杭)이다.

○ 見『左』「宣二年」.9)
　'개진관(皆晉官)'의 내용은 『좌전(左傳)』「선공(宣公) 2년」조에 보인다.

○ 猶或也.
　'공(恐)'은 혹(或)과 같다.

○ '勤儉有聖人遺風'10)者, 亦相類.
　'개불가고의(蓋不可考矣)'의 경우, '근검(勤儉)함에 성인(聖人)의 유풍(遺風)이 있

---

6) 호광(胡廣) 등 찬, 『시전대전(詩傳大全)』의 소주에는 "下買反.(하와 매의 반절이다.)"으로 되어 있다. 『광운(廣韻)』에는 "胡買切.(호와 매의 반절이다.)"이고 상성(上聲)이라고 하였다.
7) 호광(胡廣) 등 찬, 『시전대전(詩傳大全)』의 소주 내용에서 발췌한 것이다. 그 전문은 다음과 같다. "眉山蘇氏曰 : '檜者, 鄭所滅也, 檜詩不爲鄭, 而邶・鄘爲衛, 魏爲晉, 何也? 邶・鄘・魏之詩, 作於旣滅, 其詩所爲者, 衛・晉也. 至於檜詩, 未亡而先作矣.'(미산 소씨가 말하였다. '회나라는 정나라가 멸망시킨 것인데, 회나라 시를 정이라고 하지 않음은 … 어째서인가? 패나라와 용나라와 위나라의 시는 이미 멸망함에 지어졌으며, … 회나라의 시에 이르면 멸망하지 않음에 시가 먼저 지어졌던 것이다.')"
8) 호광(胡廣) 등 찬, 『시전대전(詩傳大全)』의 소주에는 "戶郞反.(호와 랑의 반절이다.)"로 되어 있다. 항(杭)도 『광운(廣韻)』에서 "胡郞切.(호와 랑의 반절이다.)"이고 평성(平聲)이라고 하였다.
9) 두씨(杜氏) 주・육덕명(陸德明) 음의・공영달(孔穎達) 소, 『춘추좌전주소(春秋左傳注疏)』권39, 「선공(宣公) 2년」. "及成公卽位, 乃宦卿之適子而爲之田, 以爲公族. … 其庶子爲公行. 晉於是有公族・餘子・公行."
10) 기윤(紀昀) 등 찬, 『어찬시의절중(御纂詩義折中)』권6, 「위풍(魏風)」에 관련 내용이 보인다. "魏, 國名, 本舜禹故都. 周初, 以封同姓. … 其地陿隘, 而民勤儉有聖賢之遺風焉. 後爲晉獻公所滅.'

다.'는 것이 또한 서로 유사하다.

[1-9-1-1]

|糾糾葛屨. 可以履霜. 摻摻女手, 可以縫裳. 要之襋之, 好人服之.|

너덜너덜하는 칡 신이지만 서리를 밟을 수 있으리로다.
가냘픈 여인네의 손이지만 치마를 꿰맬 수 있으리로다.
허리띠를 달고 옷깃을 달아 아름다운 내 임이 입으리라.

詳說

○ 音赳.[11]

'규규(糾糾)'는 음이 규(赳)이다.

○ 所銜反.[12]

'삼삼(摻摻)'은 소(所)와 함(銜)의 반절이다.

○ 音腰.[13]

'요(要)'는 음이 요(腰)이다.

○ 音棘.[14]

'극(襋)'은 음이 극(棘)이다.

---

[11] 주자(朱子) 찬, 『시경집전(詩經集傳)』의 소주와 달리 호광(胡廣) 등 찬, 『시전대전(詩傳大全)』의 소주에는 "吉黝切.(길과 유의 반절이다.)"으로 되어 있다. 『광운(廣韻)』에는 본음이 "居黝切.(거와 유의 반절이다.)"이고 상성(上聲)이라고 하였다. 규(赳)도 또한 『광운(廣韻)』에서 "居黝切.(거와 유의 반절이다.)"이고 상성(上聲)이라고 하였다.

[12] 호광(胡廣) 등 찬, 『시전대전(詩傳大全)』의 소주 내용을 수용한 것이다. 주자(朱子) 찬, 『시경집전(詩經集傳)』의 소주에는 "音纖.(음이 섬이다.)"으로 되어 있다. 『광운(廣韻)』에는 본음이 "所咸切.(소와 함의 반절이다.)"이고 평성(平聲)이라고 하였다. 섬(纖)은 『광운(廣韻)』에서 "息廉切.(식과 렴의 반절이다.)"이고 평성(平聲)이라고 하였다.

[13] 주자(朱子) 찬, 『시경집전(詩經集傳)』의 소주와 달리 호광(胡廣) 등 찬, 『시전대전(詩傳大全)』의 소주에는 "於遙反.(어와 요의 반절이다.)"으로 되어 있다. 『광운(廣韻)』에는 본음이 "於霄切.(어와 소의 반절이다.)"이고 평성(平聲)이라고 하였다. 요(腰)도 또한 『광운(廣韻)』에서 "於霄切.(어와 소의 반절이다.)"이고 평성(平聲)이라고 하였다.

[14] 주자(朱子) 찬, 『시경집전(詩經集傳)』의 소주와 달리 호광(胡廣) 등 찬, 『시전대전(詩傳大全)』의 소주에는 "紀力反.(기와 력의 반절이다.)"으로 되어 있다. 『광운(廣韻)』에도 본음이 "紀力切.(기와 력의 반절이다.)"이고 입성(入聲)이라고 하였다.

○ 服, 蒲北反.15)

'복(服)'은 협운(協韻)이니, 포(蒲)와 북(北)의 반절이다.

朱註

興也. '糾糾', 繚戾寒凉之意. 夏葛屨, 冬皮屨. '摻摻', 猶纖纖也. '女', 婦未廟見之稱也, 娶婦三月廟見然後, 執婦功. '要', 裳要. '襋', 衣領. '好人', 猶大人也. ○魏地陿隘, 其俗儉嗇而褊急, 故以葛屨履霜起興, 而刺其使女縫裳, 又使治其要襋而遂服之也. 此詩, 疑卽縫裳之女所作.

흥(興)이다. '규규(糾糾)'는 얽히고 틀어져서 싸늘하다는 뜻이다. 여름에는 칡 신이고, 겨울에는 가죽신이다. '삼삼(摻摻)'은 섬섬(纖纖)과 같다. '여(女)'는 신부(新婦)가 시집와서 아직 사당에 뵙지 않았을 때의 호칭이니, 시집온 신부(新婦)는 석 달이 되어 사당에 뵙고 난 뒤에야 부인(婦人)의 일을 행하는 것이다. '요(要)'는 치마의 허리이다. '극(襋)'은 옷깃이다. '호인(好人)'은 대인(大人)과 같다. ○위(魏)나라 땅이 좁고 험해서 그 풍속이 검소하고 아끼며 좁고 급하였기 때문에 칡 신 신고 서리를 밟는다는 것으로써 흥(興)을 일으켜서 그 시집온 여인네로 하여금 치마를 꿰매게 하고, 또 그 허리띠와 옷깃을 달아서 마침내 옷을 입게 하였음을 풍자한 것이다. 이 시(詩)는 의심컨대 곧 치마를 꿰맨 여인네가 지은 것인 듯하다.

詳說

○ 兼賦.

'흥야(興也)'의 경우, 부(賦)를 아울렀다.

○ 音遼.16)

'료(繚)'는 음이 료(遼)이다.

○ 不穩之意.

'요려(繚戾)'의 경우, 평온하지 않다는 뜻이다.

---

15) 주자(朱子) 찬, 『시경집전(詩經集傳)』 및 호광(胡廣) 등 찬, 『시전대전(詩傳大全)』의 소주 내용을 수용한 것이다. 『광운(廣韻)』에는 본음이 "房六切.(방과 륙의 반절이다.)"이고 입성(入聲)이라고 하였다.
16) 료(繚)는 그 뜻이 '감기다, 두르다, 어지럽다'일 경우에는 『광운(廣韻)』에서 "落蕭切.(락과 소의 반절이다.)"이고 평성(平聲)이라고 하였다. 료(遼)도 또한 『광운(廣韻)』에서 "落蕭切.(락과 소의 반절이다.)"이고 평성(平聲)이라고 하였다.

○ 孔氏曰 : "若行禮, 雖夏, 猶當用皮."17)

'동피구(冬皮屨)'에 대해, 공씨(孔氏 : 孔穎達)가 말하였다. "만약에 예(禮)를 행한다면 비록 여름이라도 오히려 마땅히 가죽을 써야 한다."

○ 音現,18) 下同.

'부미묘현(婦未廟見)'에서 현(見)은 음이 현(現)이니, 아래도 같다.

○ 見『禮記』「曾子問」.19)

'취부삼월묘현(娶婦三月廟見)'의 내용이 『예기(禮記)』「증자문(曾子問)」에 보인다.

○ 孔氏曰 : "謂無舅姑者."20)

공씨(孔氏 : 孔穎達)가 말하였다. "시아버지와 시어머니가 없는 사람을 이른다."

○ 猶言君子, 蓋指夫也.

'유대인야(猶大人也)'의 경우, 군자(君子)라고 말함과 같으니, 대개 남편을 가리킨다.

○ 音扁.21)

'변(褊)'은 음이 변(匾)이다.

○ 因所事以起興, 下二篇同.

'고이갈구리상기흥(故以葛屨履霜起興)'에서 볼 때, 일삼는 것에 말미암아 흥(興)을 일으켰으니, 아래의 두 시편도 같다.

---

17) 호광(胡廣) 등 찬, 『시전대전(詩傳大全)』의 소주 내용에서 발췌한 것이다. 그 전문은 다음과 같다. "孔氏曰 : '夏葛屨, 猶絺綌所以當暑, 特爲便於時耳, 非行禮之服. 若行禮, 雖夏, 猶當用皮.'(공씨가 말하였다. '… 만약에 예(禮)를 행한다면 비록 여름이라도 오히려 마땅히 가죽을 써야 한다.')"
18) 호광(胡廣) 등 찬, 『시전대전(詩傳大全)』의 소주 내용을 수용한 것이다.
19) 호광(胡廣) 등 찬, 『예기대전(禮記大全)』 권7, 「증자문(曾子問)」. "孔子曰 : '嫁女之家, 三夜不息燭, 思相離也. 取婦之家, 三日不擧樂, 思嗣親也. 三月而廟見, 稱來婦也, 擇日而祭於禰, 成婦之義也.'(공자가 말하였다. '… 석 달이 되어 사당에서 뵙는 때에 시집온 며느리라고 칭하며, 날을 가려서 아버지사당에 제사를 올려야 며느리의 예의를 이루는 것이다.')"
20) 호광(胡廣) 등 찬, 『시전대전(詩傳大全)』의 소주 내용에서 발췌한 것이다. 그 전문은 다음과 같다. "孔氏曰 : '三月廟見, 謂無舅姑者, 婦入三月, 乃見舅姑之廟, 若有舅姑, 則「士昏禮」云 : 質明贊見婦於舅姑, 不待三月也, 雖即見舅姑, 亦三月乃助祭行, 未祭行, 亦未成婦也.'(공씨가 말하였다. '삼월묘현은 시아버지와 시어머니가 없는 사람을 이르니, ….')"
21) 『광운(廣韻)』에는 본음이 "方緬切.(방과 면의 반절이다.)"이고 상성(上聲)이라 하였다. 변(匾)은 『광운(廣韻)』에서 "方典切.(방과 전의 반절이다.)"이고 상성(上聲)이라고 하였다.

○ 慶源輔氏曰 : "糾糾葛屨, 本非可以履霜, 然自儉嗇者言之, 亦可以履霜. 摻摻女手, 本未可以縫裳, 然自褊急者言之, 亦可以縫裳."22)

'이자기사녀봉상(而刺其使女縫裳)'에 대해, 경원 보씨(慶源輔氏 : 輔廣)가 말하였다. "너덜너덜하는 칡 신은 본래 서리를 밟을 수 있는 것이 아니나, 검소하고 아끼는 것으로부터 말했다면 또한 서리를 밟을 수 있는 것이다. 가냘픈 여인네의 손은 본래 치마를 꿰맬 수 있는 것이 아니나, 좁고 급한 것으로부터 말했다면 또한 치마를 꿰맬 수 있는 것이다."

○ 必是自他國來嫁者.

'의즉봉상지녀소작(疑卽縫裳之女所作)'의 경우 반드시 다른 나라로부터 시집온 사람일 것이다.

○ 首與末, 序也.

머리와 끝이 차례지어졌다.

[1-9-1-2]

好人提提, 宛然左辟, 佩其象揥. 維是褊心, 是以爲刺.

아름다운 내 임이 느긋하여 공손하게 왼쪽으로 비키니
상아 빗치개를 차고 있도다.
오직 좁고 급한 마음인지라 이 때문에 나무라게 되노라.

詳說

○ 徒兮反.23)

'제제(提提)'는 도(徒)와 혜(兮)의 반절이다.

---

22) 호광(胡廣) 등 찬, 『시전대전(詩傳大全)』의 소주 내용에서 발췌한 것이다. 그 전문은 다음과 같다. "慶源輔氏曰 : '糾糾葛屨, 本非可以履霜, 然自儉嗇者言之, 則亦可以履霜矣. 以興摻摻女手, 本未可以縫裳, 然自褊急者言之, 則亦可使之縫裳矣.'(경원 보씨가 말하였다. '너덜너덜하는 칡 신은 본래 서리를 밟을 수 있는 것이 아니나, 검소하고 아끼는 것으로부터 말했다면 또한 서리를 밟을 수 있는 것이니, 이로써 가냘픈 여인네의 손은 본래 치마를 꿰맬 수 있는 것이 아니나, 좁고 급한 것으로부터 말했다면 또한 하여금 치마를 꿰매게 할 수 있다는 뜻을 일으킨 것이다.')"
23) 호광(胡廣) 등 찬, 『시전대전(詩傳大全)』의 소주 내용을 수용한 것이다. 주자(朱子) 찬, 『시경집전(詩經集傳)』에는 소주가 없다. 『광운(廣韻)』에는 본음이 "杜奚切.(두와 혜의 반절이다.)"이고 평성(平聲)이라고 하였다.

○ 於阮反.24)

'완(宛)'은 어(於)와 완(阮)의 반절이다.

○ 音避.25)

'피(辟)'는 음이 피(避)이다.

○ 敕帝反.26)

'체(揥)'는 칙(敕)과 제(帝)의 반절이다.

○ 叶, 音砌.27)

'자(刺)'는 협운(協韻)이니, 음이 체(砌)이다.

朱註

賦也. '提提', 安舒之意. '宛然', 讓之貌也, 讓而辟者必左. '揥', 所以摘髮, 用象爲之, 貴者之飾也. 其人如此, 若無有可刺矣, 所以刺之者, 以其褊迫急促, 如前章之云耳.

부(賦)이다. '제제(提提)'는 편안하고 느긋한 뜻이다. '완연(宛然)'은 양보하는 모양이니, 양보하여 피하는 이는 반드시 왼쪽으로 해야 한다. '체(揥)'는 머리카락을 손질하는 것인데 상아(象牙)로써 만드는 것은 귀한 이의 꾸밈이기 때문이다. 그 사람이 이와 같다면 나무랄 만한 것이 없을 듯한데, 나무라는 것은 그 좁고 급하기 때문이니, 앞의 장에서 이른 것과 같을 뿐이다.

詳說

○ 華谷嚴氏曰 : "委曲遜順貌."28)

---

24) 호광(胡廣) 등 찬, 『시전대전(詩傳大全)』의 소주 내용을 수용한 것이다. 주자(朱子) 찬, 『시경집전(詩經集傳)』에는 소주가 없다. 『광운(廣韻)』에도 "於阮切.(어와 완의 반절이다.)"이고 상성(上聲)이라고 하였다.
25) 주자(朱子) 찬, 『시경집전(詩經集傳)』 및 호광(胡廣) 등 찬, 『시전대전(詩傳大全)』이 소주 내용을 수용한 것이다. 『강희자전(康熙字典)』에 의하면, 『集韻』・『正韻』, 毗義切, 與避同.(『집운』・『정운』에서 아울러 비와 의의 반절이라 했으니, 피할 피와 같다.)"이라고 하였다. 피(避)도 또한 『광운(廣韻)』에서 "毗義切.(비와 의의 반절이다.)"이고 거성(去聲)이라고 하였다.
26) 호광(胡廣) 등 찬, 『시전대전(詩傳大全)』의 소주 내용을 수용한 것이다. 주자(朱子) 찬, 『시경집전(詩經集傳)』에는 소주가 없다. 『광운(廣韻)』에는 본음이 "丑例切.(축과 례의 반절이다.)"이고 거성(去聲)이라고 하였다.
27) 주자(朱子) 찬, 『시경집전(詩經集傳)』 및 호광(胡廣) 등 찬, 『시전대전(詩傳大全)』의 소주 내용을 수용한 것이다. 『광운(廣韻)』에는 본음이 "七賜切.(칠과 사의 반절이다.)"이고 거성(去聲)이라고 하였다.

'양지모야(讓之貌也)'에 대해, 화곡 엄씨(華谷嚴氏 : 嚴粲)가 말하였다. "자상하고 공손한 모양이다."

○ 毛氏曰 : "婦至門, 夫揖而入, 不敢當尊."29)
'양이피자필좌(讓而辟者必左)'에 대해, 모씨(毛氏 : 毛萇)가 말하였다. "신부가 문 앞에 이르면 남편이 읍하고 들어가는데 감히 높여서 맞아서는 안 된다."

○ 孔氏曰 : "就客位."30)
공씨(孔氏 : 孔穎達)가 말하였다. "손님의 자리로 나아가는 것이다."

○ 添此句.
'약무유가자의(若無有可刺矣)'의 경우, 이 구절을 더하였다.

○ 『諺』音, 恐誤.31)
'변(褊)'의 경우, 『언해(諺解)』의 음이 아마도 잘못된 듯하다.

○ 『諺』釋, 恐未順.32)
'변박급촉(褊迫急促)'에서 '변심(褊心)'은 『언해(諺解)』의 해석이 아마도 순조롭지 못한 듯하다.

○ 補此句.
'여전장지운이(如前章之云耳)'의 경우, 이 구절을 보탰다.

○ 慶源輔氏曰 : "刺其表裏之不相副."33)

---

28) 호광(胡廣) 등 찬, 『시전대전(詩傳大全)』의 소주 내용에서 발췌한 것이다. 그 전문은 다음과 같다. "華谷嚴氏曰 : '宛, 委曲遜順貌.'(화곡 엄씨가 말하였다. '완은 자상하고 공손한 모양이다.')"
29) 정씨(鄭氏) 전·육덕명(陸德明) 음의·공영달(孔穎達) 소, 『모시주소(毛詩注疏)』 권9, 「국풍(國風)·위(魏)·갈구(葛屨)」. "傳 : 提提, 安諦也. 宛, 辟貌. 婦至門, 夫揖而入, 不敢當尊.'(「전」에서 '… 신부가 문 앞에 이르면 남편이 읍하고 들어가는데 감히 높여서 맞아서는 안 된다.')"
30) 호광(胡廣) 등 찬, 『시전대전(詩傳大全)』의 소주 내용에서 발췌한 것이다. 그 전문은 다음과 같다. "孔氏曰 : '不敢當主, 故就客位.'(공씨가 말하였다. '감히 주인을 대해서는 안 되기 때문에 손님 자리로 나아가는 것이다.')"
31) 『언해(諺解)』의 음이 '변'이 아니라 '편'으로 되어 있음을 말하는 것이다.
32) 『언해(諺解)』의 해석이 "심심이 褊편한지라"로 되어 있음을 말하는 것이다.
33) 호광(胡廣) 등 찬, 『시전대전(詩傳大全)』의 소주 내용에서 발췌한 것이다. 그 전문은 다음과 같다. "慶源輔氏曰 : '此章, 則刺其內外·表裏之不相副, 自其外而觀之, 則其進止之安舒, 遜讓之有節, 服飾之貴盛, 宜若

경원 보씨(慶源輔氏 : 輔廣)가 말하였다. "그 겉과 속이 서로 따르지 못함을 풍자한 것이다."

○ 有貴者之飾, 而無貴者之心.
귀한 사람의 꾸밈은 있는데, 귀한 사람의 마음은 없는 것이다.

「葛屨」二章, 一章六句, 一章五句.

「갈구(葛屨 : 칡 신)」은 두 장이니, 한 장은 여섯 구이고, 한 장은 다섯 구이다.

詳說
○ '左辟'下, 或脫一句.
'좌피(左辟)' 아래에 혹시 하나의 구절이 빠진 듯하다.

朱註
廣漢張氏曰 : "夫子謂: 與其奢也寧儉, 則儉雖失中, 本非惡德. 然而儉之過, 則至於吝嗇迫隘, 計較分毫之間, 而謀利之心, 始急矣.「葛屨」・「汾沮洳」・「園有桃」三詩, 皆言其急迫瑣碎之意."
광한 장씨(廣漢張氏 : 張栻)가 말하였다. "부자가 이르기를, '사치하기보다는 차라리 검소해야 한다.'고 하였으니, 검소함이 비록 예(禮)에 맞지 않더라도 본래 나쁜 짓이 아니지만, 그런데 검소함이 지나치면 아끼고 좁음에 이르러 한 푼이나 한 터럭의 사이에서도 견주고 따져서 이익을 꾀하는 마음이 비로소 조급해지는 것이다. 「갈구(葛屨)」・「분저여(汾沮洳)」・「원유도(園有桃)」의 세 개의 시(詩)는 모두 그 급하고 좁으며 자질구레한 뜻을 말하였다."

詳說
○ 敬夫 34)

無可刺者矣. 然其心之褊迫急促, 如前章之云, 是以不能不刺之也.'(경원 보씨가 말하였다. '이 장은 곧 그 안과 밖, 겉과 속이 서로 따르지 못함을 풍자한 것이니, … 그 마음이 좁고 급하여 앞의 장에서 이른 것과 같으니, 이 때문에 풍자하지 않을 수 없는 것이다.')"

34) 광한 장씨(廣漢張氏 : 張栻): 장식(1133-1180)은 남송 학자로, 자가 경부(敬夫)・흠부(欽夫)・낙재(樂齋)이고, 호가 남헌(南軒)이며, 한주(漢州) 사람이다. 남헌 선생(南軒先生)・남헌 장씨(南軒張氏)・광한 장씨(廣漢張氏)라고도 불렸으며, 시호가 '선(宣)'이어서 장선공(張宣公)이라고도 불렸다. 주희(朱熹)・여조겸(呂祖

'광한 장씨(廣漢張氏)'는 경부(敬夫)이다.

○ 見『論語』「八佾」.35)

'여기사야영검(與其奢也寧儉)'의 내용이 『논어(論語)』「팔일(八佾)」에 보인다.

○ 先揚之.

'본비악덕(本非惡德)'의 경우, 먼저 칭양(稱揚)한 것이다.

○ 一無'其'字.36)

'개언기(皆言其)'의 경우, 어떤 판본에는 '기(其)'자가 없다.

[1-9-2-1]

彼汾沮洳, 言采其莫. 彼其之子, 美無度. 美無度, 殊異乎公路.

저기 분수의 진펄에서 들나물을 캐고 따도다.
저기 보이는 멋진 임은 아름답기가 한량없도다.
아름답기가 한량없으나 매우 공로와는 다르도다.

詳說

○ 音焚.37)

'분(汾)'은 음이 분(焚)이다.

謙)과 함께 이름을 나란히 하여 '동남삼현(東南三賢)'이라고 칭송하였으며, 남송(南宋) 이종(理宗) 원년(1241)에 공자 사당에서 제사지내고 이관(李寬)·한유(韓愈)·이사진(李士眞)·주돈이(周敦頤)·주희(朱熹)·황간(黃幹)과 함께 석고서원(石鼓書院) 칠현사(七賢祠)에서 제사지낸 뒤 '석고칠현(石鼓七賢)'이라고도 일컬었다. 저서로는 『남헌선생문집(南軒先生文集)』외에 『남헌선생논어해(南憲先生論語解)』·『남헌선생맹자설(南軒先生孟子說)』·『남지역설(南地易說)』·『제갈충무후전(諸葛忠武侯傳)』·『남악창수집(南岳倡酬集)』등이 있으며, 『서설(書說)』·『수사언인설(洙泗言仁說)』·『태극도설(太極圖說)』등은 이름만 전한다.

35) 『논어집주대전(論語集註大全)』권3, 「팔일(八佾)」. "林放問禮之本, 子曰：'大哉. 問! 禮, 與其奢也, 寧儉; 喪, 與其易也, 寧戚.'(임방이 예에 대해 묻자 공자가 말하였다. '훌륭하도다. 질문이여! 예는 사치하기보다는 차라리 검소해야 하고, 상례는 간이하기보다는 차라리 슬퍼해야 한다.')"

36) 주자(朱子) 찬, 『시경집전(詩經集傳)』에는 '기(其)'자가 있고, 호광(胡廣) 등 찬, 『시전대전(詩傳大全)』및 내각본에는 '기(其)'자가 없다.

37) 주자(朱子) 찬, 『시경집전(詩經集傳)』의 소주와 달리 호광(胡廣) 등 찬, 『시전대전(詩傳大全)』의 소주에는 "扶云反.(부와 운의 반절이다.)"으로 되어 있다. 『광운(廣韻)』에는 본음이 "符分切.(부와 분의 반절이다.)"이고 평성(平聲)이라고 하였다. 분(焚)도 또한 『광운(廣韻)』에서 "符分切.(부와 분의 반절이다.)"이고 평성(平聲)이라고 하였다.

○ 去聲.38)

'저(沮)'는 거성(去聲 : 축축하다)이다.

○ 如豫反.39)

'여(洳)'는 여(如)와 예(豫)의 반절이다.

○ 音慕.40)

'모(莫)'는 음이 모(慕)이다.

○ 音記.41)

'기(其)'는 음이 기(記)이다.

朱註

興也. '汾', 水名, 出太原晉陽山, 西南入河. '沮洳', 水浸處下濕之地. '莫', 菜也, 似柳, 葉厚而長, 有毛刺, 可爲羹. '無度', 言不可以尺寸量也. '公路'者, 掌公之路車, 晉以卿大夫之庶子爲之. ○此亦刺儉不中禮之詩, 言 : "若此人者, 美則美矣, 然其儉嗇褊急之態, 殊不似貴人也."

흥(興)이다. '분(汾)'은 물 이름이니, 태원부(太原府)의 진양산(晉陽山)에서 흘러나와 서남쪽으로 흘러가서 황하(黃河)로 들어간다. '저여(沮洳)'는 물에 잠기는 곳으로 낮고 축축한 땅이다. '모(莫)'는 들나물이니, 버드나무를 닮았는데 잎이 두꺼우면서 길고, 가시털이 있으며, 국을 만들 수 있다. '무도(無度)'는 자와 치로써 헤아릴 수 없음을 말한다. '공로(公路)'는 임금의 노거(路車 : 輅車)를 맡아서 주관하

---

38) 주자(朱子) 찬, 『시경집전(詩經集傳)』의 소주와 달리 호광(胡廣) 등 찬, 『시전대전(詩傳大全)』의 소주에는 "子豫反.(자와 예의 반절이다.)"으로 되어 있다. 『광운(廣韻)』에 의하면 그 뜻이 '막다'일 경우에는 "慈呂切.(자와 려의 반절이다.)"이고 상성(上聲)이라 하였고, 그 뜻이 '축축하다'일 경우에는 "將預切.(장과 예의 반절이다.)"이고 거성(去聲)이라 하였고, 그 뜻이 '물 이름'일 경우에는 "子魚切.(자와 어의 반절이다.)"이고 평성(平聲)이라고 하였다.
39) 호광(胡廣) 등 찬, 『시전대전(詩傳大全)』의 소주 내용을 수용한 것이다. 주자(朱子) 찬, 『시경집전(詩經集傳)』의 소주에는 "音薷.(음이 유이다.)"로 되어 있다. 『광운(廣韻)』에는 본음이 "人恕切.(인과 서의 반절이다.)"이고 거성(去聲)이라고 하였다. 유(薷)는 『광운(廣韻)』에서 "而遇切.(이와 우의 반절이다.)"이고 거성(去聲)이라고 하였다.
40) 주자(朱子) 찬, 『시경집전(詩經集傳)』 및 호광(胡廣) 등 찬, 『시전대전(詩傳大全)』의 소주 내용을 수용한 것이다. 『집운(集韻)』에는 본음이 "莫故切.(모와 고의 반절이다.)"이고 거성(去聲)이라고 하였다. 모(慕)도 또한 『광운(廣韻)』에서 "莫故切.(모와 고의 반절이다.)"이고 거성(去聲)이라고 하였다.
41) 주자(朱子) 찬, 『시경집전(詩經集傳)』 및 호광(胡廣) 등 찬, 『시전대전(詩傳大全)』의 소주 내용을 수용한 것이다. 『집운(集韻)』에는 본음이 "居吏切.(거와 리의 반절이다.)"이고 거성(去聲)이라고 하였다. 기(記)도 또한 『광운(廣韻)』에서 "居吏切.(거와 리의 반절이다.)"이고 거성(去聲)이라고 하였다.

니, 진(晉)나라에서는 경대부(卿大夫)의 서자(庶子)로써 맡겼다. ○이 또한 검소함이 예(禮)에 맞지 않음을 풍자한 시(詩)이니 말하기를, "이와 같은 사람이 아름답기는 아름다우나, 그 검소하고 아끼며 좁고 급한 모양이 매우 고귀한 사람과는 같지 않다."고 한 것이다.

詳說

○ 兼賦.
'흥야(興也)'의 경우, 부(賦)를 아울렀다.

○ 一有'府'字.[42]
'출태원(出太原)'의 경우, 어떤 판본에는 '부(府)'자가 있다.

○ 孔氏曰 : "莖大如筯, 赤節, 節一葉, 今人繅以取繭緒, 味酢而滑, 始生可生食."[43]
'가위갱(可爲羹)'에 대해, 공씨(孔氏 : 孔穎達)가 말하였다. "줄기의 크기가 젓가락 같으며, 붉은 마디에 마디마다 한 개의 잎이 나는데, 지금 사람들이 고치를 켜서 고치실을 취하며, 맛이 시고 부드러워 처음 생겨날 때에 생것을 먹을 수 있다."

○ 『諺』釋, 泥於'不可'字.[44]
'언불가이척촌량야(言不可以尺寸量也)'의 경우, 『언해(諺解)』의 해석이 '불가(不可)'자에 억매였다.

○ 二字, 見「渭陽」.[45]

---

42) 주자(朱子) 찬, 『시경집전(詩經集傳)』 및 호광(胡廣) 등 찬, 『시전대전(詩傳大全)』에는 '부(府)'자가 없다. 내각본에도 '부(府)'자가 없다.
43) 호광(胡廣) 등 찬, 『시전대전(詩傳大全)』의 소주 내용에서 발췌한 것이다. 그 전문은 다음과 같다. "孔氏曰 : '陸璣云 : 莫, 莖大如箸, 赤節, 節一葉, 今人繅以取繭緒, 其味酢而滑, 始生又可生食.'(공씨가 말하였다. '육기가 이르기를, 줄기의 크기가 젓가락 같으며, 붉은 마디에 마디마다 한 개의 잎이 나는데, 지금 사람들이 고치를 켜서 고치실을 취하며, 맛이 시고 부드러워 처음 생겨날 때에 또 생것을 먹을 수 있다.')"
44) 『언해(諺解)』의 해석이 "美無度. 美無度.(아름답기가 한량없도다. 아름답기가 한량없으나)"에 대해서 "美미홈을 度도티 몯ᄒᆞ리로다 美미홈을 度도티 못ᄒᆞ냐"라고 하여 '불가(不可)'자에 억매인 것을 말한다.
45) 호광(胡廣) 등 찬, 『시전대전(詩傳大全)』 권6, 「국풍(國風)·진(秦)·위양(渭陽)」. "我送舅氏, 曰至渭陽. 何以贈之? 路車乘黃.(내가 외숙을 전송하면서 위수 북쪽에 이르렀노라. 무엇을 선물로 주었는가? 노거와 네 마리 황마로다.)" 그 주(註)에서 "路車, 諸侯之車也. 乘黃, 四馬皆黃也.(노거는 제후의 수레이다. 승황은 네 마리 말이 모두 누런색이다.)"라고 하였다.

'노거(路車)', 이 두 글자는 「위양(渭陽)」에 보인다.

○ 篇題叅看.46)
'진이경대부지서자위지(晉以卿大夫之庶子爲之)'의 경우, 시편(詩篇)의 표제(標題)를 참조하였다.

○ 去聲.47)
'차역자검부중(此亦刺儉不中)'에서 중(中)은 거성(去聲 : 부합하다)이다.

○ 添此句.
'연기검색편급지태(然其儉嗇褊急之態)'의 경우, 이 구절을 더하였다.

○ 絶也.
'수(殊)'는 절(絶 : 자못, 훨씬, 매우)이다.

○ 亦言表裏之不相副, 豈亦前篇之女所作歟.
'수불사귀인야(殊不似貴人也)'에서 볼 때, 또한 겉과 속이 서로 부합하지 않음을 말하였으니, 아마도 또한 앞 편의 여인네가 지은 것이리라.

[1-9-2-2]

彼汾一方, 言采其桑. 彼其之子, 美如英. 美如英, 殊異乎公行.

저기 분수의 한 쪽에서 뽕나무 새 잎을 따도다.
저기 보이는 멋진 임은 아름답기가 꽃과 같도다.
아름답기가 꽃과 같으나 매우 공항과는 다르도다.

詳說

---

46) 편제(篇題)인 「분저여(汾沮洳 : 분수의 진펄)」라는 뜻이 주(註)에서 "'汾', 水名, 出太原晉陽山, 西南入河. '沮洳', 水浸處下濕之地.('분'은 물 이름이니, 태원부의 진양산에서 흘러나와 서남쪽으로 흘러가서 황하로 들어간다. '저여'는 물에 잠기는 곳으로 낮고 축축한 땅이다.)"라고 하였듯이 신분이 고귀한 사람이 사는 곳이 아님을 시사하고 있는 것이다.
47) 그 뜻이 '가운데'일 경우에는 『광운(廣韻)』에서 "陟弓切.(척과 궁의 반절이다.)"이고 평성(平聲)이라 하였고, 그 뜻이 '맞히다, 부합하다, 미치다, 상응하다'일 경우에는 『광운(廣韻)』에서 "陟仲切.(척과 중의 반절이다.)"이고 거성(去聲)이라고 하였다.

○ 叶, 於良反.48)

'영(英)'은 협운(協韻)이니, 어(於)와 량(良)의 반절이다.

○ 音杭.49)

'항(行)'은 음이 항(杭)이다.

朱註

興也. '一方', 彼一方也, 『史記』, "扁鵲, 視見垣一方人." '英', 華也. '公行', 卽公路也, 以其主兵車之行列, 故謂之'公行'也.

흥(興)이다. '일방(一方)'은 저 한쪽이니, 『사기(史記)』에서 "편작(扁鵲)이 담장의 한쪽의 사람을 살펴보았다."고 하였다. '영(英)'은 꽃이다. '공항(公行)'은 곧 공로(公路)이니, 군대 수레의 항렬을 주관하기 때문에 '공항(公行)'이라고 이르는 것이다.

詳說

○ 「扁鵲傳」.50)

'『사기』(『史記』)'는 「편작전(扁鵲傳)」이다.

○ 音匾.

'편(扁)'에서, 음이 편(匾)이다.

○ 安成劉氏曰 : "視垣見一方人, 以此視病, 盡見五臟."51)

'시견원일방인(視見垣一方人)'에 대해, 안성 유씨(安成劉氏 : 劉瑾)가 말하였다.

---

48) 주자(朱子) 찬, 『시경집전(詩經集傳)』 및 호광(胡廣) 등 찬, 『시전대전(詩傳大全)』의 소주 내용을 수용한 것이다. 『광운(廣韻)』에는 본음이 "於驚切.(어와 경의 반절이다.)"이고 평성(平聲)이라고 하였다.
49) 주자(朱子) 찬, 『시경집전(詩經集傳)』의 소주와 달리 호광(胡廣) 등 찬, 『시전대전(詩傳大全)』의 소주에는 "戶郎反.(호와 랑의 반절이다.)"으로 되어 있다. 『광운(廣韻)』에는 본음이 "胡郎切.(호와 랑의 반절이다.)"이고 평성(平聲)이라고 하였다. 항(杭)도 또한 『광운(廣韻)』에서 "胡郎切.(호와 랑의 반절이다.)"이고 평성(平聲)이라고 하였다.
50) 사마천(司馬遷) 찬·배인(裴駰) 집해·사마정(司馬貞) 색은·장수절(張守節) 정의, 『사기(史記)』 권105, 「편작창공열전(扁鵲倉公列傳)」. "扁鵲者, 勃海郡鄭人也. 姓秦氏, 名越人, 少時爲人舍長."
51) 호광(胡廣) 등 찬, 『시전대전(詩傳大全)』의 소주 내용에서 발췌한 것이다. 그 전문은 다음과 같다. "安成劉氏曰 : 扁鵲, 姓秦, 名越人, 長桑君與之藥, 使以上池之水, 飲藥三十日, 視垣見一方人, 以此視病, 盡見五臟癥結. 所謂垣一方者, 猶此詩言汾一方, 古語皆然也. 癥, 音徵.'(안성 유씨가 말하였다. '… 담장을 보면서 한쪽의 사람을 보았으며, 이것으로써 병을 살피고 오장의 적취를 보았다. …')"

"담장을 보면서 한쪽의 사람을 보는데, 이것으로 병을 살펴보며 오장(五臟)을 다 보는 것이다."

○ 『史記』「索隱」曰 : "'方', 猶邊也, 能隔牆見彼人."52)
『사기(史記)』「색은(索隱)」에서 말하였다. "'방(方)'은 변(邊)과 같으니, 능히 담장을 띄어놓고도 저쪽의 사람을 볼 수 있는 것이다."

○ 引之, 以證'一方'.
이것을 인용하여 '일방(一方)'을 입증하였다.

○ 音花.
'화(華)'는 음이 화(花)이다.

[1-9-2-3]

彼汾一曲, 言采其藚. 彼其之子, 美如玉. 美如玉, 殊異乎公族.

저기 분수의 한 굽이서 쇠귀나물 줄기를 따도다.
저기 보이는 멋진 임은 아름답기가 옥과 같도다.
아름답기가 옥과 같으나 매우 공족과는 다르도다.

詳說

○ 音續.53)
'속(藚)'은 음이 속(續)이다.

朱註

興也. '一曲', 謂水曲流處. '藚', 水舄也. 葉如車前草. '公族', 掌公之宗族,

---

52) 호광(胡廣) 등 찬, 『시전대전(詩傳大全)』의 소주 내용에서 발췌한 것이다. 그 전문은 다음과 같다. "「索隱」曰 : '方, 猶邊也, 言能隔牆見彼人也.'(「색은」에서 말하였다. '방은 변과 같으니, 능히 담장을 띄어놓고도 저 사람을 볼 수 있음을 말한다.') ; 사마천(司馬遷) 찬・배인(裴駰) 집해・사마정(司馬貞) 색은・장수절(張守節) 정의, 『사기(史記)』 권105, 「편작창공열전(扁鵲倉公列傳)」. "視見垣一方人, 以此視病, 盡見五藏癥結. 「索隱」: 方, 猶邊也, 言能隔墻見彼邊之人, 則眼通神也.'(… 「색은」에서 말하였다. '방은 변과 같으니, 능히 담장을 띄어놓고도 저 쪽의 사람을 볼 수 있음을 말하니, ….)"
53) 주자(朱子) 찬, 『시경집전(詩經集傳)』 및 호광(胡廣) 등 찬, 『시전대전(詩傳大全)』의 소주 내용을 수용한 것이다. 『광운(廣韻)』에는 본음이 "似足切.(사와 족의 반절이다.)"이고 입성(入聲)이라고 하였다. 속(續)도 또한 『광운(廣韻)』에서 "似足切.(사와 족의 반절이다.)"이고 입성(入聲)이라고 하였다.

晉以卿大夫之適子爲之.

흥(興)이다. '일곡(一曲)'은 물이 굽어서 흐르는 곳을 이른다. '속(藚)'은 수석(水舄)이니, 잎이 차전초(車前草)와 같다. '공족(公族)'은 임금의 종족(宗族)을 관장하니, 진(晉)나라에서는 경대부(卿大夫)의 적자(適子)로써 맡겼다.

詳說

○ 音昔.54)

'석(舄)'은 음이 석(昔)이다.

○ 尺奢反.55)

'차(車)'는 척(尺)과 사(奢)의 반절이다.

○ 孔氏曰 : "牛脣也, 今澤瀉."56)

'엽여차전초(葉如車前草)'에 대해, 공씨(孔氏 : 孔穎達)가 말하였다. "우순(牛脣)이니, 지금의 택사(澤瀉)이다."

○ 音的.57)

'적(適)'은 음이 적(的)이다.

[1-9-2-4]

「汾沮洳」三章, 章六句.

「분저여(汾沮洳 : 분수의 진펄)」는 세 장이니, 장마다 여섯 구이다.

---

54) 호광(胡廣) 등 찬, 『시전대전(詩傳大全)』의 소주 내용을 수용한 것이다. 『강희자전(康熙字典)』에 의하면, "『廣韻』·『集韻』·『韻會』·『正韻』, 丛思積切, 音昔.(『광운』·『집운』·『운회』·『정운』에서 아울러 사와 적의 반절이라고 하였으니, 음이 석이다.)"이라고 하였다.
55) 『광운(廣韻)』에는 본음이 "尺遮切.(척과 차의 반절이다.)"이고 평성(平聲)이라 하고, 또 "九魚切.(구와 어의 반절이다.)"이고 평성(平聲)이라 하였다.
56) 호광(胡廣) 등 찬, 『시전대전(詩傳大全)』의 소주 내용에서 발췌한 것이다. 그 전문은 다음과 같다. "孔氏曰 : '藚, 牛脣, 水舄也, 如續斷寸寸有節, 拔之可復, 今澤瀉也.'(공씨가 말하였다. '속은 우순이고 수석이니, … 지금의 택사이다.')"
57) 그 뜻이 '맏이'일 경우에는 『광운(廣韻)』에서 "都歷切.(도와 력의 반절이다.)"이고 입성(入聲)이라 하였고, 그 뜻이 '가다, 시집가다, 적합하다, 만나다'일 경우에는 『광운(廣韻)』에서 "之石切.(지와 석의 반절이다.)"이고 입성(入聲)이라고 하였다. 적(的)도 또한 『광운(廣韻)』에서 "都歷切.(도와 력의 반절이다.)"이고 입성(入聲)이라고 하였다.

[1-9-3-1]

園有桃, 其實之殽. 心之憂矣, 我歌且謠. 不知我者, 謂我士也驕. 彼人是哉, 子曰何其, 心之憂矣. 其誰知之. 其誰知之. 蓋亦勿思.

동산에 복사나무가 있으니 그 열매를 따서 먹으리로다.
내 마음에 근심이 있는지라 노래하고 또 흥얼거렸노라.
나를 알지 못하는 사람들은 나에게 교만하다고 하도다.
저 사람들이 옳기만 하거늘 그대는 어찌 그러는가 하니
내 마음속에 근심하는 것을 그 누가 이것을 알아주리오.
그 누가 이것을 알아주리오. 대개 또한 생각지 못하도다.

詳說

○ 音遙.58)
'요(遙)'는 음이 요(遙)이다.

○ 叶, 將黎反.59)
'재(哉)'는 협운(協韻)이니, 장(將)과 려(黎)의 반절이다.

○ 音基.60)
'기(其)'는 음이 기(基)이다.

○ 叶, 新齎反.61)

---

58) 주자(朱子) 찬, 『시경집전(詩經集傳)』 및 호광(胡廣) 등 찬, 『시전대전(詩傳大全)』의 소주 내용을 수용한 것이다. 『강희자전(康熙字典)』에 의하면, "『唐韻』·『集韻』·『韻會』·『正韻』, 丛餘招切, 音遙, 與䚻同, 謠, 歌也.(『당운』·『집운』·『운회』·『정운』에서 아울러 여와 초의 반절이니, 음이 요이며, 䚻와 같으니, 요는 노래함이다.)"라고 하였다. 遙도 또한 『강희자전(康熙字典)』에서 "『廣韻』·『集韻』·『韻會』·『正韻』, 丛餘招切, 音謠.(『당운』·『집운』·『운회』·『정운』에서 아울러 여와 초의 반절이니, 음이 요이다.)"라고 하였다.
59) 주자(朱子) 찬, 『시경집전(詩經集傳)』 및 호광(胡廣) 등 찬, 『시전대전(詩傳大全)』의 소주 내용을 수용한 것이다. 『광운(廣韻)』에는 본음이 "租才切.(조와 재의 반절이다.)"이고 평성(平聲)이라고 하였다.
60) 주자(朱子) 찬, 『시경집전(詩經集傳)』 및 호광(胡廣) 등 찬, 『시전대전(詩傳大全)』의 소주 내용을 수용한 것이다. 『광운(廣韻)』에는 본음이 "居之切.(거와 지의 반절이다.)"이고 평성(平聲)이라고 하였다. 기(基)도 또한 『광운(廣韻)』에서 "居之切.(거와 지의 반절이다.)"이고 평성(平聲)이라고 하였다. 이는 이미 육덕명(陸德明)의 『석문(釋文)』에서 "'其', 音基, 辭也.(기는 음이 기이니, 어조사이다.)"라고 하였다.
61) 주자(朱子) 찬, 『시경집전(詩經集傳)』 및 호광(胡廣) 등 찬, 『시전대전(詩傳大全)』의 소주 내용을 수용한 것이다. 『광운(廣韻)』에는 본음이 "息玆切.(식과 자의 반절이다.)"이고 평성(平聲)이라고 하였다.

'사(思)'는 협운(協韻)이니, 신(新)과 재(齋)의 반절이다.

朱註

興也. '殽', 食也. 合曲曰'歌', 徒歌曰'謠'. '其', 語辭. ○詩人, 憂其國小而無政, 故作是詩, 言 : "園有桃, 則其實之殽矣, 心有憂, 則我歌且謠矣. 然不知我之心者, 見其歌謠而反以爲驕, 且曰 : '彼之所爲已是矣, 而子之言, 獨何爲哉?' 蓋擧國之人, 莫覺其非, 而反以憂之者爲驕也. 於是, 憂者重嗟歎之, 以爲此之可憂, 初不難知, 彼之非我, 特未之思耳." 誠思之, 則將不暇非我而自憂矣.

흥(興)이다. '효(殽)'는 먹음이다. 악기연주에 맞추는 것을 '가(歌)'라 하고, 혼자서 노래함을 '요(謠)'라고 한다. '기(其)'는 어조사이다. ○시인(詩人)이 그 나라가 작은데도 바람직한 정사(政事)가 없음을 근심하였기 때문에 이 시를 지었으니, 말하기를 "동산에 복사나무가 있으면 그 열매를 먹고, 마음에 근심이 있으면 내가 노래하고 또 흥얼거렸으나, 내 마음을 알지 못하는 사람들은 그 노래하고 흥얼거림을 보고 도리어 교만하다고 하며, 또 말하기를 '저 사람들이 정치하는 것이 이미 옳거늘, 그대의 말은 홀로 어찌 그러한가?'라고 하니, 대개 온 나라 사람들이 그 그름을 깨닫지 못하고 도리어 근심하는 이를 교만하다고 한 것이다. 이에 근심하는 이가 거듭 탄식하고 한탄하면서 이미 이는 근심할 만하여 애당초 알기가 어렵지 않거늘, 저들이 나를 비난하는 것을 다만 생각하지 말 뿐이다."라고 하였다. 진실로 생각한다면 장차 나를 비난할 겨를이 없이 스스로 근심할 것이라고 한 것이다.

詳說

○ 兼賦.

'흥야(興也)'의 경우, 부(賦)를 아울렀다.

○ 孔氏曰 : "對文如此, 散則'歌'未必合樂也."[62]

'도가왈요(徒歌曰謠)'에 대해, 공씨(孔氏 : 孔穎達)가 말하였다. "문자를 짝지은 것이 이와 같을 뿐이고, 흩어지면 '가(歌)'가 반드시 악기연주를 만나는 것이 아니다."

---

[62] 호광(胡廣) 등 찬, 『시전대전(詩傳大全)』의 소주 내용에서 발췌한 것이다. 그 전문은 다음과 같다. "孔氏曰 : '謠旣徒歌, 則歌不徒矣, 歌謠對文如此, 散則歌未必合樂也.'(공씨가 말하였다. '… 가요의 문자를 짝지은 것이 이와 같을 뿐이고, 흩어지면 가가 반드시 악기연주에 맞추는 것이 아니다.')"

○ 亦儉嗇之俗也.
'즉기실지효의(則其實之殽矣)'의 경우, 또한 검소하고 아끼는 풍속이다.

○ 程子曰 : "憂思之深, 至歌且謠."63)
'즉아가차요의(則我歌且謠矣)'에 대해, 정자(程子 : 程頤)가 말하였다. "근심과 사념(思念)이 심함에 노래하고 흥얼거림에 이른 것이다."

○ 爲政者.
'피(彼)'는 정치를 하는 사람이다.

○ 曰.
'자지언(子之言)'의 경우, 왈(曰)이다.

○ 二句, 重釋也.
'이반이우지자위교야(而反以憂之者爲驕也)'에서 볼 때, 두 구절은 거듭 해석한 것이다.

○ 去聲.
'우자중(憂者重)'에서 중(重)은 거성(去聲 : 거듭)이다.

○ 反釋'誰知'二句之文.
'초불난지(初不難知)'의 경우, '수지(誰知 : 누가 알리오)'의 두 구의 문장을 뒤집어서 해석한 것이다.

○ 正釋'誰知'二句之意.
'피지비아(彼之非我)'의 경우, '수지(誰知 : 누가 알리오)'의 두 구의 뜻을 제대로 해석한 것이다.

---

63) 호광(胡廣) 등 찬, 『시전대전(詩傳大全)』의 소주 내용에서 발췌한 것이다. 그 전문은 다음과 같다. "程子曰 : '此詩, 憂深思遠矣, 國無政事則亡, 故憂思之深, 至歌且謠.'(정자가 말하였다. '이 시는 근심이 깊고 사념이 큰 것이니, 나라에 정사가 없으면 망하기 때문에 근심과 사념이 심함에 노래하고 흥얼거림에 이른 것이다.')"; 정이(程頤), 『정씨경설(程氏經説)』 권3, 「시해(詩解)·원유도(園有桃)」. "觀此詩, 可見其憂深思遠矣. 所刺者, 不能用其民耳, 不能用其民, 則不能治, 豈復有德教? 其致侵削可知也. 國無政事則亡, 故詩人憂思之深也. 桃果之賤者, 園有桃, 亦知其實以爲殽, 興國有民, 雖寡, 能用則治, 今不能用其民, 故心憂之至, 歌且謠, 誦詠之爲謠, 不知我者, 謂我驕慢, 彼人如是. 子曰 : '何哉? 蓋未之知也.' 故言我心之憂, 人莫知之, 重言人不知者不思耳. 其情至深切也, 棘尤賤物, 可用以食也, 行國猶駕, 言出游所以寫憂, 罔極不中也."

○ 勿.

'특미(特未)'의 경우, 물(勿: 말다)이다.

○ 補'誠'以下.

'즉장불가비아이자우의(則將不暇非我而自憂矣)'의 경우, '성(誠)' 아래를 보탰다.

[1-9-3-2]

○園有棘, 其實之食. 心之憂矣, 聊以行國. 不知我者, 謂我士也罔極. 彼人是哉, 子曰何其, 心之憂矣. 其誰知之. 其誰知之. 蓋亦勿思.

동산에 대추나무가 있으니 그 열매를 따서 먹으리로다.
내 마음에 근심이 있는지라 오로지 나라 안을 다녔노라.
나를 알지 못하는 사람들은 나에게 망극하다고 하도다.
저 사람들이 옳기만 하거늘 그대는 어찌 그러는가 하니
내 마음속에 근심하는 것을 그 누가 이것을 알아주리오.
그 누가 이것을 알아주리오. 대개 또한 생각지 못하도다.

詳說

○ 叶, 于逼反.[64]

'국(國)'은 협운(協韻)이니, 우(于)와 핍(逼)의 반절이다.

朱註

興也. '棘', 棗之短者. '聊', 且略之辭. 歌謠之不足, 則出遊於國中而寫憂也. '極', 至也, '罔極', 言其心縱恣, 無所至極.

흥(興)이다. '극(棘)'은 대추나무 가운데 짧은 것이다. '료(聊)'는 차략(且略 : 잠시 대충)이라는 말이다. 노래하고 흥얼거림으로 부족하여 나가서 나라 안을 돌아다니며 근심을 쏟아낸 것이다. '극(極)'은 지극함이니, '망극(罔極)'은 그 마음이 제멋대로해서 지극한 것이 없음을 말한다.

---

[64] 주자(朱子) 찬, 『시경집전(詩經集傳)』 및 호광(胡廣) 등 찬, 『시전대전(詩傳大全)』의 소주 내용을 수용한 것이다. 『광운(廣韻)』에는 본음이 "古或切.(고와 역의 반절이다.)"이고 입성(入聲)이라고 하였다.

詳說

○ 『本草』註曰 : "花·葉·莖·實, 俱似棗."65)

'조지단자(棗之短者)'에 대해, 『본초(本草)』의 주(註)에서 말하였다. "꽃과 잎과 줄기와 열매가 모두 대추나무와 같다."

○ 『埤雅』曰 : "棗性喬, 棘則低, 故於文, 重束爲棗, 並束爲棘."66)

『비아(埤雅)』에서 말하였다. "대추나무의 속성은 높이 솟고, 멧대추나무는 낮기 때문에 문자에서 차(朿)를 거듭한 것이 대추나무가 되고, 차(朿)를 나란히 한 것이 멧대추나무가 된다."

○ 按, 朿音次, 木芒也, 與束不同.

내가 살펴보건대, 차(朿)는 음이 차(次)이고, 나무 까끄라기바늘이니, 속(束)과 같지 않다.

○ 照上章.

'가요지부족(歌謠之不足)'의 경우, 위의 장을 참조해야 한다.

○ 如「泉水」·「竹竿」之女.67)

'즉출유어국중이사우야(則出遊於國中而寫憂也)'의 경우, 「천수(泉水)」와 「죽간(竹竿)」의 여인네와 같은 것이다.

---

65) 호광(胡廣) 등 찬, 『시전대전(詩傳大全)』의 소주 내용에서 발췌한 것이다. 그 전문은 다음과 같다. "『本草』註 : '棘有赤白二種, 小棗也, 叢高三四尺, 花·葉·莖·實, 俱似棗也.'(『본초』의 주에 말하였다. '… 꽃과 잎과 줄기와 열매가 모두 대추나무와 같다.')"

66) 호광(胡廣) 등 찬, 『시전대전(詩傳大全)』의 소주 내용에서 발췌한 것이다. 그 전문은 다음과 같다. "『埤雅』曰 : '大者棗, 小者棘, 於文, 重束爲棗, 竝束爲棘. 蓋棗性重喬, 棘則低矣, 故其制字如此.'(『비아』에서 말하였다. '큰 것이 대추나무이고, 작은 것이 멧대추나무이니, 문자에서 차(朿)를 거듭한 것이 대추나무가 되고, 치(朿)를 나란히 한 것이 멧대추나무가 된다. 대개 대추나무의 속성은 높이 솟고, 멧대추나무는 낮기 때문에 그 글자를 만듦이 이와 같은 것이다.')"

67) 호광(胡廣) 등 찬, 『시전대전(詩傳大全)』 권2, 「국풍(國風)·패(邶)·천수(泉水)」 4장에서 위(衛)나라 여인네가 제후에게 시집가고 나서 돌아가지 못하여 "我思肥泉, 玆之永歎. 思須與漕, 我心悠悠. 駕言出遊, 以寫我憂.(나는 늘 비천을 생각하며 이에 길게 탄식을 하노라. 수땅과 조땅을 생각하노니 내 마음이 까마아득하도다. 말에 멍에 씌워 나가 놀며 나의 시름을 없애 볼까나.)"라고 하였고, 또 호광(胡廣) 등 찬, 『시전대전(詩傳大全)』 권3, 「국풍(國風)·위(衛)·죽간(竹竿)」 4장에서 위(衛)나라 여인네가 제후에게 시집가고 나서 돌아가지 못하여 "淇水滺滺, 檜楫松舟. 駕言出遊, 以寫我憂.(기수가 일렁일렁 흘러가거늘 회나무의 노와 소나무 배로다. 배를 타고 물에 나가 놀면서 나의 근심 모두를 없애보리라.)"라고 하였다.

○ 猶言無狀.

'무소지극(無所至極)'의 경우, 무상(無狀 : 행실을 함부로 하여 예의가 없음)이라고 말함과 같다.

[1-9-3-3]

「園有桃」二章, 章十二句.

「원유도(園有桃 : 동산에 복사나무)」는 두 장이니, 장마다 열두 구이다.

詳說

○ 慶源輔氏曰 : "「黍離」, 憂王室之已覆, 而不我知, 則亦已矣[68]; 此憂魏國之將亾, 而不我知, 則欲其思之."[69]

경원 보씨(慶源輔氏 : 輔廣)가 말하였다. "「서리(黍離)」는 왕실이 이미 엎어짐을 근심한 것인데 나를 알아주지 않음에 곧 또한 그쳤으며, 이것은 위(魏)나라가 장차 망할 것을 근심한 것인데 나를 알아주지 않음에 곧 생각해주길 바란 것이다."

[1-9-4-1]

陟彼岵兮, 瞻望父兮. 父曰嗟予子行役, 夙夜無已. 上愼旃哉.
猶來無止.

저 민둥민둥한 산에 올라가서 아버지 계신 곳을 바라보노라.
아버지께서 말씀하실 것이로다.
"아아, 내 아들 멀리 부역가면 밤낮으로 쉴 새도 없을 거로다.

---

68) 호광(胡廣) 등 찬, 『시전대전(詩傳大全)』 권4, 「국풍(國風)·왕(王)·서리(黍離)」. 1장의 내용은 다음과 같다. "彼黍離離, 彼稷之苗. 行邁靡靡, 中心搖搖. 知我者, 謂我心憂, 不知我者, 謂我何求. 悠悠蒼天. 此何人哉.(저 기장이 영글어 주령주령한데 저 피도 새 싹이 제법 패었도다. 길나서서 걸어감에 느릿느릿하고 마음속이 자꾸 안절부절못했노라. 내 마음을 잘 알아주는 사람들은 내 마음속에 근심이 있다 하거늘 내 마음을 알지 못하는 사람들은 나한테 무엇을 구하느냐고 하니 까마아득한 새파란 하늘이여! 이 지경으로 만든 사람은 누구인가.)"

69) 호광(胡廣) 등 찬, 『시전대전(詩傳大全)』의 소주 내용에서 발췌한 것이다. 그 전문은 다음과 같다. "慶源輔氏曰 : '「黍離」之憂, 憂王室之已覆也; 「園有桃」之憂, 憂魏國之將亾也. 憂其已覆而不我知, 則亦已矣; 憂其將亾而不我知, 則欲其思之, 亦宜也.'(경원 보씨가 말하였다. '「서리」의 근심은 왕실이 이미 엎어짐을 근심한 것이고, 「원유도」의 근심은 위나라가 장차 망할 것을 근심한 것이다. 나라가 이미 엎어짐을 근심하였는데 나를 알아주지 않음에 곧 또한 그쳤으며, 나라가 장차 망할 것을 근심하였는데 나를 알아주지 않음에 곧 생각해주길 바랐으니, 또한 마땅한 것이다.')"

아무쪼록 조심하며 지낼지어다. 어서 돌아오고 머물지 말지니라."

詳說

○ 音戶.70)

'호(岵)'는 음이 호(戶)이다.

朱註

賦也. 山無草木曰'岵'. '上', 猶尚也. ○孝子行役, 不忘其親, 故登山以望其父之所在, 因想像其父念己之言, 曰: "嗟乎! 我之子行役, 夙夜勤勞, 不得止息." 又祝之曰: "庶幾愼之哉. 猶可以來歸, 無止於彼而不來也." 蓋生則必歸, 死則止而不來矣. 或曰: "止, 獲也, 言無爲人所獲也."

부(賦)이다. 산에 풀과 나무가 없는 것을 '호(岵)'라고 한다. '상(上)'은 상(尚)과 같다. ○효성스런 아들이 부역 가서 그 어버이를 잊지 못하였기 때문에 산에 올라가서 그 아버지가 계신 곳을 바라보면서 이에 그 아버지가 자기를 염려하는 말을 상상하여 말하기를, "아! 내 아들이 부역 가서 밤낮으로 부지런히 일하여 쉴 수 없을 것이다."라 하고, 또 바라기를, "아무쪼록 조심하며 지낼지어다. 어서 돌아올 수 있도록 하고, 저 곳에 머물러서 돌아오지 못함이 없어야 하느니라."라고 하였다. 대개 살면 반드시 돌아오고, 죽으면 머물러서 돌아오지 못하는 것이다. 어떤 이가 말하기를, "'지(止)'는 사로잡힘이니, 적국의 사람에게 잡히는 신세가 되지 말라고 말한 것이다."라고 하였다.

詳說

○ 旃之也.

'유상야(猶尚也)'는 전지(旃之 : 부디 할지어다)이다.

○ 尚.

'서기(庶幾)'는 상(尚 : 부디, 모쪼록)이다.

---

70) 주자(朱子) 찬, 『시경집전(詩經集傳)』 및 호광(胡廣) 등 찬, 『시전대전(詩傳大全)』의 소주 내용을 수용한 것이다. 『광운(廣韻)』에는 본음이 "侯古切.(후와 고의 반절이다.)"이고 상성(上聲)이라고 하였다. 호(戶)는 『강희자전(康熙字典)』에서 "『唐韻』・『正韻』, 侯古切, 『集韻』・『韻會』, 後五切, 𠀤音祜.(『당운』・『정운』에서 후와 고의 반절이라 하고, 『집운』・『운회』에서 후와 오의 반절이라 하였으니, 아울러 음이 호이다.)"라고 하였다.

○ 安成劉氏曰 : "以己之思親, 而知親之念己. 末二語, 所以自警, 亦所以自悲, 可以見其忠孝之心."[71]
'무지어피이불래야(無止於彼而不來也)'에 대해, 안성 유씨(安成劉氏 : 劉瑾)가 말하였다. "자기가 어버이를 생각함으로써 어버이가 자기를 생각함을 안 것이다. 끝에 두 말은 스스로 경계한 것이고, 또한 스스로 슬퍼한 것이니, 그 충성스럽고 효성스러운 마음을 볼 수 있다."

○ 慶源輔氏曰 : "斯人, 必能以親之心爲心, 可謂賢矣."[72]
경원 보씨(慶源輔氏 : 輔廣)가 말하였다. "이 사람은 반드시 능히 어버이의 마음으로써 마음을 삼았으니, 어질다고 이를 만하다."

○ 此重釋也.
'사즉지이불래의(死則止而不來矣)'의 경우, 이는 거듭 해석한 것이다.

○ 敵人.
'언무위인(言無爲人)'의 경우, 적국(敵國)의 사람이다.

[1-9-4-2]

○陟彼屺兮, 瞻望母兮. 母曰嗟予季行役, 夙夜無寐. 上愼旃哉. 猶來無棄.

저 맨둥맨둥한 산에 올라가서 어머니 계신 곳을 바라보노라.
어머니께서 말씀하실 것이로다.
"아아, 내 아들 멀리 부역가면 밤낮으로 잘 새도 없을 거로다.
아무쪼록 조심하며 지낼지어다. 어서 돌아오고 버려지지 말지니라."

---

71) 호광(胡廣) 등 찬, 『시전대전(詩傳大全)』의 소주 내용에서 발췌한 것이다. 그 전문은 다음과 같다. "安成劉氏曰 : '詩人以己之思親, 而知親之念己. 雖曰設爲親念己之言, 實以深寓己念親之心也. 章末二語, 所以自警, 亦所以自悲, 可以見其忠孝之心也.'(안성 유씨가 말하였다. '시인이 자기가 어버이를 생각함으로써 어버이가 자기를 생각함을 안 것이다. … 장 끝에 두 말은 스스로 경계한 것이고, 또한 스스로 슬퍼한 것이니, 그 충성스럽고 효성스러운 마음을 볼 수 있다.')"
72) 호광(胡廣) 등 찬, 『시전대전(詩傳大全)』의 소주 내용에서 발췌한 것이다. 그 전문은 다음과 같다. "慶源輔氏曰 : '旣思其父, 又思其母, 又思其兄, 旣想像其念己之言, 又想像其視己之言, 曰: 庶幾其謹之哉. 則斯人也, 必能以其親之心爲心, 亦可謂賢矣.'(경원 보씨가 말하였다. '… 이 사람은 반드시 능히 그 어버이의 마음으로써 마음을 삼았으니, 또한 어질다고 이를 만하다.')"

詳說

○ 音起.73)

'기(屺)'는 음이 기(起)이다.

○ 叶, 滿彼反.74)

'모(母)'는 협운(協韻)이니, 만(滿)과 피(彼)의 반절이다.

朱註

賦也. 山有草木曰'屺'. '季', 少子也, 尤憐哀少子者, 婦人之情也. '無寐', 亦言其勞之甚也. '棄', 謂死而棄其尸也.

부(賦)이다. 산에 풀과 나무가 있는 것을 '기(屺)'라고 한다. '계(季)'는 막내아들이니, 더욱 작은 아들을 사랑하고 애틋하게 여기는 것은 부인(婦人)의 정(情)이다. '무매(無寐)'는 또한 그 수고로움이 심함을 말한다. '기(棄)'는 죽어서 그 시신(屍身)을 버리는 것을 말한다.

詳說

○ 孔氏曰 : "『爾雅』, '多草木岵, 無草木屺.' 與『傳』正反, 當是傳寫誤也."75)

'산유초목왈기(山有草木曰屺)'에 대해, 공씨(孔氏 : 孔穎達)가 말하였다. "『이아(爾雅)』에는 '초목이 많은 것이 호(岵)이고, 초목이 없는 것이 기(屺)이다.'라 하여 『모전(毛傳)』과 정반대이니, 마땅히 베껴 씀이 잘못된 것이다."

○ 按, 當以『毛傳』爲正, 如'崔嵬'·'砠'之訓.76)

---

73) 주자(朱子) 찬, 『시경집전(詩經集傳)』 및 호광(胡廣) 등 찬, 『시전대전(詩傳大全)』의 소주 내용을 수용한 것이다. 『광운(廣韻)』에는 본음이 "墟里切.(거와 리의 반절이다.)"이고 상성(上聲)이라고 하였다. 기(起)도 또한 『광운(廣韻)』에서 "墟里切.(거와 리의 반절이다.)"이고 상성(上聲)이라고 하였다. 여기서 허(墟)는 『광운(廣韻)』에서 본음이 "去魚切.(거와 어의 반절이다.)"이고 평성(平聲)이라고 하였다
74) 주자(朱子) 찬, 『시경집전(詩經集傳)』 및 호광(胡廣) 등 찬, 『시전대전(詩傳大全)』의 소주 내용을 수용한 것이다. 『광운(廣韻)』에는 본음이 "莫厚切.(모와 후의 반절이다.)"이고 상성(上聲)이라고 하였다.
75) 호광(胡廣) 등 찬, 『시전대전(詩傳大全)』의 소주 내용에서 발췌한 것이다. 그 전문은 다음과 같다. "孔氏曰 : 『爾雅』「釋山」云: 多草木岵, 無草木屺, 與傳正反, 當是傳寫誤也.'(공씨가 말하였다. '『이아』「석산」에 이르기를, '초목이 많은 것이 호이고, 초목이 없는 것이 기이다.'라 하여 『모전』과 정반대이니, 마땅히 베껴 씀이 잘못된 것이다.'라고 하였다.)"
76) 호광(胡廣) 등 찬, 『시전대전(詩傳大全)』 권1, 「국풍(國風)·주남(周南)·권이(卷耳)」 2장에서 "陟彼崔嵬, 我馬虺隤, 我姑酌彼金罍, 維以不永懷.(저 높은 산에 오르려 하나 내 말이 병들어 비실하나니 내 잠시 저

내가 살펴보건대, 마땅히 『모전(毛傳)』으로써 바름을 삼아야 하니, '최외(崔嵬)'
와 '저(岨)'의 새김과 같다.

○ 去聲,77) 下同.
'소(少)'는 거성(去聲 : 어리다)이니, 아래도 같다.

○ 不得寐.
'역언기로지심야(亦言其勞之甚也)'의 경우, 잠을 잘 수 없는 것이다.

[1-9-4-3]

○陟彼岡兮, 瞻望兄兮. 兄曰嗟予弟行役, 夙夜必偕. 上慎旃哉. 猶來無死.

저 산등성이에 올라가서 형님이 계신 곳을 바라보노라.
형님께서 말씀하실 것이로다.
"아아, 내 아우 멀리 부역가면 밤낮으로 반드시 함께할 거로다.
아무쪼록 조심하며 지낼지어다. 어서 돌아오고 죽지는 말지니라."

詳說

○ 叶, 虛王反.78)
'형(兄)'은 협운(協韻)이니, 허(虛)와 왕(王)의 반절이다.

○ 叶, 擧里反.79)

금잔에 술 마셔 마냥 생각하지 않으려 해라.)"라 하고, 그 주(註)에서 "'崔嵬', 土山之戴石者.('최외'는 흙산이 바윗돌을 이고 있는 것이다.)"라고 하였다. 또 4장에서 "陟彼岨矣, 我馬瘏矣, 我僕痡矣, 云何吁矣?(저 돌산에 오르려고 하건만 내 말이 병들어서 못 가며 내 마부가 지쳐서 못 가니 어찌 나를 한숨짓게 하는가?)"라 하고, 그 주(註)에서 "石山戴土曰'岨'.(돌산이 흙을 이고 있는 것을 '저'라고 한다.)"라고 하였다. 고동고(顧棟高) 찬, 『모시유석(毛詩類釋)』 권3, 「석산(釋山)」. "崔嵬·岨.『爾雅』, '石戴土謂之崔嵬', 郭注: '石山上有土者.' '土戴石爲岨.' 郭注: '土山上有石者.' 邢疏: '周南·卷耳'云: '陟彼崔嵬', 又云: '陟彼岨矣.'『毛傳』, '崔嵬, 土山之戴石者, 石山戴土曰岨.' 與此相反, 或是傳寫之誤也."

77) 그 뜻이 '적다'일 경우에는 『광운(廣韻)』에서 "書沼切.(서와 소의 반절이다.)"이고 상성(上聲)이라 하였고, 그 뜻이 '어리다, 젊다'일 경우에는 『광운(廣韻)』에서 "失照切.(실과 소의 반절이다.)"이고 거성(去聲)이라 하였다.
78) 주자(朱子) 찬, 『시경집전(詩經集傳)』 및 호광(胡廣) 등 찬, 『시전대전(詩傳大全)』의 소주 내용을 수용한 것이다. 『광운(廣韻)』에는 본음이 "許榮切.(허와 영의 반절이다.)"이고 평성(平聲)이라고 하였다.
79) 주자(朱子) 찬, 『시경집전(詩經集傳)』 및 호광(胡廣) 등 찬, 『시전대전(詩傳大全)』의 소주 내용을 수용한 것이다. 『광운(廣韻)』에는 본음이 "古諧切.(고와 해의 반절이다.)"이고 평성(平聲)이라고 하였다.

'해(偕)'는 협운(協韻)이니, 거(擧)와 리(里)의 반절이다.

○ 叶, 想止反.80)
'사(死)'는 협운(協韻)이니, 상(想)과 지(止)의 반절이다.

朱註
賦也. 山脊曰'岡'. '必偕', 言與其儕同作同止, 不得自如也.
부(賦)이다. 산등성이를 '강(岡)'이라고 한다. '필개(必偕)'는 그 동료들과 함께 일하고 함께 그쳐서 자유로울 수 없음을 말한다.

詳說
○ 永嘉陳氏曰 : "岵‧屺‧岡, 詩人各取其一, 以叶韻."81)
'산척왈강(山脊曰岡)'에 대해, 영가 진씨(永嘉陳氏 : 陳埴)82)가 말하였다. "호(岵)와 기(屺)와 강(岡)은 시인이 각각 그 하나를 취하여 협운(協韻)한 것이다."

○ 『諺』音誤.83)
'개(偕)'의 경우, 『언해(諺解)』의 음이 잘못되었다.

○ 補此字.
'언여기제(言與其儕)'의 경우, 이 글자를 보탰다.

○ 父母不忍直言死, 至兄則言之矣.
'부득자여야(不得自如也)'에서 볼 때, 부모님에게서는 차마 곧장 죽음을 말하지

---

80) 주자(朱子) 찬, 『시경집전(詩經集傳)』 및 호광(胡廣) 등 찬, 『시전대전(詩傳大全)』의 소주 내용을 수용한 것이다. 『광운(廣韻)』에는 본음이 "息姊切.(식과 자의 반절이다.)"이고 상성(上聲)이라고 하였다.
81) 호광(胡廣) 등 찬, 『시전대전(詩傳大全)』의 소주 내용에서 발췌한 것이다. 그 전문은 다음과 같다. "永嘉陳氏曰 : '岵也‧屺也‧岡也, 皆山之高處而可以瞻望者, 詩人各取其一, 以叶韻耳.'(영가 진씨가 말하였다. '호와 기와 강은 모두 산의 높은 곳으로 바라볼 수 있는 것이니, 시인이 각각 그 하나를 취하여 협운하였을 뿐이다.')"
82) 영가 진씨(永嘉陳氏 : 陳埴) : 진식은 남송 학자로 자가 기지(器之)이고, 호가 잠실(潛室)이며, 영가(永嘉) 출신이다. 주자의 제자로서 협미도(叶味道)와 함께 목종학파(木鍾學派)를 만들었는데, 이는 『예기』「학기(學記)」의 "질문을 잘하는 사람은 굳은 나무를 다스리는 것과 같으며, 질문에 잘 대하는 사람은 종을 치는 것과 같다.(善問者, 如攻堅木; 善待問者, 如撞鍾.)"고 말한 것에서 취한 말이다. 잠실 진씨(潛室陳氏)라고도 한다. 저서로는 정주(程朱) 이학(理學) 사상에 관한 문답 형식의 내용을 실은 『목종집(木鍾集)』 등이 있다.
83) 『언해(諺解)』에서 음을 '해'라고 하였으나, '개'라고 해야 함을 말한 것이다.

못하고, 형에게 이르러서 말한 것이다.

[1-9-4-4]

「陟岵」三章, 章六句.

「척호(陟岵: 민둥산에 올라가서)」는 세 장이니, 장마다 여섯 구이다.

[1-9-5-1]

十畝之間兮, 桑者閑閑兮, 行與子還兮.

열 이랑의 뽕나무밭 사이에서 뽕잎 따는 사람 모습 잔잔하니
장차 그대와 함께 돌아가리라.

詳說

○ 叶, 居賢反.[84]

'간(間)'은 협운(叶韻)이니, 거(居)와 현(賢)의 반절이다.

○ 叶, 胡田反.[85]

'한한(閑閑)'은 협운(叶韻)이니, 호(胡)와 전(田)의 반절이다.

○ 叶, 音旋.[86]

'선(還)'은 협운(叶韻)이니, 음이 선(旋)이다.

○ 此之叶, 蓋從「還」與「溱·洧」之例云.[87]

---

[84] 주자(朱子) 찬, 『시경집전(詩經集傳)』 및 호광(胡廣) 등 찬, 『시전대전(詩傳大全)』의 소주 내용을 수용한 것이다. 『광운(廣韻)』에는 본음이 "古莧切.(고와 한의 반절이다.)"이고 거성(去聲)이라고 하였다. 한(莧)은 『광운(廣韻)』에서 "侯襇切.(후와 간의 반절이다.)"이고 거성(去聲)이라고 하였다.

[85] 주자(朱子) 찬, 『시경집전(詩經集傳)』 및 호광(胡廣) 등 찬, 『시전대전(詩傳大全)』의 소주 내용을 수용한 것이다. 『집운(集韻)』에는 본음이 "何間切.(하와 간의 반절이다.)"이고 평성(平聲)이라고 하였다.

[86] 주자(朱子) 찬, 『시경집전(詩經集傳)』 및 호광(胡廣) 등 찬, 『시전대전(詩傳大全)』의 소주 내용을 수용한 것이다. 그 뜻이 '돌아오다'일 경우에는 『광운(廣韻)』에서 "戶關切.(호와 관의 반절이다.)"이고 평성(平聲)이라 하였고, 그 뜻이 '돌다, 돌리다'일 경우에는 『광운(廣韻)』에서 "似宣切.(사와 선의 반절이다.)"이고 평성(平聲)이라고 하였다. 선(旋)도 또한 『광운(廣韻)』에서 "似宣切.(사와 선의 반절이다.)"이고 평성(平聲)이라고 하였다.

[87] 호광(胡廣) 등 찬, 『시전대전(詩傳大全)』 권, 「국풍(國風)·제(齊)·선(還)」. 1장에서 "子之還兮, 遭我乎猫之間兮. 並驅從兩肩兮, 揖我謂我儇兮.(그대는 날쌔기도 하거늘 노산 사이에서 만났도다. 함께 두 마리를 쫓

이 시의 협운(協韻)은 대개 「선(還)」과 「진·유(溱·洧)」의 예를 좇은 것이다.

朱註

賦也. '十畝之間', 郊外所受場圃之地也. '閑閑', 往來者自得之貌. '行', 猶將也. '還', 猶歸也. ○政亂國危, 賢者不樂仕於其朝, 而思與其友歸於農圃, 故其辭如此.

부(賦)이다. '십묘지간(十畝之間)'은 교외에 나라로부터 받은 집근처 채소밭의 땅이다. '한한(閑閑)'은 오가는 이가 스스로 만족스런 모양이다. '행(行)'은 장(將)과 같다. '환(還)'은 귀(歸)와 같다. ○정사가 혼란하고 나라가 위태로워 현량(賢良)한 이들이 그 조정에서 벼슬살이하는 것을 즐거워하지 않고, 그 벗과 더불어 농사짓는 밭으로 돌아갈 것을 생각하였기 때문에 그 말이 이와 같은 것이다.

詳說

○ 張子曰 : "周制, 國郛之外, 有䢉爲場圃之地者. 疑家受十畝, 以毓草木."[88]

'교외소수장포지야(郊外所受場圃之地也)'에 대해, 장자(張子 : 張載)가 말하였다. "주(周)나라의 제도에 의하면, 나라 외성(外城) 밖에 집근처 채소밭의 땅을 받아서 경작하는 이가 있었는데, 의심컨대 집집마다 열 이랑씩 받아서 초목을 길렀던 것 같다."

○ 音洛.

'락(樂)'은 음이 락(洛)이다.

○ 音潮.[89]

'조(朝)'는 음이 조(潮)이다.

앉는데 읍하면서 날째다 하도다."라고 하여 협운(協韻)을 '선(還)'·'간(間)'과 '견(肩)'·'현(儇)'에 두었고, 호광(胡廣) 등 찬, 『시전대전(詩傳大全)』권, 「국풍(國風)·정(鄭)·진·유(溱·洧)」. 1장에서 "溱與洧, 方渙渙兮, 士與女, 方秉蕳兮.(진수와 유수가 흘러감에 바야흐로 넘실넘실하거늘 남정네와 여인네가 서로 바야흐로 난초를 잡도다.)"라고 하여 협운(協韻)을 '환(渙)'과 '간(蕳)'에 둔 것을 말한다.
88) 호광(胡廣) 등 찬, 『시전대전(詩傳大全)』의 소주 내용을 수용한 것이다.
89) 그 뜻이 '조회하다, 조정'일 경우에는 『광운(廣韻)』에서 "直遙切.(직과 요의 반절이다.)"이고 평성(平聲)이라 하였고, 그 뜻이 '아침'일 경우에는 『광운(廣韻)』에서 "陟遙切.(척과 요의 반절이다.)"이고 평성(平聲)이라고 하였다. 조(潮)도 또한 『광운(廣韻)』에서 "直遙切.(직과 요의 반절이다.)"이고 평성(平聲)이라고 하였다.

○ 子.

'기우(其友)'의 경우, '자(子)'이다.

[1-9-5-2]
○十畝之外兮, 桑者泄泄兮, 行與子逝兮.

열 이랑의 뽕나무밭 바깥에서 뽕잎 따는 사람 모습 느긋하니
장차 그대와 함께 떠나가리라.

詳說

○ 外, 五墜反.90)

'외(外)'는 협운(協韻)이니, 오(五)와 추(墜)의 반절이다.

○ 以世反.91)

'예예(泄泄)'는 이(以)와 세(世)의 반절이다.

朱註

賦也. '十畝之外', 鄰圃也. '泄泄', 猶閑閑也. '逝', 往也.

부(賦)이다. '십무지외(十畝之外)'는 인근의 채소밭이다. '예예(泄泄)'는 한한(閑閑)과 같다. '서(逝)'는 떠나감이다.

詳說

○ 行之緩也

'유한한야(猶閑閑也)'의 경우, 다님이 느린 것이다.

---

90) 주자(朱子) 찬, 『시경집전(詩經集傳)』 및 호광(胡廣) 등 찬, 『시전대전(詩傳大全)』의 소주 내용을 수용한 것이다. 『광운(廣韻)』에는 본음이 "五會切.(오와 회의 반절이다.)"이고 거성(去聲)이라고 하였다.
91) 호광(胡廣) 등 찬, 『시전대전(詩傳大全)』의 소주 내용을 수용한 것이다. 주자(朱子) 찬, 『시경집전(詩經集傳)』의 소주에는 "音異.(음이 이이다.)"로 되어 있다. 그 뜻이 '한가하다'일 경우에는 『광운(廣韻)』에서 "餘制切.(여와 제의 반절이다.)"이고 거성(去聲)이라 하였고, 그 뜻이 '물새다'일 경우에는 『광운(廣韻)』에서 "私列切.(사와 렬의 반절이다.)"이고 입성(入聲)이라고 하였다.

[1-9-5-3]

「十畝之間」二章, 章三句.

「십묘지간(十畝之間 : 열 이랑의 뽕나무밭 사이)」은 두 장이니, 장마다 세 구이다.

[1-9-6-1]

坎坎伐檀兮, 寘之河之干兮. 河水清且漣猗. 不稼不穡, 胡取三百廛兮; 不狩不獵, 胡瞻爾庭有縣貆兮. 彼君子兮, 不素餐兮.

영차영차 박달나무를 베어
하수 언덕에 옮겨두었는데
하수가 맑고도 잔잔하도다.
심지도 않고 거두지 않으면 어찌 벼 삼백 전을 취하며
때려잡고 사로잡지 않으면 어찌 집에서 담비를 보리오.
저 훌륭하고 성실한 군자는 일도 않고 밥 먹지 않도다.

詳說

○ 叶, 徒沿反.[92]

'단(檀)'은 협운(協韻)이니, 도(徒)와 연(沿)의 반절이다.

○ 叶, 居焉反.[93]

'간(干)'은 협운(協韻)이니, 거(居)와 언(焉)의 반절이다.

○ 音連.[94]

'련(漣)'은 음이 련(連)이다.

---

92) 주자(朱子) 찬, 『시경집전(詩經集傳)』 및 호광(胡廣) 등 찬, 『시전대전(詩傳大全)』의 소주 내용을 수용한 것이다. 『광운(廣韻)』에는 본음이 "徒干切.(도와 간의 반절이다.)"이고 평성(平聲)이라고 하였다.
93) 주자(朱子) 찬, 『시경집전(詩經集傳)』 및 호광(胡廣) 등 찬, 『시전대전(詩傳大全)』의 소주 내용을 수용한 것이다. 『광운(廣韻)』에는 본음이 "古寒切.(고와 한의 반절이다.)"이고 평성(平聲)이라고 하였다.
94) 주자(朱子) 찬, 『시경집전(詩經集傳)』의 소주와 달리 호광(胡廣) 등 찬, 『시전대전(詩傳大全)』의 소주에는 "力反.(력과 전의 반절이다.)"으로 되어 있다. 『광운(廣韻)』에는 본음이 "力延切.(력과 연의 반절이다.)"이고 평성(平聲)이라고 하였다. 련(連)도 또한 『광운(廣韻)』에서 "力延切.(력과 연의 반절이다.)"이고 평성(平聲)이라고 하였다.

○ 音醫.95)

'의(猗)'는 음이 의(醫)이다.

○ 直連反.96)

'전(廛)'은 직(直)과 련(連)의 반절이다.

○ 音玄.97)

'현(縣)'은 음이 현(玄)이다.

○ 音喧.98)

'환(狟)'은 음이 훤(喧)이다.

○ 七丹反, 叶, 七宣反.99)

'찬(餐)'은 칠(七)과 단(丹)의 반절이고, 협운(協韻)이니, 칠(七)과 선(宣)의 반절이다.

朱註

賦也. '坎坎', 用力之聲. '檀', 木, 可爲車者. '寘', 與置同. '干', 厓也. '漣', 風行水成文也. '猗', 與兮同, 語辭也. 『書』'斷斷猗', 『大學』作'兮', 『莊子』亦云: "而我猶爲人猗." 是也. 種之曰'稼', 斂之曰'穡'. '胡', 何也. 一夫所居曰'廛'. '狩', 亦獵也. '狟', 貉類. '素', 空. '餐', 食也. ○詩人言: "有人

---

95) 주자(朱子) 찬, 『시경집전(詩經集傳)』의 소주와 달리 호광(胡廣) 등 찬, 『시전대전(詩傳大全)』의 소주에는 "於宜反.(어와 의의 반절이다.)"으로 되어 있다. 『광운(廣韻)』에는 본음이 "於離切.(어와 리의 반절이다.)"이고 평성(平聲)이라고 하였다. 의(醫)는 『광운(廣韻)』에서 "於其切.(어와 기의 반절이다.)"이고 평성(平聲)이라고 하였다.
96) 주자(朱子) 찬, 『시경집전(詩經集傳)』 및 호광(胡廣) 등 찬, 『시전대전(詩傳大全)』의 소주 내용을 수용한 것이다. 『광운(廣韻)』에는 본음이 "直連切.(직과 련의 반절이다.)"이고 평성(平聲)이라고 하였다.
97) 주자(朱子) 찬, 『시경집전(詩經集傳)』 및 호광(胡廣) 등 찬, 『시전대전(詩傳大全)』의 소주 내용을 수용한 것이다. 『광운(廣韻)』에는 본음이 "胡涓切.(호와 연의 반절이다.)"이고 평성(平聲)이라고 하였다. 현(玄)도 또한 『광운(廣韻)』에서 "胡涓切.(호와 연의 반절이다.)"이고 평성(平聲)이라고 하였다.
98) 주자(朱子) 찬, 『시경집전(詩經集傳)』 및 호광(胡廣) 등 찬, 『시전대전(詩傳大全)』의 소주 내용을 수용한 것이다. 그 뜻이 '어린 담비'일 경우에는 『광운(廣韻)』에서 "胡官切.(호와 관의 반절이다.)"이고 평성(平聲)이라 하여 '환'이라고 하였으며, 그 뜻이 '호저(豪豬)'일 경우에는 『광운(廣韻)』에서 "況袁切.(황과 원의 반절이다.)"이고 평성(平聲)이라 하여 '훤'이라고 하였다. 훤(喧)은 『광운(廣韻)』에서 "況袁切.(황과 원의 반절이다.)"이고 평성(平聲)이라고 하였다. 그 뜻으로 볼 때 음이 '환'이 되어야 함이 옳다.
99) 호광(胡廣) 등 찬, 『시전대전(詩傳大全)』의 소주 내용을 수용한 것이다. 주자(朱子) 찬, 『시경집전(詩經集傳)』의 소주에는 "叶, 七宣反.(협운이니, 칠과 선의 반절이다.)"으로 되어 있다. 『광운(廣韻)』에는 본음이 "七安切.(칠과 안의 반절이다.)"이고 평성(平聲)이라고 하였다.

於此, 用力伐檀, 將以爲車而行陸也. 今乃寘之河干, 則河水淸漣而無所用, 雖欲自食其力, 而不可得矣. 然其志則自以爲不耕則不可以得禾, 不獵則不可以得獸. 是以甘心窮餓而不悔也." 詩人述其事而歎之, 以爲是眞能不空食者. 後世若徐穉之流, 非其力不食, 其厲志蓋如此.

부(賦)이다. '감감(坎坎)'은 힘쓸 때 나는 소리이다. '단(檀)'은 나무이니, 수레를 만들 수 있는 것이다. '치(寘)'는 둘 치(置)와 같다. '간(干)'은 언덕이다. '련(漣)'은 바람이 불어 물에 무늬를 이루는 것이다. '의(猗)'는 혜(兮)와 같으니, 어조사이다. 『서경(書經)』의 '단단의(斷斷猗 : 한결같이 성실하다.)'를 『대학(大學)』에서 '혜(兮)'로 썼으며, 『장자(莊子)』에서 또한 이르기를, "이아유위인의(而我猶爲人猗 : 내가 오히려 사람이 되도다.)"라고 한 것이 이것이다. 심는 것을 '가(稼)'라 하고, 거두는 것을 '색(穡)'이라고 한다. '호(胡)'는 어찌이다. 한 사내가 사는 곳을 '전(廛)'이라고 한다. '수(狩)'도 또한 사냥함이다. '환(貆)'은 담미의 종류이다. '소(素)'는 하는 일이 없음이고, '찬(餐)'은 밥이다. ○시인(詩人)이 말하기를, "여기에 사람이 있는데 힘써서 박달나무를 벤 것은 장차 수레를 만들어 육지를 다니려는 것이거늘, 이제 이에 황하(黃河)의 언덕에 옮겨두었는데 황하(黃河)의 물이 맑고 잔잔하여 소용이 없으니, 비록 그 능력으로 스스로 먹고살고자 해도 할 수 없었다. 그러나 그 뜻이 스스로 '밭 갈지 않으면 벼를 얻을 수 없고, 사냥하지 않으면 짐승을 얻을 수 없다.'고 여겼다. 이 때문에 가난함과 굶주림을 마음에 달게 여기고 후회하지 않았다."고 한 것이다. 시인(詩人)이 그 사정을 서술하여 탄식하면서 진실로 능히 일하지 않고 밥을 먹지 않을 사람이라고 여겼으니, 후세에 서치(徐穉)[100] 같은 무리는 그 능력이 아니면 먹지 않았으니, 그 뜻을 격려함이 이와 같았던 것이다.

詳說

○ 許許也.
'용력지성(用力之聲)'의 경우, 허허(許許 : 영차영차)와 같다.

○ 句.
'단(檀)'에서 문장이 끊어진다.

---

[100] 서치(徐穉): 서서는 한(漢)대 사람으로, 대만(臺灣) 서씨(徐氏) 집안에서 태상시조(太上始祖)로 삼는 인물이다. 강서(江西) 남창(南昌)의 유명한 선비로서 집안 이 가난하여도 항상 공검(恭儉)하고 예양(禮讓)을 갖추었으며, 벼슬에 욕심이 없고 매우 덕행이 높아 사람들의 존경을 받았다.

○ 「秦誓」.101)
'『서(書)』는 「진서(秦誓)」이다.

○ 都玩反.102)
'단단(斷斷)'은 도(都)와 완(玩)의 반절이다.

○ 之猗.
'의(猗)'는 지의(之猗 : 어조사)이다.

○ 「大宗師」篇.103)
'『장자』(『莊子』)는 「대종사(大宗師)」편이다.

○ 孔氏曰 : "若散則相通."104)
'렴지왈색(斂之曰穡)'에 대해, 공씨(孔氏 : 孔穎達)가 말하였다. "만약 흩어지면 서로 뜻이 통한다."

○ 孔氏曰 : "民居之區域."105)
'일부소거왈전(一夫所居曰廛)'에 대해, 공씨(孔氏 : 孔穎達)가 말하였다. "백성들이 거주하는 구역이다."

○ 三百夫之所收也.
'삼백전(三百廛)'은 3백 명의 사내가 수확하는 것이다.

---

101) 호광(胡廣) 등 찬, 『서경대전(書經大全)』 권10, 「주서(周書)·진서(秦誓)」. "如有一介臣, 斷斷猗, 無他技, 其心休休焉, 其如有容.(만일 어떤 강직한 신하가 있는데 착실하고 다른 재주가 없어도 그 마음이 너그러우면 그 같은 이를 용납할 것이다.)" 공영달(孔穎達)은 "斷斷, 守善之貌, 無他技能, 徒守善而已."이라 하였고, 채침(蔡沈)은 "斷斷, 誠一之貌."라고 하였다.
102) 그 뜻이 '끊다'일 경우에는 『광운(廣韻)』에서 "都管切.(도와 관의 반절이다.)"이고 상성(上聲)이라 하였고, 그 뜻이 '한결같이 진실하다'일 경우에는 "徒管切.(도와 관의 반절이다.)"이고 상성(上聲)이라고 하였다.
103) 곽상(郭象) 주, 『장자주(莊子注)』 권3, 「대종사(大宗師)」. "或編曲, 或鼓琴, 相和而歌曰 : 嗟來桑户乎, 嗟來桑户乎而已. 反其眞而我猶爲人猗.'(… 그 참된 몸을 되돌려서 내가 오히려 사람이 되도다.)"
104) 호광(胡廣) 등 찬, 『시전대전(詩傳大全)』의 소주 내용에서 발췌한 것이다. 그 전문은 다음과 같다. "孔氏曰 : '以稼穡相對, 皆先稼後穡, 故知種曰稼, 斂曰穡, 若散則相通.(공씨가 말하였다. '… 만약 흩어지면 서로 뜻이 통한다.')"
105) 호광(胡廣) 등 찬, 『시전대전(詩傳大全)』의 소주 내용에서 발췌한 것이다. 그 전문은 다음과 같다. "孔氏曰 : '廛, 民居之區域也.'(공씨가 말하였다. '전은 백성들이 거주하는 구역이다.')"

○ 自爾也.
'역렵야(亦獵也)'에서 볼 때, '이(爾)'는 너로부터이다.

○ 『諺』音誤.106)
'환(貆)'의 경우, 『언해(諺解)』의 음이 잘못되었다.

○ 鄭氏曰: "貉子."107)
'학류(貉類)'에 대해, 정씨(鄭氏 : 鄭玄)가 말하였다. "담비 새끼이다."

○ 彼君子.
'유인어차(有人於此)'의 경우, '피군자(彼君子)'이다.

○ 取用下二章語.
'장이위차이행륙야(將以爲車而行陸也)'에서 볼 때, 아래 두 장의 말을 취하여 쓴 것이다.108)

○ 伐檀之力.
'수욕자식기력(雖欲自食其力)'의 경우, 박달나무를 베는 공력이다.

○ 慶源輔氏曰: "人之所食, 此二者爲大."109)
'불렵즉불가이득수(獵則不可以得獸)'에 대해, 경원 보씨(慶源輔氏 ; 輔廣)가 말하였다. "사람이 먹는 것에 이 두 가지는 중대한 것이다."

○ 「序」在釋中.110)

---

106) 그 뜻으로 볼 때 음이 '환'이 되어야 함이 옳은데, 박문호는 '훤'이 옳다고 본 것 같다.
107) 호광(胡廣) 등 찬, 『시전대전(詩傳大全)』의 소주 내용에서 발췌한 것이다. 그 전문은 다음과 같다. "鄭氏曰 : '貉子曰貆.'(정씨가 말하였다. '담비새끼를 환이라고 한다.')"
108) 아래의 2장에서 바퀴살 '복(輻)'과 3장에서 바퀴 '륜(輪)'을 말하는 것이다.
109) 호광(胡廣) 등 찬, 『시전대전(詩傳大全)』의 소주 내용에서 발췌한 것이다. 그 전문은 다음과 같다. "慶源輔氏曰 : '不稼不穡, 則不可以得粒食; 不狩不獵, 則不可以得鮮食. 人之所食, 雖多, 而此二者爲大, 故擧而言之. 所謂甘心窮餓而不悔者, 詩中雖無此意, 然觀其志之所有如此, 而詩人又以爲眞能不素餐者, 當有此事矣.'(경원 보씨가 말하였다. '… 사람이 먹는 것이 비록 많으나 이 두 가지가 중대하기 때문에 들어서 말한 것이다. ….')"
110) 정씨(鄭氏) 전·육덕명(陸德明) 음의·공영달(孔穎達) 소, 『모시주소(毛詩注疏)』 권9, 「국풍(國風)·위(魏)·벌단(伐檀)」. "「序」: 「伐檀」, 刺貪也, 在位貪鄙, 無功而受祿, 君子不得進仕爾.'(「서」에, '벌단'은 탐함을 풍자한 것이니, 지위에 있는 자들이 욕심 많고 야비하여 공력이 없이 녹봉을 받아 군자가 벼슬에

'이위시진능불공식자(以爲是眞能不空食者)'에서 볼 때, 「서(序)」가 해석 가운데 들어가 있다.

○ 見『後漢書』本傳.
'비기력불식(非其力不食)'의 내용이 『후한서(後漢書)』 본전(本傳)에 보인다.

○ 以後人實之.
'기려지개여차(其厲志蓋如此)'의 경우, 후세 사람이 실천하였다.

○ 安成劉氏曰 : "又如范文正公, 居官, 每計一日飲食・奉養之費, 與所爲之事不相稱, 則終夜不能安寢, 亦可謂能厲其志矣."111)
안성 유씨(安成劉氏 : 劉瑾)가 말하였다. "또 범문정공(范文正公) 같으면 벼슬살이 할 적에 매양 하루의 음식과 봉양의 비용을 계산하여 행한 바의 일과 서로 맞지 않으면 밤새도록 편안히 잠을 잘 수 없었으니, 또한 능히 그 뜻을 격려하였다고 이를 만하다."

○ 廬陵曹氏曰 : "君子之心, 寧勞而無功, 不肯無功而食."112)
여릉 조씨(廬陵曹氏 : 曹居貞)113)가 말하였다. "군자의 마음은 차라리 수고하고서 공이 없을지언정 공이 없으면서 공짜로 먹는 것을 즐겨하지 않았다."

나갈 수 없을 뿐이다.'라고 하였다.)』
111) 호광(胡廣) 등 찬, 『시전대전(詩傳大全)』의 소주 내용에서 발췌한 것이다. 그 전문은 다음과 같다. "安成劉氏曰 : '後漢徐儒子, 家貧常自耕稼, 非其力不食, 蓋其厲志之勤, 必欲服勞而後食, 亦若此詩賢者之志地. 又如范文正公, 居官, 每計一日飲食・奉養之費, 與所爲之事相稱, 則無復愧恥, 苟或不然, 終夜不能安寢, 亦可謂能厲其志者矣.'(안성 유씨가 말하였다. '… 또 범문정공 같으면 벼슬살이 할 적에 매양 하루의 음식과 봉양의 비용을 계산하여 행한 바의 일과 서로 맞으면 다시 부끄러움이 없었으니, 진실로 간혹 그렇지 않으면 밤새도록 편안히 잠을 잘 수 없었으니, 또한 능히 그 뜻을 격려한 이라고 이를 만하다.')"
112) 호광(胡廣) 등 찬, 『시전대전(詩傳大全)』의 소주 내용에서 발췌한 것이다. 그 전문은 다음과 같다. "廬陵曹氏曰 : '伐檀而實之河之干, 此勞於事而不得以食其力者也. 然賢者之心, 豈以是一事之不遂而自沮乎? 其志蓋以爲不耕則不可以得禾, 不獵則不可以食獸. 是以寧勞於事, 雖窮餓而不悔, 故詩人述其事而歎之, 以爲是眞能不空食者矣. 天下之事, 固有爲其事而無其功者, 然未有不爲其事而能有其功者矣. 君子之心, 寧勞而無功, 必不肯無功而食, 人之食, 此先難後獲之意也.'(여릉 조씨가 말하였다 '… 군자의 마음은 차라리 수고하고서 공이 없을지언정 공이 없으면서 공짜로 먹는 것을 즐겨하지 않았으니, ….')"
113) 여릉 조씨(廬陵曹氏 : 曹居貞): 조거정은 원대 학자로, 여릉(廬陵) 사람이다. 진사(進士)과에 급제하여 벼슬길에 나가서 명나라 영락(永樂) 중에 『대전(大全)』 수찬에 참여하였다. 저서로는 『시의발휘(詩義發揮)』 등이 있다.

[1-9-6-2]

○坎坎伐輻兮, 寘之河之側兮, 河水清且直猗.

不稼不穡, 胡取禾三百億兮; 不狩不獵, 胡瞻爾庭有縣特兮.

彼君子兮, 不素食兮.

영차영차 바큇살감을 베어 하수 가까이 옮겨두었는데
하수가 맑고도 반반하도다.
심지도 않고 거두지 않으면 어찌 벼 삼백 억을 취하며
때려잡고 사로잡지 않으면 어찌 집에서 짐승을 보리오.
저 훌륭하고 성실한 군자는 일도 않고 밥 먹지 않도다.

詳說

○ 音福, 叶, 筆力反.114)

'복(輻)'은 음이 복(福)이고, 협운(協韻)이니, 필(筆)과 력(力)의 반절이다.

○ 叶, 莊力反.115)

'측(側)'은 협운(協韻)이니, 장(莊)과 력(力)의 반절이다.

朱註

賦也. '輻', 車輻也, 伐木以爲輻也. '直', 波文之直也. 十萬曰'億', 蓋言禾秉之數也. 獸三歲曰'特'.

부(賦)이다. '복(輻)'은 수레바퀴살이니, 나무를 베어서 바퀴살을 만든다. '직(直)'은 물결의 무늬가 곧은 것이다. 십만(十萬)을 '억(億)'이라고 하니, 대개 볏단의 수를 말하는 것이다. 짐승이 세 살 된 것을 '특(特)'이라고 한다.

詳說

○ 照上章, 且嫌於直伐成輻, 故特明之.

---

114) 주자(朱子) 찬, 『시경집전(詩經集傳)』 및 호광(胡廣) 등 찬, 『시전대전(詩傳大全)』의 소주 내용을 수용한 것이다. 『광운(廣韻)』에는 본음이 "方六切.(방과 륙의 반절이다.)"이고 입성(入聲)이라고 하였다. 복(福)도 또한 『광운(廣韻)』에서 "方六切.(방과 륙의 반절이다.)"이고 입성(入聲)이라고 하였다.
115) 주자(朱子) 찬, 『시경집전(詩經集傳)』 및 호광(胡廣) 등 찬, 『시전대전(詩傳大全)』의 소주 내용을 수용한 것이다. 『광운(廣韻)』에는 본음이 "阻力切.(저와 력의 반절이다.)"이고 입성(入聲)이라고 하였다.

'벌목이위복야(伐木以爲輻也)'의 경우, 위의 장을 참조하였으니, 장차 곧장 베어 바퀴살을 이루는 것을 싫어하였기 때문에 특별히 밝힌 것이다.

○ 毛氏曰 : "萬萬曰億."116)
'십만왈억(十萬曰億)'에 대해, 모씨(毛氏 : 毛萇)가 말하였다. "만에 만을 억(億)이라고 한다."

○ 孔氏曰 : "刈禾之把數."117)
'개언병화지수야(蓋言禾秉之數也)'에 대해, 공씨(孔氏 : 孔穎達)가 말하였다. "벼를 베여서 손에 잡은 수이다."

○ 大獸.
'수삼세왈특(獸三歲曰特)'의 경우, 큰 짐승이다.

[1-9-6-3]

○坎坎伐輪兮, 寘之河之漘兮, 河水淸且淪猗. 不稼不穡, 胡取禾三百囷兮; 不狩不獵, 胡瞻爾庭有縣鶉兮. 彼君子兮, 不素飧兮.

영차영차 바퀴목재를 베어 하수 물가에 옮겨두었는데
하수가 맑고도 번번하도다.
심지도 않고 거두지 않으면 어찌 벼 삼백 균을 취하며
때려잡고 사로잡지 않으면 어찌 집에서 메추리 보리오.
저 훌륭하고 성실한 군자는 일도 않고 밥 먹지 않도다.

詳說
○ 音屑.118)

---

116) 정씨(鄭氏) 전·육덕명(陸德明) 음의·공영달(孔穎達) 소, 『모시주소(毛詩注疏)』 권9, 「국풍(國風)·위(魏)·벌단(伐檀)」. "傳" : '萬萬曰億.'('전」)에, '만에 만을 억이라고 한다.'라고 하였다.)"
117) 호광(胡廣) 등 찬, 『시전대전(詩傳大全)』의 소주 내용에서 발췌한 것이다. 그 전문은 다음과 같다. "孔氏曰 : '田方百里, 於今數爲九百萬畝, 而「王制」云 : 方百里, 爲田九十億畝. 是億爲十萬也. 禾秉之數, 謂刈禾之把數.'(공씨가 말하였다. '… 화병지수는 벼를 베여서 손에 잡은 수를 이른다.')"
118) 주자(朱子) 찬, 『시경집전(詩經集傳)』의 소주와 달리 호광(胡廣) 등 찬, 『시전대전(詩傳大全)』의 소주에는

'순(漘)'은 음이 순(脣)이다.

○ 丘倫反.[119]

'균(囷)'은 구(丘)와 륜(倫)의 반절이다.

○ 音純.[120]

'순(鶉)'은 음이 순(純)이다.

○ 音孫, 叶, 素倫反.[121]

'손(飧)'은 음이 손(孫)이고, 협운(協韻)이니, 소(素)와 륜(倫)의 반절이다.

<u>朱註</u>

賦也. '輪', 車輪也, 伐木以爲輪也. '淪', 小風, 水成文, 轉如輪也. '囷', 圓倉也. '鶉', 鷂屬. 熟食曰'飧'.

부(賦)이다. '륜(輪)'은 수레바퀴이니, 나무를 베어서 수레바퀴를 만드는 것이다. '륜(淪)'은 작은 바람에 물이 무늬를 이루어 도는 것이 수레바퀴와 같다는 것이다. '균(囷)'은 둥근 창고이다. '암(鶉)'은 메추라기의 동속(同屬)이다. 익힌 밥을 '손(飧)'이라고 한다.

<u>詳說</u>

○ 取音之同.[122]

"順倫反.(순과 륜의 반절이다.)"으로 되어 있다. 『광운(廣韻)』에는 본음이 "食倫切.(식과 륜의 반절이다.)"이고 평성(平聲)이라고 하였다. 순(脣)도 또한 『광운(廣韻)』에서 "食倫切.(식과 륜의 반절이다.)"이고 평성(平聲)이라고 하였다.

119) 주자(朱子) 찬, 『시경집전(詩經集傳)』 및 호광(胡廣) 등 찬, 『시전대전(詩傳大全)』의 소주 내용을 수용한 것이다. 『광운(廣韻)』에는 본음이 "去倫切.(거와 륜의 반절이다.)"이고 평성(平聲)이라고 하였다.

120) 주자(朱子) 찬, 『시경집전(詩經集傳)』 및 호광(胡廣) 등 찬, 『시전대전(詩傳大全)』의 소주 내용을 수용한 것이다. 『광운(廣韻)』에는 본음이 "常倫切.(상과 륜의 반절이다.)"이고 평성(平聲)이라고 하였다. 순(純)도 또한 『광운(廣韻)』에서 "常倫切.(상과 륜의 반절이다.)"이고 평성(平聲)이라고 하였다.

121) 주자(朱子) 찬, 『시경집전(詩經集傳)』의 소주와 달리 호광(胡廣) 등 찬, 『시전대전(詩傳大全)』의 소주에는 "素門反.(소와 문의 반절이고, 협운이니, 소와 륜의 반절이다.)"으로 되어 있다. 손(飧)에 대한 음가(音價)의 정보가 없다. 손(孫)은 『광운(廣韻)』에서 "思渾切.(사와 혼의 반절이다.)"이고 평성(平聲)이라고 하였다. 그리고 손(孫)은 『강희자전(康熙字典)』에 의하면, "『唐韻』·『集韻』·『思萈切』·『韻會』·『正韻』·'蘇昆切'. 竝音飧.(『당운』·『집운』에는 '사와 혼의 반절이다.'라 하고, 『운회』·『정운』에는 '소와 곤의 반절이다.' 하였으니, 아울러 음이 손이다.)"이라고 하였다.

122) 륜(輪)은 『광운(廣韻)』에서 "力迍切.(력과 둔의 반절이다.)이고 평성(平聲)이라고 하였다. 륜(淪)도 또한 『광운(廣韻)』에서 "力迍切.(력과 둔의 반절이다.)이고 평성(平聲)이라고 하였다.

'전여륜야(轉如輪也)'의 경우, 음이 같은 것을 취한 것이다.

○ 音菴.123)
'암(鵪)'은 음이 암(菴)이다.

[1-9-6-4]
「伐檀」三章, 章九句.

'벌단(伐檀 : 박달나무를 베어)'은 세 장이니, 장마다 아홉 구이다.

詳說

○ 『孔叢子』曰 : "於「伐檀」, 見賢者之先事後食."124)
『공총자(孔叢子)』에서 말하였다. "「벌단(伐檀)」에서는 현량(賢良)한 이가 일을 먼저하고 식사를 뒤에 하는 것을 보였다."

[1-9-7-1]
碩鼠碩鼠! 無食我黍. 三歲貫女, 莫我肯顧, 逝將去女, 適彼樂土. 樂土樂土! 爰得我所.

커다란 쥐야, 커다란 쥐야! 내 기장을 먹지 마를지어다.
3년이나 너에게 익숙했으니 나를 돌아보지 아니할진댄
떠나가서 장차 너를 버리고 저기 낙원의 땅으로 가리라.
낙원의 땅, 낙원의 땅이여! 이에 내 살 곳을 얻으리라.

詳說

○ 音慣.125)

---

123) 암(鵪)은『강희자전(康熙字典)』에서 "『廣韻』·『集韻』·『韻會』·『正韻』, 㰳'烏含切', 音諳.(『광운』·『집운』·『운회』·『정운』에서 아울러 '오와 함의 반절이다.'라고 하였으니, 음이 암이다.")라고 하였다. 암(菴)은『광운(廣韻)』에서 "烏含切.(오와 함의 반절이다.)"이고 평성(平聲)이라고 하였다.
124) 호광(胡廣) 등 찬,『시전대전(詩傳大全)』의 소주 내용에서 발췌한 것이다. 그 전문은 다음과 같다. "『孔叢子』, 子曰 : '於「伐檀」, 見賢者之先事後食也.'(『공총자』에서, 공자가 말하였다. '「벌단」에는 현량한 이가 일을 먼저하고 식사를 뒤에 하는 것을 보였다.')"
125) 주자(朱子) 찬,『시경집전(詩經集傳)』의 소주와 달리 호광(胡廣) 등 찬,『시전대전(詩傳大全)』의 소주에는 "古亂反.(고와 란의 반절이다.)"으로 되어 있다.『집운(集韻)』에는 본음이 "古患切.(고와 환의 반절이다.)"

'관(貫)'은 음이 관(慣)이다.

○ 音汝.126)
'여(女)'는 음이 여(汝)이다.

○ 叶, 果五反.127)
'고(顧)'는 협운(協韻)이니, 과(果)와 오(五)의 반절이다.

○ 音洛, 下同.128)
'락(樂)'은 음이 락(洛)이니, 아래도 같다.

朱註

比也. '碩', 大也. '三歲', 言其久也. '貫', 習, '顧', 念, '逝', 往也. '樂土', 有道之國也. '爰', 於也. ○民困於貪殘之政, 故託言大鼠害己而去之也.

비(比)이다. '석(碩)'은 큰 것이다. '삼세(三歲)'는 그 오래되었음을 말한다. '관(貫)'은 익숙함이고, '고(顧)'는 생각함이고, '서(逝)'는 떠나감이다. '낙토(樂土)'는 바른 도(道)가 실행됨을 즐거워함이 있는 나라이다. '원(爰)'은 어(於: 이에)이다. ○백성들이 탐하고 해로운 정사에 곤궁(困窮)하였기 때문에 커다란 쥐가 자기를 해롭게 하여 떠나버린다고 가탁하여 말한 것이다.

詳說

○ 指鼠, 如謂狐爲子.129)

이고 거성(去聲)이라고 하였다. 관(慣)도 또한 『광운(廣韻)』에서 "古患切.(고와 환의 반절이다.)"이고 거성(去聲)이라고 하였다.
126) 주자(朱子) 찬, 『시경집전(詩經集傳)』 및 호광(胡廣) 등 찬, 『시전대전(詩傳大全)』의 소주 내용을 수용한 것이다. 그 뜻이 '여자'일 경우에는 『광운(廣韻)』에서 "尼呂切.(니와 려의 반절이다.)"이고 상성(上聲)이라 하였고, 그 뜻이 '너 여(汝)'일 경우에는 『집운(集韻)』에서 "忍與切.(인과 여의 반절이다.)"이고 상성(上聲)이라고 하였다. 여(汝)는 『광운(廣韻)』에서 "人渚切.(인과 저의 반절이다.)"이고 상성(上聲)이라고 하였다.
127) 주지(朱子) 찬, 『시경집전(詩經集傳)』 및 호광(胡廣) 등 찬, 『시전대전(詩傳大全)』의 소주 내용을 수용한 것이다. 『광운(廣韻)』에는 본음이 "古暮切.(고와 모의 반절이다.)"이고 거성(去聲)이라고 하였다.
128) 주자(朱子) 찬, 『시경집전(詩經集傳)』 및 호광(胡廣) 등 찬, 『시전대전(詩傳大全)』의 소주 내용을 수용한 것이다. 『광운(廣韻)』에는 본음이 "盧各切.(로와 각의 반절이다.)"이고 입성(入聲)이라고 하였다. 락(洛)도 또한 『광운(廣韻)』에서 "盧各切.(로와 각의 반절이다.)"이고 입성(入聲)이라고 하였다.
129) 호광(胡廣) 등 찬, 『시전대전(詩傳大全)』 권3, 「국풍(國風)·위(衛)·유호(有狐)」 1장에서 "有狐綏綏, 在彼淇梁. 心之憂矣, 之子無裳.(여우가 슬금슬금 가더니만 저 기수의 돌다리에 있도다. 마음속으로 근심하는 것은 저 남정네 치마 없음이로다.)"라 하고, 그 주(註)에서 "有狐獨行而憂其無裳也.(여우가 홀로 가면서 그에게 치마가 없음을 근심하도다.)"라고 하였는데, 박문호는 여기서 '기(其)'자가 경문의 '자(子)'자를 가리키

'언기구야(言其久也)'에서 볼 때, '여(女)'는 쥐를 가리키니, 여우를 일러서 자(子)라고 한 것과 같다.

○ 慣通.
'관(貫)'은 '익숙할 관(慣)'과 통한다.

○ 重言, 甚疾之辭.
'고탁언대서(故託言大鼠)'에서 볼 때, 거듭 말한 것은 매우 미워하는 말이다.

○ 按, 『箋』云鼠斥君,130) 今以三歲之文觀之, 必是斥其邑大夫之貪殘, 「詩序辨說」所稱'有司', 是也.131)
'고탁언대서해기이거지야(故託言大鼠害己而去之也)'에 대해, 내가 살펴보건대, 『전(箋)』에서 쥐는 임금을 가리킨 것이라고 말했는데, 지금 3년의 문장으로써 보면 반드시 그 고을 대부의 탐욕과 해침을 가리킨 것이니, 「시서변설(詩序辨說)」에서 '유사(有司)'라고 일컬은 것이 이것이다.

○ 南軒張氏曰 : "欲去之, 猶有所未忍, 故著其情於詩."132)
남헌 장씨(南軒張氏 : 張栻)133)가 말하였다. "떠나버리고자 하여도 오히려 차마

며, 이는 "亦指狐, 如指螽爲'爾'耳.(또한 여우를 가리키니, 여치를 가리켜서 '이'라고 한 것과 같을 뿐이다.)"라고 하였다. 곧 호광(胡廣) 등 찬, 『시전대전(詩傳大全)』 권1, 「국풍(國風)·주남(周南)·종사(螽斯)」의 1장에서 "螽斯羽, 詵詵兮. 宜爾子孫, 振振兮.(여치들이 날갯짓하며 서로 정겹게 모였으니 마땅히 너의 자손들이 떼를 이루어 떨치리라.)"라고 하여 여치를 가리켜서 '이(爾)'라고 한 것을 말한다.

130) 정씨(鄭氏) 전·육덕명(陸德明) 음의·공영달(孔穎達) 소, 『모시주소(毛詩注疏)』 권9, 「국풍(國風)·위(魏)·석서(碩鼠)」. "『箋』云 : 碩, 大也, 大鼠大鼠者, 斥其君也. 女無復食我黍, 疾我稅斂之多也. 我事女三歲矣, 曾無敎令恩德來顧眷我, 又疾其不修政也. ….(『전』에 이르기를, '석은 큰 것이니, 커다란 쥐야, 커다란 쥐야 라고 한 것은 그 임금을 가리킨 것이다. ….)"

131) 주자(朱子) 변설(辨說), 『시서(詩序)』 권상, 「위(魏)·석서(碩鼠)」. "○「碩鼠」, 刺重斂也, 國人刺其君重斂蠶食於民, 不修其政貪, 而畏人若大鼠也. 此亦託於碩鼠, 以刺其有司之詞, 未必直以碩鼠, 比其君也.(「석서」는 무거운 부렴을 풍자한 것이니, … 이 또한 커다란 쥐에 가탁하여 유사를 풍자한 말이니, 반드시 곧장 커다란 쥐로써 그 임금을 비유하지 않았다.)"

132) 호광(胡廣) 등 찬, 『시전대전(詩傳大全)』의 소주 내용에서 발췌한 것이다. 그 전문은 다음과 같다. "南軒張氏曰 : 「碩鼠」之詩, 聖人所嘗取者, 以其上失道如此, 國人疾之甚而欲去之, 猶有所未忍也, 故著其情於詩. 著其情於詩, 乃其所未忍絶也.'(남헌 장씨가 말하였다. 「석서」의 시는 … 나라사람들이 미워함이 심하여 떠나가고자 하여도 오히려 차마 못하는 것이 있기 때문에 그 감정을 시에 드러낸 것이다. 시에 그 감정을 드러낸 것은 바로 차마 끊지 못하는 것이다.')"

133) 남헌 장씨(南軒張氏 : 張栻): 장식(1133-1180)은 남송 학자로, 자가 경부(敬夫)·흠부(欽夫)·낙재(樂齋)이고, 호가 남헌(南軒)이며, 한주(漢州) 사람이다. 남헌 선생(南軒先生)·남헌 장씨(南軒張氏)·광한 장씨(廣漢張氏)라고도 불렀으며, 시호가 '선(宣)'이어서 장선공(張宣公)이라고도 불렀다. 주희(朱熹)·여조겸(呂祖謙)과 함께 이름을 나란히 하여 '동남삼현(東南三賢)'이라고 칭송하였으며, 남송(南宋) 이종(理宗) 원년(1241)에 공자 사당에서 제사지내고 이관(李寬)·한유(韓愈)·이사진(李士眞)·주돈이(周敦頤)·주희(朱

못하는 것이 있기 때문에 그 감정을 시에 드러낸 것이다."

[1-9-7-2]

○碩鼠碩鼠! 無食我麥. 三歲貫女, 莫我肯德, 逝將去女, 適彼 樂國. 樂國樂國! 爰得我直.

커다란 쥐야, 커다란 쥐야! 내 보리를 먹지 마를지어다.
3년이나 너에게 익숙했으니 나에게 은덕을 아니할진댄
떠나가서 장차 너를 버리고 저기 낙원의 나라로 가리라.
낙원의 나라, 낙원의 나라여! 이에 내 마땅함을 얻으리라.

詳說

○ 叶, 訖力反.134)
'맥(麥)'은 협운(協韻)이니, 글(訖)과 력(力)의 반절이다.

○ 叶, 于逼反.135)
'국(國)'은 협운(協韻)이니, 우(于)와 핍(逼)의 반절이다.

朱註

比也. '德', 歸恩也. '直', 猶宜也.
비(比)이다. '덕(德)'은 은덕(恩德)을 돌려주는 것이다. '직(直)'은 의(宜)와 같다.

詳說

○ 華陽范氏曰:"民出力以事上, 不以爲德, 而反蠶食之."136)

熹)·황간(黃幹)과 함께 석고서원(石鼓書院) 칠현사(七賢祠)에서 제사지낸 뒤 '석고칠현(石鼓七賢)'이라고도 일컬었다. 저서로는 『남헌선생문집(南軒先生文集)』 외에 『남헌선생논어해(南憲先生論語解)』·『남헌선생맹자설(南軒先生孟子說)』·『남지역설(南地易說)』·『제갈충무후전(諸葛忠武侯傳)』·『남악창수집(南岳倡酬集)』 등이 있으며, 『서설(書說)』·『수사언인설(洙泗言仁說)』·『태극도설(太極圖說)』 등은 이름만 전한다.
134) 주자(朱子) 찬, 『시경집전(詩經集傳)』 및 호광(胡廣) 등 찬, 『시전대전(詩傳大全)』의 소주 내용을 수용한 것이다. 『광운(廣韻)』에는 본음이 "莫獲切.(모와 획의 반절이다.)"이고 입성(入聲)이라고 하였다.
135) 주자(朱子) 찬, 『시경집전(詩經集傳)』 및 호광(胡廣) 등 찬, 『시전대전(詩傳大全)』의 소주 내용을 수용한 것이다. 『광운(廣韻)』에는 본음이 "古或切.(고와 혹의 반절이다.)"이고 입성(入聲)이라고 하였다. 내각본에는 "叶, 于適反.(협운이니, 우와 적의 반절이다.)"으로 되어 있다.
136) 호광(胡廣) 등 찬, 『시전대전(詩傳大全)』의 소주 내용에서 발췌한 것이다. 그 전문은 다음과 같다. "華陽范氏曰: '莫我肯德者, 不以我爲德也, 民出力以事上, 不以爲德, 而反蠶食之, 所以去之也.'(화양 범씨가 말

'귀은야(歸恩也)'에 대해, 화양 범씨(華陽范氏 : 范祖禹)[137]가 말하였다. "백성들이 출력(出力)하여 윗사람을 섬겼는데 은덕(恩德)이 되지 않고 도리어 잠식(蠶食)된 것이다."

[1-9-7-3]

◯碩鼠碩鼠! 無食我苗. 三歲貫女, 莫我肯勞, 逝將去女, 適彼樂郊. 樂郊樂郊! 誰之永號.

커다란 쥐야, 커다란 쥐야! 내 볏모를 먹지 마를지어다.
3년이나 너에게 익숙했으니 나에게 위로하지 않을진댄
떠나가서 장차 너를 버리고 저기 낙원의 교외로 가리라.
낙원의 교외, 낙원의 교외여! 그 누가 길이 부르짖으리오.

詳說

◯ 叶, 音毛.[138]

'묘(苗)'는 협운(協韻)이니, 음이 모(毛)이다.

◯ 叶, 音高.[139]

'교(郊)'는 협운(協韻)이니, 음이 고(高)이다.

◯ 音毫.[140]

'호(號)'는 음이 호(毫)이다.

하였다. '막아긍덕이라는 것은 … 백성들이 출력하여 윗사람을 섬겼는데 은덕이 되지 않고 도리어 잠식된 것이니, ….')"
137) 화양 범씨(華陽范氏 : 范祖禹): 범조우(1041-1098)는 북송대 학자로, 자가 순보(淳甫)·순부(淳夫)·순부(純父), 또는 몽득(夢得)이고, 성도(成都) 화양(華陽) 사람이어서, 화양 범씨(華陽范氏) 또는 성도 범씨(成都范氏)라고 부른다. 정자(程子)를 사사(師事)하고, 사마광(司馬光)을 추종하였으며, 같이 『자치통감(資治通鑑)』을 편수하였다. 저서로는 『시해(詩解)』·『고문효경설(古文孝經說)』·『제의(祭儀)』·『경서요언(經書要言)』 등이 있다.
138) 주자(朱子) 찬, 『시경집전(詩經集傳)』 및 호광(胡廣) 등 찬, 『시전대전(詩傳大全)』의 소주 내용을 수용한 것이다. 『광운(廣韻)』에는 본음이 "武儦切.(무와 표의 반절이다.)"이고 평성(平聲)이라고 하였다.
139) 주자(朱子) 찬, 『시경집전(詩經集傳)』 및 호광(胡廣) 등 찬, 『시전대전(詩傳大全)』의 소주 내용을 수용한 것이다. 『광운(廣韻)』에는 본음이 "古肴切.(고와 효의 반절이다.)"이고 평성(平聲)이라고 하였다.
140) 주자(朱子) 찬, 『시경집전(詩經集傳)』의 소주와 달리 호광(胡廣) 등 찬, 『시전대전(詩傳大全)』의 소주에는 "戶毛反.(호와 모의 반절이다.)"으로 되어 있다. 『광운(廣韻)』에는 본음이 "胡到切.(호와 도의 반절이다.)"이고 거성(去聲)이라고 하였다. 호(毫)도 또한 『광운(廣韻)』에서 "胡到切.(호와 도의 반절이다.)"이고 거성(去聲)이라고 하였다.

> 朱註

比也. '勞', 勤苦也, 謂不以我爲勤勞也. '永號', 長呼也. 言旣往樂郊, 則無復有害己者, 當復爲誰而永號乎.
비(比)이다. '노(勞)'는 근고(勤苦)함이니, 나로써 부지런히 애쓴다고 여기지 않음을 이른다. '영호(永號)'는 길게 부르짖음이다. 말하기를, "이미 낙원의 교외(郊外)로 가면 다시 나를 해칠 사람이 없을 것인데, 마땅히 다시 누구 때문에 길이 부르짖겠는가."라고 한 것이다.

> 詳說

○ 疊山謝氏曰 : "食至於苗, 以比其貪之甚也."[141]
'비야(比也)'에 대해, 첩산 사씨(疊山謝氏 : 謝枋得)가 말하였다. "잠식(蠶食)함이 볏모에 이름으로써 그 탐함의 심함을 비유한 것이다."

○ 去聲.[142]
'호(呼)'는 거성(去聲 : 부르짖다)이다.

○ 猶言永歎.
'장호야(長呼也)'는 영탄(永歎)이라고 말함과 같다.

○ 去聲, 下同.
'즉무부(則無復)'는 거성(去聲 : 다시)이니, 아래도 같다.

○ 照首章註.
'즉무부유해기자(則無復有害己者)'의 경우, 머릿장의 주를 참조해야 한다.

○ 去聲.[143]

---

141) 호광(胡廣) 등 찬, 『시전대전(詩傳大全)』의 소주 내용에서 발췌한 것이다. 그 전문은 다음과 같다. "疊山謝氏曰 : '食黍不足而食麥, 食麥不足而食苗, 苗者, 禾方樹而未秀也, 食至於此, 以比其貪之甚也.'(첩산 사씨가 말하였다. '… 묘라는 것은 벼를 바야흐로 심었는데 아직 패지 않은 것이니, 잠식함이 볏모에 이름으로써 그 탐함의 심함을 비유한 것이다.')"
142) 그 뜻이 '부르다'일 경우에는 『광운(廣韻)』에서 "荒烏切.(황과 오의 반절이다.)"이고 평성(平聲)이라 하였고, 그 뜻이 '부르짖다, 탄사'일 경우에는 『집운(集韻)』에서 "許簡切.(허와 개의 반절이다.)"이고 거성(去聲)이라고 하였다.
143) 그 뜻이 '부르다'일 경우에는 『광운(廣韻)』에서 "荒烏切.(황과 오의 반절이다.)"이고 평성(平聲)이라 하였

'당부위(當復爲)'에서 위(爲)는 거성(去聲 : 때문)이다.

[1-9-7-4]
「碩鼠」三章, 章八句.

「석서(碩鼠 : 커다란 쥐)」는 세 장이니, 장마다 여덟 구이다.

[1-9-7-5]
魏國七篇, 十八章, 一百二十八句.

위국(魏國)은 일곱 편에 열여덟 장이고, 일백 스물여덟 구이다.

詳說

○ 華谷嚴氏曰 : "魏·唐無淫詩, 蓋猶有先王之風化."144)
　화곡 엄씨(華谷嚴氏 : 嚴粲)가 말하였다. "위(魏)나라와 당(唐)나라에는 음탕한 시가 없으니, 대개 선왕의 풍화(風化)가 오히려 있어서이다."

고, 그 뜻이 '하다, 만들다'일 경우에는 『광운(廣韻)』에서 "蓪支切.(원과 지의 반절이다.)"이고 평성(平聲)이라 하고, 그 뜻이 '때문'일 경우에는 『광운(廣韻)』에서 "于僞切.(우와 위의 반절이다.)"이고 거성(去聲)이라고 하였다.

144) 호광(胡廣) 등 찬, 『시전대전(詩傳大全)』의 소주 내용에서 발췌한 것이다. 그 전문은 다음과 같다. "華谷嚴氏曰 : '魏·唐, 無淫詩, 蓋猶有先聖之風化焉.'(화곡 엄씨가 말하였다. '위나라와 당나라에는 음탕한 시가 없으니, 대개 오히려 옛날 선성의 풍화가 오히려 있어서이다.')"

1-10. 당풍 (唐 一之十)

朱註

'唐', 國名, 本帝堯舊都, 在「禹貢」冀州之域, 大行・恒山之西, 大原・大岳之野. 周成王, 以封弟叔虞爲唐侯, 南有晉水, 至子燮, 乃改國號曰'晉'. 後徙曲沃, 又徙居絳, 其地土瘠民貧, 勤儉質朴, 憂深思遠, 有堯之遺風焉. 其詩不謂之'晉'而謂之'唐', 蓋仍其始封之舊號耳. 唐叔所都, 在今大原府, 曲沃及絳, 皆在今絳州.

'당(唐)'은 나라 이름이니, 본래 제요(帝堯)의 옛 도읍으로서 「우공(禹貢)」에서 기주(冀州)의 지경인 태항산(太行山) 및 항산(恒山)의 서쪽과, 태원(太原) 및 태악(太岳)의 들판에 있었다. 주(周)나라 성왕(成王)의 아우 숙우(叔虞)를 봉하여 당후(唐侯)로 삼았는데, 남쪽에 진수(晉水)가 있어서 아들 섭(燮)에 이르러 이에 나라 이름을 '진(晉)'이라고 고쳤다. 뒤에 성후(成侯) 때 도읍을 곡옥(曲沃)으로 옮겼다가 또 목후(穆侯) 때 강(絳)으로 옮겨서 거주하였는데, 그 지역은 땅이 메말라서 백성들이 가난하였으나, 근검하고 질박하며 근심이 깊을수록 생각이 원대하였으니, 요(堯)임금이 전한 풍화(風化)가 있었던 것이다. 그 시(詩)를 '진(晉)'이라 이르지 않고 '당(唐)'이라 이른 것은 대개 그 처음에 봉했던 옛 이름에 말미암았을 뿐이다. 당숙(唐叔)이 도읍한 곳은 지금의 태원부(太原府)에 있고, 곡옥(曲沃) 및 강(絳)은 모두 지금의 강주(絳州)에 있다.

詳說

○ 音泰, 下並同.

'태(大)'는 음이 태(泰)이니, 아래도 아울러 같다.

○ 音杭.[145]

'힝(行)'은 음이 힝(杭)이다.

---

[145] 앞 편의 『시전대전(詩傳大全)』의 소주에서 "戶郞反.(호와 랑의 반절이다.)"이라 하였고, 『광운(廣韻)』에는 본음이 "胡郞切.(호와 랑의 반절이다.)"이고 평성(平聲)이라고 하였다. 항(杭)도 또한 『광운(廣韻)』에서 "胡郞切.(호와 랑의 반절이다.)"이고 평성(平聲)이라고 하였다.

○ 鄭氏曰 : "堯始居晉陽, 後徙平陽.146)
'태원・태악지야(大原・大岳之野)'에 대해, 정씨(鄭氏 : 鄭玄)가 말하였다. "요(堯)임금이 처음에 진양(晉陽)에서 살다가 뒤에 평양(平陽)으로 옮겼다."

○ 晉侯.
'자섭(子燮)'은 진(晉)나라 임금이다.

○ 成侯.
'후사곡옥(後徙曲沃)'은 성후(成侯)이다.

○ 穆侯.
'우사거강(又徙居絳)'은 목후(穆侯)이다.

○ 與魏略同.
'유요지유풍언(有堯之遺風焉)'의 경우, 위(魏)나라와 대략 같다.

○ 安成劉氏曰 : "武公能滅晉之宗, 而不能繼唐之統, 君子欲絶武公於晉, 名其詩爲'唐', 以寓意, 而魏風首晉, 又以見獻公滅同姓之惡."147)
'개잉기시봉지구호이(蓋仍其始封之舊號耳)'에 대해, 안성 유씨(安成劉氏 : 劉瑾)가 말하였다. "무공(武公)이 진(晉)나라의 종통(宗統)을 멸망시킬 수 있었으나 당(唐)나라의 대통(大統)을 계승할 수 없었기에, 군자(君子)가 무공(武公)을 진(晉)나라에서 끊어내고자 하여 그 시를 이름하여 '당(唐)'이라 하고 뜻을 부쳤다. 그런데 위풍(魏風)에서 진(晉)을 머리에 둔 것은 또 헌공(獻公)이 동성(同姓)을 멸

---

146) 호광(胡廣) 등 찬, 『시전대전(詩傳大全)』의 소주 내용에서 발췌한 것이다. 그 전문은 다음과 같다. "鄭氏曰 : '今大原, 晉陽, 是堯始居地, 後乃遷河東平陽.'(정씨가 말하였다. '지금 태원은 진양이니 바로 요임금이 처음에 거주하던 땅이고, 뒤에는 이에 하동 평양으로 옮겼다.')"
147) 호광(胡廣) 등 찬, 『시전대전(詩傳大全)』의 소주 내용에서 발췌한 것이다. 그 전문은 다음과 같다. "安成劉氏曰 : '叔虞封唐, 燮侯號晉, 十七傳至晉侯緡, 爲曲沃武公所幷. 然武公能滅晉之宗, 而不能滅唐之號 ; 能冒晉之號, 而不能繼唐之統. 君子欲絶武公於晉而不可, 故總名其詩爲唐, 以寓意焉. 然則晉詩稱唐, 見曲沃武公滅宗國之罪 ; 而魏風首晉, 又以見曲沃獻公滅同姓之惡. 世變如此, 『春秋』欲不作不可也.'(안성 유씨가 말하였다. '… 무공이 진나라의 종통을 멸망시킬 수 있었으나 당나라의 대통을 계승할 수 없었으며, … 군자가 무공을 진나라에서 끊어내고자 하였으나 그럴 수 없었기 때문에 모조리 그 시를 이름하여 당이라 하고 뜻을 부쳤던 것이다. … 그런데 위풍에서 진을 머리에 둔 것은 또 곡옥에서 헌공이 동성의 악을 멸망시킨 것을 보인 것이다. ….')"

망시킨 것을 보인 것이다."

[1-10-1-1]
蟋蟀在堂, 歲聿其莫. 今我不樂, 日月其除.
無已大康. 職思其居, 好樂無荒, 良士瞿瞿.

귀뚜라미가 집에 들어 있으니 한 해가 드디어 저물어가도다.
지금 우리 즐거워하지 않으면 세월이 그냥 흘러가고 말리라.
너무 편안히 지내지는 않는가. 일하면서 그 임무를 생각하여
즐김이 좋으나 거칠지 않음이 어진 선비가 돌아보는 바니라.

詳說

○ 允橘反.148)
'율(聿)'은 윤(允)과 귤(橘)의 반절이다.

○ 音慕.149)
'모(莫)'는 음이 모(慕)이다.

○ 音洛, 下同.150)
'락(樂)'은 음이 락(洛)이니, 아래도 같다.

○ 去聲.151)

---

148) 호광(胡廣) 등 찬, 『시전대전(詩傳大全)』의 소주 내용을 수용한 것이다. 주자(朱子) 찬, 『시경집전(詩經集傳)』에는 소주가 없다. 『광운(廣韻)』에는 본음이 "餘律切.(여와 률의 반절이다.)"이고 입성(入聲)이라고 하였다.
149) 주자(朱子) 찬, 『시경집전(詩經集傳)』 및 호광(胡廣) 등 찬, 『시전대전(詩傳大全)』의 소주 내용을 수용한 것이다. 『집운(集韻)』에는 본음이 "莫故切.(모와 고의 반절이다.)"이고 거성(去聲)이라고 하였다. 모(慕)도 또한 『광운(廣韻)』에서 "莫故切.(모와 고의 반절이다.)"이고 거성(去聲)이라고 하였다. 내각본에는 "音暮.(음이 모이다.)"로 되어 있다. 모(莒)도 또한 『광운(廣韻)』에서 "莫故切.(모와 고의 반절이다.)"이고 거성(去聲)이라고 하였다.
150) 주자(朱子) 찬, 『시경집전(詩經集傳)』 및 호광(胡廣) 등 찬, 『시전대전(詩傳大全)』의 소주 내용을 수용한 것이다. 『광운(廣韻)』에는 본음이 "盧各切.(로와 각의 반절이다.)"이고 입성(入聲)이라고 하였다. 락(洛)도 또한 『광운(廣韻)』에서 "盧各切.(로와 각의 반절이다.)"이고 입성(入聲)이라고 하였다.
151) 주자(朱子) 찬, 『시경집전(詩經集傳)』의 소주와 달리 호광(胡廣) 등 찬, 『시전대전(詩傳大全)』의 소주에는 "直慮反.(직과 려의 반절이다.)"으로 되어 있다. 그 뜻이 '주다, 지나가다'일 경우에는 『광운(廣韻)』에서 "遲倨切.(지와 거의 반절이다.)"이고 거성(去聲)이라 하였고, 그 뜻이 '섬돌, 없애다'일 경우에는 『광운(廣韻)』에서 "直魚切.(직과 어의 반절이다.)"이고 평성(平聲)이라고 하였다.

○ '제(除)'는 거성(去聲 : 지나가다)이다.

○ 音泰.152)
'태(大)'는 음이 태(泰)이다.

○ 叶, 音據.153)
'거(居)'는 협운(協韻)이니, 음이 거(據)이다.

○ 去聲.154)
'호(好)'는 거성(去聲 : 좋아하다)이다.

○ 俱具反.155)
'구구(瞿瞿)'는 구(俱)와 구(具)의 반절이다.

朱註

賦也. '蟋蟀', 蟲名, 似蝗而小, 正黑有光澤如漆, 有角·翅, 或謂之促織, 九月在堂. '聿', 遂, '莫', 晚, '除', 去也. '大康', 過於樂也. '職', 主也. '瞿瞿', 却顧之貌. ○唐俗勤儉, 故其民間終歲勞苦, 不敢少休, 及其歲晚務閒之時, 乃敢相與燕飮爲樂, 而言 : "今蟋蟀在堂, 而歲忽已晚矣, 當此之時而不爲樂, 則日月將舍我而去矣." 然其憂深而思遠也, 故方燕樂而又遽相戒曰 : "今雖不可以不爲樂, 然不已過於樂乎. 盍亦顧念其職之所居者, 使其雖好樂而無荒, 若彼良士之長慮而却顧焉, 則可以不至於危亡也." 蓋其民俗之厚,

---

152) 주자(朱子) 찬, 『시경집전(詩經集傳)』 및 호광(胡廣) 등 찬, 『시전대전(詩傳大全)』의 소주 내용을 수용한 것이다. 그 뜻이 '크다'일 경우에는 『광운(廣韻)』에서 "徒蓋切.(도와 개의 반절이다.)"이고 거성(去聲)이라 하였고, 그 뜻이 '太의 古字'일 경우에는 『집운(集韻)』에서 "他蓋切.(타와 개의 반절이다.)"이고 거성(去聲)이라고 하였다. 태(泰)도 또한 『광운(廣韻)』에서 "他蓋切.(타와 개의 반절이다.)"이고 거성(去聲)이라고 하였다.

153) 주자(朱子) 찬, 『시경집전(詩經集傳)』 및 호광(胡廣) 등 찬, 『시전대전(詩傳大全)』의 소주 내용을 수용한 것이다. 『광운(廣韻)』에는 본음이 "九魚切.(구와 어의 반절이다.)"이고 평성(平聲)이라고 하였다. 거(據)는 『광운(廣韻)』에서 "居御切.(거와 어의 반절이다.)"이고 거성(去聲)이라고 하였다.

154) 주자(朱子) 찬, 『시경집전(詩經集傳)』의 소주와 달리 호광(胡廣) 등 찬, 『시전대전(詩傳大全)』의 소주에는 "呼報反.(호와 보의 반절이다.)"으로 되어 있다. 그 뜻이 '좋다. 아름답다'일 경우에는 『광운(廣韻)』에서 "呼晧切.(호와 호의 반절이다.)"이고 상성(上聲)이라 하였고, 그 뜻이 '좋아하다'일 경우에는 『광운(廣韻)』에서 "呼到切.(호와 도의 반절이다.)이고 거성(去聲)이라고 하였다.

155) 호광(胡廣) 등 찬, 『시전대전(詩傳大全)』의 소주 내용을 수용한 것이다. 주자(朱子) 찬, 『시경집전(詩經集傳)』의 소주에는 "音句.(음이 구이다.)"로 되어 있다. 『광운(廣韻)』에는 본음이 "九遇切.(구와 우의 반절이다.)"이고 거성(去聲)이라고 하였다.

而前聖遺風之遠如此.

부(賦)이다. '실솔(蟋蟀)'은 벌레 이름이니, 메뚜기를 닮았는데 작으며, 새까맣고 광택이 있어 옻칠한 것 같으며, 더듬이와 날개가 있으며, 이따금 '촉직(促織)'이라고 이르는데 9월이면 집에 들어와 있다. '율(聿)'은 드디어이고, '모(莫)'는 저묾이고, '제(除)'는 가는 것이다. '태강(大康)'은 즐거워함에 지나침이다. '직(職)'은 주로 하는 일이다. '구구(瞿瞿)'는 물러나서 돌아보는 모양이다. ○당(唐)나라의 풍속이 부지런하고 검소하였기 때문에 그 백성들이 한 해를 마치도록 고생하고 애쓰면서 감히 조금도 쉬지 못하다가, 한 해가 저물어 일이 한가할 때에 이르러서야 이에 감히 서로 더불어 잔치하며 술 마심을 즐거움으로 삼았으니, 말하기를 "이제 귀뚜라미가 집에 들어와 있으니, 한 해가 갑작스레 벌써 저물었는데, 이때를 맞아서 즐거워함을 하지 않는다면 세월이 장차 우리를 버리고 흘러갈 것이다."라고 하였다. 그러나 그 근심이 깊을수록 생각이 원대하였기 때문에 바야흐로 잔치를 벌여 즐거워하면서도 또 갑자기 서로 경계하여 말하기를, "지금 비록 즐거워함을 하지 않을 수 없으나 너무 즐거워함에 지나치지 아니한가. 대개 또한 그 주로 하는 일에 맡은 것을 돌아보고 생각하여 비록 즐거워함을 좋아하더라도 거칠지 말아서 마치 저 어진 선비가 길이 염려하고 물러나서 돌아보는 것처럼 한다면 위태함이나 멸망함에 이르지 않을 수 있는 것이다."라고 한 것이다. 대개 그 백성들의 풍속이 돈후(敦厚)함이니, 예전에 성인(聖人)이 전한 풍화(風化)의 원대함이 이와 같았다."

詳說

○ 『諺』音誤.[156]

'실솔(蟋蟀)'의 경우, 『언해(諺解)』의 음이 잘못되었다.

○ 陸氏曰 : "里語云: '促織鳴, 懶婦驚'."[157]

'혹위지촉직(或謂之促織)'에 대해, 육씨(陸氏 : 陸璣)가 말하였다. "이어(里語)에 이르기를, '촉직(促織)의 울음소리는 게으른 부녀자들을 놀라게 한다.'고 하였다."

---

[156] 『언해(諺解)』에서 '솔'이라 하였는데, 본음이 '솔'이 아니라 『광운(廣韻)』에서 "所律切.(소와 률의 반절이다.)"이고 입성(入聲)이라고 하였듯이 '슐(술)'이 되어야 한다고 본 것이다.

[157] 호광(胡廣) 등 찬, 『시전대전(詩傳大全)』의 소주 내용에서 발췌한 것이다. 그 전문은 다음과 같다. "陸氏曰 : '一名蜻蛚, 里語云: 促織鳴, 懶婦驚.'(육씨가 말하였다. '다른 이름이 청렬이며, 이어에 이르기를, 촉직의 울음소리는 게으른 부녀자를 놀라게 한다.'고 하였다.)"

○ 孔氏曰 : "「七月」說'在戶','堂', 在室戶外, 與戶相近."158)
'구월재당(九月在堂)'에 대해, 공씨(孔氏 : 孔穎達)가 말하였다. "「칠월(七月)」에서 '재호(在戶)'를 말하였고, '당(堂)'은 방문 밖에 있는 것이니, 호(戶)와 서로 가까운 것이다."

○ 所主之事.
'주야(主也)'의 경우, 주로 하는 일이다.

○ 退而回顧.
'각고지모(却顧之貌)'의 경우, 물러나서 돌아보는 것이다.

○ 豐城朱氏曰 : "勤者, 生財之道; 儉者, 用財之節."159)
'당속근검(唐俗勤儉)'에 대해, 풍성 주씨(豐城朱氏 : 朱善)160)가 말하였다. "근(勤)이라는 것은 재물을 내는 방도이고, 검(儉)이라는 것은 재물을 쓰는 절도이다."

○ 須味二'敢'字.
'내감상여연음위락(乃敢相與燕飮爲樂)'에서 볼 때, 모름지기 두 개의 '감(敢)'자를 음미해야 한다.

○ 聿.
'홀이(忽已)'는 율(聿)이다.

---

158) 호광(胡廣) 등 찬, 『시전대전(詩傳大全)』의 소주 내용에서 발췌한 것이다. 그 전문은 다음과 같다. "孔氏曰 : '「七月」說蟋蟀云: 九月在戶. 此言在堂, 謂在室戶之外, 與戶相近, 是九月可知. 過此月後, 則歲遂將暮矣.' 공씨가 말하였다. 「칠월」에서 실솔을 말하면서 이르기를, 9월에는 문에 있다고 하였다. 여기서는 집에 있다고 말하였는데, 방문 밖에 있음을 이른 것이며, 호(戶)와 서로 가까우니, 9월임을 알 수 있다. ….')"

159) 호광(胡廣) 등 찬, 『시전대전(詩傳大全)』의 소주 내용에서 발췌한 것이다. 그 전문은 다음과 같다. "豐城朱氏曰 : '勤者, 生財之道; 儉者, 用財之節, 聖人敎人, 不越乎勤儉而已. 夫勞苦者, 人情之所畏, 然而不可以不勉; 逸樂者, 人情之所喜, 然而不可以太過. 必也致其勤於三時之久, 而享其樂於一時之暫, 則其生財不匱而用財有節矣. 猶恐其或過也, 又戒之以思其職之所居, 夫斯民之職, 不在乎他. 男子之所當務者, 稼穡狩獵而已矣, 女子之所當務者, 桑麻紡績而已矣. 誠使男女各盡其職之所當爲, 則886有餘粟, 機有餘布, 老者衣帛食肉, 少者不飢不寒, 而於仰事俯育之間, 可以沛然有餘, 雖良士之長慮却顧, 亦不過如此而已, 豈不可以爲美俗哉.' 풍성 주씨가 말하였다. '근이라는 것은 재물을 내는 방도이고, 검이라는 것은 재물을 쓰는 절도이니, 성인이 인민을 교화함에 근검을 넘지 않았을 뿐이다. ….')"

160) 풍성 주씨(豐城朱氏 : 朱善): 주선(1314-1385)은 명대 학자로, 일명 주선계(朱善繼)이다. 자가 비만(備萬)이고, 호가 일재(一齋)이며, 풍성(豐城) 사람이다. 벼슬은 남창교수(南昌敎授)·수찬(修撰)·문연각태학사(文淵閣太學士)를 지냈으며, 저서로는 『일재집(一齋集)』·『시경해이(詩經解頤)』 등이 있다.

○ 上聲.161)
　‘즉일월장사(則日月將舍)’에서 사(舍)는 상성(上聲 : 버리다)이다.

○ 照篇題.
　‘연기우심이사원야(然其憂深而思遠也)’의 경우, 편제(篇題)를 참조하였다.

○ 承上文而添此句.
　‘금수불가이불위락(今雖不可以不爲樂)’의 경우, 윗글을 이으면서 이 구절을 더하였다.

○ 旣也.
　‘연불이(然不已)’는 ‘이미’이다.

○ 一作‘蓋’.162)
　‘합(盍)’의 경우 다른 판본에는 ‘개(蓋)’로 썼다.

○ 先釋‘思其’字, 以便於文.
　‘합역고념기직지소거자(盍亦顧念其職之所居者)’에서 볼 때, 먼저 ‘사기(思其)’자를 해석하여 문맥이 편해졌다.

○ 豐城朱氏曰 : “男子之職, 稼穡狩獵; 女子之職, 桑麻紡績.”163)
　풍성 주씨(豐城朱氏 : 朱善)가 말하였다. “남자의 직무(職務)는 씨 뿌리고 곡식을 거두며 사냥하는 일이고, 여자의 직무는 뽕을 따서 누에를 기르고 삼을 심어

---

161) 그 뜻이 ‘버리다’일 경우에는 『광운(廣韻)』에서 “書冶切.(서와 야의 반절이다.)”이고 상성(上聲)이라 하였고, 그 뜻이 ‘집’일 경우에는 『광운(廣韻)』에서 “始夜切.(시와 야의 반절이다.)”이고 거성(去聲)이라고 하였다.
162) 주자(朱子) 찬, 『시경집전(詩經集傳)』 및 호광(胡廣) 등 찬, 『시전대전(詩傳大全)』에는 ‘蓋’로 되어 있다. 내각본에도 ‘蓋’로 되어 있다.
163) 오핑(胡廣) 등 찬, 『시전대진(詩傳人쇼)』의 소주 내용에서 발췌한 것이다. 그 전문은 다음과 같다. ‘豐城朱氏曰 : 勤者, 生財之道 ; 儉者, 用財之節, 聖人敎人, 不越乎勤儉而已. 夫勞苦者, 人情之所畏, 然而不可以不勉 ; 逸樂者, 人情之所喜, 然而不可以太過. 必也致其勤於三時之久, 而享其樂於一時之暫, 則其生財不匱而用財有節矣. 猶恐其或過也, 又戒之以思其職之所居, 夫斯民之職, 不在乎他. 男子之所當務者, 稼穡狩獵而已矣, 女子之所當務者, 桑麻紡績而已矣. 誠使男女各盡其職之所當爲, 則廩有餘粟, 機有餘布, 老者衣帛食肉, 少者不飢不寒, 而於仰事俯育之間, 可以沛然有餘, 雖良士之長慮却顧, 亦不過如此而已, 豈不可以爲美俗哉.’(풍성 주씨가 말하였다. ‘⋯ 남자가 마땅히 힘써야 하는 일은 씨 뿌리고 곡식을 거두며 사냥하는 것일 따름이고, 여자가 마땅히 힘써야 할 일은 뽕을 따서 누에를 기르고 삼을 심어 실을 뽑고 길쌈하는 것일 따름이다. ⋯.’)

실을 뽑고 길쌈하는 일이다."

○ 一無'而'字.164)
'약피양사지장려이(若彼良士之長慮而)'의 경우, 다른 판본에는 '이(而)'자가 없다.

○ 補'若彼'字.
'약피양사지장려이각고언(若彼良士之長慮而却顧焉)'의 경우, '약피(若彼)'자를 보탰다.

○ 慶源輔氏曰:"三·四句, 張而不弛, 文·武不能也; 五·六句, 弛而不張, 文·武不爲也; 七·八句, 一張一弛, 文·武之道也."165)
경원 보씨(慶源輔氏 : 輔廣)가 말하였다. "3·4구는 긴장(緊張)시키되 이완(弛緩)시키지 않음이니 문왕과 무왕도 능할 수 없었으며, 5·6구는 이완시키되 긴장시키지 않음이니 문왕과 무왕이 하지 않았으며, 7·8구는 한번 긴장시키고 한번 이완시킴이니 문왕과 무왕이 행한 방도이다."

○ 華谷嚴氏曰:"三言而君國之道, 盡矣."166)
화곡 엄씨(華谷嚴氏 : 嚴粲)가 말하였다. "세 가지로 말하여 나라에 임금 노릇함의 도를 다하였다."

○ 添此句.
'즉가이부지어위망야(則可以不至於危亡也)'의 경우, 이 구절을 더하였다.

---

164) 주자(朱子) 찬, 『시경집전(詩經集傳)』 및 호광(胡廣) 등 찬, 『시전대전(詩傳大全)』에는 '이(而)'자가 있다. 내각본에도 '이(而)'자가 있다.
165) 호광(胡廣) 등 찬, 『시전대전(詩傳大全)』의 소주 내용에서 발췌한 것이다. 그 전문은 다음과 같다. "慶源輔氏曰 : '今我不樂, 日月其除, 張而不弛, 文武不能也; 無已大康, 職思其居, 弛而不張, 文武不爲也; 好樂無荒, 良士瞿瞿, 一張一弛, 文武之道也.'(경원 보씨가 말하였다. '금아불락 일월기제는 긴장시키되 이완시키지 않음이니 문왕과 무왕도 능할 수 없었으며, 무이태강, 직사기거는 이완시키되 긴장시키지 않음이니 문왕과 무왕이 하지 않았으며, 호락무황, 양사구구는 한번 긴장시키고 한번 이완시킴이니 문왕과 무왕이 행한 방도이다.')"
166) 호광(胡廣) 등 찬, 『시전대전(詩傳大全)』의 소주 내용에서 발췌한 것이다. 그 전문은 다음과 같다. "華谷嚴氏曰 : '職思其居, 啓其憂也; 好樂無荒, 作其勤也; 良士瞿瞿, 警其懼也, 三言而君國之道, 盡矣.'(화곡 엄씨가 말하였다. '… 세 가지로 말하여 나라에 임금 노릇함의 도를 다하였다.')"

○ 照篇題而論之.
'이전성유풍지원여차(而前聖遺風之遠如此)'에서 볼 때, 편제(篇題)를 참조하여 논변한 것이다.

○ 龜山楊氏曰: "風雖變而堯之遺風未泯."167)
구산 양씨(龜山楊氏 : 楊時)가 말하였다. "풍아(風雅)는 변했어도 요임금의 유풍(遺風)은 없어지지 않은 것이다."

[1-10-1-2]

○蟋蟀在堂, 歲聿其逝. 今我不樂, 日月其邁. 無已大康. 職思其外, 好樂無荒, 良士蹶蹶.

귀뚜라미가 집에 들어 있으니 한 해가 드디어 떠나가는구나.
지금 우리 즐거워하지 않으면 세월이 그냥 가버리고 말리라.
너무 편안히 지내지는 않는가. 일하면서 그 바깥을 생각하여
즐김이 좋으나 거칠지 않음이 어진 선비가 서두르는 바니라.

詳說

○ 叶, 力制反.168)
'매(邁)'는 협운(協韻)이니, 력(力)과 제(制)의 반절이다.

○ 叶, 五墜反.169)
'외(外)'는 협운(協韻)이니, 오(五)와 추(墜)의 반절이다.

○ 俱衛反.170)

---

167) 호광(胡廣) 등 찬, 『시전대전(詩傳大全)』의 소주 내용에서 발췌한 것이다. 그 전문은 다음과 같다. "龜山楊氏曰 : '此詩欲及時自樂也, 而卒曰好樂無荒, 可謂有禮矣. 當是時, 風雖變而堯之遺風未亡也.'(구산 양씨가 말하였다. '… 이때를 맞아서 풍아는 변했어도 요임금의 유풍은 없어지지 않은 것이다.')"
168) 주자(朱子) 찬, 『시경집전(詩經集傳)』 및 호광(胡廣) 등 찬, 『시전대전(詩傳大全)』의 소주 내용을 수용한 것이다. 『광운(廣韻)』에는 본음이 "莫話切.(모와 화의 반절이다.)"이고 거성(去聲)이라고 하였다.
169) 주자(朱子) 찬, 『시경집전(詩經集傳)』 및 호광(胡廣) 등 찬, 『시전대전(詩傳大全)』의 소주 내용을 수용한 것이다. 『광운(廣韻)』에는 본음이 "五會切.(오와 회의 반절이다.)"이고 거성(去聲)이라고 하였다.
170) 호광(胡廣) 등 찬, 『시전대전(詩傳大全)』의 소주 내용을 수용한 것이다. 주자(朱子) 찬, 『시경집전(詩經集傳)』에는 소주가 없다. 『광운(廣韻)』에는 본음이 "居衛切.(거와 위의 반절이다.)"이고 거성(去聲)이라고 하였다.

'궤궤(蹶蹶)'는 구(俱)와 위(衛)의 반절이다.

朱註

賦也. '逝'·'邁', 皆去也. '外', 餘也. 其所治之事, 固當思之, 而所治之餘, 亦不敢忽, 蓋其事變, 或出於平生思慮之所不及, 故當過而備之也. '蹶蹶', 動而敏於事也.

부(賦)이다. '서(逝)'·'매(邁)'는 모두 떠나감이다. '외(外)'는 그 밖이다. 그 다스리는 일을 진실로 마땅히 생각해야 하는데, 다스리는 그 밖의 일도 또한 감히 소홀히 해서는 안 되니, 대개 그 일의 변고(變故)가 간혹 평소에 생각함이 미치지 못한 것에서 나오기 때문에 마땅히 지나칠 정도로 대비해야 하는 것이다. '궤궤(蹶蹶)'는 활동하는데 일에 민첩한 것이다.

詳說

○ 須味'敢'字.
'역불감홀(亦不敢忽)'에서 볼 때, 모름지기 '감(敢)'자를 음미해야 한다.

○ 此其思遠也.
'고당과이비지야(故當過而備之也)'의 경우, 이는 그 생각함이 먼 것이다.

○ 慶源輔氏曰：＂思之雖周, 爲之不敏, 則亦無益.＂171)
'동이민어사야(動而敏於事也)'에 대해, 경원 보씨(慶源輔氏 : 輔廣)가 말하였다. ＂생각함이 비록 두루 하더라도 행함이 민첩하지 못하면 또한 이로울 것이 없는 것이다.＂

[1-10-1-3]

○蟋蟀在堂, 役車其休. 今我不樂, 日月其慆. 無已大康. 職思其憂, 好樂無荒, 良士休休.

귀뚜라미가 집에 들어 있으니 짐수레도 일이 없어 쉬는구나.

---

171) 호광(胡廣) 등 찬,『시전대전(詩傳大全)』의 소주 내용에서 발췌한 것이다. 그 전문은 다음과 같다. ＂慶源輔氏曰：'人無遠慮, 必有近憂, 故當慮在事外也. 思之雖周, 而爲之不敏, 則亦無益矣.'(경원 보씨가 말하였다. '… 생각함이 비록 두루 하더라도 행함이 민첩하지 못하면 또한 이로울 것이 없는 것이다.')

지금 우리 즐거워하지 않으면 세월이 그냥 지나가고 말리라.
너무 편안히 지내지는 않는가. 일하면서 그 우환을 생각하여
즐김이 좋으나 거칠지 않음이 어진 선비가 아름다운 바니라.

|詳說|

○ 音叨, 叶, 佗侯反.[172]
'도(慆)'는 음이 도(叨)이고, 협운(協韻)이니, 타(佗)와 후(侯)의 반절이다.

|朱註|

賦也. 庶人乘役車, 歲晚則百工皆休矣. '慆', 過也. '休休', 安閒之貌, 樂而有節, 不至於淫, 所以安也.
부(賦)이다. 일반 사람들이 짐수레를 타는데, 한 해가 저물면 온갖 장인들이 모두 쉬는 것이다. '도(慆)'는 지나감이다. '휴휴(休休)'는 편안하고 한가한 모양이니, 즐거워하면서도 절도가 있어 음란함에 이르지 않음이 편안한 까닭이다.

|詳說|

○ 孔氏曰: "農功畢."[173]
'세만즉백공개휴의(歲晚則百工皆休矣)'에 대해, 공씨(孔氏 : 孔穎達)가 말하였다. "농사일을 마치는 것이다."

○ 思憂, 蓋先憂後樂[174]之意.
'과야(過也)'의 경우, 우환(憂患)을 생각함은 대개 근심스런 일을 먼저하고 즐거운 일을 뒤에 한다는 뜻이다.

---

172) 주자(朱子) 찬, 『시경집전(詩經集傳)』의 소주와 달리 호광(胡廣) 등 찬, 『시전대전(詩傳大全)』의 소주에는 "吐刀反, 叶, 佗侯反.(토와 도의 반절이고, 협운(協韻)이니, 타(佗)와 후(侯)의 반절이다.)"으로 되어 있다. 『광운(廣韻)』에는 본 음이 "土刀切.(토와 도의 반절이다.)"이고 평성(平聲)이라고 하였다. 두(叨)도 또한 『광운(廣韻)』에 "土刀切.(토와 도의 반절이다.)"이고 평성(平聲)이라고 하였다.
173) 호광(胡廣) 등 찬, 『시전대전(詩傳大全)』의 소주 내용에서 발췌한 것이다. 그 전문은 다음과 같다. "孔氏曰: 『春官·巾車』注云: 役車方箱, 則載任器以供役. 收納禾稼亦用此車, 故役車休息, 是農工畢也.'(공씨가 말하였다. '… 벼를 실음에 또한 이 수레를 사용하기 때문에 짐수레가 휴식하면 농사일을 마치는 것이다.')"
174) 先憂後樂: 근심스럽고 고생스러운 일을 먼저 겪은 사람은 편안하고 즐거운 일을 뒤에 누린다는 뜻이다. 대덕(戴德) 찬, 『대대례기(大戴禮記)』 권4, 「증자입사(曾子立事)」에서 "先憂事者後樂事, 先樂事者後憂事. 昔者天子日旦, 思其四海之內, 戰戰惟恐不能乂."라고 하였다.

○ 庶幾於二南.
　'부지어음(不至於淫)'의 경우, 거의 이남(二南)에 가깝다.

○ 慶源輔氏曰：" 瞿瞿・蹶蹶之效也."175)
　'소이안야(所以安也)'에 대해, 경원 보씨(慶源輔氏：輔廣)가 말하였다. "구구(瞿瞿)와 궤궤(蹶蹶)의 효험이다."

[1-10-1-4]
「蟋蟀」三章, 章八句.

「실솔(蟋蟀：귀뚜라미)」은 세 장이니, 장마다 여덟 구이다.

[1-10-2-1]
山有樞, 隰有楡. 子有衣裳, 弗曳弗婁; 子有車馬, 弗馳弗驅. 宛其死矣, 他人是愉.

산중에는 시무나무가 있으며 진펄에는 느릅나무가 있어라.
그대가 고운 의상이 있는데 입지 않고 걸치지도 않으며
그대가 수레와 말이 있는데 달리지 않고 몰지도 않으니
지질하게 시들다 죽는다면 딴 사람이 이것을 즐기리라.

詳說
○ 烏侯・昌朱, 二反.176)
　'추(樞)'는 조(烏)와 후(侯)・창(昌)과 주(朱)의 두 가지 반절이다.

---

175) 호광(胡廣) 등 찬, 『시전대전(詩傳大全)』의 소주 내용에서 발췌한 것이다. 그 전문은 다음과 같다. "慶源輔氏曰：'庶人之役車, 猶休矣, 則君子可無一日之樂乎. 職思其居, 謂所居之職也. 職思其外, 謂所職之外也. 職思其憂, 謂思之極而至於憂也. 瞿瞿, 顧慮周旋之貌, 未見於爲也. 蹶蹶, 則見於爲矣. 蹶蹶, 動而敏於事之貌, 未見其安也. 安則瞿瞿・蹶蹶之效也. 始則瞿瞿然而思, 中則蹶蹶然而爲, 終則休休然而安. 必如是, 始可以樂, 而謂之良士爾. 其意皆自近而遠, 自淺而深, 是則所謂憂深而思遠者也.'(경원 보씨가 말하였다. '… 편안함은 곧 구구(瞿瞿)와 궤궤(蹶蹶)의 효험이다. ….')"
176) 호광(胡廣) 등 찬, 『시전대전(詩傳大全)』의 소주 내용을 수용한 것이다. 주자(朱子) 찬, 『시경집전(詩經集傳)』에는 소주가 없다. 그 뜻이 '刺楡(시무나무)'일 경우에는 『집운(集韻)』에서 "烏侯切.(조와 후의 반절이다.)"이고 평성(平聲)이라 하였고, 그 뜻이 '문지도리'일 경우에는 『광운(廣韻)』에서 "昌朱切.(창과 주의 반절이다.)"이고 평성(平聲)이라고 하였다.

○ 夷周・以朱, 二反.177)
'유(楡)'는 이(夷)와 주(周)・이(以)와 주(朱)의 두 가지 반절이다.

○ 力侯・力俱, 二反.178)
'루(婁)'는 력(力)과 후(侯)・력(力)과 구(俱)의 두 가지 반절이다.

○ 祛尤・虧于, 二反.179)
'구(驅)'는 거(祛)와 우(尤)・휴(虧)와 우(于)의 두 가지 반절이다.

○ 於阮反.180)
'완(宛)'은 어(於)와 완(阮)의 반절이다.

○ 他侯・以朱, 二反.181)
'유(愉)'는 타(他)와 후(侯)・이(以)와 주(朱)의 두 가지 반절이다.

朱註

興也. '樞', 荎也, 今刺楡也. '楡', 白枌也. '婁', 亦曳也. '馳', 走, '驅', 策也. '宛', 坐見貌. '愉', 樂也. ○此詩, 蓋亦答前篇之意而解其憂. 故言:"山則有樞矣, 隰則有楡矣, 子有衣裳・車馬, 而不服不乘, 則一旦宛然以死, 而他人取之, 以爲己樂矣." 蓋言不可不及時爲樂, 然其憂愈深而意愈蹙矣.
흥(興)이다. '추(樞)'는 시무나무이니, 지금의 자유(刺楡)이다. '유(楡)'는 흰 느릅나

---

177) 호광(胡廣) 등 찬, 『시전대전(詩傳大全)』의 소주 내용을 수용한 것이다. 주자(朱子) 찬, 『시경집전(詩經集傳)』에는 소주가 없다. 『강희자전(康熙字典)』에 의하면 "『唐韻』, '羊朱切', 『集韻』, '容朱切', 『正韻』, '雲俱切', 竝普兪. 『說文』, '楡, 白枌.'(『당운』에서 '양과 주의 반절이다.'라 하고, 『집운』에서 '용과 주의 반절이다.'라 하고, 『정운』에서 '운과 구의 반절이다.'라고 하였으니, 아울러 음이 유이다. 『설문』에는 '유는 백분이다.'라고 하였다.)"라고 하였다.
178) 호광(胡廣) 등 찬, 『시전대전(詩傳大全)』의 소주 내용을 수용한 것이다. 주자(朱子) 찬, 『시경집전(詩經集傳)』에는 소주가 없다. 『광운(廣韻)』에는 본음이 "力朱切.(력과 주의 반절이다.)"이고 평성(平聲)이라고 하였다.
179) 호광(胡廣) 등 찬, 『시전대전(詩傳大全)』의 소주 내용을 수용한 것이다. 주자(朱子) 찬, 『시경집전(詩經集傳)』에는 소주가 없다. 『광운(廣韻)』에는 본음이 "豈俱切.(기와 구의 반절이다.)"이고 평성(平聲)이라고 하였다.
180) 호광(胡廣) 등 찬, 『시전대전(詩傳大全)』의 소주 내용을 수용한 것이다. 주자(朱子) 찬, 『시경집전(詩經集傳)』에는 소주가 없다. 『광운(廣韻)』에도 본음이 "於阮切.(어와 완의 반절이다.)"이고 상성(上聲)이라고 하였다.
181) 호광(胡廣) 등 찬, 『시전대전(詩傳大全)』의 소주 내용을 수용한 것이다. 주자(朱子) 찬, 『시경집전(詩經集傳)』에는 소주가 없다. 『광운(廣韻)』에는 본음이 "羊朱切.(양과 주의 반절이다.)"이고 평성(平聲)이라고 하였다.

무이다. '루(婁)'는 또한 끎이다. '치(馳)'는 말을 타고 달림이고, '구(驅)'는 말을 채찍질하며 모는 것이다. '완(宛)'은 앉아서 지켜보는 모양이다. '유(愉)'는 즐거워함이다. ○이 시(詩)는 대개 또한 앞 편의 뜻에 답하여 그 근심을 풀어준 것이다. 그러므로 말하기를, "산에는 시무나무가 있고 진펄에는 흰 느릅나무가 있거늘, 그대가 의상(衣裳)과 수레와 말이 있어도 입지도 않고 타지도 않으니, 하루아침에 시들시들하다가 장차 죽으면 다른 사람이 취하여 자기의 즐거움으로 삼을 것이다."라고 하였다. 대개 때에 미쳐서 즐거워하지 않을 수 없음을 말하였으나, 그 근심이 더욱 깊을수록 뜻이 더욱 쪼그라들었던 것이다.

詳說

○ 二句興六句.
'흥야(興也)'의 경우, 두 구(句)가 여섯 구를 일으켰다.

○ 音垤.182)
'질(垤)'은 음이 질(垤)이다.

○ 陸氏璣曰 : "針刺如柘."183)
'금자유야(今刺楡也)'에 대해, 육씨기(陸氏璣 : 陸璣)가 말하였다. "바늘가시가 산뽕나무와 같다."

○ 郭氏璞曰 : "先生葉, 卻著莢."184)
'백분야(白枌也)'에 대해, 곽씨박(郭氏璞 : 郭璞)이 말하였다. "먼저 잎이 생기고, 도리어 열매가 드러난다."

---

182) 호광(胡廣) 등 찬, 『시전대전(詩傳大全)』의 소주 내용을 수용한 것이다. 『광운(廣韻)』에는 본음이 "徒結切.(도와 결의 반절이다.)"이고 입성(入聲)이라고 하였다. 질(垤)도 또한 『광운(廣韻)』에서 "徒結切.(도와 결의 반절이다.)"이고 입성(入聲)이라고 하였다.
183) 호광(胡廣) 등 찬, 『시전대전(詩傳大全)』의 소주 내용에서 발췌한 것이다. 그 전문은 다음과 같다. "東萊呂氏曰 : 陸璣云: 樞, 其針刺如柘, 其葉如楡, 爲茹美滑於白楡也. 楡之皮色白者名枌. 郭璞云: 枌楡, 先生葉, 卻著莢, 皮色白.'(동래 여씨가 말하였다. '육기가 이르기를, 시무나무는 그 바늘가시가 산뽕나무와 같고, 그 잎이 느릅나무와 같으며, ….')"
184) 호광(胡廣) 등 찬, 『시전대전(詩傳大全)』의 소주 내용에서 발췌한 것이다. 그 전문은 다음과 같다. "東萊呂氏曰 : 陸璣云: 樞, 其針刺如柘, 其葉如楡, 爲茹美滑於白楡. 楡之皮色白者名枌. 郭璞云: 枌·楡, 先生葉, 卻著莢, 皮色白.'(동래 여씨가 말하였다. '… 곽박이 말하기를, 흰 느릅나무와 느릅나무는 먼저 잎이 생기고, 도리어 열매가 드러나며, 껍질이 흰색이다.')"

○ 孔氏曰 : "策馬."185)
'책야(策也)'에 대해, 공씨(孔氏 : 孔穎達)가 말하였다. "말을 채찍질하는 것이다."

○ 他人坐見其死.
'좌견모(坐見貌)'의 경우, 다른 사람이 그 죽음을 앉아서 보는 것이다.

○ 音洛, 下並同.
'락(樂)'은 음이 락(洛)이니, 아래도 아울러 같다.

○ 承其末章'憂'字.
'개역답전편지의이해기우(蓋亦答前篇之意而解其憂)'에서 볼 때, 그 마지막 장의 '우(憂)'자를 이은 것이다.

○ 朱子曰 : "詩所以能興起人處, 全在興, '山有樞, 隰有楡', 別無意義, 只是興起下面'子有車馬'·'子有鐘鼓'耳."186)
'습즉유유의(隰則有楡矣)'에 대해, 주자(朱子 : 朱熹)가 말하였다. "시(詩)가 능히 사람을 흥기시키는 것은 온전히 흥(興)"에 달렸으니, '산에는 시무나무가 있고, 진펄에는 흰 느릅나무가 있도다.'라고 한 것은 별도로 속뜻이 없고, 다만 아랫면의 '자유거마(子有車馬)'·'자유종고(子有鐘鼓)'를 흥기시켰을 뿐이다."

○ 以類錯釋.
'이불복불승(而不服不乘)'의 경우, 같은 유형으로 섞어서 해석한 것이다.

○ 安成劉氏曰 : "衣裳·車馬, 徒爲他人之樂."187)

---

185) 호광(胡廣) 등 찬, 『시전대전(詩傳大全)』의 소주 내용에서 발췌한 것이다. 그 전문은 다음과 같다. "孔氏曰 : '走馬曰馳, 策馬曰驅.'(공씨가 말하였다. '말을 달리는 것을 치라 하고, 말을 채찍질하는 것을 구라고 한다.')"
186) 호광(胡廣) 등 찬, 『시전대전(詩傳大全)』의 소주 내용에서 발췌한 것이다. 그 전문은 다음과 같다. "朱子曰 : '詩所以能興起人處, 全在興, 如山有樞隰有楡, 別無意義, 只是興起下面有車馬, 有衣裳耳.'(주자가 말하였다. '시가 능히 사람을 흥기시키는 것은 온전히 흥에 달렸으니, 산에는 시무나무가 있고, 진펄에는 흰 느릅나무가 있도다 라고 한 것은 별도로 속뜻이 없고, 다만 아랫면의 '자유거마(子有車馬)'·'자유종고(子有鐘鼓)'를 흥기시켰을 뿐이다.')"
187) 호광(胡廣) 등 찬, 『시전대전(詩傳大全)』의 소주 내용에서 발췌한 것이다. 그 전문은 다음과 같다. "安成劉氏曰 : '宛其死矣, 而衣裳·車馬, 徒爲他人之樂, 是其憂遠及於身後. 其意欲盡樂於生時, 則雖解前篇深遠之憂, 而憂反愈深; 雖答前篇爲樂之意, 而意則愈戚矣.'(안성 유씨가 말하였다. '… 의상과 거마가 다만 다

'이위기락의(以爲己樂矣)'에 대해, 안성 유씨(安成劉氏 : 劉瑾)가 말하였다. "의상(衣裳)과 거마(車馬)가 다만 다른 사람의 즐거움이 되는 것이다."

○ 按, 是愉, 言是之樂也.
내가 살펴보건대, 이 '유(愉)'는 이러한 즐거움을 말하는 것이다.

○ 一作'也'.188)
'연기우유심이의유축의(然其憂愈深而意愈蹙矣)'에서 의(矣)는 어떤 판본에는 '야(也)'로 썼다.

○ 照篇題及上篇而論之.
편의 제목과 앞 편을 참조하여 논의해야 한다.

○ 安成劉氏曰 : "憂遠及於身後."189)
안성 유씨(安成劉氏 : 劉瑾)가 말하였다. "근심이 멀리 죽은 뒤에까지 미치는 것이다."

[1-10-2-2]

○山有栲, 隰有杻. 子有廷內, 弗洒弗埽; 子有鐘鼓, 弗鼓190) 弗考, 宛其死矣, 他人是保.

산중에는 가죽나무가 있으며 진펄에는 싸리나무가 있어라.
그대가 집안 뜰에 있으면서 물 뿌리지 않고 쓸지 않으며
그대가 쇠북과 종이 있는데 두드리지 않고 치지 않으니

른 사람의 즐거움이 되는 것이니, 이는 그 근심이 멀리 죽은 뒤에까지 미치는 것이다. ….)"
188) 주자(朱子) 찬, 『시경집전(詩經集傳)』 및 호광(胡廣) 등 찬, 『시전대전(詩傳大全)』에는 '矣'자로 표기되어 있다. 내각본에도 '矣'로 표기되어 있다.
189) 호광(胡廣) 등 찬, 『시전대전(詩傳大全)』의 소주 내용에서 발췌한 것이다. 그 전문은 다음과 같다. "安成劉氏曰 : '宛其死矣, 而衣裳・車馬, 徒爲他人之樂, 是其憂遠及於身後. 其意欲盡樂於生時, 則雖解前篇深遠之憂, 而憂反愈深; 雖答前篇爲樂之意, 而意則愈蹙矣.'(안성 유씨가 말하였다. '… 의상과 거마가 다만 다른 사람의 즐거움이 되는 것이니, 이는 그 근심이 멀리 죽은 뒤에까지 미치는 것이다. ….)"
190) 박문호의 『시집전(詩集傳詳說)』에서는 그 뜻이 '북'일 경우에는 '鼓'로, 그 뜻이 '북 치다, 두드리다'일 경우에는 '皷'로 표기하여 분명하게 표기해주었다. 그러나 주자(朱子) 찬, 『시경집전(詩經集傳)』 및 호광(胡廣) 등 찬, 『시전대전(詩傳大全)』에는 구분 없이 모두 '鼓'로 표기하였고, 내각본에는 구분 없이 모두 '皷'로 표기하였다.

지질하게 시들하다 죽는다면 딴 사람이 이것을 가지리라.

詳說

○ 音考, 叶, 去九反.[191]
'고(栲)'는 음이 고(考)이고, 협운(協韻)이니, 거(去)와 구(九)의 반절이다.

○ 音杻.[192]
'뉴(杻)'는 음이 뉴(杻)이다.

○ 叶, 蘇后反.[193]
'소(埽)'는 협운(協韻)이니, 소(蘇)와 후(后)의 반절이다.

○ 叶, 去九反.[194]
'고(考)'는 협운(協韻)이니, 거(去)와 구(九)의 반절이다.

○ 叶, 補苟反.[195]
'보(保)'는 협운(協韻)이니, 보(補)와 구(苟)의 반절이다.

朱註

興也. '栲', 山樗也, 似樗, 色小白, 葉差狹. '杻', 檍也, 葉似杏而尖, 白色皮正赤, 其理多曲少直, 材可爲弓弩幹者也. '考', 擊也, '保', 居有也.
흥(興)이다. '고(栲)'는 멧가죽나무이니, 가죽나무와 같은데 색이 약간 희고 잎이 조금 좁다. '뉴(杻)'는 감탕나무이니, 잎이 살구나무와 같은데 뾰족하며, 흰색에 껍

---

191) 주자(朱子) 찬, 『시경집전(詩經集傳)』 및 호광(胡廣) 등 찬, 『시전대전(詩傳大全)』의 소주 내용을 수용한 것이다. 『광운(廣韻)』에는 본음이 "苦浩切.(고와 호의 반절이다.)"이고 상성(上聲)이라고 하였다.
192) 주자(朱子) 찬, 『시경집전(詩經集傳)』의 소주와 달리 호광(胡廣) 등 찬, 『시전대전(詩傳大全)』의 소주에는 "女久反.(녀와 구의 반절이다.)"으로 되어 있다. 『광운(廣韻)』에도 본음이 "女久切.(녀와 구이 반절이다.)"이고 상성(上聲)이라고 하였다. 뉴(杻)도 또한 『광운(廣韻)』에서 "女久切.(녀와 구의 반절이다.)"이고 상성(上聲)이라고 하였다.
193) 주자(朱子) 찬, 『시경집전(詩經集傳)』 및 호광(胡廣) 등 찬, 『시전대전(詩傳大全)』의 소주 내용을 수용한 것이다. 『광운(廣韻)』에는 본음이 "蘇老切.(소와 로의 반절이다.)"이고 상성(上聲)이라고 하였다.
194) 주자(朱子) 찬, 『시경집전(詩經集傳)』 및 호광(胡廣) 등 찬, 『시전대전(詩傳大全)』의 소주 내용을 수용한 것이다. 『광운(廣韻)』에는 본음이 "苦浩切.(고와 호의 반절이다.)"이고 상성(上聲)이라고 하였다.
195) 주자(朱子) 찬, 『시경집전(詩經集傳)』 및 호광(胡廣) 등 찬, 『시전대전(詩傳大全)』의 소주 내용을 수용한 것이다. 『광운(廣韻)』에는 본음이 "博抱切.(박과 포의 반절이다.)"이고 상성(上聲)이라고 하였다.

질이 새빨가며, 나뭇결이 많이 굽고 적게 곧으니, 재목(材木)이 활과 쇠뇌의 줄기를 만들 만한 것이다. '고(考)'는 손으로 침이다. '보(保)'는 갖고 있음이다.

詳說

○ 敕居反.196)

'저(樗)'는 칙(敕)과 거(居)의 반절이다.

○ 初賣反.197)

'채(差)'는 초(初)와 매(賣)의 반절이다.

○ 孔氏曰 : "俗語曰 : '檍·樗·栲·漆, 相似如一'."198)

'엽채협(葉差狹)'에 대해 공씨(孔氏 : 孔穎達)가 말하였다. "속어(俗語)에 말하기를, '억(檍 : 감탕나무)·저(樗 : 가죽나무)·고(栲 : 북나무)·칠(漆 : 옻나무)는 하나같이 서로 닮았다."

○ 音億.199)

'억(檍)'은 음이 억(億)이다.

○ 陸氏曰 : "今官園種之, 名曰萬歲."200)

'재가위궁노간자야(材可爲弓弩幹者也)'에 대해, 육씨(陸氏 : 陸璣)가 말하였.

---

196) 호광(胡廣) 등 찬, 『시전대전(詩傳大全)』의 소주 내용을 수용한 것이다. 『집운(集韻)』에는 "抽居切.(추와 거의 반절이다.)"이고 평성(平聲)이라고 하였다.
197) 『강희자전(康熙字典)』에 의하면, 그 뜻이 '맞지 않다, 어긋나다'일 경우에는 "『唐韻』·『集韻』·『韻會』·'初牙切', 『正韻』, '初加切', 叐音杈.(『당운』·『집운』·『운회』에는 '초와 아의 반절이다.' 하고, 『정운』에는 '초와 가의 반절이다.' 하였으니, 아울러 음이 차이다.)"라 하였고, 또한 그 뜻이 '비교하다, 약간, 조금'일 경우에는 "『釋文』, '初賣反.'(『석문』에 '초와 매의 반절이다.' 하였다.)"이라고 하였다. 그런데 『광운(廣韻)』에는 그 뜻이 '어긋나다, 삐뚤다, 비교하다, 약간, 조금'일 경우에는 "初牙切.(초와 아의 반절이다.)"이고 평성(平聲)이라 하였고, 『집운(集韻)』에는 그 뜻이 '같지 않다, 다르다, 모자르다'일 경우에는 "楚嫁切.(초와 가의 반절이다.)"이고 거성(去聲)이라고 하여 차이를 보이고 있다.
198) 호광(胡廣) 등 찬, 『시전대전(詩傳大全)』의 소주 내용에서 발췌한 것이다. 그 전문은 다음과 같다. "孔氏曰 : '栲, 亦類漆樹, 俗語曰 : 檍·樗·栲·漆, 相似如一.'(공씨가 말하였다. '… 속어에 말하기를, 감탕나무·가죽나무·북나무·옻나무는 하나같이 서로 닮았다.'라고 하였다.)"
199) 호광(胡廣) 등 찬, 『시전대전(詩傳大全)』의 소주 내용을 수용한 것이다. 『광운(廣韻)』에는 본음이 "於力切.(어와 력의 반절이다.)"이고 입성(入聲)이라고 하였다. 억(億)도 또한 『광운(廣韻)』에서 "於力切.(어와 력의 반절이다.)"이고 입성(入聲)이라고 하였다.
200) 호광(胡廣) 등 찬, 『시전대전(詩傳大全)』의 소주 내용에서 발췌한 것이다. 그 전문은 다음과 같다. "陸氏曰 : '杻, 二月中開花, 似練而細, 葉正白, 蓋樹. 今官園種之, 正名曰萬歲.'(육씨가 말하였다. '… 지금 관청의 정원에 심으니, 바로 이름을 만세라고 한다.')"

"지금 관청의 정원에 심으니, 이름을 만세(萬歲)라고 한다."

○ 人燕樂, 則必洒埽庭內.
사람들이 잔치하여 즐기면 반드시 뜰 안을 물 뿌리고 비로 쓰는 것이다.

○ 居廷內而有鐘鼓.
'거유야(居有也)'의 경우, 집안 뜰에 거주하여 쇠북과 북이 있는 것이다.

[1-10-2-3]

○山有漆, 隰有栗. 子有酒食, 何不日鼓瑟, 且以喜樂, 且以永日? 宛其死矣, 他人入室.

산중에는 옻나무가 있으며 진펄에는 밤나무가 있어라.
그대가 술과 밥이 있는데도 어찌 날로 비파를 연주하여
장차 기뻐하고 즐거워하면서 또 날을 길게 보내지 않는가?
지질하게 시들하다 죽는다면 딴 사람이 방에 들어가리라.

詳說

○ 音七.201)
'칠(漆)'은 음이 칠(七)이다.

○ 音洛.202)
'락(樂)'은 음이 락(洛)이다.

朱註

興也. 君子無故, 琴瑟不離於側. '永', 長也. 人多憂則覺日短, 飮食作樂, 可

---

201) 주자(朱子) 찬, 『시경집전(詩經集傳)』 및 호광(胡廣) 등 찬, 『시전대전(詩傳大全)』의 소주 내용을 수용한 것이다. 『광운(廣韻)』에는 본음이 "親吉切.(친과 길의 반절이다.)"이고 입성(入聲)이라고 하였다. 칠(七)은 『강희자전(康熙字典)』에서 "『당운』, '親吉切', 『집운』・『운회』・『정운』, '戚悉切', 玆音柒.(『당운』에 '친과 길의 반절이다.'라 하고, 『집운』・『운회』・『정운』에 '척과 실의 반절이다.'라 하였으니, 아울러 음이 칠이다.)"이라고 하였다.
202) 주자(朱子) 찬, 『시경집전(詩經集傳)』 및 호광(胡廣) 등 찬, 『시전대전(詩傳大全)』의 소주 내용을 수용한 것이다. 『광운(廣韻)』에는 본음이 "盧各切.(로와 각의 반절이다.)"이고 입성(入聲)이라고 하였다. 락(洛)도 또한 『광운(廣韻)』에서 "盧各切.(로와 각의 반절이다.)"이고 입성(入聲)이라고 하였다.

以永長此日也.

흥(興)이다. 군자는 아무런 사유 없이 거문고나 비파를 곁에서 없애버리지 않는다. '영(永)'은 길게 함이니, 사람은 근심이 많으면 날이 짧음을 느끼지만, 마시고 먹으면서 풍악(風樂)을 일으키면 이 날을 길게 보낼 수 있는 것이다.

詳說

○ 去聲.203)

'리(離)'는 거성(去聲 : 없애버리다)이다.

○ 見『禮記』「曲禮」.204)

'금슬불리어측(琴瑟不離於側)'의 내용이 『예기(禮記)』「곡례(曲禮)」에 보인다.

○ 如字.

'작악(作樂)'에서 악(樂)은 본래의 음 대로 읽는다.

○ 孔氏曰 : "人無事, 則日長難度. 若飮食作樂, 則忘憂愁, 可以永長此日."205)

'가이영장차일야(可以永長此日也)'에 대해, 공씨(孔氏 : 孔穎達)가 말하였다. "사람들이 일이 없으면 날이 길어져서 헤아리기 어려우니, 만약 마시고 먹으면서 풍악을 하면 근심과 시름을 잊고 이 날을 오래도록 길게 보낼 수 있는 것이다."

○ 入室而飮食鼓樂.

방에 들어가 마시고 먹으면서 악기를 연주하는 것이다.

---

203) 그 뜻이 '떠나다, 헤어지다'일 경우에는 『광운(廣韻)』에서 "呂支切.(려와 지의 반절이다.)"이고 평성(平聲)이라 하였으며, 그 뜻이 '잃다, 버리다'일 경우에는 『광운(廣韻)』에서 "力智切.(력과 지의 반절이다.)"이고 거성(去聲)이라고 하였다.
204) 호광(胡廣) 등 찬, 『예기대전(禮記大全)』 권2, 「곡례(曲禮)」. "君無故玉不去身, 大夫無故不徹縣, 士無故不徹琴瑟.(임금은 연고 없이 옥을 몸에서 떼놓지 않으며, 대부는 연고 없이 현가악을 치우지 않으며, 선비는 연고 없이 거문고와 비파를 치우지 않는다.)"
205) 호광(胡廣) 등 찬, 『시전대전(詩傳大全)』의 소주 내용에서 발췌한 것이다. 그 전문은 다음과 같다. "孔氏曰 : 「曲禮下」云 : 士無故不徹琴瑟注云 : 故, 謂災患喪病. 言永日者, 人而無事, 則日長難度, 若飮食作樂, 則忘憂愁, 可以永長此日.(공씨가 말하였다. '… 사람들이 일이 없으면 날이 길어져서 헤아리기 어려우니, 만약 마시고 먹으면서 풍악을 하면 근심과 시름을 잊고 이 날을 오래도록 길게 보낼 수 있는 것이다.')"

○ 疊山謝氏曰 : "'愉'·'保'·'入室', 一節悲一節."206)

첩산 사씨(疊山謝氏 : 謝枋得)가 말하였다. "'유(愉 : 즐기리라)'라 하고, '보(保 : 가지리라)'라 하고, '입실(入室 : 방에 들어가리라)'이라 하여 한 구절이 한 구절보다 슬프다."

[1-10-2-4]

「山有樞」三章, 章八句.

「산유추(山有樞 : 산중에는 시무나무)」는 세 장이니, 장마다 여덟 구이다.

詳說

○ 『漢書』「地理志」曰 : "「蟋蟀」·「山有樞」, 皆思奢儉之中, 念死生之慮."207)

『한서(漢書)』「지리지(地理志)」에서 말하였다. "「실솔(蟋蟀)」과 「산유추(山有樞)」는 모두 사치함과 검소함의 중도를 생각하고, 죽음과 삶의 우려를 생각한 것이다."

[1-10-3-1]

揚之水. 白石鑿鑿. 素衣朱襮, 從子于沃. 旣見君子, 云何不樂.

느릿하게 흐르는 물이여. 흰 돌이 우뚝우뚝하도다.
흰 옷에 붉은 옷깃 달아 그대 좇아 옥으로 가리라.
이윽고 군자를 만났으니 어찌 즐겁지가 않으리오.

詳說

○ 音作.208)

---

206) 호광(胡廣) 등 찬, 『시전대전(詩傳大全)』이 소주 내용에서 발췌한 것이다. 그 전문은 다음과 같다. "疊山謝氏曰 : '始言他人是愉, 中言他人是保, 末言他人入室, 一節悲一節, 此亦憂深思遠也.'(첩산 사씨가 말하였다. '')"
207) 호광(胡廣) 등 찬, 『시전대전(詩傳大全)』의 소주 내용에서 발췌한 것이다. 그 전문은 다음과 같다. "東萊呂氏曰 : '「前漢」「地志」云 : 蟋蟀·「山有樞」, 皆思奢儉之中, 念死生之慮.'(동래 여씨가 말하였다. '『전한서』「지리지」에서 말하였다. 「실솔」과 「산유추」는 모두 사치함과 검소함의 중도를 생각하고, 죽음과 삶의 우려를 생각한 것이다.')"
208) 주자(朱子) 찬, 『시경집전(詩經集傳)』의 소주와 달리 호광(胡廣) 등 찬, 『시전대전(詩傳大全)』의 소주에는 "子洛反.(자와 락의 반절이다.)"으로 되어 있다. 『광운(廣韻)』에는 그 뜻이 '뚫다'일 경우에는 "在各切.(재

'작작(鑿鑿)'은 음이 작(作)이다.

○ 音博.209)

'박(襮)'은 음이 박(博)이다.

○ 叶, 鬱鏄反.210)

'옥(沃)'은 협운(協韻)이니, 울(鬱)과 박(鏄)의 반절이다.

○ 音洛.211)

'락(樂)'은 음이 락(洛)이다.

朱註

比也. '鑿鑿', 巉巖貌. '襮', 領也. 諸侯之服, 繡黼領而丹朱純也. '子', 指桓叔也. '沃', 曲沃也. ○晉昭侯封其叔父成師于曲沃, 是爲桓叔, 其後沃盛强而晉微弱, 國人將叛而歸之, 故作此詩, 言水緩弱而石巉巖, 以比晉衰而沃盛. 故欲以諸侯之服, 從桓叔于曲沃, 且自喜其見君子而無不樂也.

비(比)이다. 착착(鑿鑿)은 돌이 뾰족하게 쌓여 있는 모양이다. 박(★)은 옷깃이니, 제후(諸侯)의 옷은 보를 수놓은 동정에다가 붉은 색으로 선을 두른다. 자(子)는 환숙(桓叔)을 가리킨 것이다. 옥(沃)은 곡옥(曲沃)이다. ○진소후(晉昭侯)가 그 숙부(叔父)인 성사(成師)를 곡옥(曲沃)에 봉하니, 이가 환숙(桓叔)이다. 그 뒤에 옥(沃)은 강성하고 진(晉)나라는 미약하자, 국인(國人)들이 장차 진(晉)나라를 배반하고 곡옥(曲沃)으로 돌아가려 하였다. 그러므로 이 시(詩)를 지은 것이다. 물살은 느리고 약한데 돌은 뾰족함을 말하여 진(晉)나라는 쇠약하고 옥(沃)은 강성함을 비유하

와 각의 반절이다.)"이고 입성(入聲)이라 하였고, 그 뜻이 '선명하다'일 경우에는 "則落切.(즉과 락의 반절이다.)"이고 입성(入聲)이라고 하였다. 작(作) 또한 『광운(廣韻)』에서 "則落切.(즉과 락의 반절이다.)"이고 입성(入聲)이라고 하였다. 그리고 즉(則)은 『광운(廣韻)』에서 "子德切.(자와 덕의 반절이다.)"이고 입성(入聲)이라고 하였다.

209) 주자(朱子) 찬, 『시경집전(詩經集傳)』 및 호광(胡廣) 등 찬, 『시전대전(詩傳大全)』의 소주 내용을 수용한 것이다. 『광운(廣韻)』에는 본음이 "補各切.(보와 각의 반절이다.)"이고 입성(入聲)이라고 하였다. 박(博)도 또한 『광운(廣韻)』에서 "補各切.(보와 각의 반절이다.)"이고 입성(入聲)이라고 하였다.

210) 주자(朱子) 찬, 『시경집전(詩經集傳)』 및 호광(胡廣) 등 찬, 『시전대전(詩傳大全)』의 소주 내용을 수용한 것이다. 『광운(廣韻)』에는 본음이 "烏酷切.(오와 혹의 반절이다.)"이고 입성(入聲)이라고 하였다. 사고전서(四庫全書)본의 호광(胡廣) 등 찬, 『시전대전(詩傳大全)』에는 '鏄'이 아니라 '縛'으로 표기되어 있다.

211) 주자(朱子) 찬, 『시경집전(詩經集傳)』 및 호광(胡廣) 등 찬, 『시전대전(詩傳大全)』의 소주 내용을 수용한 것이다. 『광운(廣韻)』에는 본음이 "盧各切.(로와 각의 반절이다.)"이고 입성(入聲)이라고 하였다. 락(洛)도 또한 『광운(廣韻)』에서 "盧各切.(로와 각의 반절이다.)"이고 입성(入聲)이라고 하였다.

였다. 그러므로 제후(諸侯)의 의복을 가지고 환숙(桓叔)을 따라 곡옥(曲沃)으로 가고자 하고, 또 군자(君子)를 만나보고 즐겁지 않음이 없음을 스스로 기뻐한 것이다.

詳說

○ 兼賦.
'비야(比也)'의 경우, 부(賦)를 아울렀다.

○ 音讒.212)
'참(巉)'은 음이 참(讒)이다.

○ 音準.213)
'준(純)'은 음이 준(準)이다.

○ 孔氏曰 : "朝服・祭服之裏衣."214)
'수보령이단주준야(繡黼領而丹朱純也)'에 대해, 공씨(孔氏 : 孔穎達)가 말하였다. "조복(朝服)과 제복(祭服)의 속옷이다."

○ 如水.
'진쇠(晉衰)'는 물과 같은 것이다.

○ 如石.
'옥성(沃盛)'의 경우, 돌과 같은 것이다.

○ 補'欲'字.
'고욕이제후지복(故欲以諸侯之服)'의 경우, '욕(欲)'자를 보탰다.

---

212) 『광운(廣韻)』에는 "鋤銜切.(서와 함의 반절이다.)"이고 평성(平聲)이라고 하였다. 참(讒)은 『광운(廣韻)』에서 "士咸切.(삼와 함의 반절이다.)"이고 평성(平聲)이라고 하였다.
213) 그 뜻이 '생실, 깨끗하다'일 경우에는 『광운(廣韻)』에서 "常倫切.(상과 륜의 반절이다.)"이고 평성(平聲)이라 하였고, 그 뜻이 '가선'일 경우에는 『광운(廣韻)』에서 "之尹切.(지와 윤의 반절이다.)"이고 상성(上聲)이라고 하였다.
214) 호광(胡廣) 등 찬, 『시전대전(詩傳大全)』의 소주 내용에서 발췌한 것이다. 그 전문은 다음과 같다. "孔氏曰 : 此, 諸侯朝服・祭服之裏衣也, 以素爲衣, 丹爲緣, 繡黼爲領, 刺黼以爲衣領, 名爲襮.'(공씨가 말하였다. '이는 제후의 조복과 제복의 속옷이니, ….')"

[1-10-3-2]

○揚之水. 白石皓皓. 素衣朱繡, 從子于鵠. 旣見君子, 云何其憂.

느릿하게 흐르는 물이여, 흰 돌이 하야말끔하도다.
흰 옷에 붉은 옷깃 달아 그대 좇아 곡으로 가리라.
이윽고 군자를 만났으니 어찌 장차 근심을 하리오.

詳說

○ 胡老反, 叶, 胡暴反.215)

'호호(皓皓)'는 호(胡)와 로(老)의 반절이고, 협운(協韻)이니, 호(胡)와 포(暴)의 반절이다.

○ 叶, 先妙反.216)

'수(繡)'는 협운(協韻)이니, 선(先)과 묘(妙)의 반절이다.

○ 叶, 居號反.217)

'곡(鵠)'은 협운(協韻)이니, 거(居)와 호(號)의 반절이다.

○ 叶, 一笑反.218)

'우(憂)'는 협운(協韻)이니, 일(一)과 소(笑)의 반절이다.

---

215) 호광(胡廣) 등 찬, 『시전대전(詩傳大全)』의 소주 내용을 수용한 것이다. 주자(朱子) 찬, 『시경집전(詩經集傳)』의 소주에는 "叶, 胡暴反.(협운이니, 호와 폭의 반절이다.)"으로 되어 있다. 『집운(集韻)』에는 본음이 "下老切.(하와 로의 반절이다.)"이고 상성(上聲)이라고 하였다.
216) 주자(朱子) 찬, 『시경집전(詩經集傳)』 및 호광(胡廣) 등 찬, 『시전대전(詩傳大全)』의 소주 내용을 수용한 것이다. 『광운(廣韻)』에는 본음이 "息救切.(식과 구의 반절이다.)"이고 거성(去聲)이라고 하였다.
217) 주자(朱子) 찬, 『시경집전(詩經集傳)』 및 호광(胡廣) 등 찬, 『시전대전(詩傳大全)』의 소주 내용을 수용한 것이다. 그 뜻이 '고니, 옛 지명'일 경우에는 『광운(廣韻)』에서 "胡沃切.(호와 옥의 반절이다.)"이고 입성(入聲)이라 하였고, 그 뜻이 '과녁 중심, 목표'일 경우에는 『집운(集韻)』에서 "姑沃切.(고와 옥의 반절이다.)"이고 입성(入聲)이라고 하였다. 『강희자전(康熙字典)』에 의하면, "『正字通』, '音告, 地名, 鵠, 澤.' 『詩·唐風』, '從子于鵠.' 『毛傳』, '鵠, 曲沃, 邑也.'(『정자통』에 '음이 곡이고, 땅 이름이니, 곡택이다.' 하였고, 『시·당풍』에 '그대를 좇아 곡으로 가리라.' 하였는데, 『모전』에 '곡은 곡옥의 고을이다.' 하였다.)"라고 하였다.
218) 주자(朱子) 찬, 『시경집전(詩經集傳)』 및 호광(胡廣) 등 찬, 『시전대전(詩傳大全)』의 소주 내용을 수용한 것이다. 『광운(廣韻)』에는 본음이 "於求切.(어와 구의 반절이다.)"이고 평성(平聲)이라고 하였다.

朱註

比也. '朱繡', 卽朱襮也. '鵠', 曲沃邑也.

비(比)이다. '주수(朱繡)'는 곧 주박(朱襮)이다. '곡(鵠)'은 곡옥(曲沃)의 고을이다.

詳說

○ 屬邑.

'곡옥읍야(曲沃邑也)'의 경우, 속한 고을이다.

[1-10-3-3]

○揚之水. 白石粼粼. 我聞有命, 不敢以告人.

느릿하게 흐르는 물이여. 흰 돌이 번쩍번쩍하도다.
내가 명이 있음을 듣지만 감히 남에게 말 못하노라.

詳說

○ 利新反.219)

'린린(粼粼)'은 리(利)와 신(新)의 반절이다.

○ 叶, 彌幷反.220)

'명(命)'은 협운(協韻)이니, 미(彌)와 병(幷)의 반절이다.

朱註

比也. '粼粼', 水淸石見之貌. 聞其命而不敢以告人者, 爲之隱也. 桓叔將以傾晉, 而民爲之隱, 蓋欲其成矣. ○李氏曰: "古者, 不軌之臣, 欲行其志, 必先施小惠, 以收衆情然後, 民翕然從之, 田氏之於齊, 亦猶是也. 故其召公子陽生於魯, 國人皆知其已至而不言, 所謂'我聞有命, 不敢以告人'也."

비(比)이다. '린린(粼粼)'은 물이 맑아 돌이 보이는 모양이다. 그 명령을 듣고 감히

---

219) 호광(胡廣) 등 찬, 『시전대전(詩傳大全)』의 소주 내용을 수용한 것이다. 주자(朱子) 찬, 『시경집전(詩經集傳)』에는 소주가 없다. 『광운(廣韻)』에는 본음이 "力珍切.(력과 진의 반절이다.)"이고 평성(平聲)이라고 하였다.
220) 주자(朱子) 찬, 『시경집전(詩經集傳)』 및 호광(胡廣) 등 찬, 『시전대전(詩傳大全)』의 소주 내용을 수용한 것이다. 『광운(廣韻)』에는 본음이 "眉病切.(미와 병의 반절이다.)"이고 거성(去聲)이라고 하였다.

남에게 말하지 못한다는 것은 그를 위해 숨긴 것이다. 환숙(桓叔)이 장차 진(晉)나라를 뒤집어엎어서 망하게 하려고 하였는데, 백성들이 그를 위해 숨겼으니, 대개 그 성공을 바란 것이다. ○이씨(李氏 : 李樗)²²¹⁾가 말하였다. "옛날에 반란(叛亂)하는 신하가 그 뜻을 실행하고자 하면 반드시 먼저 작은 은혜가 미쳐서 많은 사람들의 마음을 거두어 합친 뒤에 백성들이 화합하여 그를 따랐으니, 전씨(田氏)가 제(齊)나라에 있어서 또한 이와 같았다. 그러므로 공자(公子) 양생(陽生)을 노(魯)나라에서 부를 적에 나라 사람들이 모두 그가 이미 이를 것을 알고도 말하지 않았으니, 이른바 '내가 명이 있음을 듣지만 감히 남에게 말 못하노라.'는 것이다.

詳說

○ 音現.
'현(見)'은 음이 현(現)이다.

○ 華谷嚴氏曰 : "桓叔命其徒, 以擧事, 禍將作矣."²²²⁾
'문기명(聞其命)'에 대해, 화곡 엄씨(華谷嚴氏 : 嚴粲)가 말하였다. "환숙(桓叔)이 그 무리에게 명하여 큰일을 일으킴에 화란(禍亂)이 장차 일어난 것이다."

○ 去聲, 下同.
'위(爲)'는 거성(去聲 : 때문)이니, 아래도 같다.

○ 名樗, 字若林, 閩人.
'이씨(李氏)'의 경우, 이름이 저(樗)이고, 자가 약림(若林)이니, 민(閩) 사람이다.

○ 去聲.²²³⁾

---

221) 이씨(李氏 : 李樗): 이저는 송대 학자로, 자가 우중(迂仲) 또는 괄중(适仲)이고, 호가 삼산(三山) 또는 우재(迂齋)이며, 약림(若林) 사람이다. 삼산 이씨(三山李氏)라고 부르며, 벼슬은 교정(校正) 등을 지냈다. 저서로는 『창려집(昌黎集)』 외에 황춘(黃櫄)과 같이 지은 『모시이황집해(毛詩李黃集解)』가 있다.
222) 호광(胡廣) 등 찬, 『시전대전(詩傳大全)』의 소주 내용에서 발췌한 것이다. 그 전문은 다음과 같다. '華谷嚴氏曰 : 命, 謂桓叔命其徒以擧事, 禍將作矣. 我聞其事不敢以告人也. 言不敢告人, 乃所以深告昭公.'(화곡 엄씨가 말하였다. '명은 환숙이 그 무리에게 명하여 큰일을 일으킴에 화란이 장차 일어난 것을 이르니, ….')
223) 그 뜻이 '베풀다. 시행하다. 주다'일 경우에는 『광운(廣韻)』에서 "式支切.(식과 지의 반절이다.)"이고 평성(平聲)이라 하였으며, 그 뜻이 '내버려두다, 없애다'일 경우에는 『광운(廣韻)』에서 "施智切.(시와 지의 반절이다.)"이고 거성(去聲)이라 하였으며, 또 그 뜻이 '계속하다, 바꾸다, 옮겨가다'일 경우에는 『집운(集韻)』에서 "以豉切.(이와 시의 반절이다.)"이고 거성(去聲)이라 하였다.

'필선시(必先施)'에서 시(施)는 거성(去聲 : 옮기다, 미치다)이다.

○ 小斗以入, 大斗以出.224)
'역유시야(亦猶是也)'에서 볼 때, 작은되로 세금을 거두어들이고, 큰되로 양식을 배급한 것이다.

○ 見『史記』「齊世家」.225)
'국인개지기이지이불언(國人皆知其已至而不言)'의 내용이 『사기(史記)』「제세가(齊世家)」에 보인다.

○ 此論也.
'불감이고인야(不敢以告人也)'의 경우, 이는 논변한 것이다.

○ '我聞'上, 或脫二句.
'아문(我聞)' 위에 혹시 두 구절이 빠진 듯하다.

「揚之水」三章, 二章章六句, 一章四句.

「양지수(揚之水 : 느릿하게 흐르는 물이여」는 세 장이니, 두 장은 장마다 여섯 구이고, 한 장은 네 구이다.

詳說

○ 『詩』中, 凡有三'揚之水', 疑此古之方言也. 三'有杕之杜', 放此.

『시경』가운데 무릇 세 편의 「양지수(揚之水)」226)가 있으니, 의심컨대 이는 옛날의 방언(方言)인 듯하다. 세 편의 '유체지두(有杕之杜)'227)도 있으니, 이에 의

---

224) 경공(景公) 때 전희자(田釐子) 걸(乞)이 백성들에게 세금을 거둘 때에는 작은되를 사용하고, 백성들에게 양식을 배급할 때에는 큰되를 사용하여 민심을 얻은 것을 말한다. 사마천(司馬遷) 찬 · 배인(裴駰) 집해 · 사마정(司馬貞) 색은 · 장수절(張守節) 정의, 『사기(史記)』 권46, 「전경중완세가(田敬仲完世家)」. "田釐子乞事齊景公, 爲大夫, 其収賦稅於民, 以小斗受之, 其粟予民, 以大斗行, 陰徳於民, 而景公弗禁, 由此田氏得齊衆心."

225) 사마천(司馬遷) 찬 · 배인(裴駰) 집해 · 사마정(司馬貞) 색은 · 장수절(張守節) 정의, 『사기(史記)』 권46, 「전경중완세가(田敬仲完世家)」.

226) 세 편의 「양지수(揚之水)」: 『시전대전(詩傳大全)』 권4, 「국풍(國風) · 왕(王) · 양지수(揚之水)」; 『시전대전(詩傳大全)』 권4, 「국풍(國風) · 정(鄭) · 양지수(揚之水)」; 『시전대전(詩傳大全)』 권6, 「국풍(國風) · 당(唐) · 양지수(揚之水)」를 말한다.

거한다.

[1-10-4-1]

椒聊之實, 蕃衍盈升. 彼其之子. 碩大無朋. 椒聊且. 遠條且.

산초나무에 맺힌 열매가 넘쳐서 되에 그득하도다.
저기 있는 그 분이야말로 훌륭하여 비할 데 없도다.
산초나무가 잠깐 사이에 가지를 길쭉이 뻗었도다.

詳說

○ 音記.228)
'기(其)'는 음이 기(記)이다.

○ 音疽.229)
'저(且)'는 음이 저(疽)이다.

朱註

興而比也. '椒', 樹似茱萸, 有針刺, 其實味辛而香烈. '聊', 語助也. '朋', 比也. '且', 歎辭. '遠條', 長枝也. ○椒之蕃盛, 則采之盈升矣; 彼其之子, 則碩大而無朋矣. '椒聊且, 遠條且', 歎其枝遠而實益蕃也. 此不知其所指, 「序」亦以爲沃也.

흥(興)이면서 비(比)이다. '초(椒)'는 나무가 수유(茱萸)와 같은데 바늘가시가 있으며, 그 열매는 맛이 맵고 향기가 강하다. '료(聊)'는 어조사이다. '붕(朋)'은 견줌이다. '저(且)'는 감탄사(感歎詞)이다. '원조(遠條)'는 긴 가지이다. ○산초나무가 번성하여 곧 열매를 따면 되에 그득하며, 저기 있는 그 분이야말로 곧 훌륭하여 비할

---

227) 세 편의 '유체지두(有杕之杜)': 『시전대전(詩傳大全)』 권6, 「국풍(國風)·당(唐)·체두(杕杜)」; 『시전대전(詩傳大全)』 권6, 「국풍(國風)·당(唐)·유체지두(有杕之杜)」; 『시전대전(詩傳大全)』 권9, 「소아(小雅)·녹명지십(鹿鳴之什)·체두(杕杜)」를 말한다.
228) 주자(朱子) 찬, 『시경집전(詩經集傳)』 및 호광(胡廣) 등 찬, 『시전대전(詩傳大全)』의 소주 내용을 수용한 것이다. 『집운(集韻)』에는 본음이 "居吏切.(거와 리의 반절이다.)"이고 거성(去聲)이라고 하였다. 기(記)도 또한 『광운(廣韻)』에서 "居吏切.(거와 리의 반절이다.)"이고 거성(去聲)이라고 하였다.
229) 주자(朱子) 찬, 『시경집전(詩經集傳)』의 소주와 달리 호광(胡廣) 등 찬, 『시전대전(詩傳大全)』의 소주에는 "子餘反.(자와 여의 반절이다.)"으로 되어 있다. 『광운(廣韻)』에 의하면 그 뜻이 '어조사'일 경우에 "子魚切.(자와 어의 반절이다.)"이고 평성(平聲)이라고 하였다. 저(疽)는 『광운(廣韻)』에서 "七余切.(칠과 여의 반절이다.)"이고 평성(平聲)이라고 하였다.

데 없도다. '산초나무가 잠깐 사이에 가지를 길쭉이 뻗었도다.'라고 하였으니, 그 가지가 길쭉하고 열매가 더욱 번성함을 감탄한 것이다. 이는 그 가리키는 것을 알지 못하겠는데, 「서(序)」에는 또한 옥(沃)이 된다고 하였다.

詳說

○ 首二句.
'흥(興)'의 경우, 머리의 두 구이다.

○ 末二句.
'비야(比也)'의 경우, 끝의 두 구이다.

○ 取所興之事, 而因又作比, 此亦詩之一例.
흥(興)의 일을 취하여 이에 또 비(比)를 지었으니, 이는 또한 시(詩)의 한 예이다.

○ 句.
'초(椒)'는 문장이 끊어지는 곳이다.

○ 猶言'鹿斯'.230)
'어조야(語助也)'에서 '초료(椒聊)'는 '녹사(鹿斯)'라고 말함과 같다.

○ 『釋文』曰 : "無比例."231)
'비야(比也)'에 대해, 『석문(釋文)』에 말하였다. "견줄 사례가 없다."

○ 與「澤陂」'碩大', 叅看.232)

---

230) 호광(胡廣) 등 찬, 『시전대전(詩傳大全)』 권12, 「소아(小雅)・소민지십(小旻之什)・녹사(鹿斯)」. 5장에서 "鹿斯之奔, 維足伎伎; 雉之朝雊, 尚求其雌.(사슴이 마구 달려가는데 다리가 느릿느릿하도다. 장끼가 아침마다 울거늘 항상 그 암컷을 찾도다.)"라고 하였는데, 여기서 '사(斯)'가 어조사로 쓰였음을 말하는 것이다.
231) 호광(胡廣) 등 찬, 『시전대전(詩傳大全)』의 소주 내용에서 발췌한 것이다. 그 전문은 다음과 같다. "『釋文』曰 : '比, 必履反, 謂無比例也. 一音, 毗至反.'(『석문』에 말하였다. '비는 필과 리의 반절이니, 견줄 사례가 없음을 이른다. ….')"
232) 호광(胡廣) 등 찬, 『시전대전(詩傳大全)』 권7, 「국풍(國風)・진(陳)・택피(澤陂)」. 2장에서 "有美一人, 碩大且卷.(아름다운 한 사람이거늘 훌륭하고 멋진 털이로다.)"이라 하고, 3장에서 "有美一人, 碩大且儼.(아름다운 한 사람이거늘 훌륭하고 또 늠름하도다.)"이라고 하였다.

'즉석대이무붕의(則碩大而無朋矣)'의 경우,「택피(澤陂)」의 '석대(碩大)'와 참조하여 보아야 한다.

○ 承上文而補此句.
'탄기지원이실익번야(歎其枝遠而實益蕃也)'에서 볼 때, 윗글을 이어서 이 구절을 보탠 것이다.

○ 以比彼子之碩大.
저 사람의 석대(碩大)에 견준 것이다.

○ 華谷嚴氏曰 : "此詩, 言桓叔之強而不及昭公."233)
「서」역이위옥야(「序」亦以爲沃也)'에 대해, 화곡 엄씨(華谷嚴氏 : 嚴粲)가 말하였다. "이 시는 환숙(桓叔)이 강하지만 소공(昭公)에 미치지 못함을 말한 것이다."

[1-10-4-2]

○椒聊之實, 蕃衍盈匊. 彼其之子. 碩大且篤. 椒聊且. 遠條且.

산초나무에 맺힌 열매가 넘쳐서 움큼 가득하도다.
저기 있는 그 분이야말로 훌륭하고 또 독실하도다.
산초나무가 잠깐 사이에 가지를 길쭉 뻗었도다.

詳說

○ 音菊.234)
'국(匊)'은 음이 국(菊)이다.

朱註

興而比也. 兩手曰'匊'. '篤', 厚也.

---

233) 호광(胡廣) 등 찬, 『시전대전(詩傳大全)』의 소주 내용에서 발췌한 것이다. 그 전문은 다음과 같다. "華谷嚴氏曰 : '此詩言桓叔之強而不及昭公, 其意則憂昭公之弱, 言在此而意在彼也.'(화곡 엄씨가 말하였다. '이 시는 환숙이 강하지만 소공에는 미치지 못함을 말한 것이니, ….')"
234) 주자(朱子) 찬, 『시경집전(詩經集傳)』의 소주와 달리 호광(胡廣) 등 찬, 『시전대전(詩傳大全)』의 소주에는 "九六反.(구와 륙의 반절이다.)"으로 되어 있다. 『광운(廣韻)』에는 본음이 "居六切.(거와 륙의 반절이다.)"이고 입성(入聲)이라고 하였다.

흥(興)이면서 비(比)이다. 두 손으로 움켜 뜨는 것을 '국(匊 : 움큼)'이라고 한다. '독(篤)'은 두터움이다.

詳說

○ 三山李氏曰 : "兩匊爲升, 先升後匊, 互相備而已."235)

'양수왈국(兩手曰匊)'에 대해, 삼산 이씨(三山李氏 : 李樗)가 말하였다. "양손으로 움켜 뜨는 것이 되가 되니, 먼저 되를 말하고 뒤에 움큼을 말한 것은 서로 갖추었을 따름이다."

[1-10-4-3]

「椒聊」二章, 章六句.

「초료(椒聊 : 산초나무)」는 두 장이니, 장마다 여섯 구이다.

[1-10-5-1]

綢繆束薪, 三星在天. 今夕何夕. 見此良人. 子兮子兮, 如此良人何.

챙챙 땔나무를 묶을 때에 삼성이 하늘가에 보이도다.
오늘저녁은 어떤 저녁인가. 이 좋은 사람을 보았노라.
여봐요 당신, 여봐요 당신, 이 좋은 사람 어찌하리오.

詳說

○ 音儔.236)

'주(綢)'는 음이 주(儔)이다.

---

235) 호광(胡廣) 등 찬, 『시전대전(詩傳大全)』의 소주 내용에서 발췌한 것이다. 그 전문은 다음과 같다. "三山李氏曰 : '陸農師云: 兩手爲匊, 兩匊爲升, 先曰升, 後曰匊, 互相備而已.'(삼산 이씨가 말하였다. '육농사가 이르기를, 양손으로 움켜 뜨는 것이 되가 되니, 먼저 되를 말하고 뒤에 움큼을 말한 것은 서로 갖추었을 따름이다.')"

236) 주자(朱子) 찬, 『시경집전(詩經集傳)』의 소주와 달리 호광(胡廣) 등 찬, 『시전대전(詩傳大全)』의 소주에는 "直留反.(직과 류의 반절이다.)"으로 되어 있다. 『광운(廣韻)』에는 본음이 "直由切.(직과 유의 반절이다.)"이고 평성(平聲)이라고 하였다. 주(儔)도 또한 『광운(廣韻)』에서 "直由切.(직과 유의 반절이다.)"이고 평성(平聲)이라고 하였다.

○ 平聲.237)

'무(繆)'는 평성(平聲 : 동여매다)이다.

○ 叶, 鐵因反.238)

'천(天)'은 협운(協韻)이니, 철(鐵)과 인(因)의 반절이다.

朱註

興也. '綢繆', 猶纏綿也. '三星', 心也. '在天', 昏始見於東方, 建辰之月也. '良人', 夫稱也. ○國亂民貧, 男女有失其時而後, 得遂其婚姻之禮者, 詩人敍其婦語夫之辭曰 : "方綢繆以束薪也, 而仰見三星之在天, 今夕不知其何夕也, 而忽見良人之在此", 旣又自謂曰: "子兮子兮, 其將奈此良人何哉." 喜之甚而自慶之辭也.

흥(興)이다. '주무(綢繆)'는 전면(纏綿 : 얽어맴)과 같다. '삼성(三星)'은 심성(心星)이다. '재천(在天)'은 어두워질 때 비로소 동쪽에 보이니, 북두칠성 자루가 신방(辰方)을 가리키는 달이다. '양인(良人)'은 남편의 호칭이다. ○나라가 어지럽고 백성들이 가난하여 남정네와 여인네가 그 시기를 놓친 뒤에 그 혼인의 예(禮)를 이룰 수 있었던 일이 있었는데, 시인이 그 부인이 남편에게 말해주는 말을 서술하기를, "바야흐로 칭칭 땔나무를 묶을 때에 우러러 하늘가에 있는 삼성(三星)을 보고, 오늘저녁이 어떤 저녁인지 몰랐는데, 갑자기 양인(良人)이 여기에 있음을 보았다."고 말하고, 또 스스로 일러 말하기를, "여봐요 당신, 여봐요 당신, 장차 이 양인(良人)을 어찌하리오."라고 하였으니, 기쁨이 심하여 스스로 경축(慶祝)한 말이다.

詳說

○ 兼賦.

'흥야(興也)'의 경우, 부(賦)를 아울렀다.

○ 『諺』音誤.239)

---

237) 주자(朱子) 찬, 『시경집전(詩經集傳)』의 소주와 달리 호광(胡廣) 등 찬, 『시전대전(詩傳大全)』의 소주에는 "芒侯反.(망과 후의 반절이다.)"으로 되어 있다. 『광운(廣韻)』에는 본음이 "武彪切.(무와 표의 반절이다.)"이고 평성(平聲)이라고 하였다.
238) 주자(朱子) 찬, 『시경집전(詩經集傳)』 및 호광(胡廣) 등 찬, 『시전대전(詩傳大全)』의 소주 내용을 수용한 것이다. 『광운(廣韻)』에는 본음이 "他前切.(타와 전의 반절이다.)"이고 평성(平聲)이라고 하였다.
239) 『언해(諺解)』에 '주모'가 아니라 '綢츄繆규'로 되어 있음을 말한 것이다.

'주모(綢繆)'의 경우, 『언해(諺解)』의 음이 잘못되었다.

○ 孔氏曰 : "束薪之狀."240)
'유전면야(猶纏綿也)'에 대해, 공씨(孔氏 : 孔穎達)가 말하였다. "땔나무를 묶는 모습이다."

○ 大火.
'심야(心也)'의 경우, 대화(大火)241)이다.

○ 安成劉氏曰 : "星象鼎立, 故因謂之三星."242)
안성 유씨(安成劉氏 : 劉瑾)가 말하였다. "별모양이 세 발 솥처럼 벌여 섰기 때문에 이에 삼성(三星)이라고 이르는 것이다."

○ 初昏.
'혼(昏)'의 경우, 처음 날이 저물었을 때이다.

○ 音現.
'시현(始見)'에서 현(見)은 음이 현(現)이다.

○ 安成劉氏曰 : "已過仲春之月."243)
'건진지월야(建辰之月也)'에 대해, 안성 유씨(安成劉氏 : 劉瑾)가 말하였다. "이미 중춘(仲春)의 달을 지난 것이다."

---

240) 호광(胡廣) 등 찬, 『시전대전(詩傳大全)』의 소주 내용에서 발췌한 것이다. 그 전문은 다음과 같다. "孔氏曰 : '綢繆, 是束薪之狀, 故云猶纏綿也.'(공씨가 말하였다. '주모는 땔나무를 묶는 모습이기 때문에 전면과 같다고 한 것이다.')"
241) 대화(大火) : 곧 심수(心宿)이니, 곽박(郭璞) 주・육덕명(陸德明)음의・형병(邢昺) 소, 『이아주소(爾雅注疏)』 권5, 「석천(釋天)」에서 "大火, 謂之大辰.(대화는 대진이라고 이른다.)"이라 하고, 곽박(郭璞)의 주(注)에 "大火, 心也, 在中最明, 故時候主焉."이라고 하였다.
242) 호광(胡廣) 등 찬, 『시전대전(詩傳大全)』의 소주 내용에서 발췌한 것이다. 그 전문은 다음과 같다. "安成劉氏曰 : '心宿之象, 二星鼎立, 故因謂之二星. 然凡二星者, 非止心之宿, 而知此詩爲指心宿者, 蓋春秋之初, 辰月末, 日在畢. 昏時, 日淪地之西位, 而心宿始見於地之東方. 此詩男女旣過仲春之月而得成婚, 故適見心宿也.'(안성 유씨가 말하였다. '심수의 별모양이 세 개의 별이 세 발 솥처럼 벌여 섰기 때문에 이에 삼성이라고 이르는 것이다. ….')"
243) 호광(胡廣) 등 찬, 『시전대전(詩傳大全)』의 소주 내용에서 발췌한 것이다. 그 전문은 다음과 같다. "安成劉氏曰 : '心宿之象, 三星鼎立, 故因謂之三星. 然凡三星者, 非止心之一宿, 而知此詩爲指心宿者, 蓋春秋之初, 辰月末, 日在畢. 昏時, 日淪地之西位, 而心宿始見於地之東方. 此詩男女旣過仲春之月而得成婚, 故適見心宿也.'(안성 유씨가 말하였다. '… 이 시는 남정네와 여인네가 이미 중춘의 달을 지나서 혼인을 이루었기 때문에 때마침 심수를 보았던 것이다.')"

○ 去聲, 下並同.244)
'어(語)'는 거성(去聲 : 말해주다)이니, 아래도 아울러 같다.

○ 設爲辭.
'시인서기부어부지사(詩人敍其婦語夫之辭)'의 경우, 가설하여 말을 한 것이다.

○ 因所事·所見而起興.
'앙견삼성지재천(仰見三星之在天)'에서 볼 때, 일삼은 것과 본 것에 말미암아 흥(興)을 일으킨 것이다.

○ 過時之辭.
'금석부지기하석야(今夕不知其何夕也)'의 경우, 지나간 때의 말이다.

○ 添此句.
'희지심이자경지사야(喜之甚而自慶之辭也)'의 경우, 이 구절을 더하였다.

○ 慶源輔氏曰 : "惟其失時而得遂, 故喜幸之詞, 至於不能自已. 誦「綢繆」之詩, 則足以知民之情."245)
경원 보씨(慶源輔氏 : 輔廣)가 말하였다. "오직 그 때를 놓쳤다가 혼례를 이룰 수 있었기 때문에 기쁘고 다행스런 말이 스스로 말 수 없는 지경에 이른 것이다. 「주모(綢繆)」의 시를 외웠다면 족히 백성의 뜻을 알 수 있는 것이다."

○ 按, 自慶而謂己爲子, 與後人自責而謂己爲爾相類.
내가 살펴보건대, 스스로 경축하면서 자기가 당신을 위한다고 이르렀으니, 후세 사람이 스스로 책망하면서 자기가 당신을 위했다고 이른 것과 서로 같다.

---

244) 그 뜻이 '말, 말하다, 이야기하다'일 경우에는 『광운(廣韻)』에서 "魚巨切.(어와 거의 반절이다.)"이고 상성(上聲)이라 하였고, 그 뜻이 '말해주다, 하소연하다'일 경우에는 『광운(廣韻)』에서 "牛倨切.(우와 어의 반절이다.)"이고 거성(去聲)이라고 하였다.
245) 호광(胡廣) 등 찬, 『시전대전(詩傳大全)』의 소주 내용에서 발췌한 것이다. 그 전문은 다음과 같다. "慶源輔氏曰 : 婚姻, 禮之常也, 及其時, 行其禮, 雖曰可嘉, 然亦常事耳. 何至喜之甚而自慶如此也. 惟其失時之久, 而一旦得遂其禮, 故喜幸之詞, 至于不能自勝也. 誦綢繆之詩, 則足以知民之情, 而爲人上者, 其可不使之得其常哉.'(경원 보씨가 말하였다. '혼인은 예의 떳떳함이니, 때에 미쳐서 그 예를 행하는 것을 비록 가상하다고 할 만하나 또한 보통의 일일 뿐이다. 어찌 기뻐함이 심함에 이르러 스스로 경축함이 이와 같은 것인가. … 오직 그 때를 놓친 지 오래되었다가 하루아침에 그 혼례를 이룰 수 있었기 때문에 기쁘고 다행스런 말을 스스로 이길 수 없는 지경에 이른 것이다. 「주모」의 시를 외웠다면 족히 백성의 뜻을 알 수 있지만, ….')

[1-10-5-2]

○綢繆束芻, 三星在隅. 今夕何夕. 見此邂逅. 子兮子兮, 如此邂逅何.

챙챙 꼴풀들을 묶을 때에 삼성이 모퉁이에 보이도다.
오늘저녁은 어떤 저녁인가. 이 좋은 만남을 보았노라.
여봐요 당신, 여봐요 당신, 이 좋은 만남 어찌하리오.

詳說

○ 叶, 側九反.246)
'추(芻)'는 협운(協韻)이니, 측(側)과 구(九)의 반절이다.

○ 叶, 語口反.247)
'우(隅)'는 협운(協韻)이니, 어(語)와 구(口)의 반절이다.

○ 戶解反.248)
'해(邂)'는 호(戶)와 해(解)의 반절이다.

○ 音候, 叶, 狼口反.249)
'후(逅)'는 음이 후(候)이고, 협운(協韻)이니, 랑(狼)과 구(口)의 반절이다.

朱註

興也. '隅', 東南隅也, 昏見之星, 至此, 則夜久矣. '邂逅', 相遇之意. 此爲夫婦相語之辭也.

---

246) 주자(朱子) 찬, 『시경집전(詩經集傳)』 및 호광(胡廣) 등 찬, 『시전대전(詩傳大全)』의 소주 내용을 수용한 것이다. 『광운(廣韻)』에는 본음이 "測隅切.(측과 우의 반절이다.)"이고 평성(平聲)이라고 하였다.
247) 주자(朱子) 찬, 『시경집전(詩經集傳)』 및 호광(胡廣) 등 찬, 『시전대전(詩傳大全)』의 소주 내용을 수용한 것이다. 『광운(廣韻)』에는 본음이 "遇俱切.(우와 구의 반절이다.)"이고 평성(平聲)이라고 하였다.
248) 호광(胡廣) 등 찬, 『시전대전(詩傳大全)』의 소주 내용을 수용한 것이다. 주자(朱子) 찬, 『시경집전(詩經集傳)』의 소주에는 "音械.(음이 계이다.)"으로 되어 있다. 『광운(廣韻)』에는 본음이 "胡懈切.(호와 해의 반절이다.)"이고 거성(去聲)이라고 하였다.
249) 주자(朱子) 찬, 『시경집전(詩經集傳)』 및 호광(胡廣) 등 찬, 『시전대전(詩傳大全)』의 소주에는 "胡豆反, 叶, 狼口反.(호와 두의 반절이고, 협운이니, 랑과 구의 반절이다.)"으로 되어 있다. 『광운(廣韻)』에는 본음이 "胡遘切.(호와 구의 반절이다.)"이고 거성(去聲)이라고 하였다.

흥(興)이다. '우(隅)'는 동남쪽 모퉁이이니, 어둠 속에 나타나는 별이 이에 이르렀
으면 밤이 오랜 것이다. '해후(邂逅)'는 서로 만난다는 뜻이다. 이는 부부(夫婦)가
서로 말해주는 말이다.

詳說

○ 音現, 下同.
'혼현(昏見)'에서 현(見)은 음이 현(現)이니, 아래도 같다.

○ 不取不期義.
'상우지의(相遇之意)'의 경우, 취하지도 않고 기약하지도 않은 뜻이다.

○ 承上接下.
'차위부부상어지사야(此爲夫婦相語之辭也)'에서 볼 때, 위를 이어서 아래에 이어
준 것이다.

[1-10-5-3]

○綢繆束楚, 三星在戶. 今夕何夕. 見此粲者. 子兮子兮, 如此
粲者何.

쟁쟁 가시나무를 묶을 때에 삼성이 지게문에 보이도다.
오늘저녁은 어떤 저녁인가. 이 멋있는 사람을 보았노라.
여봐요 당신, 여봐요 당신, 이 멋있는 사람 어찌하리오.

詳說

○ 叶, 章與反.250)
'자(者)'는 협운(協韻)이니, 장(章)과 여(與)의 반절이다.

朱註

興也. '戶', 室戶也, 戶必南出, 昏見之星, 至此, 則夜分矣. '粲', 美也. 此爲

---

250) 주자(朱子) 찬, 『시경집전(詩經集傳)』 및 호광(胡廣) 등 찬, 『시전대전(詩傳大全)』의 소주 내용을 수용한
것이다. 『광운(廣韻)』에는 본음이 "章也切.(장과 야의 반절이다.)"이고 상성(上聲)이라고 하였다.

夫語婦之辭也. 或曰 : "女三爲粲, 一妻二妾也."251)

흥(興)이다. '호(戶)'는 집의 지게문이니, 지게문은 반드시 남쪽으로 내는데 어둠 속에 나타나는 별이 이에 이르렀으면 한밤중인 것이다. '찬(粲)'은 아름다움이다. 이는 남편이 부인에게 말해준 말이다. 어떤 이가 말하기를, "여자 셋을 찬(粲)이라고 하였으니, 한 명의 아내와 두 명의 첩인 것이다."라고 하였다.

詳說

○ 向晨.

'즉야분의(則夜分矣)'의 경우, 새벽으로 향한 것이다.

○ 出『國語』.252)

'여삼위찬(女三爲粲)'은 『국어(國語)』에 나온다.

○ 此雖『毛傳』之文, 然方過時而娶, 恐未暇, 遽及於三女耳. 於此取之, 聊備一義而已.

'일처이첩야(一妻二妾也)'에서 볼 때, 이는 비록 『모전(毛傳)』의 글이나 바야흐로 때가 지나서 장가듦에 아마도 겨를조차 없이 문득 세 여자에게 미쳤을 뿐일 것이다. 여기서 취한 것은 다만 하나의 뜻을 갖추었을 따름이다.

[1-10-5-4]

「綢繆」三章, 章六句.

「주모(綢繆 : 챙챙)」는 세 장이니, 장마다 여섯 구이다.

詳說

○ 三山李氏曰 : "淫生於奢, 唐俗尚儉, 婚雖不得其時, 猶未至於淫奔也."253)

---

251) 이저(李樗)·황춘(黃櫄) 찬, 『모시집해(毛詩集解)』 권13. "李曰 : '… 粲者何? 『國語』, 女三爲粲, 大夫一妻二妾. …'(이저가 말하였다. '… 『국어』에, 여자 셋을 찬이라고 하였으니, 대부는 한 명의 아내와 두 명의 첩인 것이다. …')"
252) 호광(胡廣) 등 찬, 『시전대전(詩傳大全)』의 소주 내용에서 발췌한 것이다. 그 전문은 다음과 같다. "三山李氏曰 : '『國語』, 雖曰: 三女爲粲, 而又曰: 粲美物, 是言美女也.'()"
253) 호광(胡廣) 등 찬, 『시전대전(詩傳大全)』의 소주 내용에서 발췌한 것이다. 그 전문은 다음과 같다. "三山

삼산 이씨(三山李氏 : 李樗)가 말하였다. "마음껏 음탕하게 노는 재화(災禍)는 사치함에서 생기니, 당나라 풍속이 검소함을 숭상하여 혼인이 비록 그 때를 얻지 못하였으나 오히려 음탕하게 바람피우는 데에는 이르지 않은 것이다."

[1-10-6-1]

有杕之杜! 其葉湑湑. 獨行踽踽, 豈無他人, 不如我同父.
嗟行之人, 胡不比焉. 人無兄弟, 胡不佽焉.

우뚝 선 아가위나무여! 그 잎이 더부룩더부룩
홀로 가기를 터벅터벅 어찌 남이 없으랴마는 내 형제만 못해서니라.
아아, 길가는 사람들은 어찌 도와주지 않는가.
사람이 형제가 없거늘 어찌 도와주지 않는가.

詳說

○ 音第.254)

'체(杕)'는 음이 체(第)이다.

○ 上聲.255)

'서서(湑湑)'는 상성(上聲 : 무성하다)이다.

○ 音矩.256)

李氏曰 : '淫泆之禍, 生于奢侈, 唐之風俗, 尙儉, 婚姻雖不得其時, 猶未至於淫奔也.'(삼산 이씨가 말하였다. '마음껏 음탕하게 노는 재화는 사치함에서 생기니, 당나라의 풍속이 검소함을 숭상하여 혼인이 비록 그 때를 얻지 못하였으나 오히려 음탕하게 바람피우는 데에는 이르지 않은 것이다.')
254) 주자(朱子) 찬, 『시경집전(詩經集傳)』과 달리 호광(胡廣) 등 찬, 『시전대전(詩傳大全)』에는 소주가 없다. 송대 여조겸(呂祖謙) 찬, 『여씨가숙독시기(呂氏家塾讀詩記)』 권11과 원대 유근(劉瑾) 찬, 『시전통석(詩傳通釋)』 권6에도 해당 소주가 없다. 반면에 원대 주공천(朱公遷) 찬, 『시경소의회통(詩經疏義會通)』 권6과 누리나라 내각본에는 "徒細反.(도와 세의 반절이다.)"으로 되어 있다. 『광운(廣韻)』에는 본음이 "特計切.(특과 계의 반절이다.)"이고 거성(去聲)이라고 하였다. 제(第)도 또한 『광운(廣韻)』에서 "特計切.(특과 계의 반절이다.)"이고 거성(去聲)이라고 하였다.
255) 주자(朱子) 찬, 『시경집전(詩經集傳)』의 소주와 달리 호광(胡廣) 등 찬, 『시전대전(詩傳大全)』의 소주에는 "私叙反.(사와 서의 반절이다.)"으로 되어 있다. 이미 육덕명(陸德明)의 『석문(釋文)』에서 "湑, 思敍反, 茂盛也."라고 하였다. 『광운(廣韻)』에는 본음이 "私呂切.(사와 여의 반절이다.)"이고 상성(上聲)이라고 하였다.
256) 주자(朱子) 찬, 『시경집전(詩經集傳)』의 소주와 달리 호광(胡廣) 등 찬, 『시전대전(詩傳大全)』의 소주에는 "俱禹反.(구와 우의 반절이다.)"으로 되어 있다. 『광운(廣韻)』에는 본음이 "俱雨切.(구와 우의 반절이다.)"이고 상성(上聲)이라고 하였다. 구(矩)도 또한 『광운(廣韻)』에서 "俱雨切.(구와 우의 반절이다.)"이고 상성(上聲)이라고 하였다.

'구구(踽踽)'는 음이 구(矩)이다.

○ 音鼻.257)

'비(比)'는 음이 비(鼻)이다.

○ 音次.258)

'차(佽)'는 음이 차(次)이다.

朱註

興也. '杕', 特也. '杜', 赤棠也. '湑湑', 盛貌. '踽踽', 無所親之貌. '同父', 兄弟也. '比', 輔, '佽', 助也. ○此, 無兄弟者, 自傷其孤特而求助於人之辭, 言："杕然之杜, 其葉猶湑湑然, 人無兄弟, 則獨行踽踽, 曾杜之不如矣. 然豈無他人之可與同行也哉. 特以其不如我兄弟, 是以不免於踽踽耳. 於是嗟歎行路之人, 何不閔我之獨行而見親, 憐我之無兄弟而見助乎."

흥(興)이다. '체(杕)'는 걸출(傑出)함이다. '두(杜)'는 붉은 아가위나무이다. '서서(湑湑)'는 무성한 모양이다. '구구(踽踽)'는 친한 이가 없는 모양이다. '동부(同父)'는 형제이다. '비(比)'는 도움이고, '차(佽)'는 도움이다. ○이것은 형제 없는 이가 스스로 그 외로움을 아파하며 남에게 도움을 구하는 말이니, 말하기를 "우뚝 선 아가위나무는 그 잎이 오히려 더부룩더부룩하거늘, 사람이 형제가 없으면 홀로 가기를 터벅터벅하여 일찍이 아가위나무만도 못한 것이다. 그러나 어찌 함께 동행(同行)할 수 있는 남이 없겠는가. 다만 나의 형제만 못해서 이 때문에 터벅터벅 걸어감을 면하지 못할 뿐이다. 이에 탄식하고 길가는 사람들은 어찌 내가 홀로 가는 것을 민망히 여겨 친하게 대해주지 않으며, 나에게 형제 없음을 불쌍히 여겨 도와주지 않는가."라고 한 것이다.

詳說

---

257) 주자(朱子) 찬, 『시경집전(詩經集傳)』의 소주와 달리 호광(胡廣) 등 찬, 『시전대전(詩傳大全)』의 소주에는 "毗志反.(비와 지의 반절이다.)"으로 되어 있다. 『광운(廣韻)』에는 본음이 "卑履切.(비와 리의 반절이다.)"이고 상성(上聲)이라고 하였다. 비(鼻)는 『광운(廣韻)』에서 "毗至切.(비와 지의 반절이다.)"이고 거성(去聲)이라고 하였다.

258) 주자(朱子) 찬, 『시경집전(詩經集傳)』의 소주와 달리 호광(胡廣) 등 찬, 『시전대전(詩傳大全)』의 소주에는 "七利反.(칠과 리의 반절이다.)"으로 되어 있다. 『광운(廣韻)』에는 본음이 "七四切.(칠과 사의 반절이다.)"이고 거성(去聲)이라고 하였다. 차(次)도 또한 『광운(廣韻)』에서 "七四切.(칠과 사의 반절이다.)"이고 거성(去聲)이라고 하였다.

○ 陸氏璣曰 : "赤・白棠, 同耳, 但子有赤白美惡, 赤棠子澀而酢無味."259)
'적당야(赤棠也)'에 대해, 육씨기(陸氏璣 : 陸璣)가 말하였다. "붉은 아가위나무와 흰 아가위나무는 같을 뿐이나, 다만 열매에 붉고 희며 좋고 나쁜 것이 있으니, 붉은 아가위나무의 열매가 떫으면서 시고 맛이 없다."

○ 『諺』音誤.260)
'구구(踽踽)'의 경우, 『언해(諺解)』의 음이 잘못되었다.

○ 親比而相輔.
'보(輔)'는 친근하게 가까이하며 서로 돕는 것이다.

○ 杜雖孤特, 以其多枝葉, 故盛也.
'기엽유서서연(其葉猶湑湑然)'의 경우, 아가위나무가 비록 홀로 우뚝해도 그 가지와 잎이 많기 때문에 무성(茂盛)하다고 하는 것이다.

○ 無枝葉之助.
'즉독행구구(則獨行踽踽)'의 경우, 가지와 잎의 도움이 없는 것이다.

○ 一有'而'字.261)
'연(然)'의 경우, 어떤 판본에는 '이(而)'자가 있다.

○ 依上下句而補'行'字.
'연기무타인지가여동행야재(然豈無他人之可與同行也哉)'의 경우, 위아래의 구에 의거하여 '행(行)'자를 보탰다.

○ 但也.

---

259) 호광(胡廣) 등 찬, 『시전대전(詩傳大全)』의 소주 내용에서 발췌한 것이다. 그 전문은 다음과 같다. "孔氏曰 : '陸璣云 : 赤棠與白棠同耳, 但子有赤白美惡, 赤棠子澀而酢無味.'(공씨가 말하였다. '육기가 이르기를, 적당과 백당이 같을 뿐이나, 다만 열매에 붉고 희며 좋고 나쁨이 있으니, 적당의 열매가 떫으면서 시고 맛이 없다.')"
260) 『언해(諺解)』에 음이 '구구'가 아니라 '우우'로 되어있음을 말한 것이다.
261) 주자(朱子) 찬, 『시경집전(詩經集傳)』과 호광(胡廣) 등 찬, 『시전대전(詩傳大全)』 및 내각본에는 모두 '而'자가 없이 '然豈'로 되어 있다.

'특(特)'은 다만이다.

○ 承上文而補此句.
'시이불면어구구이(是以不免於踽踽耳)'에서 볼 때, 윗글을 이어서 이 구절을 보탰다.

○ 照上'獨行'句.
'하불민아지독행이견친(何不閔我之獨行而見親)'의 경우, 위의 '독행(獨行)'구를 참조하였다.

[1-10-6-2]

○有杕之杜! 其葉菁菁. 獨行睘睘, 豈無他人, 不如我同姓.
嗟行之人, 胡不比焉. 人無兄弟, 胡不佽焉.

우뚝 선 콩향여! 그 잎이 다보록다보록
홀로 가기를 타박타박 어찌 남이 없으랴마는 내 형제만 못해서니라.
아아, 길가는 사람들은 어찌 도와주지 않는가.
사람이 형제가 없거늘 어찌 도와주지 않는가.

詳說

○ 音精.262)
'정정(菁菁)'은 음이 정(精)이다.

○ 音瓊.263)
'경경(睘睘)'은 음이 경(瓊)이다.

---

262) 주자(朱子) 찬, 『시경집전(詩經集傳)』의 소주와 달리 호광(胡廣) 등 찬, 『시전대전(詩傳大全)』의 소주에는 "了零反.(지와 령의 반절이다.)"으로 되어 있다. 그 뜻이 '꽃, 이름답다'일 경우에는 『광운(廣韻)』에서 "了盈切.(자와 영의 반절이다.)"이고 평성(平聲)이라 하였고, 그 뜻이 '무성하다'일 경우에는 『집운(集韻)』에서 "倉經切.(창과 경의 반절이다.)"이고 평성(平聲)이라고 하였다. 정(精)은 『광운(廣韻)』에서 "子盈切.(자와 영의 반절이다.)"이고 평성(平聲)이라고 하였다.

263) 주자(朱子) 찬, 『시경집전(詩經集傳)』의 소주와 달리 호광(胡廣) 등 찬, 『시전대전(詩傳大全)』의 소주에는 "求螢反.(구와 형의 반절이다.)"으로 되어 있다. 『강희자전(康熙字典)』에는 "同睘. 俗省.(경과 같으니, 세상 사람들이 생략한 것이다.)"라고 하였다. 『집운(集韻)』에는 본음이 "葵營切.(규와 영의 반절이다.)"이고 평성(平聲)이라고 하였다. 경(瓊)은 『광운(廣韻)』에서 "渠營切.(거와 영의 반절이다.)"이고 평성(平聲)이라고 하였다.

○ 叶，桑經反.264)

'성(姓)'은 협운(協韻)이니, 상(桑)과 경(經)의 반절이다.

朱註

興也. '菁菁', 亦盛貌. '睘睘', 無所依貌.

흥(興)이다. '정정(菁菁)'은 또한 무성한 모양이다. '경경(睘睘)'은 의지할 곳이 없는 모양이다.

詳說

○ 諺』音誤.265)

'정정(菁菁)'의 경우, 『언해(諺解)』의 음이 잘못되었다.

[1-10-6-3]

「杕杜」二章，章九句.

「체두(杕杜: 우뚝 선 공항)」는 두 장이니, 장마다 아홉 구이다.

[1-10-7-1]

羔裘豹袪，自我人居居. 豈無他人，維子之故.

염소 갖옷에 표범가죽의 소매이니 우리 사람 부림에 사납게 굴도다. 어찌 다른 사람이야 없겠는가마는 오로지 그대와의 연고 때문이니라.

詳說

○ 起居・起據，二反.266)

'거(袪)'는 기(起)와 거(居)・기(起)와 거(據)의 두 가지 반절이다.

○ 斤於・斤御，二反.267)

---

264) 주자(朱子) 찬, 『시경집전(詩經集傳)』 및 호광(胡廣) 등 찬, 『시전대전(詩傳大全)』의 소주 내용을 수용한 것이다. 『광운(廣韻)』에는 본음이 "息正切.(식과 정의 반절이다.)"이고 거성(去聲)이라고 하였다.
265) 『언해(諺解)』에 음이 '정정'이 아니라 '청청'으로 되어있음을 말한 것이다.
266) 주자(朱子) 찬, 『시경집전(詩經集傳)』 및 호광(胡廣) 등 찬, 『시전대전(詩傳大全)』의 소주 내용을 수용한 것이다. 『광운(廣韻)』에는 본음이 "

'거거(居居)'는 근(斤)과 어(於)·근(斤)과 어(御)의 두 가지 반절이다.

○ 攻乎·古慕, 二反.268)
'고(故)'는 공(攻)과 호(乎)·고(古)와 모(慕)의 두 가지 반절이다.

○ 此及「山有樞」, 蒙鄭.269)「羔裘」不言叶.
이 시(詩) 및 「산유추(山有樞)」는 정현(鄭玄)의 『전(箋)』의 내용을 받아들인 것이다. 「고구(羔裘)」에서는 협운(協韻)을 말하지 않았다.

朱註
賦也. '羔裘' 君純羔, 大夫以豹飾. '袪', 袂也. '居居', 未詳.
부(賦)이다. '고구(羔裘)'는 임금은 순수한 염소가죽으로 만들고, 대부는 표범가죽으로 꾸민다. '거(袪)'는 소매이다. '거거(居居)'는 자세하게 알 수 없다.

詳說
○ 見『禮記』「玉藻」.270)
'대부이표식(大夫以豹飾)'의 내용이 『예기(禮記)』「옥조(玉藻)」에 보인다.

○ 孔氏曰:"袂, 是袖之大名; 袪, 是袖頭之小稱."271)
'몌야(袂也)'에 대해, 공씨(孔氏:孔穎達)가 말하였다. "몌(袂)는 소매가 큰 것을

---

267) 주자(朱子) 찬, 『시경집전(詩經集傳)』 및 호광(胡廣) 등 찬, 『시전대전(詩傳大全)』의 소주 내용을 수용한 것이다. 『광운(廣韻)』에는 본음이 "
268) 주자(朱子) 찬, 『시경집전(詩經集傳)』 및 호광(胡廣) 등 찬, 『시전대전(詩傳大全)』의 소주 내용을 수용한 것이다. 『광운(廣韻)』에는 본음이 "
269) 정씨(鄭氏) 전·육덕명(陸德明) 음의·공영달(孔穎達) 소, 『모시주소(毛詩注疏)』 권10, 「국풍(國風)·당(唐)·고구(羔裘)」. "『箋』云:'羔裘豹袪, 在位卿大夫之服也. 其役使我之民人, 其意居居然有悖惡之心, 不恤我之困苦.'…『箋』云:'此民卿大夫采邑之民也. 故云:豈無他人可歸往者乎. 我不去者, 乃念子故舊之人.'(『전』에 이르기를, '염소 갖옷에 표범가죽의 소매는 경대부의 지위에 있는 복장이니, 그 우리 백성들을 부림에 그 뜻이 사나워서 도리에 어긋나고 흉악한 마음이 있어 우리의 힘들고 고달픔을 불쌍히 여기지 않는다.'라고 하였다. …『전』에 이르기를, '이 백성은 경대부 채읍의 백성이다. 그러므로 어찌 다른 사람 중에 돌아갈 만한 이가 없겠는가마는 내가 떠나가지 않는 것은 이에 그대의 옛날 사람을 생각해서이다.'라고 하였다.)"; 그리고 정씨(鄭氏) 전·육덕명(陸德明) 음의·공영달(孔穎達) 소, 『모시주소(毛詩注疏)』 권10, 「국풍(國風)·당(唐)·산유추(山有樞)」의 내용은 다음과 같다. "『箋』云:'愉讀曰偸, 偸, 取也.'…『箋』云:'保, 居也.'(『전』에 이르기를, '유는 독음이 투이니, 투는 취함이다.'라고 하였다. …『전』에 이르기를, '보는 차지함이다.'라고 하였다.)"
270) 호광(胡廣) 등 찬, 『예기대전(禮記大全)』 권13, 「옥조(玉藻)」. "君子 … 羔裘豹飾, 緇衣以裼之.(사대부는 … 염소갖옷에는 표범가죽으로 소매를 꾸미니, ….)"
271) 호광(胡廣) 등 찬, 『시전대전(詩傳大全)』의 소주 내용을 수용한 것이다.

이르고, 거(袪)는 소매 머리가 작은 것을 일컫는다."

○ 鄭氏曰 : "故舊也."272)
'미상(未詳)'에 대해, 정씨(鄭氏 : 鄭玄)가 말하였다. "사귄 지 오래된 친구이다."

[1-10-7-2]
○羔裘豹褎, 自我人究究. 豈無他人, 維子之好.
염소 갖옷에 표범가죽의 소매이니 우리 사람 부림에 모질게 굴도다.
어찌 다른 사람이야 없겠는가마는 오로지 그대를 좋아함 때문이니라.

詳說
○ 音袖.273)
'수(褎)'는 음이 수(袖)이다.

○ 去聲, 叶, 呼候反.274)
'호(好)'는 거성(去聲)이고, 협운(協韻)이니, 호(呼)와 후(候)의 반절이다.

朱註
賦也. '褎', 猶袪也. '究究', 亦未詳.
부(賦)이다. '수(褎)'는 소매 거(袪)와 같다. '구구(究究)' 또한 자세하게 알 수 없다.

---

272) 정씨(鄭氏) 전·육덕명(陸德明) 음의·공영달(孔穎達) 소, 『모시주소(毛詩注疏)』 권10. 「국풍(國風)·당(唐)·고구(羔裘)의 정현(鄭玄)의 『전(箋)』에 의하면, '居居'에 대해서는 "其意居居然有悖惡之心, 不恤我之困苦.(그 뜻이 사나워서 도리에 어긋나고 흉악한 마음이 있어 우리의 힘들고 고달픔을 불쌍히 여기지 않는다.)"라 하였고, '子之故'에 대해서는 "乃念子故舊之人.(이에 그대의 옛날 사람을 생각해서이다)"이라고 하였으니, 착오한 듯하다.
273) 주자(朱子) 찬, 『시경집전(詩經集傳)』의 소주와 달리 호광(胡廣) 등 찬, 『시전대전(詩傳大全)』의 소주에는 "徐救反.(서와 구의 반절이다.)"으로 되어 있다. 『광운(廣韻)』에는 본음이 "似祐切.(사와 우의 반절이다.)"이고 거성(去聲)이라고 하였다. 수(袖)도 또한 『광운(廣韻)』에서 "似祐切.(사와 우의 반절이다.)"이고 거성(去聲)이라고 하였다.
274) 주자(朱子) 찬, 『시경집전(詩經集傳)』의 소주와 달리 호광(胡廣) 등 찬, 『시전대전(詩傳大全)』의 소주에는 "呼報反, 叶, 呼候反.(호와 보의 반절이고, 협운이니, 호와 후의 반절이다.)"으로 되어 있다. 그 뜻이 '좋아하다'일 경우에는 『광운(廣韻)』에서 "呼到切.(호와 도의 반절이다.)"이고 거성(去聲)이라 하였고, 그 뜻이 '좋다'일 경우에는 『광운(廣韻)』에서 "呼皓切.(호와 호의 반절이다.)"이고 상성(上聲)이라고 하였다.

詳說

○ 袖同.『諺』音誤.275)

'수(襃)'는 소매 수(袖)와 같다.『언해(諺解)』의 음이 잘못되었다.

○ 鄭氏曰:"愛好也."276)

'역미상(亦未詳)'에 대해, 정씨(鄭氏 : 鄭玄)가 말하였다. "사랑하고 좋아함이다."

[1-10-7-3]

「羔裘」二章, 章四句.

「고구(羔裘 : 염소갖옷)」는 두 장이니, 장마다 네 구이다.

朱註

此詩, 不知所謂, 不敢强解.

이 시(詩)는 이른 바를 모르겠으니, 감히 억지로 해석하지 못하겠다.

詳說

○ 上聲.277)

'강(强)'은 상성(上聲 : 억지로)이다.

○ 按,「小序」所云'刺在位不恤其民'278)者, 意不相襯, 故直以不

---

275)『언해(諺解)』에 음이 '수'가 아니라 '유'로 되어 있음을 말한 것이다.
276) 정씨(鄭氏) 전·육덕명(陸德明) 음의·공영달(孔穎達) 소,『모시주소(毛詩注疏)』권10,「국풍(國風)·당(唐)·고구(羔裘)」의 정현(鄭玄)의『전(箋)』에 의하면, '究究'에 대해서는 언급함이 없고, '子之好'에 대해서는 "我不去而歸往他人者, 乃念子而愛好之也. 民之厚如此, 亦唐之遺風.(내가 떠나서 다른 사람에게 돌아가지 않은 것은 이에 그대를 생각함에 사랑하고 좋아해서이라고 하였다. 백성의 돈후함이 이와 같으니, 또한 당나라의 유풍이다.)"라고 하였으니, 또한 착오한 듯하다.
277)『강희자전(康熙字典)』에 의하면, 그 뜻이 '억지로, 힘쓰다'일 경우에는 "『廣韻』·『集韻』·『正韻』丛'其兩切', 彊, 上聲.『集韻』, '勉也.'(『광운』·『집운』·『정운』에는 아울러 '기와 량의 반절이다.'이고, 음이 강이며, 상성이다.『집운』에는 '힘쓰다.'이다.)"라 하였고, 그 뜻이 '강하다'일 경우에는 "『唐韻』,'巨良切',『集韻』·『韻會』·『正韻』'渠良切', 丛音彊.(『당운』에는 '거와 량의 반절이다.'이고,『집운』·『운회』·『정운』에는 '거와 량의 반절이다.'이고, 아울러 음이 강이다.)"이라고 하였는데 이는 평성(平聲)이다.
278) 정씨(鄭氏) 전·육덕명(陸德明) 음의·공영달(孔穎達) 소,『모시주소(毛詩注疏)』권10,「국풍(國風)·당(唐)·고구(羔裘)」,「序」: "「羔裘」, 刺時也, 晉人刺在位不恤其民也.『箋』, '恤, 憂也.'(「서」에, '「고구」는 시대를 풍자하였으니, 진나라 사람이 그 지위에 있으면서 그 백성을 불쌍히 여기지 않음을 풍자한 것이다.'라고 하였다. ….)"

知, 所謂斷之.

'불감강해(不敢强解)'에 대해, 내가 살펴보건대, 「소서(小序)」에서 이른바 '지위에 있으면서 그 백성을 불쌍히 여기지 않음을 풍자하였다'는 것은 뜻이 서로 가깝지 않기 때문에 곧장 모르겠다고 하였으니, 이른바 단언한 것이다.

[1-10-8-1]

肅肅鴇羽! 集于苞栩. 王事靡盬, 不能蓺稷黍, 父母何怙. 悠悠蒼天. 曷其有所.

푸득푸득 너새의 날개깃이여! 떨기 도토리나무에 모이도다.
임금님 일을 쉬지 못하는지라 찰기장 메기장을 심지 못하니
부모님은 누구를 믿으실 건가.
까마아득한 저 푸른 하늘이여! 언제쯤에나 내 집에 가있을까.

詳說

○ 況禹反.279)

'후(栩)'는 황(況)과 우(禹)의 반절이다.

○ 音古.280)

'고(盬)'는 음이 고(古)이다.

○ 音戶.281)

---

279) 호광(胡廣) 등 찬, 『시전대전(詩傳大全)』의 소주 내용을 수용한 것이다. 주자(朱子) 찬, 『시경집전(詩經集傳)』의 소주에는 "音許.(음이 허이다.)"로 되어 있다. 『광운(廣韻)』에는 본음이 "況羽切.(황과 우의 반절이다.)"이고 상성(上聲)이라고 하였다. 『강희자전(康熙字典)』에 의하면, "『唐韻』, '況羽切', 『集韻』, '丑呂切', 『正韻』, '虛呂切', 丛音詡.(『당운』에서 '황과 우의 반절이다.' 하고, 『집운』에서 '추와 려의 반절이다.' 하고, 『정운』에서 '허와 려의 반절이다.' 하였으니, 아울러 음이 후이다.)"라고 하였다. 박문호『시경집전(詩經集傳)』의 '허'가 아니라, 『시전대전(詩傳大全)』의 '후'라고 정한 것이다. 이는 이미 당대 육덕명(陸德明)이 "栩, 況禹反."이라고 하여 송대 이저(李樗)·황춘(黃櫄)의 『모시집해(毛詩集解)』, 송대 범처의(范處義)의 『시보전(詩補傳)』, 송대 여조겸(呂祖謙)의 『여씨가숙독시기(呂氏家塾讀詩記)』, 원대 주공천(朱公遷)의 『시경소의회통(詩經疏義會通)』 등을 뒤이어서 『시전대전(詩傳大全)』에서 이를 수용한 것이다.
280) 주자(朱子) 찬, 『시경집전(詩經集傳)』 및 호광(胡廣) 등 찬, 『시전대전(詩傳大全)』의 소주 내용을 수용한 것이다. 『광운(廣韻)』에는 본음이 "公戶切.(공과 호의 반절이다.)"이고 상성(上聲)이라고 하였다. 고(古)도 또한 『광운(廣韻)』에서 "公戶切.(공과 호의 반절이다.)"이고 상성(上聲)이라고 하였다.
281) 주자(朱子) 찬, 『시경집전(詩經集傳)』의 소주와 달리 호광(胡廣) 등 찬, 『시전대전(詩傳大全)』의 소주에는 "候古反.(후와 고의 반절이다.)"으로 되어 있다. 『광운(廣韻)』에는 본음이 "侯古切.(후와 고의 반절이다.)"이고 상성(上聲)이라고 하였다. 호(戶)는 『강희자전(康熙字典)』에서 "『唐韻』·『正韻』, '侯古切', 『集韻』·

'호(怙)'는 음이 호(戶)이다.

朱註

比也. '肅肅', 羽聲. '鴇', 鳥名, 似鴈而大, 無後趾. '集', 止也. '苞', 叢生也. '栩', 柞櫟也, 其子爲皁斗, 殼可以染皁者是也. '盬', 不攻緻也. '蓺', 樹, '怙', 恃也. ○民從征役而不得養其父母, 故作此詩, 言鴇之性, 不樹止, 而今乃飛集于苞栩之上, 如民之性, 本不便於勞苦, 今乃久從征役, 而不得耕田以供子職也. "悠悠蒼天! 何時使我得其所乎."

비(比)이다. '숙숙(肅肅)'은 날개 치는 소리이다. '보(鴇)'는 새 이름이니, 기러기를 닮았는데 크며 뒷발가락이 없다. '집(集)'은 머무름이다. '포(苞)'는 떨기로 나는 것이다. '후(栩)'는 도토리나무이니, 그 열매는 도토리라고 하니, 껍질은 검정색을 물들일 수 있다는 것이 이것이다. '고(盬)'는 견고하고 긴밀하지 못함이다. '예(蓺)'는 심음이고, '호(怙)'는 믿음이다. ○백성들이 정역(征役)을 좇아서 그 부모님을 봉양할 수 없기 때문에 이 시를 지어 너새의 본성이 나무에 앉지 못하는데 이제 이에 날아서 떨기 도토리나무 위에 머무른다고 말하였으니, 마치 백성의 본성이 본래 고생하는 것을 편하게 여기지 않는데 이제 이에 오래도록 정역(征役)을 좇아서 밭을 경작하여 자식의 직분에 이바지하지 못함과 같다는 것이다. 그래서 "까마아득한 푸른 하늘이여! 어느 때에나 나로 하여금 내 집으로 돌아가게 할 것인가."라고 하였다.

詳說

○ 兼賦.

'비야(比也)'의 경우, 부(賦)를 아울렀다.

○ 音保.282)

'보(鴇)'는 음이 보(保)이다.

○ 孔氏曰 : "連蹄."283)

『韻會』, '後五切', 丛音祜.(『당운』·『정운』에서 '후와 고의 반절이다.' 하고, 『집운』·『운회』에서 '후와 오의 반절이다.' 하였으니, 아울러 음이 호이다.)"라고 하였다.

282) 『광운(廣韻)』에서 "博抱切.(박과 포의 반절이다.)"이고 상성(上聲)이라고 하였다. 보(保)도 또한 『광운(廣韻)』에서 "博抱切.(박과 포의 반절이다.)"이고 상성(上聲)이라고 하였다.

'무후지(無後趾)'에 대해, 공씨(孔氏 : 孔穎達)가 말하였다. "발굽이 이어진 것이다."

○ 『諺』音誤.284)

'후(栩)'의 경우, 『언해(諺解)』의 음이 잘못되었다.

○ 音昨.285)

'작(柞)'은 음이 작(昨)이다.

○ 音歷.286)

'력(櫟)'은 음이 력(歷)이다.

○ 橡也.

'기자위조두(其子爲皁斗)'의 경우, 도토리이다.

○ 音稺.287)

'치(緻)'는 음이 치(稺)이다.

○ 孔氏曰 : "與蠱, 字異義同. 害器敗穀, 皆謂之蠱, 是不攻牢·不堅緻之意."288)

'불공치야(不攻緻也)'에 대해, 공씨(孔氏 : 孔穎達)가 말하였다. "고(蠱)와 글자가 다르나 뜻이 같다. 기물(器物)을 해치거나 곡식을 해치는 것을 모두 고(蠱)라고

---

283) 호광(胡廣) 등 찬, 『시전대전(詩傳大全)』의 소주 내용에서 발췌한 것이다. 그 전문은 다음과 같다. "孔氏曰 : '鴇連趾, 樹止則爲苦, 喩今從征役, 亦甚危苦, 此王家之事, 無不攻緻, 故盡力爲之, 不能復種黍稷, 父母當何所怙乎? 人窮則反本, 困則告天, 故訴天而告怨也.'(공씨가 말하였다. '너새는 발굽이 이어져서 나무에 머물면 괴로움이 되니, ….')"
284) 『언해(諺解)』에서 음이 '후'가 아니라 '우'로 되어있음을 말한 것이다.
285) 『광운(廣韻)』에서 "在各切.(재와 각의 반절이다.)"이고 입성(入聲)이라고 하였다. 작(昨)도 또한 『광운(廣韻)』에서 "在各切.(재와 각의 반절이다.)"이고 입성(入聲)이라고 하였다.
286) 『광운(廣韻)』에서 "郞擊切.(랑과 격의 반절이다.)"이고 입성(入聲)이라고 하였다. 력(歷)도 또한 『광운(廣韻)』에서 "郞擊切.(랑과 격의 반절이다.)"이고 입성(入聲)이라고 하였다.
287) 호광(胡廣) 등 찬, 『시전대전(詩傳大全)』의 소주에는 "音稚.(음이 치이다.)"로 되어 있다. '치(緻)'는 『광운(廣韻)』에서 "直利切.(직과 리의 반절이다.)"이고 거성(去聲)이라고 하였다. 치(稺)나 치(稚)도 또한 『광운(廣韻)』에서 "直利切.(직과 리의 반절이다.)"이고 거성(去聲)이라고 하였다.
288) 호광(胡廣) 등 찬, 『시전대전(詩傳大全)』의 소주 내용에서 발췌한 것이다. 그 전문은 다음과 같다. "孔氏曰 : '鹽與蠱, 字異義同. 『左傳』, 於文皿蟲爲蠱, 穀之飛亦爲蠱. 然則蟲害器敗穀者, 皆謂之蠱. 是鹽, 不攻牢·不堅緻之意也.'(공씨가 말하였다. '鹽와 蠱는 글자가 다르나 뜻이 같다. … 벌레가 기물을 해치거나 곡식을 해치는 것을 모두 蠱라고 이른다. 이 鹽는 단단하지 못하고 치밀하지 못함의 뜻이다.')"

이르는데, 이 고(盬)는 단단하지 못하고 치밀하지 못함의 뜻이다."

○ 永嘉陳氏曰 : "春秋時, 諸侯猶以王命征役, 故曰'王事靡盬'."[289]

영가 진씨(永嘉陳氏 : 陳鵬飛)[290]가 말하였다. "춘추 시대에 제후가 오히려 왕명(王命)으로써 정역(征役)으로 하였기 때문에 '왕사미고(王事靡盬)'라고 한 것이다."

○ 三山李氏曰 : "'靡盬', 謂勤於王事, 而無不攻緻也."[291]

삼산 이씨(三山李氏 : 李樗)가 말하였다. "'미고(靡盬)'는 왕사(王事)에 부지런히 일하여 견고하고 긴밀하지 못함이 없음을 이른다."

○ 按, 此一句, 疑古方言. 故『詩』中動必言之.

내가 살펴보건대, 이 한 구는 의심컨대 옛날의 방언(方言)인 듯하다. 그러므로 『시경(詩經)』 가운데에서 움직일 때마다 반드시 말한 것이다.

○ 父子相恃 爲命, 故此及「蓼莪」, 皆言'何怙'.[292]

'시야(恃也)'에서 볼 때, 아버지와 아들이 서로 믿는 것이 명(命)이 되기 때문에 이 시(詩) 및 「육아(蓼莪)」에서 모두 '하호(何怙)'라고 말한 것이다.

○ 去聲.[293]

---

289) 호광(胡廣) 등 찬, 『시전대전(詩傳大全)』의 소주 내용에서 발췌한 것이다. 그 전문은 다음과 같다. "永嘉陳氏曰 : '春秋之時, 諸侯猶以王命征役, 故曰王事靡盬. 但調發未必均, 故君子苦之.'(영가 진씨가 말하였다. '')"

290) 영가 진씨(永嘉陳氏 : 陳鵬飛): 진붕비는 송대 학자로, 자가 소남(少南)이고, 호가 나부(羅浮)이며, 영가(永嘉) 사람이다. 소흥(紹興) 연간에 진사(進士)에 올라 벼슬이 비서소감(秘書少監)·좌적공랑(左廸功郞)·태학박사(太學博士) 겸 숭정전설서(崇政殿說書)·예부시랑(禮部侍郞) 등을 지냈다. 저서로는 『서해(書解)』 30권·『시해(詩解)』 20권과 『나부집(羅浮集)』 10권 등이 있는데, 특히 이학(理學)에 밝아서 '진박사서해(陳博士書解)'라고 칭송하였다.

291) 호광(胡廣) 등 찬, 『시전대전(詩傳大全)』의 소주 내용에서 발췌한 것이다. 그 전문은 다음과 같다. "三山李氏曰 : '王事靡盬, 謂勤於王事, 而無不攻緻也.(삼산 이씨가 말하였다. '')"

292) 호광(胡廣) 등 찬, 『시전대전(詩傳大全)』 권12, 「소아(小雅)·소민지십(小旻之什)·육아(蓼莪)」. "缾之罄矣, 維罍之恥. 鮮民之生. 不如死之久矣. 無父何怙, 無母何恃? 出則銜恤, 入則靡至.(술병이 모두 비웠짐이여. 술독의 부끄러움이로다. 가난한 백성들의 삶이여. 죽음만 못한지 오래로다. 아비 없으면 누굴 믿고, 어미 없으면 누굴 믿어. 나가면 걱정거리 머금고 들면 이를 자리 없어라.)" 그 주(註)에서 "言缾資於罍而罍資缾, 猶父母與子相依爲命也.(술병이 술독에 자뢰하고 술독이 술병에 자뢰함이 부모와 자식이 서로 의지하여 명을 삼는 것과 같음을 말한 것이다.)"라고 하였다.

293) 그 뜻이 '기르다'일 경우에는 『광운(廣韻)』에서 "餘兩切.(여와 량의 반절이다.)"이고 상성(上聲)이라 하였

'양(養)'은 거성(去聲 : 봉양하다)이다.

○ 無後趾故也.
'불수지(不樹止)'의 경우, 뒤 발꿈치가 없기 때문이다.

○ 出『孟子』「萬章」.294)
'이부득경전이공자직야(而不得耕田以供子職也)'의 내용이 『맹자(孟子)』「만장(萬章)」에 나온다.

○ 孔氏曰 : "訴天而告怨."295)
'하시사아득기소호(何時使我得其所乎)'에 대해, 공씨(孔氏 : 孔穎達)가 말하였다. "하늘에 하소연하면서 원한을 말해주는 것이다."

[1-10-8-2]

○肅肅鴇翼. 集于苞棘. 王事靡盬, 不能蓺黍稷, 父母何食. 悠悠蒼天! 曷其有極.

푸득푸득 너새의 날갯짓이여! 떨기 멧대추나무에 모이도다.
임금님 일을 쉬지 못하는지라 메기장 찰기장을 심지 못하니
부모님은 무엇을 잡수실 건가.
까마아득한 저 푸른 하늘이여! 언제쯤에나 이 일이 그칠 건가.

고, 그 뜻이 '봉양하다'일 경우에는 『광운(廣韻)』에서 "餘亮切.(여와 량의 반절이다.)"이고 거성(去聲)이라고 하였다.

294) 『맹자집주대전(孟子集註大全)』 권9, 「만장장구상(萬章章句上)」. "萬章曰 : '父母愛之, 喜而不忘; 父母惡之, 勞而不怨, 然則舜怨乎?' 曰 : '長息, 問於公明高曰: 舜往于田, 則吾旣得聞命矣, 號泣于旻天·于父母, 則吾不知也. 公明高曰: 是非爾所知也. 夫公明高, 以孝子之心, 爲不若是恝, 我竭力耕田, 共爲子職而已矣, 父母之不我愛, 於我何哉?'(만장이 말하였다. '부모님이 사랑하시거든 기뻐하면서 잊지 않고 부모님이 미워하시거든 수고로워도 원망하지 않을 것이니. 그러면 순임금은 원망하셨습니까?' 맹자가 말하였다. '장식이 공명고에게 물어 말하기를, 순임금이 밭에 가심은 제가 이미 명령을 들었거니와 민천과 부모님에게 울부짖음은 제가 알지 못하겠습니다. 라고 하자 공명고가 말하기를, 이는 네가 알 바가 아니다. 라고 하였으니. 무릇 공명고는 효자의 마음으로써 이렇듯이 걱정이 없을 수 없다고 여겼기 때문에, 나는 힘을 다해 밭을 갈아서 아들의 직분을 공경스럽게 할 따름이거늘, 부모님이 나를 사랑하지 않으심은 나에게 무엇 때문인가 한 것이다.')"

295) 호광(胡廣) 등 찬, 『시전대전(詩傳大全)』의 소주 내용에서 발췌한 것이다. 그 전문은 다음과 같다. "孔氏曰 : '鴇連蹄, 樹止則爲苦, 喩今從征役, 亦甚危苦. 此王家之事, 無不攻緻, 故盡力爲之, 不能復種黍稷, 父母當何所怙乎? 人窮則反本, 困則告天, 故訴天而告怨也.'(공씨가 말하였다. '… 하늘에 하소연하면서 원한을 말해주는 것이다.')"

朱註

比也. '極', 已也.

비(比)이다. '극(極)'은 그침이다.

詳說

○ 役止.

'이야(已也)'의 경우, 정역(征役)이 멈춰짐이다.

[1-10-8-3]

○肅肅鴇行. 集于苞桑. 王事靡盬, 不能蓺稻粱, 父母何嘗. 悠悠蒼天! 曷其有常.

푸득푸득 너새의 날아감이여! 떨기이룬 뽕나무에 모이도다.
임금님 일을 쉬지 못하는지라 찰벼와 수수를 심지 못했으니
부모님은 무엇을 맛보실 건가.
까마아득한 저 푸른 하늘이여! 언제쯤에나 평상이 있을 건가.

詳說

○ 音杭.296)

'항(行)'은 음이 항(杭)이다.

朱註

比也. '行', 列也. '稻', 卽今南方所食稻米, 水生而色白者也. '粱', 粟類也, 有數色. '嘗', 食也. '常', 復其常也.

비(比)이다. '항(行)'은 줄이다. '도(稻)'는 곧 지금 남쪽지방에서 먹는 벼의 쌀이니, 물댄 논에서 자라는데 색이 흰 것이다. '량(粱)'은 속(粟 : 조)의 종류이니, 몇 가지 색깔이 있다. '상(嘗)'은 먹음이다. '상(常)'은 그 평상(平常)을 회복함이다.

---

296) 주자(朱子) 찬, 『시경집전(詩經集傳)』의 소주와 달리 호광(胡廣) 등 찬, 『시전대전(詩傳大全)』의 소주에는 "戶郞反.(호와 랑의 반절이다.)"으로 되어 있다. 『광운(廣韻)』에는 본음이 "胡郞切.(호와 랑의 반절이다.)"이고 평성(平聲)이라고 하였다. 항(杭)도 또한 『광운(廣韻)』에서 "胡郞切.(호와 랑의 반절이다.)"이고 평성(平聲)이라고 하였다.

詳說

○ 水田之稻, 南方最多, 以爲常食, 故云然.
'즉금남방소식도미(卽今南方所食稻米)'에서 볼 때, 논의 벼는 남쪽에 가장 많아서 늘 먹는 음식이 되기 때문에 그렇다고 이른 것이다.

○ 『本草』註曰 : "靑・黃・白."297)
'유수색(有數色)'에 대해, 『본초(本草)』의 주(註)에 말하였다. "청색과 황색과 백색이다."

○ 歸家也, 卽得所也.
'복기상야(復其常也)'의 경우, 집으로 돌아감이니, 곧 제자리를 얻은 것이다.

[1-10-8-4]

「鴇羽」三章, 章七句.

「보우(鴇羽 : 너새 날개깃)」는 세 장이니, 장마다 일곱 구이다.

詳說

○ 安成劉氏曰 : "時, 天下不知有王, 而「北門」云'王事適我',「伯兮」云'爲王前驅', 此亦云'王事靡盬', 雖皆怨詞, 猶幸王命之行於列國, 可以見君臣之義, 根於人, 亦可以見文・武・成・康之遺澤也."298)
안성 유씨(安成劉氏 : 劉瑾)가 말하였다. "이때에는 천하 사람들이 왕이 있음을

---

297) 호광(胡廣) 등 찬, 『시전대전(詩傳大全)』의 소주 내용에서 발췌한 것이다. 그 전문은 다음과 같다. "『本草』註曰 : '凡云粱米, 皆是粟類, 靑粱, 殼穗有毛, 粒靑, 米亦微靑而細於黃・白粱. 黃粱, 穗大毛長, 穀米俱麤於白.'(『본초』의 주에 말하였다. '무릇 기장쌀이라 이르는 것은 모두 조의 종류이니, 푸른 기장은 껍질과 이삭에 털이 있고 쌀알이 푸르며, 쌀 또한 약간 푸르면서 황색이나 백색 기장보다 가늘다. 황색 기장은 이삭이 크고 털이 기니, 곡식의 쌀이 모두 백색 기장보다 거칠다.')"

298) 호광(胡廣) 등 찬, 『시전대전(詩傳大全)』의 소주 내용에서 발췌한 것이다. 그 전문은 다음과 같다. "安成劉氏曰 : '變風, 多作於春秋時, 斯時也, 天下不知有王之時也, 而「北門」云王事適我,「伯兮」云爲王前驅, 此詩亦云王事而且以靡盬爲言, 雖皆怨者之詞, 猶幸王命之行於列國, 亦可以見君臣之義根於人心也, 亦可以見文・武・成・康之遺澤也.'(안성 유씨가 말하였다. '변풍은 춘추시대에 많이 지어졌으니, 이때에는 천하 사람들이 왕이 있음을 알지 못하였는데도, 「북문」에서 '왕사적아'라 이르고, 「백혜」에서 '위왕전구'라 이르고, 이 시에서 또한 '왕사'라 이르고 또 '미고'로 말을 한 것이 비록 모두 원망하는 말이었으나 오히려 다행히 왕명이 여러 나라에 시행되어 또한 임금과 신하의 의리가 사람 마음에 근거함을 볼 수 있으며, 또한 문왕・무왕・성왕・강왕이 남긴 은택을 볼 수 있는 것이다.')"

알지 못하였는데도,「북문(北門)」에서 '왕사적아(王事適我)'299)라 이르고,「백혜(伯兮)」에서 '위왕전구(爲王前驅)'300)라 이르고, 여기서 또한 '왕사미고(王事靡盬)'라 이르렀으며, 비록 모두 원망하는 말이었으나 오히려 다행히 왕명(王命)이 여러 나라에 시행되어 임금과 신하의 의리가 사람 마음에 근거함을 볼 수 있으며, 또한 문왕(文王)·무왕(武王)·성왕(成王)·강왕(康王)의 남긴 은택을 볼 수 있는 것이다."

[1-10-9-1]

豈曰無衣七兮. 不如子之衣, 安且吉兮.

어찌 일곱 문양의 옷이 없으리오.
임금님이 내려주신 훌륭한 옷처럼
편안하고 또 아름답지 않아서니라.

朱註

賦也. 侯·伯七命, 其車·旗·衣服, 皆以七爲節. '子', 天子也. ○『史記』: "曲沃桓叔之孫武公, 伐晉滅之, 盡以其寶器, 賂周釐王, 王以武公爲晉君, 列於諸侯." 此詩, 蓋述其請命之意, 言: "我非無是七章之衣也, 而必請命者, 蓋以不如天子之命服之, 爲安且吉也." 蓋當是時, 周室雖衰, 典刑猶在, 武公旣負弑君簒國之罪, 則人得討之, 而無以自立於天地之間, 故賂王請命而爲說如此. 然其倨慢無禮, 亦已甚矣, 釐王貪其寶玩, 而不思天理·民彜之不可廢. 是以誅討不加, 而爵命行焉, 則王綱於是乎不振, 而人紀或幾乎絶矣. 嗚呼痛哉.

부(賦)이다. 후(侯)와 백(伯)은 칠명(七命)이니, 그 수레와 깃발과 의복을 모두 일곱 가지 문양으로 등급을 삼는다. '자(子)'는 천자(天子)이다. ○『사기(史記)』에 "곡옥(曲沃)에 환숙(桓叔)의 손자 무공(武公)이 진(晉)나라를 정벌하여 멸망시키고 그 보배로운 기물을 다 가져다 주(周)나라 희왕(釐王)에게 뇌물로 주자 희왕이 무공을

---

299) '왕사적아(王事適我)': 호광(胡廣) 등 찬,『시전대전(詩傳大全)』권2,「국풍(國風)·패(邶)·북산(北門)」. 2장에서 "나랏일이 마구 나에게 이르렀거늘 정사가 모두 왕창 내게 더해지도다. 내가 들어오기를 밖으로부터 하니 집안사람들이 서로 나를 꾸짖도다. 그냥저냥 마를지어다. 하늘이 진실로 그렇게 하신 것이니 이른다고 한들 무슨 소용 있으리오.(王事適我, 政事一埤益我. 我入自外, 室人交徧讁我. 已焉哉. 天實爲之, 謂之何哉.)"라고 하였다.
300) '위왕전구(爲王前驅)': 호광(胡廣) 등 찬,『시전대전(詩傳大全)』권3,「국풍(國風)·위(衛)·백혜(伯兮)」. 1장에서 "낭군님이 늠름하고 헌걸차니 나라에서 뛰어난 인물이로다. 낭군님이 긴 창을 손에 잡고 임금님을 도와서 앞장서도다.(伯兮朅兮, 邦之桀兮. 伯也執殳, 爲王前驅.)"라고 하였다.

진나라 임금으로 삼아서 제후(諸侯)의 반열에 들어가게 되었다."고 하였다. 이 시는 대개 그 천자(天子)에게 명(命)을 청한 뜻을 서술하였으니, 말하기를, "내가 이 일곱 문양의 옷이 없어서가 아니거늘, 반드시 명(命)을 청하는 것은 대개 천자의 명으로 입는 것만큼 편안하고 또 아름다움이 되지 못해서이다."라고 한 것이다. 대개 이때를 맞아서 주나라 왕실이 비록 쇠약하였으나 법도가 여전히 있었으니, 무공(武公)이 이미 임금을 시해하고 나라를 찬탈하는 죄를 지어서 곧 사람들이 그를 토죄(討罪)함에 천지 사이에 스스로 설 수 없었기 때문에 희왕에게 뇌물을 주고 명을 청하면서 이와 같이 말을 한 것이다. 그러나 그가 거만하고 예의 없음이 또한 너무 심하였는데도, 희왕은 그 보물을 탐하여 하늘의 올바른 도리와 백성의 떳떳한 법도를 없애서는 안 됨을 생각하지 않았던 것이다. 이 때문에 토벌을 입히지 않고 작위(爵位)를 내리는 명을 행하였으니, 곧 왕의 기강이 이에 천하에 떨치지 못하고, 인륜(人倫)의 기강이 끊어짐에 미친 것이다. 아! 몹시 슬프도다.

詳說

○ 『周禮』「司服」注曰 : "鷩冕七章, 衣畫華蟲·火·宗彝; 裳繡藻·粉米·黼·黻."301)

'개이칠위절(皆以七爲節)'에 대해, 『주례(周禮)』「사복(司服)」의 주(注)에서 말하였다. "별면(鷩冕)에 칠장(七章)이니, 웃옷은 화충(華蟲)과 불과 종이(宗彝 : 祭器)를 그려서 채색하고, 아래옷은 마름과 분미(粉米)와 보(黼)와 불(黻)을 수를 놓아서 만든다."

○ 「晉世家」.

'『사기』(『史記』)'는 「진세가(晉世家)」이다.

○ 三山李氏曰 : "莊伯鱓, 生武公稱."302)

---

301) 호광(胡廣) 등 찬, 『시전대전(詩傳大全)』의 소주 내용에서 발췌한 것이다. 그 전문은 다음과 같다. "臨川王氏曰 : '『周禮』「司服」所謂侯·伯之服, 自鷩冕而下如公之服. 卽『典命』所謂侯伯七命, 衣服以七爲節也.' ○東萊呂氏曰 : '『周禮』注, 鷩冕七章衣三章, 一曰華蟲, 畫以雉卽鷩也; 二曰火, 三曰宗彝, 皆畫爲繢. 裳四章, 一曰藻, 二曰粉米, 三曰黼, 四曰黻, 皆以爲繡. 鷩, 音鷩.'(임천 왕씨가 말하였다. '『주례』「사복」에 이른바 후·백의 옷은 … 별면에 칠장이니, 웃옷은 삼장으로 첫째는 화충이고, … 둘째는 불이고, 셋째는 종이이니 모두 그려서 채색한다. 아래옷은 사장으로 첫째는 마름이고, 둘째는 분미이고, 셋째는 보이고, 넷째는 불이니, 모두 수를 놓아 만든다.' ….)"

302) 호광(胡廣) 등 찬, 『시전대전(詩傳大全)』의 소주 내용에서 발췌한 것이다. 그 전문은 다음과 같다. "三山李氏曰 : '桓叔生莊伯鱓, 鱓生武公稱.'(삼산 이씨가 말하였다. '환숙이 장백 치를 낳고, 치가 무공 칭을 낳았다.')"

'곡옥환숙지손무공(曲沃桓叔之孫武公)'에 대해, 삼산 이씨(三山李氏 : 李樗)가 말하였다. "장백(莊伯) 치(鱓)가 무공(武公) 칭(稱)을 낳았다."

○ 禧同.303)
'희(釐)'는 희(禧)와 같다.

○ 添此句.
'이필청명자(而必請命者)'의 경우, 이 구절을 더하였다.

○ 補'命'字.
'위안차길야(爲安且吉也)'의 경우, '명(命)'자를 보탰다.

○ 慶源輔氏曰 : "'安', 不揑扤; '吉', 無後患, 此特以利害言耳."304)
경원 보씨(慶源輔氏 : 輔廣)가 말하였다. "'안(安)'은 흔들려서 불안하지 않음이고, '길(吉)'은 후환이 없음이니, 이는 다만 이로움과 해로움으로써 말하였을 뿐이다."

○ 法也.
'전형(典刑)'의 경우, 법도(法度)이다.

○ 云'豈曰', 無云'不如子'.
'연기거만무례(然其倨慢無禮)'에서 볼 때, '어찌 없으리오.'라 이르고, '천자(天子)만 같지 못하다'고 이름이 없는 것이다.

○ 華谷嚴氏曰 : "有無王之心, 與唐藩鎭戕其主帥而代之, 以坐邀旌節, 無異."305)

---

303) 호광(胡廣) 등 찬, 『시전대전(詩傳大全)』의 소주에는 "與禧同.(희와 같다.)"으로 되어 있다.
304) 호광(胡廣) 등 찬, 『시전대전(詩傳大全)』의 소주 내용에서 발췌한 것이다. 그 전문은 다음과 같다. "慶源輔氏曰 '安, 謂不扤杌; 吉, 謂無後患, 此特以利害言耳, 非誠知義命之所在也.'(경원 보씨가 말하였다. '안은 흔들려서 불안하지 않음을 이르고, 길은 후환이 없음을 이르니, 이는 다만 이로움과 해로움으로써 말하였을 뿐이고, ….')"
305) 호광(胡廣) 등 찬, 『시전대전(詩傳大全)』의 소주 내용에서 발췌한 것이다. 그 전문은 다음과 같다. "華谷嚴氏曰 : '武公有無王之心, 而後動於惡. 簒弒, 大惡也, 王法之所不容誅也. 彼其請命於天子之使, 豈眞知有

'역이심의(亦已甚矣)'에 대해, 화곡 엄씨(華谷嚴氏 : 嚴粲)가 말하였다. "왕을 업신여기는 마음이 있었으니, 만당(晚唐)의 번진(藩鎭)이 그 대장군을 죽이고 그를 대신하여 앉아서 왕명을 받은 깃발과 부절(符節)을 맞았던 것과 다름이 없는 것이다."

○ 音祈.306)
'이인기혹기(而人紀或幾)'에서 기(幾)는 음이 기(祈)이다.

○ 蓋以下論也, 前一半罪武公, 後一半譏釐王.
'오호통재(嗚呼痛哉)'에서 볼 때, 대개 아래의 논변이니, 앞의 반은 무공(武公)을 허물한 것이고, 뒤의 반은 희왕(釐王)을 나무란 것이다.

[1-10-9-2]

豈曰無衣六兮. 不如子之衣, 安且燠兮.

어찌 여섯 문양의 옷이 없으리오.
임금님이 내려주신 훌륭한 옷처럼
편안하고 또 따뜻하지 않아서니라.

詳說

○ 音郁.307)
'욱(燠)'은 음이 욱(郁)이다.

朱註

賦也. 天子之卿, 六命, 變七言六者, 謙也. 不敢以當侯・伯之命, 得受六命之服, 比於天子之卿, 亦幸矣. '燠', 煖也, 言其可以久也.

王哉. 正以人心所不與, 非假王靈則終不能定晉也. 此正與唐蕃鎭戕其主帥而代之, 以坐邀旌節者無以異.'(화곡 엄씨가 말하였다. '무공은 왕을 업신여기는 마음이 있었는데, … 이는 바로 만당의 번진이 그 대장군을 죽이고 그를 대신하여 앉아서 왕명을 받은 깃발과 부절을 맞았던 것과 다름이 없는 것이다.')
306) 기(幾)의 음이 기(祈)라고 한 것은 그 뜻이 '가깝다. 미치다. 이르다'일 경우를 말하는 것이다. 둘다 『광운(廣韻)』에서 "渠希切.(거와 희의 반절이다.)"이고 평성(平聲)이라고 하였다.
307) 주자(朱子) 찬. 『시경집전(詩經集傳)』의 소주와 달리 호광(胡廣) 등 찬. 『시전대전(詩傳大全)』의 소주에는 "於六反.(어와 륙의 반절이다.)"으로 되어 있다. 『광운(廣韻)』에도 본음이 "於六切.(어와 륙의 반절이다.)"이고 입성(入聲)이라고 하였다. 욱(郁)도 또한 『광운(廣韻)』에서 "於六切.(어와 륙의 반절이다.)"이고 입성(入聲)이라고 하였다.

부(賦)이다. 천자(天子)의 경(卿)은 육명(六命)이니, 칠(七)을 바꿔서 육(六)이라고 말한 것은 겸손함이다. 감히 후(侯)와 백(伯)의 명(命)을 감당하지 못하고 육명(六命)의 의복을 받아서 천자의 경(卿)에게 견줄 수 있는 것만으로도 또한 다행이라는 것이다. '욱(燠)'은 따뜻함이니, 그 오래도록 입을 수 있음을 말한 것이다.

詳說

○ 命服, 本非爲禦寒而云燠兮, 是亦倨慢無禮之辭.
'언기가이구야(言其可以久也)'에서, 천자가 의복을 명(命)한 것은 본래 추위를 막기 위함이 아니거늘 따뜻하다고 이르렀으니, 이 또한 거만하고 예의가 없는 말이다.

[1-10-9-3]

「無衣」二章, 章三句.

「무의(無衣: 옷이 없으리오)」는 두 장이니, 장마다 세 구이다.

詳說

○ 華谷嚴氏曰： "潘父弑昭侯, 莊伯弑孝侯, 武公殺小子侯, 滅侯緡. 此詩不刪者, 所以著世變之窮, 傷周之衰也."308) ○安成劉氏曰： "三晉又滅武公之祀, 亦得威烈王之命爲侯. 司馬公之『通鑑』, 固不得不後『春秋』而作也."309)

---

308) 호광(胡廣) 등 찬, 『시전대전(詩傳大全)』의 소주 내용에서 발췌한 것이다. 그 전문은 다음과 같다. "華谷嚴氏曰：'武公之事, 國人所不與也. 以「晉世家」考之, 初潘父弑昭侯而迎桓叔, 欲入晉, 晉人發兵攻桓叔. 桓叔 敗, 還歸曲沃. 晉人共立昭侯子平, 是爲孝侯. 此桓叔初擧而國人不與也. 其後曲沃莊伯弑孝侯于翼, 晉人又攻莊伯, 莊伯復入曲沃, 晉人復立孝侯子郄, 是爲鄂侯. 此莊伯再擧國人又不與也. 及鄂侯卒, 莊伯伐晉, 晉人立鄂侯子光, 是爲哀侯. 此莊伯三擧而國人又不與也. 及武公誘小子侯殺之, 晉復立哀侯弟緡. 此武公四擧而國人終不與也. 最後武公伐晉侯緡滅之, 盡以其寶器賂周釐王, 王命武公爲諸侯, 然後晉人不得已而從之耳. 然聖人致嚴於名分之際, 陳成子之事, 至沐浴而請討. 蓋以人倫之大變, 天理所不容, 人人得而討之,「無衣」之詩不刪者, 所以著世變之窮, 傷周之衰也.'(화곡 엄씨가 말하였다. '무공의 일은 나라 사람들이 함께하지 않은 것이다. … 처음에 번보가 소후를 시해하고 환숙을 맞았는데, … 그 뒤에 곡옥의 장백이 효후를 익에서 시해하고, … 무공이 소자후를 유인하여 죽이고, … 최후에 무공이 진후민을 쳐서 멸망시켰으니, …「무의」의 시에서 깎아내지 않은 것은 세상 변고의 궁함을 드러내고 주나라의 쇠망함을 마음 아파해서이다.')" : 두씨(杜氏) 주·육덕명(陸德明) 음의·공영달(孔穎達) 소, 『춘추좌전주소(春秋左傳注疏)』 권4,「환공(桓公)2년」조. 참조.

309) 호광(胡廣) 등 찬, 『시전대전(詩傳大全)』의 소주 내용에서 발췌한 것이다. 그 전문은 다음과 같다. "安成劉氏曰：'春秋之始, 魯惠公以其妾仲子爲妻, 及仲子沒, 平王則使宰咺來歸賵. 魯桓公以弑賊兄, 及沒, 莊王則使榮叔來錫命. 周之典禮, 皆周之自壞也. 歲改月化, 下愈陵, 上愈替, 於是武公篡晉, 僖王命爲侯, 三晉又

화곡 엄씨(華谷嚴氏 : 嚴粲)가 말하였다. "번보(潘父 : 晉大夫)가 소후(昭侯 : 文侯子)를 시해하였고, 장백(莊伯 : 桓叔子)이 효후(孝侯 : 昭侯子)를 시해하였고, 무공(武公)이 소자후(小子侯)를 죽이고 진후민(晉侯緡 : 哀侯弟)을 멸망시켰다. 이 시에서 깎아내지 않은 것은 세상 변고의 궁함을 드러내고 주(周)나라의 쇠망함을 마음 아파해서이다." ○안성 유씨(安成劉氏 : 劉瑾)가 말하였다. "삼진(三晉 : 趙·韓·魏 三國)이 또 무공(武公)의 대절(大節)을 멸망시키고, 또한 주(周)나라 위렬왕(威烈王)의 명을 얻어 임금이 되었다. 사마공(司馬公)의 『통감(通鑑)』이 진실로 『춘추(春秋)』를 뒤를 이어서 지어지지 않을 수 없었던 것이다."

[1-10-10-1]

有杕之杜! 生于道左. 彼君子兮! 噬肯適我. 中心好之, 曷飮食之.

우뚝 선 아가위나무여! 길 왼쪽에 생겨났도다.
저기 훌륭하신 군자여! 즐겨 나에게 오시려나.
마음속으로 좋아하거늘 어찌 술과 밥 대접할까.

詳說

○ 『韓詩』作 '逝'. 310)

'서(噬)'의 경우, 『한시(韓詩)』에는 '서(逝)'로 썼다.

○ 去聲. 311)

'호(好)'는 거성(去聲 : 좋아하다)이다.

滅武公之祀, 亦得以威烈王之命爲侯. 嗚呼! 司馬公之『通鑑』, 固不得不後『春秋』而作也. 然以僖王·武公之事觀之, 則朱子所謂迷先幾者, 信矣.'(안성 유씨가 말하였다. '… 삼진이 또 무공의 대절을 멸망시키고, 또한 위렬왕의 명을 얻어 임금이 되었다. 아! 사마공의 『통감』이 진실로 『춘추』를 뒤를 이어서 지어지지 않을 수 없었던 것이다. ….')"

310) 호광(胡廣) 등 찬, 『시전대전(詩傳大全)』의 소주 내용을 수용한 것이다. 주자(朱子) 찬, 『시경집전(詩經集傳)』의 소주에는 "音逝.(음이 서이다.)"으로 되어 있다. 『광운(廣韻)』에는 본음이 "時制切.(시와 제의 반절이다.)"이고 거성(去聲)이라고 하였다. 서(逝)도 또한 『광운(廣韻)』에서 "時制切.(시와 제의 반절이다.)"이고 거성(去聲)이라고 하였다.

311) 주자(朱子) 찬, 『시경집전(詩經集傳)』의 소주와 달리 호광(胡廣) 등 찬, 『시전대전(詩傳大全)』의 소주에는 "呼報反.(호와 보의 반절이다.)"으로 되어 있다. 그 뜻이 '좋아하다'일 경우에는 『광운(廣韻)』에서 "呼到切.(호와 도의 반절이다.)"이고 거성(去聲)이라 하였고, 그 뜻이 '좋다'일 경우에는 『광운(廣韻)』에서 "呼皓切.(호와 호의 반절이다.)"이고 상성(上聲)이라고 하였다.

○ 於鴆反.312)

'음(飮)'은 어(於)와 짐(鴆)의 반절이다.

○ 音嗣.313)

'사(食)'는 음이 사(嗣)이다.

朱註

比也. '左', 東也. '噬', 發語辭. '曷', 何也. ○此, 人好賢而恐不足以致之, 故言：“此杕然之杜, 生于道左, 其蔭不足以休息, 如己之寡弱, 不足恃賴, 則彼君子者, 亦安肯顧而適我哉？ 然其中心好之, 則不已也, 但無自而得飮食之耳.” 夫以好賢之心如此, 則賢者安有不至, 而何寡弱之足患哉？

비(比)이다. 좌(左)는 동쪽이다. 서(噬)는 발어사(發語詞)이다. 갈(曷)은 어찌이다. ○이는 사람이 현인(賢人)을 좋아하되 그를 초치하지 못할까 두려워하였다. 그러므로 말하기를 “이 우뚝선 아가위나무가 길 동쪽에 자라서 그늘이 족히 휴식할 수가 없음이 마치 자기가 과약(寡弱)하여 족히 의뢰할 수 없음과 같으니, 그렇다면 저 군자(君子)가 또한 어찌 즐겨 돌아보고 나에게 오겠는가. 그러나 중심(中心)으로 좋아함이 그치지 않는데, 다만 그에게 음식을 마시고 먹게 할 길이 없을 뿐이다.”한 것이다. 현자(賢者)를 좋아하는 마음이 이와 같다면 현자(賢者)가 어찌 이르지 않음이 있어 어찌 과약(寡弱)함을 족히 걱정하겠는가.

詳說

○ 兼賦.

'비야(比也)'의 경우, 부(賦)를 아울렀다.

○ 主北而言.

---

312) 호광(胡廣) 등 찬, 『시전대전(詩傳大全)』의 소주 내용을 수용한 것이다. 주자(朱子) 찬, 『시경집전(詩經集傳)』에는 소주가 없다. 그 뜻이 '마시다'일 경우에는 『강희자전(康熙字典)』에서 “『廣韻』・『集韻』・『韻會』・『正韻』, 夶'於錦切', 音上聲.(『광운』・『집운』・『운회』・『정운』에는 아울러 '어와 금의 반절이다.'하고, 음이 상성이다.)”이라 하였고, 그 뜻이 '술과 음식으로 관대하다'일 경우에는 『광운(廣韻)』에서 “於禁切.(어와 금의 반절이다.)”이고 거성(去聲)이라고 하였다. 여기서는 거성(去聲)으로 쓰인 것이 분명하다.

313) 주자(朱子) 찬, 『시경집전(詩經集傳)』 및 호광(胡廣) 등 찬, 『시전대전(詩傳大全)』의 소주 내용을 수용한 것이다. 그 뜻이 '먹이다, 공양하다, 술과 음식으로 관대하다'일 경우에는 『집운(集韻)』에서 “祥吏切.(상과 리의 반절이다.)”이고 거성(去聲)이라 하였고, 그 뜻이 '먹다'일 경우에는 『광운(廣韻)』에서 “乘力切.(승과 력의 반절이다.)”이고 입성(入聲)이라고 하였다.

'동야(東也)'의 경우, 북쪽을 위주로 하여 말한 것이다.

○ 補此句.
'기음부족이휴식(其蔭不足以休息)'의 경우, 이 구절을 보탰다.

○ 慶源輔氏曰：＂凡可以致之者, 必無不用也.＂314)
'역안긍고이적아재(亦安肯顧而適我哉)'에 대해, 경원 보씨(慶源輔氏：輔廣)가 말하였다. ＂무릇 이르게 할 수 있는 것은 반드시 쓰지 않을 수 없는 것이다.＂

○ 從也.
'단무자(但無自)'는 좇음이다.

○ 『諺』用華音.315)
'음(飮)'의 경우, 『언해(諺解)』에는 중국의 음을 사용하였다.

○ 慶源輔氏曰：＂凡可以養之者, 必無所吝也.＂316)
'단무자이득음식지이(但無自而得飮食之耳)'에 대해, 경원 보씨(慶源輔氏：輔廣)가 말하였다. ＂무릇 봉양할 수 있는 것은 반드시 아끼는 것이 없어야 한다.＂

○ 音扶.317)
'부(夫)'는 음이 부(扶)이다.

○ '夫'以下, 論也.

---

314) 호광(胡廣) 등 찬, 『시전대전(詩傳大全)』의 소주 내용에서 발췌한 것이다. 그 전문은 다음과 같다. ＂慶源輔氏曰：'好賢而自恐不足以致之, 則凡可以致之者, 必無不用也；中心好之而自恐其不得飮食之, 則凡可以養之者, 必無所吝也. 好賢之心如此, 則在彼之賢, 安有不至, 而在我之勢, 又曷患於寡弱哉?'(경원 보씨가 말하였다. '어진 이를 좋아하되 족히 이르지 않을까 염려되면 무릇 이르게 할 수 있는 것은 반드시 쓰지 않을 수 없으며, ….')＂
315) 『언해(諺解)』에서 '음'이 아니라 '임'이라고 한 것을 말한다.
316) 호광(胡廣) 등 찬, 『시전대전(詩傳大全)』의 소주 내용에서 발췌한 것이다. 그 전문은 다음과 같다. ＂慶源輔氏曰：'好賢而自恐不足以致之, 則凡可以致之者, 必無不用也；中心好之而自恐其不得飮食之, 則凡可以養之者, 必無所吝也. 好賢之心如此, 則在彼之賢, 安有不至, 而在我之勢, 又曷患於寡弱哉?'(경원 보씨가 말하였다. '… 무릇 봉양할 수 있는 것은 반드시 아끼는 것이 없어야 한다. ….')＂
317) 그 뜻이 '무릇, 어조사'일 경우에는 『광운(廣韻)』에서 ＂防無切.(방과 무의 반절이다.)＂이고 평성(平聲)이라 하였고, 그 뜻이 '사내, 지아비'일 경우에는 『광운(廣韻)』에서 ＂甫無切.(보와 무의 반절이다.)＂이고 평성(平聲)이라고 하였다. 부(扶)도 또한 『광운(廣韻)』에서 ＂防無切.(방과 무의 반절이다.)＂이고 평성(平聲)이라고 하였다.

'이하과약지족환재(而何寡弱之足患哉)'에서 볼 때, '부(夫)'이하는 논변한 것이다.

[1-10-10-2]

○有杕之杜! 生于道周. 彼君子兮! 噬肯來遊. 中心好之, 曷飮食之.

우뚝 선 아가위나무여! 길 굽이에 생겨났도다.
저기 훌륭하신 군자여! 즐겨 찾아와 노시려나.
마음속으로 좋아하거늘 어찌 술과 밥 대접할까.

朱註

比也. '周', 曲也.
비(比)이다. '주(周)'는 굽이이다.

詳說

○ 孔氏曰 : "道周遶, 故爲曲也."318)
'곡야(曲也)'에 대해, 공씨(孔氏 : 孔穎達)가 말하였다. "길이 굽어서 둘러있기 때문에 곡(曲)이라고 하였다."

[1-10-10-3]

「有杕之杜」二章, 章六句.

「유체지두(有杕之杜 : 우뚝 선 아가위나무)」는 두 장이니, 장마다 여섯 구이다.

[1-10-11-1]

葛生蒙楚, 蘞蔓于野. 予美亡此, 誰與獨處.

칡이 나서 가시나무를 덮었으며 덩굴풀이 뻗어 들판에 이르도다.

---

318) 호광(胡廣) 등 찬, 『시전대전(詩傳大全)』의 소주 내용에서 발췌한 것이다. 그 전문은 다음과 같다. "孔氏曰 : 言道周遶之, 故爲曲也.'(공씨가 말하였다. '길이 굽어서 둘러있기 때문에 곡이라고 하였음을 말한 것이다.')

내 멋있는 낭군이 여기에 없으니 뉘 함께 하여 나 홀로 지내는가.

詳說

○ 音廉.319)

'렴(蘞)'은 음이 렴(廉)이다.

○ 叶, 上與反.320)

'야(野)'는 협운(協韻)이니, 상(上)과 여(與)의 반절이다.

朱註

興也. '蘞', 草名, 似栝樓, 葉盛而細. '蔓', 延也. '予美', 婦人指其夫也. ○ 婦人以其夫久從征役而不歸, 故言 : "葛生而蒙于楚, 蘞生而蔓于野, 各有所依託, 而予之所美者, 獨不在是, 則誰與而獨處於此乎."

흥(興)이다. '렴(蘞)'은 풀이름이니, 괄루(栝樓 : 하늘타리)를 닮았으며, 잎이 무성한데 가늘다. '만(蔓)'은 뻗음이다. '여미(予美)'는 부인이 그 남편을 가리킨 것이다. ○부인이 그 남편이 오래도록 정역(征役)을 좇아서 돌아오지 않기 때문에 말하기를, "칡이 나서 가시나무를 덮고, 덩굴풀이 나서 들판에 뻗어서 각각 의탁할 데가 있거늘, 내 멋있는 낭군이 오직 여기에 있지 않으니, 곧 누구와 함께 하여 나 홀로 여기서 지내는가."라고 한 것이다.

詳說

○ 亦蒙上'生'字.

'렴생이만우야(蘞生而蔓于野)'의 경우, 또한 위의 '생(生)'자를 이어받은 것이다.

○ 程子曰 : "興婦人從君子."321)

---

319) 주자(朱子) 찬, 『시경집전(詩經集傳)』 및 호광(胡廣) 등 찬, 『시전대전(詩傳大全)』의 소주 내용을 수용한 것이다. 『광운(廣韻)』에는 본음이 "良冉切.(량과 염의 반절이다.)"이고 상성(上聲), 또는 "力鹽切.(력과 염의 반절이다.)"이고 평성(平聲)이라고 하였다. 렴(廉)은 『광운(廣韻)』에서 "力鹽切.(력과 염의 반절이다.)"이고 평성(平聲)이라고 하였다.
320) 주자(朱子) 찬, 『시경집전(詩經集傳)』 및 호광(胡廣) 등 찬, 『시전대전(詩傳大全)』의 소주 내용을 수용한 것이다. 『광운(廣韻)』에는 본음이 "羊者切.(양과 자의 반절이다.)"이고 상성(上聲)이라고 하였다.
321) 호광(胡廣) 등 찬, 『시전대전(詩傳大全)』의 소주 내용에서 발췌한 것이다. 그 전문은 다음과 같다. "程子曰 : '葛之生, 託於物 ; 蘞之生, 依於地, 興婦人從君子.'(정자가 말하였다. '… 부인이 군자를 좇음을 일으킨 것이다.')

'각유소의탁(各有所依託)'에 대해, 정자(程子 : 程頤)가 말하였다. "부인이 군자를 좇음을 일으킨 것이다."

○ 亡.
'부재(不在)'의 경우, 망(亡)이다.

○ 上聲.
'처(處)'는 상성(上聲 : 거처하다, 머무르다)이다.

○ 曾'葛'·'蘞'之不如矣.
'즉수여이독처어차호(則誰與而獨處於此乎)'의 경우, 일찍이 '갈(葛 : 칡)'과 '렴(蘞 : 덩굴풀)'만 같지 못한 것이다.

○ 按,『箋』云 : "誰與居乎? 獨處家耳."322) 蓋嫌'與'·'獨'二字之相矛盾也. 然此註則釋作一意, 不甚拘於此二字, 蓋誰與以家無他人而言獨處, 以夫不在家而言.
내가 살펴보건대,『전(箋)』에 이르기를, "누구와 함께 지낼까? 나 혼자 집에서 지낼 뿐이다."라고 하였으니, 대개 '여(與)'와 '독(獨)'의 두 글자는 서로 모순된다. 그러나 이 주(註)에서 하나의 뜻으로 해석하였으며, 이 두 글자에 심히 구애되지 않았다. 대개 누구와 함께 지내서 집에 다른 사람이 없기에 홀로 지낸다고 말하였으니, 남편이 집에 있지 않음으로써 말한 것이다.

○ 又按, 此註分明言'此'字, 而『諺』釋'處'字作夫事,323) 何也.
또 내가 살펴보건대, 이 주(註)에서 분명하게 '차(此)'자를 말하였는데,『언해(諺解)』에서 '처(處)'자를 해석함에 남편의 일로 지은 것은 무엇인가.

---

322) 정씨(鄭氏) 전·육덕명(陸德明) 음의·공영달(孔穎達) 소,『모시주소(毛詩注疏)』권10,「국풍(國風)·당(唐)·갈생(葛生)」. "『箋』云 : '予, 我, 亡, 無也. 言我所美之人, 無於此, 謂其君子也. 吾誰與居乎, 獨處家耳, 從軍未還, 未知死生, 其今無於此.'(『전』에서 말하였다. '… 내가 누구와 함께 지낼까? 나 혼자 집에서 지낼 뿐이다. ….')"
323)『언해(諺解)』에서 "눌로 더브러 혼자 處처ᄒᆞ얀는고"라고 하여 남편의 일인 것처럼 해석한 것을 말한다.

[1-10-11-2]

○葛生蒙棘, 蘞蔓于域. 予美亡此, 誰與獨息.

칡이 나서 멧대추나무 덮었으며 덩굴풀이 뻗어 무덤에 이르도다.
내 멋있는 낭군이 여기에 없으니 뉘 함께 하여 나 홀로 머무는가.

朱註

興也. '域', 塋域也. '息', 止也.

흥(興)이다. '역(域)'은 영역(塋域)이다. '식(息)'은 머무름이다.

詳說

○ 音營.

'영(塋)'은 음이 영(營)이다.

○ 墓域.

'영역야(塋域也)'의 경우, 묘역(墓域)이다.

○ 猶寐也.

'지야(止也)'는 '잠잘 매(寐)'와 같다.

[1-10-11-3]

○角枕粲兮, 錦衾爛兮. 予美亡此, 誰與獨旦.

뿔장식 베개가 번쩍번쩍 빛나고 비단 이불이 반들반들 예쁘도다.
내 멋있는 낭군이 여기에 없으니 뉘 함께 하여 나 홀로 지새는가.

朱註

賦也. '粲'·'爛', 華美鮮明之貌. '獨旦', 獨處至旦也.

부(賦)이다. '찬(粲)'과 '란(爛)'은 화려하고 아름다우며 곱고 밝은 모양이다. '독단(獨旦)'은 홀로 거처하여 해뜰녘에 이른 것이다.

詳說

◯ 上聲.

'독처(獨處)'는 상성(上聲 : 거처하다, 머무르다)이다.

◯ 猶寤也.

'독처지단야(獨處至旦也)'는 잠깰 오(寤)와 같다.

[1-10-11-4]

◯夏之日, 冬之夜. 百歲之後, 歸于其居.

무더운 여름의 숱한 낮을 보내고 추운 겨울의 긴긴 밤을 보내리라.
백 살까지 기다린 뒤가 될지라도 함께 그 무덤 속으로 돌아가리라.

詳說

◯ 叶, 羊茹反.324)

'야(夜)'는 협운(協韻)이니, 양(羊)과 여(茹)의 반절이다.

◯ 叶, 姬御反.325)

'거(居)'는 협운(協韻)이니, 희(姬)와 어(御)의 반절이다.

朱註

賦也. 夏日永, 冬夜永. '居', 墳墓也. ◯夏日冬夜, 獨居憂思, 於是爲切. 然君子之歸無期, 不可得而見矣, 要死而相從耳. 鄭氏曰:"言此者, 婦人專一, 義之至, 情之盡." 蘇氏曰:"思之深而無異心, 此唐風之厚也."

부(賦)이다. 여름엔 낮이 길고 겨울엔 밤이 길다. 거(居)는 분묘(墳墓)이다. ◯여름 해와 겨울 밤에 홀로 거처하여 근심함이 이에 간절하였다. 그러나 군자(君子)의 돌아옴이 기약이 없어 만나볼 수가 없으니, 요컨대 죽어서 서로 따를 뿐이다. 정씨(鄭氏)가 말하였다. "이것을 말한 것은 부인(婦人)은 전일(專一){{C:[한 지아비만을 섬김]}}하니, 의(義)가 지극하고 정(情)이 극진한 것이다." 소씨(蘇氏)가 말하였

---

324) 주자(朱子) 찬, 『시경집전(詩經集傳)』 및 호광(胡廣) 등 찬, 『시전대전(詩傳大全)』의 소주 내용을 수용한 것이다. 『광운(廣韻)』에는 본음이 "羊謝切.(양과 사의 반절이다.)"이고 거성(去聲)이라고 하였다.

325) 주자(朱子) 찬, 『시경집전(詩經集傳)』 및 호광(胡廣) 등 찬, 『시전대전(詩傳大全)』의 소주 내용을 수용한 것이다. 『광운(廣韻)』에는 본음이 "九魚切.(구와 어의 반절이다.)"이고 평성(平聲)이라고 하였다.

다. "그리움이 깊고 다른 마음이 없으니, 이는 당풍(唐風)의 후함이다."

詳說

○ 添四句.

'불가득이견의(不可得而見矣)'에서 볼 때, 네 구절을 더하였다.

○ 欲也.

'요(要)'는 바람이다.

○ 與「大車」之'同穴'326) · '天壤', 殊矣.

'요사이상종이(要死而相從耳)'에서 볼 때, 「대거(大車)」의 '동혈(同穴)'이나 천양(天壤)과는 다르다.

○ 二說, 論也.

'차당풍지후야(此唐風之厚也)'에서 볼 때, 두 가지 설명은 논변한 것이다.

[1-10-11-5]

○冬之夜, 夏之日. 百歲之後, 歸于其室.

추운 겨울의 긴긴 밤을 보내고 무더운 여름의 슬한 낮을 보내리라.
백 살까지 기다린 뒤가 될지라도 함께 그 무덤 속으로 돌아가리라.

詳說

○ 同上.327)

'야(夜)'의 경우, 위의 장과 같다.

○ 叶, 音戶.328)

---

326) 호광(胡廣) 등 찬, 『시전대전(詩傳大全)』 권4, 「국풍(國風) · 왕(王) · 대거(大車)」 3장에서 "穀則異室, 死則同穴. 謂予不信, 有如皦日.(살아서는 사는 집을 달리하더라도 죽어서는 무덤구덩이 같이 하리라. 나에게 믿지 못하겠다고 이른다면 밝은 해와 같은 언약 맹세 하리라.)"라고 하였다.
327) 주자(朱子) 찬, 『시경집전(詩經集傳)』 및 호광(胡廣) 등 찬, 『시전대전(詩傳大全)』의 소주 내용을 수용한 것이다. 『광운(廣韻)』에는 본음이 "羊謝切.(양과 사의 반절이다.)"이고 거성(去聲)이라고 하였다.
328) 주자(朱子) 찬, 『시경집전(詩經集傳)』 및 호광(胡廣) 등 찬, 『시전대전(詩傳大全)』의 소주 내용을 수용한 것이다. 『광운(廣韻)』에는 본음이 "胡口切.(호와 구의 반절이다.)"이고 상성(上聲)이라고 하였다.

'후(後)'는 협운(協韻)이니, 음이 호(戶)이다.

朱註

賦也. '室', 壙也.
부(賦)이다. 실(室)은 무덤 속이다.

[1-10-11-6]

「葛生」五章, 章四句.

「갈생(葛生 : 칡이 나서)」은 다섯 장이니, 장마다 네 구이다.

詳說

○ 慶源輔氏曰 : "前三章, 人情之常也; 後二章, 唐風之厚也."329)
경원 보씨(慶源輔氏 : 輔廣)가 말하였다. "앞의 세 장은 인정(人情)의 떳떳함이고, 뒤의 두 장은 당(唐)나라 풍속의 두터움이다."

[1-10-12-1]

采苓采苓, 首陽之巔. 人之爲言, 苟亦無信. 舍旃舍旃, 苟亦無然, 人之爲言, 胡得焉.

감초를 캐고 감초 캐기를 수산 남쪽 고개서 할까나.
사람들이 마구 하는 말을 진실로 또한 믿지를 말라.
내버려두고 내버려두어라. 진실로 또한 옳다 않으면
사람들이 마구 하는 말이 어떻게 받아들여지겠는가.

詳說

○ 叶, 典因反.330)

---

329) 호광(胡廣) 등 찬, 『시전대전(詩傳大全)』의 소주 내용에서 발췌한 것이다. 그 전문은 다음과 같다. "慶源輔氏曰 : '前三章, 人情之常也; 後二章, 唐風之厚也. 「大序」所謂發乎情, 民之性也; 止乎禮義, 先王之澤也者, 是詩可以當之矣.'(경원 보씨가 말하였다. '앞의 세 장은 인정의 떳떳함이고, 뒤의 두 장은 당나라 풍속의 두터움이다. ….')"
330) 주자(朱子) 찬, 『시경집전(詩經集傳)』 및 호광(胡廣) 등 찬, 『시전대전(詩傳大全)』의 소주 내용을 수용한

'전(巓)'은 협운(協韻)이니, 전(典)과 인(因)의 반절이다.

○ 叶, 斯人反.331)

'신(信)'은 협운(協韻)이니, 사(斯)와 인(人)의 반절이다.

○ 音捨, 下同.332)

'사(舍)'는 음이 사(捨)이니, 아래도 같다.

○ 之然反.333)

'전(旃)'은 지(之)와 연(然)의 반절이다.

朱註

比也. '首陽', 首山之南也. '巓', 山頂也. '旃', 之也. ○此刺聽讒之詩, 言: "子欲采苓於首陽之巓乎. 然人之爲是言以告子者, 未可遽以爲信也. 姑舍置之, 而無遽以爲然, 徐察而審聽之, 則造言者無所得而讒止矣." 或曰: "興也." 下章放此.

비(比)이다. '수양(首陽)'은 수산(首山)의 남쪽이다. '전(巓)'은 산마루이다. '전(旃)'은 지(之)이다. ○이는 참소하는 말을 들어줌을 풍자한 시이니, 말하기를 "그대는 수산(首山) 남쪽의 산마루에서 감초를 캐고자 하는가. 그러나 사람들이 이런 말을 하여 그대에게 알려주는 것을 문득 믿음으로 삼아서는 안 된다. 짐짓 그 말을 내버려두어 문득 옳게 여기지 말고, 천천히 살피고 자세히 듣는다면 날조(捏造)한 이의 말이 받아들임이 없어져서 참소가 그쳐질 것이다."라고 하였다. 어떤 이가 말하기를 "흥(興)이다."라고 하였으니, 아래 장도 이와 같다.

것이다. 『광운(廣韻)』에는 본음이 "都年切.(도와 년의 반절이다.)"이고 평성(平聲)이라고 하였다.

331) 주자(朱子) 찬, 『시경집전(詩經集傳)』 및 호광(胡廣) 등 찬, 『시전대전(詩傳大全)』의 소주 내용을 수용한 것이다. 『광운(廣韻)』에는 본음이 "息晉切.(식과 진의 반절이다.)"이고 거성(去聲)이라고 하였다.

332) 호광(胡廣) 등 찬, 『시전대전(詩傳大全)』의 소주 내용을 수용한 것이다. 주자(朱子) 찬, 『시경집전(詩經集傳)』의 소주에는 "音捨.(음이 사이다.)"로 되어 있다. 그 뜻이 '집'일 경우에는 『광운(廣韻)』에서 "始夜切.(시와 야의 반절이다.)"이고 거성(去聲)이라 하였고, 그 뜻이 '버리다'일 경우에는 『광운(廣韻)』에서 "書冶切.(서와 야의 반절이다.)"이고 상성(上聲)이라고 하였다. 사(捨)도 또한 『광운(廣韻)』에서 "書冶切.(서와 야의 반절이다.)"이고 상성(上聲)이라고 하였다.

333) 호광(胡廣) 등 찬, 『시전대전(詩傳大全)』의 소주 내용을 수용한 것이다. 주자(朱子) 찬, 『시경집전(詩經集傳)』에는 소주가 없다. 『광운(廣韻)』에는 본음이 "諸延切.(제와 연의 반절이다.)"이고 평성(平聲)이라고 하였다.

詳說

○ 安成劉氏曰 : "下章又云'首陽之東', 則似'首陽'二字爲山名, 『論語集註』亦指'首陽'爲山名矣, 豈汎名則曰'首山', 主山南而言, 則又獨得'首陽'之稱乎."334)
'수산지남야(首山之南也)'에 대해, 안성 유씨(安成劉氏 : 劉瑾)가 말하였다. "아래 장에서 또 이르기를, '수양지동(首陽之東)'이라 하였다면 '수양(首陽)' 두 글자가 산 이름이 되는 것 같다. 『논어집주(論語集註)』에서도 또한 '수양(首陽)'을 가리켜서 산 이름이라고 하였다. 어찌 두루 쓰이는 산 이름을 '수산(首山)'이라 하고 주산(主山)을 남쪽이라고 말했으면서 곧 또 오직 '수양(首陽)'의 명칭을 챙겼는가?"

○ 並該「陟岵」.335)
'지야(之也)'의 경우, 「척호(陟岵)」에서 아울러 갖추었다.

○ 隰有苓, 山非其地.
'자욕채령어수양지전호(子欲采苓於首陽之巓乎)'의 경우, 축축한 땅에 복령(茯笭)이 있고, 산은 그 땅이 아니다.

○ 采苓首陽之巓.
'인지위시언(人之爲是言)'에서 볼 때, 감초 캐기를 수산 남쪽 고개에서 한다는 것이다.

○ 豐城朱氏曰 : "欲其察之詳也."336)

---

334) 호광(胡廣) 등 찬, 『시전대전(詩傳大全)』의 소주 내용에서 발췌한 것이다. 그 전문은 다음과 같다. "安成劉氏曰 : 『集傳』以首爲山名, 陽爲山之南. 『春狄傳』亦曰: 趙宣子田于首山. 然此詩下章又云首之東, 則似首陽二字同爲山名. 『論語集註』亦嘗指首陽爲山名矣. 豈泛名其山則曰首山, 主山南而言, 則又獨得首陽之稱乎.'(안성 유씨가 말하였다. '… 그러나 이 시의 아래 장에서 또 이르기를, 수양지동이라 하였다면 수양 두 글자가 똑같이 산 이름이 되는 것 같다. 『논어집주』에서도 또한 수양을 가리켜서 산 이름이 된다고 하였다. 어찌 두루 그 산의 이름 붙임에 수산이라 하고 주산을 남쪽이라 말했으면서 곧 또 오직 수양의 명칭을 챙겼는가?')"
335) 호광(胡廣) 등 찬, 『시전대전(詩傳大全)』 권4, 「국풍(國風)·위(魏)·척호(陟岵)」 1장에서 "陟彼岵兮, 瞻望父兮. 父曰嗟予子行役, 夙夜無已. 上愼旃哉. 猶來無止.(저 민둥민둥한 산에 올라가서 아버지 계신 곳을 바라보노라. 아버지께서 말씀하실 것이로다. '아아, 내 아들 멀리 부역가면 밤낮으로 쉴 새도 없을 거로다. 아무쪼록 조심하며 지낼지어다. 어서 돌아오고 머물지 말지니라.')"라 하고, 그 주(註)에서 '상신전재(上愼旃哉)'를 '서기신지재(庶幾愼之哉)'라고 해석하였다.
336) 호광(胡廣) 등 찬, 『시전대전(詩傳大全)』의 소주 내용에서 발췌한 것이다. 그 전문은 다음과 같다. "豐城朱氏曰 : '無遽以爲信, 則欲其察之詳也. 曰舍之而無遽以爲然, 則欲其聽之審也. 能如是, 則雖訐之以理之所

'미가거이위신야(未可遽以爲信也)'에 대해, 풍성 주씨(豊城朱氏 : 朱善)가 말하였다. "그 살핌에 자세하고자 한 것이다."

○ 豊城朱氏曰:"欲其聽之審也."337)
'이무거이위연(而無遽以爲然)'에 대해, 풍성 주씨(豊城朱氏 : 朱善)가 말하였다. "그 들음에 자세하고자 한 것이다."

○ 添此句.
'서찰이심청지(徐察而審聽之)'의 경우, 이 구절을 더하였다.

○ 添此句, 以還本事.
'즉조언자무소득이참지의(則造言者無所得而讒止矣)'에서 볼 때, 이 구절을 더하여 근본적인 일로 돌아온 것이다.

○ 若作興, 則言當爲讒言.
'흥야(興也)'의 경우, 만약 흥(興)으로 지었다면 말이 마땅히 참소하는 말이 되어야 한다.

[1-10-12-2]

○采苦采苦, 首陽之下. 人之爲言, 苟亦無與. 舍旃舍旃. 苟亦無然, 人之爲言, 胡得焉.

씀바귀 뜯고 씀바귀 뜯길 수산 남쪽 기슭서 할까나.
사람들이 마구 하는 말을 진실로 또한 관여치 말라.
내버려두고 내버려두어라. 진실로 또한 옳다 않으면
사람들이 마구 하는 말이 어떻게 받아들여지겠는가.

---

337) 호광(胡廣) 등 찬, 『시전대전(詩傳大全)』의 소주 내용에서 발췌한 것이다. 그 전문은 다음과 같다. "豊城朱氏曰:'無遽以爲信, 則欲其察之詳也. 曰舍之而無遽以爲然, 則欲其聽之審也. 能如是, 則雖詆之以理之所有, 其計且有所不行, 況欲昧之以理之所無, 其計果孰得而行哉? 小人之爲讒語, 或積小以成大, 或飾虛以爲實, 其爲害也大矣. 患人君不能徐察而審聽之耳. 苟徐察而審聽之, 則造言者無所遁其情, 而被讒者亦可以免於禍矣.'(풍성 주씨가 말하였다. '… 버려두고 문득 그 들음에 자세하고자 한 것이다. ….')"

詳說

○ 叶, 後五反.338)

'하(下)'는 협운(協韻)이니, 후(後)와 오(五)의 반절이다.

朱註

比也. '苦', 苦菜也, 生山田及澤中, 得霜, 甜脆而美. '與', 許也.

비(比)이다. '고(苦)'는 쓴 나물이니, 산밭과 진펄 가운데서 나는데, 서리를 맞으면 달고 물러서 맛이 있다. '여(與)'는 허여함이다.

詳說

○ 孔氏曰："菫荼也."339)

'첨취이미(甜脆而美)'에 대해, 공씨(孔氏：孔穎達)가 말하였다. "근도(菫荼：씀바귀)이다."

[1-10-12-3]

○采葑采葑, 首陽之東. 人之爲言, 苟亦無從. 舍旃舍旃. 苟亦無然, 人之爲言, 胡得焉.

순무를 따고 순무 따기를 수산 남쪽 동편서 할까나.
사람들이 마구 하는 말을 진실로 또한 좇지를 말라.
내버려두고 내버려두어라. 진실로 또한 옳다 않으면
사람들이 마구 하는 말이 어떻게 받아들여지겠는가.

朱註

比也. '從', 聽也.

비(比)이다. '종(從)'은 들어줌이다.

詳說

---

338) 주자(朱子) 찬, 『시경집전(詩經集傳)』 및 호광(胡廣) 등 찬, 『시전대전(詩傳大全)』의 소주 내용을 수용한 것이다. 『광운(廣韻)』에는 본음이 "胡雅切.(호와 아의 반절이다.)"이고 상성(上聲)이라고 하였다.
339) 호광(胡廣) 등 찬, 『시전대전(詩傳大全)』의 소주 내용에서 발췌한 것이다. 그 전문은 다음과 같다. "孔氏曰：'苦, 所謂菫荼也.'(공씨가 말하였다. '고는 이른바 근도이다.')"

○『埤雅』曰 : "葑生於圃, 首陽之巓, 不必有苓; 其下・其東, 不必有苦・有葑."340)

'비야(比也)'에 대해, 『비아(埤雅)』에서 말하였다. "순무는 채소밭에서 나거늘 수산 남쪽 꼭대기에 반드시 감초가 있는 것이 아니다. 그 기슭과 그 동쪽에는 반드시 씀바귀가 있고, 순무가 있는 것이 아니다."

[1-10-12-4]
「采苓」三章, 章八句.

「채령(采苓 : 감초를 캐고)」은 세 장이니, 장마다 여덟 구이다.

[1-10-12-5]
唐國十二篇, 三十三章, 二百三句.

당국(唐國)은 열두 편에 서른세 장이고, 이백 세 구이다.

---

340) 호광(胡廣) 등 찬. 『시전대전(詩傳大全)』의 소주 내용에서 발췌한 것이다. 그 전문은 다음과 같다. "『埤雅』曰 : '苓生於隰, 葑生於圃, 則首陽之巓不必有苓, 其下不必有苦, 其東不必有葑, 則理可以無聽從矣.'(『비아』에서 말하였다. '감초는 진펄에서 나고, 순무는 채소밭에서 나거늘 수산 남쪽 꼭대기에 반드시 감초가 있는 것이 아니며, 그 기슭에 반드시 감초가 있는 것이 아니고 그 동쪽에 반드시 순무가 있는 것이 아니니, ….')"

1-11. 진풍 (秦 一之十一)

朱註

'秦', 國名, 其地在禹貢雍州之域, 近鳥鼠山. 初伯益佐禹治水有功, 賜姓嬴氏, 其後中潏居西戎以保西垂. 六世孫大駱, 生成及非子, 非子事周孝王, 養馬於汧·渭之間, 馬大繁息, 孝王封爲附庸而邑之秦. 至宣王時, 犬戎滅成之族, 宣王遂命非子曾孫秦仲爲大夫, 誅西戎, 不克見殺. 及幽王, 爲西戎犬戎所殺, 平王東遷, 秦仲孫襄公, 以兵送之, 王封襄公爲諸侯. 曰: "能逐犬戎, 即有岐·豐之地." 襄公遂有周西都畿內八百里之地, 至玄孫德公, 又徙於雍. 秦, 即今之秦州, 雍, 今京兆府興平縣, 是也.

'진(秦)'은 나라이름이니, 그 땅이「우공(禹貢)」의 옹주(雍州) 지역에 있어서 조서산(鳥鼠山)과 가까웠다. 처음에 백익(伯益)이 우왕(禹王)을 도와서 물을 다스림에 공로가 있어 성(姓)을 영씨(嬴氏)로 내려 받았는데, 그 뒤에 중결(中潏)이 서융(西戎)에 살면서 서쪽 변방을 지켰다. 6세손 대락(大駱)이 성(成)과 비자(非子)를 낳음에 비자(非子)가 주(周)나라 효왕(孝王)을 섬기며 견수(汧水)와 위수(渭水) 사이에서 말을 길렀는데, 말이 크게 번식하자 효왕(孝王)이 부용(附庸)을 봉해주니 진(秦)에 도읍하였다. 선왕(宣王) 때 이르러 견융(犬戎)이 성(成)의 족속을 없애니 선왕(宣王)은 마침내 비자(非子)의 증손 진중(秦仲)에게 명하여 대부(大夫)로 삼아 서융(西戎)을 치게 하였는데 이기지 못하고 살해당했다. 유왕(幽王)에 미쳐서 서융(西戎)의 견융(犬戎)에게 살해되는 지경이 되자 평왕(平王)이 동쪽으로 천도하였는데 진중(秦仲)의 손자 양공(襄公)이 군대를 이끌고 호송하니 평왕(平王)이 양공(襄公)을 봉하여 제후(諸侯)로 삼았다. 이에 말하기를, "능히 견융(犬戎)을 쫓아내고 곧 기주(岐州)와 풍(豐)을 소유하리라." 하였는데 양공(襄公)이 마침내 주(周)나라 서도(西都)의 기내(畿內) 8백리 땅을 갖게 되었고, 현손(玄孫)인 덕공(德公)에 이르러 또 도읍을 옹(雍)으로 옮겼던 것이다. 진(秦)은 곧 지금의 진주(秦州)이며, 옹(雍)은 지금이 경조부(京兆府) 흥평현(興平縣)이 이곳이다.

詳說

○ '雍', 去聲, 下並同.

'옹(雍)'에서, 거성(去聲 : 땅 이름)이니, 아래도 아울러 같다.

○ 孔氏曰 : "伯益・伯翳, 一人也, 聲轉字異."341)

'사성영씨(賜姓嬴氏)'에 대해, 공씨(孔氏 : 孔穎達)가 말하였다. "백익(伯益)과 백예(伯翳)는 한 사람이니, 소리가 바뀌면서 글자가 달라진 것이다."

○ 音仲.342)

'중(中)'은 음이 중(仲)이다.

○ 音決.343)

'결(湝)'은 음이 결(決)이다.

○ 西邊.

'서수(西垂)'의 경우, 서쪽 변방이다.

○ 音牽.344)

'견(汧)'은 음이 견(牽)이다.

○ 邑之於秦.

'읍지진(邑之秦)'의 경우, 진(秦)에 도읍(都邑)한 것이다.

○ 討也.

'주(誅)'의 경우, 토벌함이다.

---

341) 호광(胡廣) 등 찬, 『시전대전(詩傳大全)』의 소주 내용에서 발췌한 것이다. 그 전문은 다음과 같다. "孔氏曰 : '『鄭語』云: 嬴, 伯翳之後.「地理志」云: 嬴, 伯益之後, 則伯益・伯翳, 聲轉字異, 猶一人也.'(공씨가 말하였다. '… 백익과 백예는 소리가 바뀌면서 글자가 달라진 것이니, 오히려 한 사람이다.')"
342) 호광(胡廣) 등 찬, 『시전대전(詩傳大全)』의 소주 내용을 수용한 것이다. 중(中)은 그 뜻이 '가운데'일 경우에는 『광운(廣韻)』에서 "陟弓切.(척과 궁의 반절이다.)"이고 평성(平聲)이라 하였고, 그 뜻이 '맞다'일 경우에는 『광운(廣韻)』에서 "陟仲切.(척과 중의 반절이다.)"이고 거성(去聲)이라 하였고, 그 뜻이 '둘째, 계절의 중간'일 경우에는 『집운(集韻)』에서 "直眾切.(직과 중의 반절이다.)"이고 거성(去聲)이라고 하였다. 중(仲)도 또한 『광운(廣韻)』에서 "直眾切.(직과 중의 반절이다.)"이고 거성(去聲)이라고 하였다.
343) 호광(胡廣) 등 찬, 『시전대전(詩傳大全)』의 소주 내용을 수용한 것이다. 『광운(廣韻)』에는 본음이 "古穴切.(고와 혈의 반절이다.)"이고 입성(入聲)이라고 하였다. 결(決)도 또한 『광운(廣韻)』에서 "古穴切.(고와 혈의 반절이다.)"이고 입성(入聲)이라고 하였다.
344) 호광(胡廣) 등 찬, 『시전대전(詩傳大全)』의 소주 내용을 수용한 것이다. 그 전문은 다음과 같다. "音牽. ○「地理志」曰 : '汧, 水出扶風・汧縣西北, 入于渭.'(음이 견이다.○'지리지'에서 말하였다. '견은 물이 부풍과 견현 서북쪽에서 나와서 위수로 들어간다.')" 『광운(廣韻)』에는 그 뜻이 '물 이름'일 경우에는 "苦甸切.(고와 전의 반절이다.)"이고 거성(去聲)이라고 하였다. 견(牽)은 그 뜻이 '이끌다'일 경우에는 『광운(廣韻)』에서 "苦堅切.(고와 견의 반절이다.)"이고 평성(平聲)이라 하였고, 그 뜻이 '배 당기는 줄'일 경우에는 『광운(廣韻)』에서 "苦甸切.(고와 전의 반절이다.)"이고 거성(去聲)이라고 하였다.

○ 豐城朱氏曰 : "二戎者, 秦之世讎也."345)

'불극견살(不克見殺)'에 대해, 풍성 주씨(豐城朱氏 : 朱善)가 말하였다. "두 융(戎 : 西戎과 犬戎)이라는 것은 진(秦)나라의 대대로 원수이다."

○ 逐之.

'양공수유(襄公遂有)'에서 볼 때, 그를 쫓아낸 것이다.

○ '襄公遂有周西都畿內八百里之地', 豐城朱氏曰 : "興王之地, 先王之墳墓在焉, 何可委也? 秦之代興, 其兆已見於此."346)

'양공수유주서도기내팔백리지지(襄公遂有周西都畿內八百里之地)'에 대해, 풍성 주씨(豐城朱氏 : 朱善)가 말하였다. "왕업을 흥성시킨 땅으로 선왕의 무덤이 있거늘 어찌 내버려둘 수 있겠는가? 진(秦)나라가 대신하여 흥성함을 그 조짐이 이미 여기에서 보인 것이다."

[1-11-1-1]

有車鄰鄰, 有馬白顚. 未見君子, 寺人之令.

---

345) 호광(胡廣) 등 찬, 『시전대전(詩傳大全)』의 소주 내용에서 발췌한 것이다. 그 전문은 다음과 같다. "豐城朱氏曰 : '按, 成與非子, 本兄弟也, 成之族, 既爲犬戎所滅, 而非子之孫秦仲, 復敗死于西戎, 則二戎者, 固秦之世讎也. 及幽王爲西戎・犬戎所殺, 則二戎者, 又豈非周之世讎歟? 使平王而有志焉, 則於襄公之封, 宜命之糾合侯伯, 統率師徒而討之, 則王轍可以不東, 戎難可以必除, 而先王之讎, 亦可以少報矣. 既不能然, 乃曰 : 能逐犬戎, 即有岐・豐之地. 夫岐・豐之地, 興王之地也. 不惟其土地・人民之不可棄, 抑先王之墳墓在焉, 宗廟在焉, 宮室之美・官府之富, 皆在焉, 如之何其可委之而去也? 且先王之封國有常制矣, 八百里之地, 封方百里者八, 以開方計之, 則又不止於是矣, 而一旦舉而畀之於秦, 藉曰其地已爲犬戎所侵, 令其自取, 然秦能取之, 王獨不能率諸侯以取之乎? 王而少有越句踐之志, 則必不若是忍矣. 故嘗謂平王之東也, 忘先王之仇讎而不報, 棄先王之土地・人民而不恤, 舍先王之宗廟・墳墓而不顧, 墜先王之典章・法度而不守. 卒使興王八百里之地, 悉歸於秦, 則秦之代興不待他日, 而其兆已見於此矣. 可勝歎哉.'(풍성 주씨가 말하였다. '… 두 융이라는 것은 진나라의 대대로 원수이다. ….')"

346) 호광(胡廣) 등 찬, 『시전대전(詩傳大全)』의 소주 내용에서 발췌한 것이다. 그 전문은 다음과 같다. "豐城朱氏曰 : '按, 成與非子, 本兄弟也, 成之族, 既爲犬戎所滅, 而非子之孫秦仲, 復敗死于西戎, 則二戎者, 固秦之世讎也. 及幽王爲西戎・犬戎所殺, 則二戎者, 又豈非周之世讎歟? 使平王而有志焉, 則於襄公之封, 宜命之糾合侯伯, 統率師徒而討之, 則王轍可以不東, 戎難可以必除, 而先王之讎, 亦可以少報矣. 既不能然, 乃曰 : 能逐犬戎, 即有岐・豐之地. 夫岐・豐之地, 興王之地也. 不惟其土地・人民之不可棄, 抑先王之墳墓在焉, 宗廟在焉, 宮室之美・官府之富, 皆在焉, 如之何其可委之而去也? 且先王之封國有常制矣, 八百里之地, 封方百里者八, 以開方計之, 則又不止於是矣, 而一旦舉而畀之於秦, 藉曰其地已爲犬戎所侵, 令其自取, 然秦能取之, 王獨不能率諸侯以取之乎? 王而少有越句踐之志, 則必不若是忍矣. 故嘗謂平王之東也, 忘先王之仇讎而不報, 棄先王之土地・人民而不恤, 舍先王之宗廟・墳墓而不顧, 墜先王之典章・法度而不守. 卒使興王八百里之地, 悉歸於秦, 則秦之代興不待他日, 而其兆已見於此矣. 可勝歎哉.'(풍성 주씨가 말하였다. '… 무릇 기주와 풍의 땅은 왕업을 흥성시킨 땅이다. … 선왕의 무덤이 있고 종묘가 있고 … 있거늘 어찌 내버려두고 갈 수 있겠는가? … 진나라가 대신하여 흥성함을 … 그 조짐이 이미 여기에서 보인 것이다. ….')"

수레가 덜커덩덜커덩하며 끄는 말의 이마가 희도다.
군자를 만나보지 못한지라 벼슬아치에게 볶아치도다.

詳說

○ 徒347)田反, 叶, 典因反.348)
'전(顚)'은 도(徒)와 전(田)의 반절이고, 협운(協韻)이니, 전(典)과 인(因)의 반절이다.

○ 平聲.349)
'령(令)'은 평성(平聲 : 부리다)이다.

朱註

賦也. '鄰鄰', 衆車之聲. '白顚', 額有白毛, 今謂之的顙. '君子', 指秦君. '寺人', 內小臣也. '令', 使也. ○是時, 秦君始有車馬及此寺人之官, 將見者必先使寺人通之, 故國人創見而誇美之也

부(賦)이다. '린린(鄰鄰)'은 많은 수레의 소리이다. '백전(白顚)'은 이마에 흰 털이 있음이니, 지금 이르기를 적상(的顙)이라고 한다. '군자(君子)'는 진(秦)나라 임금을 가리킨다. '시인(寺人)'은 궁궐 안의 하찮은 벼슬아치이다. '영(令)'은 부림이다. ○이때에 진(秦)나라 임금에게 비로소 수레와 말에 이 시인(寺人)의 벼슬아치가 미치게 함이 있었으니, 장차 만나보려는 이는 반드시 먼저 시인(寺人)으로 하여금 통고(通告)하게 하였기 때문에 나라 사람들이 그를 비로소 보고 자랑스럽고 아름답게 여긴 것이다.

詳說

○ 孔氏曰 : "'的', 白也, 今之戴星馬."350)

---

347) 호광(胡廣) 등 찬, 『시전대전(詩傳大全)』에는 '都'로 되어 있다.
348) 호광(胡廣) 등 찬, 『시전대전(詩傳大全)』의 소주 내용을 수용한 것이다. 주자(朱子) 찬, 『시경집전(詩經集傳)』의 소주에는 "叶, 典因反.(협운이니, 전과 인의 반절이다.)"으로 되어 있다. 『광운(廣韻)』에는 본음이 "都年切.(도와 년의 반절이다.)"이고 평성(平聲)이라고 하였다.
349) 주자(朱子) 찬, 『시경집전(詩經集傳)』의 소주와 달리 호광(胡廣) 등 찬, 『시전대전(詩傳大全)』의 소주에는 "力星反.(력과 성의 반절이다.)"으로 되어 있다. 그 뜻이 '명령'일 경우에는 『광운(廣韻)』에서 "力政切.(력과 정의 반절이다.)"이고 거성(去聲)이라 하였고, 그 뜻이 '부리다, 시키다'일 경우에는 『광운(廣韻)』에서 "呂貞切.(려와 정의 반절이다.)"이고 평성(平聲)이라고 하였다.
350) 호광(胡廣) 등 찬, 『시전대전(詩傳大全)』의 소주 내용에서 발췌한 것이다. 그 전문은 다음과 같다. "孔氏

'금위지적상(今謂之的顙)'에 대해, 공씨(孔氏 : 孔穎達)가 말하였다. "'적(的)'은 흰 것이니, 지금의 대성마(戴星馬)이다."

○ 華谷嚴氏曰 : "閹宦."351)

'내소신야(內小臣也)'에 대해, 화곡 엄씨(華谷嚴氏 : 嚴粲)가 말하였다. "엄환(閹宦)이다."

[1-11-1-2]

○阪有漆, 隰有栗. 旣見君子, 並坐鼓瑟. 今者不樂, 逝者其耋.

비탈에는 옻나무가 있으며 진펄에는 밤나무가 있도다.
이윽고 군자를 만나본지라 아울러 앉아 비파를 뜯노라.
지금 시간을 즐기지 않으면 가는 세월에 마냥 늙으리라.

詳說

○ 音反.352)

'판(阪)'은 음이 반(反)이다.

○ 音洛.353)

'락(樂)'은 음이 락(洛)이다.

○ 音垤, 叶, 地一反.354)

曰 : '的, 白也. 額顙也. 今之戴星馬.'(공씨가 말하였다. '적은 흰 것이니, 상액이고 지금의 대성마이다.')"
351) 호광(胡廣) 등 찬, 『시전대전(詩傳大全)』의 소주 내용에서 발췌한 것이다. 그 전문은 다음과 같다. "華谷嚴氏曰 : '寺人, 閹宦.'(화곡 엄씨가 말하였다. '시인은 엄환이다.')"
352) 주자(朱子) 찬, 『시경집전(詩經集傳)』 및 호광(胡廣) 등 찬, 『시전대전(詩傳大全)』의 소주 내용을 수용한 것이다. 『광운(廣韻)』에는 본음이 "扶板切.(부와 판의 반절이다.)"이고 상성(上聲)이라 하였다. 반(反)은 『광운(廣韻)』에는 "府遠切.(부와 원의 반절이다.)"이고 상성(上聲)이라고 하였다.
353) 주자(朱子) 찬, 『시경집전(詩經集傳)』 및 호광(胡廣) 등 찬, 『시전대전(詩傳大全)』의 소주 내용을 수용한 것이다. 『광운(廣韻)』에 의하면, 그 뜻이 '즐겁다'일 경우에는 "盧各切.(로와 각의 반절이다.)"이고 입성(入聲)이라 하였고, 그 뜻이 '음악'일 경우에는 "五角切.(오와 각의 반절이다.)"이고 입성(入聲)이라 하였고, 그 뜻이 '좋아하다'의 경우에는 "五教切(오와 교의 반절이다.)"이고 거성(去聲)이라고 하였다. 락(洛)도 또한 『광운(廣韻)』에서 "盧各切.(로와 각의 반절이다.)"이고 입성(入聲)이라고 하였다.
354) 주자(朱子) 찬, 『시경집전(詩經集傳)』의 소주와 달리 호광(胡廣) 등 찬, 『시전대전(詩傳大全)』의 소주에는 "田結反. 叶. 地一反.(전과 결의 반절이고, 협운이니, 지와 일의 반절이다.)"으로 되어 있다. 『광운(廣韻)』에는 본음이 "徒結切.(도와 결의 반절이다.)"이고 입성(入聲)이라고 하였다. 질(垤)도 또한 『광운(廣韻)』에서 "徒結切.(도와 결의 반절이다.)"이고 입성(入聲)이라고 하였다. 내각본에는 "用結反. 叶. 地一反.(용과 결의 반절이고, 협운이니, 지와 일의 반절이다.)"으로 되어 있는데, '用'자는 '田'자의 오기인 듯하다.

'절(耊)'은 음이 절(咥)이고, 협운(協韻)이니, 지(地)와 일(一)의 반절이다.

朱註

興也. 八十曰'耊'. ○阪則有漆矣, 隰則有栗矣, 旣見君子, 則並坐鼓瑟矣, 失今不樂, 則逝者其耊矣.

흥(興)이다. 80세를 '질(耊)'이라고 한다. ○비탈에는 옻나무가 있고, 진펄에는 밤나무가 있거늘 이윽고 군자를 만나서 곧 아울러 앉아 비파를 뜯으니, 지금을 놓치고 즐기지 않으면 가는 세월에 늙어버린다는 것이다.

詳說

○ 二句興四句.

'흥야(興也)'의 경우, 두 구가 네 구를 일으킨 것이다.

○ 『諺』音從叶.355)

'질(耊)'의 경우, 『언해(諺解)』의 음은 협음(協音)을 좇았다.

○ 『諺』用華音.356)

'판(阪)'의 경우, 『언해(諺解)』에서는 중국의 음을 사용하였다.

○ 日月逝矣.357)

'서자(逝者)'는 세월이 흘러가는 것이다.

---

355) 『언해(諺解)』에는 '딜(질)'이라고 하였는데, '졀(절)'이 되어야 한다고 본 것이다.
356) 『언해(諺解)』에서 '반'이라고 하였는데, 본음과 달리 속음으로 '판'으로 읽음을 말한 것이다.
357) 이는 『논어』에 나오는 내용이다. 그 전문은 다음과 같다. 『논어집주대전(論語集註大全)』 권17, 「양화(陽貨)」. '陽貨欲見孔子, 孔子不見, 歸孔子豚, 孔子時其亡也而往拜之, 遇諸塗. 謂孔子曰: "來. 予與爾言." 曰: "懷其寶而迷其邦, 可謂仁乎." 曰: "不可." "好從事而亟失時, 可謂知乎." 曰: "不可." "日月逝矣, 歲不我與." 孔子曰: "諾. 吾將仕矣."'(양화가 공자를 만나려고 하였으나 공자가 만나주지 않자 공자에게 돼지고기를 보냈는데 공자가 양화가 없는 때에 가서 인사하려다가 길에서 양화를 만났다. 공자에게 일러 말하였다. '어서 오십시오. 내가 당신에게 말하겠습니다.' 또 말하였다. '그 보배를 품고서 그 나라를 어지럽게 함이 인이라 할 수 있겠습니까?' 공자가 말하였다. '가능하지 않습니다.' '일하기를 좋아하면서 자주 때를 놓치는 것을 지라고 할 수 있겠습니까?' 공자가 말하였다. '가능하지 않습니다.' '해와 달이 갑니다. 세월은 나를 기다려주지 않습니다.' 공자가 말하였다. '알았습니다. 나는 장차 벼슬길이 나갈 것입니다.')" 이저(李樗) · 황춘(黃櫄) 찬, 『모시집해(毛詩集解)』 권14, 「진(秦) · 거린(車鄰) · 고훈전(詁訓傳)제11 · 국풍(國風)」. "今者不與樂, 逝者至於老死, 不復有樂矣, 言不可樂也. 鄭曰: '逝者, 謂去仕他國.' 然逝者, 與「蟋蟀」所謂'歲聿其逝'. 『論語』曰'日月逝矣'之'逝'同, 是皆言其歲月之往."

○ 須溪劉氏曰 : "俯仰一時之景, 以寫其中之所甚快者, 此所以爲 興也. 朱子每句著'則'·'矣'字, 多得興意."358)

'즉서자기질의(則逝者其耋矣)'에 대해, 수계 유씨(須溪劉氏 : 劉辰翁)359)가 말하였다. "한때의 경치를 굽어보고 우러러보며 그 가운데 심히 즐거운 것을 옮겨놓은 것이니, 이것이 흥(興)이 되는 까닭이다. 주자(朱子)는 매 구마다 '즉(則)'과 '의(矣)'자를 놓았는데, 대부분 흥(興)의 뜻을 얻었다."

○ 華谷嚴氏曰 : "'並坐鼓瑟', 簡易相親之俗也;'逝者其耋', 悲壯感歎之氣也. 秦之强以此, 而止於爲秦, 亦以此."360)

화곡 엄씨(華谷嚴氏 : 嚴粲)가 말하였다. "'병좌고슬(並坐鼓瑟)'은 간이(簡易)하게 서로 친근한 풍속이며, '서자기절(逝者其耋)'은 비장(悲壯)하게 감탄하는 기풍이니, 진(秦)나라의 강함이 이 때문이고, 진(秦)나라가 됨에 그침도 또한 이 때문이다."

○ 慶源輔氏曰 : "國家方興, 禮義初備, 而人情喜樂, 故至於此."361)

경원 보씨(慶源輔氏 : 輔廣)가 말하였다. "나라가 바야흐로 흥성하고 예의가 처음으로 갖추어져서 사람들의 감정이 기쁘고 즐거운 까닭에 이에 이른 것이다."

[1-11-1-3]

○阪有桑, 隰有楊. 旣見君子, 並坐鼓簧. 今者不樂, 逝者其亡.

비탈에는 뽕나무가 있으며 진펄에는 버드나무 있도다.

---

358) 호광(胡廣) 등 찬,『시전대전(詩傳大全)』의 소주 내용을 수용한 것이다.
359) 수계 유씨(須溪劉氏 : 劉辰翁): 유진옹(1233-1297)은 남송 학자로, 자가 회맹(會孟)이고, 호가 수계(須溪)이며, 여릉(廬陵) 관계(灌溪) 사람이다. 문학 활동을 활발히 하여 스스로 하나의 문체를 이루었으며, 호방하고 진중하다는 평가를 받았다. 저서로는『수계선생전집(須溪先生全集)』등이 있으며, 「난릉왕(蘭陵王)·병자송춘(丙子送春)」,「영우락(永遇樂)·벽월초청(璧月初晴)」등의 작품이 유명하다.
360) 호광(胡廣) 등 찬,『시전대전(詩傳大全)』의 소주 내용에서 발췌한 것이다. 그 전문은 다음과 같다. "華谷嚴氏曰 : '旣見君子, 竝坐鼓瑟, 簡易相親之俗也. 今者不樂, 逝者其耋, 悲壯感歎之氣也, 秦之强以此, 而止於爲秦, 亦以此.'(화곡 엄씨가 말하였다. '기견군자, 병좌고슬'은 간이하게 서로 친근한 풍속이며, 금자불락, 서자기절은 비장하게 감탄하는 기풍이니, 진나라의 강함은 이 때문이고, 진나라가 됨에 그침도 또한 이 때문이다.')"
361) 호광(胡廣) 등 찬,『시전대전(詩傳大全)』의 소주 내용에서 발췌한 것이다. 그 전문은 다음과 같다. "慶源輔氏曰 : '未見秦君, 而觀其車馬之盛, 寺人之令, 而詩美之矣. 及其旣見秦也, 則相與竝坐鼓瑟, 而又歎以爲苟今時而不作樂, 則逝者其耋矣. 蓋國家方興, 禮義初備, 而人情喜樂, 故至於此.'(경원 보씨가 말하였다. '… 대개 나라가 바야흐로 흥성하고 예의가 처음으로 갖추어져서 사람들의 감정이 기쁘고 즐거운 까닭에 이에 이른 것이다.')"

이윽고 군자를 만나본지라 아울러 앉아 생황을 부노라.
지금을 즐거워하지 않으면 가는 세월에 그냥 죽으리라.

朱註

興也. '簧', 笙中金葉, 吹笙則鼓動之, 以出聲者也.

흥(興)이다. '황(簧)'은 생(笙) 가운데 금빛 잎이니, 생(笙)을 불면 그것이 두드리고 움직여서 소리를 내는 것이다.

詳說

○ 死也.

'망(亡)'은 죽음이다.

[1-11-1-4]

「車鄰」三章, 一章四句, 二章章六句.

「거린(車鄰 : 수레소리)」은 세 장이니, 한 장은 네 구이고, 두 장은 장마다 여섯 구이다.

詳說

○ 華谷嚴氏曰 : "秦興而帝王之影響盡矣,「車鄰」其濫觴也, 世道升降之機, 在是."362)

화곡 엄씨(華谷嚴氏 : 嚴粲)가 말하였다. "진(秦)나라가 흥성하였는데도 제왕(帝王)의 영향이 다하였으니, 「거린(車鄰)」이 그 남상(濫觴)이며, 세도(世道)의 오르고 내리는 기미가 이에 들어있다."

[1-11-2-1]

駟驖孔阜, 六轡在手. 公之媚子, 從公于狩.

네 마리 검붉은 말이 매우 크니 여섯 줄의 고삐가 손에 있도다.
공이 사랑하는 가까운 사람들이 공을 좇아서 함께 사냥 가도다.

---

362) 호광(胡廣) 등 찬, 『시전대전(詩傳大全)』의 소주 내용에서 발췌한 것이다. 그 전문은 다음과 같다. "華谷嚴氏曰 : 秦興而帝王之影響盡矣,「車鄰」其濫觴也, 世道升降之機, 在是歟.'(화곡 엄씨가 말하였다. '진나라가 흥성하였는데도 제왕의 영향이 다하였으니, 「거린」이 그 남상이며, 세도의 오르고 내리는 기미가 이에 들어있다.')"

詳說

○ 音鐵.363)

'철(驖)'은 음이 철(鐵)이다.

○ 叶, 始九反.364)

'수(狩)'는 협운(叶韻)이니, 시(始)와 구(九)의 반절이다.

朱註

賦也. '駟驖', 四馬皆黑色如鐵也. '孔', 甚也. '阜', 肥大也. '六轡'者, 兩服·兩驂, 各兩轡, 而驂馬內兩轡, 納之於觼, 故惟六轡在手也. '媚子', 所親愛之人也. 此亦前篇之意也.

부(賦)이다. '사철(駟驖)'은 네 마리 말이 모두 쇠와 같은 검은색이다. '공(孔)'은 심함이다. '부(阜)'는 몸집이 크고 뚱뚱한 것이다. '육비(六轡)'는 두 마리 복마(服馬)와 두 마리 참마(驂馬)가 각각 두 개의 고삐인데, 참마의 안쪽 두 고삐는 고리에 걸어두었기 때문에 오직 여섯 개의 고삐만 손에 있는 것이다. '미자(媚子)'는 친근하게 사랑하는 사람이다. 이것 또한 앞 편의 뜻이다.

詳說

○ 八轡.

'각양비(各兩轡)'의 경우, 여덟 고삐이다.

○ 坊本, 無'內'字.365)

'이참마내(而驂馬內)'의 경우, 방본(坊本)에는 '내(內)'자가 없다.

○ 係也.

---

363) 주자(朱子) 찬, 『시경집전(詩經集傳)』의 소주와 달리 호광(胡廣) 등 찬, 『시전대전(詩傳大全)』의 소주에는 "田結反.(전과 결의 반절이다.)"으로 되어 있다. 『광운(廣韻)』에는 본음이 "他結切.(타와 결의 반절이다.)"이고, 또는 "徒結切.(도와 결의 반절이다.)"이며 입성(入聲)이라고 하였다. 철(鐵)도 또한 『광운(廣韻)』에서 "他結切.(타와 결의 반절이다.)"이고 입성(入聲)이라고 하였다.
364) 주자(朱子) 찬, 『시경집전(詩經集傳)』 및 호광(胡廣) 등 찬, 『시전대전(詩傳大全)』의 소주 내용을 수용한 것이다. 『광운(廣韻)』에는 본음이 "舒救切.(서와 구의 반절이다.)"이고 거성(去聲)이라고 하였다.
365) 주자(朱子) 찬, 『시경집전(詩經集傳)』에는 '내(內)'자가 있으나, 호광(胡廣) 등 찬, 『시전대전(詩傳大全)』과 내각본에는 '내(內)'자가 없다.

'납(納)'의 경우, 거는 것이다.

○ 觼同.
'결(觖)'은 '쇠고리 결(觼)'과 같다.

○ 華谷嚴氏曰：＂'轡', 所以制馬使隨人意. '在手', 言把握其轡, 能制馬遲速, 惟手是聽也.＂366)
'고유육비재수야(故惟六轡在手也)'에 대해, 화곡 엄씨(華谷嚴氏 : 嚴粲)가 말하였다. ＂'비(轡)'는 말을 제어하여 사람의 뜻을 따르게 하는 것이다. '재수(在手)'는 그 고삐를 잡고 능히 말의 더딤과 빠름을 제어함에 오직 손에 맡기는 것을 말한다.＂

○ 慶源輔氏曰：＂疑卽御者.＂367)
'소친애지인야(所親愛之人也)'에 대해, 경원 보씨(慶源輔氏 : 輔廣)가 말하였다. ＂의심컨대 곧 수레 모는 사람일 것이다.＂

○ 按, 或曰：＂'媚子', 愛子也, 如胡亥之從巡遊, 其俗所來遠矣.＂, 然非朱子之意, 不敢從.＂
내가 살펴보건대, 어떤 이가 말하였다. ＂'미자(媚子)'는 총애하는 아이이니, 호해(胡亥 : 秦始皇의 아들)가 순유(巡遊)를 좇음과 같으니, 그 풍속의 유래가 오래되었다.＂고 하였으나 주자(朱子)의 뜻이 아니기에 감히 좇지 않는다.

○ 誇美之詞.
'차역전편지의야(此亦前篇之意也)'의 경우, 자랑스럽고 아름답게 여기는 말이다.

---

366) 호광(胡廣) 등 찬, 『시전대전(詩傳大全)』의 소주 내용에서 발췌한 것이다. 그 전문은 다음과 같다. ＂華谷嚴氏曰：'馬之有轡, 所以制馬使隨人意. 在手, 言把握其轡, 能制馬遲速, 唯手是聽也.'(화곡 엄씨가 말하였다. '말에게 고삐를 둠은 말을 제어하여 사람의 뜻을 따르게 하는 것이다. 재수는 그 고삐를 잡고 능히 말의 더딤과 빠름을 제어함에 오직 손에 맡기는 것을 말한다.')＂
367) 호광(胡廣) 등 찬, 『시전대전(詩傳大全)』의 소주 내용에서 발췌한 것이다. 그 전문은 다음과 같다. ＂慶源輔氏曰：'駟驖孔阜, 言其馬之盛也. 六轡在手, 言其御之善也. 公之媚子, 從公于狩, 言公有所親愛之人, 隨公以田獵, 疑卽指御者而言也. 奉時辰牡, 辰牡孔碩, 虞人奉翼犬獸以待公之射, 禮義之備也. 公曰左之, 舍拔則獲, 射御之精也. 遊于北園, 因出狩而遊觀也. 四馬旣閑, 車馬皆閑習也. 輶車鑾鑣, 載獫歇驕, 雖田犬而亦處得宜也. 此皆昔無而今有, 故歷敍其事而誇美之也. 秦本保于西戎, 自非子爲附庸而邑之秦, 遂入于中國. 自襄公爲諸侯, 盡有周西都畿內岐·豊之地然後, 始備中國之禮儀·侍御, 而詩人美之. 然觀其所美者如此, 則其所竝者, 亦多矣.'(경원 보씨가 말하였다. '… 의심컨대 곧 수레 모는 사람을 가리켜서 말하였을 것이다. ….')＂

○ 華谷嚴氏曰 : "一句, 馬之良也; 二句, 御之良也; 三·四句, 便嬖足使令也."368)

화곡 엄씨(華谷嚴氏 : 嚴粲)가 말하였다. "첫째 구는 말의 양호함이고, 둘째 구는 마부의 양호함이고, 셋째와 넷째 구는 임금의 총애하는 신하가 심부름꾼으로 충족됨이다."

[1-11-2-2]

◯奉時辰牡, 辰牡孔碩. 公曰左之, 舍拔則獲.

이 시절의 수컷 짐승을 쫓으니 수컷 짐승이 매우 큰 놈이로다.
공이 왼쪽으로 내몰라고 하더니 화살을 쏘아서 곧바로 잡았도다.

詳說

○ 叶, 常灼反.369)
'석(碩)'은 협운(協韻)이니, 상(常)과 작(灼)의 반절이다.

○ 音捨.370)
'사(舍)'는 음이 사(捨)이다.

○ 音鈸.371)
'발(拔)'은 음이 발(鈸)이다.

---

368) 호광(胡廣) 등 찬, 『시전대전(詩傳大全)』의 소주 내용에서 발췌한 것이다. 그 전문은 다음과 같다. "華谷嚴氏曰 : '駟驖孔阜, 言馬之良也. 六轡在手, 言御之良也. 公子媚子, 從公于狩, 見便嬖使令於前也.'(화곡 엄씨가 말하였다. '사철공부는 말의 양호함을 말한다. 육비재수는 마부의 양호함을 말한다. 공지미자와 종공우수는 임금의 총애하는 신하가 앞에서 심부름꾼으로 충족됨을 보인 것이다.')"
369) 주자(朱子) 찬, 『시경집전(詩經集傳)』 및 호광(胡廣) 등 찬, 『시전대전(詩傳大全)』의 소주 내용을 수용한 것이다. 『광운(廣韻)』에는 본음이 "常隻切.(상과 척의 반절이다.)"이고 입성(入聲)이라고 하였다.
370) 주자(朱子) 찬, 『시경집전(詩經集傳)』 및 호광(胡廣) 등 찬, 『시전대전(詩傳大全)』의 소주 내용을 수용한 것이다. 그 뜻이 '집'일 경우에는 『광운(廣韻)』에서 "始夜切.(시와 야의 반절이다.)"이고 거성(去聲)이라 하였고, 그 뜻이 '버리다'일 경우에는 『광운(廣韻)』에서 "書冶切.(서와 야의 반절이다.)"이고 상성(上聲)이라고 하였다. 사(捨)도 또한 『광운(廣韻)』에서 "書冶切.(서와 야의 반절이다.)"이고 상성(上聲)이라고 하였다.
371) 주자(朱子) 찬, 『시경집전(詩經集傳)』의 소주와 달리 호광(胡廣) 등 찬, 『시전대전(詩傳大全)』의 소주에는 "蒲末反.(포와 말의 반절이다.)"으로 되어 있다. 그 뜻이 '빼다, 뽑다'일 경우에는 『광운(廣韻)』에서 "蒲八切.(포와 팔의 반절이다.)"이고 입성(入聲)이라 하였고, 그 뜻이 '오늬'일 경우에는 『광운(廣韻)』에서 "蒲撥切.(포와 발의 반절이다.)"이고 입성(入聲)이라고 하였다. 발(鈸)도 또한 『광운(廣韻)』에서 "蒲撥切.(포와 발의 반절이다.)"이고 입성(入聲)이라고 하였다.

○ 叶, 黃郭反.372)

'획(獲)'은 협운(協韻)이니, 황(黃)과 곽(郭)의 반절이다.

○ 此叶, 蓋從'緇衣蓆'·'發夕'之例.373)

이 협운(協韻)은 대개 '치의석(緇衣)'과 '발석(發夕)'의 용례를 좇았다.

朱註

賦也. '時', 是, '辰', 時也. '牡', 獸之牡者也, '辰牡'者, 冬獻狼·夏獻麋·春秋獻鹿豕之類. '奉'之者, 虞人翼以待射也. '碩', 肥大也. '公曰左之'者, 命御者, 使左其車, 以射獸之左也, 蓋射必中其左, 乃爲中殺, 五御所謂'逐禽左'者, 爲是故也. '拔', 矢括也. 曰左之而舍拔無不獲者, 言獸之多而射·御之善也.

부(賦)이다. '시(時)'는 시(是)이고, '진(辰)'은 때이다. '모(牡)'는 짐승의 수컷인 것이니, '진모(辰牡)'라는 것은 겨울에 이리를 바치고, 여름에 고라니를 바치고, 봄과 가을에 사슴과 멧돼지를 바치는 따위이다. '받든다'는 것은 우인(虞人 : 동산지기)이 사냥몰이를 도와서 쏘아 맞히도록 갖추는 것이다. '석(碩)'은 몸집이 크고 뚱뚱함이다. '공왈좌지(公曰左之)'라는 것은 수레몰이에게 명하여 수레를 왼쪽으로 몰게 하여 짐승의 왼쪽을 쏘는 것이니, 대개 활을 쏨에 반드시 그 왼쪽의 심장부위를 맞혀야 이에 제대로 죽게 되므로, 다섯 가지 수레몰이 중에서 이른바 '짐승을 왼쪽으로 쫓는다.'고 한 것이 이 때문이다. '발(拔)'은 화살오늬이다. 왼쪽으로 몰아라고 하고서 화살오늬를 놓음에 짐승을 잡지 않음이 없다는 것은 짐승이 많으며 활쏘기와 수레몰기의 훌륭함을 말한 것이다.

詳說

○ 見『周禮』「獸人」.374)

---

372) 주자(朱子) 찬, 『시경집전(詩經集傳)』 및 호광(胡廣) 등 찬, 『시전대전(詩傳大全)』의 소주 내용을 수용한 것이다. 『광운(廣韻)』에는 본음이 "胡麥切.(호와 맥의 반절이다.)"이고 입성(入聲)이라고 하였다.
373) 호광(胡廣) 등 찬, 『시전대전(詩傳大全)』 권4, 「국풍(國風)·정(鄭)·치의(緇衣)」. 3장 "緇衣之蓆兮(검정옷이 제법 커서 편하고 좋으니)"에서 "蓆, 叶, 祥龠反.('석'에서, 협운이니, 상과 약의 반절이다.)"이라 하였고, 호광(胡廣) 등 찬, 『시전대전(詩傳大全)』 권5, 「국풍(國風)·제(齊)·재구(載驅)」. 1장 "齊子發夕.(제나라 여인네 새벽녘에 떠났도다.)"에서 "'夕, 叶, 祥龠反.('석'에서, 협운이니, 상과 약의 반절이다.)라고 한 용례를 말하는 것이다.
374) 정씨(鄭氏) 주·육덕명(陸德明) 음의·가공언(賈公彦) 소, 『주례주소(周禮注疏)』 권4, 「수인(獸人)」. "冬獻狼, 夏獻麋, 春·秋獻獸物.(겨울에 이리를 바치고, 여름에 고라니를 바치고, 봄과 가을에 짐승들을 바친

'동헌랑·하헌미·춘추헌록시지류(冬獻狼·夏獻麋·春秋獻鹿豕之類)'의 내용이 『주례(周禮)』「수인(獸人)」에 보인다. ○

○ 孔氏曰 : "獻以供膳, 獸之供食, 各有時節, 故曰'時牡'."375)
공씨(孔氏 : 孔穎達)가 말하였다. "바쳐서 음식으로 제공하니, 짐승을 음식으로 제공함에는 각각 시절이 있기 때문에 '시모(時牡)'라고 하는 것이다."

○ 按, 此'獻'字與下'奉'字, 各爲一義.
내가 살펴보건대, 이 '헌(獻)'자와 아래의 '봉(奉)'자는 각각 하나의 뜻이 된다.

○ 守苑囿之吏.
'우인(虞人)'은 원유(苑囿)를 지키는 관리이다.

○ 音石, 下並同.
'석(射)'은 음이 석(石)이니, 아래도 아울러 같다.

○ 有奉義.
'우인익이대석야(虞人翼以待射也)'의 경우, '익(翼)'에는 받드는 뜻이 있다.

○ 本出「騶虞」『毛傳』.376)
'익대(翼待)'는 본래 「추우(騶虞)」의 『모전(毛傳)』에 나온다.

○ 去聲, 下同.
'개사필중(蓋射必中)'에서 중(中)은 거성(去聲 : 맞히다)이니, 아래도 같다.

○ 合於殺法.

다.)"
375) 호광(胡廣) 등 찬, 『시전대전(詩傳大全)』의 소주 내용에서 발췌한 것이다. 그 전문은 다음과 같다. "孔氏曰 : '冬獻狼以下, 皆「天官·獸人」文, 獸人, 所獻以供膳. 「虞人」, 無奉獸之文, 故引「獸人」之文, 以解時牡耳. 獸之供食, 各有時節, 故曰時牡.'(공씨가 말하였다. '… 수인이 바쳐서 음식으로 제공하는 것이니, … 짐승을 음식으로 제공함에는 각각 시절이 있기 때문에 시모라고 하는 것이다.')"
376) 정씨(鄭氏) 전·육덕명(陸德明) 음의·공영달(孔穎達) 소, 『모시주소(毛詩注疏)』 권2, 「국풍(國風)·소남(召南)·추우(騶虞)」. "『傳』: '豕牝曰豝. 虞人, 翼五豝, 以待公之發.'(『모전』에서 '암퇘지를 파라고 한다. 우인이 오파를 도와서 공이 활을 쏘도록 갖추는 것이다.'라고 하였다.)"

'내위중살(乃爲中殺)'의 경우, 짐승을 죽이는 방법에 합당한 것이다.

○ 見『周禮』「大司徒」.377)
'위시고야(爲是故也)'의 내용이 『주례(周禮)』「대사도(大司徒)」에 보인다.

○ 朱子曰 : "逆驅禽獸使左當人君而射之."378)
주자(朱子 : 朱熹)가 말하였다. "짐승을 거슬러서 모는 것은 왼쪽으로 임금에게 딱 마주쳐서 쏘아 맞히도록 하는 것이다."

○ 建安何氏曰 : "『公羊傳』三殺, 皆自左膘射之達于右, 則左當人君之左, 指禽獸之左膘而言."379)
건안 하씨(建安何氏 : 何士信)380)가 말하였다. "『공양전(公羊傳)』에서 세 번의 죽임이 모두 왼쪽 허구리로부터 맞혀서 오른쪽에 이르니, 곧 왼쪽으로 임금의 왼쪽과 딱 마주치게 한다는 것은 짐승의 왼쪽 허구리를 가리켜서 말한 것이다."

○ 按, 人君之左與獸之左, 正相値, 故中之.
내가 살펴보건대, 임금의 왼쪽과 짐승의 왼쪽이 똑바로 서로 마주치기 때문에 적중시킬 수 있는 것이다.

○ 毛氏曰 : "矢末."381)

---

377) 정씨(鄭氏) 주·육덕명(陸德明) 음의·가공언(賈公彦) 소, 『주례주소(周禮注疏)』 권14, 「보씨(保氏)」. "而養國子以道, 乃教之六藝, 一曰五禮, 二曰五樂, 三曰五射, 四曰五馭, 五曰六書, 六曰九數; 乃教之六儀, 一曰祭祀之容, 二曰賓客之容, 三曰朝廷之容, 四曰喪紀之容, 五曰軍旅之容, 六曰車馬之容.(나라의 자제들을 가르치기를 도로써 하여 이에 육예를 가르쳤으니, … 네 번째가 오어이고, ….)" 그 주(注)의 내용은 다음과 같다. "鄭司農云 : '… 五馭: 鳴和鸞, 逐水曲, 過軍表, 舞交衢, 逐禽左.'(정사농이 이르기를, '… 짐승을 쫓기를 왼쪽으로 하는 것이다.'라고 하였다.)"
378) 호광(胡廣) 등 찬, 『시전대전(詩傳大全)』의 소주 내용에서 발췌한 것이다. 그 전문은 다음과 같다. "朱子曰 : '逐禽左, 逆驅禽獸, 使左當人君以射之也.'(주자가 말하였다. '짐승을 쫓기를 왼쪽으로 하고, 짐승을 거슬러서 모는 것은 왼쪽으로 임금에게 딱 마주쳐서 쏘아 맞히도록 하는 것이다.')"
379) 호광(胡廣) 등 찬, 『시전대전(詩傳大全)』의 소주 내용에서 발췌한 것이다. 그 전문은 다음과 같다. "建安何氏公曰 : '左之御者, 從左以逐之, 君使左以射之. 『公羊傳』解, 第一殺·第二殺·第三殺, 皆自左膘射之達于右, 則左當人君之左, 指禽獸之左膘而言.' 膘, 音縹.(건안 하씨가 말하였다. '… 『공양전』에서 첫 번째 죽임과 두 번째 죽임과 세 번째 죽임이 모두 왼쪽 허구리로부터 맞혀서 오른쪽에 이르니, 곧 왼쪽으로 임금의 왼쪽과 딱 마주치게 한다는 것은 짐승의 왼쪽 허구리를 가리켜서 말한 것이다.')"
380) 건안 하씨(建安何氏 : 何士信): 하사신은 송말원초 때 학자로, 비릉(毘陵) 사람이며, 건안 하씨(建安何氏)라고 한다. 일찍이 집안에 수백 권의 책을 쌓아두고 정밀하게 궁구하면서 읽기에 밤낮으로 쉬지 않았다고 하며, 서화(書畵)에도 남다른 조예가 있었다고도 한다. 저서로는 『소학집성(小學集成)』 10권·『도설(圖說)』 1권·『강령(綱領)』 1권·『증수전주묘선군영초당시여(增修箋注妙選群英草堂詩餘)』 등이 있다.

'시괄야(矢括也)'에 대해, 모씨(毛氏 : 毛萇)가 말하였다. "화살 끝부분이다."

○ 如字.

'언수지다이사(言獸之多而射)'에서 사(射 : 활 쏠 사)는 본래의 음 대로 읽는다.

[1-11-2-3]

○遊于北園, 四馬旣閑. 輶車鸞鑣, 載獫歇驕.

북쪽 동산으로 돌면서 노니거늘 네 마리 말이 이미 세련되도다.
경쾌한 수레에 방울 달린 재갈 이 사냥개 저 사냥개 실었도다.

詳說

○ 叶, 胡田反.382)

'한(閑)'은 협운(協韻)이니, 호(胡)와 전(田)의 반절이다.

○ 音由.383)

'유(輶)'는 음이 유(由)이다.

○ 音標.384)

'표(鑣)'는 음이 표(標)이다.

○ 音殮.385)

---

381) 호광(胡廣) 등 찬, 『시전대전(詩傳大全)』의 소주 내용에서 발췌한 것이다. 그 전문은 다음과 같다. "孔氏曰: '矢末爲括, 以鏃爲首, 故拔爲末.'(공씨가 말하였다. '화살의 끝부분이 괄이 되니, 화살촉이 머리가 되기 때문에 오늬가 끝이 되는 것이다.')"
382) 주자(朱子) 찬, 『시경집전(詩經集傳)』 및 호광(胡廣) 등 찬, 『시전대전(詩傳大全)』의 소주 내용을 수용한 것이다. 『광운(廣韻)』에는 본음이 "戶閒切.(호와 한의 반절이다.)"이고 평성(平聲)이라고 하였다.
383) 주자(朱子) 찬, 『시경집전(詩經集傳)』 및 호광(胡廣) 등 찬, 『시전대전(詩傳大全)』의 소주 내용을 수용한 것이다. 『광운(廣韻)』에는 본음이 "以周切.(이와 주의 반절이다.)"이고 평성(平聲)이라고 하였다. 유(由)도 또한 『광운(廣韻)』에서 "以周切.(이와 주의 반절이다.)"이고 평성(平聲)이라고 하였다.
384) 주자(朱子) 찬, 『시경집전(詩經集傳)』의 소주와 달리 호광(胡廣) 등 찬, 『시전대전(詩傳大全)』의 소주에는 "彼驕反.(피와 교의 반절이다.)"으로 되어 있다. 『광운(廣韻)』에는 본음이 "甫嬌切.(포와 교의 반절이다.)"이고 평성(平聲)이라고 하였다. 표(標)는 『광운(廣韻)』에서 "甫遙切.(포와 요의 반절이다.)"이라고 하였다.
385) 주자(朱子) 찬, 『시경집전(詩經集傳)』의 소주와 달리 호광(胡廣) 등 찬, 『시전대전(詩傳大全)』의 소주에는 "力檢反.(력과 험의 반절이다.)"으로 되어 있다. 『광운(廣韻)』에는 "虛檢切.(허와 검의 반절이다.)"에 상성(上聲), 또는 "良冉切.(량과 염의 반절이다.)"에 상성(上聲), 또는 "力贍切.(렴과 염의 반절이다.)"에 평성(平聲), 또는 "力劒切.(력과 험의 반절이다.)"에 거성(去聲)으로 되어 있다. 렴(獫)은 『광운(廣韻)』에서 "力驗切.(력과 험의 반절이다.)"이고 거성(去聲)이라고 하였다.

'렴(獫)'은 음이 렴(殮)이다.

○ 許竭反.386)
'할(歇)'은 허(許)와 갈(竭)의 반절이다.

○ 音囂.387)
'효(驕)'는 음이 효(囂)이다.

朱註

賦也. 田事已畢, 故遊于北園. '閑', 調習也. '輶', 輕也. '鸞', 鈴也, 效鸞鳥之聲. '鑣', 馬銜也, 驅逆之車, 置鸞於馬銜之兩旁, 乘車則鸞在衡, 和在軾也. '獫'·'歇驕', 皆田犬名, 長喙曰'獫', 短喙曰'歇驕'. 以車載犬, 蓋以休其足力也. 韓愈「畫記」, 有騎擁田犬者, 亦此類.

부(賦)이다. 사냥하는 일을 이미 마쳤기 때문에 북쪽 동산을 노니는 것이다. '한(閑)'은 세련된 것이다. '유(輶)'는 가벼움이다. '란(鸞)'은 방울이니, 난새의 울음소리를 본뜬 것이다. '표(鑣)'는 말의 재갈이니, 짐승을 몰고 거스르는 수레에는 방울을 말의 재갈 양 곁에 두고, 타는 수레에는 난(鸞)방울이 형(衡)에 있고 화(和)방울이 식(軾)에 있다. '렴(獫)'·'할효(歇驕)'는 모두 사냥개의 이름이니, 긴 주둥이를 '렴(獫)'이라 하고, 짧은 주둥이를 '할효(歇驕)'라고 한다. 수레에 개를 실은 것은 그 발의 힘을 쉬게 하려는 때문이다. 한유(韓愈)의 「화기(畫記)」에 말을 타고 사냥개를 껴안은 것이 있으니, 또한 이러한 따위이다.

詳說

○ 承上章.
'전사이필(田事已畢)'의 경우, 위의 장을 이었다.

---

386) 호광(胡廣) 등 찬, 『시전대전(詩傳大全)』의 소주 내용을 수용한 것이다. 주자(朱子) 찬, 『시경집전(詩經集傳)』에는 소주가 없다. 『광운(廣韻)』에도 본음이 "許竭切.(허와 갈의 반절이다.)"이고 입성(入聲)이라고 하였다.
387) 주자(朱子) 찬, 『시경집전(詩經集傳)』의 소주와 달리 호광(胡廣) 등 찬, 『시전대전(詩傳大全)』의 소주에는 "許喬反.(허와 교의 반절이다.)"으로 되어 있다. 『집운(集韻)』에는 본음이 "虛驕切.(허와 교의 반절이다.)"이고 평성(平聲)이라고 하였다. 효(囂)는 『집운(集韻)』에서 "虛嬌切.(허와 교의 반절이다.)"이고 평성(平聲)이라고 하였다.

○ 慶源輔氏曰 : "因狩而遊觀."388)

'고유우북원(故遊于北園)'에 대해, 경원 보씨(慶源輔氏 : 輔廣)가 말하였다. "사냥하러 나감으로 인하여 두루 돌아다니며 구경한 것이다."

○ 見『周禮』「田僕」.389) ○田車.

'구역지거(驅逆之車)'의 내용이 『주례(周禮)』「전복(田僕)」에 보인다. ○사냥수레이다.

○ 『埤雅』曰 : "尚輕疾."390)

'치란어마함지량방(置鸞於馬銜之兩旁)'에 대해, 『비아(埤雅)』에서 말하였다. "가볍고 빠름을 숭상한다."

○ 去聲.391)

'승(乘)'은 거성(去聲 : 수레)이다.

○ 亦鈴也.

'화(和)'는 또한 방울이다.

○ 『諺』音誤.392)

---

388) 호광(胡廣) 등 찬, 『시전대전(詩傳大全)』의 소주 내용에서 발췌한 것이다. 그 전문은 다음과 같다. "慶源輔氏曰 : '駟驖孔阜, 言其馬之盛也. 六轡在手, 言其御之善也. 公之媚子, 從公于狩, 言公有所親愛之人, 隨公以田獵, 蓋卽指御者而言也. 奉時辰牡, 辰牡孔碩, 虞人奉翼犬獸以待公之射, 禮義之備也. 公曰左之, 舍拔則獲, 射御之精也. 遊于北園, 因出狩而遊觀也. 四馬旣閑, 車馬皆閑習也. 輶車鸞鑣, 載獫歇驕, 雖田犬而亦處得宜也. 此皆昔無而今有, 故歷敍其事而誇美之也. 秦本保于西戎, 自非子爲附庸而邑之秦, 遂入于中國. 自襄公爲諸侯, 盡有周西都畿內岐·豐之地然後, 始備中國之禮儀·侍御, 而詩人美之. 然觀其所美者如此, 則其所缺者, 亦多矣.(경원 보씨가 말하였다. '… 사냥하러 나감으로 인하여 두루 돌아다니며 구경한 것이다. ….')"
389) 호광(胡廣) 등 찬, 『시전대전(詩傳大全)』의 소주 내용에서 발췌한 것이다. 그 전문은 다음과 같다. "孔氏曰 : '「夏官」, 田僕掌, 設驅逆之車. 驅, 驅禽, 逐前趨後; 逆, 御還之, 使不出圍.' 御, 音迓.(공씨가 말하였다. '「하관」에 전복이 관장하는 일은 사냥하는 수레를 설비하는 것이다. ….')"; 실제로 『주례(周禮)』에는 모두 세 곳에 '구역지거(驅逆之車)'가 나오니, 정씨(鄭氏) 주·육덕명(陸德明) 음의·가공언(賈公彦) 소, 『주례주소(周禮注疏)』권?9, 「하관(夏官)·대사마(大司馬)」와, 권32 「전복(田僕)」과 권33 「교인(校人)」이다. 그 전문은 아래와 같다. "旣陳, 乃設驅逆之車." "田僕掌, … 設驅逆之車." "田獵則帥驅逆之車."
390) 호광(胡廣) 등 찬, 『시전대전(詩傳大全)』의 소주 내용에서 발췌한 것이다. 그 전문은 다음과 같다. "埤雅』曰 : '輶車置鸞於鑣. 異於乘車者, 驅逆之車, 則尚輕疾故也.'(『비아』에서 말하였다. '… 가볍고 빠름을 숭상하기 때문이다.')"
391) 호광(胡廣) 등 찬, 『시전대전(詩傳大全)』의 소주 내용을 수용한 것이다. 그 뜻이 '타다'일 경우에는 『광운(廣韻)』에서 "食陵切.(식과 릉의 반절이다.)"이고 평성(平聲)이라 하였고, 그 뜻이 '수레'일 경우에는 『광운(廣韻)』에서 "實證切.(실과 증의 반절이다.)"이고 거성(去聲)이라고 하였다.
392) 『언해(諺解)』의 음이 '렴'이 아니라 '험'으로 되어있음을 말한 것이다.

'렴(獫)'은 『언해(諺解)』의 음이 잘못되었다.

○ 『諺』音恐誤.393)

'할효(歇驕)'의 경우, 『언해(諺解)』의 음이 아마도 잘못된 듯하다.

○ 音諱.394)

'훼(喙)'는 음이 휘(諱)이다.

○ 慶源輔氏曰 : "雖田犬, 亦處得宜也."395)

'개이휴기족력야(蓋以休其足力也)'에 대해, 경원 보씨(慶源輔氏 : 輔廣)가 말하였다. "비록 사냥개라고 하더라도 또한 있는 곳이 마땅함을 얻어야 하는 것이다."

○ 音話.

'화(畫)'는 음이 화(話)이다.

○ 見本集.

'한유「화기」(韓愈「畫記」)'의 경우, 본 문집에 보인다.

○ 去聲.396)

'기(騎)'는 거성(去聲 : 타는 말)이다.

---

393) 『언해(諺解)』의 음이 '할효'가 아니라 '헐교'로 되어 있음을 말한 것이다.
394) 호광(胡廣) 등 찬, 『시전대전(詩傳大全)』의 소주 내용을 수용한 것이다. 훼(喙)는 『광운(廣韻)』에서 "許穢切.(허와 예의 반절이다.)"이고 거성(去聲)이라 하였고, 휘(諱)는 『광운(廣韻)』에서 "許貴切.(허와 귀의 반절이다.)"이고 거성(去聲)이라 하여 서로 다른 음가를 보이고 있다.
395) 호광(胡廣) 등 찬, 『시전대전(詩傳大全)』의 소주 내용에서 발췌한 것이다. 그 전문은 다음과 같다. "慶源輔氏曰 : '駟驖孔阜, 言其馬之盛也. 六轡在手, 言其御之善也. 公之媚子, 從公于狩, 言公有所親愛之人, 隨公以田獵, 疑卽指御者而言也. 奉時辰牡, 辰牡孔碩, 虞人奉翼犬獸以待公之射, 禮義之備也. 公曰左之, 舍拔則獲, 射御之精也. 遊于北園, 因出狩而遊觀也. 四馬旣閑, 車馬皆閑習也. 輶車鸞鑣, 載獫歇驕, 雖田犬而亦處得宜也. 此皆昔無而今有, 故歷敍其事而誇美之也. 秦本保于西戎, 自非子爲附庸而邑之秦, 遂入于中國, 自襄公爲諸侯, 盡有西都畿內岐·豐之地然後, 始備中國之禮儀·侍御, 而詩人美之. 然觀其所美者如此, 則其所缺者, 亦多矣.'(경원 보씨가 말하였다. '… 비록 사냥개라고 하더라도 또한 있는 곳이 마땅함을 얻어야 하는 것이다. ….')"
396) 호광(胡廣) 등 찬, 『시전대전(詩傳大全)』의 소주 내용을 수용한 것이다. 그 뜻이 '말을 타다'일 경우에는 『광운(廣韻)』에서 "渠羈切.(거와 기의 반절이다.)"이고 평성(平聲)이라 하였고, 그 뜻이 '타는 말, 수레의 말'일 경우에는 "奇寄切.(기와 기의 반절이다.)"이고 거성(去聲)이라고 하였다.

○ 休力.
  '역차류(亦此類)'의 경우, 발의 힘을 쉬는 것이다.

[1-11-2-4]
「駟驖」三章, 章四句.

「사철(駟驖 : 네 마리 검붉은 말)」은 세 장이니, 장마다 네 구이다.

詳說

○ 豐城朱氏曰 : "一章, 言往狩; 二章, 言狩而獲; 三章, 言獲而息, 皆創見而深喜之辭."397)
  풍성 주씨(豐城朱氏 : 朱善)가 말하였다. "첫째 장은 가서 사냥함을 말하였고, 둘째 장은 사냥하여 짐승을 잡음을 말하였고, 셋째 장은 짐승을 잡아서 휴식함을 말하였으니, 모두 처음으로 보아서 매우 기뻐하는 말이다."

○ 『漢書』「地理志」曰 : "天水・隴西・安定・北地・上郡・西河, 皆迫近戎・狄, 修習武備, 高上氣力. 故「車鄰」・「駟驖」・「小戎」之篇, 皆言車馬・田狩之事."398)
  『한서(漢書)』「지리지(地理志)」에서 말하였다. "천수(天水)・농서(隴西)・안정(安定)・북지(北地)・상군(上郡)・서하(西河)는 모두 융(戎)과 적(狄)에 바싹 가까이 있어서 군비(軍備)를 배워 익히고, 정신과 육체의 힘을 높이 상승시켰다. 「거린(車鄰)」・「사철(駟驖)」・「소융(小戎)」의 시편은 모두 수레와 말 및 사냥하는 일을 말하였다."

---

397) 호광(胡廣) 등 찬, 『시전대전(詩傳大全)』의 소주 내용에서 발췌한 것이다. 그 전문은 다음과 같다. "豐城朱氏曰 : '一章, 言其往而狩; 二章, 言其狩而獲; 二章, 言其獲而息, 此皆創見而深喜之辭也.'(풍성 주씨가 말하였다. '첫째 장은 그 가서 사냥함을 말하였고, 둘째 장은 그 사냥하여 짐승을 잡음을 말하였고, 셋째 장은 그 짐승을 잡아서 휴식함을 말하였으니, 모두 처음으로 보아서 매우 기뻐하는 말이다.')"
398) 호광(胡廣) 등 찬, 『시전대전(詩傳大全)』의 소주 내용에서 발췌한 것이다. 그 전문은 다음과 같다. "前漢』「地理志」曰 : '天水・隴西, 山多材木, 民以板爲室屋. 及安定・北地・上郡・西河, 皆迫近戎狄, 修習武備, 高上氣力, 以射獵爲先. 故秦詩曰: 在其板屋. 又曰: 修我甲兵, 與子偕行, 及「車鄰」・「駟驖」・「小戎」之篇, 皆言車馬・田狩之事.'(『전한서』「지리지」에서 말하였다. '천수・농서 … 안정・북지・상군・서하는 모두 융과 적에 바싹 가까이 있어서 군비를 배워 익히고, 정신과 육체의 힘을 높이 상승시킴에 활사냥을 우선으로 하였다. … 「거린」・「사철」・「소융」의 시편은 모두 수레와 말 및 사냥하는 일을 말하였다.')"

[1-11-3-1]

小戎俴收, 五楘梁輈. 遊399)環脅驅, 陰靷鋈續, 文茵暢轂, 駕我騏馵. 言念君子, 溫其如玉. 在其板屋, 亂我心曲.

군용수레 앞뒤 가로목이 나직하고 다섯 번 감아 묶은 끌채 굽었도다.
노니는 쇠고리와 끈에 묶인 옆구리, 가슴걸이 이음새는 은빛 도금이며
범 무늬 방석에 큰 바퀴통 달아서 얼룩말과 발 흰 말에 멍에 했도다.
우리 군자를 떠올려 생각하노라면 온화한 모습이 마치 옥빛과 같도다.
오랑캐 판잣집에서 지내고 있기에 나의 애틋한 마음을 어지럽혔도다.

詳說

○ 音踐.400)
'천(俴)'은 음이 천(踐)이다.

○ 音木.401)
'목(楘)'은 음이 목(木)이다.

○ 音舟.402)
'주(輈)'는 음이 주(舟)이다.

○ 叶, 俱懼反, 又居錄反.403)
'구(驅)'는 협운(協韻)이니, 구(俱)와 구(懼)의 반절이고, 또 거(居)와 록(錄)의 반

---

399) 주자(朱子) 찬, 『시경집전(詩經集傳)』과 호광(胡廣) 등 찬, 『시전대전(詩傳大全)』 및 내각본에는 모두 '游' 자로 표기되어 있다.
400) 주자(朱子) 찬, 『시경집전(詩經集傳)』의 소주와 달리 호광(胡廣) 등 찬, 『시전대전(詩傳大全)』의 소주에는 "錢俴反.(전과 천의 반절이다.)"으로 되어 있다. 『광운(廣韻)』에는 본음이 "慈演切.(자와 연의 반절이다.)"이고 상성(上聲)이라고 하였다. 천(踐)도 또한 『광운(廣韻)』에서 "慈演切.(자와 연의 반절이다.)"이고 상성(上聲)이라고 하였다.
401) 주자(朱子) 찬, 『시경집전(詩經集傳)』 및 호광(胡廣) 등 찬, 『시전대전(詩傳大全)』의 소주 내용을 수용한 것이다. 『광운(廣韻)』에는 본음이 "莫卜切.(모와 복의 반절이다.)"이고 입성(入聲)이라고 하였다. 목(木)도 또한 『광운(廣韻)』에서 "莫卜切.(모와 복의 반절이다.)"이고 입성(入聲)이라고 하였다.
402) 주자(朱子) 찬, 『시경집전(詩經集傳)』의 소주와 달리 호광(胡廣) 등 찬, 『시전대전(詩傳大全)』의 소주에는 "陟留反.(척과 류의 반절이다.)"으로 되어 있다. 『광운(廣韻)』에는 본음이 "張流切.(장과 류의 반절이다.)"이고 평성(平聲)이라고 하였다. 주(舟)는 『광운(廣韻)』에서 "職流切.(직과 류의 반절이다.)"이고 평성(平聲)이라고 하였다.
403) 주자(朱子) 찬, 『시경집전(詩經集傳)』 및 호광(胡廣) 등 찬, 『시전대전(詩傳大全)』의 소주 내용을 수용한 것이다. 『광운(廣韻)』에는 본음이 "豈俱切.(기와 구의 반절이다.)"이고 평성(平聲)이라고 하였다.

절이다.

○ 音胤.404)

'인(靷)'은 음이 인(胤)이다.

○ 音沃.405)

'옥(鋈)'은 음이 옥(沃)이다.

○ 叶, 辭屨反, 又如字.406)

'속(續)'은 협운(協韻)이니, 사(辭)와 루(屨)의 반절이다.

○ 音因.407)

'인(茵)'은 음이 인(因)이다.

○ 敕亮反.408)

'창(暢)'은 칙(敕)과 량(亮)의 반절이다.

○ 叶, 又去聲.409)

'곡(轂)'은 협운(協韻)이니, 또 거성(去聲)이다.

---

404) 주자(朱子) 찬, 『시경집전(詩經集傳)』 및 호광(胡廣) 등 찬, 『시전대전(詩傳大全)』의 소주 내용을 수용한 것이다. 『광운(廣韻)』에는 본음이 "羊晉切.(양과 진의 반절이다.)"이고 거성(去聲)이라고 하였다. 인(胤)도 또한 『광운(廣韻)』에서 "羊晉切.(양과 진의 반절이다.)"이고 거성(去聲)이라고 하였다.
405) 주자(朱子) 찬, 『시경집전(詩經集傳)』 및 호광(胡廣) 등 찬, 『시전대전(詩傳大全)』의 소주 내용을 수용한 것이다. 『광운(廣韻)』에는 본음이 "烏酷切.(오와 혹의 반절이다.)"이고 입성(入聲)이라고 하였다. 옥(沃)도 또한 『광운(廣韻)』에서 "烏酷切.(오와 혹의 반절이다.)"이고 입성(入聲)이라고 하였다.
406) 주자(朱子) 찬, 『시경집전(詩經集傳)』 및 호광(胡廣) 등 찬, 『시전대전(詩傳大全)』의 소주 내용을 수용한 것이다. 『광운(廣韻)』에는 본음이 "似足切.(사와 족의 반절이다.)"이고 입성(入聲)이라고 하였다.
407) 주자(朱子) 찬, 『시경집전(詩經集傳)』 및 호광(胡廣) 등 찬, 『시전대전(詩傳大全)』의 소주 내용을 수용한 것이다. 『광운(廣韻)』에는 본음이 "於真切.(어와 진의 반절이다.)"이고 평성(平聲)이라고 하였다. 인(因)도 또한 『광운(廣韻)』에서 "於真切.(어와 진의 반절이다.)"이고 평성(平聲)이라고 하였다.
408) 호광(胡廣) 등 찬, 『시전대전(詩傳大全)』의 소주 내용을 수용한 것이다. 주자(朱子) 찬, 『시경집전(詩經集傳)』에는 소주가 없다. 『광운(廣韻)』에는 본음이 "丑亮切.(추와 량의 반절이다.)"이고 거성(去聲)이라고 하였다.
409) 주자(朱子) 찬, 『시경집전(詩經集傳)』 및 호광(胡廣) 등 찬, 『시전대전(詩傳大全)』의 소주 내용을 수용한 것이다. 『광운(廣韻)』에는 본음이 "古祿切.(고와 록의 반절이다.)"이고 입성(入聲)이라고 하였다. '협운이니, 또 거성(去聲)'이라는 말은 뒤의 '주(犨)'자가 거성(去聲)인 것에 맞춰서 그 음이 거성 '구'가 됨을 의미하는 것이다.

○ 音其.410)

'기(騏)'는 음이 기(其)이다.

○ 音注, 又之錄反.411)

'주(霔)'는 음이 주(注)이고, 또 지(之)와 록(錄)의 반절이다.

○ '霔'註, '又'字上, 當有'叶'字, 蓋蒙'轂'註耳.

'난아심곡(亂我心曲)'에서 볼 때, '주(霔)'의 주(註)에 '우(又)'자 위에는 마땅히 '협(叶)'자가 있어야 하니, 아마도 '곡(轂)'의 주(註)를 이어받았을 뿐이다.

朱註

賦也. '小戎', 兵車也. '俴', 淺也. '收', 軫也, 謂車前後兩端橫木, 所以收斂所載者也. 凡車之制, 廣皆六尺六寸, 其平地任載者, 爲大車, 則軫深八尺, 兵車則軫深四尺四寸, 故曰'小戎俴收'也. '五', 五束也. '楘', 歷錄然文章之貌也. '梁輈', 從前軫以前, 稍曲而上, 至衡則向下鉤之, 衡橫於輈下, 而輈形穹隆上曲, 如屋之梁, 又以皮革五處束之, 其文章歷錄然也. '遊412)環', 靷環也. 以皮爲環, 當兩服馬之背上, 遊移前却無定處, 引兩驂馬之外轡, 貫其中而執之, 所以制驂馬, 使不得外出. 『左傳』曰 : "如驂之有靳", 是也. '脅驅', 亦以皮爲之, 前係於衡之兩端, 後係於軫之兩端, 當服馬脅之外, 所以驅驂馬, 使不得內入也. '陰', 揜軓也. 軓在軾前而以板橫側揜之, 以其陰暎此軌, 故謂之陰也. '靷', 以皮二條, 前係驂馬之頸, 後係陰板之上也. '鋈續', 陰板之上有續靷之處, 消白金, 沃灌其環, 以爲飾也. 蓋車衡之長, 六尺六寸, 止容二服, 驂馬之頸, 不當於衡. 故別爲二靷以引車, 亦謂之'靳'. 『左傳』曰 : "兩靷將絶", 是也. '文茵', 車中所坐虎皮褥也. '暢', 長也. '轂'者, 車輪之中, 外持輻內受軸者也. 大車之轂, 一尺有半, 兵車之轂, 長三尺二寸, 故兵

---

410) 주자(朱子) 찬, 『시경집전(詩經集傳)』 및 호광(胡廣) 등 찬, 『시전대전(詩傳大全)』의 소주 내용을 수용한 것이다. 『광운(廣韻)』에는 본음이 "渠之切.(거와 지의 반절이다.)"이고 평성(平聲)이라고 하였다. 기(其)도 또한 『광운(廣韻)』에서 "渠之切.(거와 지의 반절이다.)"이고 평성(平聲)이라고 하였다.

411) 주자(朱子) 찬, 『시경집전(詩經集傳)』의 소주와 달리 호광(胡廣) 등 찬, 『시전대전(詩傳大全)』의 소주에는 "之樹反, 又之錄反.(지와 수의 반절이고, 또 지와 록의 반절이다.)"으로 되어 있다. 『광운(廣韻)』에는 본음이 "之戍切.(지와 수의 반절이다.)"이고 거성(去聲)이라고 하였다. 주(注)도 또한 『광운(廣韻)』에서 "之戍切.(지와 수의 반절이다.)"이고 거성(去聲)이라고 하였다.

412) 주자(朱子) 찬, 『시경집전(詩經集傳)』과 호광(胡廣) 등 찬, 『시전대전(詩傳大全)』 및 내각본에는 모두 '游' 자로 표기되어 있다.

車曰'暢轂'. '騏', 騏文也. 馬左足白曰'踦'. '君子', 婦人目其夫也. '溫其如玉', 美之之辭也. '板屋'者, 西戎之俗, 以板爲屋. '心曲', 心中委曲之處也. ○'西戎'者, 秦之臣子所與不共戴天之讎也. 襄公上承天子之命, 率其國人, 往而征之, 故其從役者之家人, 先誇車甲之盛如此, 而後及其私情, 蓋以義興師, 則雖婦人, 亦知勇於赴敵而無所怨矣.

부(賦)이다. '소융(小戎)'은 군용수레이다. '천(俴)'은 얕음이다. '수(收)'는 수레의 뒤턱나무이니, 수레 앞뒤의 양끝에 놓인 횡목을 이르니, 수레에 실은 것을 거두어들이는 것이다. 무릇 수레의 제도는 넓이가 모두 여섯 자 여섯 치인데, 평평한 땅에서 짐을 싣는 것을 대거(大車)라고 하니 곧 수레 깊이가 여덟 자이며, 군용수레는 수레 깊이가 넉 자 네 치이기 때문에 '소융천수(小戎俴收)'라고 하였다. '오(五)'는 다섯 군데를 감아 묶은 것이다. '목(楘)'은 또록또록 드러난 무늬의 모양이다. '양주(梁輈)'는 앞턱나무로부터 앞으로 조금씩 굽어서 올라가 가로대에 이르면 아래로 향해 갈고리를 걸어서 끌채 아래에 가로대를 누이니, 끌채 모양이 높다랗게 위가 굽은 것이 마치 지붕의 들보와 같고, 또 가죽으로 다섯 군데를 감아 묶어서 그 무늬가 또록또록 드러난 것이다. '유환(遊環)'은 가슴걸이 끈에 달린 고리이다. 가죽으로 고리를 만들어 두 복마의 등 위에 다다르게 하고 노닐듯이 앞뒤로 이동하여 정해진 자리가 없으며, 두 참마의 바깥 고삐를 당김에 그 가운데를 꿰어 잡아서 참마를 제어하여 밖으로 나가지 않도록 하는 것이다.『좌전(左傳)』에서 "참마에 가슴걸이 끈이 있는 것과 같다."고 한 것이 이것이다. '협구(脅驅)'는 또한 가죽으로 만드는데 앞은 가로대의 양 끝에 매고, 뒤는 뒤턱나무의 양 끝에 매어서 복마의 옆구리 밖에 다다르게 하여 참마를 몸에 안으로 들어오지 않도록 하는 것이다. '음(陰)'은 가려진 앞턱나무이니, 범(軓)은 식(軾) 앞에 있으나 판자를 가로놓아 가려서 은은하게 비치기 때문에 음(陰)이라고 이른 것이다. '인(靷)'은 가죽 두 가닥으로써 앞은 두 참마의 목에 매고, 뒤는 가려진 판자 위에 매는 것이다. '옥속(鋈續)'은 가려진 판자 위에 가슴걸이를 이은 곳이 있는데, 백금을 녹여 그 고리에 부어서 장식을 한 것이다. 대개 수레 가로대의 길이가 여섯 자 여섯 치라서 다만 두 복마만 용납하여 참마의 목은 가로대에 다다르지 못한다. 그러므로 따로 두 개의 가슴걸이 끈을 만들어 수레를 끌게 하며, 또한 '근(靳)'이라고 이른다.『좌전(左傳)』에서 "두 개의 가슴걸이 끈이 장차 끊어지려고 한다."고 한 것이 이것이다. '문인(文茵)'은 수레 안에서 깔고 앉는 호랑이 털가죽 요이다. '창(暢)'은 긴 것이다. '곡(轂)'은 수레바퀴의 가운데이니, 밖으로 바퀴살을 지탱하고 안으로 굴대를 받아들이는 것이다. 큰 수레의 바퀴통은 한 자 반이고, 군용수레의 바퀴통은 석 자 두 치이기 때문에 군용수레를 '창곡(暢轂)'이라고 하였다. '기(騏)'는 검푸른 얼룩무늬이다. 말의 왼쪽 발이 흰 것을 '주(馵)'라고 한다. '군자(君子)'는 부인이 그 남편을 가리켜 말한 것이다. '온기여옥(溫其如玉)'은 그를 아름답게 여긴 말이다. '판옥(板屋)'은 서융(西戎)의 풍속에 판자로써 집을 짓는 것이다. '심곡(心曲)'은 마음속의 구불구불 깊은 곳이다. ○ 서융(西戎)이라는 것은 진(秦)나라의 신하들이 더불어 하늘 함께 받들 수 없는 원수이다. 양공(襄公)이 위로 천자의 명령을 받들어 그 나라사람들을 거느리고 가서 정벌하였기 때문에 그 정역(征役)에 종사한 이의 집안사람이 먼저 수레와 갑옷의 성함을 자랑함이 이와 같았고, 그런 뒤에 그 사사로운 감정에 미쳤으니, 도의(道義)로써 군사를 일으키면 비록 부인이라도 또한 적에게 달려듦을 용맹하게 해야 함을 알아서 원망하는 일이 없었던 것이다.

詳說

○ 董氏曰 : "「六月」言'元戎'413), 此天子之車也, 諸侯之戎車, 謂之小戎."414)

'병거야(兵車也)'에 대해, 동씨(董氏 : 董夢程)415)가 말하였다. "「유월(六月)」에서 '원융(元戎)'이라 말했는데 이는 천자(天子)의 수레이니, 제후의 융거(戎車)를 소융(小戎)이라고 말한 것이다."

○ 邊也.

'양단(兩端)'은 가장자리이다.

○ 猶言長也.

---

413) 「六月」言'元戎': 호광(胡廣) 등 찬, 『시전대전(詩傳大全)』 권10, 「소아(小雅)·동궁지십(彤弓之什)·유월(六月)」. 4장에서 "元戎十乘, 以先啟行.(큼직한 군용수레 열 수레로써 앞장서서 길을 열며 떠났도다.)"라고 하였는데, 그 주(註)에서 "'元, 大也. 戎, 戎車也, 軍之前鋒也. '啟, 開, '行, 道也, 猶言發程也.('원'은 큼이다. '융'은 융거이니, 군대의 선봉이다. '계'는 엶이고, '행'은 길이니, 발정이라 말함과 같다.)"고 하였다.
414) 호광(胡廣) 등 찬, 『시전대전(詩傳大全)』의 소주 내용에서 발췌한 것이다. 그 전문은 다음과 같다. "董氏曰 : 「六月」言元戎, 此天子之車也, 諸侯之戎車, 謂之小戎, 宜也.'(동씨가 말하였다. '「유월」에서 원융이라 말했는데 이는 천자(天子)의 수레이니, 제후의 융거를 소융이라고 말한 것은 마땅하다.')"
415) 동씨(董氏 : 董夢程): 동몽정은 남송의 학자로 자가 만리(萬里)이고, 호가 개헌(介軒)이며, 덕흥(德興) 해구촌(海口村) 사람이다. 이학가(理學家) 동수(董銖)의 아들로 남송 개희(開禧) 원년(1205)에 진사과에 급제하였다. 정주학(程朱學)을 근원으로 삼아서 육경(六經)이 천지(天地)이고 사서(四書)가 일월(日月)이라 하였으며, 주자(朱子)의 『사서집주(四書集註)』를 높이 받들었다. 저서로는 『시경통석(詩經通釋)』·『서경통석(書經通釋)』·『대이아통석(大爾雅通釋)』 등이 있다.

'진심(軫深)'의 경우, '장(長 : 길이)'이라고 말함과 같다.

○ 孔氏曰 : "兵車當輿之內, 前軫至後軫, 惟深四尺四寸. 人之升車, 自後登之, 入於車內, 故以淺深言之."416)

'고왈소융천수야(故曰小戎俴收也)'에 대해, 공씨(孔氏 : 孔穎達)가 말하였다. "군용수레는 마땅히 수레 안이 앞턱나무부터 뒤턱나무까지 오직 깊이가 넉 자 네 치이다. 사람이 수레에 오를 때에는 뒤로부터 올라야 수레 안에 들어가기 때문에 얕고 깊음으로써 말한 것이다."

○ 音祿, 下同.

'역록(歷錄)'의 경우, 음이 록(祿)이니, 아래도 같다.

○ 兩輈也.

'양주(梁輈)'의 경우, 양쪽의 끌채이다.

○ 上聲.417)

'초곡이상(稍曲而上)'에서 상(上)은 상성(上聲 : 오르다)이다.

○ 永嘉陳氏曰 : "以便馬之進退."418)

영가 진씨(永嘉陳氏 : 陳鵬飛)가 말하였다. "말의 나가고 물러남을 편하게 하는 것이다."

○ 一作'橫衡'.419)

'형횡(衡橫)'의 경우, 어떤 판본에는 '횡형(橫衡)'으로 썼다.

---

416) 호광(胡廣) 등 찬, 『시전대전(詩傳大全)』의 소주 내용을 수용한 것이다.
417) 상(上)은 그 뜻이 '위'일 경우에는 『광운(廣韻)』에서 "時亮切.(시와 량의 반절이다.)"이고 거성(去聲)이라 하였고, 그 뜻이 '오르다, 올리다'일 경우에는 『광운(廣韻)』에서 "時掌切.(시와 장의 반절이다.)"이고 상성(上聲)이라고 하였다.
418) 호광(胡廣) 등 찬, 『시전대전(詩傳大全)』의 소주 내용에서 발췌한 것이다. 그 전문은 다음과 같다. "永嘉陳氏曰 : '輈, 車輈也, 前駕於服馬之上, 衡之, 後則承前軫, 宜逼後軫, 梁輈則穹其上以便服. 馬之進退, 車之進退, 以輈爲主. 懼輈之不堅也, 故一輈五分其穹, 每分以皮束之使堅, 是謂之五楘.'(영가 진씨가 말하였다. '… 양주는 그 위로 올려서 복마를 편하게 하는 것이다. 말의 나가고 물러남과 수레의 나가고 물러남에 끌채로써 위주로 하는 것이다. ….')"
419) 주자(朱子) 찬, 『시경집전(詩經集傳)』에는 '衡橫'으로 되어 있고, 호광(胡廣) 등 찬, 『시전대전(詩傳大全)』 및 내각본에는 '橫衡'으로 되어 있다.

○ 故謂'梁輈'.
'여옥지량(如屋之梁)'에서 볼 때, 그러므로 '양주(梁輈)'라고 이른 것이다.

○ 永嘉陳氏曰 : "使堅."420)
'우이피혁오처속지(又以皮革五處束之)'에 대해, 영가 진씨(永嘉陳氏 : 陳鵬飛)가 말하였다. "견고하게 하고자 한 것이다."

○ 或前或却.
'유이전각(遊移前却)'의 경우, 혹은 앞으로 가거나 혹은 뒤로 물러나는 것이다.

○ 定九年.421)
'『좌전』(『左傳』)'은 정공(定公) 9년이다.

○ 一作'靳'.422)
'여참지유인(如驂之有靷)'에서 인(靷)은 어떤 판본에는 '근(靳)'으로 썼다.

○ 『左傳』注曰 : "驂, 隨靷也."423)
'시야(是也)'에 대해, 『좌전(左傳)』의 주(注)에 말하였다. "참마가 가슴걸이를 따르는 것이다."

○ 猶制也.
'소이구(所以驅)'의 경우, 제(制 : 제어하다)와 같다.

○ 服則限於衡, 故無事乎此二物.
'사부득내입야(使不得內入也)'의 경우, 복마는 가로대에 한정되기 때문에 이 두

---

420) 호광(胡廣) 등 찬, 『시전대전(詩傳大全)』의 소주 내용에서 발췌한 것이다. 그 전문은 다음과 같다. "永嘉陳氏曰 : '輈, 車轅也, 前駕於服馬之上, 衡之, 後則承前軫, 宜逼後軫, 梁輈則穹其上以便服. 馬之進退, 車之進退, 以輈爲主. 懼輈之不堅也, 故一輈五分其穹, 每分以皮束之使堅, 是謂之五楘.'(영가 진씨가 말하였다. '…… 부분마다 가죽으로 감아 묶어서 견고하게 하였으니, 이를 일러서 오목이라고 한 것이다.')"
421) 두씨(杜氏) 주·육덕명(陸德明) 음의·공영달(孔穎達) 소, 『춘추좌전주소(春秋左傳注疏)』 권55, 「정공(定公) 9년」. "注 : '靳, 車中馬也, … 如驂馬之隨靳也.'(주에서 '근은 수레 안의 복마이니, ….')"
422) 주자(朱子) 찬, 『시경집전(詩經集傳)』에는 '靳'으로 되어 있고, 호광(胡廣) 등 찬, 『시전대전(詩傳大全)』 및 내각본에는 '靷'으로 되어 있다.
423) 호광(胡廣) 등 찬, 『시전대전(詩傳大全)』의 소주 내용에서 발췌한 것이다. 그 전문은 다음과 같다. "『左傳』定公九年, 注言: '如驂馬之隨靳.' 釋文曰 : '靳者, 言無常處.'(『좌전』「정공 9년」에서, 주에 말하기를, '참마가 가슴걸이를 따르는 것과 같다.' ….)"

물건에 잘못될 일이 없는 것이다.

○ 音範.424)
'범(軓)'은 음이 범(範)이다.

○ 橫且傾.
'횡측(橫側)'의 경우, 가로지르고 또 기운 것이다.

○ 孔氏曰 : "作環相接."425)
'옥관기환(沃灌其環)'에 대해, 공씨(孔氏 : 孔穎達)가 말하였다. "고리를 만들어서 서로 접속한 것이다."

○ 亦使堅也.
'이위식야(以爲飾也)'의 경우, 또한 견고하게 한 것이다.

○ 與車廣同.
'육척육촌(六尺六寸)'은 수레의 넓이와 같다.

○ 襄十四年.
'『좌전』(『左傳』)'은 양공(襄公) 14년이다.

○ 所引『左傳』二'靷'字, 各爲一物.
'시야(是也)'에서 볼 때, 『좌전(左傳)』에서 인용한 두 개의 '인(靷)'자는 각각 하나의 물건이 된다.

○ 中孔者.
'거륜지중(車輪之中)'의 경우, 가운데에 구멍이 있는 것이다.

---

424) 호광(胡廣) 등 찬, 『시전대전(詩傳大全)』의 소주 내용을 수용한 것이다. 『광운(廣韻)』에는 "防錽切.(방과 맘의 반절이다.)"이고 상성(上聲)이라고 하였다. 범(範)도 또한 『광운(廣韻)』에서 "防錽切.(방과 맘의 반절이다.)"이고 상성(上聲)이라고 하였다. 맘(錽)은 『강희자전(康熙字典)』에 의하면, "『唐韻』・『集韻』, 丛亡范切.(『당운』・『집운』에는 아울러 무과 범의 반절이다.)"라고 하였다.
425) 호광(胡廣) 등 찬, 『시전대전(詩傳大全)』의 소주 내용에서 발췌한 것이다. 그 전문은 다음과 같다. "孔氏曰 : '鋈, 沃也, 謂消白金以沃灌靷環. 鋈續, 則是作環相接.'(공씨가 말하였다. '… 옥속은 곧 고리를 만들어서 서로 접속한 것이다.')"

○ 欲其堅也.
'장삼척이촌(長三尺二寸)'의 경우, 견고하게 하려는 것이다.

○ 孔氏曰 : "色之靑黑者, 爲綦, 馬名爲騏, 知其色作綦文."426)
'기문야(騏文也)'에 대해, 공씨(孔氏 : 孔穎達)가 말하였다. "색이 푸르고 검은 것이 기(綦)가 되니, 말 이름을 기(騏)라고 하면 그 색이 검푸른 무늬가 됨을 아는 것이다."

○ 按, 騏, 綦通, 故謂綦文, 爲騏文.
내가 살펴보건대, 기(騏)는 기(綦)와 통하기 때문에 기문(綦文)을 일러서 기문(騏文)이라고 하는 것이다.

○ 美其德.
'미지미사야(美之之辭也)'의 경우, 그 덕을 아름답게 여긴 것이다.

○ 深處.
'심중위곡지처야(心中委曲之處也)'는 깊은 곳이다.

○ 見『禮記』「曲禮」.427)
'진지신자소여불공대천지수야(秦之臣子所與不共戴天之讎也)'의 내용이 『예기(禮記)』「곡례(曲禮)」에 보인다.

○ 並照篇題.
'왕이정지(往而征之)'의 경우, 아울러 편제(篇題 : 小戎)를 참조한 것이다.

○ 慶源輔氏曰 : "必卿大夫爲將帥者之妻也, 蓋君子如玉, 厭厭秩秩, 皆非士卒所能當也."428)

---

426) 호광(胡廣) 등 찬, 『시전대전(詩傳大全)』의 소주 내용을 수용한 것이다.
427) 호광(胡廣) 등 찬, 『예기대전(禮記大全)』 권1, 「곡례상(曲禮上)」. "父之讎, 弗與共戴天; 兄弟之讎, 不反兵; 交遊之讎, 不同國.(아버지의 원수는 더불어 하늘을 함께 일 수 없으며, ….)"
428) 호광(胡廣) 등 찬, 『시전대전(詩傳大全)』의 소주 내용에서 발췌한 것이다. 그 전문은 다음과 같다. "慶源輔氏曰 : '一章主言車, 二章主言馬, 三章主言兵器. 所謂婦人, 必其卿大夫爲將帥之妻也, 蓋君子良人, 溫其如玉, 厭厭秩秩, 皆非士卒所能當也. 極其憂思, 情也; 無所怨刺, 義也, 二者竝行而不相悖. 此詩所謂版屋者, 可見是伐西戎時事. 故先生於序下, 雖以爲時世無所據而未可知, 然於詩之首章下, 復以襄公爲說也.'(경원 보

'고기종역자지가인(故其從役者之家人)'에 대해, 경원 보씨(慶源輔氏 : 輔廣)가 말하였다. "반드시 경대부로서 장수가 된 이의 아내일 것이니, 대개 군자는 옥과 같이 편안하고 차분하며 점잖고 단정하여 모두 사졸(士卒)들이 감당할 수 있는 것이 아니다."

○ 安成劉氏曰 : "每章前六句, 誇車甲; 後四句, 私情也."429)
'이후급기사정(而後及其私情)'에 대해, 안성 유씨(安成劉氏 : 劉瑾)가 말하였다. "장(章)마다 앞의 여섯 구는 수레와 갑옷을 자랑하였고, 뒤의 네 구는 사사로운 감정이다."

○ '蓋'以下論也.
'역지용어부적이무소원의(亦知勇於赴敵而無所怨矣)'에서 볼 때, '개(蓋)' 이하는 논변한 것이다.

○ 秦之興, 在此舉, 故詩之詞意, 亦有方興之象云.
진(秦)나라가 흥성함이 이 거사(舉事)에 달렸기 때문에 시(詩)의 글 뜻에 또한 바야흐로 흥성한 모양이 있는 것이다.

[1-11-3-2]

○四牡孔阜, 六轡在手. 騏駵是中, 騧驪是驂, 龍盾之合, 鋈以觼軜. 言念君子, 溫其在邑. 方何爲期. 胡然我念之.

네 마리의 수말이 매우 커다라니 여섯 줄의 고삐가 손 안에 있도다.
얼룩말과 월따말이 바로 복마이고 공골말과 가라말이 바로 참마이니
용 그림의 방패를 합쳐서 세워놓고 은빛 칠한 쇠고리의 안쪽 고삐로다.
우리 군자를 떠올려 생각하노라면 온화한 모습 오랑캐 고을에 있도다.
장차 언제쯤 돌아올 기약을 하리오. 어찌하여 지극히 염려하게 하는가.

씨가 말하였다. '… 반드시 경대부로서 장수가 된 이의 아내일 것이니, 대개 군자와 양인은 온화함이 그 옥과 같아서 편안하고 차분하며 차근차근 착실하여 모두 사졸들이 감당할 수 있는 것이 아니다. ….')"
429) 호광(胡廣) 등 찬. 『시전대전(詩傳大全)』의 소주 내용에서 발췌한 것이다. 그 전문은 다음과 같다. "安成 劉氏曰 : '每章前六句, 誇車甲也; 後四句, 私情也.'(안성 유씨가 말하였다. '장마다 앞의 여섯 구는 수레와 갑옷을 자랑한 것이고, 뒤의 네 구는 사사로운 감정이다.')"

詳說

○ 音留.430)

  '류(騮)'는 음이 류(留)이다.

○ 叶, 諸仍反.431)

  '중(中)'은 협운(協韻)이니, 저(諸)와 잉(仍)의 반절이다.

○ 音瓜.432)

  '과(騧)'는 음이 과(瓜)이다.

○ 叶, 疏簪反.433)

  '참(驂)'은 협운(協韻)이니, 소(疏)와 참(簪)의 반절이다.

○ 順允反.434)

  '순(盾)'은 순(順)과 윤(允)의 반절이다.

○ 古穴反.435)

  '결(觼)'은 고(古)와 혈(穴)의 반절이다.

---

430) 주자(朱子) 찬, 『시경집전(詩經集傳)』 및 호광(胡廣) 등 찬, 『시전대전(詩傳大全)』의 소주 내용을 수용한 것이다. 『강희자전(康熙字典)』에 의하면 『廣韻』・『集韻』・『韻會』・『正韻』, 㭗力求切, 音劉. 『玉篇』, 赤馬黑鬣.(『광운』・『집운』・『운회』・『정운』에는 아울러 력과 구의 반절이니, 음이 류이다. 『옥편』에는 붉은 말에 검은 갈기이다.)"라고 하였다. 류(留)도 또한 『광운(廣韻)』에서 "力求切.(력과 구의 반절이다.)"이고 평성(平聲)이라고 하였다.
431) 주자(朱子) 찬, 『시경집전(詩經集傳)』 및 호광(胡廣) 등 찬, 『시전대전(詩傳大全)』의 소주 내용을 수용한 것이다. 『광운(廣韻)』에는 본음이 "陟弓切.(척과 궁의 반절이다.)"이고 평성(平聲)이라고 하였다.
432) 주자(朱子) 찬, 『시경집전(詩經集傳)』의 소주와 달리 호광(胡廣) 등 찬, 『시전대전(詩傳大全)』의 소주에는 "古花反.(고와 화의 반절이다.)"으로 되어 있다. 『광운(廣韻)』에는 본음이 "古華切.(고와 화의 반절이다.)"이고 평성(平聲)이라고 하였다. 과(騧)도 또한 『광운(廣韻)』에서 "古華切.(고와 화의 반절이다.)"이고 평성(平聲)이라고 하였다.
433) 주자(朱子) 찬, 『시경집전(詩經集傳)』 및 호광(胡廣) 등 찬, 『시전대전(詩傳大全)』의 소주 내용을 수용한 것이다. 『광운(廣韻)』에는 본음이 "倉含切.(창과 함의 반절이다.)"이고 평성(平聲)이라고 하였다.
434) 호광(胡廣) 등 찬, 『시전대전(詩傳大全)』의 소주 내용을 수용한 것이다. 주자(朱子) 찬, 『시경집전(詩經集傳)』에는 소주가 없다. 『광운(廣韻)』에는 본음이 "徒損切.(도와 손의 반절이다.)"이고 상성(上聲)이라고 하였다.
435) 호광(胡廣) 등 찬, 『시전대전(詩傳大全)』의 소주 내용을 수용한 것이다. 주자(朱子) 찬, 『시경집전(詩經集傳)』의 소주에는 "音厥.(음이 궐이다.)"로 되어 있다. 『광운(廣韻)』에도 본음이 "古穴切.(고와 혈의 반절이다.)"이고 입성(入聲)이라고 하였다.

○ 音納.436)

'납(軜)'은 음이 납(納)이다.

○ 叶, 於合反.437)

'읍(邑)'은 협운(協韻)이니, 어(於)와 합(合)의 반절이다.

朱註

賦也. 赤馬黑鬣曰'騮'. '中', 兩服馬也. 黃馬黑喙曰'騧'. '驪', 黑色也. '盾', 干也, 畵龍於盾, 合而載之, 以爲車上之衛, 必載二者, 備破毁也. '觼', 環之有舌者. '軜', 驂內轡也, 置觼於軾前以係軜, 故謂之'觼軜', 亦消沃白金以爲飾也. '邑', 西鄙之邑也. '方', 將也, 將以何時爲歸期乎. 何爲使我思念之極也.

부(賦)이다. 붉은 말이 검은 갈기인 것을 '류(騮)'라고 한다. '중(中)'은 두 복마(服馬)이다. 누런 말이 검은 주둥이인 것을 '과(騧)'라고 한다. '려(驪)'는 검은색이다. '순(盾)'은 방패이니, 방패에 용(龍)을 그리고 합쳐서 실어 수레 위의 호위함으로 삼으니, 반드시 두 개를 싣는 것은 파손을 대비함이다. '결(觼)'은 고리에 혀가 있는 것이다. '납(軜)'은 참마의 안쪽 고삐이니, 수레 앞턱나무 앞에 쇠고리를 설치하여 안쪽 고삐를 매어두기 때문에 '결납(觼軜)'이라고 이르며, 또한 백금(白金)을 녹여 부어서 장식을 하는 것이다. '읍(邑)'은 서쪽 변방의 고을이다. '방(方)'은 장차이니, 장차 언제 쯤 돌아올 기약을 할까. 어찌하여 나로 하여금 근심걱정을 지극히 하게 하는가라는 것이다.

詳說

○ 力輒反.

'렵(鬣)'은 력(力)과 첩(輒)의 반절이다.

○ 在兩驂之中, 故謂服爲中.

---

436) 주자(朱子) 찬, 『시경집전(詩經集傳)』 및 호광(胡廣) 등 찬, 『시전대전(詩傳大全)』의 소주 내용을 수용한 것이다. 『광운(廣韻)』에는 본음이 "奴答切.(노와 답의 반절이다.)"이고 입성(入聲)이라고 하였다. 납(軜)은 『광운(廣韻)』에서 "奴答切.(노와 답의 반절이다.)"이고 입성(入聲)이라고 하였다.
437) 주자(朱子) 찬, 『시경집전(詩經集傳)』 및 호광(胡廣) 등 찬, 『시전대전(詩傳大全)』의 소주 내용을 수용한 것이다. 『광운(廣韻)』에는 본음이 "於汲切.(어와 급의 반절이다.)"이고 입성(入聲)이라고 하였다.

'양복마(兩服馬也)'의 경우, 두 참마 가운데 있기 때문에 복마가 가운데가 된다고 이른 것이다.

○ 『諺』音誤.438)
'과(騧)'의 경우, 『언해(諺解)』의 음이 잘못되었다.

○ 孔氏曰: "以木爲之."439)
'간야(干也)'에 대해, 공씨(孔氏: 孔穎達)가 말하였다. "나무로 만드는 것이다."

○ 音話, 下同.
'화(畫)'는 음이 화(話)이니, 아래도 같다.

○ 一作'也'.
'환지유설자(環之有舌者)'에서 자(者)는 어떤 판본에는 '야(也)'로 썼다.

○ 添'使'字.
'하위사아사념지극야(何爲使我思念之極也)'의 경우, '사(使)'자를 더하였다.

[1-11-3-3]
○俴駟孔羣, 厹矛鋈錞. 蒙伐有苑, 虎韔鏤膺. 交韔二弓, 竹閉緄縢. 言念君子, 載寢載興. 厭厭良人, 秩秩德音.

얇은 철갑 네 말이 잘 어울리거늘 세모창에 창고달은 백금 칠했도다.
여러 방패에 깃털 무늬 선명하거늘 호피 활집에 금장식한 허리띠로다.
두 활을 활집에 서로 엇갈려 넣고 대나무 도지개를 끈으로 묶었도다.
우리 군자를 떠올려 생각하노라면 잠을 누워 자거나 깨서 일어나거나
편안하고 차분한 아주 좋은 사람은 차근차근 도리에 맞는 말만 하도다.

詳說

---

438) 『언해(諺解)』에 음이 '과'가 아니라 '와'로 되어 있음을 말하는 것이다.
439) 호광(胡廣) 등 찬, 『시전대전(詩傳大全)』의 소주 내용에서 발췌한 것이다. 그 전문은 다음과 같다. "孔氏曰: '盾, 以木爲之.'(공씨가 말하였다. '방패는 나무로 만드는 것이다.')"

○ 音求.440)

'구(냐)'는 음이 구(求)이다.

○ 音隊, 叶, 朱倫反.441)

'대(錞)'는 음이 대(隊)이고, 협운(協韻)이니, 주(朱)와 륜(倫)의 반절이다.

○ 叶, 音氲.442)

'원(苑)'은 협운(協韻)이니, 음이 온(氲)이다.

○ 音暢.443)

'창(韔)'은 음이 창(暢)이다.

○ 音漏.444)

'루(鏤)'는 음이 루(漏)이다.

○ 叶, 姑弘反.445)

'궁(弓)'은 협운(協韻)이니, 고(姑)와 홍(弘)의 반절이다.

○ 音袞.446)

---

440) 주자(朱子) 찬, 『시경집전(詩經集傳)』 및 호광(胡廣) 등 찬, 『시전대전(詩傳大全)』의 소주 내용을 수용한 것이다. 『광운(廣韻)』에는 본음이 "巨鳩切.(거와 구의 반절이다.)"이고 평성(平聲)이라고 하였다. 구(求)도 또한 『광운(廣韻)』에서 "巨鳩切.(거와 구의 반절이다.)"이고 평성(平聲)이라고 하였다.
441) 주자(朱子) 찬, 『시경집전(詩經集傳)』의 소주와 달리 호광(胡廣) 등 찬, 『시전대전(詩傳大全)』의 소주에는 "徒對反, 叶, 朱倫反.(도와 대의 반절이고, 협운이니, 주와 륜의 반절이다.)"으로 되어 있다. 『광운(廣韻)』에는 본음이 "徒猥切.(도와 외의 반절이다.)"이고 상성(上聲), 또는 "徒對切.(도와 대의 반절이다.)"이고 거성(去聲)이라고 하였다. 대(隊)도 또한 『광운(廣韻)』에서 "徒對切.(도와 대의 반절이다.)"이고 거성(去聲)이라고 하였다.
442) 주자(朱子) 찬, 『시경집전(詩經集傳)』 및 호광(胡廣) 등 찬, 『시전대전(詩傳大全)』의 소주 내용을 수용한 것이다. 『광운(廣韻)』에는 본음이 "於阮切.(어와 원의 반절이다.)"이고 상성(上聲)이라고 하였다. 여기서 '원(阮)'은 본음이 『광운(廣韻)』에서 "虞遠切.(우와 원의 반절이다.)"이고 상성(上聲)이라고 하였다.
443) 주자(朱子) 찬, 『시경집전(詩經集傳)』의 소주와 달리 호광(胡廣) 등 찬, 『시전대전(詩傳大全)』의 소주에는 "敕亮反.(칙과 량의 반절이다.)"으로 되어 있다. 『광운(廣韻)』에는 본음이 "丑亮切.(추와 량의 반절이다.)"이고 거성(去聲)이라고 하였다. 창(韔)도 또한 『광운(廣韻)』에서 "丑亮切.(추와 량의 반절이다.)"이고 거성(去聲)이라고 하였다.
444) 주자(朱子) 찬, 『시경집전(詩經集傳)』 및 호광(胡廣) 등 찬, 『시전대전(詩傳大全)』의 소주 내용을 수용한 것이다. 『광운(廣韻)』에는 본음이 "盧候切.(로와 후의 반절이다.)"이고 거성(去聲)이라고 하였다. 루(漏)도 또한 『광운(廣韻)』에서 "盧候切.(로와 후의 반절이다.)"이고 거성(去聲)이라고 하였다.
445) 주자(朱子) 찬, 『시경집전(詩經集傳)』 및 호광(胡廣) 등 찬, 『시전대전(詩傳大全)』의 소주 내용을 수용한 것이다. 『광운(廣韻)』에는 본음이 "居戎切.(거와 융의 반절이다.)"이고 평성(平聲)이라고 하였다.

'곤(緄)'은 음이 곤(袞)이다.

○ 音滕.447)
'등(滕)'은 음이 등(滕)이다.

○ 平聲.448)
'염염(厭厭)'은 평성(平聲 : 편안하다)이다.

○ 叶, 一陵反.449)
'음(音)'은 협운(協韻)이니, 일(一)과 릉(陵)의 반절이다.

朱註
賦也. '俴駟', 四馬皆以淺薄之金爲甲, 欲其輕而易於馬之旋習也. '孔', 甚, '羣', 和也. '厹矛', 三隅矛也. '鋈錞', 以白金沃矛之下端平底者也. '蒙', 雜也. '伐', 中干也, 盾之別名. '苑', 文貌, 畫雜羽之文於盾上也. '虎韔', 以虎皮爲弓室也. '鏤膺', 鏤金以飾馬當胷帶也. '交韔', 交二弓於韔中, 謂顚倒安置之. 必二弓, 以備壞也. '閉', 弓檠也, 『儀禮』作'柲450)'. '緄', 繩, '縢', 約也, 以竹爲閉, 而以繩約之於弛弓之裏, 檠弓體, 使正也. '載寢載興', 言思之深而起居不寧也. '厭厭', 安也. '秩秩', 有序也.

부(賦)이다. '천사(俴駟)'는 네 말에 모두 얄팍한 쇠로 갑옷을 삼은 것이니, 가볍게 하여 말이 돌면서 익힘에 용이하게 하고자 한 것이다. '공(孔)'은 심함이고, '군

---

446) 주자(朱子) 찬, 『시경집전(詩經集傳)』의 소주와 달리 호광(胡廣) 등 찬, 『시전대전(詩傳大全)』의 소주에는 "古本反(고와 본의 반절이다.)"으로 되어 있다. 『광운(廣韻)』에도 본음이 "古本切.(고와 본의 반절이다.)"이고 상성(上聲)이라고 하였다. 곤(袞)은 『강희자전(康熙字典)』에 의하면 "『唐韻』・『集韻』, 夶古本切, 音滾.(『당운』・『집운』에 아울러 고와 본의 반절이라고 하였으니, 음이 곤이다.)"이라고 하였다.
447) 주자(朱子) 찬, 『시경집전(詩經集傳)』 및 호광(胡廣) 등 찬, 『시전대전(詩傳大全)』의 소주 내용을 수용한 것이다. 『광운(廣韻)』에는 본음이 "徒登切.(도와 등의 반절이다.)"이고 평성(平聲)이라고 하였다. 등(滕)도 또한 『광운(廣韻)』에서 "徒登切.(도와 등의 반절이다.)"이고 평성(平聲)이라고 하였다.
448) 주자(朱子) 찬, 『시경집전(詩經集傳)』의 소주와 달리 호광(胡廣) 등 찬, 『시전대전(詩傳大全)』의 소주에는 "於鹽反.(어와 염의 반절이다.)"으로 되어 있다. 그 뜻이 '싫어하다'일 경우에는 『광운(廣韻)』에서 "於豔切.(어와 염의 반절이다.)"이고 거성(去聲)이라 하였고, 그 뜻이 '편안하다, 和悅하다'일 경우에는 『집운(集韻)』에서 "於鹽切.(어와 염의 반절이다.)"이고 평성(平聲)이라고 하였다.
449) 주자(朱子) 찬, 『시경집전(詩經集傳)』 및 호광(胡廣) 등 찬, 『시전대전(詩傳大全)』의 소주 내용을 수용한 것이다. 『광운(廣韻)』에는 본음이 "於金切.(어와 금의 반절이다.)"이고 평성(平聲)이라고 하였다.
450) 柲(糸+必): 주자(朱子) 찬, 『시경집전(詩經集傳)』과 호광(胡廣) 등 찬, 『시전대전(詩傳大全)』 및 내각본에 모두 '비(柲)'자로 표기되어 있고, 『의례(儀禮)』에 '柲'자로 표기되어 있는데, 글자모양이 '糸+必'로 되어 있어 무엇인지 알기 어렵다.

(羣)'은 조화로움이다. '구모(厹矛)'는 세모난 창이다. '옥대(鋈錞)'는 백금(白金)으로써 창의 아래쪽 끝의 평평한 바닥에 부은 것이다. '몽(蒙)'은 섞임이다. '벌(伐)'은 중간 방패이니, 순(盾)의 딴 이름이다. '원(苑)'은 무늬 모양이니, 여러 깃털 무늬를 방패 위에 그린 것이다. '호창(虎韔)'은 범 가죽으로 활집을 만든 것이다. '누응(鏤膺)'은 쇠에 아로새겨 말을 장식함에 말의 가슴띠에 다다른 것이다. '교창(交韔)'은 두 활을 활집 속에 엇갈리게 하는 것이니, 거꾸로 하여 잘 두는 것을 이른다. 반드시 두 활로써 하는 것은 파손됨을 방비함이다. '폐(閉)'는 활의 도지개이니, 『의례(儀禮)』에는 '비'로 썼다. '곤(緄)'은 줄이고, '등(縢)'은 노끈이니, 대나무로 도지개를 만들고 줄과 노끈으로써 풀어놓은 활의 안을 묶어서 활 몸통을 바로잡아 활을 바르게 하는 것이다. '재침재흥(載寢載興)'은 생각함이 깊어서 일상생활이 편안하지 못함을 말한 것이다. '염염(厭厭)'은 편안함이고, '질질(秩秩)'은 차례가 있는 것이다.

詳說

○ 去聲.

'욕기경이이(欲其輕而易)'에서 이(易)는 거성(去聲 : 쉽다)이다.

○ 孔氏曰 : "和調也."[451]

'화야(和也)'에 대해, 공씨(孔氏 : 孔穎達)가 말하였다. "조화로움이다."

○ 孔氏曰 : "刃有三角."[452]

'삼우모야(三隅矛也)'에 대해, 공씨(孔氏 : 孔穎達)가 말하였다. "칼날이 세모로 있는 것이다."

○ 孔氏曰 : "'錞', 矛之下端."[453]

---

[451] 호광(胡廣) 등 찬, 『시전대전(詩傳大全)』의 소주 내용에서 발췌한 것이다. 그 전문은 다음과 같다. "孔氏曰 : 全甲堅剛, 則茅其不和, 故美其能甚羣, 言和調也. 物不和則不得羣聚, 故以和爲羣也.'(공씨가 말하였다. '… 조화로움을 말한다. ….')"
[452] 호광(胡廣) 등 찬, 『시전대전(詩傳大全)』의 소주 내용에서 발췌한 것이다. 그 전문은 다음과 같다. "孔氏曰 : '厹矛刃有三角, 鋈白金飾其錞. 「曲禮」曰 : 進戈者前其鐏, 進戈戟者前其鐓. 是矛之下端者, 當有錞也. 銳底曰鐏, 平底曰鐓. 鐏, 存, 去聲.'(공씨가 말하였다. '구모는 칼날이 세모로 있는 것이니, ….')"
[453] 호광(胡廣) 등 찬, 『시전대전(詩傳大全)』의 소주 내용에서 발췌한 것이다. 그 전문은 다음과 같다. "孔氏曰 : '厹矛刃有三角, 鋈白金飾其錞. 「曲禮」曰 : 進戈者前其鐏, 進戈戟者前其鐓. 是矛之下端者, 當有錞也. 銳底曰鐏, 平底曰鐓. 鐏, 存, 去聲.'(공씨가 말하였다. '… 이 창의 아래쪽 끝에 마땅히 대가 있는 것이다. ….')"

'이백금옥모지하단평저자야(以白金沃矛之下端平底者也)'에 대해, 공씨(孔氏 : 孔穎達)가 말하였다. "'대(錞)'는 창의 아래쪽 끝이다."

○ 是大小之中, 抑上下之中.
'중간야(中干也)'의 경우, 이는 크고 작음의 중간이거나, 그렇지 않으면 위와 아래의 가운데이다.

○ 與盾之畫龍, 其事同.
'화잡우지문어순상야(畫雜羽之文於盾上也)'에서 볼 때, 방패에 용(龍)을 그리는 것과 그 일이 같다.

○ 與合盾, 其事同.
'이비괴야(以備壞也)'의 경우, 방패를 합치는 것과 그 일이 같다.

○ 音景.454)
'경(檠)'은 음이 경(景)이다.

○ 廬陵李氏曰 : "狀如弓."455)
'궁경야(弓檠也)'에 대해, 여릉 이씨(廬陵李氏 : 李如圭)456)가 말하였다. "모양이 활과 같다."

○ 「旣夕」.457)
'『의례』(『儀禮』)'는 「기석(旣夕)」이다.

○ '閉'·'秘', 音近.
'작비(作柲)'의 경우, '폐(閉)'와 '비(秘? : 糸+必)'는 음이 가깝다.

---

454) 호광(胡廣) 등 찬, 『시전대전(詩傳大全)』의 소주 내용을 수용한 것이다.
455) 호광(胡廣) 등 찬, 『시전대전(詩傳大全)』의 소주 내용에서 발췌한 것이다. 그 전문은 다음과 같다. "廬陵李氏曰 : '柲, 狀如弓.'(여름 이씨가 말하였다. '활도지개는 모양이 활과 같다.')"
456) 여릉 이씨(廬陵李氏 : 李如圭): 이여규는 남송대 학자로, 자가 보지(寶之)이고, 여릉(廬陵) 사람이다. 소희(紹熙) 연간(1190-1194)에 진사과에 합격하여 복건무간(福建撫幹)을 지냈다. 예학(禮學)에 전력하여 저서로 『의례집석(儀禮集釋)』·『의례석궁(儀禮釋宮)』·『의례강목(儀禮綱目)』을 남겼다.
457) 정씨(鄭氏) 주·육덕명(陸德明) 음의·가공언(賈公彦) 소, 『의례주소(儀禮注疏)』권13, 「기석(旣夕)」. "有柲. 注: '柲, 弓檠, 弛則縛之於弓裏, 備損傷, 以竹爲之. 『詩』云: 竹柲緄縢. 古文, 柲, 作枈.'(비가 있다. 주에 '비는 활도지개이니, 느슨하게 하여 활 안을 묶어서 손상됨을 방지하며, 대나무로 만든다. ….')"

○ 音始.

'시(弛)'는 음이 시(始)이다.

[1-11-3-4]

「小戎」三章, 章十句.

「소융(小戎 : 군용수레)」은 세 장이니, 장마다 열 구이다.

詳說

○ 慶源輔氏曰 : "一章主言車, 二章主言馬, 三章主言兵器. 極其思, 情也; 無所怨, 義也, 二者並行而不相悖."458)

경원 보씨(慶源輔氏 : 輔廣)가 말하였다. "1장은 수레를 위주로 말하였고, 2장은 말을 위주로 말하였고, 3장은 병기(兵器)를 위주로 말하였다. 그 생각을 지극히 함은 정(情)이고, 원망하는 것이 없음은 의(義)이니, 두 가지가 나란히 가서 서로 어그러지지 않았다."

[1-11-4-1]

蒹葭蒼蒼, 白露爲霜. 所謂伊人, 在水一方. 遡洄從之, 道阻且長; 遡游從之, 宛在水中央.

갈대들이 푸릇푸릇하거늘 흰 이슬이 서리가 되었도다.
세상에서 말하는 그 사람이 저 강물의 한쪽에 있도다.
물을 거슬러서 좇으려 하나 길이 막히고 또 멀찍하며
물을 따라서 좇으려 하나 우두커니 물 가운데 있도다.

詳說

○ 音蒹.459)

---

458) 호광(胡廣) 등 찬, 『시전대전(詩傳大全)』의 소주 내용에서 발췌한 것이다. 그 전문은 다음과 같다. "慶源輔氏曰 : '一章主言車, 二章主言馬, 三章主言兵器. 所謂婦人, 必其卿大夫爲將帥之妻也, 蓋君子良人, 溫其如玉, 厭厭秩秩, 皆非士卒所能當也. 極其憂思, 情也; 無所怨刺, 義也, 二者竝行而不相悖. 此詩所謂版屋者, 可見是伐西戎時事. 故先生於序下, 雖以爲時世無所據而未可知, 然於詩之首章下, 復以襄公爲說也.'(경원 보씨가 말하였다. '1장은 수레를 위주로 말하였고, 2장은 말을 위주로 말하였고, 3장은 병기(兵器)를 위주로 말하였다. … 그 근심과 생각을 지극히 함은 정이고, 원망과 풍자하는 것이 없음은 의이니, 두 가지가 나란히 가서 서로 어그러지지 않았다. ….')"

'겸(蒹)'은 음이 겸(兼)이다.

○ 音加.460)
'가(葭)'는 음이 가(加)이다.

○ 音素.461)
'소(遡)'는 음이 소(素)이다.

○ 音回.462)
'회(洄)'는 음이 회(回)이다.

朱註

賦也. '蒹', 似萑而細, 高數尺, 又謂之'薕'. '葭', 蘆也. 蒹葭未敗, 而露始爲霜, 秋水時至, 百川灌河之時也. '伊人', 猶言彼人也. '一方', 彼一方也. '遡洄', 逆流而上也. '遡游', 順流而下也. '宛然', 坐見貌. 在水之中央, 言近而不可至也. ○言: "秋水方盛之時, 所謂彼人者, 乃在水之一方, 上下求之而皆不可得." 然不知其何所指也.

부(賦)이다. '겸(蒹)'은 환(萑)을 닮았는데 가늘고, 높이가 두서너 자이며, 또 '렴(薕)'이라고 이른다. '가(葭)'는 로(蘆)이다. 갈대들이 아직 시들지 않았는데 이슬이 비로소 서리가 되었으니, 가을 물이 때에 맞게 이르러 모든 시내가 하수(河水)로 흘러들어가는 때이다. '이인(伊人)'은 피인(彼人)이라고 말함과 같다. '일방(一方)'은

---

459) 주자(朱子) 찬, 『시경집전(詩經集傳)』의 소주와 달리 호광(胡廣) 등 찬, 『시전대전(詩傳大全)』의 소주에는 "古恬反.(고와 념의 반절이다.)"으로 되어 있다. 『광운(廣韻)』에는 본음이 "古甜切.(고와 첨의 반절이다.)"이고 평성(平聲)이라고 하였다. 겸(蒹)도 또한 『광운(廣韻)』에서 "古甜切.(고와 첨의 반절이다.)"이고 평성(平聲)이라고 하였다.
460) 주자(朱子) 찬, 『시경집전(詩經集傳)』 및 호광(胡廣) 등 찬, 『시전대전(詩傳大全)』의 소주 내용을 수용한 것이다. 『광운(廣韻)』에는 본음이 "古牙切.(고와 아의 반절이다.)"이고 평성(平聲)이라고 하였다. 가(加)도 또한 『광운(廣韻)』에서 "古牙切.(고와 아의 반절이다.)"이고 평성(平聲)이라고 하였다.
461) 주자(朱子) 찬, 『시경집전(詩經集傳)』의 소주와 달리 호광(胡廣) 등 찬, 『시전대전(詩傳大全)』의 소주에는 "所路反.(소와 로의 반절이다.)"으로 되어 있다. 『강희자전(康熙字典)』에 의하면 "『廣韻』, 桑故切; 『集韻』・『韻會』・『正韻』, 蘇故切, 丛音素. 『說文』, 同泝.(『광운』에는 상과 고의 반절이라 하였고, 『집운』・『운회』・『정운』에는 소와 고의 반절이라 하였으니, 아울러 음이 소이다. 『설문』에는 거슬러 올라갈 소와 같다고 하였다.)"라고 하였다. 소(素)도 또한 『광운(廣韻)』에서 "桑故切.(상과 고의 반절이다.)"이고 거성(去聲)이라고 하였다.
462) 주자(朱子) 찬, 『시경집전(詩經集傳)』 및 호광(胡廣) 등 찬, 『시전대전(詩傳大全)』의 소주 내용을 수용한 것이다. 『광운(廣韻)』에는 본음이 "戶恢切.(호와 회의 반절이다.)"이고 평성(平聲)이라고 하였다. 회(回)도 또한 『광운(廣韻)』에서 "戶恢切.(호와 회의 반절이다.)"이고 평성(平聲)이라고 하였다.

저기 한쪽이다. '소회(遡洄)'는 물이 거슬러 올라가는 것이다. '소유(遡游)'는 물이 아래로 흘러 내려가는 것이다. '완연(宛然)'은 앉아서 보는 모양이다. 물의 중앙에 있다는 것은 가까워도 이를 수 없음을 말하는 것이다. ○말하기를 "가을 물이 바야흐로 그득할 때 이른바 저 사람이라는 이가 이에 물의 한쪽에 있어서 올라가도 내려가도 모두 만날 수 없었다."고 한 것이다. 그러나 그 무엇을 가리킨 것인지 모르겠다.

詳說

○ 音丸.463)

'환(萑)'은 음이 환(丸)이다.

○ 音廉.464)

'렴(薕)'은 음이 렴(廉)이다.

○ 見『莊子』「秋水篇」.465)

'백천관하지시야(百川灌河之時也)'의 내용이 『장자(莊子)』「추수편(秋水篇)」에 보인다.

○ 上聲, 下同.

'역류이상(逆流而上)'에서 상(上)은 상성(上聲 : 올라가다)이니, 아래도 같다.

○ 去聲, 下同.

'순류이하(順流而下)'에서 하(下)는 거성(去聲 : 내려가다)이니, 아래도 같다.

○ 可望而不可親.

'언근이불가지야(言近而不可至也)'의 경우, 바라볼 수 있으나 가까이할 수 없는 것이다.

---

463) 호광(胡廣) 등 찬, 『시전대전(詩傳大全)』의 소주 내용을 수용한 것이다.
464) 호광(胡廣) 등 찬, 『시전대전(詩傳大全)』의 소주 내용을 수용한 것이다.
465) 『장자주(莊子注)』권6. 곽상(郭象) 주, 「추수(秋水)」. "秋水時至, 百川灌河, 涇流之大. 兩涘渚崖之間, 不辨牛馬.(가을 물이 때에 맞게 이르러 모든 시내가 하수로 흘러들어가니 물줄기가 크다. 두 물가와 모래섬 기슭 사이에 소와 말을 분별할 수 없다.)" 그 주(注)에 "言其廣也.(그 광대함을 말한 것이다.)"라고 하였다.

○ 釋首二句.
　'추수방성지시(秋水方盛之時)'에서 볼 때, 머리의 두 구를 해석한 것이다.

○ 總下'湄'·'涘'.
　'내재수지일방(乃在水之一方)'의 경우, 아래의 '미(湄)'와 '사(涘)'를 총괄한 것이다.'

○ 豈求賢之詩歟.
　'연부지기하소지야(然不知其何所指也)'에서 볼 때, 어찌 현량(賢良)한 사람을 구하는 시이겠는가.

[1-11-4-2]

○蒹葭凄凄, 白露未晞. 所謂伊人, 在水之湄. 遡洄從之, 道阻且躋; 遡游從之, 宛在水中坻.

갈대들이 파릇파릇하거늘 흰 이슬이 마르지 않았도다.
세상에서 말하는 그 사람이 저 강물의 물가에 있도다.
물을 거슬러서 좇으려 하나 길이 막히고 또 높다라며
물을 따라서 좇으려 하나 우두커니 모래섬에 있도다.

詳說

○ 音遲.466)
　'지(坻)'는 음이 지(遲)이다.

朱註

賦也. '凄凄', 猶蒼蒼也. '晞', 乾也. '湄', 水草之交也. '躋', 升也, 言難至也. 水渚曰'坻'.
부(賦)이다. '처처(凄凄)'는 창창(蒼蒼)과 같다. '희(晞)'는 마름이다. '미(湄)'는 물과

---

466) 주자(朱子) 찬, 『시경집전(詩經集傳)』의 소주와 달리 호광(胡廣) 등 찬, 『시전대전(詩傳大全)』의 소주에는 "直尸反.(직과 시의 반절이다.)"으로 되어 있다. 『광운(廣韻)』에는 본음이 "直尼切.(직과 니의 반절이다.)"이고 평성(平聲)이라고 하였다. 지(遲)도 또한 『광운(廣韻)』에서 "直尼切.(직과 니의 반절이다.)"이고 평성(平聲)이라고 하였다.

풀이 엇갈려있는 곳이다. '제(躋)'는 오름이니, 이르기 어려움을 말한다. 물 가운데 모래섬을 '지(坻)'라고 한다.

詳說

○ 音干.
'간(乾)'은 음이 간(干)이다.

○ 水與草之際.
'수초지교야(水草之交也)'의 경우, 물과 풀의 사이이다.

○ 鄭氏曰 : "如升阪."467)
'언난지야(言難至也)'에 대해, 정씨(鄭氏 : 鄭玄)가 말하였다. "비탈을 오르는 것과 같다."

○ 坊本作'小'.468)
'수(水)'는 방본(坊本)에는 '소(小)'로 썼다.

○ 水中之地.
'수저왈지(水渚曰坻)'의 경우, 물 가운데의 땅이다.

[1-11-4-3]

○蒹葭采采, 白露未已. 所謂伊人, 在水之涘. 遡洄從之, 道阻且右; 遡游從之, 宛在水中沚.

갈대들이 그득그득하거늘 흰 이슬이 그치지 않았도다.
세상에서 말하는 그 사람이 저 강물의 물가에 있도다.
물을 거슬러서 좇으려 하나 길이 막히고 또 빗나가며

---

467) 정씨(鄭氏) 전 · 육덕명(陸德明) 음의 · 공영달(孔穎達) 소, 『모시주소(毛詩注疏)』 권11, 「국풍(國風) · 진(秦) · 겸가(蒹葭)」. "『箋』云 : '升者, 言其難至. 如升阪.'(『전』에 이르기를, '승이라는 것은 그 이르기 어려움을 말한 것이니, 비탈을 오르는 것과 같다.'고 하였다.)"
468) 주자(朱子) 찬, 『시경집전(詩經集傳)』과 호광(胡廣) 등 찬, 『시전대전(詩傳大全)』 및 내각본에는 모두 '小'로 표기되어 있다. 이는 모두 모장(毛萇)의 주석을 수용한 것이다. 정씨(鄭氏) 전 · 육덕명(陸德明) 음의 · 공영달(孔穎達) 소, 『모시주소(毛詩注疏)』 권11, 「국풍(國風) · 진(秦) · 겸가(蒹葭)」. "『傳』. '坻, 小渚也.'"

물을 따라서 좇으려 하나 우두커니 작은 섬에 있도다.

詳說

○ 叶, 此禮反.469)
'채채(采采)'는 협운(協韻)이니, 차(此)와 례(禮)의 반절이다.

○ 叶, 以·始二音.470)
'사(涘)'는 협운(協韻)이니, 이(以)와 시(始)의 두 가지 음이다.

○ 叶, 羽軌反.471)
'우(右)'는 협운(協韻)이니, 우(羽)와 궤(軌)의 반절이다.

朱註

賦也. '采采', 言其盛而可采也. '已', 止也. '右', 不相直而出其右也. 小渚曰 '沚'.
부(賦)이다. '채채(采采)'는 그 무성하여 캘 만함을 말한다. '이(已)'는 그침이다. '우(右)'는 서로 만나지 못하고 오른쪽으로 빗나간 것이다. 작은 모래섬을 '지(沚)'라고 한다.

詳說

○ 値通.
'직(直)'은 치(値)와 통한다.

○ 相出其右.
'불상직이출기우야(不相直而出其右也)'의 경우, 서로 그 오른쪽으로 나가는 것이다.

---

469) 주자(朱子) 찬. 『시경집전(詩經集傳)』 및 호광(胡廣) 등 찬. 『시전대전(詩傳大全)』의 소주 내용을 수용한 것이다. 『광운(廣韻)』에는 본음이 "倉宰切.(창과 재의 반절이다.)"이고 상성(上聲)이라고 하였다.
470) 주자(朱子) 찬. 『시경집전(詩經集傳)』 및 호광(胡廣) 등 찬. 『시전대전(詩傳大全)』의 소주 내용을 수용한 것이다. 『광운(廣韻)』에는 본음이 "床史切.(상과 사의 반절이다.)"이고 상성(上聲)이라고 하였다.
471) 주자(朱子) 찬. 『시경집전(詩經集傳)』 및 호광(胡廣) 등 찬. 『시전대전(詩傳大全)』의 소주 내용을 수용한 것이다. 『광운(廣韻)』에는 본음이 "于救切.(우와 구의 반절이다.)"이고 거성(去聲)이라고 하였다.

[1-11-4-4]

「蒹葭」三章, 章八句.

「겸가(蒹葭 : 갈대)」는 세 장이니, 장마다 여덟 구이다.

[1-11-5-1]

終南何有. 有條有梅. 君子至止, 錦衣狐裘. 顔如渥丹, 其君也哉.

종남산에 어떤 것이 있는가. 가래나무와 매화나무 있도다.
군자가 이 산에 이르렀는데 비단옷에 여우갖옷 입었도다.
얼굴이 붉고도 번지르르하니 그야말로 우리의 임금이도다.

詳說

○ 叶, 莫悲反.472)

'매(梅)는 협운(協韻)이니, 모(莫)와 비(悲)의 반절이다.

○ 叶, 渠之反.473)

'구(裘)'는 협운(協韻)이니, 거(渠)와 지(之)의 반절이다.

○ 音握.474)

'악(渥)'은 음이 악(握)이다.

○ 叶, 將黎反.475)

'재(哉)는 협운(協韻)이니, 장(將)과 려(黎)의 반절이다.

---

472) 주자(朱子) 찬, 『시경집전(詩經集傳)』 및 호광(胡廣) 등 찬, 『시전대전(詩傳大全)』의 소주 내용을 수용한 것이다 『광운(廣韻)』에는 본음이 "莫杯切.(모아 배이 반절이다.)"이고 평성(平聲)이라고 하였다.
473) 주자(朱子) 찬, 『시경집전(詩經集傳)』 및 호광(胡廣) 등 찬, 『시전대전(詩傳大全)』의 소주 내용을 수용한 것이다. 『광운(廣韻)』에는 본음이 "巨鳩切.(거와 구의 반절이다.)"이고 평성(平聲)이라고 하였다.
474) 주자(朱子) 찬, 『시경집전(詩經集傳)』의 소주와 달리 호광(胡廣) 등 찬, 『시전대전(詩傳大全)』의 소주에는 "於角反.(어와 각의 반절이다.)"으로 되어 있다. 『광운(廣韻)』에도 본음이 "於角切.(어와 각의 반절이다.)"이고 입성(入聲)이라고 하였다. 악(握)도 또한 『광운(廣韻)』에서 "於角切.(어와 각의 반절이다.)"이고 입성(入聲)이라고 하였다.
475) 주자(朱子) 찬, 『시경집전(詩經集傳)』 및 호광(胡廣) 등 찬, 『시전대전(詩傳大全)』의 소주 내용을 수용한 것이다. 『광운(廣韻)』에는 본음이 "祖才切.(조와 재의 반절이다.)"이고 평성(平聲)이라고 하였다.

朱註

興也. '終南', 山名, 在今京兆府南. '條', 山楸也, 皮葉白, 色亦白, 材理好, 宜爲車板. '君子', 指其君也. '至止', 至終南之下也. '錦衣狐裘', 諸侯之服也, 「玉藻」曰 : "君衣狐白裘, 錦衣以裼之." '渥', 漬也. '其君也哉', 言容貌衣服, 稱其爲君也. 此秦人美其君之辭, 亦「車鄰」・「駟驖」之意也.

흥(興)이다. '종남(終南)'은 산 이름이니, 지금의 경조부(京兆府) 남쪽에 있다. '조(條)'는 가래나무이니, 껍질과 잎이 희고 나무 색깔도 또한 희며, 목재와 나뭇결이 좋아서 수레의 판자를 만들기에 마땅하다. '군자(君子)'는 그 임금을 가리킨다. '지지(至止)'는 종남산의 아래에 이른 것이다. '금의호구(錦衣狐裘)'는 제후의 의복이니, 「옥조(玉藻)」에서 말하기를 "임금은 여우의 흰털 갖옷을 입으면 비단옷으로써 걸쳐 입는다."고 하였다. '악(渥)'은 담금이다. '기군야재(其君也哉)'는 용모와 의복이 그 임금에게 적합함을 말한다. 이는 진(秦)나라 사람이 그 임금을 아름답게 여긴 말이니, 또한 「거린(車鄰)」과 「사철(駟驖)」의 뜻이다.

詳說

○ 音秋.[476)]

   '추(楸)'는 음이 추(秋)이다.

○ 木色亦白.

   '색역백(色亦白)'의 경우, 나무색이 또한 흰 것이다.

○ 車底也, 或曰'陰板'.

   '의위거판(宜爲車板)'의 경우, 수레 바닥이니, 혹은 '음판(陰板)'이라고 한다.

○ 『禮記』.[477)]

   '「옥조」(「玉藻」)'는 『예기(禮記)』이다.

---

476) 호광(胡廣) 등 찬, 『시전대전(詩傳大全)』의 소주 내용을 수용한 것이다.
477) 정씨(鄭氏) 주・육덕명(陸德明) 음의・공영달(孔穎達) 소, 『예기주소(禮記注疏)』 권30, 「옥조(玉藻)」. "君衣狐白裘, 錦衣以裼之." 注: '君衣狐白毛之裘, 則以素錦爲衣覆之, 使可裼也. 袒而有衣曰裼, 必覆之者, 裘褻也.'(주에 '임금은 여우의 흰털 갖옷을 입으면 흰 비단으로 옷을 만들어 덮어서 웃옷으로 삼을 수 있게 하였다. 웃통을 벗은 데다 옷을 걸쳐 입는 것을 석이라 하니, 반드시 덮는 것은 갖옷이 더러워서이다.'라고 하였다.)

○ 去聲.478)
　‘의(衣)’는 거성(去聲 : 입다)이다.

○ 『諺』釋泥此文.
　‘금의이석지(錦衣以裼之)’에 대해, 『언해(諺解)』의 해석이 이 문장에서 막혔다.

○ 孔氏曰 : "素錦衣覆裘, 使可裼也."479)
　공씨(孔氏 : 孔穎達)가 말하였다. "흰 비단옷으로 갖옷을 덮어서 웃옷으로 삼을 수 있게 한 것이다."

○ 音恣.480)
　‘자(漬)’는 음이 자(恣)이다.

○ 鄭氏曰 : "渥丹, 赤而澤也."481)
　‘자야(漬也)’에 대해, 정씨(鄭氏 : 鄭玄)가 말하였다. "두텁게 적신 붉은빛이니, 붉으면서 윤택이 있는 것이다."

○ 去聲.
　‘칭(稱)’은 거성(去聲 : 적합하다, 어울리다)이다.

○ 創見命服而誇美之.
　‘역「거린」·「사철」지의야(亦「車鄰」·「駟驖」之意也)’의 경우, 비로소 명복(命服)을 보고서 자랑스럽고 아름답게 여긴 것이다.

---

478) 호광(胡廣) 등 찬, 『시전대전(詩傳大全)』의 소주 내용을 수용한 것이다.
479) 호광(胡廣) 등 찬, 『시전대전(詩傳大全)』의 소주 내용에서 발췌한 것이다. 그 전문은 다음과 같다. "孔氏曰 : 「玉藻」注云 : 君衣狐白毛之裘, 則以素錦爲衣覆之, 使可裼也.'(공씨기 말히였디. 「옥조」의 주에 이르기를 임금이 여우의 흰털 갖옷을 입으면 흰 비단옷으로 옷을 만들어 덮어서 웃옷으로 삼을 수 있게 하였다고 하였다.')"
480) 호광(胡廣) 등 찬, 『시전대전(詩傳大全)』의 소주에는 "疾賜反.(질과 사의 반절이다.)"으로 되어 있다.
481) 호광(胡廣) 등 찬, 『시전대전(詩傳大全)』의 소주 내용을 수용한 것이다. 그 원문 내용은 다음과 같다. 정씨(鄭氏) 전·육덕명(陸德明) 음의·공영달(孔穎達) 소, 『모시주소(毛詩注疏)』 권11, 「국풍(國風)·진(秦)·종남(終南)」. "'箋'云 : '渥, 厚漬也, 顔色如厚漬之丹, 言赤而澤也. 其君也哉, 儀貌尊嚴也.'('전'에 이르기를, '악은 두텁게 적심이니, 얼굴빛이 마치 두텁게 적신 붉은빛 같다 함은 붉으면서 윤택이 있음을 말한 것이다. ….'라고 하였다.)

○ 須溪劉氏曰：＂'其君也哉', 亦似始見, 猶寺人之令也.＂482)
　　수계 유씨(須溪劉氏 : 劉辰翁)483)가 말하였다. ＂'기군야재(其君也哉)'는 또한 처음 보는 것 같으니, 시인(寺人)의 명령과 같은 것이다.＂

[1-11-5-2]

○終南何有. 有紀有堂. 君子至止, 黻衣繡裳. 佩玉將將, 壽考不忘.

종남산에 어떤 것이 있는가. 비탈이 있고 고원이 있도다.
군자가 이 산에 이르렀는데 무늬 옷에 수놓은 치마로다.
패옥소리 쟁그랑쟁그랑하니 오래 삶을 잊지 못하리로다.

詳說

○ 音弗.484)
　　'불(黻)'은 음이 불(弗)이다.

○ 音瑲.485)
　　'창창(將將)'은 음이 창(瑲)이다.

朱註

興也. '紀', 山之廉角也. '堂', 山之寬平處也. '黻'之狀, 亞, 兩己相戾也.

---

482) 호광(胡廣) 등 찬, 『시전대전(詩傳大全)』의 소주 내용에서 발췌한 것이다. 그 전문은 다음과 같다. ＂須溪劉氏曰 : '其君也哉, 亦似賦其始見也, 猶寺人之令也.'(수계 유씨가 말하였다. '기군야재는 또한 그 처음 봄을 노래한 것 같으니, 시인의 명령과 같은 것이다.')＂
483) 수계 유씨(須溪劉氏 : 劉辰翁): 유진옹(1233-1297)은 남송 학자로, 자가 회맹(會孟)이고, 호가 수계(須溪)이며, 여릉(廬陵) 관계(灌溪) 사람이다. 문학 활동을 활발히 하여 스스로 하나의 문체를 이루었으며, 호방하고 진중하다는 평가를 받았다. 저서로는 『수계선생전집(須溪先生全集)』 등이 있으며, 「난릉왕(蘭陵王)·병자송춘(丙子送春)」, 「영우락(永遇樂)·벽월초청(璧月初晴)」 등의 작품이 유명하다.
484) 주자(朱子) 찬, 『시경집전(詩經集傳)』 및 호광(胡廣) 등 찬, 『시전대전(詩傳大全)』의 소주 내용을 수용한 것이다. 『광운(廣韻)』에는 본음이 ＂分勿切.(분과 물의 반절이다.)＂이고 입성(入聲)이라고 하였다. 불(弗)도 또한 『광운(廣韻)』에서 ＂分勿切.(분과 물의 반절이다.)＂이고 입성(入聲)이라고 하였다.
485) 주자(朱子) 찬, 『시경집전(詩經集傳)』의 소주에는 ＂音鎗.(음이 창이다.)＂으로 되어 있고, 호광(胡廣) 등 찬, 『시전대전(詩傳大全)』의 소주에는 ＂七羊反.(칠과 양의 반절이다.)＂으로 되어 있다. 『강희자전(康熙字典)』에 의하면 ＂『集韻』·『正韻』, 千羊切; 『韻會』, 七羊切. 夶音鎗.(『집운』·『정운』에는 천과 양의 반절이라 하였고, 『운회』에는 칠과 양의 반절이라 하였으니, 아울러 음이 창이다.)＂이라고 하였다. 창(瑲)은 『광운(廣韻)』에서 ＂七羊切.(칠과 양의 반절이다.)＂이고 평성(平聲)이라고 하였다. 창(鎗)도 또한 『집운(集韻)』에서 ＂千羊切.(천과 양의 반절이다.)＂이고 평성(平聲)이라고 하였다.

'繡', 刺繡也. '將將', 佩玉聲也. '壽考不忘'者, 欲其居此位服此服, 長久而安寧也.

흥(興)이다. '기(紀)'는 산의 모서리이다. '당(堂)'은 산의 평평한 곳이다. '불(黻)'의 모양은 아(亞)이니, 두 개의 기(己)자가 서로 어그러진 것이다. '수(繡)'는 자수(刺繡)이다. '창창(將將)'은 패옥소리이다. '수고불망(壽考不忘)'이라는 것은 이 지위에 있고 이 의복을 입고서 오래도록 안녕하기를 바라는 것이다.

詳說

○ 上章言其物, 此言其形.
'산지관평처야(山之寬平處也)'에서 볼 때, 위의 장에서는 그 사물을 말하였고, 여기서는 그 형체를 말하였다.

○ 字與'黻'同.
'아(亞)'의 경우, 글자가 '불(黻)'과 같다.

○ 背也.
'양기상려야(兩己相戾也)'의 경우, 등지는 것이다.

○ 入聲.486)
'척(刺)'은 입성(入聲 : 刺繡하다)이다.

○ 孔氏曰 : "'黻', 皆在裳言, 黻衣者, 衣大名, 與'繡裳', 異其文耳."487)
'척수야(刺繡也)'에 대해, 공씨(孔氏 : 孔穎達)가 말하였다. "'불(黻)'은 모두 상(裳)에 있어서 말한 것이고, 불의(黻衣)는 의(衣)가 큰 것의 이름이니, '수상(繡裳)'과는 그 글자가 다를 뿐이다."

○ '欲'字, 釋'不忘'.

---

486) 호광(胡廣) 등 찬, 『시전대전(詩傳大全)』의 소주에는 "七亦反.(칠과 역의 반절이다.)"으로 되어 있다. 그 뜻이 '찌르다'일 경우에는 『광운(廣韻)』에서 "七賜切.(칠과 사의 반절이다.)"이고 거성(去聲)이라 하였고, 그 뜻이 '자수하다'일 경우에는 『광운(廣韻)』에서 "七跡切.(칠과 적의 반절이다.)"이고 입성(入聲)이라고 하였다.
487) 호광(胡廣) 등 찬, 『시전대전(詩傳大全)』의 소주 내용을 수용한 것이다.

'장구이안녕야(長久而安寧也)'에서 볼 때, '욕(欲)'자는 '불망(不忘)'을 해석한 것이다.

[1-11-5-3]
「終南」二章, 章六句.

「종남(終南 : 종남산)」은 두 장이니, 장마다 여섯 구이다.

[1-11-6-1]
交交黃鳥, 止于棘. 誰從穆公. 子車奄息. 維此奄息, 百夫之特.
臨其穴, 惴惴其慄. 彼蒼者天. 殲我良人. 如可贖兮, 人百其身.

왔다갔다 하는 꾀꼬리가 가시나무에 멈추었도다.
누가 목공을 따라갔는가. 자거 집안의 엄식이로다.
오로지 이 엄식이야말로 모든 사내의 으뜸이로다.
그 구덩이에 임하여서는 덜덜 떨며 두려워하도다.
저기 푸른빛의 하늘이여. 우리 착한 사람 죽였도다.
만일 속바칠 수만 있다면 슬하게 몸을 바치리로다.

詳說

○ 叶, 戶橘反.[488]

'혈(穴)'은 협운(協韻)이니, 호(戶)와 귤(橘)의 반절이다.

○ 叶, 鐵因反.[489]

'천(天)'은 협운(協韻)이니, 철(鐵)과 인(因)의 반절이다.

○ 子廉反.[490]

---

[488] 주자(朱子) 찬, 『시경집전(詩經集傳)』 및 호광(胡廣) 등 찬, 『시전대전(詩傳大全)』의 소주 내용을 수용한 것이다. 『광운(廣韻)』에는 본음이 "胡決切.(호와 결의 반절이다.)"이고 입성(入聲)이라고 하였다.
[489] 주자(朱子) 찬, 『시경집전(詩經集傳)』 및 호광(胡廣) 등 찬, 『시전대전(詩傳大全)』의 소주 내용을 수용한 것이다. 『광운(廣韻)』에는 본음이 "他前切.(타와 전의 반절이다.)"이고 평성(平聲)이라고 하였다.
[490] 호광(胡廣) 등 찬, 『시전대전(詩傳大全)』의 소주 내용을 수용한 것이다. 주자(朱子) 찬, 『시경집전(詩經集傳)』의 소주에는 "音尖.(음이 점이다.)"으로 되어 있다. 『광운(廣韻)』에도 본음이 "子廉切.(자와 렴의 반절이다.)"이고 평성(平聲)이라고 하였다. 점(尖)도 또한 『광운(廣韻)』에서 "子廉切.(자와 렴의 반절이다.)"이고 평성(平聲)이라고 하였다.

'점(殲)'은 자(子)와 렴(廉)의 반절이다.

朱註
興也. '交交', 飛而往來之貌. '從穆公', 從死也. '子車', 氏, '奄息', 名. '特', 傑出之稱. '穴', 壙也. '惴惴', 懼貌. '慄', 懼. '殲', 盡. '良', 善. '贖', 貿也. ○秦穆公卒, 以子車氏之三子爲殉, 皆秦之良也, 國人哀之, 爲之賦「黃鳥」, 事見『春秋傳』, 即此詩也. 言: "交交黃鳥, 則止于棘矣, 誰從穆公, 則子車奄息也." 蓋以所見起興也. 臨穴而惴慄, 蓋生納之壙中也. 三子皆國之良, 而一旦殺之, 若可貿以他人, 則人皆願百其身以易之矣.

흥(興)이다. '교교(交交)'는 날아서 가고 오는 모양이다. '종목공(從穆公)'은 따라서 죽음이다. '자거(子車)'는 씨(氏)이고, '엄식(奄息)'은 이름이다. '특(特)'은 걸출함을 일컬음이다. '혈(穴)'은 묘지 구덩이다. '췌췌(惴惴)'는 두려워하는 모양이다. '율(慄)'은 두려워함이고, '섬(殲)'은 죽임이고, '양(良)'은 착함이고, '속(贖)'은 속바침이다. ○진(秦)나라 목공(穆公)이 죽자 자문씨(子門氏)의 세 아들을 순장(殉葬)하니, 모두 진(秦)나라의 선량한 이들이어서 나라 사람들이 슬퍼하며 그들을 위하여 「황조(黃鳥)」를 읊었는데 이 일이 『춘추전(春秋傳)』에 보이니, 곧 이 시(詩)이다. 말하기를 "왔다갔다 하는 꾀꼬리가 가시나무에 멈추었으며, 누가 목공을 따라갔는가. 자거 집안의 엄식이로다."라고 하였으니, 대개 본 것으로써 흥(興)을 일으킨 것이다. 묘지 구덩이에 임하여 두려워 벌벌 떠는 것은 대개 그를 산 채로 묘지 구덩이 속에 넣어서이다. 세 사람은 모두 나라의 선량한 사람이었는데 하루아침에 죽였으니, 만약 다른 사람으로 바꿀 수 있다면 사람들이 모두 그 몸을 백번이라도 바꾸기를 원할 것이다.

詳說

○ 去聲.

'종사(從死)'에서 '종(從)'은 거성(去聲 : 놓다)이다.

○ 『諺』音誤.[491]

'췌췌(惴惴)'의 경우, 『언해(諺解)』의 음이 잘못되었다.

---

[491] 『언해(諺解)』의 음이 '췌췌'가 아니라 '체체'로 되어 있음을 말한 것이다.

○ 『諺』音誤.492)

'점(殲)'의 경우, 『언해(諺解)』의 음이 잘못되었다.

○ 音茂.493)

'무(貿)'는 음이 무(茂)이다.

○ 名任好.

'진목공(秦穆公)'의 경우, 이름이 임호(任好)이다.

○ 孔氏曰 : "殺人以葬, 環其左右."494)

'이자거씨지삼자위순(以子車氏之三子爲殉)'에 대해, 공씨(孔氏 : 孔穎達)가 말하였다. "사람을 죽여서 장사지내고 그 옆을 도는 것이다."

○ 按, 於此不言遺命, 蓋成之爲康公事.

내가 살펴보건대, 여기서 유명(遺命)을 말하지 않았으니, 대개 이루어서 강공(康公)의 일로 삼은 것이다.

○ 音現.

'현(見)'은 음이 현(現)이다.

○ 文六年, 下同.

'『춘추전』(『春秋傳』)'은 문공(文公) 6년이니, 아래도 같다.

○ 適見黃鳥也, 他興多然

'개이소견기흥야(蓋以所見起興也)'의 경우, 마침 꾀꼬리를 본 것이니, 다른 '흥(興)'도 대부분 그렇다.

○ 一作'慄慄', 又作'惴惴'.495)

---

492) 『언해(諺解)』의 음이 '점'가 아니라 '섬'으로 되어 있음을 말한 것이다.
493) 호광(胡廣) 등 찬, 『시전대전(詩傳大全)』의 소주 내용을 수용한 것이다.
494) 호광(胡廣) 등 찬, 『시전대전(詩傳大全)』의 소주 내용에서 발췌한 것이다. 그 전문은 다음과 같다. "孔氏曰 : '殺人以葬, 環其左右, 曰殉.'(공씨가 말하였다. '사람을 죽여서 장사지내고 그 옆을 도는 것을 순이라고 한다.')"

'췌율(惴慄)'의 경우, 어떤 판본에는 '율췌(慄惴)'로 썼고, 또 '췌췌(惴惴)'로도 썼다.

○ 盡殺.
'일단살지(一旦殺之)'의 경우, 다 죽은 것이다.

○ 易也.
'약가무(若可貿)'의 경우, 바꿈이다.

○ 猶言'糜粉其身'.
'인개원백기신(人皆願百其身)'의 경우, '미분기신(糜粉其身 : 그 몸을 가루로 만들다)'이라고 말함과 같다.

○ '百夫'·'百身', 上下相應, 蓋其人之才德, 足以當百夫, 故人皆願以其一身分作百人而易之.
'인개원백기신이역지의(人皆願百其身以易之矣)'에서 볼 때, '백부(百夫)'와 '백신(百身)'이 위와 아래에서 서로 호응하니, 대개 그 사람의 재능과 덕(德)이 족히 백 명의 사내를 감당할 수 있기 때문에 사람들이 모두 그 한 몸으로 나누어 백 명의 사람을 만들어 바꾸기를 바란 것이다.

[1-11-6-2]

○交交黃鳥, 止于桑. 誰從穆公. 子車仲行. 惟此仲行, 百夫之防. 臨其穴, 惴惴其慄. 彼蒼者天, 殲我良人. 如可贖兮, 人百其身.

왔다갔다 하는 꾀꼬리가 산뽕나무에 멈추었도다.
누가 목공을 따라갔는가 자거 집안의 중항이로다.
오로지 이 중항이야말로 모든 사내를 감당했도다.
그 구덩이에 임하여서는 덜덜 떨며 두려워하도다.
저기 푸른빛의 하늘이여, 우리 착한 사람 죽였도다.

---
495) 주자(朱子) 찬, 『시경집전(詩經集傳)』에는 '췌율(惴慄)'로 되어 있고, 호광(胡廣) 등 찬, 『시전대전(詩傳大全)』 및 내각본에는 '췌췌(惴惴)'로 되어 있다. '율췌(慄惴)'의 출처는 분명하지 않다.

만일 속바칠 수만 있다면 슬하에 몸을 바치리로다.

詳說

○ 音杭.496)

'항(行)'은 음이 항(杭)이다.

朱註

興也. '防', 當也, 言一人可以當百夫也.

흥(興)이다. 방(防)은 감당함이니, 한 사람이 백 명의 사내를 감당할 수 있음을 말한다.

詳說

○ 東萊呂氏曰 : "如隄防之防水."497)

'당야(當也)'에 대해, 동래 여씨(東萊呂氏 : 呂祖謙)가 말하였다. "제방이 물을 막는 것과 같다."

[1-11-6-3]

○交交黃鳥, 止于楚. 誰從穆公. 子車鍼虎. 維此鍼虎, 百夫之禦. 臨其穴, 惴惴其慄. 彼蒼者天. 殲我良人. 如可贖兮, 人百其身.

왔다갔다 하는 꾀꼬리가 가시나무에 멈추었도다.
누가 목공을 따라갔는가. 자거 집안의 겸호로다.
오로지 이 겸호야말로 모든 사내를 감당하도다.
그 구덩이에 임하여서는 덜덜 떨며 두려워하도다.
저기 푸른빛의 하늘이여. 우리 착한 사람 죽였도다.

---

496) 주자(朱子) 찬. 『시경집전(詩經集傳)』의 소주와 달리 호광(胡廣) 등 찬. 『시전대전(詩傳大全)』의 소주에는 "戶郞反.(호와 랑의 반절이다.)"으로 되어 있다. 『광운(廣韻)』에는 본음이 "胡郞切.(호와 랑의 반절이다.)"이고 평성(平聲)이라고 하였다. 항(杭)도 또한 『광운(廣韻)』에서 "胡郞切.(호와 랑의 반절이다.)"이고 평성(平聲)이라고 하였다.

497) 호광(胡廣) 등 찬, 『시전대전(詩傳大全)』의 소주 내용에서 발췌한 것이다. 그 전문은 다음과 같다. "東萊呂氏曰 : '訓防爲當者, 蓋如隄防之防水.'(동래 여씨가 말하였다. '막을 방을 새겨서 대적할 당으로 삼은 것이니, 대개 제방이 물을 막는 것과 같아서이다.')

만일 속바칠 수만 있다면 슬하에 몸을 바치리로다.

詳說

○ 音拑.498)

'겸(鍼)'은 음이 겸(拑)이다.

朱註

興也. '禦', 猶當也.

흥(興)이다. '어(禦)'는 당(當)과 같다.

[1-11-6-4]

「黃鳥」三章, 章十二句.

「황조(黃鳥 : 꾀꼬리)」는 세 장이니, 장마다 열두 구이다.

朱註

『春秋傳』曰 : "君子曰 : '秦穆公之不爲盟主也, 宜哉. 死而棄民. 先王違世, 猶貽之法, 而況奪之善人乎.' 今縱無法, 以遺後嗣, 而又收其良以死, 難以在上矣. 君子是以, 知秦之不復東征也." 愚按, 穆公於此, 其罪不可逃矣. 但或以爲'穆公遺命如此, 而三子自殺以從之', 則三子亦不得爲無罪. 今觀臨穴惴慄之言, 則是康公從父之亂命, 迫而納之於壙, 其罪有所歸矣. 又按,『史記』, 秦武公卒, 初以人從死, 死者六十六人, 至穆公, 遂用百七十七人, 而三良與焉, 蓋其初特出於戎狄之俗, 而無明王賢伯, 以討其罪. 於是習以爲常, 則雖以穆公之賢而不免. 論其事者, 亦徒閔三良之不幸, 而歎秦之衰, 至於王政不綱, 諸侯擅命, 殺人不忌, 至於如此, 則莫知其爲非也. 嗚呼! 俗之弊也, 久矣. 其後始皇之葬, 後宮皆令從死, 工匠生閉墓中, 尚何怪哉.

『춘추전(春秋傳)』에서 말하였다. "군자가 말하기를, '진목공(秦穆公)은 맹주(盟主)

---

498) 주자(朱子) 찬,『시경집전(詩經集傳)』의 소주와 달리 호광(胡廣) 등 찬,『시전대전(詩傳大全)』의 소주에는 "其質反.(기와 렴의 반절이다.)"으로 되어 있다. 그 뜻이 '바늘'일 경우에는『광운(廣韻)』에서 "職深切.(직과 심의 반절이다.)"이고 평성(平聲)이라 하였고, 그 뜻이 '집다. 성씨'일 경우에는『광운(廣韻)』에서 "巨鹽切.(거와 염의 반절이다.)"이고 평성(平聲)이라고 하였다. 겸(拑)은『광운(廣韻)』에서 "巨淹切.(거와 엄의 반절이다.)"이고 평성(平聲)이라고 하였다.

가 되지 못함이 마땅하도다. 죽으면서 백성을 버렸도다. 선대의 임금은 세상을 떠남에도 오히려 법도를 남겨 주는데, 하물며 선량한 사람을 빼앗아감에 있어서이랴.' 이제 법도에 어긋난 일을 자기 마음대로 행하여 대를 잇는 자식에게 물려주고, 또 그 선량한 사람을 거두어 죽였으니, 윗자리에 있기가 어렵다. 군자가 이 때문에 진(秦)나라가 다시 동쪽으로 정벌하지 못할 것을 알았던 것이다."라고 하였다. 내가 살펴보건대, 목공(穆公)은 여기에서 그 죄를 피할 수 없는 것이다. 다만 어떤 이가 '목공(穆公)이 이와 같이 유명(遺命)하였는데 세 아들이 스스로 죽어서 그를 따랐다.'고 하였으니, 곧 세 아들도 또한 죄가 없을 수 없다. 이제 구덩이에 임하여 덜덜 떨고 두려워하였다는 말을 보면, 이는 강공(康公)이 아버지의 난명(亂命)을 좇아서 궁색하게 구덩이 속으로 들어간 것이니, 그 죄가 돌아갈 곳이 있는 것이다. 또 살피건대, 『사기(史記)』에, 진(秦)나라 무공(武公)이 죽을 때 처음으로 사람에게 따라 죽게 하여 죽은 이가 66명이었는데, 목공(穆公)에 이르러 마침내 177명이나 행하게 하여 세 명의 선량한 사람이 들어간 것이다. 대개 그 처음에는 다만 서쪽 오랑캐와 북쪽 오랑캐의 풍속에서 나왔는데 명철한 임금이나 현량한 제후가 그 죄를 엄하게 나무라는 일이 없었다. 이에 익숙해져서 평범한 일로 여겼으니, 비록 목공(穆公)의 현량(賢良)함으로도 벗어나지 못한 것이다. 그 일을 논변하는 이도 또한 다만 세 명의 선량한 사람의 불행을 안타깝게 여기고 진(秦)나라의 쇠망함을 한탄하였는데, 임금의 정치가 기강이 없어서 제후가 제멋대로 명령을 내려 사람을 죽이는 일을 기피하지 않아 이와 같음에 이르렀는데도 그 잘못됨을 알지 못한 것이다. 아! 풍속의 병폐가 오래되었도다. 그 뒤에 시황(始皇)의 장례에 후궁들이 모두 따라서 죽게 하고, 공장(工匠)들이 산 채로 무덤 속에 묻었으니, 그럼에도 불구하고 어찌 이토록 괴이하였던가.

詳說

○ 猶其也.
'이황탈지(而況奪之)'의 경우, 기(其)와 같다.

○ 去聲.499)

---

499) 호광(胡廣) 등 찬, 『시전대전(詩傳大全)』의 소주에는 "于醉反.(우와 취의 반절이다.)"으로 되어 있다. 그 뜻이 '잃다, 버리다, 남겨주다, 끼치다'일 경우에는 『광운(廣韻)』에서 "以追切.(이와 추의 반절이다.)"이고 평성(平聲)이라 하였고, 그 뜻이 '주다, 넘겨주다, 위임하다, 더하다'일 경우에는 『광운(廣韻)』에서 "以醉切.(이와 취의 반절이다.)"이고 거성(去聲)이라고 하였다.

'유(遺)'는 거성(去聲 : 주다)이다.

○ 照盟主.
'난이재상의(難以在上矣)'의 경우, 맹주(盟主)에 비춰본 것이다.

○ 去聲.
'부(復)'는 거성(去聲 : 다시)이다.

○ 上下君子, 不必泥求.
'지진지불부동정야(知秦之不復東征也)'에서 볼 때, 위와 아래의 군자들이 반드시 집착하여 추구하지 않았다.

○ 承上文而言.
'기죄불가도의(其罪不可逃矣)'의 경우, 윗글을 이어서 말한 것이다.

○ 安成劉氏曰 : "作俑者, 夫子謂其無後, 況用殉乎."[500]
안성 유씨(安成劉氏 : 劉瑾)가 말하였다. "허수아비를 만드는 이는 부자(夫子)가 그 후사(後嗣)가 없을 것이라고 일렀거늘, 하물며 순장(殉葬)을 사용함에 있어서이랴."

○ 一無'之'字.[501]
'이삼자자살이종지(而三子自殺以從之)'의 경우, 어떤 판본에는 '지(之)'자가 없다.

○ 或說止此.

---

[500] 호광(胡廣) 등 찬, 『시전대전(詩傳大全)』의 소주 내용에서 발췌한 것이다. 그 전문은 다음과 같다. "安成劉氏曰 : '古之葬者, 有明器, 但備物而不可用, 如芻靈亦其類也. 不幸流俗之弊, 而至丁作俑, 又不幸而至丁用人. 然作俑者, 夫子且以爲不仁, 而謂其無後, 況秦武公旣用殉, 五傳至穆公而又用殉. 夫子之言, 反似無驗, 孰知穆公之後, 二十一傳至莊襄王, 而呂氏之子, 遂絶嬴氏之統. 維夫始皇不知所鑑, 驪山葬後, 未三年而呂氏之祀又絶. 嗚呼! 不仁之禍, 及子孫如此.'(안성 유씨가 말하였다. '옛날에 장사지내는 사람은 명기를 두었으나 … 그러나 허수아비를 만드는 이는 부자가 장차 어질지 못하다고 여겨서 그 후사가 없을 것이라고 일렀거늘, 하물며 진나라 무공이 이미 순장을 사용하고 5대가 전해져 목공에 이르러 또 순장을 사용함에 있어서이랴. ….')"

[501] 주자(朱子) 찬, 『시경집전(詩經集傳)』에는 '지(之)'자가 있는데, 호광(胡廣) 등 찬, 『시전대전(詩傳大全)』 및 내각본에는 '지(之)'자가 없다

'즉삼자역부득위무죄(則三子亦不得爲無罪)'에서 볼 때, 어떤 이의 말이 여기서 그친다.

○ 浮於三子及穆公.
'기죄유소귀의(其罪有所歸矣)'의 경우, 세 아들 및 목공을 부각시킨 것이다.

○ 永嘉陳氏曰 : "不孝不仁."502)
영가 진씨(永嘉陳氏 : 陳鵬飛)가 말하였다. "효성스럽지도 못하고 어질지도 못한 것이다."

○ 董氏曰 : "陳乾昔子·魏顆, 皆從其治命, 不以爲殉, 君子美之, 然則康公得無罪乎."503)
동씨(董氏 : 董夢程)가 말하였다. "진(陳)나라 건석자(乾昔子)와 위(魏)나라 과(顆)는 모두 그 치명(治命)을 좇아서 순장(殉葬)을 하지 않아 군자가 아름답게 여겼는데, 그렇다면 강공(康公)은 죄가 없을 수 있겠는가."

○ 「秦紀」.504)
'『사기』(『史記』)는 「진기(秦紀)」이다.

○ 去聲.505)
'초이인종(初以人從)'에서 종(從)은 거성(去聲 : 방종하다)이다.

○ 去聲.
'이삼량여(而三良與)'에서 여(與)는 거성(去聲 : 참여하다, 간여하다)이다.

---

502) 호광(胡廣) 등 찬, 『시전대전(詩傳大全)』의 소주 내용에서 발췌한 것이다. 그 전문은 다음과 같다. "永嘉陳氏曰 : '穆公悔過自誓, 見於「秦誓」, 擧人之周, 用人之一, 未易得如穆公者. 至從死一事, 說者以爲穆公之命. 夫屬纊方亂, 未可遽從, 帷堂未徹, 無所復請. 以未可從之命, 而康公從之, 是不孝也 ; 以不可復請之命, 而康公行之, 是不仁也.'(영가 진씨가 말하였다. '… 좇지 않을 수 있는 명인데 강공이 좇지 않았으니 이는 효성스럽지 못한 것이고, 다시 청해서는 안 되는 명인데 강공이 행하였으니 이는 어질지 못한 것이다.')"
503) 호광(胡廣) 등 찬, 『시전대전(詩傳大全)』의 소주 내용을 수용한 것이다.
504) 사마천(司馬遷) 찬·배인(裴駰) 집해·사마정(司馬貞) 색은·장수절(張守節) 정의, 『사기(史記)』 권5, 「진본기(秦本紀)」.
505) 호광(胡廣) 등 찬, 『시전대전(詩傳大全)』의 소주에는 "才用反.(재와 용의 반절이다.)"으로 되어 있다.

○ 一作'翟'.506)

'개기초특출어융적(蓋其初特出於戎狄)'에서 적(狄)은 어떤 판본에는 '적(翟)'으로 썼다.

○ 照不復東征.

'이탄진지쇠(而歎秦之衰)'의 경우, 다시는 동쪽으로 정벌하지 못함을 비춘 것이다.

○ 音繕.

'선(墠)'은 음이 선(繕)이다.

○ 此段, 又推本罪, 時王及伯.

'즉막지기위비야(則莫知其爲非也)'에서 볼 때, 이 단락에서 또 근본적인 죄를 추단하였으니, 당시의 임금 및 제후이다.

○ 亦見『史記』.507)

'공장생폐묘중(工匠生閉墓中)'의 내용이 또한 『사기(史記)』에 보인다.

○ 其所由來者遠矣.

'상하괴재(尚何怪哉)'의 경우, 그 말미암아 온 것이 먼 것이다.

[1-11-7-1]

駅彼晨風, 鬱彼北林. 未見君子, 憂心欽欽. 如何如何, 忘我實多.

휙휙 날아가는 저 새매는 울창한 북쪽 숲에 앉도다.
군자를 만나보지 못한지라 근심걱정이 끊이지 않도다.
어찌 하기에 어찌 하기에 나를 잊음이 이토록 많은가.

---

506) 주자(朱子) 찬, 『시경집전(詩經集傳)』에는 '적(翟)'으로 표기되어 있고, 호광(胡廣) 등 찬, 『시전대전(詩傳大全)』 및 내각본에는 '적(狄)'으로 표기되어 있다.
507) 사마천(司馬遷) 찬・배인(裴駰) 집해・사마정(司馬貞) 색은・장수절(張守節) 정의, 『사기(史記)』 권6,「진시황본기(秦始皇本紀)」.

詳說

○ 音聿.508)
  '율(鴥)'은 음이 율(聿)이다.

○ 叶, 孚愔反.509)
  '풍(風)'은 협운(協韻)이니, 부(孚)와 음(愔)의 반절이다.

朱註

興也. '鴥', 疾飛貌. '晨風', 鸇也. '鬱', 茂盛貌. '君子', 指其夫也. '欽欽', 憂而不忘之貌. ○婦人, 以夫不在而言 : "鴥彼晨風, 則歸于鬱然之北林矣, 故我未見君子, 而憂心欽欽也, 彼君子者, 如之何而忘我之多乎." 此與屢屢之歌同意, 蓋秦俗也.

흥(興)이다. '율(鴥)'은 빨리 나는 모양이다. '신풍(晨風)'은 새매이다. '울(鬱)'은 무성한 모양이다. '군자(君子)'는 그 남편을 가리킨다. '금금(欽欽)'은 근심하여 잊지 못하는 모양이다. ○부인이 남편이 집에 있지 않음으로써 말하기를, "휙휙 날아가는 저 새매는 울창한 북쪽 숲으로 돌아가기 때문에 군자를 만나보지 못한지라 근심걱정이 끊이지 않거늘, 저 군자라는 이는 어찌 하기에 나를 잊기를 많이 하는가."라고 하였다. 이는 염이(屢屢)의 노래와 뜻이 같으니, 진(秦)나라의 풍속이다.

詳說

○ 『諺』音誤.510)
  '금금(欽欽)'의 경우, 『언해(諺解)』의 음이 잘못되었다.

○ 添'歸'字.
  '즉귀우울연지북림의(則歸于鬱然之北林矣)'의 경우, '귀(歸)'자를 더하였다.

---

508) 주자(朱子) 찬, 『시경집전(詩經集傳)』의 소주와 달리 호광(胡廣) 등 찬, 『시전대전(詩傳大全)』의 소주에는 "伊橘反.(이와 귤의 반절이다.)"으로 되어 있다. 『유편(類篇)』에는 본음이 "允律切.(윤과 률의 반절이다.)"이라고 하였다. 율(聿)은 『광운(廣韻)』에서 "餘律切.(여와 률의 반절이다.)"이고 입성(入聲)이라고 하였다.
509) 주자(朱子) 찬, 『시경집전(詩經集傳)』 및 호광(胡廣) 등 찬, 『시전대전(詩傳大全)』의 소주 내용을 수용한 것이다. 『광운(廣韻)』에는 본음이 "方戎切.(방과 융의 반절이다.)"이고 평성(平聲)이라고 하였다.
510) 『언해(諺解)』에서 "欽흠欽흠"이라고 하였는데, 『광운(廣韻)』에 의하면 본음이 "去金切.(거와 금의 반절이다.)"이고 평성(平聲)이라고 하였다.

○ 音琰移.511)
'염이(厭厭)'는 음이 염이(琰移)이다.

○ 安成劉氏曰：＂百里奚, 作樂, 所賃澣婦自言知音, 呼之, 援琴而歌曰：'百里奚, 五羊皮. 臨別時, 烹伏雞, 炊厭厭. 今富貴, 忘我爲.' 乃其妻也.＂512)
'개진속야(蓋秦俗也)'에 대해, 안성 유씨(安成劉氏 : 劉瑾)가 말하였다. "백리해(百里奚)가 음악을 짓자 남의 빨래를 하던 부인이 스스로 곡조를 잘 안다고 말하여 불렀더니 거문고를 잡고 노래하기를, '백리해는 다섯 마리 양 가죽을 속바친 몸이로다. 헤어질 때에는 알을 품은 암탉을 삶아줌에 대문빗장을 불 땠도다. 지금 부귀(富貴)해져서는 내가 해준 일을 잊어버렸도다.'라고 하였는데 바로 그 아내였다."

○ 見『風俗通』.
『풍속통(風俗通)』513)에 보인다.

[1-11-7-2]

○山有苞櫟, 隰有六駁. 未見君子, 憂心靡樂. 如何如何, 忘我實多.

산에는 떡갈나무가 있으며 진펄에는 가래나무 있도다.
군자를 만나보지 못한지라 근심걱정에 즐겁지 않도다.
어찌 하기에 어찌 하기에 나를 잊음이 이토록 많은가.

---

511) 호광(胡廣) 등 찬, 『시전대전(詩傳大全)』의 소주 내용을 수용한 것이다.
512) 호광(胡廣) 등 찬, 『시전대전(詩傳大全)』의 소주 내용에서 발췌한 것이다. 그 전문은 다음과 같다. "安成劉氏曰：'晉獻公滅虞, 百里奚亡秦走宛, 楚鄙人執之. 秦穆公聞其賢, 以五羖羊皮贖之, 授以國政. 後因作樂, 所賃澣婦自言知音, 呼之, 援琴而歌曰：百里奚, 五羊皮. 臨別時, 烹伏雌, 炊厭厭. 今富貴, 忘我爲. 因問之, 乃其妻也. 伏, 扶富反. 雒, 抱卵.'(안성 유씨가 말하였다. '… 백리해는 … 다섯 마리 검은 양 가죽으로 속바쳐서 나라 정사를 주었다. 뒤에 이에 음악을 짓자 남의 빨래를 하던 부인이 스스로 곡조를 잘 안다고 말하여 불렀더니 거문고를 잡고 노래하기를, 백리해는 다섯 마리 양 가죽을 속바친 몸이로다. 헤어질 때에는 알을 품은 암탉을 삶아줌에 대문빗장을 불 땠도다. 지금 부귀해져서는 내가 해준 일을 잊어버렸도다 라고 하였다. 이에 물으니 바로 그 아내였다. ….')"
513) 『풍속통(風俗通)』: 동한(東漢)의 태산태수(泰山太守) 응소(應劭)가 편찬한 민속(民俗) 사물 관련 저서이다. 본래 이름은 『풍속통의(風俗通義)』인데 한(漢)·당(唐) 사람들이 『풍속통(風俗通)』이라고 많이 불렀다. 원서는 30권과 부록 1권이었는데 지금은 10권만 남아있다.

詳說

○ 音歷, 叶, 歷各反.514)

'력(櫟)'은 음이 력(歷)이고, 협운(協韻)이니, 력(歷)과 각(各)의 반절이다.

○ 音剝.515)

'박(駁)'은 음이 박(剝)이다.

○ 音洛.516)

'락(樂)'은 음이 락(洛)이다.

朱註

興也. '駁', 梓榆也, 其皮青白如駁. ○山則有苞櫟矣, 隰則有六駁矣, 未見君子, 則憂心靡樂矣. '靡樂', 則憂之甚也.
흥(興)이다. '박(駁)'은 자유(梓榆 : 가래나무)이니, 그 껍질이 푸르고 흰 것이 얼룩말과 같은 것이다. ○산에는 떡갈나무가 있고, 진펄에는 가래나무가 있거늘, 군자를 만나보지 못한지라 근심걱정에 즐겁지 않다고 하였다. '미락(靡樂)'은 곧 근심이 심한 것이다.

詳說

○ 音子.

'자(梓)'는 음이 자(子)이다.

○ 陸氏曰 : "似駁馬."517)

---

514) 주자(朱子) 찬, 『시경집전(詩經集傳)』의 소주와 달리 호광(胡廣) 등 찬, 『시전대전(詩傳大全)』의 소주에는 "盧狄反. 叶, 歷各反.(로와 적의 반절이고, 협운이니, 력과 각의 반절이다.)"으로 되어 있다. 『광운(廣韻)』에는 본음이 "郎擊切.(랑과 격의 반절이다.)"이고 입성(入聲)이라고 하였다. 력(歷)도 또한 『광운(廣韻)』에서 "郎擊切.(랑과 격의 반절이다.)"이고 입성(入聲)이라고 하였다.
515) 주자(朱子) 찬, 『시경집전(詩經集傳)』의 소주와 달리 호광(胡廣) 등 찬, 『시전대전(詩傳大全)』의 소주에는 "邦角反.(방과 각의 반절이다.)"으로 되어 있다. 『광운(廣韻)』에는 본음이 "北角切.(북과 각의 반절이다.)"이고 입성(入聲)이라고 하였다. 박(剝)도 또한 『강희자전(康熙字典)』에 의하면, "『唐韻』·『集韻』·『韻會』 夶北角切. 音駁.(『당운』·『집운』·『운회』에서 아울러 북과 각의 반절이고, 음이 박이라고 하였다.)"이라고 하였다.
516) 주자(朱子) 찬, 『시경집전(詩經集傳)』 및 호광(胡廣) 등 찬, 『시전대전(詩傳大全)』의 소주 내용을 수용한 것이다. 『광운(廣韻)』에는 본음이 "盧各切.(로와 각의 반절이다.)"이고 입성(入聲)이라고 하였다. 락(洛)도 또한 『광운(廣韻)』에서 "盧各切.(로와 각의 반절이다.)"이고 입성(入聲)이라고 하였다.
517) 호광(胡廣) 등 찬, 『시전대전(詩傳大全)』의 소주 내용에서 발췌한 것이다. 그 전문은 다음과 같다. "陸氏

'기피청백이박(其皮靑白如駁)'에 대해, 육씨(陸氏 : 陸璣)가 말하였다. "얼룩말과 같다."

○ 『諺』音誤.518)
'산즉유포력(山則有苞櫟)'의 경우, 『언해(諺解)』의 음이 잘못되었다.

○ 孔氏曰 : "言六據所見也."519)
'습즉유육박의(隰則有六駁矣)'에 대해, 공씨(孔氏 : 孔穎達)가 말하였다. "여섯 곳에서 본 것에 의거하여 말한 것이다."

○ 甚於'欽欽'.
'즉우지심야(則憂之甚也)'의 경우, '금금(欽欽)'보다 심한 것이다.

[1-11-7-3]

山有苞棣, 隰有樹檖. 未見君子, 憂心如醉. 如何如何, 忘我實多.

산에는 산앵두나무 있으며 진펄에는 팥배나무 있도다.
군자를 만나보지 못한지라 근심걱정에 취한 듯하도다.
어찌 하기에 어찌 하기에 나를 잊음이 이토록 많은가.

詳說

○ 音悌.520)
'제(棣)'는 음이 제(悌)이다.

曰 : '樹皮靑白駁犖, 遙視似駁馬, 故謂之駁.'(육씨가 말하였다. '나무껍질이 푸르고 희어서 얼룩얼룩하니 멀리서 보면 얼룩말과 같기 때문에 박이라고 이른 것이다.')"
518) 『언해(諺解)』의 음이 '력'이 아니라 '록'으로 되어 있음을 말한 것이다.
519) 호광(胡廣) 등 찬, 『시전대전(詩傳大全)』의 소주 내용에서 발췌한 것이다. 그 전문은 다음과 같다. "孔氏曰 : '王肅云: 言六據所見而言也.'(공씨가 말하였다. '왕숙이 이르기를, 여섯 곳에서 본 것에 의거하여 말한 것이라고 하였다.')"
520) 주자(朱子) 찬, 『시경집전(詩經集傳)』과 호광(胡廣) 등 찬, 『시전대전(詩傳大全)』 및 내각본에는 이 내용이 없다. 이는 여조겸(呂祖謙) 찬, 『여씨가숙독시기(呂氏家塾讀詩記)』 및 단창무(段昌武) 찬, 『모시집해(毛詩集解)』 및 유근(劉瑾) 찬, 『시전통석(詩傳通釋)』의 소주 내용을 수용한 것이다. 『광운(廣韻)』에는 본음이 "特計切.(특과 계의 반절이다.)"이고 거성(去聲)이라고 하였다. 제(悌)는 『광운(廣韻)』에서 "徒禮切.(도와 례의 반절이다.)"이고 상성(上聲) 또는 "特計切.(특과 계의 반절이다.)"이고 거성(去聲)이라고 하였다.

朱註

興也. '棣', 唐棣也. '檖', 赤羅也, 實似梨而小, 酢可食. '如醉', 則憂又甚矣.

흥(興)이다. '제(棣)'는 당제(唐棣)이다. '수(檖)'는 적라(赤羅)이니, 열매가 배를 닮았는데 작으며, 시어서 먹을 만하다. '여취(如醉)'는 곧 근심이 또 심한 것이다.

詳說

○ 山陰陸氏曰 : "其文細密如羅."521)

'적라야(赤羅也)'에 대해, 산음 육씨(山陰陸氏 : 陸佃)522)가 말하였다. "그 무늬가 세밀하여 넝쿨나무와 같다."

○ 謂所植之檖, 與'樹杞'同.

'수수(樹檖)'는 심어놓은 팥배나무를 이르니, '수기(樹杞) : 심어놓은 갯버들)523)'와 같다.

○ 去聲.524)

'초(酢)'는 거성(去聲 : 시다)이다.

○ 甚於'靡樂'.

'즉우우심의(則憂又甚矣)'의 경우, '미락(靡樂)'보다 심한 것이다.

[1-11-7-4]

「晨風」 三章, 章六句.

---

521) 호광(胡廣) 등 찬, 『시전대전(詩傳大全)』의 소주 내용에서 발췌한 것이다. 그 전문은 다음과 같다. "山陰陸氏曰 : '其文細密如羅, 又有白羅, 皆文木.'(산음 육씨가 말하였다. '그 무늬가 세밀하여 넝쿨나무 같고, ….')"

522) 산음 육씨(山陰陸氏 : 陸佃): 육전(1042-1102)은 북송의 학자로, 자가 농사(農師)이고, 호가 도산(陶山)이며, 산음(山陰) 사람이다. 가난하였으나 학문에 열중하였다. 저서로는 『도산집(陶山集)』·『비아(埤雅)』·『이아신의(爾雅新義)』·『춘추후전(春秋後傳)』·『예상(禮象)』·『갈관자주(鶡冠子注)』 등이 있다.

523) 수기(樹杞): 호광(胡廣) 등 찬, 『시전대전(詩傳大全)』 권4,「국풍(國風)·정(鄭)·장중자(將仲子)」. "청컨대 건넛마을 둘째 도령은 우리 마을로 넘어들지 말아서 내 심은 갯버들 꺾지 말지어다. 어찌 감히 아껴서 그러하리오.(將仲子兮, 無踰我里, 無折我樹杞. 豈敢愛之.)"

524) 그 뜻이 '술 따르다'일 경우에는 『광운(廣韻)』에서 "在各切.(재와 각의 반절이다.)"이고 입성(入聲)이라 하였고, 그 뜻이 '시다'일 경우에는 『집운(集韻)』에서 "倉故切.(창과 고의 반절이다.)"이고 거성(去聲)이라고 하였다.

「신풍(晨風 : 새매)」은 세 장이니, 장마다 여섯 구이다.

詳說

○ 有「小戎」之情, 而欠其義, 豈其夫非從征役者歟.
「소융(小戎)」의 정분이 있으나 그 의리가 부족하니, 아마도 그 남편이 정역(征役)에 나간 것이 아닐 것이다.

[1-11-8-1]

豈曰無衣, 與子同袍. 王于興師, 修我戈矛, 與子同仇.

어찌 입을 옷이 없다고 해서 그대와 핫옷을 같이 입으리오.
왕명으로 군사를 일으키거든 나에게 있는 창들을 손질해서 그대와 함께 원수를 치리로다.

詳說

○ 叶, 步謀反.525)
'포(袍)'는 협운(協韻)이니, 보(步)와 모(謀)의 반절이다.

朱註

賦也. '袍', 襺也. '戈', 長六尺六寸, '矛', 長二丈. '王于興師', 以天子之命而興師也. ○秦俗强悍, 樂於戰鬪, 故其人平居而相謂曰 : "豈以子之無衣, 而與子同袍乎. 蓋以王于興師, 則將修我戈矛, 而與子同仇也." 其懽愛之心, 足以相死如此. 蘇氏曰 : "秦本周地, 故其民猶思周之盛時, 而稱先王焉." 或曰 : "興也, 取'與子同'三字, 爲義." 後章放此.

부(賦)이다. '포(袍)'는 핫옷이다. '과(戈)'는 길이가 여섯 자 여섯 치이고, '모(矛)'는 길이가 두 길이다. '왕우흥사(王于興師)'는 천자의 명령으로 군사를 일으키는 것이다. ○진(秦)나라의 풍속이 드세고 사나워서 전투를 즐겼기 때문에 그 사람들이 평상시에 서로 이르기를, "어찌 그대가 입을 옷이 없어서 그대와 핫옷을 같이 입겠는가. 대개 왕명(王命)으로 군사를 일으키시거든 장차 나의 창들을 손질하여 그대와 함께 원수를 치리로다."라고 하였으니, 그 기뻐하고 사랑하는 마음에 충분히

---

525) 주자(朱子) 찬, 『시경집전(詩經集傳)』의 소주와 달리 호광(胡廣) 등 찬, 『시전대전(詩傳大全)』의 소주에는 "抱毛反, 叶, 步謀反.(포와 모의 반절이고, 협운이니, 보와 모의 반절이다.)"으로 되어 있다. 『광운(廣韻)』에는 본음이 "薄褒切.(박과 부의 반절이다.)"이고 평성(平聲)이라고 하였다.

서로 죽을 수 있음이 이와 같았던 것이다. 소씨(蘇氏 : 蘇轍)가 말하기를, "진(秦)나라는 본래 주(周)나라 땅이었기 때문에 그 백성들이 오히려 주(周)나라가 흥성할 때를 생각하여 선왕(先王)을 일컬었다."고 하였다. 어떤 이는 말하기를, "흥(興)이니, '여자동(與子同)' 세 글자를 취하여 뜻을 삼았다."고 하였으니, 뒤의 장(章)도 이에 준거한다.

詳說

○ 音繭.526)

'견(繭)'은 음이 견(繭)이다.

○ 孔氏曰 : "純著新綿名爲襺, 雜用舊絮名爲袍."527)

'견야(襺也)'에 대해, 공씨(孔氏 : 孔穎達)가 말하였다. "순전히 새 솜을 넣은 것을 이름하여 견(襺)이라 하고, 헌솜을 섞어 사용한 것을 이름하여 포(袍)라고 한다."

○ 二十尺.

'장이장(長二丈)'의 경우, 스무 자이다.

○ 猶'於是'也・'曰'也, 見「六月」註.528)

'우(于)'는 '어시(於是)'나 '왈(曰)'과 같으니, 「유월(六月)」의 주(註)에 보인다.

○ 音洛.529)

---

526) 호광(胡廣) 등 찬, 『시전대전(詩傳大全)』의 소주 내용을 수용한 것이다.
527) 호광(胡廣) 등 찬, 『시전대전(詩傳大全)』의 소주 내용에서 발췌한 것이다. 그 전문은 다음과 같다. "孔氏曰 : 「玉藻」云: 纊爲襺, 縕爲袍. 純著新綿名爲襺, 雜用舊絮名爲袍.'(공씨가 말하였다. '솜을 넣은 것이 견이 되고, 헌솜을 넣은 것이 포가 된다. 순전히 새 솜을 넣은 것을 이름하여 견이라 하고, 헌솜을 섞어 사용한 것을 이름하여 포라고 하는 것이다.')"
528) 호광(胡廣) 등 찬, 『시전대전(詩傳大全)』 권10, 「소아(小雅)・동궁지십(彤弓之什)・유월(六月)」. 1장과 2장에서 "王于出征(왕이 이에 출정하여)"이라고 하였는데, 1장의 주(註)에서 "王命於是出征, 以正王國也.(임금이 이에 출정하라고 명령하여 왕국을 바로 잡게 한 것이다.)"라 하였고, 2장의 주(註)에서 "王命於此而出征, 欲其有以敵王所愾而佐天子耳.(임금이 이에 출정하라고 명령하여 왕이 분개하는 적을 대적하여 천자를 도울 수 있기를 바랐을 뿐이다.)"라고 하여 '於是'와 '於此'의 뜻으로 풀이한 것을 말한다. 그러나 『한어대사전(漢語大詞典)』에서는 뜻이 없는 어조사라고 하여 「노송(魯頌)・유필(有駜)」의 "于胥樂兮"와, 「무의(無衣)」의 "王于興師"와, 『논어(論語)』「위정(爲政)」의 "孝于惟孝, 友于兄弟, 施於有政."을 예로 들었다.
529) 『광운(廣韻)』에는 본음이 "盧各切.(로와 각의 반절이다.)"이고 입성(入聲)이라고 하였다. 락(洛)도 또한 『광운(廣韻)』에서 "盧各切.(로와 각의 반절이다.)"이고 입성(入聲)이라고 하였다.

'락(樂)'은 음이 락(洛)이다.

○ 添'子'字.
'기이자지무의(豈以子之無衣)'의 경우, '자(子)'자를 더하였다.

○ 豐城朱氏曰：" '同袍', 恩愛相結於無事之時; '同仇', 患難相恤於有事之日也. 曰'王于興師', 則非從其君之私也, 誠欲其君奉王命, 而爲討賊復讎之擧也."530)
'이여자동구야(而與子同仇也)'에 대해, 풍성 주씨(豐城朱氏 : 朱善)가 말하였다. "'동포(同袍)'는 아무 일이 없을 때에 은정과 사랑으로 서로 사귀는 것이고, '동구(同仇)'는 일이 있는 날에 근심과 재난을 서로 동정하는 것이다. '왕우흥사(王于興師)'라고 말했다면 그 임금의 사사로움을 좇는 것이 아니며, 진실로 그 임금이 왕명을 받들어 적을 토벌하고 원수를 복수하는 거사(擧事)가 되기를 바란 것이다."

○ 二句論也.
'족이상사여차(足以相死如此)'에서 볼 때, 두 구절은 논변한 것이다.

○ 蘇說止此. 然未必指先王耳.
'이칭선왕언(而稱先王焉)'의 경우, 소씨(蘇氏 : 蘇轍)의 변설이 여기서 그친다. 그러나 반드시 선왕(先王)을 지칭하지 않았을 뿐이다.

○ 二句興三句.
'위의(爲義)'에서 볼 때, 두 구가 세 구를 일으킨 것이다.

---

530) 호광(胡廣) 등 찬, 『시전대전(詩傳大全)』의 소주 내용에서 발췌한 것이다. 그 전문은 다음과 같다. '豐城朱氏曰：'與子同袍, 恩愛相結於無事之時也; 與子同仇, 患難相恤於有事之日也. 先王之時, 居而爲比・閭・族・黨之民, 出而爲伍・兩・軍・師之衆, 其所以使之相保・相愛・相扶持者, 要非一日之積矣. 岐豐之地, 雖已屬秦, 然猶有先王之遺民焉, 故其所以相告語者如此. 然曰王于興師, 則非從其君之私也, 誠欲其君奉王命, 而爲討賊復讐之擧也. 惜也, 周旣不能以此而令諸侯, 秦復不能以此而匡王室. 卒之數傳之後, 討賊復讐之志旣衰, 貪功謀利之心益勝, 而其囂然好戰之習, 非復先王之民, 眞秦之民矣.'(풍성 주씨가 말하였다. '여자동포는 아무 일이 없을 때에 은정과 사랑으로 서로 사귀는 것이고, 여자동구는 일이 있는 날에 근심과 재난을 서로 동정하는 것이다. … 그러나 왕우흥사라고 말했다면 그 임금의 사사로움을 좇는 것이 아니며, 진실로 그 임금이 왕명을 받들어 적을 토벌하고 원수를 복수하는 거사가 되기를 바란 것이다. ….')"

[1-11-8-2]

○豈曰無衣, 與子同澤. 王于興師, 修我矛戟, 與子偕作.

어찌 입을 옷이 없다고 해서 그대와 속옷을 같이 입으리오.
왕명으로 군사를 일으키거든 나에게 있는 창들을 손질해서 그대와 함께 한번 일어나리라.

詳說

○ 叶, 徒洛反.531)
 '택(澤)'은 협운(協韻)이니, 도(徒)와 락(洛)의 반절이다.

○ 叶, 訖約反.532)
 '극(戟)'은 협운(協韻)이니, 글(訖)과 약(約)의 반절이다.

朱註

賦也. '澤', 裏衣也, 以其親膚, 近於垢澤, 故謂之'澤'. '戟', 車戟也, 長丈六尺.

부(賦)이다. '택(澤)'은 속옷이니, 살갗에 가까워서 때와 기름기를 가까이 하기 때문에 '택(澤)'이라고 이른 것이다. '극(戟)'은 수레의 창이니, 길이가 한 길 여섯 자이다.

詳說

○ 四字, 申'親膚'二字.
 '근어구택(近於垢澤)', 이 네 글자는 '친부(親膚)' 두 글자를 진술한 것이다.

○ 『大全』曰 : "襗, 古字通."533)
 '고우지택(故謂之澤)'에 대해, 『대전(大全)』에서 말하였다. "택(襗)이니, 옛글자는 통하였다."

---

531) 주자(朱子) 찬, 『시경집전(詩經集傳)』 및 호광(胡廣) 등 찬, 『시전대전(詩傳大全)』의 소주 내용을 수용한 것이다. 『광운(廣韻)』에는 본음이 "場伯切.(장과 백의 반절이다.)"이고 입성(入聲)이라고 하였다.
532) 주자(朱子) 찬, 『시경집전(詩經集傳)』 및 호광(胡廣) 등 찬, 『시전대전(詩傳大全)』의 소주 내용을 수용한 것이다. 『광운(廣韻)』에는 본음이 "几劇切.(궤와 극의 반절이다.)"이고 입성(入聲)이라고 하였다.
533) 호광(胡廣) 등 찬, 『시전대전(詩傳大全)』의 소주 내용에서 발췌한 것이다. 그 전문은 다음과 같다. "澤, 即襗, 古字通.(택은 곧 택이니, 옛글자는 통하였다.)"

○ 『諺』音誤, 與「賓筵」, 又自相矛盾.534)

'장장육척(長丈六尺)'에서 '해(偕)'는 『언해(諺解)』의 음이 잘못되었으니, 「빈지초연(賓之初筵)」과 또 스스로 서로 모순이 된다.

[1-11-8-3]

○豈曰無衣, 與子同裳. 王于興師, 修我甲兵, 與子偕行.

어찌 입을 옷이 없다고 해서 그대와 치마를 같이 입으리오.
왕명으로 군사를 일으키거든 나의 갑옷과 무기를 손질해서 그대와 함께 싸우러 가리로다.

詳說

○ 叶, 蒲芒反.535)
'병(兵)'은 협운(協韻)이니, 포(蒲)와 망(芒)의 반절이다.

○ 叶, 戶郎反.536)
'항(行)'은 협운(協韻)이니, 호(戶)와 랑(郎)의 반절이다.

朱註

賦也. '行', 往也.
부(賦)이다. 행(行)은 감이다.

[1-11-8-4]

「無衣」三章, 章五句.

「무의(無衣:입을 옷이 없어서)」는 세 장이니, 장마다 다섯 구이다.

---

534) 『언해(諺解)』의 음이 '해'로 되어 있는데, 『광운(廣韻)』에 의하면, "古諧切.(고와 해의 반절이다.)"이고 평성(平聲)이라고 하였다. 「소아(小雅)·상호지십(桑扈之什)·빈지초연(賓之初筵)」의 1장에서 "飮酒孔偕. 音皆, 叶, 擧里反.(술을 마심에 매우 가지런하다.) 음이 개이고, 협운이니, 거와 리의 반절이다."라고 한 것과 서로 모순됨을 말한 것이다.
535) 주자(朱子) 찬, 『시경집전(詩經集傳)』 및 호광(胡廣) 등 찬, 『시전대전(詩傳大全)』의 소주 내용을 수용한 것이다. 『광운(廣韻)』에는 본음이 "甫明切.(보와 명의 반절이다.)"이고 평성(平聲)이라고 하였다.
536) 주자(朱子) 찬, 『시경집전(詩經集傳)』 및 호광(胡廣) 등 찬, 『시전대전(詩傳大全)』의 소주 내용을 수용한 것이다. 『광운(廣韻)』에는 본음이 "胡郎切.(호와 랑의 반절이다.)"이고 평성(平聲)이라고 하였다.

朱註

秦人之俗, 大抵尚氣槩, 先勇力, 忘生輕死, 故其見於詩如此. 然本其初而論之, 岐・豊之地, 文王用之, 以興二南之化, 如彼其忠且厚也, 秦人用之未幾, 而一變其俗, 至於如此, 則已悍然有招八州, 而朝同列之氣矣, 何哉. 雍州土厚水深, 其民厚重質直, 無鄭・衛驕惰浮靡之習, 以善導之, 則易以興起而篤於仁義; 以猛驅之, 則其強毅果敢之資, 亦足以彊兵力農而成富彊之業, 非山東諸國所及也. 嗚呼! 後世欲爲定都立國之計者, 誠不可不監乎此, 而凡爲國者, 其於導民之路, 尤不可不審其所之也.

진(秦)나라 사람의 풍속은 대체로 기개(氣槩)를 숭상하고 용맹한 힘을 앞세워서 삶을 잊어버리고 죽음을 가볍게 여겼기 때문에 그 시(詩)에 보인 것이 이와 같았다. 그러나 그 처음에 근본하여 말하면 기(岐)와 풍(豊)의 땅을 문왕(文王)이 사용하여 이남(二南)의 교화를 일으켜서 저것처럼 충성스럽고 또 두터웠는데, 진(秦)나라 사람이 사용하여 얼마 되지 않아 한 번 그 풍속이 변하여 이와 같음에 이름에 곧 이미 사나워서 여덟 주(州)를 점령(占領)하고 같은 지위에게도 조회 받는 기백이 있었으니, 어째서인가. 옹주(雍州)는 땅이 두텁고 물이 깊어서 그 백성들이 너그럽고 듬직하며 꾸밈없고 정직하여 정(鄭)나라와 위(衛)나라의 교만하고 게으르며 화려하고 사치스러운 풍습이 없으니, 선(善)으로써 가르쳐 이끌면 쉽게 흥기하여 인의(仁義)에 도탑게 되고, 사나움으로써 몰아버리면 그 드세고 굳세며 과감한 자질이 또한 충분히 군대를 강하게 하고 농사를 힘써서 넉넉하고 강성한 왕업을 이룰 수 있으니, 산동(山東) 지방의 여러 나라들이 미칠 바가 아니었다. 아! 후세에 도읍을 정하고 나라를 세우려는 계책을 하고자 하는 이는 참으로 이것을 살펴보지 않을 수 없으며, 무릇 나라를 다스리는 이는 백성을 가르쳐 이끄는 길에 더욱 그 가는 곳을 살피지 않을 수 없는 것이다.

詳說

○ 去聲.

'선(先)'은 거성(去聲 : 근본하다, 앞세우다)이다.

○ 音現.

'현(見)'은 음이 현(現)이다.

◯ 上聲.

　'기(幾)'는 상성(上聲 : 얼마, 약간, 조금)이다.

◯ 一作'捍'.

　'한(悍)'의 경우, 어떤 판본에는 '한(捍)'으로 썼다.

◯ 音翹, 擧也.537)

　'교(招)'는 음이 교(翹)이니, 점령(占領)함이다.

◯ 音潮.538)

　'조(朝)'는 음이 조(潮)이다.

◯ 此句, 見賈誼「過秦論」, 謂呑天下臣諸侯也.539)

　'이조동렬지기의(而朝同列之氣矣)'의 경우, 이 구절은 가의(賈誼)의 「과진론(過秦論)」에 보이니, 천하의 신하와 제후를 삼켰음을 이르는 것이다.

◯ 去聲.

　'옹(雍)'은 거성(去聲 : 땅 이름)이다.

◯ 土厚, 故水脈深.

　'토후수심(土厚水深)'에서 볼 때, 흙이 두텁기 때문에 수맥(水脈)이 깊은 것이다.

◯ 去聲.

　'이(易)'는 거성(去聲 : 쉽다)이다.

◯ 一無'以'字.540)

---

537) 호광(胡廣) 등 찬, 『시전대전(詩傳大全)』의 소주 내용을 수용한 것이다.
538) 호광(胡廣) 등 찬, 『시전대전(詩傳大全)』의 소주 내용을 수용한 것이다.
539) 반고(班固) 찬·안사고(顔師古) 주, 『전한서(前漢書)』 권31, 「진승·항적열전(陳勝·項籍列傳)」. "贊曰 : '昔賈生之過秦曰: … 秦以區區之地, 致萬乘之權, 招八州而朝同列, 百有餘年然後, 以六合爲家. ….'(찬에서 말하였다. '옛날에 가생이 진나라를 지나가면서 말하기를, 진나라는 보잘 것 없는 땅인데 만승의 권력을 부르고 여덟 주를 점령하여 같은 지위에게도 조회를 받았으니, ….'라고 하였다.)"
540) 주자(朱子) 찬, 『시경집전(詩經集傳)』에는 '以'자가 있고, 호광(胡廣) 등 찬, 『시전대전(詩傳大全)』 및 내각본에는 '以'자가 없다.

'이(以)'는 어떤 판본에는 '이(以)'자가 없다.

○ 慶源輔氏曰 : "先生發先儒之所未及."541)
'비산동제국소급야(非山東諸國所及也)'에 대해, 경원 보씨(慶源輔氏 : 輔廣)가 말하였다. "선생은 선유(先儒)가 미치지 못한 것을 드러냈다."

○ 結上文前一半.
'성불가불감호차(誠不可不監乎此)'에서 볼 때, 윗글의 전반부를 맺은 것이다.

○ 善·猛之間.
'우불가불심기소지야(尤不可不審其所之也)'의 경우, 선(善)과 사나움의 사이다.

○ 結上文後一半.
윗글의 후반부를 맺은 것이다.

[1-11-9-1]

我送舅氏, 曰至渭陽. 何以贈之. 路車乘黃.

나의 외삼촌을 배웅하여 위수 북쪽에 이르렀노라.
무엇을 선물하여 드릴까 수레와 누런 네 말이로다.

詳說

○ 去聲.542)
'승(乘)'은 거성(去聲 : 수레)이다.

---

541) 호광(胡廣) 등 찬, 『시전대전(詩傳大全)』의 소주 내용에서 발췌한 것이다. 그 전문은 다음과 같다. "慶源輔氏曰 : '先生發秦人厚重質直之意, 與夫强悍果敢之資, 及周·秦所以導之者不同, 而皆易於有成, 先儒之所未及也. 至謂後世之定都立國, 當監乎此者, 又有感於藝祖皇帝之聖訓焉, 亦嘗疑之. 堯與文·武, 皆聖人也, 然堯之風歷三代而尚有遺於晉, 至文·武之風, 則一變爲秦, 而不復有遺者, 何哉. 蓋堯之時, 風氣方開, 純朴未散, 譬之人, 則孩提之時也; 至文·武時, 則其人壯大矣. 今人於孩提之時敎之, 則雖老大有不忘者; 至於年日益壯, 雖強聒之, 旋得旋失, 終不能久而不忘也.'(경원 보씨가 말하였다. '선생은 진나라 사람의 너그럽고 듬직하며 꾸밈없고 정직한 뜻과 무릇 드세고 사나우며 과감하고 단호한 자질을 드러냄에 주나라와 진나라에 미쳐서 진술한 것이 같지 않았는데, 모두 쉽게 이루려고 하였으니 선유가 미치지 못한 것이다. ….')"
542) 주자(朱子) 찬, 『시경집전(詩經集傳)』의 소주와 달리 호광(胡廣) 등 찬, 『시전대전(詩傳大全)』의 소주에는 "繩證反.(승과 증의 반절이다.)"으로 되어 있다. 그 뜻이 '수레'일 경우에는 『광운(廣韻)』에서 "實證切.(실과 증의 반절이다.)"이고 거성(去聲)이라 하였고, 그 뜻이 '타다'일 경우에는 『광운(廣韻)』에서 "食陵切.(식과 릉의 반절이다.)"이고 평성(平聲)이라고 하였다.

朱註

賦也. '舅氏', 秦康公之舅, 晉公子重耳也. 出入在外, 穆公召而納之, 時康公爲太子, 送之渭陽而作此詩. '渭', 水名. 秦, 時都雍, 至渭陽者, 蓋東行, 送之於咸陽之地也. '路車', 諸侯之車也. '乘黃', 四馬皆黃也.

부(賦)이다. '구씨(舅氏)'는 진(秦)나라 강공(康公)의 외삼촌이니, 진(晉)나라 공자(公子) 중이(重耳)이다. 망명하여 나라밖에 있었는데 목공(穆公)이 불러서 들여보내니, 이때 강공(康公)이 태자가 되어 그를 위수(渭水) 북쪽에서 배웅하면서 이 시를 지은 것이다. '위(渭)'는 물 이름이다. 진(秦)나라가 이때 옹(雍)에 도읍하였으니, 위수(渭水) 북쪽에 이르렀다는 것은 대개 동쪽으로 가서 그를 함양(咸陽)의 땅에서 배웅한 것이다. '노거(路車)'는 제후(諸侯)의 수레이다. '승황(乘黃)'은 네 마리 말이 모두 누런 것이다.

詳說

○ 名罃.

'진강공(秦康公)'은 이름이 앵(罃)이다.

○ 平聲.543)

'중(重)'은 평성(平聲 : 중복하다)이다.

○ 序在訓中.544)

'송지위양이작차시(送之渭陽而作此詩)'의 경우, 서문이 자구(字句) 새김 가운데 들어있다.

○ 詳見「谷風」註.545)

---

543) 호광(胡廣) 등 찬, 『시전대전(詩傳大全)』의 소주 내용을 수용한 것이다. 그 뜻이 '중복하다, 중첩하다'일 경우에는 『광운(廣韻)』에서 "直容切.(직과 용의 반절이다.)"이고 평성(平聲)이라 하였고, 그 뜻이 '무겁다' 일 경우에는 『광운(廣韻)』에서 "杜用切.(주의 용의 반절이다.)"이고 거성(去聲)이라고 하였다.

544) 정씨(鄭氏) 전·육덕명(陸德明) 음의·공영달(孔穎達) 소, 『모시주소(毛詩注疏)』 권11, 「국풍(國風)·진(秦)·위양(渭陽)」. "序" : 「渭陽」, 康公念母也. 康公之母, 晉獻公之女. 文公遭麗姬之難, 未反, 而秦姬卒. 穆公納文公, 康公時爲大子, 贈送文公于渭之陽, 念母之不見也. 我見舅氏, 如母存焉. 及其卽位, 思而作是詩也.'(「서」에, '위양'은 강공이 어머니를 생각한 것이다. … 강공이 당시에 태자가 되어 문공을 위수 부쪽에 전송함에 어머니를 만나지 못할 것을 생각하였다. 내가 외삼촌을 만나본다는 것은 어머니가 살아계심과 같다. 그 즉위함에 미쳐서 그리워하면서 이 시를 지은 것이다.'라고 하였다.")

545) 호광(胡廣) 등 찬, 『시전대전(詩傳大全)』 권2, 「국풍(國風)·패(邶)·곡풍(谷風)」. 3장에서 "涇以渭濁, 湜湜其沚.(경수가 위수 때문에 흐려져도 너무나 맑고 맑은 그 물가니라.)"라 하였고, 그 주(註)에서 "'涇'·'渭',

'수명(水名)'의 경우, 「곡풍(谷風)」의 주에 자세히 보인다.

○ 句.
'진(秦)'의 경우, 문장이 끊어지는 곳이다.

○ 去聲.
'옹(雍)'은 거성(去聲 : 땅 이름)이다.

○ 渭水之北.
'송지어함양지지야(送之於咸陽之地也)'의 경우, 위수(渭水)의 북쪽이다.

○ 時未爲君而以君處之也.
'제후지거야(諸侯之車也)'의 경우, 당시에 아직 임금이 되지 않았는데 임금으로써 있었다.

○ 華谷嚴氏曰 : "惟路車乘黃而已, 歉然猶以爲薄, 意有餘也."546)
'사마개황야(四馬皆黃也)'에 대해, 화곡 엄씨(華谷嚴氏 : 嚴粲)가 말하였다. "오직 수레와 누런 네 말일 따름이니, 불만스럽게 오히려 적다고 여겼으나 뜻은 남음이 있다."

[1-11-9-2]
○我送舅氏, 悠悠我思. 何以贈之. 瓊瑰玉佩.

나의 외삼촌을 배웅하여 까마아득한 사모함이로다.
무엇을 선물하여 드릴까 예쁜 옥돌과 패옥이로다.

詳說

二水名, '涇', 水出今原州百泉縣笄頭山, 東南, 至永興軍高陵, 入渭; '渭', 水出渭州渭源縣鳥鼠山, 至同州馮翊縣, 入河.('경'과 '위'는 두 물의 이름이다. '경'은 물이 지금의 원주 백천현 계두산에서 나와서 동남쪽으로 흘러 영흥군 고릉에 이르러 위수로 들어가고, '위'는 물이 위주 위원현의 조서산에서 나와서 동주 풍익현에 이르러 황하로 들어간다.)"라고 하였다.

546) 호광(胡廣) 등 찬, 『시전대전(詩傳大全)』의 소주 내용에서 발췌한 것이다. 그 전문은 다음과 같다. "華谷嚴氏曰 : '何以贈舅氏乎? 惟路車乘馬而已, 歉然猶以爲薄, 意有餘也.'(화곡 엄씨가 말하였다. '… 오직 수레와 누런 네 말일 따름이니, 불만스럽게 오히려 적다고 여겼으나 뜻은 남음이 있다.')"

○ 叶, 新齎反.547)

'사(思)'는 협운(協韻)이니, 신(新)과 재(齎)의 반절이다.

○ 古回反.548)

'괴(瑰)'는 고(古)와 회(回)의 반절이다.

○ 叶, 蒲眉反.549)

'패(佩)'는 협운(協韻)이니, 포(蒲)와 미(眉)의 반절이다.

朱註

賦也. '悠悠', 長也.「序」, 以爲時康公之母穆姬已卒, 故康公送其舅而念母之不見也. 或曰 : "穆姬之卒, 不可考, 此但別其舅而懷思耳." '瓊瑰', 石而次玉.

부(賦)이다. '유유(悠悠)'는 장구(長久)함이다.「서(序)」에서, 당시에 강공(康公)의 어머니인 목희(穆姬)가 이미 죽었기 때문에 강공(康公)이 그 외삼촌을 배웅하면서 어머니를 볼 수 없음을 생각한 것이라고 하였다. 어떤 이는 말하기를, "목희(穆姬)의 죽음은 상고할 수 없으니, 이는 다만 그 외삼촌과 작별하면서 그리워하였을 뿐이다."라고 하였다. '경괴(瓊瑰)'는 돌인데 옥(玉)에 버금가는 것이다.

詳說

○ 其詞, 只如別離之常言, 故云爾.

'차단별기구이회사이(此但別其舅而懷思耳)'에서 볼 때, 그 말이 다만 별리(別離)의 상투적인 말과 같기 때문에 그렇게 이른 것이다.

○ 次於玉.

---

547) 주자(朱子) 찬, 『시경집전(詩經集傳)』 및 호광(胡廣) 등 찬, 『시전대전(詩傳大全)』의 소주 내용을 수용한 것이다. 『광운(廣韻)』에는 본음이 "息茲切.(식과 자의 반절이다.)"이고 평성(平聲)이라고 하였다.
548) 호광(胡廣) 등 찬, 『시전대전(詩傳大全)』의 소주 내용을 수용한 것이다. 주자(朱子) 찬, 『시경집전(詩經集傳)』의 소주에는 "音媯.(음이 규이다.)"으로 되어 있다. 『광운(廣韻)』에는 본음이 "公回切.(공과 회의 반절이다.)"이고 평성(平聲)이라고 하였다. 규(媯)는 『강희자전(康熙字典)』에 의하면 "『廣韻』·『集韻』·『韻會』·『正韻』, 厷居爲切, 音溈.(『광운』·『집운』·『운회』·『정운』에서 아울러 거와 위의 반절이니, 음이 규이다.)"라고 하였다.
549) 주자(朱子) 찬, 『시경집전(詩經集傳)』 및 호광(胡廣) 등 찬, 『시전대전(詩傳大全)』의 소주 내용을 수용한 것이다. 『광운(廣韻)』에는 본음이 "蒲昧切.(포와 매의 반절이다.)"이고 거성(去聲)이라고 하였다.

'석이차옥(石而次玉)'의 경우, 옥(玉)에 버금가는 것이다.

○ 曾氏曰 : "'玉佩', 珩・璜・琚・瑀之屬."550)
증씨(曾氏 : 曾鞏)551)가 말하였다. "'옥패(玉佩)'는 형(珩)・황(璜)・거(琚)・우(瑀)의 등속이다."

[1-11-9-3]
「渭陽」二章, 章四句.

「위양(渭陽 : 위수 북쪽)」은 두 장이니, 장마다 네 구이다.

朱註

按, 『春秋傳』, 晉獻公, 烝於齊姜, 生秦穆夫人・太子申生, 娶犬戎胡姬, 生重耳, 小戎子生夷吾, 驪姬生奚齊, 其娣生卓子, 驪姬譖申生, 申生自殺, 又譖二公子, 二公子皆出奔. 獻公卒, 奚齊・卓子繼立, 皆爲大夫里克所弑, 秦穆公納夷吾, 是爲惠公, 卒子圉立, 是爲懷公. 立之明年, 秦穆公又召重耳而納之, 是爲文公. 王氏曰 : "至渭陽者, 送之遠也; 悠悠我思者, 思之長也; 路車乘黃・瓊瑰玉佩者, 贈之厚也." 廣漢張氏曰 : "康公爲太子, 送舅氏而念母之不見, 是固良心也, 而卒不能自克於令狐之役, 怨欲害乎良心也. 使康公知循是心, 養其端而充之, 則怨欲可消矣."

살펴보건대, 『춘추전(春秋傳)』에, 진(晉)나라 헌공(獻公)이 제강(齊姜)을 간통하여 진(秦)나라 목부인(穆夫人)과 태자(太子) 신생(申生)을 낳았고, 견융(犬戎)의 호희(胡姬)를 아내로 맞아 중이(重耳)를 낳았고, 소융자(小戎子)는 이오(夷吾)를 낳았고, 여희(驪姬)는 해제(奚齊)를 낳았고, 그 여동생은 탁자(卓子)를 낳았는데, 여희(驪姬)

---

550) 호광(胡廣) 등 찬, 『시전대전(詩傳大全)』의 소주 내용을 수용한 것이다. 「정(鄭)・여왈계명(女曰雞鳴)」에서 "雜佩以贈之."라고 하였는데, 『모전(毛傳)』에서 "雜佩者, 珩・璜・琚・瑀・衝牙之類."라고 하였고, 육덕명(陸德明)의 『석문(釋文)』에서 "珩, 音衡, 佩上玉也; 璜, 音黃, 半璧曰璜."이라고 하였다.

551) 증씨(曾氏 : 曾鞏): 증공(1019-1083)은 북송의 학자로, 자가 자고(子固)이고, 호가 남풍(南豐)이며, 강우(江右) 사람이다. 남풍(南豐)에서 태어나서 임천(臨川)에서 살았다. 어려서부터 총명하고 지혜로우며 기억력이 뛰어나 한번 시문(詩文)을 읽으면 줄줄 외웠고, 12살부터는 글을 잘 지었다고 한다. 가우(嘉祐) 2년(1057)에 진사에 급제하여 벼슬이 태평주사법참군(太平州司法參軍)을 시작으로 각지의 지주(知州)를 맡았고, 사관수찬(史官修撰)・판태상시겸예의사(判太常寺兼禮儀事) 등을 역임하여 시호 문정(文定)을 받았다. 당송팔대가(唐宋八大家)에 들 정도로 문장에 뛰어나 '고아(古雅)하고 평정(平正)하고 충화(冲和)하다'는 평을 받았으며 세상에서 남풍선생(南豐先生)이라 일컬었다. 저서로는 『원풍유고(元豐類稿)』・『융평집(隆平集)』 등이 있다.

가 신생(申生)를 참소하여 신생(申生)이 자살하였고, 또 두 공자(公子)를 참소하여 두 공자(公子)가 모두 나라 밖으로 달아났다. 헌공(獻公)이 죽자 해제(奚齊)와 탁자(卓子)가 이어서 즉위했는데 모두 대부(大夫) 이극(里克)에게 시해되자 진(秦)나라 목공(穆公)이 이오(夷吾)를 나라 안으로 들이니 이가 혜공(惠公)이며, 그가 죽어 아들 어(圉)가 즉위하니 이가 회공(懷公)이다. 즉위한 이듬해에 진(秦)나라 목공(穆公)이 또 중이(重耳)를 불러 나라 안으로 들이니 이가 문공(文公)이다. 왕씨(王氏 : 王安石)가 말하였다. "위양(渭陽)에 이른 것은 배웅을 멀리까지 한 것이고, 까마아득한 내 생각이라는 것은 사모함이 오래된 것이고, 노거(路車)와 승황(乘黃) 및 경괴(瓊瑰)와 옥패(玉佩)는 선물을 후하게 한 것이다." 광한 장씨(廣漢張氏 : 張栻)가 말하였다. "강공(康公)이 태자(太子)가 되어 외삼촌을 배웅하면서 어머니를 보지 못하는 것을 염려하였으니, 이는 진실로 선량한 마음이었는데 마침내 스스로 영호(令狐)에서의 전쟁을 이겨낼 수 없었으니, 원망과 욕심이 선량한 마음을 해친 것이다. 강공(康公)으로 하여금 이 선량한 마음을 좇아서 그 선량한 실마리를 함양하여 확충함을 알게 하였다면 원망과 욕심이 사라질 수 있었을 것이다."

詳說

○ 左氏.

'『춘추전』(『春秋傳』)'은 좌씨(左氏 : 左丘明)[552]이다.

○ 『左傳』作'狐'.

'호(胡)'의 경우, 『좌전(左傳)』에는 '호(狐)'로 썼다.

○ 女弟.

'제(娣)'는 여동생이다.

○ 重耳·夷吾.

'이공자(二公子)'는 중이(重耳)와 이오(夷吾)이다.

○ 相繼而立.

---

552) 좌씨(左氏 : 左丘明): 좌구명은 춘추시대 노(魯)나라의 태사(太史)로, 성이 구(丘)이고, 이름이 명(明)이며, 도군(都君) 사람이다. 그 아버지가 좌사관(左史官)으로 부임하였기에 좌구명(左丘明)이라고 불렀다고 한다. 공자(孔子)에게 배웠으며, 저서로는 『춘추좌씨전(春秋左氏傳)』·『국어(國語)』 등이 있다.

'해제·탁자계립(奚齊·卓子繼立)'의 경우, 서로 이어서 즉위한 것이다.

○ 「僖二十四年」.
'입지명년(立之明年)'의 경우, 「희공(僖公) 24년」조이다.

○ 召於楚.
'진목공우소중이(秦穆公又召重耳)'의 경우, 초(楚)나라에서 불렀다.

○ 主或說.
'사지장야(思之長也)'에서 볼 때, 어떤 이의 변설을 위주로 한 것이다.

○ 克私.
'극(克)'은 사사로움을 이기는 것이다.

○ 平聲.553)
'령(令)'은 평성(平聲 : 땅 이름)이다.

○ 伐晉.
'이졸불능자극어령호지역(而卒不能自克於令狐之役)'의 경우, 진(晉)나라를 정벌한 것이다.

○ 見「文七年」.
「문공(文公) 7년」조에 보인다.

○ 怨與欲.
'원욕(怨欲)'의 경우, 원망과 욕심이다.

○ 善端.
'양기단(養其端)'의 경우, 선량한 언행의 실마리이다.

---

553) 그 뜻이 '하여금, 부리다'일 경우에는 『광운(廣韻)』에서 "呂貞切.려와 정의 반절이다.)"이고 평성(平聲)이라 하였고, 그 뜻이 '영리하다, 옛 지명'일 경우에는 『광운(廣韻)』에서 "郎丁切.(랑과 정의 반절이다.)"이고 평성(平聲)이라고 하였다.

[1-11-10-1]

於我乎, 夏屋渠渠, 今也每食無餘. 于嗟乎! 不承權輿.

나에게 큰 집이 깊숙하고 널찍하더니
지금 매양 먹음에 여유로움이 없도다.
아아! 처음같이 이어가지 못함이로다.

詳說

○ 音吁.554)

'우(于)'는 음이 우(吁)이다.

朱註

賦也. '夏', 大也. '渠渠', 深廣貌. '承', 繼也. '權輿', 始也. ○此言 : "其君始有渠渠之夏屋, 以待賢者, 而其後禮意寢衰, 供億寢薄, 至於賢者每食而無餘, 於是歎之, 言不能繼其始也."

부(賦)이다. '하(夏)'는 큼이다. '거거(渠渠)'는 깊숙하고 널찍한 모양이다. '승(承)'은 이어감이다. '권여(權輿)'는 처음이다. ○이는 말하기를, "그 임금이 처음에는 깊숙하고 널찍한 큰 집을 가지고서 현량(賢良)한 이들을 대접하였는데, 그 뒤에 예대(禮待)하는 뜻이 점점 작아지고 제공하는 것이 점점 적어져서 현량한 이가 매양 먹음에 여유로움이 없음에 이르렀더니, 이에 탄식하며 그 처음을 이어갈 수 없다고 말하였다."고 한 것이다.

詳說

○ 上聲.555)

'하(夏)'는 상성(上聲 : 크다)이다.

---

554) 주자(朱子) 찬, 『시경집전(詩經集傳)』 및 호광(胡廣) 등 찬, 『시전대전(詩傳大全)』의 소주 내용을 수용한 것이다. 『자휘(字彙)』에는 "休居切.(휴와 거의 반절이다.)"이라 하고, 『정운(正韻)』에도 "休居切, 吁通, 歎辭.(휴와 거의 반절이고, 우와 통하니, 감탄사이다.)"라고 하여 본음이 '허'라고 하였다. 우(吁)는 『광운(廣韻)』에서 "況于切.(황과 우의 반절이다.)"이고 평성(平聲)이라고 하였다.
555) 그 뜻이 '크다, 큰 집'일 경우에는 『광운(廣韻)』에서 "胡雅切.(호와 아의 반절이다.)"이고 상성(上聲)이라 하였고, 그 뜻이 '여름'일 경우에는 『광운(廣韻)』에서 "胡駕切.(호와 가의 반절이다.)"이고 거성(去聲)이라고 하였다.

○ 華谷嚴氏曰 : "造衡自權始, 造車自輿始."556)
'시야(始也)'에 대해, 화곡 엄씨(華谷嚴氏 : 嚴粲)가 말하였다. "저울대를 만듦은 저울추로부터 시작되었고, 수레를 만듦은 수레상자로부터 시작되었다."

○ 按, 權者, 衡之木; 輿者, 車之底.
내가 생각하건대, 권(權)은 저울대의 나무이고, 여(輿)는 수레의 바닥이다.

○ 杜氏曰 : "'供', 給, '億', 安也."557)
'공억침박(供億寢薄)'에 대해, 두씨(杜氏 : 杜預)558)가 말하였다. "'공(供)'은 공급함이고, '억(億)'은 편안함이다."

○ 「小序」曰 : "刺康公也."559)
'언불능계기시야(言不能繼其始也)'에 대해, 「소서(小序)」에서 말하였다. "강공(康公)을 풍자한 것이다."

[1-11-10-2]

○於我乎, 每食四簋, 今也每食不飽. 于嗟乎! 不承權輿.

나에게 매양 먹음에 네 그릇을 주더니
지금 매양 먹음에 배부르지 못하도다.
아아! 처음같이 이어가지 못함이로다.

詳說

○ 叶, 己有反.560)

---

556) 호광(胡廣) 등 찬, 『시전대전(詩傳大全)』의 소주 내용을 수용한 것이다.
557) 호광(胡廣) 등 찬, 『시전대전(詩傳大全)』의 소주 내용을 수용한 것이다.
558) 두씨(杜氏 : 杜預): 두예(222-285)는 위진(魏晉)시대의 학자로, 자가 원개(元凱)이고, 경조군(京兆郡) 두릉현(杜陵縣) 사람이다. 벼슬은 처음에 상서랑(尙書郞)으로 있다가 사마소(司馬昭)의 고급막료(高級幕僚)가 되어 풍락정후(豐樂亭侯)에 봉해졌다. 서진(西晋)이 세워진 뒤에는 하남윤(河南尹)·도지상서(度支尙書) 등을 역임하고, 대장군이 되어 진나라가 오(吳)나라를 멸망시킨 공로로 당양현후(當陽縣侯)에 봉해졌다. 죽은 뒤에는 정남대장군(征南大將軍)·개부의동삼사(開府儀同三司)에 추증되고, 시호는 성(成)이라고 하였다. 널리 배우고 읽기를 좋아하여 두루 통달하였으며 세운 공적이 많아서 당시에 '두무고(杜武庫)'라고 칭송하였다. 저서로는 『춘추좌씨전집해(春秋左氏傳集解)』·『춘추석례(春秋釋例)』 등이 있다.
559) 정씨(鄭氏) 전·육덕명(陸德明) 음의·공영달(孔穎達) 소, 『모시주소(毛詩注疏)』 권11, 「국풍(國風)·진(秦)·권여(權輿)」. "「序」: 「權輿」, 刺康公也. 忘先君之舊臣與賢者, 有始而無終也.'(「서」에 「권여」는 강공을 풍자한 것이다. ….')

'궤(簋)'는 협운(協韻)이니, 기(己)와 유(有)의 반절이다.

○ 叶, 捕苟反.561)
'포(飽)'는 협운(協韻)이니, 포(捕)와 구(苟)의 반절이다.

朱註

賦也. '簋', 瓦器, 容斗二升. 方曰'簠', 圓曰'簋', 簠盛稻粱, 簋盛黍稷. '四簋', 禮食之盛也.
부(賦)이다. '궤(簋)'는 질그릇이니, 한 말 두 되를 담는다. 네모난 것을 '보(簠)'라 하고, 둥근 것을 '궤(簋)'라고 하며, 보(簠)에는 벼와 수수를 담고, 궤(簋)에는 기장과 피를 담는다. '사궤(四簋)'는 예를 갖춘 음식의 성대함이다.

詳說

○ 『諺』音誤, 又與「伐木」相矛盾.562)
'궤(簋)'의 경우, 『언해(諺解)』의 음이 잘못되었고, 또 「벌목(伐木)」과 서로 모순이 된다.

○ 內方外圓.
'보(簠)'의 경우, 안은 네모나고 밖은 둥글다.

○ 內圓外方.
'궤(簋)'의 경우, 안은 둥글고 밖은 네모났다.

○ 平聲, 下同.
'성(盛)'은 평성(平聲 : 담다, 채우다)이니, 아래도 같다.

---

560) 주자(朱子) 찬, 『시경집전(詩經集傳)』 및 호광(胡廣) 등 찬, 『시전대전(詩傳大全)』의 소주 내용을 수용한 것이다. 『광운(廣韻)』에는 본음이 "居洧切.(거와 유의 반절이다.)"이고 상성(上聲)이라고 하였다.
561) 주자(朱子) 찬, 『시경집전(詩經集傳)』 및 호광(胡廣) 등 찬, 『시전대전(詩傳大全)』의 소주 내용을 수용한 것이다. 『광운(廣韻)』에는 본음이 "博巧切.(박과 교의 반절이다.)"이고 상성(上聲)이라고 하였다.
562) 『언해(諺解)』의 음이 '궤'가 아니라 '개'로 되어 있음을 말한 것이다. 이에 호광(胡廣) 등 찬, 『시전대전(詩傳大全)』 권9, 「소아(小雅)·녹명지십(鹿鳴之什)·벌목(伐木)」 2장 "陳饋八簋.(음식을 여덟 그릇에 진열하노라.)"의 소주에서 "叶, 己有反."이라고 하였는데, 『언해(諺解)』의 음이 '궤'도 아니고, '개'도 아니고, '게'로 되어 있음을 말한 것이다.

○ 因簋而並及簠
　‘궤성서직(簋盛黍稷)’의 경우, 궤(簋)에 말미암아 아울러 보(簠)에 미친 것이다.

○ 如字.563)
　‘예식지성(禮食之盛)’에서 성(盛)은 본래의 음 대로 읽는다.

○ 食尤急於居, 故此章專言‘食’.
　‘예식지성야(禮食之盛也)’에서 볼 때, 음식이 거주(居住)보다 더 급하기 때문에 이 장에서는 오로지 ‘식(食)’만 말하였다.

[1-11-10-3]

「權輿」二章, 章五句.

「권여(權輿:처음같이)」는 두 장이니, 장마다 다섯 구이다.

朱註

漢楚元王, 敬禮申公・白公・穆生, 穆生不嗜酒, 元王每置酒, 嘗爲穆生設醴. 及王戊卽位, 常設, 後忘設焉. 穆生退曰 : "可以逝矣. 醴酒不設, 王之意怠. 不去, 楚人將鉗我於市." 遂稱疾. 申公・白公, 强起之曰 : "獨不念先王之德歟. 今王一旦失小禮, 何足至此." 穆生曰 : "先王之所以禮吾三人者, 爲道之存故也, 今而忽之, 是忘道也. 忘道之人, 胡可與久處, 豈爲區區之禮哉?" 遂謝病去, 亦此詩之意也.

한(漢)나라 때 초(楚)나라 원왕(元王)이 신공(申公)・백공(白公)・목생(穆生)을 공경하여 예우하였는데 목생(穆生)이 술을 좋아하지 않자 원왕(元王)이 매양 술자리를 베풂에 일찍이 목생(穆生)을 위하여 단술을 갖추어 놓았다. 왕무(王戊)가 즉위함에 미쳐서도 항상 단술을 갖추어 놓다가 뒤에 가서는 갖추어 놓는 것을 잊어버렸더니, 목생(穆生)이 물러가면서 말하기를, "떠날 만하도다. 단술을 갖추어 놓지 않으니, 임금의 뜻이 태만해진 것이다. 떠나가지 않으면 초(楚)나라 사람들이 장차 나의 목에 칼을 씌워 저자거리에 다닐 것이다." 하고는 마침내 병을 핑계하였다. 신공(申公)과 백공(白公)이 억지로 일으키며 말하기를, "홀로 선왕(先王)의 은덕을 생

---

563) 『광운(廣韻)』에는 본음이 "承正切.(승과 정의 반절이다.)"이고 거성(去聲)이라고 하였다.

각하지 않는가. 지금 임금이 하루아침에 소소한 예(禮)를 잃었거늘 어찌 이에 이를 수 있는가."라고 하자 목생(穆生)이 말하기를, "선왕(先王)이 우리 세 사람을 예우한 까닭은 도의(道義)가 있었기 때문이다. 이제 소홀히 대하니 이는 도의를 잊은 것이다. 도의를 잊은 사람과 어찌 함께 오래도록 자리하면서 어찌 구차한 예(禮)를 하리오?" 하고는 마침내 병을 핑계로 사양하고 떠나갔으니, 또한 이 시(詩)의 뜻이다.

詳說

○ 名交.
'초원왕(楚元王)'은 이름이 교(交)이다.

○ 魯人.
'신공(申公)'은 노(魯)나라 사람이다.

○ 音豉.564)
'기(嗜)'는 음이 시(豉)이다.

○ 『漢書』作'常'.565)
'상(嘗)'의 경우, 『한서(漢書)』에는 '상(常)'으로 썼다.

○ 元王之孫.
'왕무(王戊)'는 원왕(元王)의 손자이다.

○ 巨廉反.566)
'겸(鉗)'은 거(巨)와 렴(廉)의 반절이다.

○ 一作'生'.567)

---

564) 『광운(廣韻)』에서 본음이 "常利切.(상과 리의 반절이다.)"이고 거성(去聲)이라고 하였다.
565) 반고(班固) 찬·안사고(顔師古) 주, 『전한서(前漢書)』 권36, 「초원왕전(楚元王傳)」. "初元王敬禮申公等, 穆生不耆酒, 元王每置酒, 常爲穆生設醴. 及王戊卽位, 常設, 後忘設焉, 穆生退曰 : …."
566) 호광(胡廣) 등 찬, 『시전대전(詩傳大全)』의 소주 내용을 수용한 것이다. 『광운(廣韻)』에는 "巨淹切.(거와 엄의 반절이다.)"이고 평성(平聲)이라고 하였다.
567) 반고(班固) 찬, 『전한서(前漢書)』 및 주자(朱子) 찬, 『시경집전(詩經集傳)』에는 '생(生)'으로 표기되어 있

'백공(白公)'에서 공(公)은 어떤 판본에는 '생(生)'으로 썼다.

○ 上聲.568)
'강(强)'은 상성(上聲 : 억지로)이다.

○ 去聲.569)
'위(爲)'은 거성(去聲 : 때문)이다.

○ 上聲.
'처(處)'는 상성(上聲 : 자리하다)이다.

○ 出『漢書』「楚元王傳」.570)
'수사병거(遂謝病去)'의 내용이 『한서(漢書)』「초원왕전(楚元王傳)」에 나온다.

○ 後申公被胥靡之辱於戊, 戊與七國反, 誅死.571)
뒤에 신공(申公)이 왕무(王戊)에게 서미(胥靡 : 奴役刑)의 치욕을 입었는데, 왕무(王戊)가 일곱 나라와 반란하다가 칼에 베어 죽었다.

○ 慶源輔氏曰 : "引穆生事爲證者, 推原詩人之心, 蓋本於此, 安居餔歠之事, 恐非賢者之志也."572)

고, 호광(胡廣) 등 찬,『시전대전(詩傳大全)』및 내각본에는 '공(公)'으로 표기되어 있다.
568) 호광(胡廣) 등 찬,『시전대전(詩傳大全)』의 소주 내용을 수용한 것이다.
569) 호광(胡廣) 등 찬,『시전대전(詩傳大全)』의 소주 내용을 수용한 것이다.
570) 반고(班固) 찬 · 안사고(顔師古) 주,『전한서(前漢書)』권36,「초원왕전(楚元王傳)」. "初元王敬禮申公等, 穆生不耆酒, 元王每置酒, 常爲穆生設醴. 及王戊卽位, 常設, 後忘設焉, 穆生退曰 : '可以逝矣. 醴酒不設, 王之意怠. 不去, 楚人將鉗我於市.' 稱疾臥. 申公 · 白生, 强起之曰 : '獨不念先王之德與. 今王一旦失小禮, 何足至此.' 穆生曰 : '易稱知幾其神乎. 幾者動之微, 吉凶之先見者也. 君子見幾而作, 不俟終日. 先王之所以禮吾三人者, 爲道之存故也. 今而忽之, 是忘道也. 忘道之人, 胡可與久處, 豈爲區區之禮哉?' 遂謝病去, 申公 · 白生獨留. 王戊稍淫暴."
571)『사기(史記)』에 의하면 왕무(王戊)가 오(吳)나라와 반란하였다가 자살하였다고 되어 있다. 그 전문은 다음과 같다. 사마천(司馬遷) 찬 · 배인(裴駰) 집해 · 사마정(司馬貞) 색은 · 장수절(張守節) 정의,『사기(史記)』권50,「초원왕세가(楚元王世家)」. "夷王四年卒, 子王戊立. 王戊立二十年冬, 坐爲薄太后服私姦, 削東海郡. 春戊與吳王合謀反, 其相張尙 · 太傅趙夷吾諫, 不聽. 戊則殺尙 · 夷吾, 起兵與吳西攻梁, 破棘壁. 至昌邑南, 與漢將周亞夫戰. 漢絶吳 · 楚糧道, 士卒飢, 吳王走, 楚王戊自殺, 軍遂降漢."
572) 호광(胡廣) 등 찬,『시전대전(詩傳大全)』의 소주 내용에서 발췌한 것이다. 그 전문은 다음과 같다. "慶源輔氏曰 : '引穆生之事爲證者, 推原詩人之心, 蓋本於此, 不然則其所計者, 不過區區於安居餔歠之事而已, 恐非賢者之志也.'(경원보씨가 말하였다. '목생의 일을 끌어다가 증거로 삼은 것은 시인의 마음을 근원적으로 추구(推究)함에 대개 이에 근본한 것이고, … 구차하게 편히 지내고 먹고 마시는 일에 지나지 않을 따름이니. 아마도 현량한 이의 뜻이 아닌 듯하다.')"

'역차시지의야(亦此詩之意也)'에 대해, 경원 보씨(慶源輔氏 : 輔廣)가 말하였다. "목생(穆生)의 일을 끌어다가 증거로 삼은 것은 시인(詩人)의 마음을 근원적으로 추구(推究)함에 대개 이에 근본한 것인데 편히 지내고 먹고 마시는 일일 따름이니, 아마도 현량한 이의 뜻이 아닌 듯하다."

[1-11-10-4]

秦國, 十篇, 二十七章, 一百八十一句.

진(秦)나라는 열 편에 스물일곱 장이고, 일백여든 한 구이다.

1-12. 진풍 (陳 一之十二)

朱註

'陳', 國名, 大皥伏羲氏之墟, 在禹貢豫州之東. 其地廣平, 無名山大川, 西望外方, 東不及孟諸. 周武王時, 帝舜之冑有虞閼父爲周陶正, 武王賴其利器用, 與其神明之後, 以元女大姬, 妻其子滿, 而封之于陳, 都于宛丘之側, 與黃帝・帝堯之後, 共爲三恪, 是爲胡公. 大姬婦人尊貴, 好樂巫覡・歌舞之事, 其民化之. 今之陳州, 卽其地也.

'진(陳)'은 나라 이름이니, 태호(太皥) 복희씨(伏羲氏)의 옛 터로서 「우공(禹貢)」의 예주(豫州) 동쪽에 있었다. 그 땅이 넓고 평평하여 이름난 산과 큰 내가 없어서 서쪽으로는 외방산(外方山)이 바라보이고, 동쪽으로는 맹저(孟諸)의 큰 못에 미치지 못하였다. 주(周)나라 무왕(武王) 때 제순(帝舜)의 후손인 유우(有虞) 알보(閼父)가 주(周)나라 도정(陶正)이 되니, 무왕(武王)이 그 기용(器用)에 통달하고, 또 신명(神明)의 후손인 것을 신뢰하여 원녀(元女) 태희(太姬)를 그의 아들인 만(滿)의 아내로 삼아주고 진(陳)땅을 봉해주어 완구(宛丘)의 곁에 도읍을 정하여 황제(黃帝)・제요(帝堯)의 후손들과 함께 삼각(三恪 : 三王 후손의 나라)이 되게 하였으니, 이가 호공(胡公)이 된다. 태희(太姬)부인은 존귀(尊貴)하여 무격(巫覡)과 가무(歌舞)의 일을 좋아하였으니, 그 백성들이 감화되었다. 지금의 진주(陳州)가 곧 그 땅이다.

詳說

○ 音泰.
  '태(大)'는 음이 태(泰)이다.

○ 起居反.
  '거(墟)'는 기(起)와 거(居)의 반절이다.

○ 山.
  '외방(外方)'의 경우, 산(山)이다.

○ 澤.
'맹저(孟諸)'의 경우, 택(澤)이다.

○ 後孫.
'주(胄)'는 후손(後孫)이다.

○ 音遏.573)
'알(閼)'은 음이 알(遏)이다.

○ 蓋猶傳不苦窳之法.574)
'무왕뢰기리기용(武王賴其利器用)'에서 볼 때, 대개 오히려 쓸모없지 않은 방법을 전한 것이다.

○ 猶且也.
'여(與)'는 차(且)와 같다.

○ 音泰, 下同.
'이원녀태(以元女大)'에서 태(大)는 음이 태(泰)이니, 아래도 같다.

○ 去聲.
'처(妻)'는 거성(去聲 : 아내삼아주다)이다.

○ 孔氏曰 : "武王賜姓嬀."575)
'이봉지어진(而封之于陳)'에 대해, 공씨(孔氏 : 孔穎達)가 말하였다. "무왕(武王)이 받은 성(姓)은 규(嬀)이다."

---

573) 호광(胡廣) 등 찬, 『시전대전(詩傳大全)』의 소주 내용을 수용한 것이다.
574) '고유(苦窳)'라는 말은 『사기(史記)』에 보인다. 사마천(司馬遷) 찬·배인(裴駰) 집해·사마정(司馬貞) 색은·장수절(張守節) 정의, 『사기(史記)』 권1, 「오제본기(五帝本紀)」. "舜耕歷山, 歷山之人, 皆讓畔; 漁雷澤, 雷澤上人, 皆讓居; 陶河濱, 河濱器, 皆不苦窳."
575) 호광(胡廣) 등 찬, 『시전대전(詩傳大全)』의 소주 내용에서 발췌한 것이다. 그 전문은 다음과 같다. "孔氏曰 : 『左傳』, 史趙云: 胡公不淫, 故周賜之姓, 使祀虞帝. 則胡公姓嬀, 武王所賜. 三恪, 恪者, 敬也, 王者敬先代, 封其後, 尊於諸侯, 卑於二王之後. 「樂記」云: 武王未下車, 封黃帝後於薊, 封帝堯後於祝, 封帝舜後於陳. 下車乃封夏後於杞, 封殷後於宋. 則陳與薊·祝, 是爲三恪."(공씨가 말하였다. '… 호공의 성은 규이니, 무왕이 받은 것이다. ….')"

○ 孔氏曰 : "'恪', 敬也, 敬先代, 封其後, 尊於諸侯, 卑於二王之後."576)

'공위삼각(共爲三恪)'에 대해, 공씨(孔氏 : 孔穎達)가 말하였다. "'각(恪)'은 공경함이니, 선대를 공경하여 그 후손을 봉해주는데, 제후보다는 높이고 이왕(二王 : 黃帝·帝堯)의 후손보다는 낮춘 것이다."

○ 以婦人而尊貴.

'태희부인존귀(大姬婦人尊貴)'의 경우, 부인으로써 존귀(尊貴)한 것이다.

○ 五敎反.577)

'요(樂)'는 오(五)와 교(敎)의 반절이다.

○ 胡狄反.578)

'격(覡)'은 호(胡)와 적(狄)의 반절이다.

○ 廬陵羅氏曰 : "男曰覡, 女曰巫."579)

'호요무격·가무지사(好樂巫覡·歌舞之事)'에 대해, 여릉 나씨(廬陵羅氏 : 羅大經)580)가 말하였다. "남자는 격(覡)이라 하고, 여자는 무(巫)라고 한다."

○ 按, 婦人好巫, 蓋其性也, 而尊貴者, 尤所當戒, 以武王之女, 猶然, 況他人乎.

내가 살펴보건대, 부인이 무당을 좋아하는 것은 대개 그 본성이지만 존귀(尊貴)한 이로서 더욱 마땅히 경계해야 하거늘 무왕(武王)의 딸로써 오히려 그러하였

---

576) 호광(胡廣) 등 찬,『시전대전(詩傳大全)』의 소주 내용에서 발췌한 것이다. 그 전문은 다음과 같다. "孔氏曰 : '『左傳』, 史趙云: 胡公不淫, 故周賜之姓, 使祀虞帝. 則胡公姓嬀, 武王所賜. 三恪, 恪者, 敬也, 王者敬先代, 封其後, 尊於諸侯, 卑於二王之後.「樂記」云: 武王未下車, 封黃帝後於薊, 封帝堯後於祝, 封帝舜後於陳. 下車乃封夏後於杞, 封殷後於宋. 則陳與薊·祝, 是爲三恪.'(공씨가 말하였다. '··· 삼각에서 각은 공경함이니, 임금된 이가 선대를 공경하여 그 후손을 봉해주는데 제후보다는 높이고 이왕의 후손보다는 낮춘 것이다. ···).''
577) 호광(胡廣) 등 찬,『시전대전(詩傳大全)』의 소주 내용을 수용한 것이다.『광운(廣韻)』에도 "五敎切.(오와 교의 반절이다.)"이고 거성(去聲)이라고 하였다.
578) 호광(胡廣) 등 찬,『시전대전(詩傳大全)』의 소주 내용을 수용한 것이다.『광운(廣韻)』에도 본음이 "胡狄切.(호와 적의 반절이다.)"이고 입성(入聲)이라고 하였다.
579) 호광(胡廣) 등 찬,『시전대전(詩傳大全)』의 소주 내용을 수용한 것이다.
580) 여릉 나씨(廬陵羅氏 : 羅大經): 나대경(1195?-?)은 송대 학자로, 자가 경륜(景綸)이며, 길주(吉州) 여릉(廬陵) 사람이다. 저서로는『역해(易解)』·『학림옥로(鶴林玉露)』등이 있다.

으니, 하물며 다른 사람에 있어서이랴.

○ 『詩』中可見.
'기민화지(其民化之)'의 경우, 『시경(詩經)』 가운데에서 볼 수 있다.

○ 黃氏曰 : "上有好者, 必有甚也."581)
황씨(黃氏 : 黃櫄)가 말하였다. "윗사람이 좋아하는 것이 있으면 반드시 심함이 있는 것이다."

[1-12-1-1]

子之湯兮, 宛丘之上兮. 洵有情兮, 而無望兮.

그대는 방탕한 놀음을 완구의 위에서 하도다.
진실로 정감이 있어도 우러러볼 것이 없도다.

詳說

○ 他郞·他浪二反.582)
'탕(湯)'은 타(他)와 랑(郞)·타(他)와 랑(浪)의 두 개의 반절이다.

○ 辰羊·辰亮二反.583)
'상(上)'은 신(辰)과 양(羊)·신(辰)과 량(亮)의 두 개의 반절이다.

○ 音荀.584)

---

581) 이저(李樗)·황춘(黃櫄) 찬, 『모시집해(毛詩集解)』 권15, 「진(陳)·완구(宛丘)·고훈전(詁訓傳)제12·국풍(國風)·동문지분(東門之枌)」. "黃曰 : '… 今陳之風俗, 至於男女, 不紡績其麻, 市也婆娑, 弃其舊業, 而歌舞於市井. 此所爲上有好者, 下必有甚焉者也.'(황이 말하기를, '… 이는 하는 것이 윗사람이 좋아하는 것이 있으면 아랫사람이 반드시 심함이 있는 것이다.'라고 하였다.)"
582) 호광(胡廣) 등 찬, 『시전대전(詩傳大全)』의 소주 내용을 수용한 것이다. 주자(朱子) 찬, 『시경집전(詩經集傳)』의 소주에는 "音蕩.(음이 탕이다.)"으로 되어 있다. 그 뜻이 '끓는 물'일 경우에는 『광운(廣韻)』에서 "吐郞切.(토와 랑의 반절이다.)"이고 평성(平聲)이라 하였고, 그 뜻이 '데이, 삶다, 부딪치다, 방탕하다'일 경우에는 『광운(廣韻)』에서 "他浪切.(타와 랑의 반절이다.)"이고 거성(去聲)이라고 하였다.
583) 호광(胡廣) 등 찬, 『시전대전(詩傳大全)』의 소주 내용을 수용한 것이다. 주자(朱子) 찬, 『시경집전(詩經集傳)』에는 소주가 없다. 『광운(廣韻)』에는 본음이 "時亮切.(시와 량의 반절이다.)"이고 거성(去聲)이라고 하였다.
584) 주자(朱子) 찬, 『시경집전(詩經集傳)』 및 호광(胡廣) 등 찬, 『시전대전(詩傳大全)』의 소주 내용을 수용한 것이다. 『광운(廣韻)』에는 본음이 "相倫切.(상과 륜의 반절이다.)"이고 평성(平聲)이라고 하였다. 순(荀)도 또한 『광운(廣韻)』에서 "相倫切.(상과 륜의 반절이다.)"이고 평성(平聲)이라고 하였다.

'순(洵)'은 음이 순(荀)이다.

○ 武方・武放二反.585)
'망(望)'은 무(武)와 방(方)・무(武)와 방(放)의 반절이다.

朱註

賦也. '子', 指遊蕩之人也. '湯', 蕩也. 四方高中央下曰'宛丘'. '洵', 信也. '望', 人所瞻望也. ○國人, 見此人常遊蕩於宛丘之上, 故敍其事以刺之, 言: "雖信有情思而可樂矣, 然無威儀可瞻望也."

부(賦)이다. '자(子)'는 음탕하게 노는 사람을 가리킨다. '탕(湯)'은 방탕(放蕩)함이다. 사방(四方)이 높고 가운데가 낮은 것을 '완구(宛丘)'라고 한다. '순(洵)'은 진실로이다. '망(望)'은 사람들이 바라보고 우러르는 것이다. ○나라 사람들이 이 사람이 항상 완구(宛丘)의 위에서 음탕하게 노는 것을 보았기 때문에 그 일을 서술하여 풍자한 것이니, 말하기를 "비록 진실로 사랑하는 마음과 사모함이 있어서 즐거워할 만하나, 우러러볼 만한 위의(威儀)가 없다."고 한 것이다.

詳說

○ 蓋男子也.
'지유탕지인야(指遊蕩之人也)'의 경우, 대개 남자이다.

○ 濮氏曰 : "因以爲地名."586)
'사방고중앙하왈완구(四方高中央下曰宛丘)'에 대해, 복씨(濮氏 : 濮一之)587)가 말하였다. "이로 인하여 땅 이름이 되었다."

○ 去聲.
'사(思)'는 거성(去聲 : 思緒)이다.

---

585) 호광(胡廣) 등 찬, 『시전대전(詩傳大全)』의 소주 내용을 수용한 것이다. 주자(朱子) 찬, 『시경집전(詩經集傳)』에는 소주가 없다. 『광운(廣韻)』에는 본음이 "巫放切.(무와 방의 반절이다.)"이고 거성(去聲)이라고 하였다.
586) 호광(胡廣) 등 찬, 『시전대전(詩傳大全)』의 소주 내용에서 발췌한 것이다. 그 전문은 다음과 같다. "濮氏曰 : '宛丘, 因以爲其地之名.'(복씨가 말하였다. '완구는 이로 인하여 그 땅의 이름이 되었다.')"
587) 복씨(濮氏 : 濮一之): 복일지는 송대 학자로, 자가 두남(斗南)이고, 덕흥(德興) 또는 파양(鄱陽) 사람이라고 한다. 벼슬은 정언(正言)・이부시랑(吏部侍郞) 등을 지냈는데, 그 뒤에 벼슬을 버리고 누에를 치면서 강학하였다고 한다.

○ 音洛.588)

'락(樂)'은 음이 락(洛)이다.

○ 而.

'연(然)'의 경우, 이(而)이다.

○ 添'可樂威儀'字.

'연무위의가첨망야(然無威儀可瞻望也)'에서 볼 때, '가락위의(可樂威儀)'자를 더한 것이다.

[1-12-1-2]

○坎其擊鼓, 宛丘之下. 無冬無夏, 値其鷺羽.

둥둥 새장구를 치기를 완구 아래에서 하도다.
겨울 여름 할 것 없이 그 황로의 깃을 꽂도다.

詳說

○ 叶, 後五反.589)

'하(下)'는 협운(協韻)이니, 후(後)와 오(五)의 반절이다.

○ 叶, 與下同.590)

'하(夏)'는 협운(協韻)이니, 하(下)와 같다.

○ 直置反.591)

---

588) 『광운(廣韻)』에는 본음이 "盧各切.(로와 각의 반절이다.)"이고 입성(入聲)이라고 하였다. 락(洛)도 또한 『광운(廣韻)』에서 "盧各切.(로와 각의 반절이다.)"이고 입성(入聲)이라고 하였다.
589) 호광(胡廣) 등 찬, 『시전대전(詩傳大全)』의 소주 내용을 수용한 것이다. 주자(朱子) 찬, 『시경집전(詩經集傳)』이 소주에는 "叶, 後户反.(협운이니, 후와 호의 반절이다.)"으로 되어 있다. 『광운(廣韻)』에는 본음이 "胡雅切.(호와 아의 반절이다.)"이고 상성(上聲)이라고 하였다.
590) 주자(朱子) 찬, 『시경집전(詩經集傳)』 및 호광(胡廣) 등 찬, 『시전대전(詩傳大全)』의 소주 내용을 수용한 것이다. 『광운(廣韻)』에는 본음이 "胡駕切.(호와 가의 반절이다.)"이고 거성(去聲)이라고 하였다. 여기서 협운(協韻)이 '하(下)'와 같다면, 후(後)와 오(五)의 반절이 된다는 것이다.
591) 호광(胡廣) 등 찬, 『시전대전(詩傳大全)』의 소주 내용을 수용한 것이다. 주자(朱子) 찬, 『시경집전(詩經集傳)』의 소주에는 "音治.(음이 치이다.)"로 되어 있다. 『강희자전(康熙字典)』에 의하면 "『唐韻』·『集韻』·『韻會』, 丛直吏切, 音治.('당운』·『집운』·『운회』에는 아울러 직과 리의 반절이라고 하였으니, 음이 치이다.)"라고 하였다. 치(治)는 『광운(廣韻)』에서 "直吏切.(직과 리의 반절이다.)" 또는 "直利切.(직과 리의 반

'치(値)'는 직(直)과 치(置)의 반절이다.

朱註
賦也. '坎', 擊鼓聲. '値', 植也. '鷺', 舂鉏, 今鷺鷥, 好而潔白, 頭上有長毛十數枚. '羽', 以其羽爲翳, 舞者持以指揮也. 言無時不出遊而鼓舞於是也.

부(賦)이다. '감(坎)'은 북을 치는 소리이다. '치(値)'는 꽂음이다. '로(鷺)'는 용서(舂鉏)이니, 지금의 해오라기로 아름답고 결백(潔白)하며, 머리 위에 긴 털 열서너 매가 있다. '우(羽)'는 그 깃으로 일산(日傘)을 만든 것이니, 춤추는 이가 잡고 지휘하는 것이다. 때마다 나가 노닐며 여기에서 북을 치고 춤을 추지 않음이 없음을 말한 것이다.

詳說

○ 音値.
'치(植)'는 음이 치(値)이다.

○ 立之.
'치야(植也)'의 경우, 세우는 것이다.

○ 貌好.
'호(好)'는 모양이 예쁜 것이다.

○ 孔氏曰:"翳身而舞."592)
'무자지이지휘야(舞者持以指揮也)'에 대해, 공씨(孔氏:孔穎達)가 말하였다. "몸을 가리고 춤추는 것이다."

○ 宛丘.
'어시(於是)'의 경우, 완구(宛丘)이다.

○ 華陽范氏曰:"無祁寒大暑, 則他時可知矣."593)

절이다.)"이고 거성(去聲)이라고 하였다.
592) 호광(胡廣) 등 찬,『시전대전(詩傳大全)』의 소주 내용에서 발췌한 것이다. 그 전문은 다음과 같다. "孔氏曰:'持鷺羽. 翳身而舞.'(공씨가 말하였다. '… 몸을 가리고 춤추는 것이다.')"

'언무시불출유이고무어시야(言無時不出遊而鼓舞於是也)'에 대해, 화양 범씨(華陽 范氏 : 范祖禹)594)가 말하였다. "몹시 심한 추위와 몹시 심한 더위가 없었다면 다른 때는 알 만하다."

[1-12-1-3]

○坎其擊缶, 宛丘之道. 無冬無夏, 値其鷺翿.

둥둥 질동이를 치기를 완구의 길에서 하도다.
겨울 여름 할 것 없이 그 백로의 깃을 꽂도다.

詳說

○ 音否.595)
'부(缶)'는 음이 부(否)이다.

○ 叶, 徒厚反.596)
'도(道)'는 협운(協韻)이니, 도(徒)와 후(厚)의 반절이다.

○ 音導, 叶, 殖有反.597)
'도(翿)'는 음이 도(導)이고, 협운(協韻)이니, 식(殖)과 유(有)의 반절이다.

---

593) 호광(胡廣) 등 찬, 『시전대전(詩傳大全)』의 소주 내용에서 발췌한 것이다. 그 전문은 다음과 같다. "華陽 范氏曰：'冬夏祁寒大暑之時也, 人之好樂於是時, 必少息焉, 今也, 無冬無夏, 則其他時可知矣.'(화양 범씨가 말하였다. '겨울과 여름의 몹시 심한 추위와 몹시 심한 더위의 때에도 사람들이 이때를 좋아하더라도 반드시 조금은 쉬었을 것인데, 지금 겨울 여름 할 것 없었다면 그 다른 때는 알 만하다.')"
594) 범조우: 화양 범씨(華陽范氏 : 范祖禹): 범조우(1041-1098)는 북송대 학자로, 자가 순보(淳甫)·순부(淳夫)·순부(純父), 또는 몽득(夢得)이고, 성도(成都) 화양(華陽) 사람이어서, 화양 범씨(華陽范氏) 또는 성도 범씨(成都范氏)라고 부른다. 정자(程子)를 사사(師事)하고, 사마광(司馬光)을 추존하였으며, 같이 『자치통감(資治通鑑)』을 편수하였다. 저서로는 『시해(詩解)』·『고문효경설(古文孝經說)』·『제의(祭儀)』·『경서요언(經書要言)』 등이 있다.
595) 주자(朱子) 찬, 『시경집전(詩經集傳)』의 소주와 달리 호광(胡廣) 등 찬, 『시전대전(詩傳人主)』의 소주에는 "方有反.(방과 유의 반절이다.)"으로 되어 있다. 『광운(廣韻)』에는 본음이 "方久切.(방과 구의 반절이다.)"이고 상성(上聲)
596) 주자(朱子) 찬, 『시경집전(詩經集傳)』 및 호광(胡廣) 등 찬, 『시전대전(詩傳大全)』의 소주 내용을 수용한 것이다. 『광운(廣韻)』에는 본음이 "徒皓切.(도와 호의 반절이다.)"이고 상성(上聲)이라고 하였다.
597) 주자(朱子) 찬, 『시경집전(詩經集傳)』 및 호광(胡廣) 등 찬, 『시전대전(詩傳大全)』의 소주 내용을 수용한 것이다. 『광운(廣韻)』에는 본음이 "徒到切.(도와 도의 반절이다.)"에 거성(去聲) 또는 "徒刀切.(도와 도의 반절이다.)"이고 평성(平聲)이라고 하였다. 도(導)도 또한 『광운(廣韻)』에서 "徒到切.(도와 도의 반절이다.)"이고 거성(去聲)이라고 하였다.

朱註

賦也. '缶', 瓦器, 可以節樂. '翿', 翳也.

부(賦)이다. 부(缶)는 질그릇이니, 〈두드려서〉 음악을 절진(節奏)할 수 있다. 도(翿)는 깃일산이다.

詳說

○ 孔氏曰 : "瓦盆."598)

'와기(瓦器)'에 대해, 공씨(孔氏 : 孔穎達)가 말하였다. "질동이이다."

○ 『易』「離卦」曰 : "鼓缶而歌."599)

'가이절악(可以節樂)'에 대해, 『주역(周易)』「이괘(離卦)」에서 말하였다. "질동이를 두드리면서 노래한다."

[1-12-1-4]

「宛丘」三章, 章四句.

「완구(宛丘 : 완구)」는 세 장이니, 장마다 네 구이다.

[1-12-2-1]

東門之枌, 宛丘之栩, 子仲之子, 婆娑其下.

동문에 흰 느릅나무이고 완구에 상수리나무이거늘
자중씨의 아름다운 딸이 그 아래에서 춤을 추도다.

詳說

---

598) 호광(胡廣) 등 찬, 『시전대전(詩傳大全)』의 소주 내용에서 발췌한 것이다. 그 전문은 다음과 같다. "孔氏曰 : '『易』「離卦」云 : 鼓缶而歌, 是樂器 ; 「坎卦」云 : 樽酒簋, 貳用缶, 又是酒器 ; 『左傳』「襄公九年」, 宋災具綆缶, 則又是汲器. 然則缶可節樂, 若今繫甌, 又可盛水盛酒, 卽今瓦盆也.'(공씨가 말하였다. '… 또 물을 담고 술을 담을 수 있으니, 곧 지금의 질동이다.')"

599) 호광(胡廣) 등 찬, 『시전대전(詩傳大全)』의 소주 내용에서 발췌한 것이다. 그 전문은 다음과 같다. "孔氏曰 : '『易』「離卦」云 : 鼓缶而歌, 是樂器 ; 「坎卦」云 : 樽酒簋, 貳用缶, 又是酒器 ; 『左傳』「襄公九年」, 宋災具綆缶, 則又是汲器. 然則缶可節樂, 若今繫甌, 又可盛水盛酒, 卽今瓦盆也.'(공씨가 말하였다. '『주역』「이괘」에서 이르기를, 질동이를 두드리면서 노래한다고 하였으니, 이는 악기이고, ….')" ; 호광(胡廣) 등 찬, 『주역전의대전(周易傳義大全)』 권11, 「이괘(離卦)」. "九三, 日昃之離, 不鼓缶而歌, 則大耋之嗟, 凶.(구삼 … 질동이를 두드리지 않고서 노래하면 ….)"

○ 符云反.600)

　　'분(枌)'은 부(符)와 운(云)의 반절이다.

○ 況浦反.601)

　　'후(栩)'는 황(況)과 포(浦)의 반절이다.

○ 音桫.602)

　　'사(娑)'는 음이 사(桫)이다.

○ 叶, 後五反.603)

　　'하(下)'는 협운(協韻)이니, 후(後)와 오(五)의 반절이다.

朱註

賦也. '枌', 白楡也, 先生葉, 郃著莢, 皮色白. '子仲之子', 子仲氏之女也. '婆娑', 舞貌. ○此, 男女聚會歌舞, 而賦其事以相樂也.

부(賦)이다. '분(枌)'은 흰 느릅나무이니, 먼저 잎이 나고, 틈새마다 꼬투리가 붙으며, 껍질 색깔이 희다. '자중지자(子仲之子)'는 자중씨(子仲氏)의 딸이다. '파사(婆娑)'는 춤을 추는 모양이다. ○이는 남정네와 여인네가 모여서 노래하고 춤추며 그 일을 읊으면서 서로 즐거워한 것이다.

詳說

○ 隙同.

　　'극(郃)'은 극(隙)과 같다.

---

600) 호광(胡廣) 등 찬, 『시전대전(詩傳大全)』의 소주 내용을 수용한 것이다. 주자(朱子) 찬, 『시경집전(詩經集傳)』의 소주에는 "音文.(음이 문이다.)"으로 되어 있다. 『광운(廣韻)』에는 본음이 "符分切.(부와 분의 반절이다.)"이고 평성(平聲)이라고 하였다.
601) 호광(胡廣) 등 찬, 『시전대전(詩傳大全)』의 소주 내용을 수용한 것이다. 주자(朱子) 찬, 『시경집전(詩經集傳)』의 소주에는 "音許.(음이 허이다.)"으로 되어 있다. 『광운(廣韻)』에는 본음이 "況羽切.(횡과 우의 반절이다.)"이고 상성(上聲)이라고 하였다. 본음이 '후'이고, '호'는 '하(下)'의 협운(協韻)에 맞춘 협음(協音)인 듯하니, 아마도 "況浦反." 앞에 '협(叶)'자가 누락된 것 같다.
602) 주자(朱子) 찬, 『시경집전(詩經集傳)』의 소주와 달리 호광(胡廣) 등 찬, 『시전대전(詩傳大全)』의 소주에는 "素何切.(소와 하의 반절이다.)"으로 되어 있다. 『광운(廣韻)』에도 본음이 "素何切.(소와 하의 반절이다.)"이고 평성(平聲)이라고 하였다. 사(桫)는 『광운(廣韻)』에서 "蘇禾切.(소와 화의 반절이다.)"이고 평성(平聲)이라고 하였다.
603) 주자(朱子) 찬, 『시경집전(詩經集傳)』 및 호광(胡廣) 등 찬, 『시전대전(詩傳大全)』의 소주 내용을 수용한 것이다. 『광운(廣韻)』에는 본음이 "胡雅切.(고와 아의 반절이다.)"이고 상성(上聲)이라고 하였다.

○ 陟略反.
'착(著)'은 척(陟)과 략(略)의 반절이다.

○ 角也.
'협(莢)'은 꼬투리이다.

○ 『諺』音誤, 與「鴇羽」自相矛盾.604)
'피색백(皮色白)'에서 '후(栩)'는 『언해(諺解)』의 음이 잘못되었으니, 「보우(鴇羽)」와 스스로 서로 모순이 된다.

○ 此'子仲', 與「擊鼓」'子仲', 不同.605)
'자중씨지녀야(子仲氏之女也)'의 경우, 이 '자중(子仲)'은 「격고(擊鼓)」의 '자중(子仲)'과 같지 않다.

○ 音洛.606)
'락(樂)'은 음이 락(洛)이다.

○ 龍舒王氏曰 : "「陳風」多言'東門', 豈東門之外, 獨甚歟."607)
'이부기사이상락야(而賦其事以相樂也)'에 대해, 용사 왕씨(龍舒王氏 : 王日休)608)가 말하였다. "「진풍(陳風)」에는 '동문(東門)'을 많이 말했는데, 어찌 동문(東門) 외에는 오직 심하였는가."

---

604) 『언해(諺解)』에 음이 '후'가 아니라 '호'로 되어 있음을 말한 것이다. 호광(胡廣) 등 찬, 『시전대전(詩傳大全)』 권6, 「국풍(國風)‧당(唐)‧보우(鴇羽)」 1장에서 "肅肅鴇羽! 集于苞栩.(푸득푸득 너새의 날개깃이여! 떨기 도토리나무에 모이도다.)"라고 하였는데, '후(栩)'의 소주에 "况禹反.(황과 우의 반절이다.)"라고 한 것과 여기서 "况浦反.(황과 포의 반절이다.)"이라고 한 것이 서로 모순된다고 본 것이다.
605) 호광(胡廣) 등 찬, 『시전대전(詩傳大全)』 권2, 「국풍(國風)‧패(邶)‧격고(擊鼓)」 2장에서 "從孫子仲, 平陳與宋. 不我以歸, 憂心有忡.(손자중 장군님을 뒤따라가면서 진나라와 송나라를 화친했노라. 나를 집으로 돌려보내지 않으니 마음에 시름 생겨 두근거리도다.)"라고 하였는데, 주(註)에서, "'孫', 氏, '子仲', 字, 時軍帥也.('손'은 씨이고, '자중'은 자이니, 당시 군대의 장수이다.)"라고 하였다.
606) 『광운(廣韻)』에는 본음이 "盧各切.(로와 각의 반절이다.)"이고 입성(入聲)이라고 하였다. 락(洛)도 또한 『광운(廣韻)』에서 "盧各切.(로와 각의 반절이다.)"이고 입성(入聲)이라고 하였다.
607) 호광(胡廣) 등 찬, 『시전대전(詩傳大全)』 및 내각본에는 '此'자로 되어 있다. 그 전문은 다음과 같다. "龍舒王氏曰 : '陳風」多言東門, 豈此門之外, 獨甚歟.'(용서 왕씨가 말하였다. 「진풍」에는 동문을 많이 말했는데, 어찌 이 문 외에는 오직 심하였는가.')"
608) 용서 왕씨(龍舒王氏 : 王日休): 왕일휴(?-1173)는 송대 학자로 자가 허중(虛中)이고, 용서(龍舒) 사람이다. 여러 경서에 깊고 넓게 관통하여 육경(六經)과 『논어』‧『맹자』의 문장 뜻에 들어있는 수십 가지 방언을 훈고(訓詁) 주해(註解)하였다. 뒤에 서방정업(西方淨業)을 수행하면서 매일 예불(禮佛) 일천 배를 하였다고 한다. 저서로는 『용서정토문(龍舒淨土文)』이 있다.

[1-12-2-2]

○穀旦于差, 南方之原. 不績其麻, 市也婆娑.

좋은 아침으로 택하더니 남쪽 언덕으로 모이도다.
삼을 길쌈하지 아니하고 저자에서 춤을 추는구나.

詳說

○ 音釵, 叶, 七何反.609)
'차(差)'는 음이 차(釵)이고 협운(協韻)이니, 칠(七)과 하(何)의 반절이다.

○ 無韻, 未詳.610)
'원(原)'의 경우, 운(韻)이 없으니, 자세하지 않다.

○ 叶, 謨婆反.611)
'마(麻)'는 협운(協韻)이니, 모(謨)와 파(婆)의 반절이다.

朱註

賦也. '穀', 善, '差', 擇也. ○旣差擇善旦, 以會于南方之原. 於是, 棄其業以舞於市, 而往會也.

부(賦)이다. '곡(穀)'은 좋음이고, '차(差)'는 택함이다. ○이미 좋은 아침을 택하여 남쪽 언덕에 모였다. 이에 그 생업(生業)을 버리고 저자에서 춤추려고 가서 모인 것이다.

詳說

○ 添'會'字.

---

609) 주자(朱子) 찬, 『시경집전(詩經集傳)』이 소주와 달리 호광(胡廣) 등 찬, 『시전대전(詩傳人소)』의 소주에는 "初佳反, 叶, 七何反.(초와 가의 반절이고, 협운이니, 칠과 하의 반절이다.)"으로 되어 있다. 『광운(廣韻)』에는 본음이 "楚皆切.(초와 개의 반절이다.)"이고 평성(平聲)이라 하였다. 차(釵)는 『광운(廣韻)』에서 "楚佳切.(초와 가의 반절이다.)"이고 평성(平聲)이라고 하였다.
610) 호광(胡廣) 등 찬, 『시전대전(詩傳大全)』의 소주 내용을 수용한 것이다. 주자(朱子) 찬, 『시경집전(詩經集傳)』에는 이 내용이 없다. 『광운(廣韻)』에는 본음이 "愚袁切.(우와 원의 반절이다.)"이고 평성(平聲)이라고 하였다.
611) 주자(朱子) 찬, 『시경집전(詩經集傳)』 및 호광(胡廣) 등 찬, 『시전대전(詩傳大全)』의 소주 내용을 수용한 것이다. 『광운(廣韻)』에는 본음이 "莫霞切.(모와 하의 반절이다.)"이고 평성(平聲)이라고 하였다.

'이회우남방지원(以會于南方之原)'의 경우, '회(會)'자를 더하였다.

○ 既東而復南, 蓋會非一處也.
이미 동쪽으로 하고 다시 남쪽으로 하였으니, 대개 모임이 한 곳이 아니다.

○ 過市而舞.
'기기업이무어시(棄其業以舞於市)'의 경우, 저자를 지나가면서 춤을 춘 것이다.

○ 添此句.
'이왕회야(而往會也)'의 경우, 이 구절을 더하였다.

○ 無冬夏, 其常也, 善朝, 其所擇也.
겨울과 여름 할 것 없다 함은 그것을 항상함이고, 좋은 아침이라 함은 그것을 택한 것이다.

[1-12-2-3]
○穀旦于逝, 越以鬷邁. 視爾如荍, 貽我握椒.
좋은 아침에 놀러 가는데 많은 사람들과 다니도다.
그대를 아욱같이 대하니 내게 향초 한 줌 주도다.

詳說
○ 音宗.612)
'종(鬷)'은 음이 종(宗)이다.

○ 叶, 力制反.613)
'매(邁)'는 협운(協韻)이니, 력(力)과 제(制)의 반절이다.

---

612) 주자(朱子) 찬, 『시경집전(詩經集傳)』의 소주와 달리 호광(胡廣) 등 찬, 『시전대전(詩傳大全)』의 소주에는 "子公反.(자와 공의 반절이다.)"으로 되어 있다. 『광운(廣韻)』에는 본음이 "子紅切.(자와 홍의 반절이다.)"이고 평성(平聲)이라고 하였다. 종(宗)은 『광운(廣韻)』에서 "作冬切.(작과 동의 반절이다.)"이고 평성(平聲)이라고 하였다.
613) 주자(朱子) 찬, 『시경집전(詩經集傳)』 및 호광(胡廣) 등 찬, 『시전대전(詩傳大全)』의 소주 내용을 수용한 것이다. 『광운(廣韻)』에는 본음이 "莫話切.(모와 화의 반절이다.)"이고 거성(去聲)이라고 하였다.

○ 音翹.614)

'교(茮)'는 음이 교(翹)이다.

朱註

賦也. '逝', 往, '越', 於, '繁', 衆也. '邁', 行也. '茮', 芘芣也, 又名荊葵, 紫色. '椒', 芬芳之物也. ○言: "又以善旦而往, 於是以其衆行, 而男女相與道其慕悅之辭曰: '我視爾顏色之美, 如芘芣之華, 於是遺我以一 握之椒', 而交情好也."

부(賦)이다. '서(逝)'는 감이고, '월(越)'은 이에이고, '종(繁)'은 많음이다. '매(邁)'는 다님이다. '교(茮)'는 비부(芘芣)이니, 또 이름이 형규(荊葵)이며, 자주색이다. '초(椒)'는 향기로운 물건이다. ○말하기를, "또 좋은 아침에 놀러 가는데, 이에 그 많은 사람들과 다니다가 남정네와 여인네가 그 사모하고 좋아하는 말을 서로 더불어 말하기를, '내가 그대 얼굴빛의 아름다움을 보니 마치 아욱꽃과 같았다고 하니, 이에 나에게 한 줌의 향초(香椒)를 주었다.'고 하여 사귀는 정(情)이 좋았다."고 한 것이다.

詳說

○ 音毗.615)

'비(芘)'는 음이 비(毗)이다.

○ 音浮.616)

'부(芣)'는 음이 부(浮)이다.

○ 孔氏曰: "水草."617)

'자색(紫色)'에 대해, 공씨(孔氏 : 孔穎達)가 말하였다. "물풀이다."

---

614) 주자(朱子) 찬, 『시경집전(詩經集傳)』의 소주의 달리 호광(胡廣) 등 찬, 『시전대전(詩傳大全)』의 소주에는 "祁饒反.(기와 요의 반절이다.)"으로 되어 있다. 『광운(廣韻)』에는 본음이 "渠遙切.(거와 요의 반절이다.)"이고 평성(平聲)이라고 하였다. 교(翹)도 또한 『광운(廣韻)』에서 "渠遙切.(거와 요의 반절이다.)"이고 평성(平聲)이라고 하였다.
615) 호광(胡廣) 등 찬, 『시전대전(詩傳大全)』의 소주 내용을 수용한 것이다.
616) 호광(胡廣) 등 찬, 『시전대전(詩傳大全)』의 소주 내용을 수용한 것이다.
617) 호광(胡廣) 등 찬, 『시전대전(詩傳大全)』의 소주 내용에서 발췌한 것이다. 그 전문은 다음과 같다. "孔氏曰: '一曰蚍衃, 水草, 多花少葉, 又翹起, 似蕪菁.'(공씨가 말하였다. '한편으로 비부라고 하는데 물풀이니, 꽃이 많고 잎이 적으며, ….')"

○ 與「椒聊」註, 叅看.618)

'분방지물야(芬芳之物也)'의 경우,「초료(椒聊)」의 주(註)와 참조하여 보아야 한다.

○ 音花. ○添'華'字.

'여비부지화(如芘芣之華)'에서 화(華)는 음이 화(花)이다. ○'화(華)'자를 더하였다.

○ 去聲.619)

'유(遺)'는 거성(去聲 : 주다)이다.

○ 猶結也.

'교(交)'는 결(結)과 같다.

○ 去聲.

'호(好)'는 거성(去聲 : 좋아하다)이다.

○ 添此句.

'이교정호야(而交情好也)'의 경우, 이 구절을 더하였다. ○

○ 慶源輔氏曰 : "以動其淫欲."620)

경원 보씨(慶源輔氏 : 輔廣)가 말하였다. "그 음욕을 움직인 것이다."

---

618) 호광(胡廣) 등 찬,『시전대전(詩傳大全)』권6,「국풍(國風)·당(唐)·초료(椒聊)」, 1장에서 "椒聊之實, 蕃衍盈升. 彼其之子. 碩大無朋. 椒聊且. 遠條且.(산초나무에 맺힌 열매가 넘쳐서 되에 그득하도다. 저기 있는 그 분이야말로 훌륭하여 비할 데 없도다. 산초나무가 잠깐 사이에 가지를 길쭉이 뻗었도다.)"라고 하였는데, 그 주(註)에서 "'椒', 樹似茱萸, 有針刺, 其實味辛而香烈.('초'는 나무가 수유와 같은데 바늘가시가 있으며, 그 열매는 맛이 맵고 향기가 강하다.)"이라고 하였다.
619) 그 뜻이 '잃어버리다'일 경우에는『광운(廣韻)』에서 "以追切.(이와 추의 반절이다.)"이고 평성(平聲)이라 하였고, 그 뜻이 '주다'일 경우에는『광운(廣韻)』에서 "以醉切.(이와 취의 반절이다.)"이고 거성(去聲)이라고 하였다.
620) 호광(胡廣) 등 찬,『시전대전(詩傳大全)』의 소주 내용에서 발췌한 것이다. 그 전문은 다음과 같다. "慶源輔氏曰 : '夫民勞則思, 思則善心生; 逸則淫, 淫則忘善, 忘善則惡心生, 理勢之必然也. 陳國之地廣平, 又以大姬之化, 故其俗遊蕩無度. 已見於「宛丘」之詩; 其逸甚矣, 故繼以「東門之枌」, 男女聚會歌舞, 婦人棄其所業, 相與慕悅, 各有所贈以交情好, 動其淫欲者, 亦其勢之必然也.(경원 보씨가 말하였다. '… 각기 선물한 것이 있어서 사귀는 정이 좋았으니, 그 음욕을 움직인 것은 또한 그 형세가 반드시 그러한 것이다.')"

[1-12-2-3]

「東門之枌」三章, 章四句.

「동문지분(東門之枌 : 동문에 흰 느릅나무)」은 세 장이니, 장마다 네 구이다.

[1-12-3-1]

衡門之下, 可以棲遲. 泌之洋洋, 可以樂飢.

나직한 문 아래에 살지라도 노닐고 쉬고 할 수 있으리라.
샘물이 철철 넘칠 듯 흐르니 즐기다가 굶을 수 있으리라.

詳說

○ 音西.621)
'서(棲)'는 음이 서(西)이다.

○ 音祕.622)
'비(泌)'는 음이 비(祕)이다.

○ 音洛.623)
'락(樂)'은 음이 락(洛)이다.

朱註

賦也. '衡門', 橫木爲門也, 門之深者, 有阿·塾·堂·宇, 此惟橫木爲之. '棲遲', 遊息也. '泌', 泉水也. '洋洋', 水流貌. ○此, 隱居自樂而無求者之辭624), 言:"衡門雖淺陋, 然亦可以遊息, 泌水雖不可飽, 然亦可以玩樂而

---

621) 주자(朱子) 찬, 『시경집전(詩經集傳)』 및 호광(胡廣) 등 찬, 『시전대전(詩傳大全)』의 소주 내용을 수용한 것이다. 『광운(廣韻)』에는 본음이 "先稽切.(선과 계의 반절이다.)"이고 평성(平聲)이라고 이였다. 시(西)도 또한 『광운(廣韻)』에서 "先稽切.(선과 계의 반절이다.)"이고 평성(平聲)이라고 하였다.
622) 주자(朱子) 찬, 『시경집전(詩經集傳)』의 소주와 달리 호광(胡廣) 등 찬, 『시전대전(詩傳大全)』의 소주에는 "悲位反.(비와 위의 반절이다.)"으로 되어 있다. 『광운(廣韻)』에는 본음이 "毗必切.(비와 필의 반절이다.)"이고 입성(入聲), 또는 "兵媚切.(병과 미의 반절이다.)"이고 거성(去聲)이라고 하였다. 비(祕)도 또한 『광운(廣韻)』에서 "兵媚切.(병과 미의 반절이다.)"이고 거성(去聲)이라고 하였다.
623) 주자(朱子) 찬, 『시경집전(詩經集傳)』 및 호광(胡廣) 등 찬, 『시전대전(詩傳大全)』의 소주 내용을 수용한 것이다. 『광운(廣韻)』에는 본음이 "盧各切.(로와 각의 반절이다.)"이고 입성(入聲)이라고 하였다. 락(洛)도 또한 『광운(廣韻)』에서 "盧各切.(로와 각의 반절이다.)"이고 입성(入聲)이라고 하였다.

忘飢也."

부(賦)이다. '형문(衡門)'은 가로나무로 문을 만든 것이니, 문의 깊은 것은 용마루와 문간방과 마루와 지붕이 있는데, 이것들은 오직 가로나무로 만든다. '서지(棲遲)'는 노닐고 쉼이다. '비(泌)'는 샘물이다. '양양(洋洋)'은 물이 흐르는 모양이다. ○이는 은거(隱居)하면서 스스로 즐거워하여 구함이 없는 이의 말이니, 말하기를 "나직한 몸이 비록 얕고 엉성하나 또한 노닐고 쉬고 할 수 있으며, 흐르는 샘물이 비록 배부르게 할 수 없으나 또한 구경하며 즐기느라 배고픔을 잊을 수 있다."고 한 것이다.

詳說

○ 孔氏曰 : "'衡', 古橫字."625)
'횡목위문야(橫木爲門也)'에 대해, 공씨(孔氏 : 孔穎達)가 말하였다. "'형(衡)'은 옛날 횡(橫)자이다."

○ 孔氏曰 : "'阿', 屋脊."626)
'유아·숙·당·우(有阿·塾·堂·宇)'에 대해, 공씨(孔氏 : 孔穎達)가 말하였다. "'아(阿)'는 용마루이다."

○ 『爾雅』曰 : "門側之堂, 謂之塾."627)
『이아(爾雅)』에서 말하였다. "문 옆의 집을 숙(塾)이라고 이른다."

---

624) 주자(朱子) 찬, 『시경집전(詩經集傳)』에는 '辭'로 표기되어 있고, 호광(胡廣) 등 찬, 『시전대전(詩傳大全)』 및 내각본에는 '詞'로 표기되어 있다.
625) 호광(胡廣) 등 찬, 『시전대전(詩傳大全)』의 소주 내용에서 발췌한 것이다. 그 전문은 다음과 같다. "孔氏曰 : '衡, 古文橫字, 此橫木爲門, 言其淺也.'(공씨가 말하였다. '형은 옛글의 횡자이니, 이 가로나무로 문을 만들었다는 것은 그 얕음을 말한 것이다.')"
626) 호광(胡廣) 등 찬, 『시전대전(詩傳大全)』의 소주 내용에서 발췌한 것이다. 그 전문은 다음과 같다. "廬陵 羅氏曰 : '門阿, 「考工記」注, 棟也. 孔氏조 : 屋脊. 『爾雅』云 : 門側之堂, 謂之塾, 則堂, 即塾也, 屋之基, 亦 曰堂. 『周禮』云 : 堂崇三尺, 堂崇一筵. 『禮記』云 : 天子之堂九尺. 『史記』云 : 坐不垂堂, 亦指堂基而言字. 『說文』云 : 屋邊, 即屋四垂.'(여릉 나씨가 말하였다. '… 공씨가 이르기를, 아는 용마루이라고 하였다. ….')"; 정씨(鄭氏) 전·육덕명(陸德明) 음의·공영달(孔穎達) 소, 『모시주소(毛詩注疏)』 권12, 「국풍(國風)·진(陳)·형문(衡門)」의 소(疏)에는 이 내용이 없다.
627) 호광(胡廣) 등 찬, 『시전대전(詩傳大全)』의 소주 내용에서 발췌한 것이다. 그 전문은 다음과 같다. "廬陵 羅氏曰 : '門阿, 「考工記」注, 棟也. 孔氏조 : 屋脊. 『爾雅』云 : 門側之堂, 謂之塾, 則堂, 即塾也, 屋之基, 亦 曰堂. 『周禮』云 : 堂崇三尺, 堂崇一筵. 『禮記』云 : 天子之堂九尺. 『史記』云 : 坐不垂堂, 亦指堂基而言字. 『說文』云 : 屋邊, 即屋四垂.'(여릉 나씨가 말하였다. '… 『이아』에서 이르기를, 문 옆의 집을 숙이라고 이르니, 그렇다면 당은 곧 숙이며, 집의 기초도 또한 당이라고 한다고 하였다. ….')"; 곽박(郭璞) 주·육덕명(陸德明) 음의·형병(邢昺) 소, 『이아주소(爾雅注疏)』 권4, 「석궁(釋宮)」 참조.

○ 廬陵羅氏曰："'堂', 卽塾也, 屋之基, 亦曰'堂'."628)
여릉 나씨(廬陵羅氏 : 羅大經)가 말하였다. "'당(堂)'은 곧 숙(塾 : 문간방)이며, 집의 기초를 또한 '당(堂)'이라고 한다."

○ 『說文』曰 : "'宇', 屋邊."629)
『설문해자(說文解字)』에서 말하였다. "'우(宇)'는 옥변(屋邊 : 처마)이다."

○ 安成劉氏曰 : "上二句, 隱居; 下二句, 自樂, 後兩章, 無求於世."630)
'은거자락이무구자지사(隱居自樂而無求者之辭)'에 대해, 안성 유씨(安成劉氏 : 劉瑾)가 말하였다. "위의 두 구는 은거(隱居)함이고, 아래 두 구는 스스로 즐거워함이며, 뒤의 두 장은 세상에 구하는 것이 없음이다."

○ 從'飢'字說出.
'포(飽)'자는 '기(飢)'자의 설명에서부터 나왔다.

○ 非樂其飢也, 『諺』釋, 恐誤.631)
'연역가이완락이망기야(然亦可以玩樂而忘飢也)'에서 볼 때, 그 굶주림을 즐기는 것이 아니니, 『언해(諺解)』의 해석이 아마도 잘못된 듯하다.

---

628) 호광(胡廣) 등 찬, 『시전대전(詩傳大全)』의 소주 내용에서 발췌한 것이다. 그 전문은 다음과 같다. "廬陵羅氏曰 : '門阿,「考工記」注, 棟也. 孔氏云 : 屋脊. 『爾雅』云 : 門側之堂, 謂之塾, 則堂, 卽塾也, 屋之基, 亦曰堂. 『周禮』云 : 堂崇三尺, 堂崇一筵. 『禮記』云 : 天子之堂九尺. 『史記』云 : 坐不垂堂, 亦指堂基而言字. 『說文』云 : 屋邊, 卽屋四垂.'(여릉 나씨가 말하였다. '… 당은 곧 숙이며, 집의 기초를 또한 당이라고 한다. ….')"

629) 호광(胡廣) 등 찬, 『시전대전(詩傳大全)』의 소주 내용에서 발췌한 것이다. 그 전문은 다음과 같다. "廬陵羅氏曰 : '門阿,「考工記」注, 棟也. 孔氏云 : 屋脊. 『爾雅』云 : 門側之堂, 謂之塾, 則堂, 卽塾也, 屋之基, 亦曰堂. 『周禮』云 : 堂崇三尺, 堂崇一筵. 『禮記』云 : 天子之堂九尺. 『史記』云 : 坐不垂堂, 亦指堂基而言字. 『說文』云 : 屋邊, 卽屋四垂.'(여릉 나씨가 말하였다. '… 『설문』에서 이르기를, 처마이니, 곧 지붕 사방의 처마이라고 하였다.')"; 『설문해자(說文解字)』의 내용은 다음과 같다. "'宇', 屋邊也, 从宀于聲. 『易』曰 : '上棟下宇.'('우'는 처마이니, ….)."

630) 호광(胡廣) 등 찬, 『시전대전(詩傳大全)』의 소주 내용에서 발췌한 것이다. 그 전문은 다음과 같다. "安成劉氏曰 : '能隱居者, 必能自樂; 能自樂者, 必能無求. 故三者之意, 備見於一詩之間. 首章上二句, 可見其隱居; 下二句, 可見其自樂; 後兩章, 又可見隨遇而安, 無求於世也.'(안성 유씨가 말하였다. '… 머리장의 위 두 구에서는 그 은거함을 볼 수 있고, 아래 두 구에서는 그 스스로 즐거워함을 볼 수 있으며, 뒤의 두 장에서는 또 만나는 곳마다 편안하게 여기고 세상에 구하는 것이 없음을 볼 수 있다.')"

631) 『언해(諺解)』의 해석이 '낙(樂)'과 '기(飢)'를 각각 본 것이 아니라, "可가히 써 飢긔를 樂락ᄒ리로다"라고 하여 굶주림을 즐긴다고 해석한 것을 말하는 것이다.

[1-12-3-2]

○豈其食魚, 必河之魴. 豈其取妻, 必齊之姜.

어찌 그 물고기 먹는 것을 반드시 하수의 방어로 하랴.
어찌 그 아내를 얻는 일을 반드시 제나라 강씨로 하랴.

詳說

○ 音房.632)

'방(魴)'은, 음이 방(房)이다.

○ 音娶.633)

'취(取)'는 음이 취(娶)이다.

朱註

賦也. '姜', 齊姓.

부(賦)이다. '강(姜)'은 제(齊)나라 성(姓)이다.

詳說

○ 山陰陸氏曰:"里語云:'洛鯉河魴, 貴於牛·羊'."634)

'부야(賦也)'에 대해, 산음 육씨(山陰陸氏 : 陸佃)635)가 말하였다. "이어(里語)에 이르기를, '낙수(洛水)의 잉어와 하수(河水)의 방어는 소와 양보다 귀하다.'고 하였다."

---

632) 주자(朱子) 찬, 『시경집전(詩經集傳)』 및 호광(胡廣) 등 찬, 『시전대전(詩傳大全)』의 소주 내용을 수용한 것이다. 『광운(廣韻)』에는 본음이 "符方切.(부와 방의 반절이다.)"이고 평성(平聲)이라고 하였다. 방(房)도 또한 『광운(廣韻)』에서 "符方切.(부와 방의 반절이다.)"이고 평성(平聲)이라고 하였다.
633) 주자(朱子) 찬, 『시경집전(詩經集傳)』 및 호광(胡廣) 등 찬, 『시전대전(詩傳大全)』의 소주 내용을 수용한 것이다. 『광운(廣韻)』에는 본음이 "七庾切.(칠과 유의 반절이다.)"이고 상성(上聲)이라고 하였다. 취(娶)는 『광운(廣韻)』에서 "七句切.(칠과 구의 반절이다.)"이고 거성(去聲)이라고 하였다.
634) 호광(胡廣) 등 찬, 『시전대전(詩傳大全)』의 소주 내용에서 발췌한 것이다. 그 전문은 다음과 같다. "山陰陸氏曰 : '里語云: 洛鯉河魴, 貴於牛·羊, 則魴·鯉, 乃魚之美者.'(산음 육씨가 말하였다. '이어에 이르기를, 낙수의 잉어와 하수의 방어는 소와 양보다 귀하다고 하였으니, 곧 방어와 잉어는 바로 물고기 가운데 맛있는 것이다.')"
635) 산음 육씨(山陰陸氏 : 陸佃): 육전(1042-1102)은 북송의 학자로, 자가 농사(農師)이고, 호가 도산(陶山)이며, 산음(山陰) 사람이다. 가난하였으나 학문에 열중하였다. 저서로는 『도산집(陶山集)』・『비아(埤雅)』・『이아신의(爾雅新義)』・『춘추후전(春秋後傳)』・『예상(禮象)』・『갈관자주(鶡冠子注)』 등이 있다.

[1-12-3-3]

◯ 豈其食魚, 必河之鯉. 豈其取妻, 必宋之子.

어찌 그 물고기 먹는 것을 반드시 하수의 잉어로 하랴.
어찌 그 아내를 얻는 일을 반드시 송나라 자씨로 하랴.

詳說

◯ 叶, 獎里反.636)

'자(子)'는 협운(協韻)이니, 장(獎)과 리(里)의 반절이다.

朱註

賦也. '子', 宋姓.

부(賦)이다. '자(子)'는 송(宋)나라 성(姓)이다.

詳說

◯ 山陰陸氏曰 : "『神農書』曰 : '鯉, 爲魚之主'."637)

'부야(賦也)'에 대해, 산음 육씨(山陰陸氏 : 陸佃)가 말하였다. "『신농서(神農書)』에서 말하기를, '잉어가 물고기의 주종(主宗)이 된다.'고 하였다."

[1-12-3-4]

「衡門」三章, 章四句.

「형문(衡門 : 나직한 문)」은 세 장이니, 장마다 네 구이다.

詳說

◯ 濮氏曰 : "如「衛風・考槃」."638)

---

636) 주자(朱子) 찬, 『시경집전(詩經集傳)』 및 호광(胡廣) 등 찬, 『시전대전(詩傳大全)』의 소주 내용을 수용한 것이다. 『광운(廣韻)』에는 본음이 "
637) 호광(胡廣) 등 찬, 『시전대전(詩傳大全)』의 소주 내용에서 발췌한 것이다. 그 전문은 다음과 같다. "山陰陸氏曰 : '鯉, 魚之貴者, 故『爾雅』釋魚, 以鯉冠篇, 而『神農書』曰 : 鯉, 最爲魚之主'.(산음 육씨가 말하였다. '잉어는 물고기 가운데 귀한 것이기 때문에 … 『신농서』에서 말하기를, 잉어가 가장 물고기의 주종이 된다고 하였다.')"
638) 호광(胡廣) 등 찬, 『시전대전(詩傳大全)』의 소주 내용에서 발췌한 것이다. 그 전문은 다음과 같다. "濮氏曰 : '『集傳』, 以爲隱居自樂, 無求於世, 如「衛風・考槃」者, 興味深長也'.(복씨가 말하였다. '…「위풍・고

복씨(濮氏 : 濮一之)가 말하였다. "「위풍(衛風)·고반(考槃)」과 같다."

[1-12-4-1]
東門之池, 可以漚麻. 彼美淑姬, 可與晤歌.

동쪽 문의 연못에서는 삼베를 담글 수 있도다.
저 아름다운 숙희와는 함께 노래할 줄 알도다.

詳說

○ 烏豆反.[639]

'우(漚)'는 오(烏)와 두(豆)의 반절이다.

○ 叶, 謨婆反.[640]

'마(麻)'는 협운(協韻)이니, 모(謨)와 파(婆)의 반절이다.

○ 音悞.[641]

'오(晤)'는 음이 오(悞)이다.

朱註

興也. '池', 城池也. '漚', 漬也, 治麻者, 必先以水漬之. '晤', 猶解也. ○此亦男女會遇之辭, 蓋因其會遇之地, 所見之物, 以起興也.

흥(興)이다. '지(池)'는 성 아래에 있는 못이다. '우(漚)'는 담그는 것이니, 삼베를 다스리는 이는 반드시 먼저 물로써 삼베를 담근다. '오(晤)'는 해(解)와 같다. ○이 또한 남정네와 여인네가 모이고 만나서 나눈 말이니, 대개 그 모이고 만난 땅에 눈으로 본 사물에 말미암아 흥(興)을 일으킨 것이다.

반」과 같은 것이니, 흥미가 심장하다.')"
639) 주자(朱子) 찬, 『시경집전(詩經集傳)』 및 호광(胡廣) 등 찬, 『시전대전(詩傳大全)』의 소주 내용을 수용한 것이다. 『광운(廣韻)』에는 본음이 "烏候切.(오와 후의 반절이다.)"이고 거성(去聲)이라고 하였다.
640) 주자(朱子) 찬, 『시경집전(詩經集傳)』 및 호광(胡廣) 등 찬, 『시전대전(詩傳大全)』의 소주 내용을 수용한 것이다. 『광운(廣韻)』에는 본음이 "莫霞切.(모와 하의 반절이다.)"이고 평성(平聲)이라고 하였다.
641) 주자(朱子) 찬, 『시경집전(詩經集傳)』의 소주와 달리 호광(胡廣) 등 찬, 『시전대전(詩傳大全)』의 소주에는 "五故反.(오와 고의 반절이다.)"으로 되어 있다. 『광운(廣韻)』에도 본음이 "五故切.(오와 고의 반절이다.)"이고 거성(去聲)이라고 하였다. 오(悞)도 또한 『광운(廣韻)』에서 "五故切.(오와 고의 반절이다.)"이고 거성(去聲)이라고 하였다.

詳說

○ 城下池.

'성지야(城池也)'의 경우, 성 아래의 연못이다.

○ 『諺』音誤.642)

'우(漚)'의 경우, 『언해(諺解)』의 음이 잘못되었다.

○ 音恣.643)

'자(漬)'는 음이 자(恣)이다.

○ 孔氏曰:"使之柔韌."644)

'필선이수자지(必先以水漬之)'에 대해, 공씨(孔氏:孔穎達)가 말하였다. "그것으로 하여금 부드럽고 질기게 하는 것이다."

○ 下介反.645)

'해(解)'는 하(下)와 개(介)의 반절이다.

○ 發散也.

'유해야(猶解也)'의 경우, 발산하는 것이다.

○ 亦因其所事也, 麻紵, 女事也; 菅索, 男事也.

'이기흥야(以起興也)'에서 볼 때, 또한 그 하는 일에 말미암은 것이니, 삼베와 모시 짜기는 여자의 일이고, 왕골과 새끼 꼬기는 남자의 일이다.

[1-12-4-2]

○東門之池, 可以漚紵. 彼美淑姬, 可與晤語.

---

642) 『언해(諺解)』의 음이 '우'가 아니라 '구'로 되어 있음을 말한 것이다.
643) 호광(胡廣) 등 찬, 『시전대전(詩傳大全)』의 소주에는 "疾賜反.(질과 사의 반절이다.)"으로 되어 있다.
644) 호광(胡廣) 등 찬, 『시전대전(詩傳大全)』의 소주 내용에서 발췌한 것이다. 그 전문은 다음과 같다. "孔氏曰:'漸漬, 使之柔韌.'(공씨가 말하였다. '점차적으로 물에 담그는 것은 그것으로 하여금 부드럽고 질기게 하는 것이다.')"
645) 호광(胡廣) 등 찬, 『시전대전(詩傳大全)』의 소주 내용을 수용한 것이다.

동쪽 문의 연못에서는 모시를 담글 수 있도다.
저 아름다운 숙희와는 함께 얘기할 줄 알도다.

詳說

○ 音苧.646)
'저(紵)'는 음이 저(苧)이다.

朱註

興也. '紵', 麻屬.
흥(興)이다. '저(紵)'는 삼베의 등속이다.

詳說

○ 陸氏曰 : "一歲三收, 以織布."647)
'마속(麻屬)'에 대해, 육씨(陸氏 : 陸璣)가 말하였다. "1년에 세 번 거두어서 베를 짠다."

[1-12-4-3]

○東門之池, 可以漚菅. 彼美淑姬, 可與晤言.

동쪽 문의 연못에서는 왕골을 담글 수 있도다.
저 아름다운 숙희와는 함께 의논할 줄 알도다.

詳說

○ 音間, 叶, 居賢反.648)

---

646) 주자(朱子) 찬, 『시경집전(詩經集傳)』의 소주와 달리 호광(胡廣) 등 찬, 『시전대전(詩傳大全)』의 소주에는 "直呂反.(직과 려의 반절이다.)"으로 되어 있다. 『광운(廣韻)』에도 본음이 "直呂切.(직과 려의 반절이다.)"이고 상성(上聲)이라고 하였다. 저(苧)도 또한 『광운(廣韻)』에서 "直呂切.(직과 려의 반절이다.)"이고 상성(上聲)이라고 하였다.
647) 호광(胡廣) 등 찬, 『시전대전(詩傳大全)』의 소주 내용에서 발췌한 것이다. 그 전문은 다음과 같다. "陸氏曰 : '紵, 科生, 數十莖, 宿根在地中, 至春自生. 荊·揚間, 一歲三収, 剝去其皮之表, 但得其裏, 緝以織布.' (육씨가 말하였다. '모시는 떨기로 나니 … 형주와 양주 사이에서는 1년에 세 번 거두어서 그 껍질의 표면을 벗겨내고 다만 그 속만 얻어서 길쌈하여 베를 짠다.')"
648) 주자(朱子) 찬, 『시경집전(詩經集傳)』의 소주와 달리 호광(胡廣) 등 찬, 『시전대전(詩傳大全)』의 소주에는 "古顏反, 叶, 居賢反.(고와 안의 반절이고, 협운이니, 거와 현의 반절이다.)"으로 되어 있다. 『광운(廣韻)』에도 본음이 "古顏切.(고와 안의 반절이다.)"이고 평성(平聲)이라고 하였다. 간(間)은 『광운(廣韻)』에서 "古閑切.(고와 한의 반절이다.)"이고 평성(平聲)이라고 하였다.

'간(菅)'은 음이 간(間)이고, 협운(協韻)이니, 거(居)와 현(賢)의 반절이다.

朱註
興也. '菅', 葉似茅而滑澤, 莖有白粉, 柔韌, 宜爲索也.
흥(興)이다. 간(菅)은 잎이 띠풀을 닮았는데 반드럽고 줄기에 흰 가루가 있으며, 부드럽고 질겨서 새끼줄을 꼬기에 마땅하다.

詳說
○ 音刃.649)
'인(韌)'은 음이 인(刃)이다.

[1-12-4-4]
「東門之池」三章, 章四句.
「동문지지(東門之池 : 동쪽 문의 연못)」는 세 장이니, 장마다 네 구이다.

[1-12-5-1]
東門之楊, 其葉牂牂. 昏以爲期, 明星煌煌.
동쪽 문의 버드나무들이 그 잎이 더펄더펄하도다.
어두우면 만나자 했는데 새벽별이 번쩍번쩍하도다.

詳說
○ 音臧.650)
'장장(牂牂)'은 음이 장(臧)이다.

朱註
興也. '東門', 相期之地也. '楊', 柳之揚起者也. '牂牂', 盛貌. '明星', 啓明也. '煌煌', 大明貌. ○此亦男女期會, 而有負約不至者, 故因其所見以起興

---

649) 호광(胡廣) 등 찬, 『시전대전(詩傳大全)』의 소주에는 "而振反.(이와 진의 반절이다.)"으로 되어 있다.
650) 주자(朱子) 찬, 『시경집전(詩經集傳)』의 소주와 달리 호광(胡廣) 등 찬, 『시전대전(詩傳大全)』의 소주에는 "子桑反.(자와 상의 반절이다.)"으로 되어 있다.

也.
흥(興)이다. '동문(東門)'은 서로 기약한 땅이다. '양(楊)'은 버드나무가 위로 올라간 것이다. '장장(牂牂)'은 무성한 모양이다. '명성(明星)'은 계명성(啓明星)이다.' 황황(煌煌)'은 두루 밝은 모양이다. ○이 또한 남정네와 여인네가 만나기로 기약하였는데, 약속을 저버리고 이르지 않은 이가 있었기 때문에 그 본 것에 말미암아 흥(興)을 일으킨 것이다.

詳說

○ '牂牂'・'煌煌', 相應.
'흥야(興也)'의 경우, '장장(牂牂)'과 '황황(煌煌)'이 서로 호응한다.

○ 或男或女.
'유부약부지자(有負約不至者)'의 경우, 혹은 남정네이거나 혹은 여인네이다.

[1-12-5-2]
○東門之楊, 其葉肺肺. 昏以爲期, 明星晢晢.

동쪽 문의 버드나무들이 그 잎이 다팔다팔하도다.
어두우면 만나자 했는데 새벽별이 반짝반짝하도다.

詳說

○ 普計反.651)
'폐폐(肺肺)'는 보(普)와 계(計)의 반절이다.

○ 音制.652)
'제제(晢晢)'는 음이 제(制)이다.

---

651) 호광(胡廣) 등 찬, 『시전대전(詩傳大全)』의 소주 내용을 수용한 것이다. 주자(朱子) 찬, 『시경집전(詩經集傳)』의 소주에는 "音霈.(음이 패이다.)"로 되어 있다. 『집운(集韻)』에는 본음이 "普蓋切.(보와 개의 반절이다.)"이고 거성(去聲)이라고 하였다.
652) 주자(朱子) 찬, 『시경집전(詩經集傳)』의 소주와 달리 호광(胡廣) 등 찬, 『시전대전(詩傳大全)』의 소주에는 "之世反.(지와 세의 반절이다.)"으로 되어 있다. 『광운(廣韻)』에는 본음이 "征例切.(정과 례의 반절이다.)"이고 거성(去聲)이라고 하였다. 제(制)도 또한 『광운(廣韻)』에서 "征例切.(정과 례의 반절이다.)"이고 거성(去聲)이라고 하였다.

朱註

興也. '肺肺', 猶牂牂也. '晢晢', 猶煌煌也.

흥(興)이다. '패패(肺肺)'는 장장(牂牂)과 같고, '제제(晢晢)'는 황황(煌煌)과 같다.

[1-12-5-3]

「東門之楊」二章, 章四句.

「동문지양(東門之楊 : 동쪽 문의 버드나무)」은 두 장이니, 장마다 네 구이다.

詳說

○ 慶源輔氏曰 : "自「宛丘」而爲「東門之枌」, 自「東門之枌」而爲「東門之池」・「東門之楊」, 俗之流而勢之下也.

경원 보씨(慶源輔氏 : 輔廣)가 말하였다. "완구(宛丘)」로부터 「동문지분(東門之枌)」이 되었고, 「동문지분(東門之枌)」으로부터 「동문지지(東門之池)」와 「동문지양(東門之楊)」이 되었으니, 대개 민속(民俗)의 흐름이면서 형세가 내려감이다.

○ 巫風, 遂爲淫風, 其去鄭・衛, 不遠矣."653)

무풍(巫風)이 마침내 음풍(淫風)이 되었으니, 그 정(鄭)나라 및 위(衛)나라와의 거리가 멀지 않다.

[1-12-6-1]

墓門有棘, 斧以斯之. 夫也不良, 國人知之. 知而不已, 誰昔然矣.

묘지 입구에 가시나무 있거늘 도끼로써 이 나무를 자르도다.
그 사람이 선량하지 아니하니 나라 사람들이 그것을 알도다.
모두 아는데도 그치지 않나니 옛날부터 그토록 그러했도다.

---

653) 호광(胡廣) 등 찬, 『시전대전(詩傳大全)』의 소주 내용에서 발췌한 것이다. 그 전문은 다음과 같다. "慶源輔氏曰 : '自「宛丘」而爲「東門之枌」, 自「東門之枌」而爲「東門之池」・「東門之楊」, 蓋俗之流而勢之下也. 有國者之於導民, 可不謹哉.'(경원 보씨가 말하였다. '「완구」로부터 「동문지분」이 되었고, 「동문지분」으로부터 「동문지지」와 「동문지양」이 되었으니, 대개 민속의 흐름이면서 형세가 내려감이다. 나라를 둔 이가 백성을 이끎에 있어서 삼가지 않을 수 있겠는가.')"

詳說

○ 所宜反.654)

　'사(斯)'는 소(所)와 의(宜)의 반절이다.

朱註

興也. '墓門', 凶僻之地, 多生荊棘. '斯', 析也. '夫', 指所刺之人也. '誰昔', 昔也, 猶言'疇昔'也. ○言 : "墓門有棘, 則斧以斯之矣, 此人不良, 則國人知之矣, 國人知之, 猶而不自改, 則自疇昔而已然", 非一日之積矣. 所謂不良之人, 亦不知其何所指也.

태흥(興)이다. '묘문(墓門)'은 흉측하고 궁벽한 땅이니, 대부분 가시나무들이 산다. '사(斯)'는 자름이다. '부(夫)'는 풍자하는 사람을 가리킨다. '수석(誰昔)'은 옛날이니, '주석(疇昔)'이라고 말함과 같다. ○말하기를, "묘지 입구에 가시나무가 있으니 도끼로 자르며, 이 사람이 선량(善良)하지 않으니 나라 사람들이 알고 있거늘, 나라 사람들이 알고 있어도 오히려 스스로 고치지 않나니 곧 옛날부터 이미 그러하였다."고 하였으니, 하루에 쌓인 것이 아니다. 이른바 선량하지 않은 사람은 또한 그 누구를 가리킨 것인지 알지 못하겠다.

詳說

○ 如晉九京・齊東郭之地.

　'흉벽지지(凶僻之地)'의 경우, 진(晉)나라의 구경(九京 : 九原. 경대부 묘지)과 제(齊)나라의 동곽(東郭 : 동쪽가의 外城)의 땅과 같은 것이다.

○ 『諺』用華音.655)

　'사(斯)'의 경우, 『언해(諺解)』에는 중국의 음을 사용하였다.

○ 義同, 語辭也.

　'유언주석야(猶言疇昔也)'에서 볼 때 '주(疇)'와 '수(誰)'는 뜻이 같으니 어조사이다.

---

654) 호광(胡廣) 등 찬. 『시전대전(詩傳大全)』의 소주 내용을 수용한 것이다. 주자(朱子) 찬, 『시경집전(詩經集傳)』에는 소주가 없다. 『광운(廣韻)』에는 본음이 "息移切.(식과 이의 반절이다.)"이고 평성(平聲)이라고 하였다.
655) 『언해(諺解)』에 '식'라고 한 것을 말한 것이다.

○ 添此句.

'비일일지적의(非一日之積矣)'의 경우, 이 구절을 더하였다.

○ 慶源輔氏曰：“不可得而救藥之也.”656)

경원 보씨(慶源輔氏 : 輔廣)가 말하였다. "어찌할 수 없어서 돌보아 병폐를 고쳐준 것이다."

○ 「小序」曰：“刺陳佗也.”657)

'역부지기하소지야(亦不知其何所指也)'에 대해,「소서(小序)」에서 말하였다. "진타(陳佗)를 풍자한 것이다."

[1-12-6-2]

○墓門有梅, 有鴞萃止. 夫也不良, 歌以訊之. 訊予不顧, 顚倒思予.

묘지 입구에 매화나무 있거늘 올빼미들이 모여 앉아있도다.
그 사람이 선량하지 아니하니 노래하여 그에게 알려주도다.
알려주어도 돌아보지 않나니 낭패되어야 나를 생각하리라.

詳說

○ 叶, 息悴反.658)

'신(訊)'은 협운(協韻)이니, 식(息)과 췌(悴)의 반절이다.

○ 叶, 果五反.659)

---

656) "慶源輔氏曰：'人之爲惡, 初動於隱微之中, 猶有懼人之知之心, 至於公然形肆於外, 則已無所忌憚矣. 然猶幸其爲人所規正刺譏, 而有改也. 今其爲惡, 至於國人皆知之, 而猶不自改, 自疇昔而已然, 則非一日之積矣. 蓋不可得而救藥之也.'(경원 보씨가 말하였다. '… 대개 어찌할 수 없어서 돌보아 병폐를 고쳐준 것이다.')"
657) 정씨(鄭氏) 전·육덕명(陸德明) 음의·공영달(孔穎達) 소, 『모시주소(毛詩注疏)』 권12, 「국풍(國風)·진(陳)·묘문(墓門)」. "「序」:「墓門」, 刺陳佗也. 陳佗無良師傅, 以至於不義, 惡加於萬民焉.'『箋』:'不義者, 謂弑君而自立.'(「서」에 「묘문」은 진타를 풍자한 것이다. …'라고 하였다. …)"
658) 주자(朱子) 찬, 『시경집전(詩經集傳)』의 소주와 달리 호광(胡廣) 등 찬, 『시전대전(詩傳大全)』의 소주에는 "叶, 息瘁反.(협운이니, 식과 췌의 반절이다.)"으로 되어 있다. 『광운(廣韻)』에는 "息晉切.(식과 진의 반절이다.)"이고 거성(去聲)이라고 하였다.
659) 주자(朱子) 찬, 『시경집전(詩經集傳)』 및 호광(胡廣) 등 찬, 『시전대전(詩傳大全)』의 소주 내용을 수용한 것이다. 『광운(廣韻)』에는 본음이 "古暮切.(고와 모의 반절이다.)"이고 거성(去聲)이라고 하였다.

'고(顧)'는 협운(協韻)이니, 과(果)와 오(五)의 반절이다.

○ 予, 演女反.660)
'여(予)'는 협운(協韻)이니, 연(演)과 녀(女)의 반절이다.

朱註

興也. '鴟鴞', 惡聲之鳥也. '萃', 集, '訊', 告也. '顚倒', 狼狽之狀. ○墓門有梅, 則有鴞萃之矣, 夫也不良, 則有歌其惡以訊之者矣, 訊之而不予顧, 至於顚倒然後思予, 則豈有所及哉. 或曰:"'訊予'之'予', 疑當依前章, 作'而'字."

흥(興)이다. '치효(鴟鴞)'는 나쁜 울음소리를 내는 새이다. '췌(萃)'는 모임이고, '신(訊)'은 알려줌이다. '전도(顚倒)'는 낭패(狼狽)한 모양이다. ○묘지 입구에 매화나무가 있거늘 올빼미들이 모여 앉아있으며, 그 사람이 선량하지 아니하니 그 추악함을 노래하여 그에게 알려주는 이가 있었는데, 알려주어도 나를 안 돌아보니 낭패됨에 이른 뒤에 나를 생각한다면 어찌 미칠 것이 있겠는가. 어떤 이가 말하기를, "'신여(訊予)'의 '여(予)'는 의심컨대 마땅히 앞의 장(章)에 의거하여 '이(而)'자로 써야 한다."고 하였다.

詳說

○ 相應.
'흥야(興也)'의 경우, '지(止)'와 '지(之)'가 서로 호응한다.

○ 詳見「鴟鴞」註.661)
'악성지조야(惡聲之鳥也)'에 대해,「치효(鴟鴞)」의 주에 자세히 보인다.

---

660) 주자(朱子) 찬,『시경집전(詩經集傳)』및 호광(胡廣) 등 찬,『시전대전(詩傳大全)』의 소주 내용을 수용한 것이다. 그 뜻이 '나'일 경우에는『광운(廣韻)』에서 "以諸切.(이와 저의 반절이다.)"이고 평성(平聲)이라 하였고, 그 뜻이 '주다'일 경우에는『광운(廣韻)』에서 "余呂切.(여와 려의 반절이다.)"이고 상성(上聲)이라고 하였다.

661) 호광(胡廣) 등 찬,『시전대전(詩傳大全)』권8.「국풍(國風)·빈(豳)·치효(鴟鴞)」. 1장에서 "鴟鴞鴟鴞, 既取我子, 無毀我室.(올빼미야! 올빼미야! 이미 내 새끼를 잡아갔으니 내 집일랑 부수지 말지어다.)"라고 하였는데, 그 주(註)에서 "'鴟鴞', 鶹鶹, 惡鳥, 攫鳥子而食者也.('치효'는 휴류이니 악한 새로 새 새끼를 잡아서 먹는 놈이다.)"라고 하였고, 또 소주(小註)에서 "藍田呂氏曰: '惡聲之鷙鳥也, 有鵯萃止, 翩彼飛鴞, 爲梟爲鴟, 蓋鴞之類也.'(남전 여씨가 말하였다. '나쁜 울음소리를 내는 사나운 새이니, 올빼미가 모여 앉아 있다가 푸득푸득 나는 부엉이는 효라고도 하고 치라고도 하는데, 대개 부엉이의 동류이다.')"라고 하였다.

○ 止.
'유효췌지(有鴞萃之)'의 경우, 그칠 지(止)이다.

○ 以下句推之, 蓋指此詩也, 註應'有鴞'之文勢, 而添'有'·'者'字.
'즉유가기악이신지자의(則有歌其惡以訊之者矣)'에서 볼 때, 아래의 구로써 미루어보면 대개 이 시(詩)를 가리키는 것이니, 주(註)에서 '유효(有鴞)'의 문세(文勢)에 호응하여 '유(有)'와 '자(者)'자를 더한 것이다.

○ 先釋'不'字, 以便於文.
'신지이불여고(訊之而不予顧)'의 경우, 먼저 '불(不)'자를 해석하여 문맥을 편하게 하였다.

○ 添此句.
'즉기유소급재(則豈有所及哉)'의 경우, 이 구절을 더하였다.

[1-12-6-3]
「墓門」二章, 章六句.

「묘문(墓門 : 묘지 입구)」은 두 장이니, 장마다 여섯 구이다.

[1-12-7-1]
防有鵲巢, 邛有旨苕. 誰侜予美, 心焉忉忉.

긴 방죽에는 까치집이 있으며 언덕에는 맛난 완두가 있도다.
누가 나의 미인을 어루꾀어서 마음을 조마조마하게 하는가.

詳說

○ 其恭反.662)
'공(邛)'은 기(其)와 공(恭)의 반절이다.

---

662) 호광(胡廣) 등 찬, 『시전대전(詩傳大全)』의 소주 내용을 수용한 것이다. 주자(朱子) 찬, 『시경집전(詩經集傳)』의 소주에는 "音窮.(음이 궁이다.)"으로 되어 있다. 『광운(廣韻)』에는 본음이 "渠容切.(거와 용의 반절이다.)"이고 평성(平聲)이라고 하였다. 궁(窮)은 『광운(廣韻)』에서 "渠弓切.(거와 궁의 반절이다.)"이고 평성(平聲)이라고 하였다.

○ 音條, 叶, 徒刀反.663)

'조(苕)'는 음이 조(條)이고, 협운(協韻)이니, 도(徒)와 도(刀)의 반절이다.

○ 音周.664)

'주(侜)'는 음이 주(周)이다.

○ 音刀.665)

'도도(忉忉)'는 음이 도(刀)이다.

朱註

興也. '防', 人所築以捍水者. '邛', 丘. '旨', 美也. '苕', 苕饒也, 莖如勞豆 而細, 葉似蒺藜而靑, 其莖葉綠色, 可生食, 如小豆藿也. '侜', 侜張也, 猶 「鄭風」之所謂'迋'也. '予美', 指所與私者也. '忉忉', 憂貌. ○此男女之有私 而憂或間之之辭, 故曰："防則有鵲巢矣, 邛則有旨苕矣, 今此何人, 而侜張 予之所美, 使我憂之而至於忉忉乎."

흥(興)이다. '방(防)'은 사람이 쌓은 것이 물을 막는 것이다. '공(邛)'은 언덕이고, '지(旨)'는 맛남이다. '조(苕)'는 조요(苕饒)이니, 줄기가 노두(勞豆)와 같은데 가늘고, 잎이 질려(蒺藜 : 남가새)와 닮았는데 푸르며, 그 줄기와 잎이 녹색일 때에 날로 먹을 수 있으니, 팥잎과 같다. '주(侜)'는 속여서 주장함이니, 「정풍(鄭風)」에서 이른바 '광(迋)'이라는 것과 같다. '여미(予美)'는 더불어 사통(私通)하는 이를 가리킨 것이다. '도도(忉忉)'는 근심하는 모양이다. ○이는 남정네와 여인네가 사통(私通)을 하면서 혹시나 이간(離間)을 당할까 근심한 말이기 때문에 말하기를, "방죽에는 까치집이 있으며 언덕에는 맛난 완두가 있거늘, 지금 여기에 어떤 사람이 내

---

663) 주자(朱子) 찬, 『시경집전(詩經集傳)』의 소주와 달리 호광(胡廣) 등 찬, 『시전대전(詩傳大全)』의 소주에는 "徒雕反, 叶, 徒刀反.(도와 조의 반절이고, 협운이니, 도와 도의 반절이다.)"으로 되어 있다. 『광운(廣韻)』에는 본음이 "徒聊切.(도와 료의 반절이다.)"이고 평성(平聲)이라고 하였다. 조(條)도 또한 『광운(廣韻)』에서 "徒聊切.(도와 료의 반절이다.)"이고 평성(平聲)이라고 하였다.
664) 주자(朱子) 찬, 『시경집전(詩經集傳)』의 소주와 달리 호광(胡廣) 등 찬, 『시전대전(詩傳大全)』의 소주에는 "陟留反.(척과 류의 반절이다.)"으로 되어 있다. 『광운(廣韻)』에는 본음이 "張流切.(장과 류의 반절이다.)"이고 평성(平聲)이라고 하였다. 주(周)는 『광운(廣韻)』에서 "職流切.(직과 류의 반절이다.)"이고 평성(平聲)이라고 하였다.
665) 주자(朱子) 찬, 『시경집전(詩經集傳)』의 소주와 달리 호광(胡廣) 등 찬, 『시전대전(詩傳大全)』의 소주에는 "都勞反.(도와 로의 반절이다.)"으로 되어 있다. 『광운(廣韻)』에는 본음이 "都牢切.(도와 뢰의 반절이다.)"이고 평성(平聲)이라고 하였다. 도(刀)도 또한 『광운(廣韻)』에서 "都牢切.(도와 뢰의 반절이다.)"이고 평성(平聲)이라고 하였다.

가 아름답게 여기는 이를 속여 주장하여 나로 하여금 근심하게 하여 조마조마함에 이르게 하는가."라고 한 것이다.

詳說

○ 句.
  '경여로두이세(莖如勞豆而細)'의 경우, 끊어지는 곳이다.

○ 綠色時.
  '기경엽녹색(其莖葉綠色)'의 경우, 녹색일 때이다.

○ 火郭反.666)
  '확(藿)'은 화(火)와 곽(郭)의 반절이다.

○ 譸同.
  '주(侜)'는 속일 주(譸)와 같다.

○ 「揚之水」.667)
  '「정풍」(「鄭風」)'의 경우, 「양지수(揚之水)」이다.

○ 誑同.668)
  '광(迋)'은 '속일 광(誑)'과 같다.

○ 或男或女.
  '지소여사자야(指所與私者也)'의 경우, 혹은 남정네이거나 혹은 여인네이다.

○ 防之樹.
  '방(防)'은 방죽의 나무이다.

---

666) 『광운(廣韻)』에는 본음이 "虛郭切.(허와 곽의 반절이다.)"이고 입성(入聲)이라고 하였다.
667) 호광(胡廣) 등 찬, 『시전대전(詩傳大全)』 권4, 「국풍(國風)・정(鄭)・양지수(揚之水)」. 1장의 "揚之水, 不流束楚. 終鮮兄弟, 維予與女. 無信人之言. 人實迋女.(느릿느릿 흐르는 강물이라 나뭇단이 흐르지 못하도다. 마침내 형제들이 적은지라 오직 나와 너 있을 뿐이니 남이 하는 말을 믿지 말라 진실로 너를 속일 것이니라.)"에 나오는데, 그 주(註)에서 "'迋', 與誑同.('광'은 속일 광과 같다.)"고 하였다.
668) 호광(胡廣) 등 찬, 『시전대전(詩傳大全)』의 소주에는 "居望反.(거와 망의 반절이다.)"으로 되어 있다.

○ 添'使我'字.

'사아우지이지어도도호(使我憂之而至於忉忉乎)'의 경우, '사아(使我)'자를 더하였다.

[1-12-7-2]
◯中唐有甓, 邛有旨鷊. 誰侜予美, 心焉惕惕.

사당 안길에는 벽돌이 있으며 언덕에는 맛난 수초가 있도다.
누가 나의 미인을 어루꾀어서 마음을 아슬아슬하게 하는가.

詳說

○ 音闢.669)

'벽(甓)'은 음이 벽(闢)이다.

○ 五歷反.670)

'역(鷊)'은 오(五)와 력(歷)의 반절이다.

○ 吐歷反.671)

'척척(惕惕)'은 토(吐)와 력(歷)의 반절이다.

朱註

興也. 廟中路謂之'唐'. '甓', 瓴甋也. '鷊', 小草, 雜色如綬. '惕惕', 猶忉忉也.

흥(興)이다. 사당 안길을 '당(唐)'이라고 이른다. '벽(甓)'은 땅바닥에 까는 네모난 벽돌이다. '역(鷊)'은 작은 풀이니, 여러 색깔이 섞인 것이 수초(綬草 : 타래난초)와

---
669) 주자(朱子) 찬, 『시경집전(詩經集傳)』의 소주와 달리 호광(胡廣) 등 찬, 『시전대전(詩傳大全)』의 소주에는 "蒲歷反.(포와 력의 반절이다.)"으로 되어 있다. 『광운(廣韻)』에는 본음이 "扶歷切.(부와 력의 반절이다.)"이고 입성(入聲)이라고 하였다. 벽(闢)은 『광운(廣韻)』에서 "房益切.(방과 익의 반절이다.)"이고 입성(入聲)이라고 하였다.
670) 주자(朱子) 찬, 『시경집전(詩經集傳)』 및 호광(胡廣) 등 찬, 『시전대전(詩傳大全)』의 소주 내용을 수용한 것이다. 『광운(廣韻)』에는 본음이 "
671) 주자(朱子) 찬, 『시경집전(詩經集傳)』 및 호광(胡廣) 등 찬, 『시전대전(詩傳大全)』의 소주 내용을 수용한 것이다. 『광운(廣韻)』에는 본음이 "

같다. '척척(惕惕)'은 도도(忉忉)와 같다.

詳說

○ 孔氏曰 : "堂下至門之逕也."672)

'묘중로위지당(廟中路謂之唐)'에 대해, 공씨(孔氏 : 孔穎達)가 말하였다. "당 아래에서 문에 이르는 지름길이다."

○ 音零.673)

'령(瓴)'은 음이 령(零)이다.

○ 音滴.674)

'적(甋)'은 음이 적(滴)이다.

○ 『諺』音誤.675)

'역(鷊)'의 경우, 『언해(諺解)』의 음이 잘못되었다.

○ 安成劉氏曰 : "因其似鶡鳥而名."676)

'잡색여수(雜色如綬)'에 대해, 안성 유씨(安成劉氏 : 劉瑾)가 말하였다. "그것이 칠면조를 닮은 것에 말미암아 이름 붙인 것이다."

「防有鵲巢」 二章, 章四句.

「방유작소(防有鵲巢 : 방죽에는 까치집)」는 두 장이니, 장마다 네 구이다.

---

672) 호광(胡廣) 등 찬, 『시전대전(詩傳大全)』의 수주 내용을 수용한 것이다.
673) 호광(胡廣) 등 찬, 『시전대전(詩傳大全)』의 소주 내용을 수용한 것이다.
674) 호광(胡廣) 등 찬, 『시전대전(詩傳大全)』의 소주 내용을 수용한 것이다.
675) 『언해(諺解)』의 음이 '역'이 아니라 '격'으로 되어 있음을 말한 것이다.
676) 호광(胡廣) 등 찬, 『시전대전(詩傳大全)』의 소주 내용에서 발췌한 것이다. 그 전문은 다음과 같다. "安成劉氏曰 : '『埤雅』云: 鷊, 本鳥名, 亦名綬鳥, 咽下有囊, 如小綬, 具五色. 此傳所釋鷊草之名, 豈因其似鷊鳥而取義也.'(안성 유씨가 말하였다. '『비아』에 이르기를, 역은 본래 새 이름이고, 또한 이름이 수조이니, 목구멍 아래 주머니가 있는데 작은 인끈 같으며, 다섯 가지 색을 갖추었다. … 아마도 그것이 칠면조를 닮은 것에 말미암아 뜻을 취한 듯하다.')"

[1-12-8-1]

月出皎兮, 佼人僚兮. 舒窈糾兮. 勞心悄兮.

달이 떠서 환하게 비추나니 예쁜 사람 예쁜 얼굴이로다.
깊숙이 맺힌 정을 펼치려나. 애 태우며 가슴앓이 하노라.

詳說

○ 音絞.677)

'교(佼)'는 음이 교(絞)이다.

○ 音了.678)

'료(僚)'는 음이 료(了)이다.

○ 音杳.679)

'요(窈)'는 음이 요(杳)이다.

○ 音矯.680)

'교(糾)'는 음이 교(矯)이다.

○ 七小反.681)

---

677) 주자(朱子) 찬, 『시경집전(詩經集傳)』의 소주와 달리 호광(胡廣) 등 찬, 『시전대전(詩傳大全)』의 소주에는 "古卯反.(고와 묘의 반절이다.)"으로 되어 있다. 『광운(廣韻)』에는 본음이 "古巧切.(고와 교의 반절이다.)"이고 상성(上聲)이라고 하였다. 교(絞)도 또한 『광운(廣韻)』에서 "古巧切.(고와 교의 반절이다.)"이고 상성(上聲)이라고 하였다.

678) 주자(朱子) 찬, 『시경집전(詩經集傳)』 및 호광(胡廣) 등 찬, 『시전대전(詩傳大全)』의 소주 내용을 수용한 것이다. 그 뜻이 '벼슬아치, 동료'일 경우에는 『광운(廣韻)』에서 "落蕭切.(락과 소의 반절이다.)"이고 평성(平聲)이라 하였고, 그 뜻이 '아름답다, 예쁘다'일 경우에는 『집운(集韻)』에서 "朗鳥切.(랑과 조의 반절이다.)"이고 상성(上聲)이라고 하였다. 료(了)는 『광운(廣韻)』에서 "盧鳥切.(로와 조의 반절이다.)"이고 상성(上聲)이라고 하였다.

679) 주자(朱子) 찬, 『시경집전(詩經集傳)』의 소주와 달리 호광(胡廣) 등 찬, 『시전대전(詩傳大全)』의 소주에는 "烏了反.(오와 료의 반절이다.)"으로 되어 있다. 『광운(廣韻)』에는 본음이 "烏皎切.(오와 교의 반절이다.)"이고 상성(上聲)이라고 하였다. 요(杳)도 또한 『광운(廣韻)』에서 "烏皎切.(오와 교의 반절이다.)"이고 상성(上聲)이라고 하였다.

680) 주자(朱子) 찬, 『시경집전(詩經集傳)』의 소주와 달리 호광(胡廣) 등 찬, 『시전대전(詩傳大全)』의 소주에는 "己小反.(기와 소의 반절이다.)"으로 되어 있다. 그 뜻이 '얽히다, 꼬이다, 모으다'일 경우에는 『광운(廣韻)』에서 "居黝切.(거와 유의 반절이다.)"이고 상성(上聲)이라 하였고, 그 뜻이 '예쁘다, 정숙하다, 심란하다'일 경우에는 『집운(集韻)』에서 "擧夭切.(거와 요의 반절이다.)"이고 상성(上聲)이라고 하였다. 교(矯)는 『광운(廣韻)』에서 "居夭切.(거와 요의 반절이다.)"이고 상성(上聲)이라고 하였다.

681) 주자(朱子) 찬, 『시경집전(詩經集傳)』 및 호광(胡廣) 등 찬, 『시전대전(詩傳大全)』의 소주 내용을 수용한

'초(悄)'는 칠(七)과 소(小)의 반절이다.

朱註

興也. '皎', 月光也. '佼人', 美人也. '僚', 好貌. '窈', 幽遠也. '糾', 愁結也. '悄', 憂也. ○此亦男女相悅而相念之辭, 言 : "月出則皎然矣, 佼人則僚然矣, 安得見之而舒窈糾之情乎. 是以爲之勞心而悄然也."

흥(興)이다. '교(皎)'는 달빛이다. '교인(佼人)'은 아름다운 사람이다. '료(僚)'는 아름다운 모양이다. '요(窈)'는 그윽하고 심원(深遠)함이다. '교(糾)'는 가슴속에 근심이 맺힌 것이다. '초(悄)'는 근심함이다. ○이 또한 남정네와 여인네가 서로 기뻐하며 따르면서 서로 생각하는 말이니, 말하기를 "달이 뜨면 환하게 비추나니, 예쁜 사람의 예쁜 얼굴이로다. 어찌하면 그를 만나서 깊숙이 맺힌 정을 펼치려나. 이 때문에 애를 태우며 가슴앓이를 하노라."라고 한 것이다.

詳說

○ 『諺』音誤.682)
'교(糾)'의 경우, 『언해(諺解)』의 음이 잘못되었다.

○ 或男或女.
'교인(佼人)'의 경우, 혹은 남정네이거나 혹은 여인네이다.

○ 補此句.
'안득견지(安得見之)'의 경우, 이 구절을 보탰다.

○ 幽結.
'요교(窈糾)'의 경우, 가슴속 깊숙이 맺힌 것이다.

○ 去聲.
'시이위(是以爲)'에서 위(爲)는 거성(去聲 : 때문)이다.

것이다. 『광운(廣韻)』에는 본음이 "親小切.(친과 소의 반절이다.)"이고 상성(上聲)이라고 하였다.
682) 『언해(諺解)』의 음이 '교'가 아니라, '규'로 되어 있음을 말한 것이다.

○ 豊城朱氏曰 : "悅之至, 思之切, 憂之深."683)

'시이위지로심이초연야(是以爲之勞心而悄然也)'에 대해, 풍성 주씨(豊城朱氏 ; 朱善)가 말하였다. "기뻐함의 지극함이고, 생각함의 간절함이고, 근심함의 깊음이다."

[1-12-8-2]
○月出皓兮, 佼人懰兮. 舒憂受兮. 勞心慅兮.

달이 떠서 훤하게 비추나니 예쁜 사람 고운 모습이로다.
차곡히 쌓인 정을 펼치려나. 애 태우며 속앓이를 하노라.

詳說

○ 音昊.684)

'호(皓)'는 음이 호(昊)이다.

○ 音柳, 叶, 朗老反.685)

'류(懰)'는 음이 류(柳)이고, 협운(協韻)이니, 랑(朗)과 로(老)의 반절이다.

○ 於久反.686)

'우(憂)'는 어(於)와 구(久)의 반절이다.

○ 叶, 時倒反.687)

---

683) 호광(胡廣) 등 찬, 『시전대전(詩傳大全)』의 소주 내용에서 발췌한 것이다. 그 전문은 다음과 같다. "豊城朱氏曰 : 「月出」之詩, 其悅之也至矣 ; 其思之也切矣 ; 其憂之也深矣. 移是心以好賢, 亦將何求而不獲哉. 惜也. 吾未見好德如好色者也.(풍성 주씨가 말하였다. '「일출」'으 시는 그 기뻐함이 지극함이, 그 생각함이 간절함이고, 그 근심함이 깊음이다. ….')"
684) 주자(朱子) 찬, 『시경집전(詩經集傳)』의 소주와 달리 호광(胡廣) 등 찬, 『시전대전(詩傳大全)』의 소주에는 "胡老反.(호와 로의 반절이다.)"으로 되어 있다. 『집운(集韻)』에는 본음이 "下老切.(하와 로의 반절이다.)"이고 상성(上聲)이라고 하였다. 호(昊)도 또한 『광운(廣韻)』에서 "胡老反.(호와 로의 반절이다.)"이고 상성(上聲)이라고 하였다.
685) 주자(朱子) 찬, 『시경집전(詩經集傳)』의 소주와 달리 호광(胡廣) 등 찬, 『시전대전(詩傳大全)』의 소주에는 "力久反, 叶, 朗老反.(력과 구의 반절이다. 협운이니, 랑과 로의 반절이다.)"으로 되어 있다. 『광운(廣韻)』에도 본음이 "力久切.(력과 구의 반절이다.)"이고 상성(上聲)이라고 하였다. 류(柳)도 또한 『광운(廣韻)』에서 "力久切.(력과 구의 반절이다.)"이고 상성(上聲)이라고 하였다.
686) 호광(胡廣) 등 찬, 『시전대전(詩傳大全)』의 소주 내용을 수용한 것이다. 주자(朱子) 찬, 『시경집전(詩經集傳)』의 소주에는 "音黝.(음이 유이다.)"으로 되어 있다. 『광운(廣韻)』에는 본음이 "於柳切.(어와 류의 반절이다.)"이고 상성(上聲)이라고 하였다.
687) 주자(朱子) 찬, 『시경집전(詩經集傳)』 및 호광(胡廣) 등 찬, 『시전대전(詩傳大全)』의 소주 내용을 수용한

'수(受)'는 협운(協韻)이니, 시(時)와 도(倒)의 반절이다.

○ 音草.688)
'초(懰)'는 음이 초(草)이다.

朱註
興也. '懰', 好貌. '慅受', 憂思也. '懆', 猶悄也.
흥(興)이다. '류(懰)'는 예쁜 모양이다. '우수(慅受)'는 근심어린 생각이다. '초(懆)'는 근심할 초(悄)와 같다.

[1-12-8-3]
○月出照兮, 佼人燎兮. 舒夭紹兮. 勞心慘兮.

달이 떠서 밤새껏 비추나니 예쁜 사람 더 또렷해지도다.
단단히 얽힌 정을 펼치려나. 애 태우다가 넋이 나갔노라.

詳說
○ 音料.689)
'료(燎)'는 음이 료(料)이다.

○ 上聲.690)
'요(夭)'는 상성(上聲)이다.

것이다. 『광운(廣韻)』에는 본음이 "殖酉切.(식과 유의 반절이다.)"이고 상성(上聲)이라고 하였다.
688) 주자(朱子) 찬, 『시경집전(詩經集傳)』의 소주와 달리 호광(胡廣) 등 찬, 『시전대전(詩傳大全)』의 소주에는 "七老反.(칠과 로의 반절이다.)"으로 되어 있다. 『광운(廣韻)』에는 본음이 "采老切.(채와 로의 반절이다.)"이고 상성(上聲)이라고 하였다. 초(草)도 또한 『광운(廣韻)』에서 "采老切.(채와 로의 반절이다.)"이고 상성(上聲)이라고 하였다.
689) 주자(朱子) 찬, 『시경집전(詩經集傳)』의 소주와 달리 호광(胡廣) 등 찬, 『시전대전(詩傳大全)』의 소주에는 "力召反.(력과 소의 반절이다.)"으로 되어 있다. 『광운(廣韻)』에는 본음이 "力小切.(력과 소의 반절이다.)"이고 상성(上聲)이라고 하였다. 료(料)는 『광운(廣韻)』에서 "力弔切.(력과 조의 반절이다.)"이고 거성(去聲)이라고 하였다.
690) 주자(朱子) 찬, 『시경집전(詩經集傳)』의 소주와 달리 호광(胡廣) 등 찬, 『시전대전(詩傳大全)』의 소주에는 "於表反.(어와 표의 반절이다.)"으로 되어 있다. 그 뜻이 '무성하다'일 경우에는 『광운(廣韻)』에서 "於喬切.(어와 교의 반절이다.)"이고 평성(平聲)이라 하였고, 그 뜻이 '일찍 죽다'일 경우에는 『광운(廣韻)』에서 "於兆切.(어와 조의 반절이다.)"이고 상성(上聲)이라 하였고, 그 뜻이 '어리다, 예쁘다'일 경우에는 『광운(廣韻)』에서 "烏晧切.(오와 호의 반절이다.)"이고 상성(上聲)이라고 하였는데, 여기서는 세 번째 뜻의 상성(上聲)에 해당한다.

○ 音邵.[691]
'소(紹)'는 음이 소(邵)이다.

○ 當作懆, 七弔反.[692]
'참(慘)'의 경우, 마땅히 조(懆)로 써야 하니, 칠(七)과 조(弔)의 반절이다.

朱註

興也. '燎', 明也. '夭紹', 糾緊之意. '慘', 憂也.
흥(興)이다. '료(燎)'는 밝음이다. '요소(夭紹)'는 굳게 얽혀있음의 뜻이다. '참(慘)'은 근심함이다.

[1-12-8-4]

「月出」三章, 章四句.

「월출(月出 : 달이 떠서)」은 세 장이니, 장마다 네 구이다.

詳說

○ 東萊呂氏曰 : "此詩用字, 聱牙, 意者, 其方言歟."[693]
동래 여씨(東萊呂氏 : 呂祖謙)가 말하였다. "이 시(詩)의 글자 용법이 가지런하지 않으니, 생각하건대 그것은 방언(方言)인가보다."

○ 按, 此詩三章之韻, 皆用同音, 且句上之'佼'·'勞'字, 句中之'窈'·'懮'·'夭'字, 音亦同, 是『詩』中別體, 故疑其爲方言耳.
내가 살펴보건대, 이 시(詩)에 3장의 운(韻)은 모두 같은 음을 사용하였고, 또 구(句)의 위에 '교(佼)'·'로(勞)'자와, 구(句) 중간에 '요(窈)'·'우(懮)'·'요(夭)'자

---

691) 주자(朱子) 찬, 『시경집전(詩經集傳)』의 소주와 달리 호광(胡廣) 등 찬, 『시전대전(詩傳大全)』의 소주에는 "實照反.(실과 조의 반절이다.)"으로 되어 있다. 그 뜻이 '잇다'일 경우에는 『광운(廣韻)』에서 "市沼切.(시와 소의 반절이다.)"이고 상성(上聲)이라 하였고, 그 뜻이 '완만하다'일 경우에는 『집운(集韻)』에서 "蚩招切.(치와 초의 반절이다.)"이고 평성(平聲)이라 하였다. 소(邵)는 『광운(廣韻)』에서 "寔照切.(식과 조의 반절이다.)"이고 거성(去聲)이라고 하였다.
692) 주자(朱子) 찬, 『시경집전(詩經集傳)』 및 호광(胡廣) 등 찬, 『시전대전(詩傳大全)』의 소주 내용을 수용한 것이다. '참(慘)'은 『광운(廣韻)』에서 "七感切.(칠과 감의 반절이다.)"라고 하여 이 장의 협운(協韻)에 어울리지 않으므로 '조(懆)'로 써야 한다고 한 것이다. '조(懆)'는 『광운(廣韻)』에서 "采老切.(채와 로의 반절이다.)"이고 상성(上聲)이라고 하였다.
693) 호광(胡廣) 등 찬, 『시전대전(詩傳大全)』의 소주 내용을 수용한 것이다.

는 음이 또한 같으니, 이는 『시경(詩經)』 가운데에서 다른 체재(體裁)이기 때문에 의심컨대 그 방언(方言)인가보다 라고 하였을 뿐이다.

[1-12-9-1]
胡爲乎株林. 從夏南. 匪適株林, 從夏南.

어찌 주림 고을에 갔는가. 하남을 좇아 간 것이니라.
주림 고을에 간 게 아니라 하남을 좇아 간 것이니라.

詳說

○ 上聲.694)
'하(夏)'는 상성(上聲)이다.

○ 尼心反, 下同.695)
'남(南)'은 협운(協韻)이니, 니(尼)와 심(心)의 반절이며, 아래도 같다.

朱註

賦也. '株林', 夏氏邑也. '夏南', 徵舒字也. ○靈公淫於夏徵舒之母, 朝夕而往夏氏之邑, 故其民相與語曰:"君胡爲乎株林乎? 曰從夏南耳. 然則非適株林也, 特以從夏南故耳." 蓋淫乎夏姬, 不可言也, 故以從其子言之, 詩人之忠厚如此.

부(賦)이다. '주림(株林)'은 하씨(夏氏)의 고을이다. '하남(夏南)'은 징서(徵舒)의 자(字)이다. ○진(陳)나라 영공(靈公)이 하징서(夏徵舒)의 어머니와 간음(姦淫)하여 아침저녁으로 하씨(夏氏)의 고을에 갔기 때문에 그 백성들이 서로 더불어 말하기를, "임금이 어찌하여 주림에 갔는가. 하남(夏南)을 좇았을 뿐이다. 그렇다면 주림에 간 것이 아니라, 다만 하남을 좇은 때문일 뿐이다."라고 하였다. 대개 영공(靈公)이 하희(夏姬)와 간음(姦淫)한 것을 말할 수 없기 때문에 그 아들을 좇은 것으로

---

694) 주자(朱子) 찬, 『시경집전(詩經集傳)』의 소주와 달리 호광(胡廣) 등 찬, 『시전대전(詩傳大全)』의 소주에는 "戶雅反.(호와 아의 반절이다.)"으로 되어 있다. 그 뜻이 '크다, 큰 집, 나라 이름, 성씨'일 경우에는 『광운(廣韻)』에서 "胡雅切.(호와 아의 반절이다.)"이고 상성(上聲)이라 하였고, 그 뜻이 '여름'일 경우에는 『광운(廣韻)』에서 "胡駕切.(호와 가의 반절음이다.)"이고 거성(去聲)이라고 하였다.
695) 주자(朱子) 찬, 『시경집전(詩經集傳)』 및 호광(胡廣) 등 찬, 『시전대전(詩傳大全)』의 소주 내용을 수용한 것이다. 『광운(廣韻)』에는 본음이 "那含切.(나와 함의 반절이다.)"이고 평성(平聲)이라고 하였다.

말하였으니, 시인(詩人)의 충성스럽고 도타운 마음이 이와 같았다.

詳說

○ 所封, 或所居.
'하씨읍야(夏氏邑也)'에서, 봉(封)해준 곳이거나, 혹은 거처한 곳이다.

○ 鄭氏曰 : "字子南."696)
'징서자야(徵舒字也)'에 대해, 정씨(鄭氏 : 鄭玄)가 말하였다. "자(字)가 자남(子南)이다."

○ 孔氏曰 : "以字配氏."697)
공씨(孔氏 : 孔穎達)가 말하였다. "자(字)로써 씨(氏)에 짝지은 것이다."

○ 靈公.
'군(君)'은 영공(靈公)이다.

○ 添'君'字.
'군호위호주림호(君胡爲乎株林乎)'의 경우, '군(君)'자를 더하였다.

○ 王氏肅曰 : "反覆言之, 疾之也."698)
'특이종하남고이(特以從夏南故耳)'에 대해, 왕씨숙(王氏肅 : 王肅)699)이 말하였다. "반복하여 말한 것은 그를 미워한 것이다."

---

696) 호광(胡廣) 등 찬, 『시전대전(詩傳大全)』의 소주 내용에서 발췌한 것이다. 그 전문은 다음과 같다. "鄭氏曰 : '徵舒, 字子南.'(정씨가 말하였다. '징서는 자가 자남이다.')"
697) 호광(胡廣) 등 찬, 『시전대전(詩傳大全)』의 소주 내용을 수용한 것이다.
698) 이저(李樗)·황춘(黃櫄) 찬, 『모시집해(毛詩集解)』 권16. "王肅曰: '言非欲適株林, 從夏南之母, 反覆言之, 疾之也.' 孫毓, 亦以王肅之說爲長, 蓋此說當從之.(왕숙이 말하기를, '주림에 가고자 한 것이 아니라 하남의 어머니를 좇은 것이라고 말하였으나, 반복하여 말한 것은 그를 미워한 것이다.'라고 하였다. ….)"
699) 왕씨숙(王氏肅 : 王肅): 왕숙(195-256)은 삼국시대 조(曹)나라와 위(魏)나라의 학자로, 자가 자옹(子雍)이고 동해군(東海郡) 담현(郯縣) 사람이다. 사도(司徒) 왕랑(王朗)의 아들로, 진(晉)나라 문제(文帝) 사마소악(司馬昭岳)의 아버지이다. 동해 왕씨(東海王氏) 출신으로 일찍이 산기황문시랑(散騎黃門侍郞)·산기상시(散騎常侍) 겸 비서감(秘書監) 및 숭문관(崇文館) 좨주(祭酒)를 거쳐 광평태수(廣平太守)·시중(侍中)·하남윤(河南尹) 등을 역임하였다. 당시에 큰 학자인 송충(宋忠)을 스승으로 좇았으며, 여러 경서를 두루 주석하며 금문과 고문의 뜻에 대하여 종합하였다. 『예기(禮記)』·『좌전(左傳)』·『국어(國語)』 등을 살피고, 『공자가어(孔子家語)』 등을 편찬하여 도덕 가치를 선양하여 그의 정신이념이 관학(官學)에 받아들여져 그가 주석한 경학(經學)이 위진(魏晉)시대에 왕학(王學)이라고 일컬어지게 되었다.

○ '蓋'以下, 論也.
　'시인지충후여차(詩人之忠厚如此)'에서 볼 때, '개(蓋)' 아래는 논변한 것이다.

[1-12-9-2]
○駕我乘馬, 說于株野. 乘我乘駒, 朝食于株.

내 수레의 말에 멍에 씌워 주림의 들녘에 머무르도다.
내 수레의 망아지를 타고 주림에서 아침식사 하도다.

詳說

○ 去聲.700)
　'승(乘)'은 거성(去聲 : 수레)이다.

○ 叶, 滿補反.701)
　'마(馬)'는 협운(叶韻)이니, 만(滿)과 보(補)의 반절이다.

○ 音稅.702)
　'세(說)'는 음이 세(稅)이다.

○ 叶, 上與反.703)

---

700) 주자(朱子) 찬,『시경집전(詩經集傳)』의 소주와 달리 호광(胡廣) 등 찬,『시전대전(詩傳大全)』의 소주에는 "繩補反.(승과 중의 반절이다.)"으로 되어 있다. 그 뜻이 '타다'일 경우에는『광운(廣韻)』에서 "食陵切.(식과 릉의 반절이다.)"이고 평성(平聲)이라 하였고, 그 뜻이 '수레'일 경우에는『광운(廣韻)』에서 "實證切.(실과 증의 반절이다.)"이고 거성(去聲)이라고 하였다.
701) 주자(朱子) 찬,『시경집전(詩經集傳)』및 호광(胡廣) 등 찬,『시전대전(詩傳大全)』의 소주 내용을 수용한 것이다.『광운(廣韻)』에는 본음이 "莫下切.(모와 하의 반절이다.)"이고 상성(上聲)이라고 하였다.
702) 주자(朱子) 찬,『시경집전(詩經集傳)』및 호광(胡廣) 등 찬,『시전대전(詩傳大全)』의 소주 내용을 수용한 것이다.『강희자전(康熙字典)』에 의하면, 그 뜻이 '말하다, 설명하다'일 경우에는 "『唐韻』, 失爇切,『集韻』·『韻會』·『正韻』, 輸爇切, 竝音刷.(『당운』에서 실과 열의 반질이라 하고,『집운』·『운회』·'성운』에서 수와 설의 반절이라 하였으니, 아울러 음이 쇄에 가깝다.)"라 하였고, 그 뜻이 '기쁘다'일 경우에는 "又『玉篇』, 余輟切,『唐韻』, 弋雪切,『集韻』·『韻會』, 欲雪切, 竝音閱, 與悅同.(또『옥편』에서 여와 철의 반절이라 하고,『당운』에서 익과 설의 반절이라 하고,『집운』·『운회』에서 욕과 설의 반절이라 하였으니, 아울러 음이 열이며, 기쁠 열과 같다.)"이라 하였고, 그 뜻이 '달래다, 머무르다'일 경우에는 "又『廣韻』, 舒芮切,『集韻』·『韻會』·『正韻』, 輸芮切, 竝音稅.(또『광운』에서 서와 예의 반절이라 하고,『집운』·『운회』·『정운』에서 수와 예의 반절이라 하였으니, 아울러 음이 세이다.)"라고 하였다.
703) 주자(朱子) 찬,『시경집전(詩經集傳)』및 호광(胡廣) 등 찬,『시전대전(詩傳大全)』의 소주 내용을 수용한 것이다.『광운(廣韻)』에는 본음이 "羊者切.(양과 자의 반절이다.)"이고 상성(上聲)이라고 하였다.

'야(野)'는 협운(協韻)이니, 상(上)과 여(與)의 반절이다.

○ 平聲.704)
'승(乘)'은 평성(平聲 : 타다)이다.

朱註

賦也. '說', 舍也. 馬六尺以下曰'駒'.
부(賦)이다. '세(說)'는 머무름이다. 말이 여섯 자 아래인 것을 '구(駒)'라고 한다.

詳說

○ 鄭氏曰:"我國人, 我君也."705)
'부야(賦也)'에 대해, 정씨(鄭氏 : 鄭玄)가 말하였다. "우리나라 사람이고, 우리 임금이다."

[1-12-9-3]

「株林」二章, 章四句.

「주림(株林 : 주림 고을)」은 두 장이니, 장마다 네 구이다.

朱註

『春秋傳』, 夏姬, 鄭穆公之女也, 嫁於陳大夫夏御叔, 靈公與其大夫孔寧・儀行父通焉. 洩冶諫, 不聽而殺之, 後卒爲其子徵舒所弒, 而徵舒復爲楚莊王所誅.
『춘추전(春秋傳)』에서, 하희(夏姬)는 정(鄭)나라 목공(穆公)의 딸로 진(陳)나라 대부인 하어숙(夏御叔)에게 시집갔는데, 영공(靈公)이 그 대부 공녕(孔寧)・의행보(儀行父)와 더불어 하희(夏姬)와 간통하였다. 설야(洩冶)가 간언하였으나 듣지 않고 그를 죽이니, 그 뒤에 마침내 영공(靈公)은 그의 아들 징서(徵舒)에게 시해되고, 징서(徵舒)는 다시 초(楚)나라 장왕(莊王)에게 죽임을 당하였다고 하였다.

---

704) 주자(朱子) 찬, 『시경집전(詩經集傳)』 및 호광(胡廣) 등 찬, 『시전대전(詩傳大全)』의 소주 내용을 수용한 것이다. 『광운(廣韻)』에는 본음이 "食陵切.(식과 릉의 반절이다.)"이고 평성(平聲)이라고 하였다.
705) 호광(胡廣) 등 찬, 『시전대전(詩傳大全)』의 소주 내용을 수용한 것이다. 정씨(鄭氏) 전・육덕명(陸德明) 음의・공영달(孔穎達) 소, 『모시주소(毛詩注疏)』 권12, 「국풍(國風)・진(陳)・주림(株林)」. 참조.

詳說

○ 『左』「宣九年·十年·十一年」.706)
'『춘추전』(『春秋傳』)'은 『좌전(左傳)』「선공(宣公) 9년·10년·11년」조이다.

○ 姓名.
'공녕(孔寧)'은 성명이다.

○ 音甫. ○姓名.
'의행보(儀行父)'에서 보(父)는, 음이 보(甫)이다. ○성명이다.

○ 陳大夫.
'설야(洩冶)'는 진(陳)나라 대부이다.

○ 去聲.
'이징서부(而徵舒復)'에서 부(復 : 다시)는 거성(去聲)이다.

○ 豐城朱氏曰 : "衞之亂, 至於「牆有茨」而極, 於是有狄入; 衞之禍·陳之亂, 至於「株林」而極, 於是有楚入; 陳之禍, 宣姜·夏姬實召之也, 可以爲淫亂者之戒矣."707)
'이징서부위초장왕소주(而徵舒復爲楚莊王所誅)'에 대해, 풍성 주씨(豐城朱氏 : 朱善)가 말하였다. "위(衞)나라의 어지러움은 「장유자(牆有茨)」에 이르러서 극심하였는데 이에 적(狄)의 침입이 있었으며, 위(衞)나라의 화난(禍難)과 진(陳)나라의 어지러움은 「주림(株林)」에 이르러 극심하였는데 이에 초(楚)나라의 침입이 있었으며, 진(陳)나라의 화난(禍難)은 선강(宣姜)과 하희(夏姬)가 실제로 초래하

---

706) 호광(胡廣) 등 찬, 『시전대전(詩傳大全)』의 소주 宣公九年傳曰靈公與孔寧儀行父通於夏姬皆衷其衵服以戱于朝洩冶諫曰公卿宣淫民無效焉公曰吾能改矣公告二子二子請殺之公弗禁遂殺洩冶. 孔氏曰宣公十年書陳徵舒弑其君平國傳曰靈公與儀行父飮酒於夏氏公謂行父曰徵舒似汝對曰亦似君徵舒病之公出自其廐射而殺之○宣公十一年傳曰楚子爲陳夏氏亂故遂入陳殺夏徵舒轘諸栗門.
707) 호광(胡廣) 등 찬, 『시전대전(詩傳大全)』의 소주 내용에서 발췌한 것이다. 그 전문은 다음과 같다. "豐城朱氏曰 : '衞之亂, 至於「牆有茨」而極, 於是有狄入; 衞之禍·陳之亂, 至於「株林」而極, 於是有楚入; 然則狄非能入衞也, 宣姜實召之也; 楚非能入陳也, 夏姬實召之也. 此所謂女戎也, 比事以觀, 可以爲淫亂者之戒矣.'(풍성 주씨가 말하였다. '위나라의 어지러움은 「장유자」에 이르러서 극심하였는데 이에 적의 침입이 있었으며, 위나라의 화난과 진나라의 어지러움은 「주림」에 이르러 극심하였는데 이에 초나라의 침입이 있었으며, 진나라의 화난은 그렇다면 적이 능히 위나라에 침입해서가 아니라 선강이 실제로 초래한 것이며, 초나라가 능히 진나라를 침입해서가 아니라 하희가 실제로 초래한 것이다. 이는 이른바 여자의 경계이니 일에 견주어 살펴보면 음란한 이의 경계가 될 수 있는 것이다.'")

였으니, 음란한 이의 경계로 삼을 만하다."

[1-12-10-1]
彼澤之陂, 有蒲與荷. 有美一人, 傷如之何. 寤寐無爲, 涕泗滂沱.

저기 연못의 방죽에는 부들과 연꽃이 있도다.
아름다운 사람 있으니 아파한들 어찌 하리오.
잠깨나 자나 하릴없이 눈물 콧물 쏟아내노라.

詳說

○ 叶, 音波.708)
'피(陂)'는 협운(協韻)이니, 음이 파(波)이다.

○ 音何.709)
'하(荷)'는 음이 하(何)이다.

○ 音四.710)
'사(泗)'는 음이 사(四)이다.

○ 普光反.711)
'방(滂)'은 보(普)와 광(光)의 반절이다.

---

708) 주자(朱子) 찬, 『시경집전(詩經集傳)』 및 호광(胡廣) 등 찬, 『시전대전(詩傳大全)』의 소주 내용을 수용한 것이다. 『광운(廣韻)』에는 본음이 "彼爲切.(피와 위의 반절이다.)"이고 평성(平聲)이라고 하였다.
709) 주자(朱子) 찬, 『시경집전(詩經集傳)』 및 호광(胡廣) 등 찬, 『시전대전(詩傳大全)』의 소주 내용을 수용한 것이다. 『광운(廣韻)』에는 본음이 "胡歌切.(호와 가의 반절이다.)"이고 평성(平聲)이라고 하였다. 하(何)도 또한 『광운(廣韻)』에서 "胡歌切.(호와 가의 반절이다.)"이고 평성(平聲)이라고 하였다.
710) 주자(朱子) 찬, 『시경집전(詩經集傳)』 및 호광(胡廣) 등 찬, 『시전대전(詩傳大全)』의 소주 내용을 수용한 것이다. 『광운(廣韻)』에는 본음이 "息利切.(식과 리의 반절이다.)"이고 거성(去聲)이라고 하였다. 사(四)도 『광운(廣韻)』에서 "息利切.(식과 리의 반절이다.)"이고 거성(去聲)이라고 하였다. 그리고 호광(胡廣) 등 찬, 『시전대전(詩傳大全)』에는 '체(涕)'자 아래에 "他弟反.(타와 제의 반절이다.)"이라는 소주가 있다.
711) 호광(胡廣) 등 찬, 『시전대전(詩傳大全)』의 소주 내용을 수용한 것이다. 주자(朱子) 찬, 『시경집전(詩經集傳)』에는 소주 내용이 없다. 『광운(廣韻)』에는 본음이 "普郎切.(보와 랑의 반절이다.)"이고 평성(平聲)이라고 하였다.

○ 徒河反.712)

'타(沱)'는 도(徒)와 하(河)의 반절이다.

> 朱註

興也. '陂', 澤障也. '蒲', 水草, 可爲席者. '荷', 芙蕖也. 自目曰'涕', 自鼻曰泗. ○此詩之旨, 與「月出」相類, 言:"彼澤之陂, 則有蒲與荷矣, 有美一人, 而不可見, 則雖憂傷而如之何哉. 寤寐無爲, 涕泗滂沱而已矣."

흥(興)이다. '피(陂)'는 연못의 방죽이다. '포(蒲)'는 물풀이니 자리를 만들 수 있다. '하(荷)'는 연꽃이다. 눈으로부터 나오는 것을 '체(涕)'라고 하며, 코로부터 나오는 것을 '사(泗)'라고 한다. ○이 시(詩)의 뜻은 「월출(月出)」과 서로 비슷하니, 말하기를 "저기 연못의 방죽에는 부들과 연꽃이 있거늘, 아름다운 한 사람이 있어도 만나볼 수 없으니, 비록 근심하고 아파한들 어찌 하리오. 잠깨나 자나 하릴없이 눈물 콧물 쏟아낼 따름이노라."라고 한 것이다.

> 詳說

○ 二句興四句.

'흥야(興也)'의 경우, 두 구가 네 구를 일으키는 것이다.

○ 董氏曰 : "澤水所鍾也."713)

'택장야(澤障也)'에 대해, 동씨(董氏 : 董夢程)가 말하였다. "연못물이 모이는 곳이다."

○ 男女相念.714)

'여「월출」상류(與「月出」相類)'의 경우, 남정네와 여인네가 서로 생각하는 것이다.

○ 添此句.

---

712) 호광(胡廣) 등 찬,『시전대전(詩傳大全)』의 소주 내용을 수용한 것이다. 주자(朱子) 찬,『시경집전(詩經集傳)』에는 소주 내용이 없다.『광운(廣韻)』에는 본음이 "徒河切.(도와 하의 반절이다.)"이고 평성(平聲)이라고 하였다.
713) 호광(胡廣) 등 찬,『시전대전(詩傳大全)』의 소주 내용을 수용한 것이다.
714) 위의「월출(月出)」편의『집전(集傳)』에는 "此亦男女相悅而相念之辭.(이 또한 남정네와 여인네가 서로 기뻐하며 따르면서 서로 생각하는 말이다.)"라고 하였다.

'이불가견(而不可見)'의 경우, 이 구절을 더하였다.

○ '而已'字, 從'如何'字說出.
'체사방타이이의(涕泗滂沱而已矣)'에서 '이이(而已)'자는 '여하(如何)'자로부터 말이 나왔다.

[1-12-10-2]

○彼澤之陂, 有蒲與蕑. 有美一人, 碩大且卷. 寤寐無爲, 中心悁悁.

저기 연못의 방죽에는 부들과 난초가 있도다.
아름다운 사람 있으니 우람하고 멋들어지도다.
잠깨나 자나 하릴없이 속만 바짝바짝 타노라.

詳說

○ 音閒, 叶, 居賢反.715)
'간(蕑)'은 음이 간(間)이고, 협운(協韻)이니, 거(居)와 현(賢)의 반절이다.

○ 音權.716)
'권(卷)'은 음이 권(權)이다.

○ 音娟.717)
'연연(悁悁)'은 음이 연(娟)이다.

---

715) 주자(朱子) 찬, 『시경집전(詩經集傳)』의 고주와 달리 호광(胡廣) 등 찬, 『시전대전(詩傳大全)』의 소주에는 "古顏反. 叶, 居賢反.(고와 안의 반절이고, 협운이니, 거와 현의 반절이다.)"으로 되어 있다. 『광운(廣韻)』에는 본음이 "古閑切.(고와 한의 반절이다.)"이고 평성(平聲)이라고 하였다. 간(間)도 또한 『광운(廣韻)』에서 "古閑切.(고와 한의 반절이다.)"이고 평성(平聲)이라고 하였다.
716) 주자(朱子) 찬, 『시경집전(詩經集傳)』의 소주와 달리 호광(胡廣) 등 찬, 『시전대전(詩傳大全)』의 소주에는 "其員反.(기와 원의 반절이다.)"으로 되어 있다. 『광운(廣韻)』에는 본음이 "巨員切.(거와 원의 반절이다.)"이고 평성(平聲)이라고 하였다. 권(權)도 또한 『광운(廣韻)』에서 "巨員切.(거와 원의 반절이다.)"이고 평성(平聲)이라고 하였다.
717) 주자(朱子) 찬, 『시경집전(詩經集傳)』의 소주와 달리 호광(胡廣) 등 찬, 『시전대전(詩傳大全)』의 소주에는 "烏玄反.(오와 현의 반절이다.)"으로 되어 있다. 『광운(廣韻)』에는 본음이 "於緣切.(어와 연의 반절이다.)"이고 평성(平聲)이라고 하였다. 연(娟)도 또한 『광운(廣韻)』에서 "於緣切.(어와 연의 반절이다.)"이고 평성(平聲)이라고 하였다.

朱註

興也. '菺', 蘭也. '卷', 鬢髮之美也. '悁悁', 猶悒悒也.

흥(興)이다. '간(菺)'은 난초이다. '권(卷)'은 살쩍과 머리털이 아름다운 것이다. '연연(悁悁)'은 읍읍(悒悒 : 근심하는 모양)과 같다.

詳說

○ 鬈同.

'권(卷)'은 수염아름다울 권(鬈)과 같다.

[1-12-10-3]

○彼澤之陂, 有蒲菡萏. 有美一人, 碩大且儼. 寤寐無爲, 輾轉伏枕.

저기 연못의 방죽에는 부들과 연꽃이 있도다.
아름다운 사람 있으니 우람하고도 의젓하도다.
잠깨나 자나 하릴없이 뒤척이다가 엎어지노라.

詳說

○ 戶感反.718)

'함(菡)'은 호(戶)와 감(感)의 반절이다.

○ 大感反, 叶, 待檢反.719)

'담(萏)'은 대(大)와 감(感)의 반절이고, 협운(協韻)이니, 대(待)와 검(檢)의 반절이다.

○ 叶, 知險反.720)

---

718) 호광(胡廣) 등 찬, 『시전대전(詩傳大全)』의 소주 내용을 수용한 것이다. 주자(朱子) 찬, 『시경집전(詩經集傳)』에는 소주가 없다. 『강희자전(康熙字典)』에 의하면, "『正韻』, 同菡.(『정운』에서 함과 같다고 하였다.)"이라 하고, 다시 '함(菡)'에서 "『唐韻』, 胡感切, 音頷.(『당운』에 호와 감의 반절이니, 음이 함이라고 하였다.)"이라고 하였다. 『광운(廣韻)』에서도 "胡感切.(호와 감의 반절이다.)"이고 상성(上聲)이라고 하였다.

719) 호광(胡廣) 등 찬, 『시전대전(詩傳大全)』의 소주 내용을 수용한 것이다. 주자(朱子) 찬, 『시경집전(詩經集傳)』의 소주에는 "叶, 待檢反.(협운이니, 대와 검의 반절이다.)"으로 되어 있다. 『광운(廣韻)』에는 본음이 "徒感切.(대와 감의 반절이다.)"이고 상성(上聲)이라고 하였다.

720) 주자(朱子) 찬, 『시경집전(詩經集傳)』 및 호광(胡廣) 등 찬, 『시전대전(詩傳大全)』의 소주 내용을 수용한

'침(枕)'은 협운(協韻)이니, 지(知)와 험(險)의 반절이다.

朱註

興也. '菡萏', 荷華也. '儼', 矜莊貌. '輾轉伏枕', 臥而不寐, 思之深且久也.
태흥(興)이다. 함담(킹★)은 연꽃이다. 엄(儼)은 씩씩한 모양이다. 전전복침(輾轉伏枕)은 누웠어도 잠을 못이루는 것이니, 생각함이 깊고 또 오랜 것이다.

詳說

○ 音花.
'화(華)'는 음이 화(花)이다.

○ 輾轉.
'와이불매(臥而不寐)'의 경우, 전전(輾轉)이다.

○ 伏枕.
'사지심차구야(思之深且久也)'의 경우, 복침(伏枕)이다.

[1-12-10-4]

「澤陂」三章, 章六句.

「택피(澤陂 : 연못의 방죽)」는 세 장이니, 장마다 여섯 구이다.

[1-12-10-5]

陳國, 十篇, 二十六章, 一百二十四句.

진(陳)나라는 열 편에 스물여섯 장이고, 일백스물네 구이다.

朱註

東萊呂氏曰 : "變風終於陳靈, 其間男女夫婦之詩, 一何多耶[721]? 曰: 有天

것이다. 『광운(廣韻)』에는 본음이 "章荏切.(장과 임의 반절이다.)"이고 상성(上聲)이라고 하였다.
721) 주자(朱子) 찬, 『시경집전(詩經集傳)』에는 '邪'자로 표기되어 있다.

地然後, 有萬物; 有萬物然後, 有男女; 有男女然後, 有夫婦; 有夫婦然後, 有父子; 有父子然後, 有君臣; 有君臣然後, 有上下; 有上下然後, 禮義有所錯, 男女者, 三綱之本, 萬事之先也. 正風之所以爲正者, 擧其正者以勸之也; 變風之所以爲變者, 擧其不正者以戒之也. 道之升降, 時之治亂, 俗之汙隆, 民之死生, 於是乎在, 錄之煩悉, 篇之重複, 亦何疑哉."

동래 여씨(東萊呂氏 : 呂祖謙)가 말하였다. "변풍(變風)이 진(陳)나라 영공(靈公)에서 끝났는데, 그 사이에 남정네와 여인네 사이 및 남편과 아내 사이의 시가 한결같이 어찌 많은 것인가? 천지(天地)가 있은 뒤에 만물이 있으며, 만물이 있은 뒤에 남정네와 여인네가 있으며, 남정네와 여인네가 있은 뒤에 남편과 아내가 있으며, 남편과 아내가 있은 뒤에 부모와 자식이 있으며, 부모와 자식이 있은 뒤에 임금과 신하가 있으며, 임금과 신하가 있은 뒤에 윗사람과 아랫사람이 있으며, 윗사람과 아랫사람이 있은 뒤에 예의(禮義)가 행할 곳이 있으니, 남정네와 여인네는 삼강(三綱)의 근본이고, 온갖 일의 최선등(最先等)이다. 정풍(正風)을 바른 것으로 삼은 까닭은 그 바른 것을 들어서 권면하였기 때문이고, 변풍(變風)을 변한 것으로 삼은 까닭은 그 바르지 못한 것을 들어서 경계하였기 때문이다. 세상 도의(道義)의 오르고 내림과, 시대 정치의 다스려지고 어지러움과, 민간 풍속의 음란하고 도타움과, 백성들의 죽고 사는 것이 이 남정네와 여인네에 달려있으니, 기록이 상세히 갖춰진 것과 시편(詩篇)이 거듭 겹치는 것을 또한 어찌 의심하겠는가."

詳說

○ 眉山蘇氏曰 : "陳靈以後, 未嘗無詩, 而仲尼不取也."[722]

'변풍종어진령(變風終於陳靈)'에 대해, 미산 소씨(眉山蘇氏 : 蘇轍)가 말하였다. "진(陳)나라 영공(靈公) 이후에도 일찍이 시(詩)가 없었던 적이 없으나, 중니(仲尼 : 孔子)가 취하지 않았다."

○ 安成劉氏曰 : "變風一百二十八篇, 男女・夫婦之詩, 凡六十六篇."[723]

---

722) 호광(胡廣) 등 찬, 『시전대전(詩傳大全)』의 소주 내용에서 발췌한 것이다. 그 전문은 다음과 같다. "眉山蘇氏曰 : '變風終於陳靈, 何也? 陳靈以後, 未嘗無詩, 而仲尼有所不取也.'(미산 소씨가 말하였다. '… 진나라 영공 이후에도 일찍이 시가 없었던 적이 없으나, 중니가 취하지 않은 것이 있었다.')"

723) 호광(胡廣) 등 찬, 『시전대전(詩傳大全)』의 소주 내용에서 발췌한 것이다. 그 전문은 다음과 같다. "安成劉氏曰 : '變風終於陳靈, 其間詩凡一百二十八篇, 以『集傳』考之, 男女・夫婦之詩, 凡六十六篇, 不啻居其半也.'(안성 유씨가 말하였다. '변풍이 진나라 영공에서 끝나는데 그 사이의 시가 모두 일백스물여덟 편이며,

'일하다야(一何多耶)'에 대해, 안성 유씨(安成劉氏 : 劉瑾)가 말하였다. "변풍(變風) 일백스물여덟 편 가운데 남정네와 여인네 및 남편과 아내의 시가 모두 예순여섯 편이다."

○ 音措.724)
'유상하연후례의유소조(有上下然後禮義有所錯)'에서 조(錯)는 음이 조(措)이다.

○ 出『易』「序卦」.725)
『주역(周易)』「서괘(序卦)」에 나온다.

○ 去聲.
'시지치(時之治)'에서 치(治 : 다스리다, 다스려지다)는 거성(去聲)이다.

○ 洼.
'오(汙)'의 경우, 음란함이다.

○ 平聲.
'중(重)'은 평성(平聲 : 중복하다)이다.

『집전』으로써 살펴보면 남정네와 여인네 및 남편과 아내의 시가 모두 예순여섯 편이니, 그 절반을 차지할 뿐이 아니다.')
724) 호광(胡廣) 등 찬, 『시전대전(詩傳大全)』의 소주에는 "七故反.(칠과 고의 반절이다.)"으로 되어 있다.
725) 호광(胡廣) 등 찬, 『주역전의대전(周易傳義大全)』권24, 「서괘전(序卦傳)」. "有天地然後, 有萬物; 有萬物然後, 有男女; 有男女然後, 有夫婦; 有夫婦然後, 有父子; 有父子然後, 有君臣; 有君臣然後, 有上下; 有上下然後, 禮義有所錯.(천지가 있은 뒤에 만물이 있으며, 만물이 있은 뒤에 남정네와 여인네가 있으며, 남정네와 여인네가 있은 뒤에 남편과 아내가 있으며, 남편과 아내가 있은 뒤에 부모와 자식이 있으며, 부모와 자식이 있은 뒤에 임금과 신하가 있으며, 임금과 신하가 있은 뒤에 윗사람과 아랫사람이 있으며, 윗사람과 아랫사람이 있은 뒤에 예의가 행할 곳이 있다.)"

시집전상설 6권

詩集傳詳說 卷之六

1-13. 회풍 (檜 一之十三)

朱註

'檜', 國名, 高辛氏火正祝融之墟, 在禹貢豫州外方之北·滎波之南, 居溱·洧之間. 其君妘姓, 祝融之後, 周衰, 爲鄭桓公所滅而遷國焉, 今之鄭州, 卽其地也. 蘇氏以爲, "檜詩皆爲鄭作, 如邶·鄘之於衛也.", 未知是否.

'회(檜)'는 나라 이름으로 고신씨(高辛氏)의 화정(火正)인 축융(祝融)이 살던 옛 터이니, 「우공(禹貢)」의 예주(豫州) 외방산(外方山) 북쪽, 형수(滎水)와 파수(波水)의 남쪽에 있으며 진수(溱水)와 유수(洧水)의 사이를 차지하고 있었다. 그 임금은 운(妘)의 성(姓)인데, 축융(祝融)의 후손이며, 주(周)나라가 쇠퇴함에 정(鄭)나라 환공(桓公)에게 멸망되어 국도(國都)를 옮겼으니, 지금의 정주(鄭州)가 곧 그 땅이다. 소씨(蘇氏 : 蘇轍)가 이르기를, "회(檜)나라의 시(詩)는 모두 정(鄭)나라 때에 지어졌기 때문에 패(邶)와 용(鄘)이 위(衛)나라에 있어서와 같은 것이다."라고 하였으니, 옳은지 그른지 알 수 없다.

詳說

○ 音儈.
'회(檜)'는 음이 회(儈)이다.

○ 官名.
'화정(火正)'은 벼슬 이름이다.

○ 孔氏曰 : "重黎也."[726]
'축융(祝融)'에 대해, 공씨(孔氏 : 孔穎達)가 말하였다. "중려(重黎)이다."

○ 二水.
'형·파(滎·波)'의 경우, 두 개의 물이다.

---

[726] 호광(胡廣) 등 찬, 『시전대전(詩傳大全)』의 소주 내용에서 발췌한 것이다. 그 전문은 다음과 같다. "孔氏曰 : '祝融, 重黎也. 重黎之弟吳回, 生陸終; 陸終生子六人, 四曰檜. 案世本, 檜人, 卽檜之祖.'(공씨가 말하였다. '축융은 중려이다. ….')"

○ 音云.
　'운(妘)'은 음이 운(云)이다.

○ 王氏肅云: "周武王, 封爲檜子."727)
　'축융지후(祝融之後)'에 대해, 왕씨숙(王氏肅：王肅)이 말하였다. "주(周)나라 무왕(武王)이 봉하여 회자(檜子)가 되었다."

○ 遷鄭國於此.
　'천국언(遷國焉)'의 경우, 정(鄭)나라를 여기로 옮겼다.

○ 與「鄭風」篇題, 參看.
　'즉기지야(卽其地也)'의 경우, 「정풍(鄭風)」의 편제와 참조하여 보아야 한다.

○ 邶・鄘・魏, 與衛・唐, 相連, 而檜與鄭, 則不相連, 有不可以一例論之, 故朱子於此, 特用疑辭.
　'미지시부(未知是否)'에서 볼 때, 패(邶)・용(鄘)・위(魏)는 위(衛)나라・당(唐)나라와 서로 연관되고, 회(檜)나라와 정(鄭)나라는 서로 연관되지 않지만, 하나의 예를 가지고 논변해서는 안 되는 것이 있기 때문에 주자(朱子)가 여기서 특별히 의문사를 쓴 것이다.

[1-13-1-1]

羔裘逍遙, 狐裘以朝. 豈不爾思, 勞心忉忉.

염소 갖옷 입고서는 돌아다니며 여우 갖옷 입고서는 조회하도다.
어찌 그대 생각을 하지 않으랴 마음을 쓰느라 조마조마하도다.

詳說

○ 音潮, 叶, 直勞反.728)

---

727) 호광(胡廣) 등 찬, 『시전대전(詩傳大全)』의 소주 내용에서 발췌한 것이다. 그 전문은 다음과 같다. "『釋文』曰: '王肅云: 周武王, 封祝融之後於濟・洺・河・穎之間, 爲檜子.'(『석문』에 말하였다. '왕숙이 이르기를, 주나라 무왕이 축융을 제수・명수・하수・영수 사이에 봉하였으니, 회자가 되었다고 하였다.')"
728) 주자(朱子) 찬, 『시경집전(詩經集傳)』의 소주와 달리 호광(胡廣) 등 찬, 『시전대전(詩傳大全)』의 소주에는 "直遙反, 叶, 直勞反.(직과 요의 반절이고, 협운이니, 직과 로의 반절이다.)"으로 되어 있다. 『광운(廣韻)』에도 본음이 "直遙切.(직과 요의 반절이다.)"이고 평성(平聲)이라고 하였다. 조(潮)도 또한 『광운(廣韻)』에

'조(朝)'는 음이 조(潮)이고, 협운(協韻)이니, 직(直)과 로(勞)의 반절이다.

○ 音刀.729)
'도도(忉忉)'는 음이 도(刀)이다.

朱註
賦也. 緇衣羔裘, 諸侯之朝服, 錦衣狐裘, 其朝天子之服也. 舊說, 檜君好潔其衣服, 逍遙遊宴, 而不能自强於政治, 故詩人憂之.
부(賦)이다. 검은 옷에 염소 갖옷은 제후(諸侯)의 조복(朝服)이고, 비단옷에 여우 갖옷은 천자를 조회하는 옷이다. ○옛말에, 회(檜)나라 임금이 그 의복을 깨끗이 하여 쏘다니며 놀고 잔치벌이기를 좋아하여 스스로 정치에 힘쓸 수 없었기 때문에 시인(詩人)이 근심하였다고 한다.

詳說
○ 視朝.
'제후지조(諸侯之朝)'의 경우, 조회를 보는 것이다.

○ 諸侯.
'기(其)'의 경우, 제후(諸侯)이다.

○ 華谷嚴氏曰 : "『記』, '君衣狐白裘, 錦衣以裼之.' 天子以日視朝, 諸侯在天子之朝, 亦服之."730)
'기조천자지복야(其朝天子之服也)'에 대해, 화곡 엄씨(華谷嚴氏 : 嚴粲)가 말하였다. "『예기(禮記)』「옥조(玉藻)」에서 '임금은 여우 흰털가죽옷을 입고 비단옷으로 위에 덧입는다.'고 하였는데, 천자(天子)가 날마다 조회를 봄에 제후가 천자의 조정에 있으면서 또한 그것을 입는다."

○ 上聲.

서 "直遙切.(직과 요의 반절이다.)"이고 평성(平聲)이라고 하였다.
729) 주자(朱子) 찬, 『시경집전(詩經集傳)』 및 호광(胡廣) 등 찬, 『시전대전(詩傳大全)』의 소주 내용을 수용한 것이다. 『광운(廣韻)』에는 본음이 "都牢切.(도와 뢰의 반절이다.)"이고 평성(平聲)이라고 하였다. 도(刀)도 또한 『광운(廣韻)』에서 "都牢切.(도와 뢰의 반절이다.)"이고 평성(平聲)이라고 하였다.
730) 호광(胡廣) 등 찬, 『시전대전(詩傳大全)』의 소주 내용을 수용한 것이다.

'강(强)'은 상성(上聲 : 힘쓰다)이다.

○ 親之之辭.

'고시인우지(故詩人憂之)'의 경우, '이(爾)'는 친하게 대하는 말이다.

○ 華谷嚴氏曰 : "非以羔裘·狐裘爲大故, 而以逍遙·翺翔爲可憂也."731)

화곡 엄씨(華谷嚴氏 : 嚴粲)가 말하였다. "염소 갖옷과 여우 갖옷을 중대한 사고로 여긴 것이 아니라, 소요(逍遙)함과 고상(翺翔)함을 근심할 만한 것으로 여긴 것이다."

[1-13-1-2]

○羔裘翺翔, 狐裘在堂. 豈不爾思, 我心憂傷.

염소 갖옷 입고서는 돌아다니며 여우 갖옷 입고서는 등청하도다.
어찌 그대 생각을 하지 않으랴 내 마음이 시름하고 속상하도다.

朱註

賦也. '翺翔', 猶逍遙也. '堂', 公堂也.
부(賦)이다. '고상(翺翔)'은 소요(逍遙)와 같다. '당(堂)'은 공당(公堂)이다.

[1-13-1-3]

○羔裘如膏, 日出有曜. 豈不爾思, 中心是悼.

염소 갖옷이 기름 바른 듯하니 해가 나오자 번쩍번쩍 빛나도다.
어찌 그대 생각을 하지 않으랴 내 마음속으로 이를 슬퍼하노라.

詳說

○ 去聲.732)

---

731) 호광(胡廣) 등 찬, 『시전대전(詩傳大全)』의 소주 내용을 수용한 것이다.
732) 주자(朱子) 찬, 『시경집전(詩經集傳)』의 소주와 달리 호광(胡廣) 등 찬, 『시전대전(詩傳大全)』의 소주에는 "古報反.(고와 보의 반절이다.)"으로 되어 있다. 그 뜻이 '윤택하다, 기름 바르다'일 경우에는 『광운(廣韻)』에서 "古到切.(고와 도의 반절이다.)"이고 거성(去聲)이라 하였고, 그 뜻이 '기름, 지방'일 경우에는 『광운

'고(膏)'는 거성(去聲 : 윤택하다)이다.

○ 羊照反, 叶, 羊號反.733)
'요(曜)'는 양(羊)과 조(照)의 반절이고, 협운(協韻)이니, 양(羊)과 호(號)의 반절이다.

朱註
賦也. '膏', 脂所漬也. '日出有曜', 日照之則有光也.
부(賦)이다. '고(膏)'는 기름에 담그는 것이다. '일출유요(日出有曜)'는 해가 비춤에 곧 광택이 있는 것이다.

詳說
○ 音恣.
'자(漬)'는 음이 자(恣)이다.

○ 言滑澤也.
'지소자야(脂所漬也)'에서 볼 때, '여고(如膏)'는 매끄럽고 광택이 남을 말한다.

○ 中心, 以是爲悼.
'일조지즉유광야(日照之則有光也)'의 경우, 마음속이 이 때문에 슬퍼지는 것이다.

○ 慶源輔氏曰 : "'忉忉', 思之也; '憂傷', 悲之也; '是悼', 知其不可救也."734)
경원 보씨(慶源輔氏 : 輔廣)가 말하였다. "'도도(忉忉)'는 생각함이고, '우상(憂傷)'은 슬퍼함이고, '시도(是悼)'는 구원할 수 없음을 안 것이다."

(廣韻)』에서 "古勞切.(고와 로의 반절이다.)"이고 평성(平聲)이라고 하였다.
733) 호광(胡廣) 등 찬, 『시전대전(詩傳大全)』의 소주 내용을 수용한 것이다. 주자(朱子) 찬, 『시경집전(詩經集傳)』의 소주에는 "叶, 羊號反.(협운이니, 양과 호의 반절이다.)"으로 되어 있다. 『광운(廣韻)』에는 본음이 "弋照切.(익과 조의 반절이다.)"이고 거성(去聲)이라고 하였다.
734) 호광(胡廣) 등 찬, 『시전대전(詩傳大全)』의 소주 내용에서 발췌한 것이다. 그 전문은 다음과 같다. "慶源輔氏曰 : '勞心忉忉, 思之也; 我心憂傷, 悲之也; 中心是悼, 則知其不復可救也. 羔裘如膏, 日出有曜, 其君之服飾, 非不美也. 豈不爾思, 中心是悼, 則其所闕者, 蓋可知矣.'(경원 보씨가 말하였다. '노심도도는 생각함이고, 아심우상은 슬퍼함이고, 중심시도는 곧 그 다시 구원할 수 없음을 안 것이다. ….')"

[1-13-1-4]

「羔裘」三章, 章四句.

「고구(羔裘 : 염소 갖옷)」는 세 장이니, 장마다 네 구이다.

詳說

○ 君臣通服, 故動輒稱之, 「風」中, 凡有三'羔裘'.735)

'고구(羔裘 : 염소 갖옷)'는 임금과 신하가 두루 입은 옷이었기 때문에 걸핏하면 일컬었으니, 「국풍(國風)」 가운데에는 무릇 세 편의 「고구(羔裘)」가 있다.

[1-13-2-1]

庶見素冠兮. 棘人欒欒兮. 勞心慱慱兮.

바라건대 흰 관 쓴 모습을 보았으면
마음 급한 사람이라 푸석푸석하구나.
몹시 마음을 쓰느라 조마조마하도다.

詳說

○ 音鸞.736)

'란란(欒欒)'은 음이 란(鸞)이다.

○ 音團.737)

'단단(慱慱)'은 음이 단(團)이다.

朱註

---

735) 호광(胡廣) 등 찬, 『시전대전(詩傳大全)』 권4의 「국풍(國風)·정(鄭)·고구(羔裘)」와, 권6의 「국풍(國風)·당(唐)·고구(羔裘)」와, 권7의 「국풍(國風)·회(檜)·고구(羔裘)」가 그것이다.
736) 주자(朱子) 찬, 『시경집전(詩經集傳)』의 소주와 달리 호광(胡廣) 등 찬, 『시전대전(詩傳大全)』의 소주에는 "力端反.(력과 단의 반절이다.)"으로 되어 있다. 『광운(廣韻)』에는 본음이 "落官切.(락과 관의 반절이다.)"이고 평성(平聲)이라고 하였다. 란(鸞)도 또한 『광운(廣韻)』에서 "落官切.(락과 관의 반절이다.)"이고 평성(平聲)이라고 하였다.
737) 주자(朱子) 찬, 『시경집전(詩經集傳)』의 소주와 달리 호광(胡廣) 등 찬, 『시전대전(詩傳大全)』의 소주에는 "徒官反.(도와 단의 반절이다.)"으로 되어 있다. 『광운(廣韻)』에는 본음이 "度官切.(도와 관의 반절이다.)"이고 평성(平聲)이라고 하였다. 단(團)도 또한 『광운(廣韻)』에서 "度官切.(도와 관의 반절이다.)"이고 평성(平聲)이라고 하였다.

賦也. '庶', 幸也. 縞冠素紕, 旣祥之冠也, 黑經白緯曰'縞', 緣邊曰'紕'. '棘', 急也. 喪事欲其總總爾, 哀遽之狀也. '欒欒', 瘠貌. '慱慱', 憂勞之貌. ○祥冠, 祥則冠之, 禫則除之, 今人皆不能行三年之喪矣, 安得見此服乎. 當時賢者, 庶幾見之, 至於憂勞也.

부(賦)이다. '서(庶)'는 바라건대이다. 흰 관에 흰 테두리를 두른 것은 이미 대상(大祥)을 지낸 관(冠)이니, 검은 날줄에 흰 씨줄이 있는 것을 '호(縞)'라고 하며, 가장자리에 가선 두른 것을 '비(紕)'라고 한다. '극(棘)'은 급함이다. 상사(喪事)는 허겁지겁하며 공급하고자 할 뿐이니, 슬퍼하면서 급한 모양이다. '난란(欒欒)'은 수척한 모양이고, '단단(慱慱)'은 근심하고 몹시 마음 쓰는 모양이다. ○상관(祥冠)은 대상(大祥 : 두 돌 제사)이면 쓰고, 담제(禫祭 : 상복 벗는 제사)를 지내면 벗는데, 지금 사람들은 모두 능히 삼년상(三年喪)을 행하지 않으니 어떻게 이 상복(喪服)을 볼 수 있으랴. 당시에 현량한 이가 아무쪼록 보고 싶어서 근심하고 마음을 씀에 이른 것이다.

詳說

○ 音皮.738)
'피(紕)'는 음이 피(皮)이다.

○ 大祥.
'기상(旣祥)'의 경우, 대상(大祥 : 두 돌 제사)이다.

○ 見『禮記』「玉藻」.739)
'기상지관야(旣祥之冠也)'의 내용이 『예기(禮記)』「옥조(玉藻)」에 보인다.

○ 去聲.
'연(緣)'은 거성(去聲 : 가선)이다.

○ 見『禮記』「檀弓」.740)

---

738) 호광(胡廣) 등 찬, 『시전대전(詩傳大全)』의 소주 내용을 수용한 것이다.
739) 호광(胡廣) 등 찬, 『예기대전(禮記大全)』 권13, 「옥조(玉藻)」. "縞冠玄武, 子姓之冠也; 縞冠素紕, 旣祥之冠也.(흰 관에 검은 띠를 대는 것은 손자를 위한 관이고, 흰 관에 흰 가선을 댄 것은 대상 때 쓰는 관이다.)"

'상사욕기총총이(喪事欲其總總爾)'의 내용이 『예기(禮記)』「단궁(檀弓)」에 보인다.

○ 去聲.
'상즉관(祥則冠)'에서 관(冠 : 갓을 쓰다)은 거성(去聲)이다.

○ 徒感反.741)
'담(禫)'은 도(徒)와 감(感)의 반절이다.

○ 詩人.
'당시현자(當時賢者)'의 경우, 시인(詩人)이다.

○ 慶源輔氏曰 : "'素冠'繼以'欒欒', 言情與服內外之相稱也."742)
'서기견지(庶幾見之)'에 대해, 경원 보씨(慶源輔氏 : 輔廣)가 말하였다. "'소관(素冠)'을 '란란(欒欒)'으로 이었으니, 심정(心情)과 상복(喪服)의 안과 밖이 서로 맞아야 함을 말한 것이다."

○ 未見而憂, 庶見而勞.
'지어우로야(至於憂勞也)'에서 볼 때, 만나보지 못해서 근심하는 것이고, 아무쪼록 만나볼까 하여 마음 쓰는 것이다.

[1-13-2-2]

○庶見素衣兮, 我心傷悲兮, 聊與子同歸兮.

바라건대 흰 옷 입은 모습 보았으면
내 마음이 속상하고 슬퍼지려 하나니
애오라지 그대와 같이 돌아가리로다.

---

740) 호광(胡廣) 등 찬, 『예기대전(禮記大全)』 권3, 「단궁상(檀弓上)」. "喪事, 欲其縱縱爾; 吉事, 欲其折折爾. 故喪事雖遽不陵節, 吉事雖止不怠. 故騷騷爾則野, 鼎鼎爾則小人, 君子蓋猶猶爾.(상사는 허겁지겁하며 공급하고자 할 뿐이고, 길사는 차근차근하게 하고자 할 뿐이다. ….)"
741) 호광(胡廣) 등 찬, 『시전대전(詩傳大全)』의 소주 내용을 수용한 것이다.
742) 호광(胡廣) 등 찬, 『시전대전(詩傳大全)』의 소주 내용에서 발췌한 것이다. 그 전문은 다음과 같다. "慶源輔氏曰 : '言庶見素冠兮, 而繼之以棘人欒欒兮, 蓋言情與服之相稱也. 不然服於外而忘於內, 則亦何以爲哉.'(경원 보씨가 말하였다. '서견소관을 말하고 극인란란으로 이었으니, 대개 심정과 상복이 서로 맞아야 함을 말한 것이다. 그렇지 않고 밖으로는 상복 차림을 하고 마음속으로는 잊어버린다면 또한 어떻게 하겠는가.')"

朱註

賦也. 素冠則素衣矣. '與子同歸', 愛慕之辭也.

부(賦)이다. 흰 관을 쓰면 흰 옷을 입는다. '여자동귀(與子同歸)'는 사랑하고 사모하는 말이다.

詳說

○ 承上章.

'소관(素冠)'의 경우, 위의 장(章)을 이른 것이다.

○ 三山李氏曰 : "今無此人, 故傷悲也, 如有其人, 則我且與之同歸矣."743)

'애모지사야(愛慕之辭也)'에 대해, 삼산 이씨(三山李氏 : 李樗)가 말하였다. "지금 이 사람이 없기 때문에 속상하고 슬퍼한 것이니, 만일 그 사람이 있으면 내가 장차 그와 더불어 같이 돌아간다는 것이다."

○ 疊山謝氏曰 : "'同歸', 如『書』云'同歸于治'·'同歸于亂', 非與之同歸其家也."744)

첩산 사씨(疊山謝氏 : 謝枋得)가 말하였다. "'동귀(同歸)'는 『시경(書經)』에서 '동귀우치(同歸于治)745)'와 '동귀우란(同歸于亂)'이라고 한 것과 같으니, 그와 더불어 같이 그 집으로 돌아간다는 것이 아니다."

[1-13-2-3]

○庶見素韠兮. 我心蘊結兮, 聊與子如一兮.

바라건대 흰 슬갑 한 모습 보았으면

---

743) 호광(胡廣) 등 찬, 『시전대전(詩傳大全)』의 소주 내용에서 발췌한 것이다. 그 전문은 다음과 같다. "三山李氏曰 : '言庶幾欲見服, 既祥之素衣者, 今無此人, 故我心悲傷也, 如有其人, 則我且與之同歸矣.'(삼산 이씨가 말하였다. '… 지금이 사람이 없기 때문에 속상하고 슬퍼한 것이니, 만일 그 사람이 있으면 내가 장차 그와 더불어 같이 돌아간다는 것이다.')"
744) 호광(胡廣) 등 찬, 『시전대전(詩傳大全)』의 소주 내용을 수용한 것이다.
745) 호광(胡廣) 등 찬, 『서경대전(書經大全)』 권8, 「주서(周書)·채중지명(蔡仲之命)」. "皇天無親, 惟德是輔, 民心無常, 惟惠之懷. 爲善不同, 同歸于治; 爲惡不同, 同歸于亂, 爾其戒哉.(크고 넓은 하늘은 친근함이 없어서 오직 덕 있는 이를 이에 도와주며, 백성들 마음은 떳떳하지 않아서 오직 사랑해주는 이를 이에 따르니다. 선을 함이 같지 않으나 다스려짐으로 같이 돌아가고, 악을 함이 같지 않으나 어지러움으로 같이 돌아가니, 그대들은 경계해야 하니라.)"

내 마음에 쌓이고 응어리져서 있나니
애오라지 그대와 같이 한결같으리라.

> 詳說

○ 音畢.746)
'필(韠)'은 음이 필(畢)이다.

○ 上聲.747)
'온(蘊)'은 상성(上聲 : 쌓이다)이다.

○ 叶, 訖力反.748)
'결(結)'에서 협운(協韻)이니, 글(訖)과 력(力)의 반절이다.

> 朱註

賦也. '韠', 蔽膝也, 以韋爲之, 冕服謂之韍, 其餘曰韠. 韠從裳色, 素衣·素裳, 則素韠矣. '蘊結', 思之不解也. '與子如一', 甚於同歸矣.
부(賦)이다. '필(韠)'은 무릎가림이니, 가죽으로 만드는데 면복(冕服)에는 불(韍)이라고 하며, 그 나머지는 필(韠)이라고 한다. 필(韠)은 아래옷 색깔을 좇으니, 흰 웃옷과 흰 아래옷을 입으면 흰 무릎가림을 하는 것이다. '온결(蘊結)'은 사념(思念)이 풀리지 않음이다. '여자여일(與子如一)'은 같이 돌아감보다 심한 것이다.

> 詳說

○ 孔氏曰 : "古者佃漁而食, 因衣其皮. 先知蔽前, 後知蔽後. 後王易以布帛, 而猶存其蔽前者, 不忘本也."749)

---

746) 주자(朱子) 찬, 『시경집전(詩經集傳)』 및 호광(胡廣) 등 찬, 『시전대전(詩傳大全)』의 소주 내용을 수용한 것이다. 『강희자전(康熙字典)』에는 "『唐韻』, 卑吉切; 『集韻』·『韻會』·『正韻』, 璧吉切, 夶音必.(『당운』에서 비와 길의 반절이라 하고, 『집운』·『운회』·『정운』에서 벽과 길의 반절이라 하였으니, 아울러 음이 필이다.)"이라고 하였다. 필(畢)도 『광운(廣韻)』에서 "卑吉切.(비와 길의 반절이다.)"이고 거성(去聲)이라고 하였다.
747) 주자(朱子) 찬, 『시경집전(詩經集傳)』의 소주와 달리 호광(胡廣) 등 찬, 『시전대전(詩傳大全)』의 소주에는 "於粉反.(어와 분의 반절이다.)"으로 되어 있다. 『강희자전(康熙字典)』에는 "『唐韻』, 於粉切; 『集韻』·『正韻』, 委粉切, 夶音縕.(『당운』에서 어와 분의 반절이라 하고, 『집운』·『정운』에서 위와 분의 반절이라 하였으니, 아울러 음이 온이다.)"이라고 하였다.
748) 주자(朱子) 찬, 『시경집전(詩經集傳)』 및 호광(胡廣) 등 찬, 『시전대전(詩傳大全)』의 소주 내용을 수용한 것이다. 『광운(廣韻)』에는 본음이 "古屑切.(고와 설의 반절이다.)"이고 입성(入聲)이라고 하였다.

'이위위지(以韋爲之)'에 대해, 공씨(孔氏 : 孔穎達)가 말하였다. "옛날에는 사냥하고 고기잡이하여 먹었으니, 이에 그 가죽을 입었다. 먼저 앞을 가릴 줄 알았고, 뒤에 뒤를 가릴 줄 알았다. 후대 왕들이 베와 비단으로 바꾸었는데도 여전히 그 앞을 가리는 것이 남아있는 것은 근본을 잊지 않음이다."

○ 於冕服.
'면복(冕服)'의 경우, 면복(冕服)에 하는 것이다.

○ 分勿反.750)
'불(韍)'은 분(分)과 물(勿)의 반절이다.

○ 承上章.
'소의(素衣)'의 경우, 위의 장(章)을 이었다.

○ 照上章.
'심어동귀의(甚於同歸矣)'의 경우, 위의 장(章)을 참조하였다.

○ 慶源輔氏曰 : "欲與同歸爲一焉."751)
경원 보씨(慶源輔氏 : 輔廣)가 말하였다. "그와 더불어 같이 돌아가서 하나가 되고자 하는 것이다."

[1-13-2-4]
「素冠」三章, 章三句.

「소관(素冠 : 흰 관)」은 세 장이니, 장마다 세 구이다.

朱註
───────────────
749) 호광(胡廣) 등 찬, 『시전대전(詩傳大全)』의 소주 내용을 수용한 것이다.
750) 호광(胡廣) 등 찬, 『시전대전(詩傳大全)』의 소주 내용을 수용한 것이다.
751) 호광(胡廣) 등 찬, 『시전대전(詩傳大全)』의 소주 내용에서 발췌한 것이다. 그 전문은 다음과 같다. "慶源輔氏曰 : '素衣素冠, 不祥之服也, 常情之所厭見也. 檜國之俗, 不能行三年之喪, 則不復見此旣祥之衣冠矣. 而當時賢者庶幾見之而不可得, 則至於憂勞如此, 是其心必有大不安者也. 幸而得見之, 則又爲之愛慕, 而欲與同歸爲一焉, 是又必有大慊於其心者也. 此秉彝之心也, 先王之制喪服, 亦以是心而已, 豈强民爲之哉.' (경원 보씨가 말하였다. '… 아무쪼록 그를 만나면 또 그를 사랑하고 사모하여 그와 더불어 같이 돌아가서 하나가 되고자 함이니, 이는 또 반드시 그 마음에 크게 흡족함이 있는 것이다. ….')"

按, 喪禮, 爲父爲君, 斬衰三年, 昔宰予欲短喪, 夫子曰："子生三年然後, 免於父母之懷, 予也有三年之愛於其父母乎." 三年之喪, 天下之通喪也. 『傳』曰："子夏三年之喪畢, 見於夫子, 援琴而弦, 衎衎而樂, 作而曰：'先王制禮不敢不及.' 夫子曰：'君子也.' 閔子騫三年之喪畢, 見於夫子, 援琴而弦, 切切而哀, 作而曰：'先王制禮, 不敢過也.' 夫子曰：'君子也.' 子路曰：'敢問. 何謂也?' 夫子曰：'子夏哀已盡, 能引而致之於禮, 故曰君子也; 閔子騫哀未盡, 能自割以禮, 故曰君子也.' 夫三年之喪, 賢者之所輕, 不肖者之所勉."

살피건대, 상례(喪禮)에 의하면, 부모를 위하고 임금을 위하여 참최(斬衰 : 거친 삼베옷)의 상복을 3년 동안 입는다고 하였다. 옛날에 재여(宰予)가 복상(服喪)의 기한을 짧게 하려고 하였는데 부자가 말하기를, "자식이 태어나서 3년이 된 뒤라야 부모의 품을 벗어나니, 재여는 그 부모님을 3년 동안 사랑함이 있었는가."라고 하였으니, 3년의 복상(服喪)은 온 세상에 공통되는 상례(喪禮)이다. 『모전(毛傳)』에 이르기를, "자하(子夏)가 3년의 복상(服喪)을 마침에 부자를 뵙고 거문고를 잡고 튕기는데 띵까띵까 즐기더니 일어나서 말하기를, '선대의 임금이 만든 예이기에 감히 미치지 않을 수 없었습니다.'라고 하자 부자가 말하기를, '군자로다.'라고 하였다. 민자건(閔子騫)이 3년의 복상(服喪)을 마침에 부자를 뵙고 거문고를 잡고 튕기는데 애달프게 슬퍼하더니 일어나서 말하기를, '선대의 임금이 만든 예이기에 감히 지나칠 수 없었습니다.'라고 하자 부자가 말하기를, '군자로다.'라고 하였다. 자로(子路)가 말하였다. '감히 여쭙겠습니다. 무엇을 이르신 것입니까?' 부자가 말하였다. '자하는 슬픔이 이미 다했는데도 능히 끌어다가 예를 다하였기 때문에 군자라고 하였으며, 민자건은 슬픔이 다하지 않았는데 능히 스스로 예로써 나누었기 때문에 군자라고 하였다.' 무릇 3년의 복상(服喪)이란 현량한 이들은 가볍게 여기는 것이지만, 현량하지 못한 이들은 힘써야 하는 것이다."라고 하였다.

詳說

○ 『儀禮』「喪服」.
　'상례(喪禮)'의 경우, 『의례(儀禮)』「상복(喪服)」이다.

○ 去聲, 下同.
　'위(爲)'는 거성(去聲 : 위하다)이니, 아래도 같다.

○ 音催.
'최(衰)'는 음이 최(催)이다.

○ 擧其重者, 並言君·父, 下文又單言父母.
'참최삼년(斬衰三年)'에서 볼 때, 그 중요함을 든 것이므로 임금과 부모를 아울러 말하였고, 아래 글에서는 또 다만 부모를 말하였다.

○ 見『論語』「陽貨」.752)
'천하지통상야(天下之通喪也)'의 내용이 『논어(論語)』「양화(陽貨)」에 보인다.

○ 『毛傳』.
'『전』(『傳』)'은 『모전(毛傳)』이다.

○ 音現, 下同.
'현(見)'은 음이 현(現)이니, 아래도 같다.

○ 于元反,753) 下同.
'원(援)'은 우(于)와 원(元)의 반절이니, 아래도 같다.

○ 絃同, 下同.
'현(弦)'은 현(絃)과 같으니, 아래도 같다.

○ 苦旦反.754)
'간간(衎衎)'은, 고(苦)와 단(旦)의 반절이다.

○ 音洛. ○句.
'락(樂)'은 음이 락(洛)이다. ○문장이 끊어지는 곳이다.

---

752) 『논어집주대전(論語集註大全)』 권17, 「양화(陽貨)」. "宰我出, 子曰 : '予之不仁也. 子生三年然後, 免於父母之懷. 夫三年之喪, 天下之通喪也, 予也有三年之愛於其父母乎.'(재아가 나가자 공자가 말하였다. '재여의 어질지 못함이로다. 자식이 태어나서 3년이 된 뒤라야 부모의 품을 벗어나니, 무릇 3년의 복상은 온 세상에 공통된 상례이다. 재여는 그 부모님을 3년 동안 사랑함이 있었는가?')"
753) 호광(胡廣) 등 찬, 『시전대전(詩傳大全)』의 소주 내용을 수용한 것이다.
754) 호광(胡廣) 등 찬, 『시전대전(詩傳大全)』의 소주 내용을 수용한 것이다.

○ 起也.
　'작(作)'은 일어남이다.

○ 音扶.
　'부(夫)'는 음이 부(扶)이다.

○ 不及者.
　'불초자(不肖者)'의 경우, 미치지 못하는 사람이다.

○ 慶源輔氏曰 : "此與『禮記』不同."755)
　'불초자지소면(不肖者之所勉)'에 대해, 경원 보씨(慶源輔氏 : 輔廣)가 말하였다. "이는 『예기(禮記)』와 같지 않다."

○ 按, 子夏・子張事, 見「檀弓」, 而子夏之事, 與此相反.756) 且此 於二子, 夫子不名之而乃字之, 恐非夫子本語, 或毛氏檃栝用之 歟.
　내가 살펴보건대, 자하(子夏)와 자장(子張)의 일이 「단궁(檀弓)」에 보이는데, 자하(子夏)의 일은 이것과 서로 반대이다. 또 여기서 이 두 사람에 대하여 부자(夫子)가 이름으로 말하지 않고 이에 자(字)로써 말하였는데, 아마도 부자(夫子)의 본래의 말이 아니거나, 혹은 모씨(毛氏 : 毛萇)가 고쳐서 쓴 것일 것이다.

---

755) 호광(胡廣) 등 찬, 『시전대전(詩傳大全)』의 소주 내용에서 발췌한 것이다. 그 전문은 다음과 같다. "慶源 輔氏曰 : '子夏・閔子騫之事, 『毛傳』所載如此, 與『禮記』不同. 先生併取宰予之事言之, 而不加一辭焉. 然熟 讀而詳玩之, 則自有所發, 而可以爲情性之正矣.' 又曰 : '非以三年之喪爲足以報其親, 所謂喪三年以爲極, 亡則弗之忘矣者也. 至於聖人, 旣爲之中制, 則賢者必當俯而就, 不肖者必當跂而及也.'(경원 보씨가 말하였 다. '자하와 민자건의 일이 『모전』에 실린 것이 이와 같으나, 『예기』와 같지 않다. ….')"
756) 상반된 『예기(禮記)』은 내용은 다음과 같다. 호광(胡廣) 등 찬, 『예기대전(禮記大全)』 권3, 「단궁상(檀弓 上)」. "子夏旣除喪而見, 予之琴, 和之而不和, 彈之而不成聲, 作而曰 : '哀未忘也, 先王制禮, 而弗敢過也.' 子張旣除喪而見, 予之琴, 和之而和, 彈之而成聲, 作而曰 : '先王制禮, 不敢不至焉.'(자하가 이미 복상을 마치고 찾아뵙자 거문고를 내어주었는데 화응함에 화응하지 못하고 줄을 탐에 소리를 이루지 못하더니, 일어서서 말하기를 '슬픔을 아직 잊을 수 없으나 선대 임금의 제정한 예를 감히 지나칠 수 없었습니다.'라고 하였다. 자장이 이미 복상을 마치고 찾아뵙자 거문고를 내어주었는데 화응함에 화응하고 줄을 탐에 소리를 이루더니, 일어서서 말하기를, '선대 임금의 제정한 예를 감히 이르지 않을 수 없었습니다.'라고 하였다.)"

[1-13-3-1]

隰有萇楚, 猗儺其枝. 夭之沃沃, 樂子之無知.

진펄에 다래나무 있으니 매끈매끈한 그 가지로다.
생생해서 반드르르하니 무지한 네가 즐거울시고.

詳說

○ 音長.757)
'장(萇)'은 음이 장(長)이다.

○ 音阿.758)
'아(猗)'는 음이 아(阿)이다.

○ 音娜.759)
'나(儺)'는 음이 나(娜)이다.

○ 平聲.760)
'요(夭)'는 평성(平聲 : 무성하다, 아리땁다)이다.

---

757) 주자(朱子) 찬, 『시경집전(詩經集傳)』의 소주와 달리 호광(胡廣) 등 찬, 『시전대전(詩傳大全)』의 소주에는 "丈羊反.(장과 양의 반절이다.)"으로 되어 있다. 『광운(廣韻)』에는 본음이 "直良切.(직과 량의 반절이다.)"이고 평성(平聲)이라고 하였다. 장(長)도 또한 『광운(廣韻)』에서 "直良切.(직과 량의 반절이다.)"이고 평성(平聲)이라고 하였다.
758) 주자(朱子) 찬, 『시경집전(詩經集傳)』 및 호광(胡廣) 등 찬, 『시전대전(詩傳大全)』의 소주 내용을 수용한 것이다. 그 뜻이 '길다. 어조사'일 경우에는 『광운(廣韻)』에서 "於離切>9어와 리의 반절이다.)"이고 평성(平聲)이라 하였고, 그 뜻이 '더하다, 기대다'일 경우에는 『광운(廣韻)』에서 "於綺切.(어와 기의 반절이다.)"이고 상성(上聲)이라 하였고, 그 뜻이 '부드럽고 아름답다'일 경우에는 『집운(集韻)』에서 "倚可切.(의와 가의 반절이다.)"이고 상성(上聲)이라고 하였다. 아(猗)는 『강희자전(康熙字典)』에서 "『廣韻』・『集韻』・『韻會』・『正韻』, 厸於何切, 音阿.(『광운』・『집운』・『운회』・『정운』에서 아울러 어와 하의 반절아라 하였으니, 음이 아이다.)"라고 하였다.
759) 주자(朱子) 찬, 『시경집전(詩經集傳)』의 소주와 달리 호광(胡廣) 등 찬, 『시전대전(詩傳大全)』의 소주에는 "乃可反.(내와 가의 반절이다.)"으로 되어 있다. 『광운(廣韻)』에는 본음이 "諾何切.(낙과 하의 반절이다.)"이고 평성(平聲)이라고 하였다. 나(娜)는 『광운(廣韻)』에서 "奴可切.(노와 가의 반절이다.)"이고 상성(上聲)이라고 하였다.
760) 주자(朱子) 찬, 『시경집전(詩經集傳)』 및 호광(胡廣) 등 찬, 『시전대전(詩傳大全)』의 소주 내용을 수용한 것이다. 그 뜻이 '갓 태어난 것, 어리다'일 경우에는 『광운(廣韻)』에서 "烏皓切.(오와 호의 반절이다.)"이고 상성(上聲)이라 하였고, 그 뜻이 '무성하다, 아리땁다'일 경우에는 『광운(廣韻)』에서 "於喬切.(어와 교의 반절이다.)"이고 평성(平聲)이라 하였고, 그 뜻이 '일찍 죽다'일 경우에는 『광운(廣韻)』에서 "於兆切.(어와 조의 반절이다.)"이고 상성(上聲)이라고 하였다.

○ 音洛.761)

'락(樂)'은 음이 락(洛)이다.

朱註

賦也. '萇楚', 銚弋, 今羊桃也, 子如小麥, 亦似桃. '猗儺', 柔順也. '夭', 少好貌. '沃沃', 光澤貌. '子', 指萇楚也. ○政煩賦重, 人不堪其苦, 歎其不如草木之無知而無憂也.

부(賦)이다. '장초(萇楚)'는 요익(銚弋)이니, 지금의 양도(羊桃)이며, 씨앗이 소맥(小麥 : 밀)과 같고, 또한 복숭아와 흡사하다. '아나(猗儺)'는 부드럽고 매끈함이다. '요(夭)'는 어리고 예쁜 모양이다. '옥옥(沃沃)'은 광택이 나는 모양이다. '자(子)'는 장초(萇楚)를 가리킨다. ○정사가 번거롭고 부역이 무거우니, 사람들이 그 괴로움을 견디지 못하여 그 풀과 나무가 지각(知覺)함이 없어 근심함이 없는 것만 못함을 탄식한 것이다.

詳說

○ 音遙.762)

'요(銚)'는 음이 요(遙)이다.

○ 陸氏曰 : "其枝莖弱, 過一尺, 引蔓于草上, 子細如棗核."763)

'역사도(亦似桃)'에 대해, 육씨(陸氏 : 陸璣)가 말하였다. "그 가지와 줄기가 약해서 한 자를 지나면 넝쿨이 풀 위로 끌어당기며, 씨앗이 가늘어서 대추씨 같다."

○ 去聲.764)

---

761) 주자(朱子) 찬, 『시경집전(詩經集傳)』 및 호광(胡廣) 등 찬, 『시전대전(詩傳大全)』의 소주 내용을 수용한 것이다. 그 뜻이 '즐겁다'일 경우에는 『광운(廣韻)』에서 "盧各切 (로와 각의 반절이다)"이고 입성(入聲)이라고 하였다. 락(洛)도 또한 『광운(廣韻)』에서 "盧各切.(로와 각의 반절이다.)"이고 입성(入聲)이라고 하였다.
762) 호광(胡廣) 등 찬, 『시전대전(詩傳大全)』의 소주 내용을 수용한 것이다.
763) 호광(胡廣) 등 찬, 『시전대전(詩傳大全)』의 소주 내용에서 발췌한 것이다. 그 전문은 다음과 같다. "陸氏曰 : '葉如桃而光, 尖長而狹, 花紫赤色. 其枝莖弱, 過一尺, 引蔓于草上, 一名業楚. 生平澤中, 子細如棗核, 苗弱, 不能爲樹.'(육씨가 말하였다. '잎이 복숭아 같은데 광택이 있고, … 그 가지와 줄기가 약해서 한 자를 지나면 넝쿨이 풀 위로 끌어당기니 딴 이름이 업초이다. … 씨앗이 가늘어서 대추씨 같으며, ….')"
764) 그 뜻이 '적다'일 경우에는 상성(上聲)이다.

'소(少)'는 거성(去聲 : 어리다, 젊다)이다.

○ 猶而也.765)
'소호모(少好貌)'에서 볼 때, '지(之)'는 이(而)와 같다.

○ 如謂狐爲子也.
'지장초야(指萇楚也)'의 경우, 여우를 일러서 자(子)라고 하는 것과 같다.

[1-13-3-2]
○隰有萇楚, 猗儺其華. 夭之沃沃, 樂子之無家.

진펄에 다래나무 있으니 매끈매끈한 그 꽃이로다.
생생해서 반드르르하니 홀몸인 네가 즐거울시고.

詳說
○ 音花.766)
'화(華)'는 음이 화(花)이다.

朱註
賦也. '無家', 言無累也.
부(賦)이다. '무가(無家)'는 집안 식구가 없음을 말한다.

詳說
○ 無妻子之累.
'언무루야(言無累也)'의 경우, 처자식의 식구가 없는 것이다.

---

765) 경문의 "夭之沃沃(생생해서 반드르르하니)"에 있는 '之'자를 말하는 것이다.
766) 주자(朱子) 찬, 『시경집전(詩經集傳)』에는 소주가 없다. 호광(胡廣) 등 찬, 『시전대전(詩傳大全)』의 소주에는 "芳無·胡瓜二反.(방과 무, 호와 과의 두 가지 반절이다.)"으로 되어 있다. 그 뜻이 '꽃'일 경우에는 『광운(廣韻)』에서 "呼瓜切.(호와 과의 반절이다.)"이고 평성(平聲)이라 하였고, 그 뜻이 '꽃피다'일 경우에는 『광운(廣韻)』에서 "戶花切.(호와 화의 반절이다.)"이고 평성(平聲)이라고 하였다.

[1-13-3-3]

○隰有萇楚, 猗儺其實. 夭之沃沃, 樂子之無室.

진펄에 다래나무 있으니 매끈매끈한 그 열매로다.
생생해서 반드르르하니 홀몸인 네가 즐거울시고.

朱註

賦也. '無室', 猶無家也.

부(賦)이다. '무실(無室)'은 무가(無家)와 같다.

詳說

○ 慶源輔氏曰 : "人之有知, 所以爲萬物之靈; 有家室, 所以異於物. 今反歎不如物之無知・無家, 不樂其生甚矣."767)

'유무가야(猶無家也)'에 대해, 경원 보씨(慶源輔氏 : 輔廣)가 말하였다. "사람이 지각(知覺)함이 있어서 만물의 영장(靈長)이 되는 것이고, 집안 식구와 아내가 있어서 물(物)과 다른 것이다. 지금 도리어 물(物)이 지각함도 없고 가족도 없는 것만 못함을 탄식하였으니, 그 삶을 즐거워하지 않음이 심한 것이다."

[1-13-3-4]

「隰有萇楚」三章, 章四句.

「습유장초(隰有萇楚 : 진펄에 다래나무)」는 세 장이니, 장마다 네 구이다.

[1-13-4-1]

匪風發兮, 匪車偈兮. 顧瞻周道, 中心怛兮.

바람이 불어서도 아니며 수레가 빨라서도 아니라.
주(周)나라 가는 길 돌이켜보고 마음속으로 서글퍼지노라.

---

767) 호광(胡廣) 등 찬, 『시전대전(詩傳大全)』의 소주 내용에서 발췌한 것이다. 그 전문은 다음과 같다. "慶源輔氏曰 : '人之有知, 所以爲萬物之靈; 有家室, 所以異於物也. 今也政煩賦重, 不堪其苦, 反歎不如物之無知・無家焉, 則不樂其生甚矣. 何爲使之至此極哉? 爲人上者, 宜有所覺矣.'(경원 보씨가 말하였다. '사람이 지각함이 있어서 만물의 영장이 되는 것이고, 집안 식구와 아내가 있어서 물과 다른 것이다. 지금 … 도리어 물이 지각함도 없고 가족도 없는 것만 못함을 탄식하였으니, 그 삶을 즐거워하지 않음이 심한 것이다. ….')"

詳說

○ 叶, 方月反.768)

'발(發)'은 협운(協韻)이니, 방(方)과 월(月)의 반절이다.

○ 起竭反.769)

'갈(偈)'은 기(起)와 갈(竭)의 반절이다.

○ 都達反, 叶, 旦月反.770)

'달(怛)'은 도(都)와 달(達)의 반절이고, 협운(協韻)이니, 단(旦)과 월(月)의 반절이다.

朱註

賦也. '發', 飄揚貌. '偈', 疾驅貌. '周道', 適周之路也. '怛', 傷也. ○周室衰微, 賢人憂歎而作此詩, 言 : "常時, 風發而車偈, 則中心怛然, 今非風發也, 非車偈也, 特顧瞻周道, 而思王室之陵遲, 故中心爲之怛然耳."

부(賦)이다. '발(發)'은 펄럭이는 모양이다. '갈(偈)'은 빨리 모는 모양이다. '주도(周道)'는 주나라로 가는 길이다. '달(怛)'은 속상해함이다. ○주(周)나라 왕실이 쇠미(衰微)하니 현량한 사람이 근심하고 탄식하여 이 시를 지었으니 말하기를, "평상시에는 바람이 불고 수레가 빠르면 마음속이 속상했는데, 지금은 바람이 불어서도 아니고 수레가 빨리 달려서도 아니며, 다만 주(周)나라로 가는 길을 돌아보고 왕실(王室)이 점점 쇠퇴함을 생각하였기 때문에 마음속이 이 때문에 속상할 뿐이다."라고 한 것이다.

詳說

○ 與「四牡」之周道, 不同.771)

---

768) 주자(朱子) 찬, 『시경집전(詩經集傳)』 및 호광(胡廣) 등 찬, 『시전대전(詩傳大全)』의 소주 내용을 수용한 것이다. 『광운(廣韻)』에는 본음이 "方伐切.(방과 벌의 반절이다.)"이고 입성(入聲)이라고 하였다.
769) 호광(胡廣) 등 찬, 『시전대전(詩傳大全)』의 소주 내용을 수용한 것이다. 주자(朱子) 찬, 『시경집전(詩經集傳)』의 소주에는 "音挈.(음이 설이다.)"으로 되어 있다. 『광운(廣韻)』에는 본음이 "渠列切.(거와 렬의 반절이다.)"이고 입성(入聲)이라고 하였다.
770) 호광(胡廣) 등 찬, 『시전대전(詩傳大全)』의 소주 내용을 수용한 것이다. 주자(朱子) 찬, 『시경집전(詩經集傳)』의 소주에는 "叶, 旦月反.(협운이니, 단과 월의 반절이다.)"으로 되어 있다. 『광운(廣韻)』에는 본음이 "當割切.(당과 할의 반절이다.)"이고 입성(入聲)이라고 하였다.
771) 호광(胡廣) 등 찬, 『시전대전(詩傳大全)』 권9, 「소아(小雅) · 녹명지십(鹿鳴之什) · 사모(四牡)」. "四牡騑騑,

'적주지로야(適周之路也)'의 경우, 「사모(四牡)」의 주도(周道 : 큰 길)와 같지 않다.

○ 先正說.
'즉중심달연(則中心怛然)'의 경우, 바른 말을 먼저 한 것이다.

○ 添此句.
'이사왕실지릉지(而思王室之陵遲)'의 경우, 이 구절을 더하였다.

○ 去聲.
'고중심위(故中心爲)'에서 위(爲)는 거성(去聲 : 때문)이다.

[1-13-4-2]

匪風飄兮, 匪車嘌兮. 顧瞻周道, 中心弔兮.

바람이 세차서도 아니며 수레가 빨라서도 아니라.
주나라 가는 길 돌아보고 마음속으로 속상해하노라.

詳說

○ 叶, 匹妙反.772)
'표(飄)'는 협운(協韻)이니, 필(匹)과 묘(妙)의 반절이다.

○ 音漂, 叶, 匹妙反.773)

周道倭遲. 豈不懷歸, 王事靡盬, 我心傷悲.(네 말이 쉬지 않고 달려가거늘 큰 길이 구불구불 멀고도멀다. 어찌 돌아감을 생각지 않으랴 나랏일을 대충 할 수 없는지라 내 마음이 속상하고 슬프도다.)
772) 주자(朱子) 찬, 『시경집전(詩經集傳)』의 소주와 달리 호광(胡廣) 등 찬, 『시전대전(詩傳大全)』의 소주에는 "匹遙反, 叶, 匹妙反.(필과 요의 반절이고, 협운이니, 필과 묘의 반절이다.)"으로 되어 있다. 『광운(廣韻)』에는 본음이 "撫招切.(부와 초의 반절이다.)"이고 평성(平聲)이라고 하였다. 내각본에는 "符遙反, 叶, 匹妙反.(부와 요 반절이고, 협운이니, 필과 묘의 반절이다.)"으로 되어 있다. 여조겸(呂祖謙)찬, 『여씨가숙독시기(呂氏家塾讀詩記)』에는 "符遙反.", 유근(劉瑾) 찬, 『시전통석(詩傳通釋)』에는 "符遙反, 叶, 匹妙反.", 주공천(朱公遷) 찬, 『시경소의회통(詩經疏義會通)』에는 "匹遙反, 叶, 匹妙反."으로 되어 있다.
773) 주자(朱子) 찬, 『시경집전(詩經集傳)』의 소주와 달리 호광(胡廣) 등 찬, 『시전대전(詩傳大全)』의 소주에는 "符遙反, 叶, 匹妙反.(부와 요의 반절이고, 협운이니, 필과 묘의 반절이다.)"으로 되어 있다. 『광운(廣韻)』에는 본음이 "撫招切.(부와 초의 반절이다.)"이고 평성(平聲)이라고 하였다. 표(漂)도 또한 『광운(廣韻)』에서 "撫招切.(부와 초의 반절이다.)"이고 평성(平聲)이라고 하였다. 그런데 내각본에는 "匹遙反, 叶, 匹妙反.(필과 요의 반절이고, 협운이니, 필과 묘의 반절이다.)"으로 되어 있다. 여조겸(呂祖謙)찬, 『여씨가숙독시기(呂氏家塾讀詩記)』에는 "匹遙反.", 유근(劉瑾) 찬, 『시전통석(詩傳通釋)』과 주공천(朱公遷) 찬, 『시경소

'표(嘌)'는 음이 표(漂)이고, 협운(協韻)이니, 필(匹)과 묘(妙)의 반절이다.

朱註

賦也. 回風曰'飄'. '嘌', 漂摇不安之貌. '弔', 亦傷也.

태부(賦)이다. 회오리바람을 '표(飄)'라고 한다. '표(嘌)'는 흔들려서 편안하지 않은 모양이다. '조(弔)'는 또한 속상해함이다.

詳說

○ 坊本作'謂之'二字.774)

'회풍왈(回風曰)'의 경우, 방본(坊本)에는 '위지(謂之)' 두 글자로 썼다.

○ 照上註.

'역(亦)'의 경우, 위의 주(註)를 참조한 것이다.

[1-13-4-3]

誰能亨魚. 溉之釜鬵. 誰將西歸, 懷之好音.

누가 능히 물고기 삶으랴 큰 가마솥을 씻어 주리라.
누가 장차 서로 돌아가랴 좋은 말로 품어 달래리라.

詳說

○ 普庚反.775)

'병(亨)'은 보(普)와 경(庚)의 반절이다.

○ 音蓋.776)

의회통(詩經疏義會通)』에는 "符遥反. 叶, 匹妙反."으로 되어 있다.
774) 주자(朱子) 찬, 『시경집전(詩經集傳)』에는 '曰'로 표기되어 있고, 호광(胡廣) 등 찬, 『시전대전(詩傳大全)』 및 내각본에는 '謂之'로 표기되어 있다.
775) 이 소주 내용은 주자(朱子) 찬, 『시경집전(詩經集傳)』과 호광(胡廣) 등 찬, 『시전대전(詩傳大全)』 및 내각본에는 없다. 여조겸(呂祖謙)찬, 『여씨가숙독시기(呂氏家塾讀詩記)』에서 "普夷反"으로 되어 있는데, '夷'자는 '庚'자의 오기인 듯하다. 『광운(廣韻)』에는 "撫庚切.(부와 경의 반절이다.)"이고 평성(平聲)이라고 하였다.
776) 주자(朱子) 찬, 『시경집전(詩經集傳)』의 소주와 달리 호광(胡廣) 등 찬, 『시전대전(詩傳大全)』의 소주에는 "古愛反.(고와 애의 반절이다.)"으로 되어 있다. 『강희자전(康熙字典)』에 의하면, "『唐韻』, 古代切;『集韻』·『韻會』, 居代切, 夶音槪. 水名.(『당운』에서 고와 대의 반절이라 하고, 『집운』·『운회』에서 거와 대의

'개(溉)'는 음이 개(蓋)이다.

○ 音尋.777)
'심(鬵)'은 음이 심(尋)이다.

朱註

興也. '溉', 滌也. '鬵', 釜屬. '西歸', 歸于周也. ○誰能亨魚乎. 有則我願爲之溉其釜鬵. 誰將西歸乎. 有則我願慰之以好音. 以見思之之甚, 但有西歸之人, 卽思有以厚之也.

흥(興)이다. '개(溉)'는 씻음이다. '심(鬵)은 가마솥 등속이다. '서귀(西歸)'는 주(周)나라로 돌아감이다. ○누가 능히 물고기를 삶을 것인가. 있다면 내가 원컨대 그를 위하여 그 가마솥을 씻어 주리라. 누가 장차 서쪽으로 돌아갈 것인가. 있다면 내가 원컨대 좋은 소리로 편안하게 해주리라. 그것을 생각함이 심하여 다만 서쪽으로 돌아가는 사람이 있으면 곧 그를 도탑게 대해주리라 생각하였음을 보인 것이다.

詳說

○ 『說文』曰 : "大釜."778)
'부속(釜屬)'에 대해, 『설문(說文)』에서 말하였다. "큰 솥이다."

○ 鄭氏曰 : "檜在周之東."779)
'귀우주야(歸于周也)'에 대해, 정씨(鄭氏 : 鄭玄)가 말하였다. "회(檜)나라가 주(周)나라 동쪽에 있었다."

반절이라 하였으니, 아울러 음이 개다. 물 이름이다.)"이라고 하였다. 개(蓋)는 『광운(廣韻)』에서 "古太切.(고와 태의 반절이다.)"이고 거성(去聲)이라고 하였다.
777) 주지(朱子) 찬, 『시경집전(詩經集傳)』 및 호광(胡廣) 등 찬, 『시전대전(詩傳大全)』의 소주 내용을 수용한 것이다. 『광운(廣韻)』에는 본음이 "徐林切.(서와 림의 반절이다.)"이고 평성(平聲)이라고 하였다. 심(尋)도 또한 『광운(廣韻)』에서 "徐林切.(서와 림의 반절이다.)"이고 평성(平聲)이라고 하였다.
778) 호광(胡廣) 등 찬, 『시전대전(詩傳大全)』의 소주 내용에서 발췌한 것이다. 그 전문은 다음과 같다. "『說文』曰 : '大釜, 一曰鼎, 大上小下, 若甑曰鬵.'(『설문』에서 말하였다. '큰 솥이니, 한편에서는 정이라고 하는데, ….')"
779) 호광(胡廣) 등 찬, 『시전대전(詩傳大全)』의 소주 내용에서 발췌한 것이다. 그 전문은 다음과 같다. "鄭氏曰 : 檜在周之東, 故言西歸.'(정씨가 말하였다. '회나라가 주나라 동쪽에 있었기 때문에 서귀를 말한 것이다.')"

○ 去聲.
'유즉아원위(有則我願爲)'에서 위(爲)는 거성(去聲 : 때문)이다.

○ 懷.
'유즉아원위(有則我願慰)'의 경우, 품어줌이다.

○ 一無'之'字.780)
'유즉아원위지(有則我願慰之)'의 경우, 어떤 판본에는 '지(之)'자가 없다.

○ 音現.
'현(見)'은 음이 현(現)이다.

○ 三句, 論也.
'즉사유이후지야(卽思有以厚之也)'에서 볼 때, 세 구절은 논변한 것이다.

○ 黃氏曰 : "周之得民, 當於此詩觀之."781)
황씨(黃氏 : 黃櫄)가 말하였다. "주(周)나라가 백성의 마음을 얻은 것을 마땅히 이 시에서 보아야 한다."

○ 慶源輔氏曰 : "尊王之義, 足以見君臣之彛矣."782)
경원 보씨(慶源輔氏 : 輔廣)가 말하였다. "임금을 존숭(尊崇)하는 뜻이니, 족히 임금과 신하의 떳떳함을 볼 수 있다."

[1-13-4-4]
「匪風」三章, 章四句.

---

780) 주자(朱子) 찬, 『시경집전(詩經集傳)』에는 '之'자가 있고, 호광(胡廣) 등 찬, 『시전대전(詩傳大全)』 및 내각본에는 '之'자가 없다.
781) 호광(胡廣) 등 찬, 『시전대전(詩傳大全)』의 소주 내용을 수용한 것이다.
782) 호광(胡廣) 등 찬, 『시전대전(詩傳大全)』의 소주 내용에서 발췌한 것이다. 그 전문은 다음과 같다. "慶源輔氏曰 : '王政不綱, 周室陵遲, 諸侯放恣, 無復知有尊王之義者, 而詩人顧瞻周道而爲之憂傷. 聞有歸周之人, 則爲之歆慕慰勉, 而不能自己如此. 熟讀而詳玩之, 則足以見君臣之彛矣.'(경원 보씨가 말하였다. '… 다시 임금을 존숭하는 뜻이 있음을 아는 이가 없으니, … 익숙하게 읽어서 자세히 궁구하면 족히 임금과 신하의 떳떳함을 볼 수 있다.')"

「비풍(匪風 : 바람이 아니라)」은 세 장이니, 장마다 네 구이다.

詳說

○ 東萊呂氏曰 : "「匪風」・「下泉」, 思周之詩, 獨作於曹・檜, 何也? 政出諸侯, 則小國偏受其害, 所以睠懷宗周獨切也. 戰國時, 房喜謂韓王曰: '大國惡有天子, 而小國利之.' 以此二詩驗之, 其理益明."783)

동래 여씨(東萊呂氏 : 呂祖謙)가 말하였다. "「비풍(匪風)」과 「하천(下泉)」은 주(周)나라를 생각한 시인데, 오직 조(曹)나라와 회(檜)나라에서 지어진 것은 어째서인가? 정사가 제후에게서 나오면 작은 나라들이 그 해악을 치우쳐서 받으니, 종주(宗周)를 돌아보고 생각함이 오직 간절한 까닭이다. 전국시대에 방희(房喜 : 韓나라 신하. 彭喜)가 한(韓)나라 왕에게 일러 말하기를, '큰 나라의 악폐가 천자에게 있는데도 작은 나라들이 이롭게 여긴다.'고 하였으니, 이 두 시(詩)로써 증험하면 그 이치가 더욱 분명하다."

○ 按, 周東遷, 而檜先亡, 詩人之憂, 豈非所謂先見者乎.

내가 살펴보건대, 주(周)나라가 동쪽으로 옮겨가서 회(檜)나라가 먼저 망하였으니, 시인(詩人)의 근심함이 어찌 이른바 먼저 예견함이라는 것이 아니겠는가?

---

783) 호광(胡廣) 등 찬, 『시전대전(詩傳大全)』의 소주 내용에서 발췌한 것이다. 그 전문은 다음과 같다. "東萊呂氏曰 : '「匪風」・「下泉」, 思周之詩, 獨作於曹・檜, 何也? 曰 : 政出天子, 則强不凌弱, 各得其所; 政出諸侯, 則徵發之煩, 供億之困, 征伐之暴, 唯小國偏受其害, 所以睠懷宗周爲獨切也. 戰國時, 房喜謂韓王曰: 大國惡有天子, 而小國利之, 以此二詩驗之, 其理益明.'(동래 여씨가 말하였다. '「비풍」과 「하천」은 주나라를 생각한 시인데, 오직 조나라와 회나라에서 지어진 것은 어째서인가? … 정사가 제후에게서 나오면 … 오직 작은 나라들이 그 해악을 치우쳐서 받으니, 종주를 돌아보고 생각함이 오직 간절한 까닭이다. 전국시대에 방희가 한나라 왕에게 일러 말하기를, 큰 나라의 악폐가 천자에게 있는데도 작은 나라들이 이롭게 여긴다고 하였으니, 이 두 시로써 증험하면 그 이치가 더욱 분명하다.')"

1-14. 조풍 (曹 一之十四)

> 朱註

'曹', 國名, 其地在禹貢兗州陶丘之北, 雷夏·菏澤之野. 周武王, 以封其弟振鐸, 今之曹州, 卽其地也.

'조(曹)'는 나라 이름이니, 그 땅이 「우공(禹貢)」의 연주(兗州) 도구(陶丘)의 북쪽인 뇌하(雷夏)와 가택(荷澤)의 들에 있었다. 주(周)나라 무왕(武王)이 그 아우 진탁(振鐸)에게 봉하였는데, 지금의 조주(曹州)가 곧 그 땅이다.

> 詳說

○ 音歌.

'가(菏)'는 음이 가(歌)이다.

[1-14-1-1]

蜉蝣之羽, 衣裳楚楚. 心之憂矣, 於我歸處.

저 하루살이의 날개인가 의상이 또록또록하구나.
마음속의 근심거리이니 내게로 돌아와 살았으면

> 詳說

○ 叶, 創舉反.784)

'초초(楚楚)'는 협운(協韻)이니, 창(創)과 거(舉)의 반절이다.

> 朱註

比也. '蜉蝣', 渠略也, 似蛣蜣, 身狹而長角, 黃黑色, 朝生暮死. '楚楚', 鮮明貌. ○此詩, 蓋以時人有玩細娛而忘遠慮者, 故以蜉蝣爲比而刺之, 言: "蜉蝣之羽翼, 猶衣裳之楚楚, 可愛也, 然其朝生暮死, 不能久存, 故我心憂之, 而欲其於我歸處耳."「序」以爲'刺其君', 或然而未有考也.

---

784) 주자(朱子) 찬, 『시경집전(詩經集傳)』 및 호광(胡廣) 등 찬, 『시전대전(詩傳大全)』의 소주 내용을 수용한 것이다. 『광운(廣韻)』에도 "創舉切.(창과 거의 반절이다.)"이고 상성(上聲)이라고 하였다.

비(比)이다. '부유(蜉蝣)'는 거략(渠略 : 하루살이)이니 쇠똥구리를 닮았으며, 몸이 좁고 더듬이가 길며 갈색인데, 아침에 생겨났다가 저녁에 죽는다. '초초(楚楚)'는 산뜻하고 뚜렷한 모양이다. ○이 시는 대개 당시 사람 가운데 소소한 오락(娛樂)에 익숙하고 원대(遠大)한 사려(思慮)를 잊어버린 이가 있었기 때문에 하루살이로써 비유하여 풍자하였으니 말하기를, "하루살이의 날개는 의상이 또록또록한 것과 같아서 사랑할 만하나, 아침에 생겨났다가 저녁에 죽어 오래도록 생존할 수 없기 때문에 내 마음속으로 근심하여 그가 나에게 돌아와 있기를 바랄 뿐이다."라고 하였다. 「서(序)」에서는 "그 임금을 풍자한 것이다."라고 하였으니, 혹시 그럴 것이나 살펴볼 것이 있지 않다.

詳說

○ 去吉反.[785]
　'길(蛣)'은 거(去)와 길(吉)의 반절이다.

○ 音羌.[786]
　'강(蜣)'은 음이 강(羌)이다.

○ 句.
　'신협이장각(身狹而長角)'은 문장이 끊어지는 곳이다.

○ 『埤雅』曰 : "似天牛而小, 角長三四寸."[787]
　'조생모사(朝生暮死)'에 대해, 『비아(埤雅)』에서 말하였다. "하늘소를 닮았는데 작으며, 더듬이 길이가 서너 치이다."

○ 孔氏曰 : "甲下有翅, 能飛, 夏日陰雨時, 地中出."[788]

---

[785] 호광(胡廣) 등 찬 『시전대전(詩傳大全)』의 수주에는 "音ケ (음이 걸이다.)"로 되어 있다. 『광운(廣韻)』에도 "去吉切.(거와 길의 반절이다.)"이고 입성(入聲)이라고 하였다.
[786] 호광(胡廣) 등 찬, 『시전대전(詩傳大全)』의 소주 내용을 수용한 것이다. 『광운(廣韻)』에는 "去羊切.(거와 양의 반절이다.)"이고 평성(平聲)이라고 하였다. 강(羌)도 또한 『광운(廣韻)』에서 "去羊切.(거와 양의 반절이다.)"이고 평성(平聲)이라고 하였다.
[787] 호광(胡廣) 등 찬, 『시전대전(詩傳大全)』의 소주 내용에서 발췌한 것이다. 그 전문은 다음과 같다. '『埤雅』曰 : '蟲, 似天牛而小, 有甲, 角長三四寸. 朝生暮殞, 有浮游之義, 故曰蜉蝣也.'(『비아』에서 말하였다. '곤충으로 하늘소를 닮았는데 작고 등딱지가 있으며, 더듬이 길이가 서너 치이다. ….')'
[788] 호광(胡廣) 등 찬, 『시전대전(詩傳大全)』의 소주 내용에서 발췌한 것이다. 그 전문은 다음과 같다. "孔氏

공씨(孔氏 : 孔穎達)가 말하였다. "등딱지 아래에 날개가 있어서 잘 날며, 여름철 장마 때에 땅 속에서 나온다."

○ 是比之比也.
　'유의상지초초(猶衣裳之楚楚)'에서 '의상초초(衣裳楚楚)'는 비(比)의 비(比)이다.

○ 慶源輔氏曰 : "若以蜉蝣之羽, 興衣裳楚楚, 則是興體也."789)
　경원 보씨(慶源輔氏 : 輔廣)가 말하였다. "만약 하루살이의 날개로써 '의상초초(衣裳楚楚)'를 일으켰다면 이는 흥체(興體)이다."

○ 細娛.
　'가애야(可愛也)'의 경우, '세오(細娛)'이다.

○ '忩遠慮'. ○添三句.
　'불능구존(不能久存)'의 경우, '망원려(忩遠慮)'이다. ○세 구를 더하였다.

○ 憂其朝生暮死.
　'고아심우지(故我心憂之)'의 경우, 그 아침에 생겨나서 저녁에 죽음을 근심한 것이다.

○ 上聲.
　'처(處)'는 상성(上聲 : 거주하다)이다.

○ 慶源輔氏曰 : "蓋思有以警誨之耳."790)

日 : '陸璣云: 蜉蝣, 甲下有翅, 能飛, 夏日陰雨時, 地中出.'(공씨가 말하였다. '육기가 이르기를, 하루살이는 등딱지 아래에 날개가 있어 잘 날며, 여름철 장마 때에 땅 속에서 나온다고 하였다.')"

789) 호광(胡廣) 등 찬, 『시전대전(詩傳大全)』의 소주 내용에서 발췌한 것이다. 그 전문은 다음과 같다. "慶源輔氏曰 : '人心之體, 上下四方, 無不包括, 古往今來, 無不通貫, 可謂大矣. 今也玩細娛, 忘遠慮, 至如蜉蝣之朝生暮死而不自知, 則亦不靈甚矣. 此詩人所以憂之, 而欲其於我歸處也, 所以欲其於我歸處者, 蓋思有以警誨之耳.' 又曰 : '衣裳楚楚, 乃是言蜉蝣之羽耳, 故以爲比. 若以蜉蝣之羽, 興衣裳楚楚, 則是興體也.'(경원 보씨가 말하였다. … '… 만약 하루살이의 날개로써 의상초초를 일으켰다면 이는 흥체이다.')"

790) 호광(胡廣) 등 찬, 『시전대전(詩傳大全)』의 소주 내용에서 발췌한 것이다. 그 전문은 다음과 같다. "慶源輔氏曰 : '人心之體, 上下四方, 無不包括, 古往今來, 無不通貫, 可謂大矣. 今也玩細娛, 忘遠慮, 至如蜉蝣之朝生暮死而不自知, 則亦不靈甚矣. 此詩人所以憂之, 而欲其於我歸也, 所以欲其於我歸處者, 蓋思有以警誨之耳.' 又曰 : '衣裳楚楚, 乃是言蜉蝣之羽耳, 故以爲比. 若以蜉蝣之羽, 興衣裳楚楚, 則是興體也.'(경원 보씨가 말하였다. '… 그가 나에게 돌아와 살았으면 하는 것은 대개 생각함에 경계하고 가르침이 있을 뿐

'이욕기어아귀처이(而欲其於我歸處耳)'에 대해, 경원 보씨(慶源輔氏 : 輔廣)가 말하였다. "대개 생각함에 경계하고 가르침이 있을 뿐이다."

○ 疊山謝氏曰 : "此, 忠臣愛君憂國之眞情."791)

첩산 사씨(疊山謝氏 : 謝枋得)가 말하였다. "이는 충성스런 신하가 임금을 사랑하고 나라를 근심하는 진정한 심정이다."

○ 東萊呂氏曰 : "憂其君危亾在朝夕, 蓋欲如楚芊尹申亥舍靈王於家之爲也."792)

동래 여씨(東萊呂氏 : 呂祖謙)가 말하였다. "그 임금의 위태함과 죽음이 아침저녁에 달렸음을 근심함이니, 초(楚)나라 우윤(芊尹 : 벼슬 이름) 신해(申亥 : 초나라 대부. 芊尹 無宇의 아들)가 영왕(靈王)을 집에 머물러 쉬게 하였던 행위처럼 하고자 한 것이다."

○ 昭公.

'기군(其君)'의 경우, 소공(昭公)이다.

[1-14-1-2]

○蜉蝣之翼, 采采衣服. 心之憂矣, 於我歸息.

저 하루살이의 날개인가 번쩍번쩍하는 옷이구나.
마음속의 근심거리이니 내게로 돌아와 쉬었으면

詳說

이다.' ….)"
791) 호광(胡廣) 등 찬, 『시전대전(詩傳大全)』의 소주 내용에서 발췌한 것이다. 그 전문은 다음과 같다. "疊山謝氏曰 : '此, 忠臣愛君憂國之眞情, 其慮深, 其思遠, 若禍亡之無日不自知, 其辭之痛惻也.'(첩산 사씨가 말하였다. '이는 충성스런 신하가 임금을 사랑하고 나라를 근심하는 진정한 심정이니, 그 염려함이 깊고 그 사려함이 멀어서 ….)"
792) 호광(胡廣) 등 찬, 『시전대전(詩傳大全)』의 소주 내용에서 발췌한 것이다. 그 전문은 다음과 같다. "東萊呂氏曰 : '曹之賢者, 憂其君危亡近在旦夕, 儻無所依, 其於我處乎. 蓋欲如楚芊尹申亥, 舍靈王於家之爲也. 彼曹君方潔其衣服, 志氣揚揚, 而賢者已憫之, 如亡國喪家之人, 可哀也哉.'(동래 여씨가 말하였다. '조나라의 현량한 이가 그 임금의 위태함과 죽음이 아침저녁에 달렸음을 근심함이니, 혹시 의지할 곳이 없으면 나에게 거처하라는 것이다. 대개 초나라 우윤 신해가 영왕을 집에 머물러 쉬게 하였던 행위처럼 하고자 한 것이다. ….')"

○ 叶, 蒲北反.793)

'복(服)'은 협운(協韻)이니, 포(蒲)와 북(北)의 반절이다.

朱註

比也. '采采', 華飾也. '息', 止也.

비(比)이다. '채채(采采)'는 화려하게 꾸밈이다. '식(息)'은 그침이다.

[1-14-1-3]

○蜉蝣掘閱, 麻衣如雪. 心之憂矣, 於我歸說.

저 하루살이의 처음인가 삼베옷이 흰 눈 같구나.
마음속의 근심거리이니 내게로 돌아와 있었으면

詳說

○ 求勿反.794)

'굴(掘)'은 구(求)와 물(勿)의 반절이다.

○ 音稅, 叶, 輸爇反.795)

'세(說)'는 음이 세(稅)이고, 협운(協韻)이니, 수(輸)와 설(爇)의 반절이다.

朱註

比也. '掘閱', 未詳. '說', 舍息也.

---

793) 주자(朱子) 찬, 『시경집전(詩經集傳)』 및 호광(胡廣) 등 찬, 『시전대전(詩傳大全)』의 소주 내용을 수용한 것이다. 『광운(廣韻)』에는 본음이 "房六切.(방과 륙의 반절이다.)"이고 입성(入聲)이라고 하였다.
794) 주자(朱子) 찬, 『시경집전(詩經集傳)』 및 호광(胡廣) 등 찬, 『시전대전(詩傳大全)』의 소주 내용을 수용한 것이다. 『광운(廣韻)』에는 본음이 "其月切.(기와 월의 반절이다.)"이고 입성(入聲)이라고 하였다.
795) 주자(朱子) 찬, 『시경집전(詩經集傳)』 및 호광(胡廣) 등 찬, 『시전대전(詩傳大全)』의 소주 내용을 수용한 것이다. 『광운(廣韻)』에는 본음이 "
『강희자전(康熙字典)』에 의하면, 그 뜻이 '달래다, 머무르다'일 경우에는 "又『廣韻』, 舒芮切, 『集韻』·『韻會』·『正韻』, 輸芮切, 夶音稅.(또 『광운』에서 서와 예의 반절이라 하고, 『집운』·『운회』·『정운』에서 수와 예의 반절이라 하였으니, 아울러 음이 세이다.)"라고 하였고, 그 뜻이 '말하다, 설명하다'일 경우에는 "『唐韻』, 失爇切, 『集韻』·『韻會』·『正韻』, 輸爇切, 夶音近刷.(『당운』에서 실과 설의 반절이라 하고, 『집운』·『운회』·『정운』에서 수와 설의 반절이라 하였으니, 아울러 음이 쇄에 가깝다.)"라고 하였고, 그 뜻이 '기쁘다'일 경우에는 "又『玉篇』, 余輟切, 『唐韻』, 弋雪切, 『集韻』·『韻會』, 欲雪切, 夶音閱, 與悅同.(또 『옥편』에서 여와 철의 반절이라 하고, 『당운』에서 익과 설의 반절이라 하고, 『집운』·『운회』에서 욕과 설의 반절이라고 하였으니, 아울러 음이 열이며, 기쁠 열과 같다.)"이라 하였다.

비(比)이다. '굴열(掘閱)'은 자세하지 않다. '세(說)'는 머물러 쉼이다.

詳說

○ 鄭氏曰：" 其始生時, 掘地鮮閱."796)

'미상(未詳)'에 대해, 정씨(鄭氏 : 鄭玄)가 말하였다. "그 처음 생겨날 때이니, 땅을 파고 벗어나는 것이다."

○ 是比之, 比之比也.

'여설(如雪)'의 경우, 이는 비유(比喩)한 것이니, 비(比)의 비(比)이다.

[1-14-1-4]

「蜉蝣」三章, 章四句.

「부유(蜉蝣 : 하루살이)」는 세 장이니, 장마다 네 구이다.

[1-14-2-1]

彼候人兮, 何戈與祋, 彼其之子, 三百赤芾.

저기 손님 맞는 벼슬아치는 창과 창대를 둘러멨거니와
저기 간사스러운 소인배는 3백이나 대부의 차림새로다.

詳說

○ 上聲.797)

'하(何)'는 상성(上聲 : 짐 지다, 메다)이다.

○ 都律·都外二反.798)

---

796) 정씨(鄭氏) 전·육덕명(陸德明) 음의·공영달(孔穎達) 소, 『모시주소(毛詩注疏)』 권14, 「국풍(國風)·조(曹)·부유(蜉蝣)」. "『전』云：'掘閱, 掘地解閱, 謂其始生時也. 以解閱, 喩君臣朝夕變易衣服也. 麻衣, 深衣, 諸侯之朝朝服, 朝夕則深衣也.'(『전』에서 말하였다. '굴열은 땅을 파고 벗어남이니, 그 비로소 생겨날 때를 이른다. ….')"

797) 주자(朱子) 찬, 『시경집전(詩經集傳)』의 소주와 달리 호광(胡廣) 등 찬, 『시전대전(詩傳大全)』의 소주에는 "何可反.(하와 가의 반절이다.)"으로 되어 있다. 『광운(廣韻)』에는 하(荷)의 고자(古字)로 "胡可切.(호와 가의 반절이다.)"이고 상성(上聲)이라고 하였다. 그 뜻이 '어찌'일 경우에는 『광운(廣韻)』에서 "胡歌切.(호와 가의 반절이다.)"이고 평성(平聲)이라고 하였다.

798) 주자(朱子) 찬, 『시경집전(詩經集傳)』 및 호광(胡廣) 등 찬, 『시전대전(詩傳大全)』의 소주 내용을 수용한

'돌(祋)'은 도(都)와 률(律)·도(都)와 외(外)의 두 가지 반절이다.

○ 音記.799)
'기(其)'는 음이 기(記)이다.

○ 芳勿·蒲昧二反.800)
'불(芾)'은 방(芳)과 물(勿)·포(蒲)와 매(昧)의 두 가지 반절이다.

朱註
興也. '候人', 道路迎送賓客之官. '何', 揭, '祋', 殳也. '之子', 指小人. '芾', 冕服之韠也. 一命, 縕芾黝珩; 再命, 赤芾黝珩; 三命, 赤芾蔥珩; 大夫以上, 赤芾乘軒. ○此, 刺其君遠君子而近小人之詞, 言: "彼候人而何戈與祋者宐也, 彼其之子而三百赤芾何哉." 晉文公入曹, 數其不用僖負羈, 而乘軒者三百人, 其謂是歟.

흥(興)이다. '후인(候人)'은 큰 길에서 귀한 손님을 맞이하고 배웅하는 관리이다. '하(何)'는 짐을 짐이고, '돌(祋)'은 창이다. '지자(之子)'는 소인(小人)을 가리킨다. '불(芾)'은 면복(冕服: 대부 이상의 예복)의 무릎가리개이다. '일명(一命: 士)'은 주황색 무릎가리개에 패옥을 차며, 재명(再命: 大夫)은 붉은 무릎가리개에 검은 패옥을 차며, 삼명(三命: 卿)은 붉은 무릎가리개에 푸른 패옥을 차며, 대부(大夫) 이상은 붉은 무릎가리개에 수레를 탄다. ○이는 그 임금이 군자를 멀리하고 소인을 가까이함을 풍자한 말이니, 말하기를 "저기 손님을 맞는 관리로서 창과 창대를 둘러메는 것은 당연하거니와, 저기 소인배로서 3백 명이나 주제넘게 붉은 무릎가리개를 함은 무엇인가."라고 한 것이다. 진(晉)나라 문공(文公)이 조(曹)나라를 침입하여 그 희부기(僖負羈: 조나라 대부)을 등용하지 않고, 큰 수레를 타는 이가

것이다. 『광운(廣韻)』에는 본음이 "丁外切.(정과 외의 반절이다.)"이고 거성(去聲), 또는 "丁括切.(정과 괄의 반절이다.)"이고 입성(入聲)이라고 하여 차이를 보이고 있다.

799) 주자(朱子) 찬, 『시경집전(詩經集傳)』 및 호광(胡廣) 등 찬, 『시전대전(詩傳大全)』의 소주 내용을 수용한 것이다. 『강희자전(康熙字典)』에 의하면, "『唐韻』·『集韻』·『韻會』, 渠之切, 『正韻』, 渠宜切, 夶音碁.(『당운』·『집운』·『운회』에서 거와 지의 반절이라 하고, 『정운』에서 거와 의의 반절이라 하였으니, 아울러 음이 기이다.)"라고 하였다. 기(記)는 『광운(廣韻)』에서 "居吏切.(거와 리의 반절이다.)"이고 거성(去聲)이라고 하였다.

800) 호광(胡廣) 등 찬, 『시전대전(詩傳大全)』의 소주 내용을 수용한 것이다. 주자(朱子) 찬, 『시경집전(詩經集傳)』의 소주에는 "音弗.(음이 불이다.)"로 되어 있다. 『광운(廣韻)』에는 본음이 "分勿切.(분과 물의 반절이다.)"이고 입성(入聲)이라고 하였다. 불(弗)도 또한 『광운(廣韻)』에서 "分勿切.(분과 물의 반절이다.)"이고 입성(入聲)이라고 하였다.

3백 명이나 되는 것을 들어서 말하였으니, 이것을 이른 것이리라.

詳說

○ 荷通.

'하(何)'는 '짐질 하(荷)'와 통한다.

○ 『諺』音, 恐誤.801)

'돌(殺)'의 경우, 『언해(諺解)』의 음은 아마도 잘못된 듯하다.

○ 音殳.802)

'수(殳)'는 음이 수(殊)이다.

○ 孔氏曰 : "「夏官」, 候人, 上士六人, 下士十二人, 徒百二十人. 身荷戈殳, 謂候人之屬, 非候人之官長也."803)

'수야(殳也)'에 대해, 공씨(孔氏 : 孔穎達)가 말하였다. "『주례(周禮)』「하관(夏官)」에 후인(候人)은 상사(上士)가 여섯 사람이고, 하사(下士)가 열두 사람이고, 보병(步兵)이 백스물 사람이라고 하였다. 몸에 창과 창대를 메는 것은 후인(候人)의 무리이지 후인(候人)의 우두머리가 아니다."

○ 韍通.

'불(芾)'은 폐슬(蔽膝) 불(韍)과 통한다.

○ 音慍.804)

'온(縕)'은 음이 온(慍)이다.

---

801) 『언해(諺解)』의 음이 '둘'이 아니라 '돌'로 되어 있음을 말한 것이다
802) 호광(胡廣) 등 찬, 『시전대전(詩傳大全)』의 소주 내용을 수용한 것이다.
803) 호광(胡廣) 등 찬, 『시전대전(詩傳大全)』의 소주 내용에서 발췌한 것이다. 그 전문은 다음과 같다. "孔氏曰 : 「夏官」, 候人, 上士六人, 下士十有二人, 徒百有二十人. 身荷戈殳, 謂候人之屬, 非候人之官長也.' 又曰 : '戈, 鉤矛戟也, 如戟而橫安刃, 但頭不向上, 爲鉤直, 刃長八寸, 橫刃長六寸, 刃下接柄處四寸, 竝廣二寸, 戈・殳俱是短兵.'(공씨가 말하였다. '「하관」에 후인은 상사가 여섯 사람이고, 하사가 열두 사람이고, 보병이 백스물 사람이라고 하였다. 몸에 창과 창대를 메는 것은 후인의 무리이지 후인의 우두머리가 아니다.' ….)"
804) 호광(胡廣) 등 찬, 『시전대전(詩傳大全)』의 소주 내용을 수용한 것이다.

○ 音酉.805)
‘유(黝)’는 음이 유(酉)이다.

○ 出『禮記』「玉藻」.806)
‘적불총형(赤芾蔥珩)’의 내용이 『예기(禮記)』「옥조(玉藻)」에 나온다.

○ 鄭氏曰 : "‘縕’, 赤黃色, ‘珩’, 佩玉之珩, 靑謂之‘蔥’. 公·侯·伯之卿, ‘三命’; 其大夫, ‘再命’; 士, ‘一命’."807)
정씨(鄭氏 : 鄭玄)가 말하였다. "‘온(縕)’은 적황색이고, ‘형(珩)’은 패옥의 노리개이고, 푸른색을 ‘총(蔥)’이라고 이른다. 공(公)·후(侯)·백(伯)의 경(卿)이 ‘삼명(三命)’이고, 그 대부(大夫)가 ‘재명(再命)’이고, 사(士)가 ‘일명(一命)’이다."

○ 杜氏曰 : "大夫車."808)
‘적불승헌(赤芾乘軒)’에 대해, 두씨(杜氏 : 杜預)가 말하였다. "대부(大夫)의 수레이다."

○ 去聲.
‘원(遠)’은 거성(去聲 : 멀리하다)이다.

○ 非指候人.
‘군자(君子)’의 경우, 후인(候人)을 가리키는 것이 아니다.

○ 去聲.
‘근(近)’은 거성(去聲 : 가까이하다)이다.

---

805) 호광(胡廣) 등 찬, 『시전대전(詩傳大全)』의 소주 내용을 수용한 것이다.
806) 호광(胡廣) 등 찬, 『예기대전(禮記大全)』 권13, 「옥조(玉藻)」. "一命, 縕韍幽衡; 再命, 赤韍幽衡; 三命, 赤韍蔥衡."
807) 호광(胡廣) 등 찬, 『시전대전(詩傳大全)』의 소주 내용에서 발췌한 것이다. 그 전문은 다음과 같다. "鄭氏曰 : ‘縕, 赤黃之間色, 珩, 佩玉之珩也. 黑謂之黝, 靑謂之蔥.『周禮』云: 公·侯·伯之卿, 三命; 其大夫, 再命; 士, 一命.'(정씨가 말하였다. ‘온은 적황의 간색이고, 형은 패옥의 노리개이다. 검은색을 유라 이르고, 푸른색을 총(蔥)이라 이른다.『주례』에 이르기를, 공·후·백의 경이 삼명이고, 그 대부가 재명이고, 사가 일명이라고 하였다.')"
808) 호광(胡廣) 등 찬, 『시전대전(詩傳大全)』의 소주 내용에서 발췌한 것이다. 그 전문은 다음과 같다. "杜氏曰 : ‘軒, 大夫車, 言其無德居位者多.'(두씨가 말하였다. ‘헌은 대부의 수레이니, 그 덕이 없으면서 지위를 차지한 이가 많음을 말한 것이다.')"

○ 一作'辭',809) 後不能悉著.

'사(詞)'의 경우, 어떤 판본에는 '사(辭)'로 썼으니, 뒤에 것은 다 드러낼 수 없다.

○ 此似當爲賦而今爲興者, 其主意在'彼其之子', 而此二句, 特以引起下二句, 且810)'彼'字相應, 是興體也.

'피후인이하과여대자의야(彼候人而何戈與殺者戈也)'에서 볼 때, 이는 마땅히 부(賦)가 되어야 할 것 같은데 지금 흥(興)이라고 한 것은 그 주요한 뜻이 '피기지자(彼其之子)'에 있어서인데, 이 두 구(句)가 다만 아래 두 구(句)를 끌어 일으켰으며, 또 '피(彼)'자가 서로 호응하므로 흥체(興體)인 것이다.

○ 慶源輔氏曰 : "諸侯之制, 大夫五人而已."811)

'피기지자이삼백적불하재(彼其之子而三百赤芾何哉)'에 대해, 경원 보씨(慶源輔氏 : 輔廣)가 말하였다. "제후(諸侯)의 제도에는 대부가 다섯 사람일 따름이다."

○ 上聲.812)

'수(數)'는 상성(上聲 : 헤아리다)이다.

○ 共公.

'기(其)'는 공공(共公 : 曹나라 16대 제후)이다.

○ 『大全』曰 : "曹賢大夫."813)

'수기불용희부기(數其不用僖負羈)'에 대해, 『대전(大全)』에서 말하였다. "조(曹)나라의 현량한 대부이다."

---

809) 주자(朱子) 찬, 『시경집전(詩經集傳)』에는 '辭'로 표기되어 있고, 호광(胡廣) 등 찬, 『시전대전(詩傳大全)』 및 내각본에는 '詞'로 표기되어 있다.
810) 박문호의 『시집전상설(詩集傳詳說)』에는 '旦'자로 표기되어 있으나, '且'자나 또는 '二'자의 오기인 듯하다.
811) 호광(胡廣) 등 찬, 『시전대전(詩傳大全)』의 소주 내용에서 발췌한 것이다. 그 전문은 다음과 같다. "慶源輔氏曰 : '諸侯之制, 大夫五人而已, 而曹國之小, 赤芾而乘軒者, 至三百之衆, 此末章所以有薈蔚·朝隮之比也. 其謂是歟, 蓋辭不敢質言也.'(경원 보씨가 말하였다. '제후의 제도에는 대부가 다섯 사람일 따름인데, ….')"
812) 그 뜻이 '셈하다, 헤아리다'일 경우에는 『광운(廣韻)』에서 "所矩切.(소와 구의 반절이다.)"이고 상성(上聲)이라 하였고, 그 뜻이 '수량, 방법'일 경우에는 『광운(廣韻)』에서 "色句切.(색과 구의 반절이다.)"이고 거성(去聲)이라고 하였다.
813) 호광(胡廣) 등 찬, 『시전대전(詩傳大全)』의 소주 내용을 수용한 것이다.

○ 見『左』「僖二十八年」.814)

'이승헌자삼백인(而乘軒者三百人)'의 경우, 『좌전(左傳)』「희공(僖公) 28년」조에 보인다.

[1-14-2-2]

○維鵜在梁, 不濡其翼. 彼其之子, 不稱其服.

가마우지가 어살에 있어도 그 날개를 적시지도 않도다.
저기 간사스러운 사람들은 그 옷차림이 걸맞지 않도다.

詳說

○ 音啼.815)

'제(鵜)'는 음이 제(啼)이다.

○ 去聲.816)

'칭(稱)'은 거성(去聲 : 맞다)이다.

○ 叶, 蒲北反.817)

'복(服)'은 협운(協韻)이니, 포(蒲)와 북(北)의 반절이다.

朱註

興也. '鵜', 洿澤, 水鳥, 俗所謂淘河也.

흥(興)이다. '제(鵜)'는 오택(洿澤)으로서 물새이니, 세속에서 이른바 도하(淘河)라는

---

814) 두씨(杜氏) 주·육덕명(陸德明) 음의·공영달(孔穎達) 소, 『춘추좌전주소(春秋左傳注疏)』 권15, 「희공(僖公) 28년」. "『傳』, 二十八年春, 晉侯將伐曹, 假道于衛. … 丙午, 入曹數之, 以其不用僖負羈, 而乘軒者三百人也."
815) 주자(朱子) 찬, 『시경집전(詩經集傳)』의 소주와 달리 호광(胡廣) 등 찬, 『시전대전(詩傳大全)』의 소주에는 "徒低反.(도와 저의 반절이다.)"으로 되어 있다. 『광운(廣韻)』에는 본음이 "杜奚切.(두와 해의 반절이다.)"이고 평성(平聲)이라고 하였다. 제(啼)도 또한 『광운(廣韻)』에서 "杜奚切.(두와 해의 반절이다.)"이고 평성(平聲)이라고 하였다.
816) 주자(朱子) 찬, 『시경집전(詩經集傳)』의 소주와 달리 호광(胡廣) 등 찬, 『시전대전(詩傳大全)』의 소주에는 "尺證反.(척과 증의 반절이다.)"으로 되어 있다. 그 뜻이 '稱量하다'일 경우에는 『광운(廣韻)』에서 "處陵切.(처와 릉의 반절이다.)"이고 평성(平聲)이라 하였고, 그 뜻이 '符合하다'일 경우에는 『광운(廣韻)』에서 "昌孕切.(창과 칭의 반절이다.)"이고 거성(去聲)이라고 하였다.
817) 주자(朱子) 찬, 『시경집전(詩經集傳)』 및 호광(胡廣) 등 찬, 『시전대전(詩傳大全)』의 소주 내용을 수용한 것이다. 『광운(廣韻)』에는 본음이 "房六切.(방과 륙의 반절이다.)"이고 입성(入聲)이라고 하였다.

것이다.

詳說

○ '不'·'其'字, 相應.
'흥야(興也)'의 경우, '불(不)'자와 '기(其)'자가 서로 호응한다.

○ 音烏, 又音互.818)
'오(洿)'는 음이 오(烏)이고, 또는 음이 호(互)이다.

○ 一有'也'字.819)
'수조(水鳥)'의 경우, 어떤 판본에는 '야(也)'자가 있다.

○ 孔氏曰 : "喙長尺餘, 頷下胡大如數升囊. 好羣飛, 入水食魚, 故名洿澤."820)
'속소위도하야(俗所謂淘河也)'에 대해, 공씨(孔氏 : 孔穎達)가 말하였다. "부리의 길이가 한 자 남짓이고, 턱 아래에는 서너 되 쯤 되는 주머니가 있다. 떼로 날기를 좋아하고, 물속에 들어가 물고기를 잡아먹기 때문에 이름을 오택이라고 하였다."

○ 『本草』曰 : "昔爲人竊肉, 入河化爲此鳥, 因名逃河."821)
『본초(本草)』에서 말하였다. "옛날에는 사람을 위해서 고기를 훔쳤으며, 물에 들어가면 변화하여 이 새가 되기 때문에 이름을 도하라고 하였다."

---

818) 호광(胡廣) 등 찬, 『시전대전(詩傳大全)』의 소주 내용을 수용한 것이다.
819) 주자(朱子) 찬, 『시경집전(詩經集傳)』에는 '也'자가 없고, 호광(胡廣) 등 찬, 『시전대전(詩傳大全)』 및 내각본에는 '也'자가 있다.
820) 호광(胡廣) 등 찬, 『시전대전(詩傳大全)』의 소주 내용에서 발췌한 것이다. 그 전문은 다음과 같다. '孔氏曰 : '形如鶂而大, 喙長尺餘, 頷下胡大如數升囊. 郭璞云: 今之鵜鶘也, 好羣飛, 入水食魚, 故名洿澤.'(공씨가 말하였다. '모양이 부엉이 같은데 크며, 부리의 길이가 한 자 남짓이고, 턱 아래에는 서너 되 쯤 되는 주머니가 있다. 곽박이 이르기를, 지금의 사다새이니, 떼로 날기를 좋아하고, 물속에 들어가 물고기를 잡아먹기 때문에 이름을 오택이라고 하였다.')
821) 호광(胡廣) 등 찬, 『시전대전(詩傳大全)』의 소주 내용에서 발췌한 것이다. 그 전문은 다음과 같다. '『本草』曰 : '如蒼鵝, 身是水沫, 惟胸前有兩塊肉, 如拳. 云昔爲人竊肉, 入河化爲此鳥, 因名逃河.'(『본초』에서 말하였다. '… 옛날에는 사람을 위해서 고기를 훔쳤으며, 물에 들어가면 변화하여 이 새가 되기 때문에 이름을 도하라고 하였다고 한다.')

○ 照上章'赤芾'.
　　'복(服)'은 윗 장의 '적불(赤芾)'을 참조한 것이다.

[1-14-2-3]
○維鵜在梁, 不濡其咮. 彼其之子, 不遂其媾.
가마우지가 어살에 있거늘 그 부리를 적시지도 않도다.
저기 간사스러운 사람들은 그 벼슬자리 걸맞지 않도다.

詳說
○ 音晝.822)
　　'주(咮)'는 음이 주(晝)이다.

○ 音垢.823)
　　'구(媾)'는, 음이 구(垢)이다.

朱註
興也. '咮', 喙, '遂', 稱, '媾', 寵也. 遂之爲'稱', 猶今人謂遂意爲稱意.
흥(興)이다. '주(咮)'는 부리이고, '수(遂)'는 맞음이고, '구(媾)'는 빛나는 관직(官職)이다. 이루는 것을 '칭(稱)'이라 함은 지금 사람들이 뜻을 이룸을 칭의(稱意)라고 말하는 것과 같다.

詳說
○ 去聲, 下並同.
　　'칭(稱)'은 거성(去聲 : 걸맞다)이고, 아래도 아울러 같다.

---

822) 주자(朱子) 찬, 『시경집전(詩經集傳)』의 소주와 달리 호광(胡廣) 등 찬, 『시전대전(詩傳大全)』의 소주에는 "陟救反.(척과 구의 반절이다.)"으로 되어 있다. 내용을 수용한 것이다. 『광운(廣韻)』에도 본음이 "陟救切.(척과 구의 반절이다.)"이고 거성(去聲)이라고 하였다. 주(晝)도 또한 『광운(廣韻)』에서 "陟救切.(척과 구의 반절이다.)"이고 거성(去聲)이라고 하였다.
823) 주자(朱子) 찬, 『시경집전(詩經集傳)』의 소주와 달리 호광(胡廣) 등 찬, 『시전대전(詩傳大全)』의 소주에는 "古豆反.(고와 두의 반절이다.)"으로 되어 있다. 『광운(廣韻)』에는 본음이 "古候切.(고와 후의 반절이다.)"이고 거성(去聲)이라고 하였다. 구(垢)는 『광운(廣韻)』에서 "古厚切.(고와 후의 반절이다.)"이고 상성(上聲)이라고 하였다.

○ 祿位.
'총야(寵也)'의 경우, 녹봉의 자리이다.

○ 坊本, '爲'並作'曰'.824)
'유금인위수의위(猶令人謂遂意爲)'의 경우, 방본(坊本)에서 '위(爲)'를 아울러 '왈(曰)'로 썼다.

○ 又別論'遂'字義.
'유금인위수의위칭의(猶令人謂遂意爲稱意)'의 경우, 또 따로 '수(遂)'자의 뜻을 논변하였다.

[1-14-2-4]
○薈兮蔚兮, 南山朝隮. 婉兮孌兮, 季女斯飢.

자욱이 뒤덮고 빽빽이 차니 남산에 아침 구름 오르도다.
어여쁘고 고우며 아름답거늘 젊은 처자 이에 굶주리도다.

詳說

○ 烏會反.825)
'외(薈)'는 오(烏)와 회(會)의 반절이다.

○ 於貴反.826)
'위(蔚)'는 어(於)와 귀(貴)의 반절이다.

○ 子兮反.827)

---

824) 주자(朱子) 찬, 『시경집전(詩經集傳)』에는 '爲'로 되어 있고, 호광(胡廣) 등 찬, 『시전대전(詩傳大全)』 및 내각본에는 '曰'로 되어 있다.
825) 호광(胡廣) 등 찬, 『시전대전(詩傳大全)』의 소주 내용을 수용한 것이다. 주자(朱子) 찬, 『시경집전(詩經集傳)』의 소주에는 "音穢.(음이 예이다.)"로 되어 있다. 『광운(廣韻)』에는 본음이 "烏外切.(오와 외의 반절이다.)"이고 거성(去聲)이라고 하였다.
826) 호광(胡廣) 등 찬, 『시전대전(詩傳大全)』의 소주 내용을 수용한 것이다. 주자(朱子) 찬, 『시경집전(詩經集傳)』의 소주에는 "音畏.(음이 외이다.)"로 되어 있다. 『광운(廣韻)』에는 본음이 "於胃切.(어와 위의 반절이다.)"이고 거성(去聲)이라고 하였다.
827) 호광(胡廣) 등 찬, 『시전대전(詩傳大全)』의 소주 내용을 수용한 것이다. 주자(朱子) 찬, 『시경집전(詩經集傳)』의 소주에는 "音薺.(음이 재이다.)"로 되어 있다. 『광운(廣韻)』에는 본음이 "祖稽切.(조와 계의 반절이

'제(隮)'는 자(子)와 혜(兮)의 반절이다.

○ 於阮反.[828]

'원(婉)'은 어(於)와 원(阮)의 반절이다.

○ 力轉反.[829]

'련(孌)'은 력(力)과 전(轉)의 반절이다.

朱註

比也. '薈'·'蔚', 草木盛多之貌, '朝隮', 雲氣升騰也. '婉', 少貌, '孌', 好貌. ○'薈'·'蔚'·'朝隮', 言小人衆多而氣燄盛也. 季女婉孌自保, 不妄從人, 而反飢困, 言賢者守道而反貧賤也.

비(比)이다. '외(薈)'와 '위(蔚)'는 초목이 우거지고 많은 모양이고, '조제(朝隮)'는 구름기운이 올라가는 것이다. '원(婉)'은 젊은 모양이고, '련(孌)'은 아름다운 모양이다. ○'외(薈)'와 '위(蔚)'와 '조제(朝隮)'는 소인배들이 많아서 불꽃처럼 기세가 왕성함을 말한 것이다. 젊은 처자가 예쁘고 아름다움을 스스로 보존하여 망령되이 남을 좇지 않았는데도 도리어 굶주리고 곤궁하였으니, 현량(賢良)한 이가 도(道)를 지키다가 도리어 가난하고 미천하게 됨을 말한 것이다.

詳說

○ 『諺』音誤.[830]

'외(薈)'의 경우, 『언해(諺解)』의 음이 잘못되었다.

○ 與「蝃蝀」之'朝隮', 不同.[831]

다.)"이고 평성(平聲)이라고 하였다. 또 그 뜻이 '무지개'일 경우에는 『광운(廣韻)』에서 "子計切.(자와 계의 반절이다.)"이고 거성(去聲)이라고 하였다.
[828] 호광(胡廣) 등 찬, 『시전대전(詩傳大全)』의 소주 내용을 수용한 것이다. 주자(朱子) 찬, 『시경집전(詩經集傳)』에는 소주가 없다. 『광운(廣韻)』에도 본음이 "於阮切.(어와 원의 반절이다.)"이고 상성(上聲)이라고 하였다. 원(婉)은 『광운(廣韻)』에서 본음이 "虞遠切.(우와 원의 반절이다.)"이고 상성(上聲)이라고 하였다.
[829] 호광(胡廣) 등 찬, 『시전대전(詩傳大全)』의 소주 내용을 수용한 것이다. 주자(朱子) 찬, 『시경집전(詩經集傳)』에는 소주가 없다. 『광운(廣韻)』에는 본음이 "力兗切.(력과 연의 반절이다.)"이고 상성(上聲), 또는 "力卷切.(력과 권의 반절이다.)"이고 거성(去聲)이라고 하였다.
[830] 『언해(諺解)』에는 음이 '외'가 아니라 '회'로 되어 있음을 말한 것이다.
[831] 호광(胡廣) 등 찬, 『시전대전(詩傳大全)』 권3, 「국풍(國風)·용(鄘)·체동(蝃蝀)」. 2장에서 "朝隮于西, 崇朝其雨. 女子有行, 遠兄弟父母.(아침무지개 서쪽에 오르니 아침때에만 비가 내리도다. 여자가 시집을 가게

'운기승등야(雲氣升騰也)'의 경우, 「체동(蝃蝀)」의 '조제(朝隮)'와 같지 않다.

○ 『諺』音誤.832)
'완(婉)'의 경우, 『언해(諺解)』의 음이 잘못되었다.

○ 去聲.
'소(少)'는 거성(去聲 : 어리다. 젊다)이다.

○ 如木之多, 如雲之氣.
'언소인중다이기염성야(言小人衆多而氣燄盛也)'의 경우, 나무의 많음과 같고, 구름의 기운과 같은 것이다.

○ 與「采蘋」之'季女', 不同.833)
'계녀(季女)'의 경우, 「채빈(采蘋)」의 '계녀(季女)'와 같지 않다.

○ 添此六字.
'불망종인(不妄從人)'에서 볼 때, 이 여섯 글자(自保, 不妄從人)를 더하였다.

○ 蓋詩人自況也.
'언현자수도이반빈천야(言賢者守道而反貧賤也)'의 경우, 대개 시인이 스스로 비유한 것이다.

[1-14-2-5]

「候人」四章, 章四句.

되면 부모 형제와 헤어지느니라.)"라고 하였는데, 그 주(註)에서 "'隮', 升也. 『周禮』'十煇', '九曰隮', 註以爲虹. 蓋忽然而見, 如自下而升也.('제'는 위로 오르는 것이니, 『주례』의 '십운' 가운데 아홉 번째를 '제'라 하고 주(註)에서 무지개라고 하였는데, 대개 갑자기 나타나고 아래로부터 위로 오르는 것과 같다.)"라고 하였다.
832) 『언해(諺解)』에는 음이 '원'이 아니라 '완'으로 되어 있음을 말한 것이다.
833) 호광(胡廣) 등 찬, 『시전대전(詩傳大全)』 권1, 「국풍(國風)·소남(召南)·채빈(采蘋)」, 3장에서 "于以奠之, 宗室牖下. 誰其尸之? 有齊季女.(어디에다 그것들을 올리리오. 종가 사당의 창문 아래로다. 누가 그것을 도맡아 하리오. 공경스런 어린 막내딸이로다.)"라 하고, 그 주(註)에서 "'季', 少也.('계'는 어린 것이다.)"라고 하였는데, 여기서 박문호(朴文鎬)는 "季女, 少婦也, 卽大夫妻也.(막내딸이고 젊은 부인이니, 바로 대부의 아내이다.)"라고 하였다.

「후인(候人 : 손님 맞는 벼슬아치)」은 네 장이니, 장마다 네 구이다.

[1-14-3-1]
鳲鳩在桑, 其子七兮. 淑人君子, 其儀一兮. 其儀一兮, 心如結兮.

뻐꾸기가 뽕나무에 있으니 그 새끼가 일곱 마리로다.
곱고 어진 인품의 군자는 그 위엄스러움 한결같도다.
그 위엄스러움 한결같으니 마음이 동여맨 듯 굳도다.

詳說

○ 叶, 訖力反.834)
'결(結)'은 협운(協韻)이니, 글(訖)과 력(力)의 반절이다.

朱註

興也. '鳲鳩', 秸鞠也, 亦名戴勝, 今之布穀也. 飼子, 朝從上下, 暮從下上, 平均如一也. '如結', 如物之固結而不散也. ○詩人, 美君子之用心均平專一, 故言 : "鳲鳩在桑, 則其子七矣. 淑人君子, 則其儀一矣, 其儀一則心如結矣." 然不知其何所指也. 陳氏曰 : "君子動容貌, 斯遠暴慢; 正顔色, 斯近信; 出辭氣, 斯遠鄙倍, 其見於威儀動作之間者, 有常度矣, 豈固爲是拘拘者哉. 蓋和順積中, 而英華發外, 是以由其威儀一於外, 而心如結於內者, 從可知也."

흥(興)이다. '시구(鳲鳩)'는 길국(秸鞠)이고, 또한 이름이 대승(戴勝)이니, 지금의 포곡(布穀)이다. 새끼에게 먹이를 먹임에 아침에는 위로부터 내려오고, 저녁에는 아래로부터 올라가는데 공평하고 균일함이 한결같았다. '여결(如結)'은 물건이 굳게 맺혀서 흩어지지 않음과 같다는 것이다. ○시인이 군자의 마음씀씀이가 균일하고 공평하며 오로지 한결같음을 아름답게 여겼기 때문에 말하기를, "뻐꾸기가 뽕나무에 있으니 그 새끼가 일곱 마리이고, 곱고 어진 인품의 군자는 곧 그 위엄스러움이 한결같으며, 그 위엄스러움이 한결같으니 마음이 동여맨 것 같다."고 하였다.

---

834) 주자(朱子) 찬, 『시경집전(詩經集傳)』 및 호광(胡廣) 등 찬, 『시전대전(詩傳大全)』의 소주 내용을 수용한 것이다. 『광운(廣韻)』에는 본음이 "古屑切.(고와 설의 반절이다.)"이고 입성(入聲)이라고 하였다.

그러나 가리키는 것이 누구인지는 모르겠다. 진씨(陳氏 : 陳鵬飛)가 말하였다. "군자가 용모를 움직임에 포악하고 태만함을 멀리하며, 얼굴빛을 바룸에 신실(信實)함을 가까이 하며, 말씨를 드러냄에 비루하고 어그러짐을 멀리 하여 그 몸가짐과 몸동작 사이에 보이는 것에 떳떳한 법도가 있거늘, 어찌 진실로 이 구차스러운 것을 하겠는가. 대개 화순(和順)함이 마음속에 쌓여서 아름다운 빛깔이 밖에 나타나니, 이 때문에 그 몸가짐이 밖에 한결같음으로 말미암아 마음이 안에 동여맨 것과 같음을 좇아서 알 수 있는 것이다."

詳說

○ 兼比. ○二句, 興四句.

'흥야(興也)'의 경우, 비(比)를 아울렀다. ○두 구가 네 구를 흥기하였다.

○ 音戛.835)

'길(秸)'은 음이 길(戛)이다.

○ 音匊.836)

'국(鞠)'은 음이 국(匊)이다.

○ 音嗣.837)

'사(飼)'는 음이 사(嗣)이다.

○ 去聲.

'조종상하(朝從上下)'에서 하(下)는 거성(去聲 : 내려가다)이다.

○ 上聲.

'모종하상(暮從下上)'에서 상(上)은 상성(上聲 : 올라가다)이다.

○ 華谷嚴氏曰 : "郯子所謂鳲鳩氏司空, 鳲鳩平均, 故爲司空, 平

---

835) 호광(胡廣) 등 찬, 『시전대전(詩傳大全)』의 소주 내용을 수용한 것이다. 『광운(廣韻)』에는 본음이 "古黠切.(고와 힐의 반절이다.)"이고 입성(入聲)이라고 하였다. 길(戛)도 또한 『광운(廣韻)』에서 "古黠切.(고와 힐의 반절이다.)"이고 입성(入聲)이라고 하였다.
836) 호광(胡廣) 등 찬, 『시전대전(詩傳大全)』의 소주 내용을 수용한 것이다.
837) 호광(胡廣) 등 찬, 『시전대전(詩傳大全)』의 소주 내용을 수용한 것이다.

水土也."838)

'평균여일야(平均如一也)'에 대해, 화곡 엄씨(華谷嚴氏 : 嚴粲)가 말하였다. "담자(郯子)839)가 이른바 시구씨(鳲鳩氏)는 사공(司空)이라는 것이다. 뻐꾸기가 공평하고 균일하기 때문에 사공(司空)이라고 하였으니, 물과 땅을 다스리는 것이다."

○ 安成劉氏曰 : "鳲鳩之子, 非一, 詩人託興四國人民之衆."840)

'즉기자칠의(則其子七矣)'에 대해, 안성 유씨(安成劉氏 : 劉瑾)가 말하였다. "뻐꾸기의 새끼가 하나가 아니니, 시인(詩人)이 사방 나라의 인민(人民)들이 많음을 의탁하여 흥기한 것이다."

○ 淑人而不足, 又曰君子.

'숙인군자(淑人君子)'의 경우, 숙인(淑人)으로서 부족하여 또 군자(君子)라고 말한 것이다.

○ 曹惟子臧, 可以當之.

'연부지기하소지야(然不知其何所指也)'의 경우, 조(曹)나라에서는 오직 자장(子臧)841)만이 해당시킬 수 있다.

○ 去聲, 下同.

'원(遠)'은 거성(去聲 : 소원하다)이고, 아래도 같다.

---

838) 호광(胡廣) 등 찬,『시전대전(詩傳大全)』의 소주 내용을 수용한 것이다.
839) 담자(郯子): 춘추시대 담(郯)나라의 임금으로 기(己)가 성(姓)이고, 자(子)는 관작(官爵)이며, 소호(少昊)의 후예이다. 중국 24효자 가운데 사슴 젖으로 어버이를 봉양한 고사의 주인공이다. 공자(孔子)가 여러 나라를 다니던 26세에 담자(郯子)를 스승으로 삼고 여러 제도 및 관제(官制)에 대하여 배웠다고 한다.
840) 호광(胡廣) 등 찬,『시전대전(詩傳大全)』의 소주 내용에서 발췌한 것이다. 그 전문은 다음과 같다. "安成劉氏曰 : '鳲鳩之子, 雖非一, 而鳲鳩飼之之心, 則如一; 其子之飛往, 雖無常, 而鳲鳩居以待之, 則有常. 詩人托興之取義者, 亦以應接事物之變, 四國人民之衆, 而君子則度有常而心如一也. 然其言之有序, 以爲君子之心如結, 是其儀專一而有常度; 有常度, 是其帶與弁亦有常而不差忒; 不差忒, 是其儀不忒, 而可以表正四國; 表正四國, 則其終也可以受天之祿而壽考萬年. 是雖祝願之詞, 固亦天人感通之理也.'(안성 유씨가 말하였다. '뻐꾸기의 새끼가 비록 하나가 아니나 뻐꾸기가 먹이를 먹이는 마음은 한결같으며, … 시인이 의탁하고 흥기하면서 뜻을 취한 것은 또한 사물의 변화에 응접하는 것이니, 사방 나라의 인민이 많음에도 군자는 헤아림이 항상 함이 있어서 마음이 한결같은 것이다. ….')"
841) 자장(子臧): 춘추시대 조(曹)나라 선공(宣公)의 아들로 희(姬)가 성(姓)이고, 이름이 흔시(欣時) 또는 희시(喜時)라고도 한다. 절개를 지닌 선비로 저명하였고, 나라를 사양한 현량(賢良)한 덕이 있었다는 칭송을 받았다. 그가 죽은 뒤에 사람들이 그를 추념하면서 그 이름을 성(姓)으로 삼아서 흔시(欣時)가 흔성(欣姓)의 시조가 되었다.

○ 去聲.
　'근(近)'은 거성(去聲 : 親近하다)이다.

○ 音佩. ○出『論語』「泰伯」.842)
　'사원비패(斯遠鄙倍)'에서 패(倍)는 음이 패(佩)이다. ○『논어(論語)』「태백(泰伯)」에 나온다.

○ 音現.
　'기현(其見)'에서 현(見)은 음이 현(現)이다.

○ 一 '兮'.843)
　'유상도의(有常度矣)'에서 의(矣)는 어떤 판본에는 '혜(兮)'로 되어 있다.

○ 堅也.
　'고(固)'는 굳음이다.

○ 此句, 出『禮記』「樂記」.844)
　'이영화발외(而英華發外)'의 경우, 이 구절은 『예기(禮記)』「악기(樂記)」에 나온다.

○ 因也.
　'유(由)'의 경우, 말미암음이다.

○ 慶源輔氏曰 : "內外無二理."845)

---

842) 『논어집주대전(論語集註大全)』 권8, 「태백(泰伯)」. "君子所貴乎道者三, 動容貌, 斯遠暴慢矣; 正顏色, 斯近信矣; 出辭氣, 斯遠鄙倍矣, 籩豆之事, 則有司存.(군자가 도에 귀중하게 여기는 것이 셋이니, 용모를 움직임에 이에 사납고 거만함을 멀리하며, 얼굴빛을 바름에 이에 신실함을 가까이하며, 말 기운을 냄에 이에 더럽고 어그러짐을 멀리하는 것이니, 제기와 관련된 일은 주관하는 집사에게 맡겨두는 것이다.)"
843) 출처가 분명하지 않다.
844) 호광(胡廣) 등 찬, 『예기대전(禮記大全)』 권18, 「악기(樂記)」. "德者, 性之端也; 樂者, 德之華也, 金·石·絲·竹, 樂之器也. 詩, 言其志也; 歌, 詠其聲也; 舞, 動其容也, 三者本於心然後, 樂器從之. 是故情深而文明, 氣盛而化神, 和順積中而英華發外, 惟樂不可以爲僞.(덕이라는 것은 인성의 실마리이고, 음악이라는 것은 덕의 꽃이며, 금·석·사·죽은 음악의 악기이다. 시는 그 뜻을 말하는 것이고, 노래는 그 소리를 읊는 것이고, 춤은 그 용태를 움직이는 것이니, 세 가지가 마음에 근본한 뒤에 악기가 좇는 것이다. 이런 까닭으로 감정이 깊어서 문채가 밝으며, 기운이 성대하여 변화가 신이하며, 화순함이 마음속에 쌓여서 아름다운 빛깔이 밖에 나타나니, 오직 음악만이 속일 수 없는 것이다.)"

'종가지야(從可知也)'에 대해, 경원 보씨(慶源輔氏 : 輔廣)가 말하였다. "안과 밖이 두 개의 이치가 없다."

[1-14-3-2]

○鳲鳩在桑, 其子在梅. 淑人君子, 其帶伊絲. 其帶伊絲, 其弁伊騏.

뻐꾸기가 뽕나무에 있으니 새끼가 매화나무에 있도다.
곱고 어진 인품의 군자는 그 두른 띠가 흰 실이로다.
그 두른 띠가 흰 실이나니 그 모자가 얼룩얼룩하도다.

詳說

○ 叶, 莫悲反.846)

'매(梅)'는 협운(協韻)이니, 모(莫)와 비(悲)의 반절이다.

○ 叶, 新齎反.847)

'사(絲)'는 협운(協韻)이니, 신(新)과 재(齎)의 반절이다.

○ 音其.848)

'기(騏)'는 음이 기(其)이다.

朱註

興也. 鳲鳩, 常言在桑, 其子, 每章異木, 子自飛去, 母常不移也. '帶', 大帶也, 大帶, 用素絲, 有雜色飾焉. '弁', 皮弁也. '騏', 馬之靑黑色者, 弁之色,

---

845) 호광(胡廣) 등 찬, 『시전대전(詩傳大全)』의 소주 내용에서 발췌한 것이다. 그 전문은 다음과 같다. "慶源輔氏曰 : '陳氏引曾子之言爲說, 不惟解得此詩意出, 又正得曾子所言之本旨. 內外無二理, 見其內, 可以占其外也.'(경원 보씨가 말하였다. '… 안과 밖이 두 개의 이치가 없으니 그 안을 보면 그 밖을 점칠 수 있는 것이다.')"
846) 주자(朱子) 찬, 『시경집전(詩經集傳)』 및 호광(胡廣) 등 찬, 『시전대전(詩傳大全)』의 소주 내용을 수용한 것이다. 『광운(廣韻)』에는 본음이 "莫杯切.(모와 배의 반절이다.)"이고 평성(平聲)이라고 하였다.
847) 주자(朱子) 찬, 『시경집전(詩經集傳)』 및 호광(胡廣) 등 찬, 『시전대전(詩傳大全)』의 소주 내용을 수용한 것이다. 『광운(廣韻)』에는 본음이 "息玆切.(식과 자의 반절이다.)"이고 평성(平聲)이라고 하였다.
848) 주자(朱子) 찬, 『시경집전(詩經集傳)』 및 호광(胡廣) 등 찬, 『시전대전(詩傳大全)』의 소주 내용을 수용한 것이다. 『광운(廣韻)』에는 본음이 "渠之切.(거와 지의 반절이다.)"이고 평성(平聲)이라고 하였다. 기(騏)도 또한 『광운(廣韻)』에서 "渠之切.(거와 지의 반절이다.)"이고 평성(平聲)이라고 하였다.

亦如此也.『書』云 : "四人騏弁." 今作'綦'. ○言 : "鳲鳩在桑, 則其子在梅矣, 淑人君子, 則其帶伊絲矣, 其帶伊絲, 則其弁伊騏矣." 言有常度, 不差忒也.

흥(興)이다. '시구(鳲鳩)'는 항상 뽕나무에 있다 말하고, 그 새끼는 매 장마다 나무를 달리했으니, 새끼들이 스스로 날아가도 어미는 항상 옮겨가지 않은 것이다. '대(帶)'는 큰 띠이니, 큰 띠는 흰 실을 사용하는데, 여러 가지 색으로 장식한 것도 있다. '변(弁)'은 가죽고깔이다. '기(騏)'는 말이 검푸른 색인 것인데, 가죽고깔의 색깔 또한 이와 같은 것이다.『서경(書經)』에 이르기를, "네 사람이 얼룩 고깔이다."라고 하였는데, 지금은 '기(綦)'로 쓴다. ○말하기를, "뻐꾸기가 뽕나무에 있으니 그 새끼가 매화나무에 있으며, 곱고 어진 인품의 군자는 그 두른 띠가 흰 실이니, 그 두른 띠가 흰 실이로되 그 모자가 얼룩얼룩하도다."라고 하였으니, 떳떳한 법도가 있어 어긋나지 않음을 말한 것이다.

詳說

○ 安成劉氏曰 : "其子之飛往, 無常, 而鳲鳩居以待之, 則有常, 詩人託興應接事物之變, 而君子則度有常, 心如一也."[849]

'모상불이야('母常不移也)'에 대해, 안성 유씨(安成劉氏 : 劉瑾)가 말하였다. "그 새끼들이 날아감이 항상 함이 없으나 뻐꾸기는 앉아서 기다림이 항상 함이 있으니, 시인이 사물의 변함을 응접함에 의탁하고 흥기하였는데, 군자는 헤아림이 항상 함이 있어서 마음이 한결같은 것이다."

○ 『禮記』「玉藻」曰 : "君, 朱·綠; 大夫, 玄·華."[850]

'유잡색식언(有雜色飾焉)'의 경우,『예기(禮記)』「옥조(玉藻)」에서 말하였다. "임

---

[849] 호광(胡廣) 등 찬,『시전대전(詩傳大全)』의 소주 내용에서 발췌한 것이다. 그 전문은 다음과 같다. "安成劉氏曰 : '鳲鳩之子, 雖非一, 而鳲鳩飼之之心, 則如一; 其子之飛往, 雖無常, 而鳲鳩居以待之, 則有常, 詩人託興之取義者, 亦以應接事物之變, 四國人民之衆, 而君子則度有常而心如一也. 然其言之有序, 以爲君子之心如結, 是以其儀專一而有常度; 有常度, 是以其帶與弁有常而不差忒; 不差忒, 是以其儀不忒, 而可以表正四國; 表正四國, 則其終也可以受天之祿而壽考萬年. 是雖祝願之詞, 固亦天人感通之理也.'(안성 유씨가 말하였다. '뻐꾸기의 새끼가 비록 하나가 아니나 뻐꾸기가 먹이를 먹이는 마음은 한결같으며, 그 새끼들이 날아감이 항상 함이 없으나 뻐꾸기는 앉아서 기다림이 항상 함이 있으니, 시인이 의탁하고 흥기하면서 뜻을 취한 것은 또한 사물의 변화에 응접한 것이니, 사방 나라의 인민이 많음에도 군자는 헤아림이 항상 함이 있어서 마음이 한결같은 것이다. ….')"
[850] 호광(胡廣) 등 찬,『시전대전(詩傳大全)』의 소주 내용에서 발췌한 것이다. 그 전문은 다음과 같다. "孔氏曰 : 「玉藻」云: 雜帶, 君朱綠, 大夫玄華, 是有雜色飾.'(공씨가 말하였다. '')"; 호광(胡廣) 등 찬,『예기대전(禮記大全)』 권13,「옥조(玉藻)」. "大夫大帶四寸. 雜帶, 君朱綠, 大夫玄華.(… 잡대는 임금이 붉은색과 녹색이며, 대부가 검은색과 누런색이다.)"

금은 붉은색과 녹색이고, 대부는 검은색과 누런색이다."

○ 一無'之'字.851)
'마지(馬之)'의 경우, 어떤 판본에는 '지(之)'자가 없다.

○ 「顧命」.852)
'『서』(『書』)'는 「고명(顧命)」이다.

○ '騏'·'綦', 通用.
'금작기(今作綦)'의 경우, '기(騏)'와 '기(綦)'는 통용된다.

○ 豐城朱氏曰:"德稱其服."853)
'즉기변이기의(則其弁伊騏矣)'에 대해, 풍성 주씨(豐城朱氏 : 朱善)가 말하였다. "덕(德)이 그 복장에 걸맞은 것이다."

○ 承上註. ○衣服, 亦威儀之一也.
'언유상도(言有常度)'의 경우, 위의 주(註)를 이었다. ○의복(衣服)은 또한 위의(威儀)의 하나이다.

○ 照下章. ○此, 論也.
'불차특야(不差忒也)'의 경우, 아래의 장(章)을 참조하였다. ○이는 논변한 것이다.

[1-14-3-3]

○鳲鳩在桑, 其子在棘. 淑人君子, 其儀不忒. 其儀不忒, 正是四國.

---

851) 출처가 분명하지 않다.
852) 호광(胡廣) 등 찬, 『시전대전(詩傳大全)』 권9, 「고명(顧命)」. "二人雀弁, 執惠, 立於畢門之內. 四人綦弁, 執戈上刃, 夾兩階戺.(두 사람이 검붉은 모자를 쓰고 … 네 사람이 검푸른 모자를 쓰고 ….)"
853) 호광(胡廣) 등 찬, 『시전대전(詩傳大全)』의 소주 내용에서 발췌한 것이다. 그 전문은 다음과 같다. "豐城朱氏曰 : '首章卽其儀之一而知其心之誠, 二章卽其服之盛而知其德之稱, 三章言由其身之修, 故化有以行於國, 四章言由其國之治, 故福有以裕其身. 前三章, 皆頌美之詞, 末章胡不萬年, 則祝願之詞也.'(풍성 주씨가 말하였다. '… 2장은 곧 그 복장의 성대함인데 그 덕에 걸맞음을 알 수 있으며, ….')"

뻐꾸기가 뽕나무에 있으니 새끼가 대추나무에 있도다.
곱고 어진 인품의 군자는 몸가짐이 어긋나지 않도다.
몸가짐이 어긋나지 않으니 온 나라를 바르게 하리라.

詳說

○ 它得反.854)

'특(忒)'은 타(它)와 득(得)의 반절이다.

○ 叶, 于逼反.855)

'국(國)'은 협운(協韻)이니, 우(于)와 핍(逼)의 반절이다.

朱註

興也. 有常度而其心一, 故儀不忒, 儀不忒, 則足以正四國矣. 『大學』「傳」曰: "其爲父子・兄弟足法而後, 民法之也."

흥(興)이다. 떳떳한 법도가 있어서 그 마음이 한결같이 때문에 예법에 맞는 몸가짐이 어그러지지 않으니, 예법에 맞는 몸가짐이 어그러지지 않으면 사방의 나라를 바르게 함에 충분한 것이다. 『대학(大學)』의 「전(傳)」에서 말하기를, "그 부모자식이나 형제가 되어 충분히 본받을 만한 뒤에야 백성들이 본받는 것이다."라고 하였다.

詳說

○ 承上二章.

'유상도이기심일(有常度而其心一)'의 경우, 위의 2장을 이었다.

○ 去聲.

'「전」(「傳」)'은 거성(去聲 : 註釋)이다.

---

854) 호광(胡廣) 등 찬, 『시전대전(詩傳大全)』의 소주 내용을 수용한 것이다. 주자(朱子) 찬, 『시경집전(詩經集傳)』에는 소주가 없다. 여조겸(呂祖謙) 찬, 『여씨가숙독시기(呂氏家塾讀詩記)』에는 "他得反.(타와 득의 반절이다.)"이라고 하였다. 『광운(廣韻)』에는 본음이 "他德切.(타와 덕의 반절이다.)"이고 입성(入聲)이라고 하였다.
855) 주자(朱子) 찬, 『시경집전(詩經集傳)』 및 호광(胡廣) 등 찬, 『시전대전(詩傳大全)』의 소주 내용을 수용한 것이다. 『광운(廣韻)』에는 본음이 "古或切.(고와 혹의 반절이다.)"이고 입성(入聲)이라고 하였다.

○ 豐城朱氏曰 : "由其身修, 故化有以行於國."856)

'민법지(民法之也)'에 대해, 풍성 주씨(豐城朱氏 : 朱善)가 말하였다. "그 몸의 닦음에 말미암기 때문에 교화가 나라에 행해짐이 있는 것이다."

[1-14-3-4]

○鳲鳩在桑, 其子在榛. 淑人君子, 正是國人. 正是國人, 胡不萬年.

뻐꾸기가 뽕나무에 있으니 새끼가 개암나무에 있도다.
곱고 어진 인품의 군자는 나라사람을 바르게 하리라.
나라사람을 바르게 하리니 어찌 만년을 살지 않으리오.

詳說

○ 側巾反.857)

'진(榛)'은 측(側)과 건(巾)의 반절이다.

○ 叶, 尼因反.858)

'년(年)'은 협운(協韻)이니, 니(尼)와 인(因)의 반절이다.

朱註

興也. 儀不忒, 故能正國人. '胡不萬年', 願其壽考之詞也.

흥(興)이다. 위의(威儀)가 어그러지지 않기 때문에 국인(國人)을 바로잡을 수 있는 것이다. 호불만년(胡不萬年)은 그 수고(壽考)하기를 원하는 말이다.

---

856) 호광(胡廣) 등 찬, 『시전대전(詩傳大全)』의 소주 내용에서 발췌한 것이다. 그 전문은 다음과 같다. "豐城朱氏曰 : '首章卽其儀之一而知其心之誠, 二章卽其服之盛而知其德之稱, 三章言由其身之修, 故化有以行於國, 四章言由其國之治, 故福有以裕其身. 前三章, 皆頌美之詞, 末章胡不萬年, 則祝願之詞也.'(풍성 주씨가 말하였다. '… 3장은 곧 그 몸의 닦음에 말미암기 때문에 교화가 나라에 행해짐이 있음을 말하였으며, ….')"
857) 호광(胡廣) 등 찬, 『시전대전(詩傳大全)』의 소주 내용을 수용한 것이다. 주자(朱子) 찬, 『시경집전(詩經集傳)』에는 소주가 없다. 여조겸(呂祖謙) 찬, 『여씨가숙독시기(呂氏家塾讀詩記)』에는 "側巾反.(측과 건의 반절이다.)"이라고 하였다. 『광운(廣韻)』에는 본음이 "側詵切.(측과 선의 반절이다.)"이고 평성(平聲)이라고 하였다.
858) 주자(朱子) 찬, 『시경집전(詩經集傳)』 및 호광(胡廣) 등 찬, 『시전대전(詩傳大全)』의 소주 내용을 수용한 것이다. 『광운(廣韻)』에는 본음이 "奴顚切.(노와 전의 반절이다.)"이고 평성(平聲)이라고 하였다.

詳說

○ 承上章.

'의불특(儀不忒)'의 경우, 위의 장(章)을 이었다.

○ 安成劉氏曰:"是雖祝願之詞, 固亦天人感通之理也."[859]

'원기수고지사야(願其壽考之詞也)'에 대해, 안성 유씨(安成劉氏 : 劉瑾)가 말하였다. "이는 비록 소원을 비는 말이나, 진실로 또한 하늘과 사람이 감통하는 이치인 것이다."

[1-14-3-5]

「鳲鳩」四章, 章六句.

「시구(鳲鳩 : 뻐꾸기)」는 네 장이니, 장마다 여섯 구이다.

詳說

○ 豐城朱氏曰:"前三章頌美之詞, 末章祝願之詞."[860]

풍성 주씨(豐城朱氏 : 朱善)가 말하였다. "앞의 세 장은 아름다움을 칭송하는 말이고, 끝의 장은 소원을 비는 말이다."

[1-14-4-1]

洌彼下泉, 浸彼苞稂. 愾我寤嘆, 念彼周京.

차가운 저 아래로 흐르는 샘물이 우북한 저 강아지풀을 적시도다.
한숨 쉬며 잠에서 깨어 한탄하니 저 주나라의 서울을 생각하노라.

---

859) 호광(胡廣) 등 찬, 『시전대전(詩傳大全)』의 소주 내용에서 발췌한 것이다. 그 전문은 다음과 같다. "安成劉氏曰 : '鳲鳩之子, 雖非一, 而鳲鳩飼之之心, 則如一; 其子之飛仕, 雖無常, 而鳲鳩居以待之, 則有常, 詩人托興之取義者, 亦以應接事物之變, 四國人民之衆, 而君子則度有常而心如一也. 然其言之有序, 以föy之心如結, 是以其儀專一而有常度; 有常度, 是以其帶與弁亦有常而不差忒; 不差忒, 是以其儀不忒, 而可以表正四國; 表正四國, 則其終也可以受天之禄而壽考萬年. 是雖祝願之詞, 固亦天人感通之理也.'(안성 유씨가 말하였다. '⋯ 이는 비록 소원을 비는 말이나, 진실로 또한 하늘과 사람이 감통하는 이치인 것이다.')"
860) 호광(胡廣) 등 찬, 『시전대전(詩傳大全)』의 소주 내용에서 발췌한 것이다. 그 전문은 다음과 같다. "豐城朱氏曰 : '首章卽其儀之一而知其心之誠, 二章卽其服之盛而知其德之稱, 三章言由其身之修, 故化有以行於國, 四章言由其國之治, 故福有以裕其身. 前三章, 皆頌美之詞, 末章胡不萬年, 則祝願之詞也.'(풍성 주씨가 말하였다. '⋯ 앞의 세 장은 아름다움을 칭송하는 말이고, 끝의 장 호불만년은 곧 소원을 비는 말이다.')"

詳說

○ 音列.861)

'렬(冽)'은 음이 렬(列)이다.

○ 音郞.862)

'랑(稂)'은 음이 랑(郞)이다.

○ 苦愛反.863)

'개(愾)'는 고(苦)와 애(愛)의 반절이다.

○ 叶, 居良反.864)

'경(京)'은 협운(協韻)이니, 거(居)와 량(良)의 반절이다.

朱註

比而興也. '冽', 寒也. '下泉', 泉下流者也. '苞', 草叢生也. '稂', 童粱, 莠屬也. '愾', 歎息之聲也. '周京', 天子所居也. ○王室陵夷, 而小國困弊, 故以寒泉下流而苞稂見傷, 爲比, 遂興其愾然以念周京也.

비(比)이면서 흥(興)이다. '렬(冽)'은 차가움이다. '하천(下泉)'은 샘물이 아래로 흐르는 것이다. '포(苞)'는 풀이 뭉쳐나는 것이다. '랑(稂)'은 동량(童粱)이니, 가라지의 무리이다. '개(愾)'는 탄식하는 소리이다. '주경(周京)'은 천자가 거처하는 곳이다. ○왕실이 점점 기울어 작은 나라가 곤란하여 넘어지기 때문에 차가운 샘물이 아래로 흘러 우북한 가라지가 이지러지는 것으로써 비(比)를 삼고, 마침내 한숨 쉬며 주(周)나라의 서울을 염려함을 흥(興)한 것이다.

---

861) 주자(朱子) 찬, 『시경집전(詩經集傳)』 및 호광(胡廣) 등 찬, 『시전대전(詩傳大全)』의 소주 내용을 수용한 것이다. 『광운(廣韻)』에는 본음이 "良薛切.(량과 설의 반절이다.)"이고 입성(入聲)이라고 하였다. 렬(列)도 또한 『광운(廣韻)』에서 "良薛切.(량과 설의 반절이다.)"이고 입성(入聲)이라고 하였다.
862) 주자(朱子) 찬, 『시경집전(詩經集傳)』 및 호광(胡廣) 등 찬, 『시전대전(詩傳大全)』의 소주 내용을 수용한 것이다. 『광운(廣韻)』에는 본음이 "魯當切.(로와 당의 반절이다.)"이고 평성(平聲)이라고 하였다. 랑(郞)도 또한 『광운(廣韻)』에서 "魯當切.(로와 당의 반절이다.)"이고 평성(平聲)이라고 하였다.
863) 주자(朱子) 찬, 『시경집전(詩經集傳)』 및 호광(胡廣) 등 찬, 『시전대전(詩傳大全)』의 소주 내용을 수용한 것이다. 『광운(廣韻)』에는 본음이 "許旣切.(허와 기의 반절이다.)"이고 거성(去聲)이라고 하였다.
864) 주자(朱子) 찬, 『시경집전(詩經集傳)』 및 호광(胡廣) 등 찬, 『시전대전(詩傳大全)』의 소주 내용을 수용한 것이다. 『광운(廣韻)』에는 본음이 "擧卿切.(거와 경의 반절이다.)"이고 평성(平聲)이라고 하였다.

詳說

○ 其義則比, 其勢則興.

'비이흥야(比而興也)'의 경우, 그 뜻은 비(比)이고, 그 문세(文勢)는 흥(興)이다.

○ 音有.

'유(蓫)'는 음이 유(有)이다.

○ 陸氏曰 : "禾黍秀爲穗而不成, 則嶷然謂之童梁, 今人謂之宿田翁, 或謂之守田."865)

'유속야(蓫屬也)'에 대해, 육씨(陸氏 : 陸璣)가 말하였다. "벼와 기장이 패서 이삭이 되어도 성숙하지 못하면 삐쭉삐쭉하니 이를 일러서 동량(童梁)이라 하는데, 지금 사람들이 숙전옹(宿田翁)이라고 이르며, 혹은 수전(守田)이라고도 이른다."

○ 按, 以其未成實, 故謂之'童', 未刈收, 故謂之'守田', 泉寒處, 多有之.

내가 살펴보건대, 그것이 성숙하여 알차지 못하기 때문에 '동(童)'이라고 이르며, 베서 수확하지 않기 때문에 '수전(守田)'이라고 이르니, 샘물이 차가운 곳에 많이 있다.

[1-14-4-2]

○冽彼下泉, 浸彼苞蕭. 愾我寤嘆, 念彼京周.

차가운 저 아래로 흐르는 샘물이 우북한 저 맑은 쑥대를 적시도다.
한숨 쉬며 잠에서 깨어 한탄하니 저 주나라의 서울을 생각하노라.

詳說

○ 吀, 疏866)鳩反.867)

---

865) 호광(胡廣) 등 찬, 『시전대전(詩傳大全)』의 소주 내용을 수용한 것이다.
866) 주자(朱子) 찬, 『시경집전(詩經集傳)』 및 호광(胡廣) 등 찬, 『시전대전(詩傳大全)』의 소주에는 '疎'자로 표기되어 있다.
867) 주자(朱子) 찬, 『시경집전(詩經集傳)』 및 호광(胡廣) 등 찬, 『시전대전(詩傳大全)』의 소주 내용을 수용한 것이다. 『광운(廣韻)』에는 본음이 "蘇彫切.(소와 조의 반절이다.)"이고 평성(平聲)이라고 하였다.

詩集傳詳說 卷之六   321

'소(蕭)'는 협운(協韻)이니, 소(疏)와 구(鳩)의 반절이다.

朱註
比而興也. '蕭', 蒿也. '京周', 猶周京也.
비이흥(比而興)이다. '소(蕭)'는 쑥이다. '경주(京周)'는 주경(周京)과 같다.

詳說
○ 陸氏曰："今俗謂之牛尾蒿."868)
'호야(蒿也)'에 대해 육씨(陸氏：陸璣)가 말하였다. "지금 세속에서는 우미호(牛尾蒿)라고 이른다."

[1-14-4-3]
○洌彼下泉, 浸彼苞蓍. 愾我寤嘆, 念彼京師.
차가운 저 아래로 흐르는 샘물이 우북한 저 비수리 풀을 적시도다.
한숨 쉬며 잠에서 깨어 한탄하니 저 주나라의 서울을 생각하노라.

詳說
○ 音尸.869)
'시(蓍)'는 음이 시(尸)이다.

○ 叶, 霜夷反.870)
'사(師)'는 협운(協韻)이니, 상(霜)과 리(夷)의 반절이다.

朱註
比而興也. '蓍', 筮草也. '京師', 猶京周也, 詳見「大雅・公劉篇」.
비(比)이면서 흥(興)이다. '시(蓍)'는 점치는 풀이다. '경사(京師)'는 경주(京周)와 같

---

868) 호광(胡廣) 등 찬, 『시전대전(詩傳大全)』의 소주 내용을 수용한 것이다.
869) 주자(朱子) 찬, 『시경집전(詩經集傳)』 및 호광(胡廣) 등 찬, 『시전대전(詩傳大全)』의 소주 내용을 수용한 것이다. 『광운(廣韻)』에는 본음이 "式脂切.(식과 지의 반절이다.)"이고 평성(平聲)이라고 하였다. 시(尸)도 또한 『광운(廣韻)』에서 "式脂切.(식과 지의 반절이다.)"이고 평성(平聲)이라고 하였다.
870) 주자(朱子) 찬, 『시경집전(詩經集傳)』 및 호광(胡廣) 등 찬, 『시전대전(詩傳大全)』의 소주 내용을 수용한 것이다. 『광운(廣韻)』에는 본음이 "疏夷切.(소와 리의 반절이다.)"이고 평성(平聲)이라고 하였다.

으니, 「대아(大雅)·공류편(公劉篇)」에 자세하게 보인다.

詳說

○ 『本草』註曰 : "如蒿, 秋後有花出枝端上, 紅紫色, 形如菊."[871]
'서초야(筮草也)'에 대해, 『본초(本草)』의 주(註)에서 말하였다. "쑥과 같으니, 가을이 지난 뒤에 꽃이 가지의 상단에서 나오는데 붉은 자줏빛이며, 모양이 국화와 같다."

○ 衆也.
'경사(京師)'의 경우, 무리이다.

○ 孔氏曰 : "因異章而變文耳."[872]
'유경주야(猶京周也)'에 대해, 공씨(孔氏 : 孔穎達)가 말하였다. "장(章)을 달리함에 말미암아 문자를 바꾸었을 뿐이다."

○ 音現.
'상현(詳見)'에서 현(見)은 음이 현(現)이다.

[1-14-4-4]

○芃芃黍苗, 陰雨膏之. 四國有王, 郇伯勞之.

우부룩이 자라난 기장의 싹들을 음산하게 내리는 비가 적시도다.
사방의 나라에는 임금이 있거늘 순백이 있어 그들을 위로하도다.

詳說

○ 音蓬.[873]

---

871) 호광(胡廣) 등 찬, 『시전대전(詩傳大全)』의 소주 내용에서 발췌한 것이다. 그 전문은 다음과 같다. "『本草』註曰 : '其生如蒿, 高五六尺, 一本多者, 至三五十莖, 生便條直, 異於衆蒿, 秋後有花出枝端上, 紅紫色, 形如菊. 用其莖爲筮, 以知吉凶, 故謂之神物. 『史記』云: 蓍滿百莖者, 其下有神龜守之, 上有靑雲覆之.'(『본초』의 주에서 말하였다. '그 생겨남이 쑥과 같으니, … 가을이 지난 뒤에 꽃이 가지의 상단에서 나오는데 붉은 자줏빛이며, 모양이 국화와 같다. ….')"
872) 호광(胡廣) 등 찬, 『시전대전(詩傳大全)』의 소주 내용에서 발췌한 것이다. 그 전문은 다음과 같다. "孔氏曰 : '周京, 與京周·京師一也, 因異章而變文耳.'(공씨가 말하였다. '주경은 경주나 경사와 한 가지이니, 장을 달리함에 말미암아 문자를 바꾸었을 뿐이다.')"
873) 주자(朱子) 찬, 『시경집전(詩經集傳)』의 소주와 달리 호광(胡廣) 등 찬, 『시전대전(詩傳大全)』의 소주에는

'봉봉(芃芃)'은 음이 봉(蓬)이다.

○ 去聲.874)

'고(膏)'는 거성(去聲 : 적시다)이다.

○ 音荀.875)

'순(郇)'은 음이 순(荀)이다.

○ 去聲.876)

'로(勞)'는 거성(去聲 : 위로하다)이다.

朱註

比而興也. '芃芃', 美貌. '郇伯', 郇侯, 文王之後, 嘗爲州伯, 治諸侯有功. ○言 : "黍苗旣芃芃然矣, 又有陰雨以膏之, 四國旣有王矣, 而又有郇伯以勞之", 傷今之不然也.

비(比)이면서 흥(興)이다. '봉봉(芃芃)'은 아름다운 모양이다. '순백(郇伯)'은 순후(郇侯)이니, 문왕의 후손으로 일찍이 주백(州伯)이 되어 주(州) 안의 제후들을 다스림에 공로가 있었다. ○말하기를, "기장의 싹들이 이미 다복다복 자랐는데 또 음산하게 내리는 비가 적셔줌이 있으며, 사방의 나라에 이미 임금이 있는데 순백이 그들을 위로함이 있도다."라고 하였으니, 지금은 그렇지 못함을 아파한 것이다.

詳說

"薄工反.(박과 공의 반절이다.)"으로 되어 있다. 『광운(廣韻)』에는 본음이 "薄紅切.(박과 홍의 반절이다.)"이고 평성(平聲)이라고 하였다. 봉(蓬)도 또한 『광운(廣韻)』에서 "薄紅切.(박과 홍의 반절이다.)"이고 평성(平聲)이라고 하였다.

874) 주자(朱子) 찬, 『시경집전(詩經集傳)』의 소주와 달리 호광(胡廣) 등 찬, 『시전대전(詩傳大全)』의 소주에는 "古報反.(고와 보의 반절이다.)"으로 되어 있다. 그 뜻이 '기름, 지방'일 경우에는 『광운(廣韻)』에서 "古勞切.(고와 로의 반절이다.)"이고 평성(平聲)이라 하였고, 그 뜻이 '윤택하다, 적시다'일 경우에는 『광운(廣韻)』에서 "古到切.(고와 도의 반절이다.)"이고 거성(去聲)이라고 하였다.

875) 주자(朱子) 찬, 『시경집전(詩經集傳)』 및 호광(胡廣) 등 찬, 『시전대전(詩傳大全)』의 소주 내용을 수용한 것이다. 『광운(廣韻)』에는 본음이 "相倫切.(상과 륜의 반절이다.)"이고 평성(平聲)이라고 하였다. 순(荀)도 또한 『광운(廣韻)』에서 "相倫切.(상과 륜의 반절이다.)"이고 평성(平聲)이라고 하였다.

876) 주자(朱子) 찬, 『시경집전(詩經集傳)』의 소주와 달리 호광(胡廣) 등 찬, 『시전대전(詩傳大全)』의 소주에는 "力報反.(력과 보의 반절이다.)"으로 되어 있다. 그 뜻이 '노동하다, 피로하다'일 경우에는 『광운(廣韻)』에서 "魯刀切.(로와 도의 반절이다.)"이고 평성(平聲)이라 하였고, 그 뜻이 '위로하다'일 경우에는 『광운(廣韻)』에서 "郎到切.(랑과 도의 반절이다.)"이고 거성(去聲)이라고 하였다.

○ 與「載馳」註, 參看.877)

'미모(美貌)'의 경우, 「재치(載馳)」의 주(註)와 참조하여 본 것이다.

○ 『左傳』曰 : "畢・原・酆・郇, 文之昭也."878)

'문왕지후(文王之後)'에 대해, 『좌전(左傳)』에서 말하였다. "필(畢)・원(原)・풍(酆)・순(郇)은 문왕(文王)의 소(昭 : 왼쪽)이다."

○ 三山李氏曰 : "郇國, 在今河中猗氏縣."879)

삼산 이씨(三山李氏 : 李樗)가 말하였다. "순(郇)나라는 지금의 황하 가운데인 의씨현(猗氏縣)에 있었다."

○ 補此句.

'상금지불연야(傷今之不然也)'의 경우, 이 구절을 보탰다.

○ 慶源輔氏曰 : "洌泉浸稂, 則衰荼880)之意, 可見; 陰雨膏黍, 則生生之意, 可見, 何詩人之善於形容也."881)

경원 보씨(慶源輔氏 : 輔廣)가 말하였다. "차가운 샘물이 가라지를 적셨다면 쇠약하고 고달프게 하는 뜻을 볼 수 있고, 음산하게 내리는 비가 기장을 적셨다면 살리고 살리는 뜻을 볼 수 있으니, 어느 시인이 형용을 잘하였는가."

---

877) 호광(胡廣) 등 찬, 『시전대전(詩傳大全)』 권3, 「국풍(國風)・용(鄘)・재치(載馳)」. 4장에서 "我行其野, 芃芃其麥.(내가 그 들판을 가다가 보니 우부룩이 자라난 보리 있도다.)"이라 하고 그 주(註)에서 "芃芃, 麥盛長貌.('봉봉'은 보리가 무성하게 자란 모양이다.)"라고 하였다.
878) 호광(胡廣) 등 찬, 『시전대전(詩傳大全)』의 소주 내용에서 발췌한 것이다. 그 전문은 다음과 같다. "孔氏曰 : 『左傳』云: 富辰稱, 畢・原・酆・郇, 文之昭也.(공씨가 말하였다. 『좌전』에서, 부진이 일컬음에 필・원・풍・순은 문왕의 소라고 하였다고 말하였다.)'
879) 호광(胡廣) 등 찬, 『시전대전(詩傳大全)』의 소주 내용에서 발췌한 것이다. 그 전문은 다음과 같다. "三山李氏曰 : '郇國, 今河中猗氏縣.『王制』謂: 二百一十國爲州, 州有伯, 是九州中, 有九伯也.'(삼산 이씨가 말하였다. '순나라는 지금의 황하 가운데인 의씨현에 있었다. ….')"
880) 호광(胡廣) 등 찬, 『시전대전(詩傳大全)』 및 내각본에는 '薾'자로 표기되어 있다.
881) 호광(胡廣) 등 찬, 『시전대전(詩傳大全)』의 소주 내용에서 발췌한 것이다. 그 전문은 다음과 같다. "慶源輔氏曰 : '冽彼下泉, 浸彼苞稂, 則衰薾之意可見; 芃芃黍苗, 陰雨膏之, 則生生之意可見, 何詩人之善於形容也.'(경원 보씨가 말하였다. '차가운 저 아래로 흐르는 샘물이 우북한 저 강아지풀을 적셨다면 쇠약하고 고달프게 하는 뜻을 볼 수 있고, 우부룩이 자라난 기장의 싹들을 음산하게 내리는 비가 적셨다면 살리는 뜻을 볼 수 있으니, 어느 시인이 형용을 잘하였는가.')"

[1-14-4-5]

「下泉」四章, 章四句.

「하천(下泉 : 아래로 흐르는 샘물)」은 네 장이니, 장마다 네 구이다.

朱註

程子曰 : "『易』剝之爲卦也, 諸陽消剝已盡, 獨有上九一爻尙存, 如碩大之果不見食, 將有復生之理. 上九亦變, 則純陰矣. 然陽無可盡之理, 變於上則生於下, 無間可容息也. 陰道極盛之時, 其亂可知, 亂極則自當思治, 故衆心願戴於君子, 君子得輿也. 『詩』「匪風」・「下泉」, 所以居變風之終也." ○陳氏曰 : "亂極而不治, 變極而不正, 則天理滅矣, 人道絶矣. 聖人於變風之極, 則係之以思治之詩, 以示循環之理, 以言亂之可治・變之可正也."

정자(程子 : 程頤)가 말하였다. "『주역(周易)』「박괘(剝卦)」의 괘(卦)가 됨은 모든 양(陽)이 쇠약하고 고달파서 이미 다하였는데, 홀로 상구(上九) 한 효(爻)가 여전히 남아 있으니, 이는 마치 커다란 과일이 먹힘을 당하지 않아서 장차 다시 생겨날 이치가 있는 것과 같다. 상구(上九) 또한 변하면 순음(純陰)이 되나 양(陽)은 다하는 이치가 없으니, 위에서 변하면 아래에서 생겨서 틈틈이 쉼을 용납할 수 없는 것이다. 음(陰)의 도가 지극히 성한 때에는 그 혼란함을 알 수 있으므로 혼란함이 지극하면 스스로 마땅히 다스려지기를 생각하기 때문에 많은 사람들의 마음이 군자를 받들기를 원하니, 군자가 무리를 얻은 것이다. 『시경(詩經)』의 「비풍(匪風)」과 「하천(下泉)」이 변풍(變風)의 끝에 있는 까닭이다." ○진씨(陳氏 : 陳鵬飛)가 말하였다. "혼란함이 지극한데도 다스려지지 못하고, 변해감이 지극한데도 바로잡지 못하면 천리(天理)가 없어지고 인도(人道)가 끊어질 것이다. 성인(聖人)이 변풍(變風)이 끝남에 다스려지기를 생각하는 시(詩)를 이어서 순환하는 이치를 보여주었으니, 혼란함을 다스릴 수 있고 변해감을 바로잡을 수 있음을 말한 것이다."

詳說

○ 叔子.

'정자(程子)'의 경우 동생 정이(程頤, 伊川, 正叔)이다.

○ 果獨存者, 其實必大.

'여석대지과불견식(如碩大之果不見食)'의 경우, 과일만이 홀로 있는 것은 그 열매가 반드시 커서이다.

○ 落于地則復生.
'장유부생지리(將有復生之理)'의 경우, 땅에 떨어지면 다시 살아나는 것이다.

○ 朱子曰 : "凡陰陽之生, 一爻當一月, 須是滿三十日, 方滿得那腔子, 做得一畫成. 今「坤卦」, 非是無陽, 始生甚微, 做一畫未成."882)
'무간가용식야(無間可容息也)'에 대해, 주자(朱子 : 朱熹)가 말하였다. "무릇 음양(陰陽)이 생김에 한 효(爻)가 한 달에 해당하니, 모름지기 30일을 채워야 바야흐로 이 빈 것을 채워서 하나의 획을 이룰 수 있는 것이다. 지금 「곤괘(坤卦)」가 양(陽)이 없는 것이 아니고 비로소 생김이 매우 미미하여 하나의 획을 이루지 못하는 것이다."

○ 去聲, 下並同.
'치(治)'는 거성(去聲 : 다스리다)이니, 아래도 아울러 같다.

○ 衆也.
'여(輿)'는 무리이다.

○ 朱子曰 : "君子在上, 而小人皆戴於下, 是君子得輿之象."883)
'군자득여야(君子得輿也)'에 대해, 주자(朱子 : 朱熹)가 말하였다. "군자가 위에 있음에 소인들이 모두 아래에서 받드니, 이것이 군자가 무리를 얻은 형상인 것이다."

---

882) 호광(胡廣) 등 찬, 『시전대전(詩傳大全)』의 소주 내용에서 발췌한 것이다. 그 전문은 다음과 같다. "問 : '變於上則生於下, 乃「剝」·「復」相因之理, 畢竟相須經由「坤」, 「坤卦」純陰無陽, 如此則陽有斷滅也, 何以能生於「復」? 朱子曰 : '凡陰陽之生, 一爻當一月, 須是滿三十日, 方滿得那腔子做得一畫成. 今「坤卦」非是無陽, 始生甚微, 做一畫未成, 非是「坤卦」純陰, 便無陽也.'(… 주자가 말하였다. '무릇 음양이 생김에 한 효가 한 달에 해당하니, 모름지기 30일을 채워야 바야흐로 이 빈 것을 채워서 하나의 획을 이룰 수 있는 것이다. 지금 「곤괘」가 양이 없는 것이 아니고 비로소 생김이 매우 미미하여 하나의 획을 이루지 못하는 것이니, ….')"
883) 호광(胡廣) 등 찬, 『시전대전(詩傳大全)』의 소주 내용을 수용한 것이다.

○ 按, '碩果不食, 君子得輿'二句, 是「剝」上九之文也.
　　내가 살펴보건대, '석과불식(碩果不食), 군자득여(君子得輿)'의 두 구절은 「박(剝)」 상구(上九)의 문구이다.

○ 變極復正, 如剝極復生.
　　'소이거변풍지종야(所以居變風之終也)'의 경우, 변해감이 지극하면 다시 바르게 되니, 고달픔이 지극하면 다시 살아나는 것과 같다.

○ 按, 程子此說, 主解『易』而引『詩』, 故「匪風」・「下泉」, 反爲賓云.
　　내가 살펴보건대, 정자(程子)의 이 변설은 『주역(周易)』의 해석을 위주로 하여 『시경(詩經)』을 인용하였기 때문에 「비풍(匪風)」과 「하천(下泉)」이 도리어 손님이 되었다.

○ 此說, 申程子意而以詩爲主.
　　'이언란지가치・변지가정야(以言亂之可治・變之可正也)'에 대해, 이 변설은 정자(程子)의 뜻을 거듭함에 시(詩)를 위주로 하였다.

○ 華谷嚴氏曰 : "「匪風」思周而宣王中興, 「下泉」思周而周不復興, 無其人也."884)
　　화곡 엄씨(華谷嚴氏 : 嚴粲)가 말하였다. "「비풍(匪風)」은 주(周)나라를 생각하여 선왕(宣王)이 중흥하였고, 「하천(下泉)」은 주(周)나라를 생각하되 주(周)나라가 다시 중흥하지 못하였으니, 그 사람이 없어서이다."

○ 慶源輔氏曰 : "「匪風」作於東遷之前, 其意尙覬乎周道之復興. 若「下泉」則作於齊桓之後, 不復有望, 直慨嘆而已."885)

---

884) 호광(胡廣) 등 찬, 『시전대전(詩傳大全)』의 소주 내용을 수용한 것이다.
885) 호광(胡廣) 등 찬, 『시전대전(詩傳大全)』의 소주 내용에서 발췌한 것이다. 그 전문은 다음과 같다. "慶源輔氏曰 : '「匪風」・「下泉」二詩, 雖皆思周之詩, 然「匪風」作於東遷之前, 其意尙覬乎周道之復興, 故曰: 誰將西歸, 懷之好音. 若「下泉」則作於齊桓之後, 不復有覬望之意矣, 直慨嘆想慕之而已. 程子因解「剝卦」而及「匪風」・「下泉」二詩, 居變風之終之說, 可謂得聖人之意矣. 陳氏所謂以示循環之理, 以言亂之可治・變之可正, 尤足以補程子之說, 故竝載之.'(경원 보씨가 말하였다. '… 「비풍」은 동쪽으로 천도하기 전에 지었으니, 그 뜻이 오히려 주나라 도의 부흥을 바란 것이다. … 만약 「하천」 같으면 제나라 환공 이후에 지어진 것이니, 다시 바라는 뜻이 있지 않고 곧장 개탄하면서 상상하고 사모할 따름이다. ….')"

경원 보씨(慶源輔氏 : 輔廣)가 말하였다. "「비풍(匪風)」은 동쪽으로 천도(遷都)하기 전에 지었으니, 그 뜻이 오히려 주(周)나라 도(道)의 부흥을 바란 것이다. 만약 「하천(下泉)」 같으면 제(齊)나라 환공(桓公) 이후에 지어진 것이니, 다시 바라는 것이 있지 않고 곧장 개탄할 따름이다."

[1-14-4-6]

曹國, 四篇, 十五章, 六十八句.

조(曹)나라는 네 편에 열다섯 장이고 예순여덟 구이다.

1-15. 빈풍 (豳 一之十五)

朱註

'豳', 國名, 在「禹貢」雍州岐山之北·原隰之野. 虞夏之際, 棄爲后稷, 而封於邰, 及夏之衰, 棄稷不務, 棄子不窋, 失其官守, 而自竄於戎狄之間. 不窋生鞠陶, 鞠陶生公劉, 能復修后稷之業, 民以富實. 乃相土地之宜, 而立國於'豳'之谷焉, 十世而大王, 徙居岐山之陽, 十二世而文王始受天命, 十三世而武王遂爲天子. 武王崩, 成王立, 年幼不能涖阼, 周公旦以冢宰攝政, 乃述后稷·公劉之化, 作詩一篇, 以戒成王, 謂之'豳風', 而後人, 又取周公所作及凡爲周公而作之詩, 以附焉. '豳', 在今邠州三水縣; 邰, 在今京兆府武功縣.

'빈(豳)'은 나라이름이니, 「우공(禹貢)」의 옹주(雍州) 기산(岐山)의 북쪽 및 원습(原隰)의 들에 있었다. 우하(虞夏)의 즈음에 기(棄)가 후직(后稷)이 되어 태(邰)땅에 봉해졌는데, 하(夏)나라가 쇠퇴함에 미쳐서 후직(后稷)을 없애서 힘쓰지 못하였고, 기(棄)의 아들 불줄(不窋)도 그 관직(官職)을 잃게 되자 스스로 융적(戎狄)의 사이로 도망하였다. 불줄(不窋)이 국도(鞠陶)를 낳고, 국도(鞠陶)가 공류(公劉)를 낳았는데, 능히 다시금 후직(后稷)의 업무를 수행하여 백성들이 부유하고 알차게 되었다. 이에 토지의 마땅함을 살펴보고 '빈(豳)'의 골짜기에 나라를 세웠는데, 10세에 태왕(太王)이 기산(岐山)의 남쪽으로 옮겨 살고, 12세에 문왕(文王)이 비로소 천명(天命)을 받고, 13세에 무왕(武王)이 마침내 천자(天子)가 되었다. 무왕(武王)이 죽고 성왕(成王)이 즉위함에 나이가 어려서 정사(政事)를 보지 못하자, 주공(周公) 단(旦)이 총재(冢宰)로서 정사를 대신하면서 이에 후직(后稷)과 공류(公劉)의 교화를 서술하여 시(詩) 한 편을 지어서 성왕(成王)을 경계하였으니, 이것을 '빈풍(豳風)'이라 이르렀으며, 후세 사람들이 또 주공(周公)이 지은 것 및 무릇 주공(周公)을 위하여 지은 시(詩)를 취해서 붙였다. '빈(豳)'은 지금의 빈주(邠州) 삼수현(三水縣)에 있었고, 태(邰)는 지금의 경조부(京兆府) 무공현(武功縣)에 있었다.

詳說

○ 音賓.

'빈(豳)'에서, 음이 빈(賓)이다.

○ 去聲.

'옹(雍)'은 거성(去聲 : 땅 이름)이다.

○ 人名.

'기(棄)'는 사람 이름이다.

○ 農官名.

'후직(后稷)'은 농t를 관장하는 벼슬 이름이다.

○ 音台.

'태(邰)'는 음이 태(台)이다.

○ 廢也.

'기(棄)'의 경우, 없애버림이다.

○ 夏王廢后稷之官, 而不務農事.

'기직불무(棄稷不務)'의 경우, 하(夏)나라 왕이 후직(后稷)의 벼슬을 없애버려 농사에 힘쓰지 않았다.

○ 竹律反.886)

'줄(窋)'은 죽(竹)과 률(律)의 반절이다.

○ 棄稷故, 失世官.

'실기관수(失其官守)'의 경우, 후직(后稷)의 벼슬을 없애버렸기 때문에 대대로 맡아온 벼슬을 잃은 것이다.

○ 韋氏昭曰 : "當太康之時.887)

'이자찬어융적지간(而自竄於戎狄之間)'에 대해, 위씨소(韋氏昭 : 韋昭)888)가 말

---

886) 호광(胡廣) 등 찬, 『시전대전(詩傳大全)』의 소주에는 "迍, 入聲.(둔이니, 입성이다.)"으로 되어 있다.
887) 호광(胡廣) 등 찬, 『시전대전(詩傳大全)』의 소주 내용에서 발췌한 것이다. 그 전문은 다음과 같다. "孔氏曰 : '韋昭以爲不窋當太康之時.'(공씨가 말하였다. '위소가 말하기를, 불줄은 태강의 때에 해당한다고 하였다.')"
888) 위씨소(韋氏昭 : 韋昭): 위소(204-273) 삼국시대 학자로 위요(韋曜)라고도 한다. 자가 홍사(弘嗣)이고, 오

하였다. "태강(太康 : 夏나라 19대)의 때에 해당한다."

○ 去聲.
'부(復)'는 거성(去聲 : 다시)이다.

○ 雖失世官, 尙傳世業.
'능부수후직지업(能復修后稷之業)'의 경우, 비록 대대로 내려 받은 관직(官職)을 잃었어도 여전히 대대로 이어온 가업(家業)은 전해진 것이다.

○ 去聲, 視也.
'상(相)'은 거성(去聲)이니, 살펴봄이다.

○ 主公劉而言.
'십세(十世)'의 경우, 공유(公劉)를 위주로 말한 것이다.

○ 音泰.
'태(大)'는 음이 태(泰)이다.

○ 自北而南.
'사거기산지양(徙居岐山之陽)'의 경우, 북쪽으로부터 남쪽으로 간 것이다.

○ 與「周南」篇題, 參看.
'십삼세이무왕수위천자(十三世而武王遂爲天子)'의 경우, 「주남(周南)」의 편제(篇題)와 참조하여 본 것이다.

○ 鄭氏曰 : "'涖', 視也, 不能視. '阼', 階, 行人君之事."889)
'불능리조(不能涖阼)'에 대해, 정씨(鄭氏 : 鄭玄)가 말하였다. "'리(涖)'는 정사를 봄이니, 정사를 볼 수 없는 것이다. '조(阼)'는 보위(寶位)에 오르는 층계이니,

---

군운양(吳郡雲陽) 사람이다. 어려서부터 배우기를 좋아하고 글을 잘 지었으며, 어린 나이에 벼슬길에 들어서 상서랑(尙書郞)·태사령(太史令)·중서랑(中書郞) 등을 역임하였다. 오경박사(五經博士)에 올라 국학(國學)을 창설하고 태학박사(太學博士) 제도를 세웠으며, 국자학(國子學)을 관장하였다. 저서로는 『오서(吳書)』·『한서음의(漢書音義)』·『국어주(國語注)』·『관직훈(官職訓)』·『삼오군국지(三吳郡國志)』 등이 있다.
889) 호광(胡廣) 등 찬, 『시전대전(詩傳大全)』의 소주 내용을 수용한 것이다.

임금의 일을 행하는 것이다."

○ 「七月」.
'작시일편(作詩一篇)'의 경우, 「칠월(七月)」이다.

○ 與「七月」序, 參看.890)
'이계성왕(以戒成王)'의 경우, 「칠월(七月)」의 「서(序)」와 참조하여 본 것이다.

○ 新安胡氏曰 : "'詩', 乃周家之詩, '豳', 特夏之列國耳, 蓋「七月」惟言豳民之風俗, 故得處變風之末."891)
'위지빈풍(謂之豳風)'에 대해, 신안 호씨(新安胡氏 : 胡一桂)가 말하였다. "'시(詩)'는 바로 주(周)나라의 시이고, '빈(豳)'은 다만 하(夏)나라의 여러 나라일 뿐이니, 대개 「칠월(七月)」만이 오직 빈(豳)나라 백성의 풍속을 말하였기 때문에 변풍(變風)의 끝에 있을 수 있었다."

○ 按, 「七月」詩, 正風也, 尚未及於二南之純, 故夫子置變風之末, 以示變之可正.
내가 살펴보건대, 「칠월(七月)」의 시는 정풍(正風)이지만, 오히려 이남(二南)의 순정(純正)함에는 미치지 못하였기 때문에 부자(夫子)가 변풍(變風)의 끝에 두어서 변한 것이 바르게 될 수 있음을 보인 것이다.

○ 廬陵彭氏曰 : "「七月」·「公劉」, 皆言民事, 其爲詩一也. 然「七月」之詩, 微而及於昆蟲·草木·衣服·飲食之末, 較之「公劉」, 莫非興王氣象, 其體固不同也."892)
여릉 팽씨(廬陵彭氏 : 彭執中)893)가 말하였다. "「칠월(七月)」·「공유(公劉)」는 모두 백성의 일을 말하였으니, 그 시(詩)를 지은 것이 동일하다. 그러나 「칠월(七月)」의 시는 미미하게 곤충(昆蟲)·초목(草木)·의복(衣服)·음식(飲食)의 말

---

890) 정씨(鄭氏) 전·육덕명(陸德明) 음의·공영달(孔穎達) 소, 『모시주소(毛詩注疏)』 권15, 「국풍(國風)·빈(豳)·칠월(七月)」. "「序」: '「七月」, 陳王業也. 周公遭變, 故陳后稷先公風化之所由, 致王業之艱難也.'(「서」에서, '칠월'은 왕업을 진술한 것이다. ….')"
891) 호광(胡廣) 등 찬, 『시전대전(詩傳大全)』의 소주 내용을 수용한 것이다.
892) 호광(胡廣) 등 찬, 『시전대전(詩傳大全)』의 소주 내용을 수용한 것이다.
893) 여릉 팽씨(廬陵彭氏 : 彭執中): 팽집중은 원(元)대 유학자로, 여릉(廬陵) 사람이다.

단에 미쳤고, 「공유(公劉)」와 비교함에 왕의 기상(氣象)을 일으킴이 아님이 없지만 그 본체가 진실로 같지 않다."

○ 安成劉氏曰 : "「鴟鴞」・「東山」."894)
'이후인우취주공소작(而後人又取周公所作)'에 대해, 안성 유씨(安成劉氏 : 劉瑾)가 말하였다. "「치효(鴟鴞)」・「동산(東山)」이다."

○ 去聲.
'위(爲)'는 거성(去聲 : 위하다)이다.

○ 安成劉氏曰 : "「伐柯」・「破斧」・「九罭」・「狼跋」."895)
'급범위주공이작지시(及凡爲周公而作之詩)'에 대해, 안성 유씨(安成劉氏 : 劉瑾)가 말하였다. "「벌가(伐柯)」・「파부(破斧)」・「구역(九罭)」・「낭발(狼跋)」이다."

○ 元城劉氏曰 : "周公其他詩, 無所可係, 故附之「豳」也."896)
'이부언(以附焉)'에 대해, 원성 유씨(元城劉氏 : 劉安世)897)가 말하였다. "주공(周公)의 그 밖의 시는 걸릴 수 있는 곳이 없기 때문에 「빈(豳)」에 붙인 것이다."

○ 豳同.
'빈(邠)'의 경우, 빈(豳)과 같다.

---

894) 호광(胡廣) 등 찬, 『시전대전(詩傳大全)』의 소주 내용에서 발췌한 것이다. 그 전문은 다음과 같다. "安成劉氏曰 : '七月'而後, 附以「鴟鴞」・「東山」者, 亦周公所作也, 附以「伐柯」・「破斧」・「九罭」・「狼跋」者, 衆人爲周公而作之詩也.'(안성 유씨가 말하였다. '「칠월」 이후에 「치효」・「동산」을 붙인 것은 또한 주공이 지은 것이고, ….')"
895) 호광(胡廣) 등 찬, 『시전대전(詩傳大全)』의 소주 내용에서 발췌한 것이다. 그 전문은 다음과 같다. "安成劉氏曰 : '七月'而後, 附以「鴟鴞」・「東山」者, 亦周公所作也, 附以「伐柯」・「破斧」・「九罭」・「狼跋」者, 衆人爲周公而作之詩也.'(안성 유씨가 말하였다. '… 「벌가」・「파부」・「구역」・「낭발」을 붙인 것은 많은 사람들이 주공을 위하여 지은 시여서이다.')"
896) 호광(胡廣) 등 찬, 『시전대전(詩傳大全)』의 소주 내용에서 발췌한 것이다. 그 전문은 다음과 같다. "元城劉氏曰 : '名之爲豳, 實周公詩耳, 周公作詩意, 在於豳, 而周公其他詩, 無所可係, 故附之豳也.'(원성 유씨가 말하였다. '… 주공의 그 밖의 시는 걸릴 수 있는 곳이 없기 때문에 이로 인해 「빈」에 붙인 것이다.')"
897) 원성 유씨(元城劉氏 : 劉安世): 유안세(1048-1125)는 북송의 학자로, 자가 기지(器之)이고, 호가 원성(元城)이며, 위(魏)나라 사람이다. 일찍이 사마광(司馬光)에게서 수학하였고, 벼슬은 추밀도승지(樞密都承旨) 등에 이르렀으며, 시호가 충정(忠定)이어서 유충정공(劉忠定公)이라고도 불렀다. 『한창려집(韓昌黎集)』을 교정하였으며, 저서로는 『원성어록(元城語錄)』・『진언집(盡言集)』 등이 있다.

[1-15-1-1]

七月流火, 九月授衣. 一之日觱發, 二之日栗烈, 無衣無褐, 何以卒歲. 三之日于耜, 四之日舉趾, 同我婦子, 饁彼南畝, 田畯至喜.

칠월에 대화심성이 내려오면 구월에 옷을 만들어 주니라.
동짓달에 찬바람이 불어오고, 섣달에는 강추위가 닥쳐오니
입을 옷도 없고 털옷도 없이 어찌 해를 마칠 수 있으리오.
정월달에는 쟁기를 손질하고, 이월에 발을 옮기며 밭 갈면
아내와 자식들이 함께 하며 저 남쪽 이랑에 들밥 차리니
권농관이 이르러 기뻐하니라.

詳說

○ 叶, 虎委反.[898]
　'화(火)'는 협운(協韻)이니, 호(虎)와 위(委)의 반절이다.

○ 叶, 上聲.[899]
　'의(衣)'는 협운(協韻)이니, 상성(上聲 : 의복)이다.

○ 音必.[900]
　'필(觱)'은 음이 필(必)이다.

○ 叶, 方吠反.[901]
　'발(發)'은 협운(協韻)이니, 방(方)과 폐(吠)의 반절이다.

---

[898] 주자(朱子) 찬, 『시경집전(詩經集傳)』 및 호광(胡廣) 등 찬, 『시전대전(詩傳大全)』의 소주 내용을 수용한 것이다. 『광운(廣韻)』에는 본음이 "呼果切.(호와 과의 반절이다.)"이고 상성(上聲)이라고 하였다.
[899] 주자(朱子) 찬, 『시경집전(詩經集傳)』 및 호광(胡廣) 등 찬, 『시전대전(詩傳大全)』의 소주 내용을 수용한 것이다. 『광운(廣韻)』에는 본음이 "於希切.(어와 희의 반절이다.)"이고 평성(平聲)이라고 하였다.
[900] 주자(朱子) 찬, 『시경집전(詩經集傳)』 및 호광(胡廣) 등 찬, 『시전대전(詩傳大全)』의 소주 내용을 수용한 것이다. 『광운(廣韻)』에는 본음이 "卑吉切.(비와 길의 반절이다.)"이고 입성(入聲)이라고 하였다. 필(必)도 또한 『광운(廣韻)』에서 "卑吉切.(비와 길의 반절이다.)"이고 입성(入聲)이라고 하였다.
[901] 주자(朱子) 찬, 『시경집전(詩經集傳)』 및 호광(胡廣) 등 찬, 『시전대전(詩傳大全)』의 소주 내용을 수용한 것이다. 『광운(廣韻)』에는 본음이 "方伐切.(방과 벌의 반절이다.)"이고 입성(入聲)이라고 하였다.

○ 叶, 力制反.902)

'렬(烈)'은 협운(協韻)이니, 력(力)과 제(制)의 반절이다.

○ 音曷, 叶, 許例反.903)

'할(褐)'은 음이 할(曷)이고, 협운(協韻)이니, 허(許)와 례(例)의 반절이다.

○ 或曰 : "'發'・'烈'・'褐', 皆如字, 而'歲', 讀如雪."904)

'세(歲)'에 대해, 어떤 이가 말하였다. "'발(發)'・'렬(烈)'・'갈(褐)'은 모두 본래의 음 대로 읽는데, '세(歲)'만 독음(讀音)이 설(雪)과 같다."

○ 叶, 羊里反.905)

'사(耛)'는 협운(協韻)이니, 양(羊)과 리(里)의 반절이다.

○ 叶, 獎里反.906)

'자(子)'는 협운(協韻)이니, 장(獎)과 리(里)의 반절이다.

○ 音曄.907)

'엽(饁)'은 음이 엽(曄)이다.

○ 叶, 滿彼反.908)

---

902) 주자(朱子) 찬, 『시경집전(詩經集傳)』 및 호광(胡廣) 등 찬, 『시전대전(詩傳大全)』의 소주 내용을 수용한 것이다. 『광운(廣韻)』에는 본음이 "良薛切.(량과 설의 반절이다.)"이고 입성(入聲)이라고 하였다.
903) 주자(朱子) 찬, 『시경집전(詩經集傳)』 및 호광(胡廣) 등 찬, 『시전대전(詩傳大全)』의 소주 내용을 수용한 것이다. 『광운(廣韻)』에는 본음이 "胡葛切.(호와 갈의 반절이다.)"이고 입성(入聲)이라고 하였다. 갈(曷)도 또한 『광운(廣韻)』에서 "胡葛切.(호와 갈의 반절이다.)"이고 입성(入聲)이라고 하였다.
904) 호광(胡廣) 등 찬, 『시전대전(詩傳大全)』의 소주 내용을 수용한 것이다. 주자(朱子) 찬, 『시경집전(詩經集傳)』에는 이 내용이 없다.
905) 주자(朱子) 찬, 『시경집전(詩經集傳)』 및 호광(胡廣) 등 찬, 『시전대전(詩傳大全)』의 소주 내용을 수용한 것이다. 『광운(廣韻)』에는 본음이 "詳里切.(상과 리의 반절이다.)"이고 상성(上聲)이라고 하였다.
906) 주자(朱子) 찬, 『시경집전(詩經集傳)』 및 호광(胡廣) 등 찬, 『시전대전(詩傳大全)』의 소주 내용을 수용한 것이다. 『광운(廣韻)』에는 본음이 "卽里切.(즉과 리의 반절이다.)"이고 상성(上聲)이라고 하였다.
907) 주자(朱子) 찬, 『시경집전(詩經集傳)』의 소주와 달리 호광(胡廣) 등 찬, 『시전대전(詩傳大全)』의 소주에는 "炎輒反.(염과 첩의 반절이다.)"으로 되어 있다. 『강희자전(康熙字典)』에 의하면 "『唐韻』, 『筠輒切』, 『集韻』, 域輒切, 『正韻』, 弋涉切, 丛音葉.(『당운』에는 윤과 첩의 반절이고, 『집운』에는 역과 첩의 반절이고, 『정운』에는 익과 섭의 반절이니, 아울러 음이 엽이다.)"이라고 하였다. 『광운(廣韻)』에는 본음이 "筠輒切.(윤과 첩의 반절이다.)"이고 입성(入聲)이라고 하였다. 윤(筠)은 『광운(廣韻)』에서 본음이 "爲贇切.(위와 윤의 반절이다.)"이고 평성(平聲)이라고 하였다. 엽(曄)도 또한 『광운(廣韻)』에서 "筠輒切.(윤과 첩의 반절이다.)"이고 입성(入聲)이라고 하였다.
908) 주자(朱子) 찬, 『시경집전(詩經集傳)』 및 호광(胡廣) 등 찬, 『시전대전(詩傳大全)』의 소주 내용을 수용한

'무(畝)'는 협운(協韻)이니, 만(滿)과 피(彼)의 반절이다.

○ 音俊.909)
'준(畯)'은 음이 준(俊)이다.

朱註

賦也. '七月', 斗建申之月, 夏之七月也. 後凡言月者放此. '流', 下也. '火', 大火心星也, 以六月之昏, 加於地之南方, 至七月之昏, 則下而西流矣. '九月', 霜降始寒, 而蠶績之功亦成, 故授人以衣, 使禦寒也. '一之日', 謂斗建子, 一陽之月; '二之日', 謂斗建丑, 二陽之月也. 變月言日, 言是月之日也, 後凡言日者放此. 蓋周之先公, 已用此以紀候, 故周有天下, 遂以爲一代之正朔也. '觱發', 風寒也. '栗烈', 氣寒也. '褐', 毛布也. '歲', 夏正之歲也. '于', 往也. '耜', 田器也. '于耜', 言往修田器也. '擧趾', 擧足而耕也. '我', 家長自我也. '饁', 餉田也. '田畯', 田大夫, 勸農之官也. ○周公, 以成王未知稼穡之艱難, 故陳后稷·公劉風化之所由, 使瞽矇朝夕諷誦以敎之. 此章, 首言: "七月暑退將寒, 故九月而授衣以禦之, 蓋十一月以後, 風氣日寒, 不如是, 則無以卒歲也. 正月則往修田器, 二月則擧趾而耕, 少者旣皆出而在田, 故老者率婦子而餉之, 治田早而用力齊. 是以田畯至而喜之也." 此章, 前段言衣之始, 後段言食之始, 二章至五章, 終前段之意; 六章至八章, 終後段之意.

부(賦)이다. '칠월(七月)'은 북두칠성의 자루가 신방(申方 : 서남쪽)을 향하는 달이니, 하력(夏曆)의 7월이다. 뒤에 무릇 '월(月)'을 말한 것은 이에 준거한다. '유(流)'는 내려감이다. '화(火)'는 대화심성(大火心星)이니, 6월의 저물녘에 땅의 남방에 있다가 7월의 저물녘에 이르면 아래로 내려가서 서쪽으로 흐른다. '구월(九月)'은 서리가 내려 비로소 추워짐에 누에치고 길쌈하는 일이 또한 이루어지기 때문에 사람에게 옷을 지어서 주어 추위를 막게 하는 것이다. '일지일(一之日)'은 북두칠성의 자루가 자방(子方 : 북쪽)을 향하는 것을 이르니 일양(一陽)의 달이고, '이지일(二之日)'은 북두칠성의 자루가 축방(丑方 : 북동쪽)을 향하는 것을 이르니 이양(二陽)의 달이다. 월(月)을 바꿔서 일(日)을 말한 것은 이 달의 날을 말한 것이니,

---

것이다. 『광운(廣韻)』에는 본음이 "莫厚切.(모와 후의 반절이다.)"이고 상성(上聲)이라고 하였다.
909) 주자(朱子) 찬, 『시경집전(詩經集傳)』 및 호광(胡廣) 등 찬, 『시전대전(詩傳大全)』의 소주 내용을 수용한 것이다. 『광운(廣韻)』에는 본음이 "子峻切.(자와 준의 반절이다.)"이고 거성(去聲)이라고 하였다. 준(俊)도 또한 『광운(廣韻)』에서 "子峻切.(자와 준의 반절이다.)"이고 거성(去聲)이라고 하였다.

뒤에 무릇 일(日)을 말한 것은 이에 준거한다. 대개 주(周)나라의 선공(先公)이 이미 이것을 써서 절후(節候)를 기록하였기 때문에 주(周)나라가 천하를 두자마자 마침내 한 시대의 책력(冊曆)으로 삼은 것이다. '필발(觱發)'은 바람이 차가움이다. '율렬(栗烈)'은 공기가 차가움이다. '갈(褐)'은 모포(毛布)이다. '세(歲)'는 하(夏)나라 책력의 해이다. '우(于)'는 감이다. '사(耜)'는 농기구이니, '우사(于耜)'는 가서 농기구를 수리함을 말한다. '거지(舉趾)'는 발을 조금씩 옮기면서 밭을 가는 것이다. '아(我)'는 가장(家長) 자신이다. '엽(饁)'은 밭에서 밥을 먹는 것이다. '전준(田畯)'은 전대부(田大夫)이니, 농사를 권장하는 관리이다. ○주공(周公)은 성왕(成王)이 농사의 어려움을 알지 못하기 때문에 후직(后稷)과 공류(公劉)의 풍화(風化)가 유래한 것을 진술함에 장님 악사(樂師)로 하여금 아침저녁으로 읽고 읊어서 가르치게 하였다. 이 장(章)은 머리에서 말하기를, "7월에는 더위가 물러가고 장차 추워지기 때문에 9월에는 옷을 지어주어 추위를 막아야 하며, 대개 11월 이후에는 바람과 기온이 날로 차가워서 이와 같이 하지 않으면 한 해를 마칠 수가 없다. 정월에는 가서 농기구를 수리하고, 이월에 발을 옮기면서 밭을 갈면 어린 자식들까지 이미 모두 나와서 밭에 있기 때문에 늙은이들도 아내와 자식들을 거느리고 들밥을 차리니 밭을 다스리기를 이른 아침부터 함에 힘쓰기를 똑같이 하니, 이 때문에 농사를 권장하는 관리가 이르러 기뻐한 것이다."라고 하였다. 이 장(章)의 앞의 단락에서는 옷의 시작을 말하였고, 뒤의 단락에서는 밥의 시작을 말하였으며, 2장부터 5잘까지는 앞 단락의 뜻을 마쳤고, 6장부터 8장까지는 뒤 단락의 뜻을 마친 것이다.

詳說

○ 安成劉氏曰 : "凡『詩』中月數, 皆以寅月起數, 不特此詩爲然也."[910]

'후범언월자방차(後凡言月者放此)'에 대해, 안성 유씨(安成劉氏 : 劉瑾)가 말하였다. "모든 『시경(詩經)』 가운데 달수는 모두 인월(寅月 : 음력 정월)로써 달수를 시작하니, 다만 이 시(詩)에서만 그러한 것이 아니다."

○ 按, 此詩, 記夏世事, 其主夏正, 固也. 若他如「六月」·「十

---

910) 호광(胡廣) 등 찬, 『시전대전(詩傳大全)』의 소주 내용을 수용한 것이다.

月」・「四月」之類, 皆周事, 而亦主夏正者, 以夏時之通行, 其來久故也.

내가 살펴보건대, 이 시는 하(夏)나라 시대의 일을 기술하여 하(夏)나라의 책력(冊曆)을 위주로 한 것이 확고하다. 만약 저 「유월(六月)」・「시월(十月)」・「사월(四月)」과 같은 유형들은 모두 주(周)나라의 일이나 또한 하(夏)나라의 책력(冊曆)을 위주로 한 것은 하(夏)나라의 세시(歲時)가 두루 유행하여 그 유래가 오래되었기 때문이다.

○ 去聲, 下同.

'유하(流下)'에서 하(下)는 거성(去聲 : 내려가다)이니, 아래도 같다.

○ 『晉書』「天文志」曰 : "三星, 中星, 天子位, 前星爲太子, 後星爲庶子."[911]

'대화심성야(大火心星也)'에 대해, 『진서(晉書)』「천문지(天文志)」에서 말하였다. "삼성(三星)이니, 중앙의 별은 천자(天子)의 자리이고, 앞의 별은 태자(太子)이고, 뒤의 별은 서자(庶子)이다."

○ 昏中.

'가어지지남방(加於地之南方)'의 경우, 저무는 가운데이다.

○ 安成劉氏曰 : "「堯典」, 仲夏, 大火昏中, 主周公時, 歲差退度, 故六月大火昏中; 七月西流. 然此詩述邠俗, 乃當夏・商之時而言, '七月流火'者, 蓋據周公時所見而言耳."[912]

---

911) 호광(胡廣) 등 찬, 『시전대전(詩傳大全)』의 소주 내용에서 발췌한 것이다. 그 전문은 다음과 같다. "『晉』「天文志」曰 : '東方三星, 天王正位, 中星曰明堂, 天子位; 前星, 爲太子; 後星, 爲庶子.'(『진』「천문지」에서 말하였다. '동방의 삼성이니, … 중앙의 별은 명당이라고 하니 천자의 자리이고, 앞의 별은 태자이고, 뒤의 별은 서자이다.')"

912) 호광(胡廣) 등 찬, 『시전대진(詩傳人全)』의 소주 내용에서 발췌힌 것이다. 그 진문은 다음과 같다. "安成劉氏曰 : '「堯典」云: 日永星火, 以正仲夏. 蓋堯時仲夏, 日在鶉ખ, 故昏而大火中. 及周公攝政時, 凡一千二百四十餘年, 歲差當退十六・七度, 故六月而後, 日在鶉খ, 大火昏中; 七月則日在鶉খ, 而昏時大火, 西流於地之未位. 然此詩上述邠俗, 乃當夏・商之時而言, 七月流火者, 蓋據周公時所見而言耳.'(안성 유씨가 말하였다. 「요전」에서 이르기를, … 대개 요임금 때 중하에 해가 순화에 있기 때문에 해지면서 대화 가운데 있는 것이다. 주공이 섭정할 때에 … 세시가 어긋나서 마땅히 도수가 16, 17도 물러나야 했기 때문에 6월 이후에 해가 순화에 있고 대화가 해지는 가운데 있으며, 7월에 … 서쪽으로 … 내려가는 것이다. 그러나 이 시에서는 빈의 풍속을 기술하되 이에 하나라와 상나라의 때에 당해서 말하였으니, 칠월유화라는 것은 대개 주공의 때에 본 것에 의거하여 말하였을 뿐이다.')"

'즉하이서류의(則下而西流矣)'에 대해, 안성 유씨(安成劉氏 : 劉瑾)가 말하였다. "「요전(堯典)」에서 중하(仲夏)에 대화(大火)가 해 저무는 가운데 있다고 하였는데, 주공(周公)의 때를 위주로 하여 세시(歲時)가 어긋나고 도수(度數)가 물러났기 때문에 6월 이후에 대화(大火)가 해 지는 가운데 있다가 7월에 서쪽으로 내려가는 것이다. 그러나 이 시에서는 빈(邠)의 풍속을 기술하되 이에 하(夏)나라와 상(商)나라의 때에 당해서 말하였으니, '칠월유화(七月流火)'라는 것은 대개 주공(周公)의 때에 본 것에 의거하여 말하였을 뿐이다."

○ 以類錯訓.

'이양지월야(二陽之月也)'의 경우, 같은 부류로써 뜻풀이를 놓은 것이다.

○ 張子曰 : "言月又言日, 別無義例, 只是文順."913)

'후범언일자방차(後凡言日者放此)'에 대해, 장자(張子 : 張載)가 말하였다. "월(月)을 말하고 또 일(日)을 말한 것은 따로 뜻이나 용례가 있는 것이 아니고, 다만 글의 순서인 것이다."

○ 稷·劉.

'개주지선공(蓋周之先公)'의 경우, 후직(后稷)과 공류(公劉)이다.

○ 音征, 下並同.914)

'수이위일대지정(遂以爲一代之正)'에서 정(正)은 음이 정(征)이니, 아래도 아울러 같다.

○ 此主'一之日'而言.

'수이위일대지정삭야(遂以爲一代之正朔也)'의 경우, 이는 '일지일(一之日)'을 위주로 말하였다.

○ 臨川王氏曰 : "風而寒, 尚非其至也, 無風而寒, 於是爲至."915)

---

913) 호광(胡廣) 등 찬, 『시전대전(詩傳大全)』의 소주 내용을 수용한 것이다.
914) 정(正)의 음이 정(征)이라고 함은 정(正)의 뜻이 '정월'이라는 것이니, 『광운(廣韻)』에서 "諸盈切.(저와 영의 반절이다.)"이고 평성(平聲)이라고 하였다. 그 뜻이 '바르다'일 경우에는 『광운(廣韻)』에서 "之盛切.(지와 성의 반절이다.)"이고 거성(去聲)이라고 하였다. 정(征)도 또한 『광운(廣韻)』에서 "諸盈切.(저와 영의 반절이다.)"이고 평성(平聲)이라고 하였다.
915) 호광(胡廣) 등 찬, 『시전대전(詩傳大全)』의 소주 내용을 수용한 것이다.

'기한야(氣寒也)'에 대해, 임천 왕씨(臨川王氏 : 王安石)가 말하였다. "바람 불어서 추운 것은 오히려 그 지독함이 아니고, 바람이 없는데도 추운 것이 이에 지독함이 된다."

○ 『諺』音誤.916)
'할(愒)'의 경우, 『언해(諺解)』의 음이 잘못되었다.

○ 『孟子集註』曰 : "往取也."917)
'왕야(往也)'에 대해, 『맹자집주(孟子集註)』에서 말하였다. "가서 취함이다."

○ 廬陵羅氏曰 : "古, 以木爲之, 『易』曰: '斲木爲耜'; 亦以金爲之, 『周禮』注曰: 古者, 耜一金, 兩人併發之."918)
'전기야(田器也)'에 대해, 여릉 나씨(廬陵羅氏 : 羅大經)가 말하였다. "옛날에 나무로써 만들었으니 『주역(周易)』에 말하기를 '나무를 깎아서 보습을 만들었다.'고 하였으며, 또한 쇠로써 만들었으니 『주례(周禮)』의 주(注)에 말하기를 '옛날에 보습 하나의 쇠를 두 사람이 아울러 움직였다.'고 하였다."

○ 治也.
'언왕수(言往修)'의 경우, 다스리는 것이다.

○ 上聲.
'가장(家長)'에서 장(長)은 상성(上聲 : 어른)이다.

---

916) 『언해(諺解)』에서 '할'이 아니라 '갈'이라고 하였음을 말한 것이다. 『광운(廣韻)』에는 본음이 "胡葛切.(호와 갈의 반절이다.)"이라고 하였다.
917) 『맹자집주대전(孟子集註大全)』 권5, 「등문공장구상(滕文公章句上)」에서 "孟子曰 : '民事, 不可緩也, 『詩』云: 晝爾于茅, 宵爾索綯, 亟其乘屋, 其始播百穀.'(맹자가 말하였다. '백성의 일은 늦출 수 없는 것이니, 『시경』에 이르기를, 낮에는 띠풀을 취하고, 밤에는 새끼를 꼬아서 빨리 그 지붕에 올라가서 지붕을 덮어야 비로소 온갖 곡식을 파종하리라 히였습니다.')"라고 하였으며, 그 주(註)에서 "'民事, 謂農事. '詩』, 「幽風·七月」之篇, '于', 往取也.('민사'는 농사를 말한다. 『시』는 「빈풍·칠월」편이다. '우'는 가서 취함이다.)"라고 하였다.
918) 호광(胡廣) 등 찬, 『시전대전(詩傳大全)』의 소주 내용에서 발췌한 것이다. 그 전문은 다음과 같다. "廬陵羅氏曰 : '耜耒, 下耕也, 廣五寸, 耒耜, 上句木也. 耜, 古以木爲之, 『易』曰: 斲木爲耜, 揉木爲耒; 亦以金爲之, 『周禮』注: 古者, 耜一金, 兩人併發之. 釘, 他丁反. 句, 音鉤.'(여릉 나씨가 말하였다. '… 보습은 옛날에 나무로써 만들었으니 『주역』에 말하기를 나무를 깎아서 보습을 만들고 나무를 주물러 쟁기를 만들었다고 하였으며, 또한 쇠로써 만들었으니 『주례』의 주에 말하기를 옛날에 보습 하나의 쇠를 두 사람이 아울러 움직였다고 하였다. ….')"

○ 餉之於田.
  '향전야(餉田也)'의 경우, 밭에서 밥을 먹는 것이다.

○ 廬陵羅氏曰 : "謂不依琴瑟而詠也."919)
  '사고몽조석풍송(使瞽矇朝夕諷誦)'에 대해, 여릉 나씨(廬陵羅氏 : 羅大經)가 말하였다. "거문고와 비파에 의지하지 않고 읊는 것을 말한다."

○ 西山眞氏曰 : "周家以農事開國, 周公作詩, 庶幾王知小民之依, 不敢荒寧, 蓋與「無逸」, 同一意也."920)
  '사고몽조석풍송이교지(使瞽矇朝夕諷誦以敎之)'에 대해, 서산 진씨(西山眞氏 : 眞德秀)가 말하였다. "주(周)나라가 농사로써 나라를 열자 주공(周公)이 시를 지어서 임금이 소민(小民)들의 의거함을 알아서 감히 함부로 편안하지 않기를 바랐으니, 대개 「무일(無逸)」921)과 동일한 뜻이다."

○ 程子曰 : "歲過中而將暮, 當有禦寒之備, 故以'七月流火'爲首."922)
  '수언칠월서퇴장한(首言七月暑退將寒)'에 대해, 정자(程子 : 程頤)가 말하였다. "한 해가 중간을 지나서 장차 저물어 가면 마땅히 추위를 막는 대비가 있어야 하는 것이기 때문에 '칠월유화(七月流火)'로써 머리를 삼은 것이다."

○ 張子曰 : "慮事有豫, 常於半年前提掇, 故擧「七月」爲言."923)

---

919) 호광(胡廣) 등 찬, 『시전대전(詩傳大全)』의 소주 내용에서 발췌한 것이다. 그 전문은 다음과 같다. "廬陵羅氏曰 : '謂閒讀之, 不依琴瑟而詠也.'(여릉 나씨가 말하였다. '… 거문고와 비파에 의지하지 않고 읊는 것을 말한다.')"

920) 호광(胡廣) 등 찬, 『시전대전(詩傳大全)』의 소주 내용에서 발췌한 것이다. 그 전문은 다음과 같다. "西山眞氏曰 : '周家以農事開國, 成王幼沖, 周公作詩, 使瞽矇歌之, 庶幾王知小民之依, 不敢荒寧, 蓋與「無逸」, 同一意也.'(서산 진씨가 말하였다. '주나라가 농사로써 나라를 열었는데 성왕이 나이가 어려 잘 모르자 주공이 시를 지어서 장님 악사에게 노래하게 하여 임금이 소민들의 의거함을 알아서 감히 함부로 편안하지 않기를 바랐으니, 대개 「무일」과 동일한 뜻이다.')"

921) 「무일(無逸)」: 호광(胡廣) 등 찬, 『서경대전(書經大全)』 권8, 「주서(周書)·무일(無逸)」. "주공이 말하였다. '아아! 군자는 그 안락함을 도모하지 말아야 합니다. 먼저 농사의 어려움을 알아야 하니, 이에 안락하려면 소민들의 의거함을 알아야 합니다.'(周公曰 : '嗚呼! 君子所其無逸. 先知稼穡之艱難, 乃逸, 則知小人之依.')"

922) 호광(胡廣) 등 찬, 『시전대전(詩傳大全)』의 소주 내용에서 발췌한 것이다. 그 전문은 다음과 같다. "程子曰 : '歲過中而將暮矣, 當有卒歲之具·禦寒之備, 故以七月流火爲首.'(정자가 말하였다. '한 해가 중간을 지나서 장차 저물어 가면 마땅히 한 해를 마감하는 설비와 추위를 막는 대비가 있어야 하는 것이기 때문에 칠월유화로써 머리를 삼은 것이다.')"

923) 호광(胡廣) 등 찬, 『시전대전(詩傳大全)』의 소주 내용에서 발췌한 것이다. 그 전문은 다음과 같다. "張子

장자(張子 : 張載)가 말하였다. "일을 사려함에 미리 함이 있어서 항상 반년 전에 끌어내기 때문에 「칠월(七月)」을 들어서 말한 것이다."

○ 一之日.
'개십일월(蓋十一月)'의 경우, 일지일(一之日 : 一陽의 달)이다.

○ 風與氣, 日益寒.
'풍기일한(風氣日寒)'의 경우, 바람과 기온이 날로 더욱 추운 것이다.

○ 慶源輔氏曰 : "見其趨事之速."924)
'이월즉거지이경(二月則擧趾而耕)'에 대해, 경원 보씨(慶源輔氏 : 輔廣)가 말하였다. "그 일을 쫓는 속도를 보인 것이다."

○ 去聲.
'소(少)'는 거성(去聲 : 어리다)이다.

○ 添此句.
'소자기개출이재전(少者既皆出而在田)'의 경우, 이 구절을 더하였다.

○ 補此句.
'치전조이용력제(治田早而用力齊)'의 경우, 이 구절을 보탰다.

○ 安成劉氏曰 : "'早'者, 二月, 即擧趾也. '齊'者, 少壯在田, 家長婦子, 致餉也."925)

日 : '慮事有豫, 常於半年前提撕, 故頻擧「七月」爲言.'(장자가 말하였다. '일을 사려함에 미리 함이 있어서 항상 반년 전에 끌어내기 때문에 자주 「칠월」을 들어서 말한 것이다.')"
924) 호광(胡廣) 등 찬, 『시전대전(詩傳大全)』의 소주 내용에서 발췌한 것이다. 그 전문은 다음과 같다. "慶源輔氏曰 : '無衣無褐, 何以卒歲, 見其慮事之豫; 三之日于耜, 四之日擧趾, 見其趨事之速; 同我婦子, 饁彼南畝, 見其家人之心一; 田畯至喜, 見其上下之志通.'(경원 보씨가 말하였다. '… 삼지일우사, 사지일거지는 그 일을 쫓는 속도를 보인 것이며, ….')"
925) 호광(胡廣) 등 찬, 『시전대전(詩傳大全)』의 소주 내용에서 발췌한 것이다. 그 전문은 다음과 같다. "安成劉氏曰 : '治田早者, 二月而即擧趾也. 用力齊者, 少壯則在田, 家長婦子則致餉也. 勸農之道, 無非欲, 其不後於時, 不懈於力. 邠人乃不待勸而能然, 田畯所以喜也.'(안성 유씨가 말하였다. '치전조라는 것은 2월이 되어 곧 발을 옮기며 밭을 가는 것이다. 용력제라는 것은 어린이와 젊은이가 밭에 있고, 집안어른과 부녀자가 들밥을 차리는 것이다. ….')"

안성 유씨(安成劉氏 : 劉瑾)가 말하였다. "'조(早)'라는 것은 2월이니, 곧 '거지(擧趾)'이다. '제(齊)'라는 것은 어린이와 젊은이가 밭에 있고, 집안어른과 부녀자가 들밥을 차리는 것이다."

○ '後段言食之始', 鄭氏曰 : "此以衣・食爲急, 餘章廣之."926)

'후단언식지시(後段言食之始)'에 대해, 정씨(鄭氏 : 鄭玄)가 말하였다. "이는 옷과 곡식을 급한 것으로 여긴 것이며, 나머지 장에서는 그것을 넓힌 것이다."

○ 安成劉氏曰 : "人情之常, 冬寒而始索衣, 然所以成衣者, 則不始於冬, 而始於七月之暑退. 秋成而始得食, 然所以足食者, 則不始於秋而始於二月之擧趾. 故前段, 以七月言衣褐之所始; 後段, 以三之日言耕食之始."927)

안성 유씨(安成劉氏 : 劉瑾)가 말하였다. "보통 사람 심정은 겨울에 추우면 비로소 옷을 찾으나 옷을 완성하는 것은 겨울에 시작하지 않고 7월의 더위가 물러남에 시작하는 것이다. 가을 곡식이 성숙함에 비로소 먹을 수 있으나 곡식을 충분하게 하는 것은 가을에 시작하지 않고 2월에 발을 옮기며 경작함을 시작하는 것이다. 그러므로 앞 단락에서는 7월로써 옷과 털옷의 시작임을 말하였고, 뒤 단락에서는 삼지일(三之日 : 정월)로써 곡식을 경작하는 시작임을 말한 것이다."

○ 豐城朱氏曰 : "衣食所資, 以豫備爲貴, 必以七月爲首者, 三陰之月, 陰氣始盛, 故於是而豫爲禦寒之備; 三陽之月, 陽氣始盛, 故於是而豫爲治田之備, 先衣而後食, 故以七月爲首."928)

---

926) 정씨(鄭氏) 전・육덕명(陸德明) 음의・공영달(孔穎達) 소, 『모시주소(毛詩注疏)』 권15, 「국풍(國風)・빈(豳)・칠월(七月)」. "『箋』云 : '同, 猶俱也. 喜, 讀爲饎, 饎酒食也. 耕者之婦子俱以饁, 來至於南畝之中, 其見田大夫, 又爲設酒食焉, 言勤其事, 又愛其吏也. 此章, 陳人以衣・食爲急, 餘章廣而成之.'(『전』에 이르기를, '… 이 장은 사람들이 옷과 곡식을 급한 것으로 여김을 진술하였고, 나머지 장에서는 그것을 넓혀서 이룬 것이다.')"

927) 호광(胡廣) 등 찬, 『시전대전(詩傳大全)』의 소주 내용에서 발췌한 것이다. 그 전문은 다음과 같다. "安成劉氏曰 : '人情之常, 冬寒而始索衣, 然所以成衣者, 則不始於冬而始於七月之暑退. 秋成而始得食, 然所以足食者, 則不始於秋而始於二月之擧趾. 故此章前段, 以七月言衣褐之所始, 二章至五章, 既終其意, 而復言穹窒瑾戶之事; 後段, 以三之日言耕食之始, 六章至八章, 既終其意, 而并言蔬果祭享之事, 又皆所以廣此章衣食之意也.'(안성 유씨가 말하였다. '보통 사람 심정은 겨울에 추우면 비로소 옷을 찾으나 옷을 완성하는 것은 겨울에 시작하지 않고 7월의 더위가 물러남에 시작하는 것이다. 가을 곡식이 성숙함에 비로소 먹을 수 있으나 곡식을 충분하게 하는 것은 가을에 시작하지 않고 2월에 발을 옮기며 경작함을 시작하는 것이다. 그러므로 이 장의 앞 단락에서는 7월로써 옷과 털옷의 시작임을 말하였고, … 뒤 단락에서는 정월로써 곡식을 경작하는 시작임을 말하였으니, ….')"

풍성 주씨(豊城朱氏 : 朱善)가 말하였다. "옷과 곡식의 밑천인 것은 미리 준비함을 귀하게 여기니, 반드시 7월로써 머리로 삼는 것은 삼음(三陰 : 7월)의 달에 음산한 기운이 비로소 왕성해지기 때문에 이에 미리 추위를 막는 준비를 해야 하는 것이고, 삼양(三陽 : 정월)의 달에 따뜻한 기운이 비로소 왕성해지기 때문에 이에 미리 밭을 다스리는 준비를 해야 하는 것이니, 먼저 옷을 하고 뒤에 곡식을 하였기 때문에 7월로써 머리로 삼은 것이다."

○ '此章'以下, 論也.
'종후단지의(終後段之意)'에서 볼 때, '차장(此章)' 이하는 논변한 것이다.

○ 「七月」篇法, 亦與「無逸」書, 相表裏云.
「칠월(七月)」편의 법도는 또한 「무일(無逸)」의 글과 서로 겉과 속의 관계이다.

[1-15-1-2]
○七月流火, 九月授衣. 春日載陽, 有鳴倉庚, 女執懿筐, 遵彼微行, 爰求柔桑. 春日遲遲, 采蘩祁祁, 女心傷悲, 殆及公子同歸.

칠월에 대화심성이 내려오면 구월에 옷을 만들어 주느니라.
봄날이 바야흐로 따뜻해져서 꾀꼬리 울음소리 들려오거든
처녀가 곱상한 광주리를 잡고 저기 좁은 오솔길 따라 가며
부드러운 뽕잎을 구하느니라.
봄날이 더디더디 흘러가나니 흰 쑥을 듬뿍듬뿍 뜯고 캐며
처녀가 속상해하고 슬퍼하니 아마 공자와 함께 돌아가리라.

詳說

---

928) 호광(胡廣) 등 찬, 『시진대전(詩傳大全)』의 소주 내용에서 발췌한 것이다. 그 전문은 다음과 같다. "豊城朱氏曰 : '七月之詩, 以衣食爲急, 而衣食所資, 以豫備爲貴, 必以七月爲首者, 三陰之月, 陰氣始盛, 故於是而豫爲禦寒之備; 三陽之月, 陽氣始盛, 故於是而豫爲治田之備, 先衣而後食, 故以七月爲首也. 大寒之後, 在於五月, 而圖之於建申之時; 收成之候, 在於酉月, 而慮之於建寅之日. 其爲豫備可知. 若寒至而後索衣, 飢至而後索食, 則其爲計, 亦晚矣.'(풍성 주씨가 말하였다. ' … 옷과 곡식의 밑천인 것은 미리 준비함을 귀하게 여기니, 반드시 7월로써 머리로 삼는 것은 삼음의 달에 음산한 기운이 비로소 왕성해지기 때문에 이에 미리 추위를 막는 준비를 해야 하는 것이고, 삼양의 달에 따뜻한 기운이 비로소 왕성해지기 때문에 이에 미리 밭을 다스리는 준비를 해야 하는 것이니, 먼저 옷을 하고 뒤에 곡식을 하였기 때문에 7월로써 머리로 삼은 것이다. ….')"

○ 叶, 古郞反.929)
'경(庚)'은 협운(協韻)이니, 고(古)와 랑(郞)의 반절이다.

○ 叶, 戶郞反.930)
'행(行)'은 협운(協韻)이니, 호(戶)와 랑(郞)의 반절이다.

○ 巨之反.931)
'기기(祁祁)'는 거(巨)와 지(之)의 반절이다.

朱註

賦也. '載', 始也. '陽', 溫和也. '倉庚', 黃鸝也. '懿', 深美也. '遵', 循也. '微行', 小徑也. '柔桑', 穉桑也. '遲遲', 日長而暄也. '蘩', 白蒿也, 所以生蠶, 今人猶用之. 蓋蠶生未齊, 未可食桑, 故以此啖之也. '祁祁', 衆多也, 或曰'徐也'. '公子', 豳公之子也. ○再言'流火'·'授衣'者, 將言女功之始. 故又本於此, 遂言: "春日始和, 有鳴倉庚之時, 而蠶始生, 則執深筐, 以求穉桑. 然又有生而未齊者, 則采蘩者衆, 而此治蠶之女, 感時而傷悲. 蓋是時, 公子猶娶於國中, 而貴家·大族連姻公室者, 亦無不力於蠶桑之務, 故其許嫁之女, 預以將及公子同歸, 而遠其父母爲悲也." 其風俗之厚, 而上下之情, 交相忠愛如此. 後章凡言'公子'者放此.

부(賦)이다. 재(載)는 비로소이다. '양(陽)'은 온화함이다. '창경(倉庚)'은 꾀꼬리이다. '의(懿)'는 깊고 아름다움이다. '준(遵)'은 좇음이다. '미행(微行)'은 오솔길이다. '유상(柔桑)'은 어린 뽕나무이다. '지지(遲遲)'는 날이 길고 따뜻함이다. '번(蘩)'은 흰 쑥이니, 누에를 자라게 하는 것이어서 지금 사람들이 여전히 사용한다. 대개 누에가 생겨남이 가지런하지 않아 아직 뽕잎을 먹일 수 없기 때문에 이것을 먹이

---

929) 주자(朱子) 찬, 『시경집대전(詩經集傳)』 및 호광(胡廣) 등 찬, 『시전대전(詩傳大全)』의 소주 내용을 수용한 것이다. 『광운(廣韻)』에는 본음이 "古行切.(고와 행의 반절이다.)"이고 평성(平聲)이라고 하였다.
930) 주자(朱子) 찬, 『시경집대전(詩經集傳)』 및 호광(胡廣) 등 찬, 『시전대전(詩傳大全)』의 소주 내용을 수용한 것이다. 그 뜻이 '길, 가다, 다니다'일 경우에는 『광운(廣韻)』에서 "戶庚切.(호와 경의 반절이다.)"이고 평성(平聲)이라 하였고, 그 뜻이 '행위, 행하다'일 경우에는 『광운(廣韻)』에서 "下更切.(하와 갱의 반절이다.)"이고 거성(去聲)이라고 하였다.
931) 호광(胡廣) 등 찬, 『시전대전(詩傳大全)』의 소주 내용을 수용한 것이다. 주자(朱子) 찬, 『시경집대전(詩經集傳)』에는 소주가 없다. 여조겸(呂祖謙) 찬, 『여씨가숙독시기(呂氏家塾讀詩記)』에는 "巨之反.(거와 지의 반절이다.)"이라고 하였다. 『광운(廣韻)』에는 본음이 "渠脂切.(거와 지의 반절이다.)"이고 평성(平聲)이라고 하였다.

는 것이다. '기기(祁祁)'는 꽤 많음인데, 어떤 이는 '천천히 함'이라고 하였다. '공자(公子)'는 빈공(豳公 : 公劉))의 아들이다. ○'유화(流火)'와 '수의(授衣)'를 두 번 말한 것은 장차 여인네의 일이 시작됨을 말한 것이다. 그러므로 또 이에 근본하여 마침내 말하기를, "봄날이 비로소 온화해져 꾀꼬리가 종종 우는 때에 누에가 비로소 생겨나면 깊은 광주리를 잡고 어린 뽕잎을 구하나 또 누에가 생겨남에 가지런하지 못한 것이 있어서 곧 흰 쑥을 따는 것이 많으니, 이 누에를 치는 여인네가 봄철에 감동하여 속상해하고 슬퍼한 것이다. 대개 이때에는 공자(公子)가 여전히 나라 안에 장가들어 귀한 집안과 큰 집안에서 공후(公侯)의 집안과 혼인한 이들도 또한 누에치고 뽕잎 따는 일에 힘쓰지 않음이 없었기 때문에 시집감을 허락한 처녀가 지레 아마도 공자와 함께 돌아감에 그 부모님과 멀어짐을 슬퍼한 것이다."라고 하였다. 그 풍속이 두터워서 위아래 사람의 심정이 서로서로 충성(忠誠)되고 사랑함이 이와 같았다. 뒤의 장(章)에서 모두 '공자(公子)'를 말한 것은 이에 준거한다.

詳說

○ 深且美.
  '심미야(深美也)'의 경우, 깊고 또 아름다운 것이다.

○ '載陽'・'遲遲', 二三月之間也.
  '일장이훤야(日長而暄也)'의 경우, '재양(載陽)'과 '지지(遲遲)'는 2, 3월의 사이이다.

○ 音淡.[932]
  '담(啖)'은 음이 담(淡)이다.

○ 鄭氏曰 : "蠶候."[933] ○亦爲葛候. 但'有鳴'者, 時尙早不處處飛集而鳴也.
  '유명창경지시(有鳴倉庚之時)'에 대해, 정씨(鄭氏 : 鄭玄)가 말하였다. "누에치는

---

[932] 호광(胡廣) 등 찬, 『시전대전(詩傳大全)』의 소주 내용을 수용한 것이다.
[933] 정씨(鄭氏) 전・육덕명(陸德明) 음의・공영달(孔穎達) 소, 『모시주소(毛詩注疏)』 권15, 「국풍(國風)・빈(豳)・칠월(七月)」. "『箋』云 : '載之言則也. 陽, 溫也, 溫而倉庚又鳴, 可蠶之候也.'(『전』에서 말하였다. '… 누에를 칠 수 있는 기후이다.')"

일이 바야흐로 일어나는 징후이다." ○또한 갈후(葛候)라고도 한다. 다만 '유명(有鳴)'이라는 것은 시기가 오히려 일러서 곳곳에 날아가서 모이지 않고 우는 것이다.

○ 鄭氏曰 : "蠶始生, 宜穉桑."934) ○臨川王氏曰 : "以九月授衣也, 故春日載陽, 則求桑而蠶."935)
'이구치상(以求穉桑)'에 대해, 정씨(鄭氏 : 鄭玄)가 말하였다. "누에가 비로소 생겨나면 어린 뽕잎에 마땅하다." ○임천 왕씨(臨川王氏 : 王安石)가 말하였다. "9월에 옷을 지어 주기 때문에 봄날에 비로소 따뜻하면 뽕잎을 구하여 누에를 치는 것이다."

○ 毛氏曰 : "春女悲, 秋士悲, 感其物化也."936) ○鄭氏曰 : "春女感陽氣而思男, 秋士感陰氣而思女."937)
'감시이상비(感時而傷悲)'에 대해, 모씨(毛氏 : 毛萇)가 말하였다. "봄에 여자가 슬퍼하고 가을에 남자가 슬퍼함은 그 경물의 변화에 감동하는 것이다." ○정씨(鄭氏 : 鄭玄)가 말하였다. "봄에 여자는 따뜻한 기운을 느껴서 남자를 생각하고, 가을에 남자는 음산한 기운을 느껴서 여자를 생각한다."

○ 殆.
'장(將)'의 경우, 태(殆 : 거의, 아마도, 대개)이다.

○ 安成劉氏曰 : "同親迎之公子而歸也."938)
'장급공자동귀(將及公子同歸)'에 대해, 안성 유씨(安成劉氏 : 劉瑾)가 말하였다.

---

934) 호광(胡廣) 등 찬, 『시전대전(詩傳大全)』의 소주 내용에서 발췌한 것이다. 그 전문은 다음과 같다. "鄭氏曰 : 蠶始生, 宜穉桑.'(정씨가 말하였다. '누에가 비로소 생겨나면 어린 뽕잎에 마땅하다.')"; 정씨(鄭氏) 전·육덕명(陸德明) 음의·공영달(孔穎達) 소, 『모시주소(毛詩注疏)』 권15, 「국풍(國風)·빈(豳)·칠월(七月)」. "『箋』云 : '載之言則也. 陽. 溫也, 溫而倉庚又鳴, 可蠶之候也. 柔桑, 穉桑也, 蠶始生, 宜穉桑.'(『전』에서 말하였다. '… 유상은 어린 뽕잎이니, 누에가 비로소 생겨나면 어린 뽕잎이 마땅하다.')"
935) 호광(胡廣) 등 찬, 『시전대전(詩傳大全)』의 소주 내용을 수용한 것이다.
936) 호광(胡廣) 등 찬, 『시전대전(詩傳大全)』의 소주 내용을 수용한 것이다.
937) 정씨(鄭氏) 전·육덕명(陸德明) 음의·공영달(孔穎達) 소, 『모시주소(毛詩注疏)』 권15, 「국풍(國風)·빈(豳)·칠월(七月)」. "『箋』云 : '春女感陽氣而思男, 秋士感陰氣而思女. 是其物化, 所以悲也, 悲則始有與公子同歸之志, 欲嫁焉. 女感事苦而生, 此志是謂豳風.'(『전』에서 말하였다. '봄에 여자는 따뜻한 기운을 느껴서 남자를 생각하고, 가을에 남자는 음산한 기운을 느껴서 여자를 생각한다. ….')"
938) 호광(胡廣) 등 찬, 『시전대전(詩傳大全)』의 소주 내용에서 발췌한 것이다. 그 전문은 다음과 같다. "安成劉氏曰 : '同歸者, 同親迎之公子而歸也.'(안성 유씨가 말하였다. '동귀라는 것은 친영한 공자와 함께 돌아가는 것이다.')"

"친영(親迎)한 공자(公子)와 함께 돌아가는 것이다."

○ 去聲.939)

'원(遠)'은 거성(去聲 : 헤어지다)이다.

○ 按, 毛・鄭以懷婚姻釋'傷悲', 而朱子正之如此. ○張子曰 : "此言重昏嫁, 本人情."940) ○慶源輔氏曰 : "周公體民之意纖悉, 至此則其餘固無不盡也."941) ○鄭氏曰 : "是謂豳風."942)

'이원기부모위비야(而遠其父母爲悲也)'에 대해, 내가 살펴보건대, 모장(毛萇)과 정현(鄭玄)이 혼인(婚姻)을 생각한 것으로써 '상비(傷悲)'를 해석하였는데, 주자(朱子)가 이와 같이 바로 잡은 것이다. ○장자(張子 : 張載)가 말하였다. "이는 장가가고 시집감을 중히 여기나 인정(人情)에 근본함을 말한 것이다." ○경원보씨(慶源輔氏 : 輔廣)가 말하였다. "주공(周公)이 백성의 뜻을 체득한 것이 상세하게 다하였으니, 이에 이르면 그 나머지는 진실로 다하지 않음이 없는 것이다." ○정씨(鄭氏 : 鄭玄)가 말하였다. "이를 일러서 빈풍(豳風)이라고 한다."

○ 張子曰 : "民愛豳公如家人."943)

'교상충애여차(交相忠愛如此)'에 대해, 장자(張子 : 張載)가 말하였다. "백성들이 빈공(豳公)을 집안사람처럼 사랑하였다."

○ '其風'以下, 論也.

---

939) 그 뜻이 '멀다'일 경우에는 『광운(廣韻)』에서 "雲阮切.(운과 완의 반절이다.)"이고 상성(上聲)이라 하였고, 그 뜻이 '헤어지다, 가까이 하지 않다'일 경우에는 『광운(廣韻)』에서 "于願切.(우와 원의 반절이다.)"이고 거성(去聲)이라고 하였다.
940) 호광(胡廣) 등 찬, 『시전대전(詩傳大全)』의 소주 내용을 수용한 것이다.
941) 호광(胡廣) 등 찬, 『시전대전(詩傳大全)』의 소주 내용에서 발췌한 것이다. 그 전문은 다음과 같다. "慶源輔氏曰 : '周公作此詩, 所以體其民之意, 至纖至悉, 至於女心傷悲, 殆及公子同歸, 體之至此, 則其餘固無不盡也. 夫后稷先公之世, 去周公亦遠矣, 而能體其民如此, 則當時之民, 痒痾疾痛, 周公又豈有不體之者乎. 所謂唯君子, 爲能通天下之志, 而聖人之心, 能合天下爲一體, 通古今爲一息者, 周公之謂矣.'(경원 보씨가 말하였다. '주공이 이 시를 지은 것은 그 백성의 뜻을 체득한 때문이니, 지극히 상세하고 지극히 다하여 … 체득함이 이에 이르면 그 나머지는 진실로 다하지 않음이 없는 것이다. ….')"
942) 정씨(鄭氏) 전・육덕명(陸德明) 음의・공영달(孔穎達) 소, 『모시주소(毛詩注疏)』 권15, 「국풍(國風)・빈(豳)・칠월(七月)」. "箋云 : '春女感陽氣而思男, 秋士感陰氣而思女. 是其物化, 所以悲也, 悲則始有與公子同歸之志, 欲嫁焉. 女感事苦而生, 此志是謂豳風.'(『전』에서 말하였다. '… 이 뜻을 일러서 빈풍이라고 한다.')"
943) 호광(胡廣) 등 찬, 『시전대전(詩傳大全)』의 소주 내용에서 발췌한 것이다. 그 전문은 다음과 같다. "張子曰 : 我朱孔陽, 則已欲爲公子裳, 采蘩祁祁, 則殆及公子同歸. 民愛邠公, 待之如家人, 其愛之深如此.'(장자가 말하였다. '백성들이 빈공을 사랑하여 대하기를 집안사람처럼 하였으니, 그 사랑함의 깊음이 이와 같았던 것이다.')"

'후장범언공자자방차(後章凡言公子者放此)'에서 볼 때, '기풍(其風)'이하는 논변한 것이다.

[1-15-1-3]
○七月流火, 八月萑葦.

蠶月條桑, 取彼斧斨, 以伐遠揚, 猗彼女桑.

七月鳴鵙, 八月載績, 載玄載黃, 我朱孔陽, 爲公子裳.

칠월에 대화심성이 내려오면 팔월에 갈대를 베어 두느니라.
누에치는 삼월에 가지 치니 저 도끼와 네모 도끼 가져다
멀리 뻗어나간 가지를 치고 저기 여린 뽕잎을 따느니라.
칠월에 왜가리가 울게 되면 팔월에는 길쌈을 시작하나니
검정 물들이고 노랑 물들여 물들인 붉은빛 아주 밝거든
공자의 치마를 만드느니라.

詳說

○ 戶官反.944)

'환(萑)'은 호(戶)와 관(官)의 반절이다.

○ 音偉.945)

'위(葦)'는 음이 위(偉)이다.

○ 它彫反.946)

---

944) 호광(胡廣) 등 찬, 『시전대전(詩傳大全)』의 소주 내용을 수용한 것이다. 주자(朱子) 찬, 『시경집전(詩經集傳)』의 소주에는 "音完.(음이 환이다.)"으로 되어 있다. 『광운(廣韻)』에는 본음이 "胡官切.(호와 관의 반절이다.)"이고 평성(平聲)이라고 하였다. 환(完)도 또한 『광운(廣韻)』에서 "胡官切.(호와 관의 반절이다.)"이고 평성(平聲)이라고 하였다.
945) 주자(朱子) 찬, 『시경집전(詩經集傳)』의 소주와 달리 호광(胡廣) 등 찬, 『시전대전(詩傳大全)』의 소주에는 "韋鬼反.(위와 귀의 반절이다.)"으로 되어 있다. 『광운(廣韻)』에는 본음이 "于鬼切.(우와 귀의 반절이다.)"이고 상성(上聲)이라고 하였다. 위(偉)도 또한 『광운(廣韻)』에서 "于鬼切.(우와 귀의 반절이다.)"이고 상성(上聲)이라고 하였다.
946) 호광(胡廣) 등 찬, 『시전대전(詩傳大全)』의 소주 내용을 수용한 것이다. 주자(朱子) 찬, 『시경집전(詩經集傳)』의 소주에는 "音挑.(음이 도이다.)"로 되어 있다. 그 뜻이 '나뭇가지'일 경우에는 『광운(廣韻)』에서 "徒聊切.(도와 료의 반절이다.)"이고 평성(平聲)이라 하였고, 그 뜻이 '따다'일 경우에는 『집운(集韻)』에서 "他彫切.(타와 조의 반절이다.)"이고 평성(平聲)이라고 하였다. 도(挑)도 또한 『자휘(字彙)』에서 "他彫切.(타와 조의 반절이다.)"이라고 하였다.

'조(條)'는 타(它)와 조(彫)의 반절이다.

○ 音槍.947)

'창(斨)'은 음이 창(槍)이다.

○ 於竒反.948)

'의(猗)'는 어(於)와 의(竒)의 반절이다.

○ 圭覔反.949)

'격(鵙)'은 규(圭)와 멱(覔)의 반절이다.

朱註

賦也. '萑葦', 卽蒹葭也. '蠶月', 治蠶之月. '條桑', 枝落之, 采其葉也. '斧', 隋銎, '斨', 方銎. '遠揚', 遠枝揚起者也. 取葉存條曰'猗'. '女桑', 小桑也, 小桑不可條取, 故取其葉而存其條, 猗猗然耳. '鵙', 伯勞也. '績', 緝也. '玄', 黑而有赤之色. '朱', 赤色. '陽', 明也. ○ 言: "七月暑退將寒, 而是歲禦冬之備, 亦庶幾其成矣, 又當預擬來歲治蠶之用, 故於八月, 萑葦旣成之際而收蓄之, 將以爲曲薄. 至來歲治蠶之月, 則采桑以供蠶食, 而大小畢取, 見蠶盛而人力至也. 蠶事旣備, 又於鳴鵙之後, 麻熟而可績之時, 則績其麻以爲布, 而凡此蠶績之所成者, 皆染之, 或玄或黃, 而其朱者尤爲鮮明, 皆以供上, 而爲公子之裳." 言勞於其事而不自愛, 以奉其上, 蓋至誠慘怛之意, 上以是施之, 下以是報之也. 以上二章, 專言蠶績之事, 以終首章前段'無衣'之意.

부(賦)이다. '환위(萑葦)'는 곧 갈대이다. '잠월(蠶月)'은 누에를 치는 달이다. '조상

---

947) 주자(朱子) 찬, 『시경집전(詩經集傳)』의 소주와 달리 호광(胡廣) 등 찬, 『시전대전(詩傳大全)』의 소주에는 "七羊反.(칠과 양의 반절이다.)"으로 되어 있다. 『광운(廣韻)』에도 본음이 "七羊切.(칠과 양의 반절이다.)"이고 평성(平聲)이라고 하였다. 창(槍)도 또한 『광운(廣韻)』에서 "七羊切.(칠과 양의 반절이다.)"이고 평성(平聲)이라고 하였다.
948) 호광(胡廣) 등 찬, 『시전대전(詩傳大全)』의 소주 내용을 수용한 것이다. 주자(朱子) 찬, 『시경집전(詩經集傳)』의 소주에는 "音伊.(음이 이이다.)"으로 되어 있다. 『광운(廣韻)』에는 본음이 "於綺切.(어와 기의 반절이다.)"이고 상성(上聲)이라고 하였다. 이(伊)는 『광운(廣韻)』에서 "於脂切.(어와 지의 반절이다.)"이고 평성(平聲)이라고 하였다.
949) 호광(胡廣) 등 찬, 『시전대전(詩傳大全)』의 소주 내용을 수용한 것이다. 주자(朱子) 찬, 『시경집전(詩經集傳)』의 소주에는 "音決.(음이 결이다.)"로 되어 있다. 『강희자전(康熙字典)』에 의하면 "『韻會』, 局闃切, 音鄓, 卽伯勞鳥. 一名伯鶪, 一名伯趙, 一名姑惡, 一名苦吻鳥.(『운회』에서 경과 격의 반절이고 음이 격이라고 하였으니, 곧 백로조이다. 일명 백로, 일명 백조, 일명 고악, 일명 고문조라고도 한다.)"라고 하였다. 『용감수감(龍龕手鑒)』에는 본음이 "古覔切.(고와 멱의 반절이다.)"이라고 하였다.

(條桑)'은 가지가 떨어짐에 그 잎을 따는 것이다. '부(斧)'는 도끼 구멍이 타원형이고, '장(斨)'은 도끼 구멍이 네모난 것이다. '원양(遠揚)'은 멀리 뻗은 가지가 위로 올라간 것이다. 잎을 취하고 가지를 남겨두는 것을 '의(猗)'라고 한다. '여상(女桑)'은 작은 뽕나무이니, 작은 뽕나무는 가지를 취할 수 없기 때문에 그 잎을 취하고 그 가지를 남겨두어 길쭉길쭉한 것이다. '격(鴃)'은 백로(白勞)이다. '적(績)'은 길쌈이다. '현(玄)'은 검으면서 붉은색이 있는 것이다. '주(朱)'는 붉은색이다. '양(陽)'은 밝음이다. ○말하기를, "7월에 더위가 물러가고 장차 추워지려고 할 적에 이 해의 겨울추위를 막는 준비가 또한 거의 이루어지길 바라고, 또 마땅히 다음해에 누에치는데 사용할 것을 미리 헤아려야 하므로 8월에 갈대가 이미 성장할 즈음에 거두어 쌓아두고 장차 누에 채반을 만들려고 한다. 다음해 누에치는 달에 이르면 뽕잎을 따서 누에먹이를 공급함에 크고 작은 것을 죄다 취하여 누에가 가득하고 사람이 지극하게 힘씀을 나타낸 것이다. 누에치는 일이 이미 갖추어지고, 또 백로(白鷺)가 운 뒤에 삼이 익어서 길쌈할 수 있을 때이면 그 삼을 길쌈하여 베를 만드는데, 무릇 이 누에치고 길쌈하여 이룬 것을 모두 물들여서 혹은 검게 하고 혹은 누렇게 하는데, 그 붉게 물들인 것이 더욱 산뜻하고 뚜렷해서 모두 윗사람에게 바쳐 공자(公子)의 치마를 만들도록 한다."고 하였다. 그 일함에 수고하고 애쓰면서도 스스로 힘을 아끼지 않고서 그 윗사람을 받듦을 말하였으니, 대개 지극하게 정성스럽고 애틋한 뜻을 위에서 이로써 풀어놓음에 아래에서 이로써 보답한 것이다. 이상의 두 장(章)은 오로지 누에치고 길쌈하는 일을 말하여 머릿장 앞 단락의 '무의(無衣)'의 뜻을 마친 것이다.

詳說

○ 臨川王氏曰 : "蠶長非一月, 故不指言某月."950)

'치잠지월(治蠶之月)'에 대해, 임천 왕씨(臨川王氏 : 王安石)가 말하였다. "누에의 성장이 한 달이 아니기 때문에 아무 달이라고 가리켜서 말하지 않은 것이다."

○ 安成劉氏曰 : "大約當在建辰之月蠶盛之時, 先儒或疑此詩獨闕

---

950) 호광(胡廣) 등 찬, 『시전대전(詩傳大全)』의 소주 내용에서 발췌한 것이다. 그 전문은 다음과 같다. "臨川王氏曰 : '蠶長非一月, 故不指言某月也.'(임천 왕씨가 말하였다. '누에의 성장이 한 달이 아니기 때문에 아무 달이라고 가리켜서 말하지 않은 것이다.')

三月, 蓋已具於蠶月矣."951)

안성 유씨(安成劉氏 : 劉瑾)가 말하였다. "대약(大約)이 마땅히 건진월(建辰月 : 夏曆 3월)의 누에치기가 왕성할 때에 있으니, 선대의 유학자가 간혹 이 시(詩)에 오직 3월이 빠졌다고 의심하였으나, 대개 이미 잠월(蠶月 : 누에치기가 왕성한 달, 夏曆 3월)에 갖춰진 것이다."

○ 句.

'지락지(枝落之)'는 문장이 끊어지는 곳이다.

○ 駝·妥二音.952)

'타(隋)'는 타(駝)와 타(妥)의 두 가지 음이다.

○ 音穹.953)

'공(銎)'은 음이 궁(穹)이다.

○ 『釋文』曰 : "隋孔形, 狹而長, '銎', 斧孔也."954) ○孔氏曰 : "'斨', 卽斧也, 惟孔異耳."955)

'방공(方銎)'에 대해, 『석문(釋文)』에서 말하였다. "타원(橢圓)의 구멍 모양으로 좁고 긴 것이니, '공(銎)'은 도끼 구멍이다." ○공씨(孔氏 : 孔穎達)가 말하였다. "장(斨)'은 곧 도끼이니, 오직 구멍이 다를 뿐이다."

○ 孔氏曰 : "手所不及."956) ○此二句, 申 '條桑' 二字義.

---

951) 호광(胡廣) 등 찬, 『시전대전(詩傳大全)』의 소주 내용에서 발췌한 것이다. 그 전문은 다음과 같다. "安成劉氏曰 : '蠶月, 雖不可指定某月, 然其旣條取大桑, 復猗彼女桑, 大約當在建辰之月蠶盛之時, 先儒或疑此詩獨闕三月, 蓋已具於蠶月之間矣.'(안성 유씨가 말하였다. '잠월은 비록 아무 달을 가리켜서 정할 수 없으나, … 대약이 마땅히 건진월의 누에치기가 왕성할 때에 있으니, 선대의 유학자가 간혹 이 시에 오직 3월이 빠졌다고 의심하였으나, 대개 이미 잠월의 사이에 갖춰진 것이다')"
952) 호광(胡廣) 등 찬, 『시전대전(詩傳大全)』의 소주 내용을 수용한 것이다.
953) 호광(胡廣) 등 찬, 『시전대전(詩傳大全)』의 소주 내용을 수용한 것이다. 공(銎)은 『광운(廣韻)』에서 "曲恭切(곡과 공의 반절이다)"이고 평성(平聲)이라 하였고, 궁(穹)은 『광운(廣韻)』에서 "去宮切.(거와 궁이 반절이다)"이고 평성(平聲)이라고 하여 그 음이 다르나, 중국 음이 [qiōng, ㄑㄩㄥ]과 [qióng, ㄑㄩㄥˊ]으로 유사하게 발음되고 있다.
954) 호광(胡廣) 등 찬, 『시전대전(詩傳大全)』의 소주 내용을 수용한 것이다.
955) 호광(胡廣) 등 찬, 『시전대전(詩傳大全)』의 소주 내용에서 발췌한 것이다. 그 전문은 다음과 같다. "孔氏曰 : 斨, 卽斧也, 唯銎孔, 異耳.(공씨가 말하였다. '장은 곧 도끼이니, 오직 도끼 구멍이 다를 뿐이다.')"
956) 호광(胡廣) 등 찬, 『시전대전(詩傳大全)』의 소주 내용에서 발췌한 것이다. 그 전문은 다음과 같다. "孔氏曰 : 長條揚起, 手所不及, 故枝落之, 而采其葉.'(공씨가 말하였다. '… 손이 미치지 못하는 곳이기 때문에 ….')"

'원지양기자야(遠枝揚起者也)'에 대해, 공씨(孔氏 : 孔穎達)가 말하였다. "손이 미치지 못하는 곳이다." ○이 두 구절은 '조상(條桑)' 두 글자의 뜻을 펼친 것이다.

○ 孔氏曰 : "'女', 是人之弱者."957)

'소상야(小桑也)'에 대해, 공씨(孔氏 : 孔穎達)가 말하였다. "'여(女)'는 사람 가운데 유약(柔弱)한 것이다."

○ 眉山蘇氏曰 : "葉盡, 則條猗猗而長."958)

'의의연이(猗猗然耳)'에 대해, 미산 소씨(眉山蘇氏 : 蘇轍)가 말하였다. "잎이 다하면 가지가 길쭉길쭉하게 긴 것이다."

○ 服氏虔曰 : "鵙鳩也."959) ○孔氏曰 : "夏至來, 冬至去, 應陰氣."960) ○朱子曰 : "鵙鳴, 則衆芳歇."961)

'백로야(伯勞也)'에 대해, 복씨건(服氏虔 : 服虔)이 말하였다. "제결(鵙鳩 : 두견새)이다." ○공씨(孔氏 : 孔穎達)가 말하였다. "하지(夏至)가 이르고 동지(冬至)가 가면 으스스하고 쌀쌀한 기운을 받는 것이다." ○주자(朱子 : 朱熹)가 말하였다. "백로(白鷺)가 울면 많은 화초(花草)들이 시드는 것이다."

○ 毛氏曰 : "祭服, 玄衣纁裳."962)

---

957) 호광(胡廣) 등 찬, 『시전대전(詩傳大全)』의 소주 내용에서 발췌한 것이다. 그 전문은 다음과 같다. "孔氏曰 : '女, 是人之弱者, 女桑, 柔桑也.'(공씨가 말하였다. '여는 사람 가운데 유약한 것이니, 여상은 부드러운 뽕나무이다.')"
958) 호광(胡廣) 등 찬, 『시전대전(詩傳大全)』의 소주 내용에서 발췌한 것이다. 그 전문은 다음과 같다. "眉山蘇氏曰 : '猗, 長也, 葉盡, 則條猗猗而長也.'(미산 소씨가 말하였다. '의는 긴 것이니, 잎이 다하면 가지가 길쭉길쭉하게 긴 것이다.')"
959) 호광(胡廣) 등 찬, 『시전대전(詩傳大全)』의 소주 내용에서 발췌한 것이다. 그 전문은 다음과 같다. "朱子曰 : '鵙, 以七月鳴, 則陰氣至而衆芳歇矣. 鵙·鵙, 音相近. 服虔·陸佃, 以爲鵙鳩, 卽鵙也.'(주자가 말하였다. '… 복건과 육전이 이르기를 제결은 곧 격이라고 하였다.')"
960) 호광(胡廣) 등 찬, 『시전대전(詩傳大全)』의 소주 내용에서 발췌한 것이다. 그 전문은 다음과 같다. "孔氏曰 : '夏至來, 冬至去, 應陰氣之動. 其聲鵙鵙, 以聲得名.'(공씨가 말하였다. '하지가 이르고 동지가 가면 으스스하고 쌀쌀한 기운의 움직임을 받는 것이다. ….')"
961) 호광(胡廣) 등 찬, 『시전대전(詩傳大全)』의 소주 내용에서 발췌한 것이다. 그 전문은 다음과 같다. "朱子曰 : '鵙, 以七月鳴, 則陰氣至而衆芳歇矣. 鵙·鵙, 音相近. 服虔·陸佃, 以爲鵙鳩, 卽鵙也.'(주자가 말하였다. '백로가 7월에 울면 으스스하고 쌀쌀한 기운이 이르러 많은 화초들이 시드는 것이다. ….')"
962) 호광(胡廣) 등 찬, 『시전대전(詩傳大全)』의 소주에는 나대경(羅大經)의 해석이라고 하였는데 그 전문은 다음과 같다. "廬陵羅氏曰 : '深纁也, 祭服, 玄衣纁裳.'(여릉 나씨가 말하였다. '… 제사 때 입는 예복은 검은 웃옷과 분홍빛 아래옷이다.')" 박문호는 모장(毛萇)의 해석이라고 정정하였으니, 그 전문은 다음과 같다. 정씨(鄭氏) 전·육덕명(陸德明) 음의·공영달(孔穎達) 소, 『모시주소(毛詩注疏)』 권15, 「국풍(國風)·빈(豳)·칠월(七月)」. "『傳』: '鵙, 伯勞也. 載績, 絲事畢而麻事起矣. 玄, 黑而有赤也. 朱, 深纁也. 陽, 明也.

'적색(赤色)'에 대해, 모씨(毛氏 : 毛萇)가 말하였다. "제사 때 입는 예복은 검은 웃옷과 분홍빛 아래옷이다."

○ 三言'流火', 以推本.
'칠월서퇴장한(七月暑退將寒)'에서 볼 때, 세 차례나 '유화(流火)'를 말하여 근본을 헤아린 것이다.

○ 添三句.
'우당예의내세치잠지용(又當預擬來歲治蠶之用)'에서 볼 때, 세 구절을 더하였다.

○ 蠶箔. ○補二句.
'장이위곡박(將以爲曲薄)'의 경우, 잠박(蠶箔 : 누에 채반)이다. ○두 구절을 보탰다.

○ 條桑·女桑.
'대소(大小)'의 경우, 조상(條桑)과 여상(女桑)이다.

○ 音現.
'현(見)'은 음이 현(現)이다.

○ 添二句.
'잠사기비(蠶事旣備)'의 경우, 두 구절을 더하였다.

○ 臨川王氏曰 : "蠶生於陽氣之淑時, 故以倉庚爲候; 麻成於陰氣之慝時, 故以鵙爲候."963)
'즉적기마이위포(則績其麻以爲布)'에 대해, 임천 왕씨(臨川王氏 : 王安石)가 말하였다. "누에는 따뜻한 날씨의 맑은 때에 생겨나기 때문에 꾀꼬리로써 절후(節侯)를 삼았고, 삼은 으스스하고 쌀쌀힌 기온의 음산한 때에 이루어지기 때문에

祭服, 玄衣纁裳.'(『전』에서 '… 제사 때 입는 예복은 검은 웃옷과 분홍빛 아래옷이다.'라고 하였다.)"
963) 호광(胡廣) 등 찬, 『시전대전(詩傳大全)』의 소주 내용에서 발췌한 것이다. 그 전문은 다음과 같다. "臨川王氏曰 : '蠶生於陽氣之淑時, 故以倉庚爲候; 麻成於陰氣之慝時, 故以鵙爲候.'(임천 왕씨가 말하였다. '누에는 따뜻한 날씨의 맑은 때에 생겨나기 때문에 꾀꼬리로써 절후를 삼았고, 삼은 으스스하고 쌀쌀한 기온의 음산한 때에 이루어지기 때문에 백로로써 절후를 삼은 것이다.')"

백로로써 절후(節侯)를 삼은 것이다."

○ 添此句.
'이범차잠적지소성자(而凡此蠶績之所成者)'의 경우, 이 구절을 더하였다.

○ 添此句.
'개이공상(皆以供上)'의 경우, 이 구절을 더하였다.

○ 猶惻怛.
'참달(慘怛)'은 측달(惻怛)과 같다.

○ 去聲.964)
'시(施)'는 거성(去聲 : 풀어버리다, 늦추다)이다.

○ 安成劉氏曰 : "卽所謂交相忠愛也."965) ○程子曰 : "爲裘獻豜, 皆此義也."966)
'하이시보지야(下以是報之也)'에 대해, 안성 유씨(安成劉氏 : 劉瑾)가 말하였다. "곧 이른바 서로서로 충성하고 사랑하는 것이다." ○정자(程子 : 程頤)가 말하였다. "갖옷을 만들고 큰 돼지를 바치는 것이 모두 이 뜻이다."

○ 照應首章註末.
'이종수장전단무의지의(以終首章前段無衣之意)'에 대해, 머릿장의 주(註) 끝에 조응한 것이다.

○ 安成劉氏曰 : "雖皆終無衣之意, 而三章慮備之意, 益深遠."967)

---

964) 그 뜻이 '베풀다, 주다'일 경우에는 『광운(廣韻)』에서 "式支切.(식과 지의 반절이다.)"이고 평성(平聲)이라 하였고, 그 뜻이 '내버려두다, 풀어버리다, 늦추다'일 경우에는 『광운(廣韻)』에서 "施智切.(시와 지의 반절이다.)"이고 거성(去聲)이라고 하였다.
965) 호광(胡廣) 등 찬, 『시전대전(詩傳大全)』의 소주 내용에서 발췌한 것이다. 그 전문은 다음과 같다. "安成劉氏曰 : '至誠慘怛之情, 一施一報, 卽所謂交相忠愛者也.'(안성 유씨가 말하였다. '지극히 정성되고 몹시 슬퍼하는 심정은 한번 풀어버림에 한번 보답하니, 곧 이른바 서로서로 충성하고 사랑하는 것이다.')"
966) 호광(胡廣) 등 찬, 『시전대전(詩傳大全)』의 소주 내용에서 발췌한 것이다. 그 전문은 다음과 같다. "程子曰 : 爲公子裘, 獻豜于公, 皆此義也, 民之知義如此, 則美俗成矣.'(정자가 말하였다. '공자를 위하여 갖옷을 만들고 공청에 큰 돼지를 바치는 것이 모두 이 뜻이니, ….')"
967) 호광(胡廣) 등 찬, 『시전대전(詩傳大全)』의 소주 내용에서 발췌한 것이다. 그 전문은 다음과 같다. "安成

안성 유씨(安成劉氏 : 劉瑾)가 말하였다. "비록 모두 무의(無衣)의 뜻을 마친 것인데 셋째 장의 사려(思慮)하고 준비하는 뜻이 더욱 깊고 멀다."

○ 按, 爲衣而蠶, 爲蠶而萑, 積周年之功而後, 授衣, 是預之預也.
내가 살펴보건대, 옷을 만들기 위해서 누에를 치고, 누에를 치기 위해서 모시풀을 따서 1년 동안의 공로가 쌓인 뒤에 옷을 만들어 주니, 이는 미리 하는 가운데 미리 함이다.

○ '言勞'以下, 論也.
'언로(言勞)' 이하는 논변한 것이다.

[1-15-1-4]

○四月秀葽, 五月鳴蜩, 八月其穫, 十月隕蘀.
一之日于貉, 取彼狐狸, 爲公子裘.
二之日其同, 載纘武功, 言私其豵, 獻豜于公.

사월에 애기풀이 두루 패면 오월에 말매미가 내내 울며
팔월에 곡식을 거두어들이고 시월에 초목이 말라 가느니라.
동짓달에 담비 사냥을 가서 저 여우와 살쾡이를 잡거든
공자의 갖옷을 만드느니라.
섣달에 모두 함께 사냥하며 사냥술을 계속해서 발휘하여
그 작은 돼지는 자기가 갖고 큰 돼지는 공에게 바치도다.

詳說

○ 音腰.968)

劉氏曰 : '二章·三章, 雖皆以終首章無衣之意, 而其意則益深遠. 蓋二章之終其意者, 推言暑退將寒而授衣, 其衣之成, 實始於春月之蠶桑. 此章又推言暑退之後, 是歲蠶桑之功旣成, 而來歲蠶桑之備方始, 以至預言八月載績, 又皆預恐來歲之無衣焉, 其慮之遠, 而備之悉者如此.'(안성 유씨가 말하였다. '둘째 장과 셋째 장이 비록 모두 머릿장 무의의 뜻을 마친 것인데 그 뜻이 더욱 깊고 멀다. ….')
968) 주자(朱子) 찬, 『시경집전(詩經集傳)』의 소주와 달리 호광(胡廣) 등 찬, 『시전대전(詩傳大全)』의 소주에는 "於遙反.(어와 요의 반절이다.)"으로 되어 있다. 『광운(廣韻)』에는 본음이 "於宵切.(어와 소의 반절이다.)" 또는 "於堯切.(어와 요의 반절이다.)"이고 평성(平聲)이라고 하였다. 요(腰)도 또한 『광운(廣韻)』에서 "於宵切.(어와 소의 반절이다.)"이고 평성(平聲)이라고 하였다.

'요(葽)'는 음이 요(腰)이다.

○ 條.969)

'조(蜩)'는 음이 조(條)이다.

○ 鑊.970)

'확(穫)'은 음이 확(鑊)이다.

○ 于敏反.971)

'운(隕)'은 우(于)와 민(敏)의 반절이다.

○ 音託.972)

'탁(蘀)'은 음이 탁(託)이다.

○ 音鶴.973)

'학(貉)'은 음이 학(鶴)이다.

○ 力之反.974)

---

969) 주자(朱子) 찬, 『시경집전(詩經集傳)』의 소주와 달리 호광(胡廣) 등 찬, 『시전대전(詩傳大全)』의 소주에는 "徒彫反.(도와 조의 반절이다.)"으로 되어 있다. 『광운(廣韻)』에는 본음이 "徒聊切.(도와 료의 반절이다.)"이고 평성(平聲)이라고 하였다. 조(條)도 또한 리 호광(胡廣) 등 찬, 『시전대전(詩傳大全)』의 소주에는 "徒彫反.(도와 조의 반절이다.)"으로 되어 있다. 『광운(廣韻)』에서 "徒聊切.(도와 료의 반절이다.)"이고 평성(平聲)이라고 하였다.
970) 주자(朱子) 찬, 『시경집전(詩經集傳)』의 소주와 달리 호광(胡廣) 등 찬, 『시전대전(詩傳大全)』의 소주에는 "戶郭反.(호와 곽의 반절이다.)"으로 되어 있다. 『광운(廣韻)』에는 본음이 "胡郭切.(호와 곽의 반절이다.)"이고 입성(入聲)이라고 하였다. 확(鑊)도 또한 『광운(廣韻)』에서 "胡郭切.(호와 곽의 반절이다.)"이고 입성(入聲)이라고 하였다.
971) 호광(胡廣) 등 찬, 『시전대전(詩傳大全)』의 소주 내용을 수용한 것이다. 주자(朱子) 찬, 『시경집전(詩經集傳)』에는 소주가 없다. 『광운(廣韻)』에도 본음이 "于敏切.(우와 민의 반절이다.)"이고 상성(上聲)이라고 하였다.
972) 주자(朱子) 찬, 『시경집전(詩經集傳)』 및 호광(胡廣) 등 찬, 『시전대전(詩傳大全)』의 소주 내용을 수용한 것이다. 『광운(廣韻)』에는 본음이 "他各切.(타와 각의 반절이다.)"이고 입성(入聲)이라고 하였다. 탁(蘀)도 또한 『광운(廣韻)』에서 "他各切.(타와 각의 반절이다.)"이고 입성(入聲)이라고 하였다.
973) 주자(朱子) 찬, 『시경집전(詩經集傳)』의 소주와 달리 호광(胡廣) 등 찬, 『시전대전(詩傳大全)』의 소주에는 "戶各反.(호와 각의 반절이다.)"으로 되어 있다. 『광운(廣韻)』에는 본음이 "下各切.(하와 각의 반절이다.)"이고 입성(入聲)이라고 하였다. 학(鶴)도 또한 『광운(廣韻)』에서 "下各切.(하와 각의 반절이다.)"이고 입성(入聲)이라고 하였다.
974) 호광(胡廣) 등 찬, 『시전대전(詩傳大全)』의 소주 내용을 수용한 것이다. 주자(朱子) 찬, 『시경집전(詩經集傳)』에는 소주가 없다. 『광운(廣韻)』에는 본음이 "里之切.(리와 지의 반절이다.)"이고 평성(平聲)이라고 하였다.

'리(貍)'는 력(力)과 지(之)의 반절이다.

○ 叶, 渠之反.975)

'구(裘)'는 협운(協韻)이니, 거(渠)와 지(之)의 반절이다.

○ 子管反.976)

'찬(纘)'은 자(子)와 관(管)의 반절이다.

○ 音宗.977)

'종(豵)'은 음이 종(宗)이다.

○ 音堅.978)

'견(豣)'은 음이 견(堅)이다.

朱註

賦也. 不榮而實曰'秀'. '葽', 草名. '蜩', 蟬也. '穫', 禾之早者可穫也. '隕', 墜, '蘀', 落也, 謂草木隕落也. '貉', 狐貍也. '于貉', 猶言于耜, 謂往取狐貍也. '同', 竭作以狩也. '纘', 習而繼之也. '豵', 一歲豕, '豣', 三歲豕. ○言: "自四月純陽, 而歷一陰四陰, 以至純陰之月, 則大寒之候將至, 雖蠶桑之功, 無所不備, 猶恐其不足以禦寒, 故于貉而取狐貍之皮, 以爲公子之裘也. 獸之小者, 私之以爲己有, 而大者則獻之於上", 亦愛其上之無已也. 此章, 專言狩獵, 以終首章前段'無褐'之意.

부(賦)이다. 꽃이 피지 않고도 여무는 것을 '수(秀)'라고 한다. '요(葽)'는 풀이름이

---

975) 주자(朱子) 찬, 『시경집전(詩經集傳)』 및 호광(胡廣) 등 찬, 『시전대전(詩傳大全)』의 소주 내용을 수용한 것이다. 『광운(廣韻)』에는 본음이 "巨鳩切.(거와 구의 반절이다.)"이고 평성(平聲)이라고 하였다.
976) 호광(胡廣) 등 찬, 『시전대전(詩傳大全)』의 소주 내용을 수용한 것이다. 주자(朱子) 찬, 『시경집전(詩經集傳)』에는 소주가 없다. 『광운(廣韻)』에는 본음이 "作管切.(작과 관의 반절이다.)"이고 상성(上聲)이라고 하였다
977) 주자(朱子) 찬, 『시경집전(詩經集傳)』의 소주와 달리 호광(胡廣) 등 찬, 『시전대전(詩傳大全)』의 소주에는 "子公反.(자와 공의 반절이다.)"으로 되어 있다. 『광운(廣韻)』에는 본음이 "子紅切.(자와 홍의 반절이다.)" 또는 "卽容切.(즉과 용의 반절이다.)"이고 평성(平聲)이라고 하였다. 종(宗)은 『광운(廣韻)』에서 "作冬切.(작과 동의 반절이다.)"이고 평성(平聲)이라고 하였다.
978) 주자(朱子) 찬, 『시경집전(詩經集傳)』의 소주와 달리 호광(胡廣) 등 찬, 『시전대전(詩傳大全)』의 소주에는 "古年反.(고와 년의 반절이다.)"으로 되어 있다. 『광운(廣韻)』에는 본음이 "古賢切.(고와 현의 반절이다.)"이고 평성(平聲)이라고 하였다. 견(堅)도 또한 『광운(廣韻)』에서 "古賢切.(고와 현의 반절이다.)"이고 평성(平聲)이라고 하였다.

다. '조(蜩)'는 매미이다. '확(穫)'은 벼의 일찍 나는 것을 벨 수 있음이다. '운(隕)'은 땅으로 떨어짐이고, '탁(蘀)'은 아래로 떨어짐이니, 풀과 나무가 시들어 떨어짐을 이른다. '학(貉)'은 여우와 살쾡이다. '우학(于貉)'은 우사(于耜)라는 말함과 같으니, 사냥 가서 여우와 살쾡이를 잡는 것을 이른다. '동(同)'은 다 나가서 사냥하는 것이다. '찬(纘)'은 연습(練習)하여 이어가는 것이다. '종(豵)'은 한 살짜리 돼지이고, '견(豜)'은 세 살짜리 돼지이다. ○말하기를, "4월의 순양(純陽)으로부터 일음(一陰 : 5월)과 사음(四陰 : 8월)을 지나서 순음(純陰)의 10월에 이르면 대한(大寒)의 절후(節候)가 장차 이르니, 비록 누에치고 뽕따는 일이 갖추지 않은 것이 없더라도 오히려 추위를 막기에 부족할까 두려워하기 때문에 사냥 가서 여우와 살쾡이 가죽을 취하여 공자(公子)의 갖옷을 만든 것인데, 짐승의 작은 것은 사사로이 자기 소유로 삼고, 큰 것은 윗사람에게 바친다."라고 하였으니, 또한 윗사람을 사랑함이 그침 없었던 것이다. 이 장(章)은 오로지 사냥하는 것을 말하여 머릿장 앞 단락의 '무갈(無褐)'의 뜻을 마친 것이다.

詳說

○ 『爾雅』曰 : "木謂之華, 草謂之榮."979)

'불영이실왈수(不榮而實曰秀)'에 대해, 『이아(爾雅)』에서 말하였다. "나무를 일러서 화(華)라 하고, 풀을 일러서 영(榮)이라고 한다."

○ 曹氏曰 : "今遠志也."980) ○廬陵羅氏曰 : "四月陽氣, 極於上, 而微陰已受胎於下, 葽感之而早秀."981)

'초명(草名)'에 대해, 조씨(曹氏 : 曹粹中)982)가 말하였다. "지금의 원지(遠志)이

---

979) 호광(胡廣) 등 찬, 『시전대전(詩傳大全)』의 소주 내용에서 발췌한 것이다. 그 전문은 다음과 같다. "『爾雅』「釋草」曰 : '木謂之華, 草謂之榮.'(『이아』「석초」에서 말하였다. '나무를 일러서 화라 하고, 풀을 일러서 영이라고 한다.')"
980) 호광(胡廣) 등 찬, 『시전대전(詩傳大全)』의 소주 내용에서 발췌한 것이다. 그 전문은 다음과 같다. "廬陵羅氏曰 : '曹氏云: 今遠志也, 其上謂之小草. 劉向云: 葽味苦, 謂之苦葽. 本草云: 遠志, 又有棘·菀·繞, 葽細草三名. 四月陽氣, 極於上, 而微陰已受胎於下, 葽感之而早秀.'(여름 나씨가 말하였다. '조씨가 이르기를 지금의 원지이니, ….')"; 이는 본래 곽박(郭璞)의 말이니, 그 전문은 다음과 같다. 곽박(郭璞) 주·육덕명(陸德明) 음의·형병(邢昺) 소, 『이아주소(爾雅注疏)』 권8, 「석초(釋草)」. "葽, 繞, 蕀, 菀, 注, 今遠志也."
981) 호광(胡廣) 등 찬, 『시전대전(詩傳大全)』의 소주 내용에서 발췌한 것이다. 그 전문은 다음과 같다. "廬陵羅氏曰 : '曹氏云: 今遠志也, 其上謂之小草. 劉向云: 葽味苦, 謂之苦葽. 本草云: 遠志, 又有棘·菀·繞, 葽細草三名. 四月陽氣, 極於上, 而微陰已受胎於下, 葽感之而早秀.'(여름 나씨가 말하였다. '… 4월의 따뜻한 기운이 위에 이르자 은미한 음기가 이미 아래에서 수태하니, 강아지풀이 그것을 느끼고 일찍 패는 것이다.')"
982) 조씨(曹氏 : 曹粹中): 조수중은 송대 학자로 자가 순로(純老)이고, 호가 방재(放齋)이며, 정해(定海) 사람이다. 휘종(徽宗) 선화(宣和) 6년(1124)에 진사에 합격하여 황주교수(黃州教授)가 되었다. 진회(秦檜)에게

다." ○여릉 나씨(廬陵羅氏 : 羅大經)가 말하였다. "4월의 따뜻한 기운이 위에 이르자 은미한 음기(陰氣)가 이미 아래에서 수태(受胎)하니, 애기풀이 그것을 느끼고 일찍 패는 것이다."

○ 臨川王氏曰 : "陽生則言日, 陰生則言月, 然四月正陽, 言月何也? 秀葽以言陰也, 四月陰生者, 氣之先至也. 葽感陰氣而先秀, 蜩感陰氣而先鳴."983)
'선야(蟬也)'에서, 임천 왕씨(臨川王氏 : 王安石)가 말하였다. "양(陽)이 생기면 일(日)을 말하고, 음(陰)이 생기면 월(月)을 말하나 4월은 정양(正陽)인데 월(月)을 말한 것은 어쩜인가? 애기풀이 패서 음(陰)을 말하였으니, 4월에 음(陰)이 생기는 것은 음기(陰氣)가 먼저 이른 것이다. 애기풀은 음기(陰氣)를 느껴서 먼저 패며, 매미는 음기(陰氣)를 느껴서 먼저 운다."

○ 按, 以十月不能無陽者, 推之四月, 亦已有陰, 可知矣.
내가 살펴보건대, 10월에도 양(陽)이 없을 수 없는데 4월로 미루어 또한 이미 음(陰)이 있음을 알 수 있다.

○ 晚者則至十月, 方穫納之, 其中者, 九月齊穫, 而此則常也, 故篇中不及云.
'화지조자가확야(禾之早者可穫也)'의 경우, 늦은 이는 10월에 이르러 바야흐로 거두어들이니, 그 가운데 9월에 똑같이 수확하는데 이는 곧 보통의 일이기 때문에 시편(詩篇) 가운데에서 언급하지 않았다.

○ 『諺』音誤.984)
'학(貉)'의 경우, 『언해(諺解)』의 음이 잘못되었다.

붙지 않아 대우를 받지 못하였다. 저서로는 『독역노인해설(讀易老人解說)』・『방재시설(放齋詩說)』 등이 있었다고 한다.
983) 호광(胡廣) 등 찬, 『시전대전(詩傳大全)』의 소주 내용에서 발췌한 것이다. 그 전문은 다음과 같다. "臨川王氏曰 : '陽生則言日, 陰生則言月, 然四月正陽, 秀葽言月, 何也? 秀葽以言陰也, 四月陰生者, 氣之先至也. 葽感陰氣而先秀, 蜩感陰氣而先鳴.'(임천 왕씨가 말하였다. '양이 생기면 일을 말하고, 음이 생기면 월을 말하나 4월은 정양인데 월을 말한 것은 어쩜인가? 애기풀이 패서 음을 말하였는데, 4월에 음이 생기는 것은 음기가 먼저 이른 것이다. 애기풀은 음기를 느껴서 먼저 패며, 매미는 음기를 느껴서 먼저 우는 것이다.')"
984) 『언해(諺解)』에서 그 음이 '학'이 아니라, '락'이라고 한 것을 말한 것이다.

○ 尤菴曰 : "畢出."985) ○二字, 出『周禮』「小司徒」.986)

'갈작(竭作)'에 대해, 우암(尤庵 : 宋時烈)이 말하였다. "다 나가는 것이다." ○ 두 글자는 『주례(周禮)』「소사도(小司徒)」에 나온다.

○ 孔氏曰 : "獨說冬獵者, 以取皮在冬也."987)

'갈작이수야(竭作以狩也)'에 대해, 공씨(孔氏 : 孔穎達)가 말하였다. "오직 겨울 사냥을 말한 것은 가죽을 취함이 겨울에 있기 때문이다."

○ 承上'于貉'而言'纘'.

'습이계지야(習而繼之也)'에서 볼 때, 위의 '우학(于貉)'을 이어서 '찬(纘)'을 말한 것이다.

○ 孔氏曰 : "年常習之, 使不忘戰也."988)

공씨(孔氏 : 孔穎達)가 말하였다. "해마다 항상 익혀서 전투를 잊지 않도록 하는 것이다."

○ 五月.

'일음(一陰)'의 경우, 5월이다.

○ 補此句. ○將言'貉'·'豜', 而先言寒之有漸.

'즉대한지후장지(則大寒之候將至)'의 경우, 이 구절을 보탰다. ○장차 '학(貉)'과 '견(豜)'을 말함에 먼저 추위가 점점함이 있음을 말한 것이다.

○ 鄭氏曰 : "四者, 皆物成, 而將寒之候, 物成自秀葽始."989)

---

985) 출처가 분명하지 않다.
986) 『주례(周禮)』「소사도(小司徒)」가 아니라 「대사마(大司馬)」에 보인다. 정씨(鄭氏) 주·육덕명(陸德明) 음의·가공언(賈公彦) 소, 『주례주소(周禮注疏)』 권29, 「대사마(大司馬)」. "車徒畢出, 和門鄕師."
987) 호광(胡廣) 등 찬, 『시전대전(詩傳大全)』의 소주 내용에서 발췌한 것이다. 그 전문은 다음과 같다. "孔氏曰 : '獨說冬獵者, 以取皮在冬也.'(공씨가 말하였다. '오직 겨울사냥을 말한 것은 가죽을 취함이 겨울에 있기 때문이다.')"
988) 호광(胡廣) 등 찬, 『시전대전(詩傳大全)』의 소주 내용에서 발췌한 것이다. 그 전문은 다음과 같다. "孔氏曰 : '繼續其事, 年常習之, 使不忘戰也.'(공씨가 말하였다. '… 해마다 항상 익혀서 전투를 잊지 않도록 하는 것이')"
989) 호광(胡廣) 등 찬, 『시전대전(詩傳大全)』의 소주 내용에서 발췌한 것이다. 그 전문은 다음과 같다. "鄭氏曰 : '秀葽也, 鳴蜩也, 穫禾也, 隕蘀也, 四者皆物成, 而將寒之候, 物成, 自秀葽始.'(정씨가 말하였다. '팬 애기풀과 우는 매미와 수확한 벼와 떨어진 잎의 네 가지는 모두 사물이 이루어진 것이니, 장차 추워지는

정씨(鄭氏 : 鄭玄)가 말하였다. "네 가지(팬 애기풀, 우는 매미, 수확한 벼, 떨어진 잎)는 모두 사물이 이루어진 것이니, 장차 추워지는 절후(節侯)에 사물이 이루어짐이 팬 애기풀부터 시작하는 것이다."

○ 照上二章.
'무소불비(無所不備)'의 경우, 위의 두 장을 참조하였다.

○ 添三句.
'유공기부족이어한(猶恐其不足以禦寒)'에서 볼 때, 세 구절을 더하였다.

○ 三山李氏曰 : "輔蠶事."990)
'이위공자지구야(以爲公子之裘也)'에 대해, 삼산 이씨(三山李氏 : 李樗)가 말하였다. "누에치는 일을 돕는 것이다."

○ 照上二章註.
'역애기상지무이야(亦愛其上之無已也)'의 경우, 위의 두 장의 주(註)를 참조하였다.

○ 貴者之裘, 當賤者之褐.
'이종수장전단무갈지의(以終首章前段無褐之意)'의 경우, 귀한 사람의 갖옷은 천한 사람의 털옷에 해당한다.

○ 照應首章註末.
머릿장 주(註) 끝과 조응(照應)한다.

○ '亦愛'以下, 論也.
'역애(亦愛)' 이하는 논변한 것이다.

절후에 사물이 이루어짐이 팬 애기풀부터 시작하는 것이다.')"
990) 호광(胡廣) 등 찬, 『시전대전(詩傳大全)』의 소주 내용에서 발췌한 것이다. 그 전문은 다음과 같다. "三山李氏曰 : '采桑·采蘩, 則其勤於蠶事, 可謂至矣, 又於鳴鵙之候, 麻事興焉. 至於染玄黃之色, 爲公子裳; 取狐狸之皮, 爲公子裘, 凡所以輔蠶事者, 無不致力也.'(삼산 이씨가 말하였다. '… 검고 누런빛을 물들여서 공자의 치마를 만들고, 여우와 살쾡이의 가죽을 취하여 공자의 갖옷을 만듦에 이르니, 무릇 누에치는 일을 돕는 것은 힘을 다하지 않음이 없는 것이다.')"

[1-15-1-5]

○五月斯螽動股, 六月莎雞振羽, 七月在野, 八月在宇,

九月在戶, 十月蟋蟀, 入我牀下. 穹窒熏鼠, 塞向墐戶.

嗟我婦子! 曰爲改歲, 入此室處.

오월에 메뚜기 다리를 비비고 유월에 베짱이 깃을 떨어대며
칠월에는 너른 들판에 있다가 팔월에는 집안 처마 밑에 있고
구월에는 방문 앞에 이르더니 시월에는 귀뚜라미가 들어와서
우리 침상 아래로 기어들도다.
구멍 막고 쥐구멍에 불 놓으며 창을 틀어막고 문을 바르도다.
아아, 나의 아내와 자식들이여! 해가 다하여 바뀌가고 있으니
이 집에 들어가 편히 지내리라.

詳說

○ 音終.991)

'종(螽)'은 음이 종(終)이다.

○ 音莎.992)

'사(莎)'는 음이 사(莎)이다.

○ 叶, 上與反.993)

'야(野)'는 협운(協韻)이니, 상(上)과 여(與)의 반절이다.

○ 叶, 後五反. 八字一句.994)

---

991) 주자(朱子) 찬, 『시경집전(詩經集傳)』 및 호광(胡廣) 등 찬, 『시전대전(詩傳大全)』의 소주 내용을 수용한 것이다. 『광운(廣韻)』에는 본음이 "職戎切.(직과 융의 반절이다.)"이고 평성(平聲)이라고 하였다. 종(終)도 또한 『광운(廣韻)』에서 "職戎切.(직과 융의 반절이다.)"이고 평성(平聲)이라고 하였다.
992) 주자(朱子) 찬, 『시경집전(詩經集傳)』의 소주와 달리 호광(胡廣) 등 찬, 『시전대전(詩傳大全)』의 소주에는 "素和反.(소와 화의 반절이다.)"으로 되어 있다. 그 뜻이 '풀이름'일 경우에는 『광운(廣韻)』에서 "蘇禾切.(소와 화의 반절이다.)"이고 평성(平聲)이라 하였고, 그 뜻이 '베짱이'로 쓰일 경우에는 『집운(集韻)』에서 "師加切.(사와 가의 반절이다.)"이고 평성(平聲)이라고 하였다. 사(莎)는 『광운(廣韻)』에서 "蘇禾切.(소와 화의 반절이다.)"이고 평성(平聲)이라고 하였다. 그러므로 주자(朱子) 찬, 『시경집전(詩經集傳)』의 소주나 호광(胡廣) 등 찬, 『시전대전(詩傳大全)』의 소주 모두 오류가 있다.
993) 주자(朱子) 찬, 『시경집전(詩經集傳)』 및 호광(胡廣) 등 찬, 『시전대전(詩傳大全)』의 소주 내용을 수용한 것이다. 『광운(廣韻)』에는 본음이 "羊者切.(양과 자의 반절이다.)"이고 상성(上聲)이라고 하였다.

'하(下)'는 협운(協韻)이니, 후(後)와 오(五)의 반절이다. 여덟 글자가 한 구이다.

○ 起弓反.995)

'궁(穹)'은 기(起)와 궁(弓)의 반절이다.

○ 珍悉反.996)

'질(窒)'은 진(珍)과 실(悉)의 반절이다.

○ 許云反.997)

'훈(熏)'은 허(許)와 운(云)의 반절이다.

○ 入聲.998)

'색(塞)'은 입성(入聲 : 막다)이다.

○ 音觀.999)

'근(墐)'은 음이 근(覲)이다.

○ 同上.1000)

---

994) 호광(胡廣) 등 찬,『시전대전(詩傳大全)』의 소주 내용을 수용한 것이다. 주자(朱子) 찬,『시경집전(詩經集傳)』의 소주에는 "叶, 後五反.(협운이니, 후와 오의 반절이다.)"으로 되어 있다.『광운(廣韻)』에는 본음이 "胡雅切.(호와 아의 반절이다.)"이고 상성(上聲)이라고 하였다.
995) 주자(朱子) 찬,『시경집전(詩經集傳)』및 호광(胡廣) 등 찬,『시전대전(詩傳大全)』의 소주 내용을 수용한 것이다.『광운(廣韻)』에는 본음이 "去宮切.(거와 궁의 반절이다.)"이고 평성(平聲)이라고 하였다.
996) 주자(朱子) 찬,『시경집전(詩經集傳)』의 소주와 달리 호광(胡廣) 등 찬,『시전대전(詩傳大全)』의 소주에는 "珍悉反.(진과 실의 반절이다.)"으로 되어 있다. 내각본에는 "除悉反.(제와 실의 반절이다.)"으로 되어 있다.『광운(廣韻)』에는 본음이 "陟栗切.(척과 률의 반절이다.)"이고 입성(入聲)이라고 하였다.
997) 주자(朱子) 찬,『시경집전(詩經集傳)』및 호광(胡廣) 등 찬,『시전대전(詩傳大全)』의 소주 내용을 수용한 것이다.『광운(廣韻)』에도 본음이 "許云切.(허와 운의 반절이다.)"이고 평성(平聲)이라고 하였다.
998) 주자(朱子) 찬,『시경집전(詩經集傳)』의 소주 내용을 수용한 것이다. 호광(胡廣) 등 찬,『시전대전(詩傳大全)』에는 소주가 없다.『광운(廣韻)』에는 본음이 "蘇則切.(소와 칙의 반절이다.)"이고 입성(入聲)이라고 하였다.
999) 주자(朱子) 찬,『시경집전(詩經集傳)』및 호광(胡廣) 등 찬,『시전대전(詩傳大全)』의 소주 내용을 수용한 것이다.『광운(廣韻)』에는 본음이 "渠遴切.(거와 린의 반절이다.)"이고 거성(去聲)이라고 하였다. 근(覲)도 또한『광운(廣韻)』에서 "渠遴切.(거와 린의 반절이다.)"이고 거성(去聲)이라고 하였다.
1000) 호광(胡廣) 등 찬,『시전대전(詩傳大全)』의 소주 내용을 수용한 것이다. 주자(朱子) 찬,『시경집전(詩經集傳)』에는 소주가 없다. 호광(胡廣) 등 찬,『시전대전(詩傳大全)』에는 위의 '호(戶)'자의 소주에 "後五反.(후와 오의 반절이다.)"이라고 하였는데, 주자(朱子) 찬,『시경집전(詩經集傳)』에는 소주가 없다. 박문호의『시집전상설(詩集傳詳說)』에서도 위의 '호(戶)'자의 소주를 이미 생략하였는데, 여기에서 '同上.'의 소주를 붙인 착오를 보였다.『강희자전(康熙字典)』에 의하면 "『唐韻』・『正韻』, 侯古切,『集韻』・『韻會』, 後五切, 丛音祜.(『당운』・『정운』에는 후와 고의 반절이고,『집운』・『운회』에는 후와 오의 반절이니, 아울러 음이 호

'호(戶)'의 경우, 위와 같다.

○ 叶, 玆五反.1001)

'자(子)'는 협운(協韻)이니, 자(玆)와 오(五)의 반절이다.

○ 入聲. 二字, 俗本所無而唐本有之, 豈傳寫之衍歟.

'입차실처(入此室處)'에서 처(處)는 입성(入聲 : 처소)이다. 두 글자는 속본(俗本)에는 없는 것인데 당본(唐本)에는 있으니, 아마도 전하여 베껴 쓸 때 넘친 것이리라.

朱註

賦也. '斯螽'・'莎雞'・'蟋蟀', 一物, 隨時變化而異其名. '動股', 始躍而以股鳴也. '振羽', 能飛而以翅鳴也. '宇', 簷下也, 暑則在野, 寒則依人. '穹', 空隙也. '窒', 塞也. '向', 北出牖也. '墐', 塗也, 庶人篳戶, 冬則塗之. 東萊呂氏曰 : "十月而曰改歲, 三正之通於民俗, 尚矣, 周特舉而迭用之耳." ○言 : "覩蟋蟀之依人, 則知寒之將至矣, 於是室中空隙者塞之, 熏鼠, 使不得穴於其中, 塞向以當北風, 墐戶以禦寒氣, 而語其婦子曰: '歲將改矣, 天旣寒而事亦已, 可以入此室處矣'." 此見老者之愛也. 此章, 亦以終首章前段 '禦寒' 之意.

부(賦)이다. '사종(斯螽)'과 '사계(莎雞)'와 '실솔(蟋蟀)'은 동일한 사물이니, 때에 따라서 변화하여 그 이름을 달리하는 것이다. '동고(動股)'는 비로소 뛰면서부터 다리로 비벼서 우는 것이다. '진우(振羽)'는 능히 날면서부터 날개로 비벼서 우는 것이다. '우(宇)'는 처마 아래이니, 더우면 들판에 있다가 추우면 사람 사는 집에 의지하는 것이다. '궁(穹)'은 빈틈이다. '질(窒)'은 막음이다. '향(向)'은 북쪽으로 창을 낸 것이다. '근(墐)'은 흙으로 바르는 것이니, 일반 백성들은 가시나무나 대나무를 엮어서 문을 만드는데, 겨울이 되면 흙으로 바르는 것이다. 동래 여씨(東萊呂氏 : 呂祖謙)가 말하였다. "10월에 해가 바뀐다고 하였는데, 삼정(三正)1002)이 민간 풍

이다.)"라고 하였다.
1001) 주자(朱子) 찬, 『시경집전(詩經集傳)』 및 호광(胡廣) 등 찬, 『시전대전(詩傳大全)』의 소주 내용을 수용한 것이다. 『광운(廣韻)』에는 본음이 "卽里切.(즉과 리의 반절이다.)"이고 상성(上聲)이라고 하였다.
1002) 삼정(三正): 세 가지 월력(月曆)을 말한다. 하(夏)나라는 정월(正月)로써 정초(正初)로 삼고, 상(商)나라는 하력(夏曆) 12월로써 정초로 삼고, 주(周)나라는 하력(夏曆) 11월로써 정초로 삼은 것을 말한다. 곧 하정(夏正)은 건인(建寅)하고, 은정(殷正)은 건축(建丑)하고, 주정(周正)은 건자(建子)하였으니, 건자(建子)와 건축(建丑)과 건인(建寅)을 삼정(三正)이라고 한다.

속에 두루 쓰인지 오래 되었으며, 주(周)나라에서 특히 모두 들어서 차례로 사용하였을 뿐이다." ○말하기를, "실솔(蟋蟀)이 사람 사는 집에 의지하는 것을 보게 되면 추위가 장차 이른 것을 알 수 있으니, 이에 방안의 빈틈을 막고 쥐구멍에 연기를 피워 그 속에 구멍을 내지 못하게 하며, 북쪽 창을 막아서 북쪽 바람을 감당하며, 문에 흙을 발라서 차가운 공기를 막고는 그 아내와 자식들에게 말하기를, '해가 장차 바뀌려 함에 날씨가 이미 추워지고 한해 일도 또한 그쳤으니, 이 집에 들어가서 편안히 지낼 수 있으리라'.고 하였으니, 이는 늙은이의 가족 사랑을 보인 것이다. 이 장(章)은 또한 머릿장 앞 단락의 '어한(禦寒)'의 뜻을 마친 것이다.

詳說

○ 『諺解』句絶, 恐誤, 蓋八字一句. 已見「伐檀」, 而於此, 恐讀者析作二句, 故特明之曰'八字一句'.[1003]

'사종·사계·실솔(斯螽·莎雞·蟋蟀)'에서 볼 때, 『언해(諺解)』에서 문장을 끊은 것이 아마도 잘못된 듯하니, 대개 여덟 글자가 하나의 구이다. 이미 「벌단(伐檀)」에서 보였는데, 여기에서 아마도 읽은 이가 두 구로 나누어놓았기 때문에 특별히 밝혀서 '팔자일구(八字一句)'라고 한 것이다.

○ 新安胡氏曰 : "『集傳』本伊川說, 而三物名色各異."[1004]

'수시변화이이기명(隨時變化而異其名)'에 대해, 신안 호씨(新安胡氏 : 胡一桂)가 말하였다. "『집전(集傳)』은 이천(伊川 : 程頤)의 말에 근본하여 세 가지 사물의 이름이 각각 다른 것이다."

○ 陸氏曰 : "五月中, 兩股相切作聲, 聞數十步; 六月中, 飛而振羽, 索索作聲."[1005] ○華陽范氏曰 : "五月而陰生, 動股振羽,

---

[1003] 호광(胡廣) 등 찬, 『시전대전(詩傳大全)』 권5, 「국풍(國風)·위(魏)·벌단(伐檀)」에서 이미 '팔자일구(八字一句)'의 구법(句法)을 보인 것을 말하는데, 그 내용은 다음과 같다. "坎坎伐檀兮, 寘之河之干兮, 河水淸且漣猗. 不稼不穡, 胡取禾三百廛兮; 不狩不獵, 胡瞻爾庭有縣貆兮. 彼君子兮, 不素餐兮.(영차영차 박달나무를 베어 하수 언덕에 옮겨두었는데 하수가 맑고도 잔잔하도다. 심지도 않고 거두지 않으면 어찌 벼 삼백 진을 취하며, 때려잡고 사로잡지 않으면 어찌 집에서 담비를 보리오. 저 훌륭하고 성실한 군자는 일도 않고 밥 먹지 않도다.)" 여기서도 문장을 끊지 말고 여덟 글자가 한 구가 되도록 해야 한다고 말한 것이다. "五月斯螽動股, 六月莎雞振羽, 七月在野, 八月在宇, 九月在戶, 十月蟋蟀入我牀下. 穹窒熏鼠, 塞向墐戶. 嗟我婦子! 曰爲改歲入此室處.(오월에 메뚜기 다리를 비비고 유월에 베짱이 깃을 떨어대며, 칠월에는 너른 들판에 있다가 팔월에는 집안 처마 밑에 있고, 구월에는 방문 앞에 이르더니 시월에는 귀뚜라미가 들어와서 우리 침상 아래로 기어들도다. 구멍 막고 쥐구멍에 불 놓으며 창을 틀어막고 문을 바르도다. 아아, 나의 아내와 자식들이여! 해가 다하여 바뀌가고 있으니 이 집에 들어가 편히 지내리라.)"
[1004] 호광(胡廣) 등 찬, 『시전대전(詩傳大全)』의 소주 내용을 수용한 것이다.

氣使之然也.."1006)

'능비이이시명야(能飛而以翅鳴也)'에 대해, 육씨(陸氏 : 陸璣)가 말하였다. "5월 중에 두 다리를 서로 비벼서 소리를 내니 수십 걸음 밖에서도 들리며, 6월중에는 날면서 날개를 떨면서 색색하는 소리를 낸다."○화양 범씨(華陽范氏 : 范祖禹)가 말하였다. "5월 되어 음기(陰氣)가 생기면 다리를 움직이고 날개를 떠니 기운이 시켜서 그런 것이다."

○ 鄭氏曰 : "自在野, 至入牀, 皆謂蟋蟀也."1007) ○按, '蟋蟀'二字, 所以總上三句也.

'한즉의인(寒則依人)'에 대해, 정씨(鄭氏 : 鄭玄)가 말하였다. "들판에 있는 것부터 침상에 들어옴에 이르기까지 모두 귀뚜라미를 이른 것이다."○내가 살펴보건대, '실솔(蟋蟀)'두 글자가 위의 세 구를 총괄한 것이다.

○ 音孔,1008) 下同.

'공(空)'은 음이 공(孔)이니, 아래도 같다.

○ 孔氏曰 : "以荊竹織門, 以其通風, 故泥之也."1009)

'동즉도지(冬則塗之)'에 대해, 공씨(孔氏 : 孔穎達)가 말하였다. "가시나무나 대나무로 문을 짜서 바람이 통하기 때문에 진흙을 바르는 것이다."

○ 音征.

'삼정(三正)'에서 정(正)은 음이 정(征)이다.

○ 朱子曰 : "周未有天下之時, 固用夏・商之正朔, 然其國僻遠,

1005) 호광(胡廣) 등 찬,『시전대전(詩傳大全)』의 소주 내용에서 발췌한 것이다. 그 전문은 다음과 같다. "陸氏曰 : '斯螽股似珧瑁. 五月中, 兩股相切作聲, 聞數十步. 江東呼蚱蜢, 莎雞, 如蝗, 斑色, 毛翅數重, 其翅正赤. 六月中, 飛而振羽, 索索作聲.'(육씨가 말하였다. '… 5월중에 두 다리를 서로 비벼서 소리를 내니 수십 걸음 밖에서도 들린다. … 6월중에는 날면서 날개를 떨면서 색색하는 소리를 낸다.')"
1006) 호광(胡廣) 등 찬,『시전대전(詩傳大全)』의 소주 내용을 수용한 것이다.
1007) 호광(胡廣) 등 찬,『시전대전(詩傳大全)』의 소주 내용에서 발췌한 것이다. 그 전문은 다음과 같다. "鄭氏曰 : '自在野, 至入我牀, 皆謂蟋蟀也.'(정씨가 말하였다. '들판에 있는 것부터 침상 아래에 들어옴에 이르기까지 모두 귀뚜라미를 이른 것이다.')"
1008) 호광(胡廣) 등 찬,『시전대전(詩傳大全)』의 소주 내용을 수용한 것이다.
1009) 호광(胡廣) 등 찬,『시전대전(詩傳大全)』의 소주 내용에서 발췌한 것이다. 그 전문은 다음과 같다. "孔氏曰 : '篳戶, 以荊竹織門, 以其通風, 故泥之也.'(공씨가 말하였다. '필호는 가시나무나 대나무로 문을 짜서 바람이 통하기 때문에 진흙을 바르는 것이다.')"

無純臣之義, 又自有私記其時月者, 故三正皆曾用也."1010)

'주특거이질용지이(周特擧而迭用之耳)'에 대해, 주자(朱子 : 朱熹)가 말하였다. "주(周)나라가 천하를 소유하지 않았을 때에는 진실로 하(夏)나라와 상(商)나라의 정삭(正朔)을 사용하였으나, 그 나라가 치우치고 멀어서 순실(純實)한 신하가 없었으며, 또 스스로 그 때와 달을 사사로이 기록하는 이가 있었기 때문에 삼정(三正)을 모두 일찍이 사용하였던 것이다."

○ 安成劉氏曰 : "「夏書」有'怠棄三正'之語, 則夏以前已有子·丑之正, 是三正通于民俗, 其來旣遠, 故邠公創國偏方, 亦有十月改歲之俗. 至周有天下, 因以爲一代之正朔, 正如「公劉」'徹田爲糧'之法, 後爲成周之徹法."1011) ○又曰 : "'歲'字之義, 首章'卒歲'以天時一周而言, 此章'改歲'以正朔所紀而言."1012)

안성 유씨(安成劉氏 : 劉瑾)가 말하였다. "「하서(夏書)」에 '태기삼정(怠棄三正)'1013)이라는 말이 있는 것은 곧 하(夏)나라 이전에 이미 건자(建子 : 11월, 周正)와 건축(建丑 : 12월, 殷正)의 정삭(正朔)이 있음이니, 이 삼정(三正)이 민속에 두루 사용되어 그 유래함이 이미 오래되었기 때문에 빈공(邠公)이 치우친 곳에 비로소 나라를 세울 적에 또한 10월에 해를 바꾸는 풍속이 있었던 것이다.

1010) 호광(胡廣) 등 찬, 『시전대전(詩傳大全)』의 소주 내용에서 발췌한 것이다. 그 전문은 다음과 같다. "朱子曰 : '周歷夏·商, 其未有天下之時, 固用夏·商之正朔, 然其國僻遠, 無純臣之義, 又自有私記其時月者, 故三正皆曾用也.'(주자가 말하였다. '주나라가 하나라와 상나라를 거쳐서 천하를 소유하지 않았을 때에는 진실로 하나라와 상나라의 정삭을 사용하였으나, 그 나라가 치우치고 멀어서 순실한 신하가 없었으며, 또 스스로 그 때와 달을 사사로이 기록하는 이가 있었기 때문에 삼정을 모두 일찍이 사용하였던 것이다.")

1011) 호광(胡廣) 등 찬, 『시전대전(詩傳大全)』의 소주 내용에서 발췌한 것이다. 그 전문은 다음과 같다. "安成劉氏曰 : '歲字之義, 有以天時一周而言者, 有以正朔所紀而言者. 天時一周, 必始於孟春, 而終於季冬. 首章所謂二之日·何以卒歲, 是也; 正朔所紀, 則子·丑·寅之迭建, 與此十月而謂改歲者, 是也. 夫「夏書」有怠棄三正之語, 則夏以前, 已有子·丑之正, 是三正通於民俗, 其來旣遠, 故邠公創國偏方, 亦有十月改歲之俗. 及至周有天下, 又因以爲一代之正朔, 正如公劉徹田爲糧之法, 其後亦爲成周之徹法也.'(안성 유씨가 말하였다. '… 무릇 「하서」에 태기삼정이라는 말이 있는 것은 곧 하나라 이전에 이미 건자와 건축의 정삭이 있음이니, 이 삼정이 민속에 두루 사용되어 그 유래함이 이미 오래되었기 때문에 빈공이 치우친 곳에 비로소 나라를 세울 적에 또한 10월에 해를 바꾸는 풍속이 있었던 것이다. 주나라가 천하를 둠에 이르러서는 또 이로 인해 한 시대의 정삭이 되었으니, 바로 「공류」의 철전위량의 법이 그 뒤에 또한 흥성한 주나라의 전지를 다스리는 법이 된 것과 같다.')"

1012) 호광(胡廣) 등 찬, 『시전대전(詩傳大全)』의 소주 내용에서 발췌한 것이다. 그 전문은 다음과 같다. "安成劉氏曰 : '歲字之義, 有以天時一周而言者, 有以正朔所紀而言者. 天時一周, 必始於孟春, 而終於季冬. 首章所謂二之日·何以卒歲, 是也; 正朔所紀, 則子·丑·寅之迭建, 與此十月而謂改歲者, 是也. ….'(안성 유씨가 말하였다. '세자의 뜻이 천시가 한번 도는 것으로써 말한 것도 있고, 정삭에 기록하는 것으로써 말한 것도 있다. 천시가 한번 도는 것은 … 머릿장에서 이른바 이지일·하이졸세가 이것이며, 정삭을 기록하는 것은 이 장에 10월이 되어 해가 바뀐다고 이른 것이 이것이다. ….')"

1013) '태기삼정(怠棄三正)': 호광(胡廣) 등 찬, 『서경대전(書經大全)』 권3, 「하서(夏書)·감서(甘誓)」. "有扈氏, 威侮五行, 怠棄三正, 天用勦絶其命.(유호씨가 오행을 함부로 하고 업신여기며, 삼정을 태만히 하고 내버리니, 하늘이 그 목숨을 죽여 끊으려 하오.)"

주(周)나라가 천하를 둠에 이르러 이로 인해 한 시대의 정삭(正朔)이 되었으니, 바로「공류(公劉)」의 '철전위량(徹田爲糧)'1014)의 법이 뒤에 흥성한 주(周)나라의 전지(田地)를 다스리는 법(法)이 된 것과 같다. ○또 말하였다. "'세(歲)'자의 뜻이 머릿장에서는 '졸세(卒歲)'를 천시(天時)가 한번 도는 것으로써 말하였고, 이 장에서는 '개세(改歲)'를 정삭(正朔)에 기록하는 것으로써 말하였다."

○ 將言'穹'·'墐', 而先言寒之有漸.
'즉지한지장지의(則知寒之將至矣)'의 경우, 장차 '궁(穹)'과 '근(墐)'을 말하여 먼저 추위가 점점함이 있음을 말한 것이다.

○ 龜山楊氏曰 : "堯正四時, 以'鳥獸'·'氄毛'之類, 爲應, 此章, 以'倉庚'·'鳴鵙', 爲蠶績之候; 以'秀葽'·'蘀'·'穫', 爲取皮之候; 以'斯螽'·'蟋蟀', 爲處室之候, 皆此意也."1015)
구산 양씨(龜山楊氏 : 楊時)가 말하였다. "요(堯)임금이 네 철을 바르게 함에 '새와 짐승', '솜털'의 무리로써 조응(照應)하였는데, 이 장에서 '창경(倉庚)'과 '명격(鳴鵙)'으로써 누에치고 길쌈하는 절후를 삼으며, '수요(秀葽)'와 '탁(蘀)'과 '확(穫)'으로써 가죽을 취하는 절후를 삼으며, '사종(斯螽)'과 '실솔(蟋蟀)'로써 방 안에서 쉬는 절후를 삼은 것이 모두 이 뜻이다."

○ 不云'窒穹'而云'穹窒'者, 言有穹則窒之穹, 非必有也, 又見「東山」1016), 蓋古之方言也.
'어시실중공극자새지(於是室中空隙者塞之)'의 경우, '질궁(窒穹)'이라 하지 않고 '궁질(穹窒)'이라 이른 것은 구멍이 있어야 곧 막게 되므로 구멍이 반드시 있는 것이 아니어서이다. 또 「동산(東山)」에 보이니, 대개 옛날 방언(方言)이다.

1014)「공류(公劉)」의 '철전위량(徹田爲糧)': 호광(胡廣) 등 찬, 『시전대전(詩傳大全)』 권17,「대아(大雅)·생민지십(生民之什)·공류(公劉)」. "度其隰原, 徹田爲糧.(그 진펄과 언덕을 헤아리고 논밭을 다스려 양식을 만드니)"

1015) 호광(胡廣) 등 찬, 『시전대전(詩傳大全)』의 소주 내용에서 발췌한 것이다. 그 전문은 다음과 같다. "龜山楊氏曰 : 堯命羲和, 以昏中之星, 正四時, 鳥獸·氄毛·希革之類, 爲之應;「七月」所陳, 以倉庚·鳴鵙, 爲蠶績之候; 以秀葽·隕蘀·其穫, 爲取皮之候; 以斯螽·蟋蟀, 爲處室之候, 皆此意也.'(구산 양씨가 말하였다. '요임금이 희화에게 명하여 어둠 속의 별로써 네 철을 바로잡게 함에 새와 짐승, 솜털과 희혁의 무리로써 조응하였는데,「칠월」에서 진술한 바에는 창경과 명격으로써 누에치고 길쌈하는 절후를 삼으며, 수요와 운탁과 기확으로써 가죽을 취하는 절후를 삼으며, 사종과 실솔로써 방안에서 쉬는 절후를 삼은 것이 모두 이 뜻이다.')"

1016) 호광(胡廣) 등 찬, 『시전대전(詩傳大全)』 권8,「국풍(國風)·빈(豳)·동산(東山)」. "洒掃穹窒(물 뿌리고 비로 쓸며 구멍을 막으니)"

○ 入火氣於鼠窟. ○孔氏曰 : "熏令出其窟."1017)
'사부득혈어기중(使不得穴於其中)'의 경우, 불기운이 쥐의 굴속에 들어가게 하는 것이다. ○공씨(孔氏 : 孔穎達)가 말하였다. "연기를 피워서 그 굴에서 나오게 하는 것이다."

○ 禦也.
'색향이당(塞向以當)'의 경우, 막음이다.

○ 去聲.
'이어(而語)'에서, 어(語)는 거성(去聲 : 알리다, 하소연하다)이다.

○ 添此句.
'천기한이사역이(天旣寒而事亦已)'의 경우, 이 구절을 더하였다.

○ 上聲.
'가이입차실처(可以入此室處)'에서, 처(處)는 상성(上聲 : 편안히 지내다)이다.

○ 音現.
'차현(此見)'에서, 현(見)은 음이 현(現)이다.

○ 安成劉氏曰 : "亦所謂上, 以是施之者也."1018)
'차현노자지애야(此見老者之愛也)'에 대해, 안성 유씨(安成劉氏 : 劉瑾)가 말하였다. "또한 이른바 윗사람은 이로써 베푼다는 것이다."

○ 豐城朱氏曰 : "邠民衣食之奉, 必先老而後幼, 先貴而後賤, 獨於改歲入室, 則老幼・貴賤同之, 所以廣其愛也."1019)

1017) 정씨(鄭氏) 전・육덕명(陸德明) 음의・공영달(孔穎達) 소, 『모시주소(毛詩注疏)』 권15, 「국풍(國風)・빈(豳)・칠월(七月)」. "疏 : '… 熏鼠令出其窟. ….'(… 연기를 피워서 쥐가 그 굴에서 나오게 하는 것이다. ….)"
1018) 호광(胡廣) 등 찬, 『시전대전(詩傳大全)』의 소주 내용에서 발췌한 것이다. 그 전문은 다음과 같다. "安成劉氏曰 : '老者之愛其家人如此, 亦所謂上以是施之者也.'(안성 유씨가 말하였다. '늙은이가 그 집안사람을 사랑함이 이와 같으니, 또한 이른바 윗사람은 이로써 베푼다는 것이다.')"
1019) 호광(胡廣) 등 찬, 『시전대전(詩傳大全)』의 소주 내용에서 발췌한 것이다. 그 전문은 다음과 같다. "豐城朱氏曰 : '由動股而至入我牀下, 所以感時物之屢變; 由穹窒而至於墐户入室, 所以盡人事之當爲. 豳民於衣食

풍성 주씨(豐城朱氏 : 朱善)가 말하였다. "빈(邠)땅의 사람들은 의복과 음식을 봉양함에 반드시 늙은이를 먼저하고 어린애를 뒤에 하며, 귀한 이를 먼저하고 천한 이를 뒤에 하였으며, 오직 해가 바뀌어 집안에 들어가면 늙은이와 어린애, 귀한 이와 천한 이가 함께 하였으니, 그 사랑함을 넓힌 것이다."

○ 照應首章註末.
'역이종수장전단어한지의(亦以終首章前段禦寒之意)'에서 볼 때, 머릿장 주(註) 끝과 조응(照應)하였다.

○ '穹'·'熏'·'塞'·'墐', 雖非'衣'·'褐'之屬, 亦係禦寒之具, 故別爲一章, 以附'衣'·'褐'之下, 所以廣其事也.
'궁(穹)'·'훈(熏)'·'색(塞)'·'근(墐)'은 비록 '의(衣)'와 '갈(褐)'의 등속이 아니나, 또한 추위를 막는 도구에 걸리기 때문에 따로 한 장(章)씩 만들어 '의(衣)'와 '갈(褐)'의 아래에 붙여서 그 일을 넓힌 것이다.

○ 安成劉氏曰:"上三章, 皆言爲公上禦寒之計, 此章然後自言禦寒, 可見君臣之義·尊卑之序矣."1020)
안성 유씨(安成劉氏 : 劉瑾)가 말하였다. "위의 세 장에서는 모두 공상(公上)을 위한 추위를 막는 계책을 말하였는데, 이 장에서는 그러한 뒤에 스스로 추위 막음을 말한 것에서 임금과 신하의 의리 및 높은 이와 낮은 이의 차례를 볼 수 있다."

○ '此見'以下, 論也.
'차현(此見)' 이하는 논변한 것이다.

之奉, 必先老而後幼, 先貴而後賤, 獨於改歲入室, 則老幼貴賤同之, 所以廣其愛也.'(풍성 주씨가 말하였다. '… 빈땅의 사람들은 의복과 음식을 봉양함에 있어서 반드시 늙은이를 먼저하고 어린애를 뒤에 하며, 귀한 이를 먼저하고 천한 이를 뒤에 하였으며, 오직 해가 바뀌어 집안에 들어가면 늙은이와 어린애, 귀한 이와 천한 이가 함께 하였으니, 그 사랑함을 넓힌 것이다.')

1020) 호광(胡廣) 등 찬, 『시전대전(詩傳大全)』의 소주 내용에서 발췌한 것이다. 그 전문은 다음과 같다. "安成劉氏曰 : '此章推言窒塞墐戶, 亦以終首章前段意也. 已上三章, 皆言所以爲公上禦寒之計, 此章然後自言禦寒, 可見其君臣之義·尊卑之序矣.(안성 유씨가 말하였다. '… 위의 세 장에서는 모두 공상을 위한 추위를 막는 계책을 말하였는데, 이 장에서는 그러한 뒤에 스스로 추위 막음을 말한 것에서 그 임금과 신하의 의리 및 높은 이와 낮은 이의 차례를 볼 수 있다.')"

[1-15-1-6]

○六月食鬱及薁, 七月亨葵及菽, 八月剝棗, 十月穫稻,

爲此春酒, 以介眉壽.

七月食瓜, 八月斷壺, 九月叔苴, 采荼薪樗, 食我農夫.

유월에는 아가위와 머루 먹고 칠월에는 아욱과 콩을 삶으며
팔월에는 대추를 털어서 따며 시월에는 벼를 거두어 들여서
이것으로 봄술을 미리 빚어서 오래 사실 수 있게 돕느니라.
칠월에는 오이 채소를 따먹고 팔월에는 주렁주렁 박을 타며
구월에는 삼씨를 주워 담으며 씀바귀 캐고 가죽나무 베어서
우리 농부들이 먹게 하느니라.

詳說

○ 音郁.1021)

'욱(薁)'은 음이 욱(郁)이다.

○ 音烹.1022)

'팽(亨)'은 음이 팽(烹)이다.

○ 音叔.1023)

'숙(菽)'은 음이 숙(叔)이다.

○ 普卜反.1024)

1021) 주자(朱子) 찬,『시경집전(詩經集傳)』의 소주와 달리 호광(胡廣) 등 찬,『시전대전(詩傳大全)』의 소주에는 "於六切.(어와 륙의 반절이다.)"으로 되어 있다.『광운(廣韻)』에도 본음이 "於六切.(어와 륙의 반절이다.)"이고 입성(入聲)이라고 하였다. 욱(郁)도 또한『광운(廣韻)』에서 "於六切.(어와 륙의 반절이다.)"이고 입성(入聲)이라고 하였다.
1022) 주자(朱子) 찬,『시경집전(詩經集傳)』의 소주와 달리 호광(胡廣) 등 찬,『시전대전(詩傳大全)』의 소주에는 "普庚反.(보와 갱의 반절이다.)"으로 되어 있다.『광운(廣韻)』에는 본음이 "撫庚切.(부와 갱의 반절이다.)"이고 평성(平聲)이라고 하였다. 팽(烹)은『집운(集韻)』에서 "披庚切.(피와 갱의 반절이다.)"이고 평성(平聲)이라고 하였다.
1023) 주자(朱子) 찬,『시경집전(詩經集傳)』및 호광(胡廣) 등 찬,『시전대전(詩傳大全)』의 소주 내용을 수용한 것이다.『광운(廣韻)』에는 본음이 "式竹切.(식과 죽의 반절이다.)"이고 입성(入聲)이라고 하였다. 식(叔)도 또한『광운(廣韻)』에서 "式竹切.(식과 죽의 반절이다.)"이고 입성(入聲)이라고 하였다.
1024) 호광(胡廣) 등 찬,『시전대전(詩傳大全)』의 소주 내용을 수용한 것이다. 주자(朱子) 찬,『시경집전(詩經集傳)』에는 소주가 없다.『강희자전(康熙字典)』에 의하면, 그 뜻이 '벗기다, 찢다'일 경우에는 "『唐韻』・『集

'박(剝)'은 보(普)와 복(卜)의 반절이다.

○ 叶, 音走.1025)

'조(棗)'는 협운(協韻)이니, 음이 주(走)이다.

○ 叶, 徒苟反.1026)

'도(稻)'는 협운(協韻)이니, 도(徒)와 구(苟)의 반절이다.

○ 叶, 殖酉反.1027)

'수(壽)'는 협운(協韻)이니, 식(殖)과 유(酉)의 반절이다.

○ 叶, 音孤.1028)

'과(瓜)'는 협운(協韻)이니, 음이 고(孤)이다.

○ 音疽.1029)

'저(苴)'는 음이 저(疽)이다.

○ 音徒.1030)

'도(荼)'는 음이 도(徒)이다.

韻』・『韻會』, 叺北角切, 音駁.(『당운』・『집운』・『운회』에는 아울러 북과 각의 반절이니, 음이 박이다.)"이라 하였고, 그 뜻이 '치다'일 경우에는 "『集韻』, 普木切, 『正韻』, 普卜切, 叺音璞, 力擊也.(『집운』에는 보와 목의 반절이고, 『정운』에서 보와 복의 반절이며, 아울러 음이 박이며, 힘껏 침이다.)"라고 하였다.
1025) 호광(胡廣) 등 찬, 『시전대전(詩傳大全)』의 소주 내용을 수용한 것이다. 주자(朱子) 찬, 『시경집전(詩經集傳)』에는 "音走.(음이 주이다.)"로 되어 있다. 『광운(廣韻)』에는 본음이 "子晧切.(자와 호의 반절이다.)"이라고 하였다.
1026) 주자(朱子) 찬, 『시경집전(詩經集傳)』 및 호광(胡廣) 등 찬, 『시전대전(詩傳大全)』의 소주 내용을 수용한 것이다. 『광운(廣韻)』에는 본음이 "徒晧切.(도와 호의 반절이다.)"이고 상성(上聲)이라고 하였다.
1027) 주자(朱子) 찬, 『시경집전(詩經集傳)』 및 호광(胡廣) 등 찬, 『시전대전(詩傳大全)』의 소주 내용을 수용한 것이다. 『광운(廣韻)』에는 본음이 "承咒切.(승과 주의 반절이다.)"이고 거성(去聲)이라고 하였다.
1028) 주자(朱子) 찬, 『시경집전(詩經集傳)』 및 호광(胡廣) 등 찬, 『시전대전(詩傳大全)』의 소주 내용을 수용한 것이다. 『광운(廣韻)』에는 본음이 "古華切.(고와 화의 반절이다.)"이고 평성(平聲)이라고 하였다.
1029) 주자(朱子) 찬, 『시경집전(詩經集傳)』의 소주와 달리 호광(胡廣) 등 찬, 『시전대전(詩傳大全)』의 소주에는 "七餘反.(칠과 여의 반절이다.)"으로 되어 있다. 『광운(廣韻)』에는 본음이 "子魚切.(자와 어의 반절이다.)" 또는 "七余切.(칠과 여의 반절이다.)"이고 평성(平聲)이라고 하였다. 저(疽)는 『광운(廣韻)』에서 "七余切.(칠과 여의 반절이다.)"이고 평성(平聲)이라고 하였다.
1030) 주자(朱子) 찬, 『시경집전(詩經集傳)』 및 호광(胡廣) 등 찬, 『시전대전(詩傳大全)』의 소주 내용을 수용한 것이다. 『광운(廣韻)』에는 본음이 "同都切.(동과 도의 반절이다.)"이고 평성(平聲)이라고 하였다. 도(徒)도 또한 『광운(廣韻)』에서 "同都切.(동과 도의 반절이다.)"이고 평성(平聲)이라고 하였다.

○ 敕書反.1031)

'저(樗)'는 칙(敕)과 서(書)의 반절이다.

○ 音嗣.1032)

'사(食)'는 음이 사(嗣)이다.

朱註

賦也. '鬱', 棣屬. '薁', 蘡薁也. '葵', 菜名. '菽', 豆也. '剝', 擊也. '穫稻', 以釀酒也. '介', 助也, 介眉壽者, 頌禱之辭也. '壺', 瓠也. '食瓜'・'斷壺', 亦去圃爲場之漸也. '叔', 拾也. '苴', 麻子也. '荼', 苦菜也. '樗', 惡木也. ○自此至卒章, 皆言農圃・飮食・祭祀・燕樂, 以終首章後段之意, 而此章, 果・酒・嘉蔬, 以供老疾・奉賓祭, 瓜・瓠・苴・荼, 以爲常食, 少長之義・豐儉之節, 然也.

부(賦)이다. '울(鬱)'은 아가위 등속이다. '욱(薁)'은 까마귀머루이다. '규(葵)'는 나물 이름이다. '숙(菽)'은 콩이다. '박(剝)'은 치는 것이다. '확도(穫稻)'는 그것으로써 술을 빚은 것이다. '개(介)'은 도움이니, '개미수(介眉壽 : 長壽를 도움)'라는 것은 기리고 비는 말이다. '호(壺)'는 박이다. '식과(食瓜 : 오이를 먹음)'와 '단호(斷壺 : 박을 탐)'는 또한 남새밭을 없애고 마당을 만드는 점진(漸進)이다. '숙(叔)'은 주음이다. '저(苴)'는 삼씨이다. '도(荼)'는 씀바귀이다. '저(樗)'는 질 나쁜 나무이다. ○ 이 장부터 마지막 장까지는 모두 농사짓는 밭과 음식과 제사와 연락(燕樂)을 말하여 머릿장 뒤 단락의 뜻을 마쳤는데, 이 장에서는 과일과 술과 훌륭한 채소로써 늙은이와 병든 이에게 대접하고 손님과 제사에 받들며, 오이와 박과 삼과 씀바귀를 평소 음식으로 삼았으니, 젊은이와 어른 사이의 의리 및 풍성함과 검약함의 절도가 그러한 것이다.

詳說

1031) 주자(朱子) 찬, 『시경집전(詩經集傳)』 및 호광(胡廣) 등 찬, 『시전대전(詩傳大全)』의 소주 내용을 수용한 것이다. 『집운(集韻)』에서 본음이 "抽居切.(추와 거의 반절이다.)"이고 평성(平聲)이라고 하였다.
1032) 주자(朱子) 찬, 『시경집전(詩經集傳)』 및 호광(胡廣) 등 찬, 『시전대전(詩傳大全)』의 소주 내용을 수용한 것이다. 그 뜻이 '먹다. 음식'일 경우에는 『광운(廣韻)』에서 "乘力切.(승과 력의 반절이다.)"이고 입성(入聲)이라 하였고. 그 뜻이 '먹이다. 공양하다'일 경우에는 『집운(集韻)』에서 "祥吏切.(상과 리의 반절이다.)"이고 거성(去聲)이라고 하였다. 사(嗣)도 또한 『광운(廣韻)』에서 "祥吏切.(상과 리의 반절이다.)"이고 거성(去聲)이라고 하였다.

○ 音縈, 又音鶯.1033)

'영(蘡)'은 음이 영(縈)이고, 또 음이 앵(鶯)이다.

○ 孔氏曰 : "鬱, 樹高五六尺, 實大如李而赤, 一名雀李. 薁・蘡李, 二者相類, 同時熟."1034)

'영욱야(蘡薁也)'에 대해, 공씨(孔氏 : 孔穎達)가 말하였다. "아가위는 나무 높이가 대여섯 자이고 열매 크기가 자두와 같은데 붉으며, 다른 이름이 작리(雀李)이다. 머루와 욱리(薁李)는 두 가지가 서로 유사하고, 같은 시기에 익는다."

○ 『本草』註曰 : "葡萄, 卽蘡薁, 生隴西・五原山谷."1035)

『본초(本草)』의 주(註)에서 말하였다. "포도는 곧 까마귀머루이니, 농서(隴西)와 오원(五原)의 산골에서 난다."

○ 山陰陸氏曰 : "有紫・白二種, 心隨日轉, 輒低覆其根."1036)

'채명(菜名)'에 대해, 산음 육씨(山陰陸氏 : 陸佃)가 말하였다. "자주색과 흰색의 두 가지 종류가 있는데, 나물 고갱이가 해를 따라서 옮겨가다가 문득 밑으로 가서 그 뿌리를 덮는다."

○ 『本草』註曰 : "粳・糯, 通名爲稻. 糯溫, 故以爲酒."1037)

'이양주야(以釀酒也)'에 대해, 『본초(本草)』의 주(註)에서 말하였다. "메벼와 찰벼는 일반적인 이름이 도(稻)이며, 찰벼는 성질이 따뜻하기 때문에 이로써 술을 만든다."

1033) 호광(胡廣) 등 찬, 『시전대전(詩傳大全)』의 소주 내용을 수용한 것이다. 『광운(廣韻)』에는 "於盈切.(어와 영의 반절이다.)"이고 평성(平聲)이라 하였고, 『강희자전(康熙字典)』에는 "『集韻』, 於莖切, 音罌.(『집운』에는 어와 경의 반절이니, 음이 영이다.)"이라고 하였다.
1034) 호광(胡廣) 등 찬, 『시전대전(詩傳大全)』의 소주 내용에서 발췌한 것이다. 그 전문은 다음과 같다. "孔氏曰 : '鬱, 樹高五六尺, 實大如李而正赤, 食之甜. 『本草』云: 一名雀李, 一名車下李, 與棣相類. 薁・蘡李, 二者相類, 同時熟.'(공씨가 말하였다. '아가위는 나무 높이가 대여섯 자이고 열매 크기가 자두와 같은데 새빨가며, 먹으면 달다. 『본초』에서 이르기를, 다른 이름이 작리이고, 다른 이름이 거하리이니, 산앵두나무와 서로 유사하다. 머루와 욱리는 두 가지가 서로 유사하고, 같은 시기에 익는다.')"
1035) 호광(胡廣) 등 찬, 『시전대전(詩傳大全)』의 소주 내용을 수용한 것이다.
1036) 호광(胡廣) 등 찬, 『시전대전(詩傳大全)』의 소주 내용에서 발췌한 것이다. 그 전문은 다음과 같다. "山陰陸氏曰 : '葵有紫・白二種, 葵心隨日光所轉, 輒低覆其根.'(산음 육씨가 말하였다. '아욱에는 자주색과 흰색의 두 가지 종류가 있는데, 아욱 고갱이가 햇빛을 따라서 옮겨가다가 문득 밑으로 가서 그 뿌리를 덮는다.')"
1037) 호광(胡廣) 등 찬, 『시전대전(詩傳大全)』의 소주 내용을 수용한 것이다.

○ 蓋歲時之酒也.

'춘주(春酒)'는 대개 세시(歲時)의 술이다.

○ 臨川王氏曰 : "養氣體, 以助之."[1038]

'송도지사야(頌禱之辭也)'에 대해, 임천 왕씨(臨川王氏 : 王安石)가 말하였다. "기운과 몸을 양생(養生)하여 장수(長壽)를 돕는 것이다."

○ 孔氏曰 : "眉壽, 年老有毫眉秀出."[1039]

공씨(孔氏 : 孔穎達)가 말하였다. "미수(眉壽)는 나이가 늙음에 흰 눈썹이 나서 빼어난 것이다."

○ 鄭氏曰 : "是謂豳雅."[1040]

정씨(鄭氏 : 鄭玄)가 말하였다. "이를 일러서 빈아(豳雅)[1041]라고 한다."

○ 音互, 下同.

'호(瓠)'는 음이 호(互)이니, 아래도 같다.

○ 長樂劉氏曰 : "嫩者, 可供茹."[1042]

'호야(瓠也)'에 대해, 장락 유씨(長樂劉氏 : 劉彝)[1043]가 말하였다. "어린 것은 먹을 것으로 제공할 수 있다."

[1038] 호광(胡廣) 등 찬, 『시전대전(詩傳大全)』의 소주 내용에서 발췌한 것이다. 그 전문은 다음과 같다. "臨川王氏曰 : '養氣體, 以助之.'(임천 왕씨가 말하였다. '기운과 몸을 양생하여 장수를 돕는 것이다.')"
[1039] 호광(胡廣) 등 찬, 『시전대전(詩傳大全)』의 소주 내용에서 발췌한 것이다. 그 전문은 다음과 같다. "孔氏曰 : '眉壽者, 年老有毫眉秀出.'(공씨가 말하였다. '미수라는 것은 나이가 늙음에 흰 눈썹이 나서 빼어난 것이다.')"
[1040] 정씨(鄭氏) 전·육덕명(陸德明) 음의·공영달(孔穎達) 소, 『모시주소(毛詩注疏)』 권15, 「국풍(國風)·빈(豳)·칠월(七月)」. "『箋』云 : '介, 助也, 旣以鬱蕪及棗, 助男功, 又穫稻而釀酒, 以助其養老之具, 是謂豳雅.'(『전』에 이르기를, '개는 돕는 것이니, … 이를 일러서 빈아라고 한다.')"
[1041] 빈아(豳雅):「칠월(七月)」편을 이르는 말이다. 『주례(周禮)』「춘관(春官)·약장(籥章)」에서 "凡國祈年於田祖, 吹豳雅, 擊土鼓, 以樂田畯.(… 빈아를 부르고 토고를 치며 전준을 즐겁게 하였다.)"라고 하였는데, 정현(鄭玄)이 주(注)에 "豳雅, 亦「七月」也. … 謂之雅者, 以其言男女之正.(빈아는 또한 「칠월」이다. … 아라고 이른 것은 그 남정네와 여인네의 바름을 말한 것이다.)"라고 하였다.
[1042] 호광(胡廣) 등 찬, 『시전대전(詩傳大全)』의 소주 내용에서 발췌한 것이다. 그 전문은 다음과 같다. "長樂劉氏曰 : '枯者可爲壺, 嫩者可供茹.'(장락 유씨가 말하였다. '마른 것은 병을 만들 수 있고, 어린 것은 먹을 것으로 제공할 수 있다.')"
[1043] 장락 유씨(長樂劉氏 : 劉彝): 유이(1017-1086)는 북송의 학자로, 자가 집중(執中)이고, 복주(福州) 사람이다. 저서로는 『칠경중의(七經中義)』 170권이 있는데 그 가운데 『예기(禮記)』가 40권이나 된다. 그밖에 『명선집(明善集)』·『거양집(居陽集)』·『주례중의(周禮中義)』·『고례경전속통해(古禮經傳續通解)』·『홍범해(洪範解)』·『수경주(水經注)』·『예기대전(禮記大全)』 등이 있다.

○ 音短.1044)

'단(斷)'은 음이 단(短)이다.

○ 上聲.1045)

'거(去)'는 상성(上聲 : 제거하다)이다.

○ 照下章.

'역거포위장지점야(亦去圃爲場之漸也)'의 경우, 아랫장을 참조하였다.

○ 孔氏曰 : "以供食."1046)

'마자야(麻子也)'에 대해, 공씨(孔氏 : 孔穎達)가 말하였다. "음식으로 제공하였다."

○ 『本草』註曰 : "葉脫處有痕, 故號鬼目, 其木最無用."1047)

'악목야(惡木也)'에 대해, 『본초(本草)』의 주(註)에서 말하였다. "잎이 떨어져 나간 곳에 흔적이 있었기 때문에 귀목(鬼目)이라고 불렸으니, 그 나무가 가장 쓸모가 없는 것이다."

○ 孔氏曰 : "惟堪爲薪, 故曰惡木."1048)

공씨(孔氏 : 孔穎達)가 말하였다. "오직 땔나무를 감당할 뿐이기 때문에 악목(惡木)이라고 한다."

1044) 호광(胡廣) 등 찬, 『시전대전(詩傳大全)』의 소주에는 "絶之義當音短"으로 되어 있다. 단(斷)의 음이 단(短)이라고 한 것은, 단(斷)이 '절단하다'의 뜻으로 쓰였음을 말한다. 단(短)은 『광운(廣韻)』에서 "都管切.(도와 관의 반절이다.)"이고 상성(上聲)이라 하여 단(斷)의 음과 같다.
1045) 그 뜻이 '가다, 떠나가다, 헤어지다'일 경우에는 『광운(廣韻)』에서 "丘倨切.(구와 거의 반절이다.)"이고 거성(去聲)이라 하였고, 그 뜻이 '제거하다, 포기하다, 버리다'일 경우에는 『광운(廣韻)』에서 "羌擧切.(강과 거의 반절이다.)"이고 상성(上聲)이라고 하였다.
1046) 호광(胡廣) 등 찬, 『시전대전(詩傳大全)』의 소주 내용에서 발췌한 것이다. 그 전문은 다음과 같다. "孔氏曰 : '拾取麻子, 以供食也.'(공씨가 말하였다. '삼씨를 주워 취하여 음식으로 제공하였다.')"
1047) 호광(胡廣) 등 찬, 『시전대전(詩傳大全)』의 소주 내용에서 발췌한 것이다. 그 전문은 다음과 같다. "『本草』註曰 : '樗木類椿, 江東呼爲鬼目, 葉脫處有痕, 如眼目, 故得名. 其木最無用, 『莊子』所謂大本不中繩墨, 小枝不中規矩者也.'(『본초』의 주에서 말하였다. '… 강동에서는 귀목이라고 부르니, 잎이 떨어져나간 곳에 흔적이 있어 눈과 같기 때문에 이름을 얻은 것이다. 그 나무가 가장 쓸모가 없으니, ….')"
1048) 호광(胡廣) 등 찬, 『시전대전(詩傳大全)』의 소주 내용에서 발췌한 것이다. 그 전문은 다음과 같다. "孔氏曰 : '樗, 唯堪爲薪, 故曰惡木.'(공씨가 말하였다. '가죽나무는 오직 땔나무를 감당할 뿐이기 때문에 악목이라고 한다.')"

○ 音洛.

'락(樂)'은 음이 락(洛)이다.

○ 照應首章註末而論之, 以總下二章.

'이종수장후단지의(以終首章後段之意)'에서 볼 때, 머릿장 주(註) 끝에 조응(照應)하여 논변하여 아래 두 장을 총괄한 것이다.

○ 三山李氏曰 : "'于耜'·'擧趾'·'穫稻'·'納禾', 至於'鬱'·'薁'·'葵'·'菽'·'冰'·'韭'·'酒'·'羊', 凡所以助飮食者, 無不至也."1049)

삼산 이씨(三山李氏 : 李樗)가 말하였다. "'우사(于耜)'·'거지(擧趾)'·'확도(穫稻)'·'납화(納禾)'로부터 '울(鬱)'·'욱(薁)'·'규(葵)'·'숙(菽)'·'빙(冰)'·'구(韭)'·'주(酒)'·'양(羊)'에 이르기까지 모두 음식을 돕는 것이니, 지극하지 않음이 없다."

○ 帶說.

'이공노질·봉빈제(以供老疾·奉賓祭)'에서 '빈제(賓祭)'는 곁들여서 한 말이다.

○ 程子曰 : "'食鬱'以下, 皆爲老者之食1050); '食瓜'以下, 皆爲壯者之食."1051)

'이위상식(以爲常食)'에 대해, 정자(程子 : 程頤)가 말하였다. "'식울(食鬱)' 이하는 모두 늙은이의 음식이 되고, '식과(食瓜)' 이하는 모두 젊은이의 음식이 된다."

○ 豐城朱氏曰 : "當看'介眉壽'·'食農夫'六字, '瓜'·'瓠'·'苴'·

1049) 호광(胡廣) 등 찬, 『시전대전(詩傳大全)』의 소주 내용에서 발췌한 것이다. 그 전문은 다음과 같다. "三山李氏曰 : '于耜·擧趾, 則其勤於田事, 可謂至矣. 穫稻·納禾, 則田事之畢. 至於食鬱及薁·亨葵及菽·開冰·祭韭·朋酒·羔羊, 凡所以助飮食者, 無不至也.'(삼산 이씨가 말하였다. '우사·거지는 그 농사일에 부지런히 함이니 지극하다고 이를 만하다. 확도·납화는 농사일을 마침이다. 울 및 욱을 먹음과 규와 숙을 삶음과 개빙과 제구와 붕주와 고양에 이르기까지 모두 음식을 돕는 것이니, 지극하지 않음이 없다.')"
1050) 호광(胡廣) 등 찬, 『시전대전(詩傳大全)』의 소주에는 '具'로 표기되어 있다.
1051) 호광(胡廣) 등 찬, 『시전대전(詩傳大全)』의 소주 내용에서 발췌한 것이다. 그 전문은 다음과 같다. "程子曰 : '食鬱以下, 皆爲老者之具; 食瓜以下, 皆爲壯者之食.'(정자가 말하였다. '식울 이하는 모두 늙은이의 갖춤이 되고, 식과 이하는 모두 젊은이의 음식이 된다.')"

'茶', 老者未必不食, 而不可以爲常. '介', 有助之之義, 則非以
爲常食也, '食稻'・'食肉', 乃老者之常, 而果酒・嘉蔬, 則於常
食之外, 以此致其助, 此邠人之老, 所以無凍餒也."1052)
풍성 주씨(豊城朱氏 : 朱善)가 말하였다. "마땅히 '개미수(介眉壽)'와 '식농부(食
農夫)'의 여섯 글자를 보아야 한다. '과(瓜)'・'호(瓠)'・'저(苴)'・'도(荼)'는 늙은
이가 반드시 먹지 못하는 것이 아니나, 늘 먹는 것이 되어서는 안 된다. '개
(介)'는 돕는다는 뜻이 있지만 곧 늘 먹는 것으로 삼는 것은 아니다. 벼를 먹고
고기를 먹음은 바로 늙은이가 늘 먹는 것이나, 과실주와 훌륭한 채소는 또 늘
먹는 음식의 바깥에서 오로지 이것으로써 그 도움을 이루니, 이 빈(邠)땅의 사
람들이 늙어감에 추위에 떨고 굶주림이 없는 것이다."

○ 去聲.
'소(少)'에서, 거성(去聲 : 젊다)이다.

○ 上聲.
'장(長)'에서, 상성(上聲 : 어른)이다.

○ 此, 又論也.
'연야(然也)'에서 볼 때, 이는 또 논변한 것이다.

○ 安成劉氏曰 : "亦可見其愛敬於上之無已也."1053)
안성 유씨(安成劉氏 : 劉瑾)가 말하였다. "또한 그 윗사람을 사랑하고 공경함이

1052) 호광(胡廣) 등 찬, 『시전대전(詩傳大全)』의 소주 내용에서 발췌한 것이다. 그 전문은 다음과 같다. "豊城
朱氏曰 : '此章當看介眉壽・食農夫六字, 鬱薁之食, 葵菽之烹, 棗之剝而舂之爲, 皆介眉壽之事. 介, 有助
之之意, 則非以爲常食也. 瓜之食, 壺之斷, 苴之叔, 荼之采, 樗之薪, 皆食農夫之事. 食, 有養之之意, 固以
是爲常矣. 然則果酒・嘉蔬, 非不可以及少也, 而供老病・奉賓祭之意多. 瓜・瓠・苴・荼, 老者未必不食也,
而不可以爲常. 於以見食稻・食肉, 乃老者之常, 而果酒・嘉蔬, 則於常食之外, 專以此致其助也. 有常食
以養之, 而又有美味以助之, 此豳人之老, 所以無凍餒也歟.'(풍성 주씨가 말하였다. '이 장은 마땅히 개미수
와 식농부의 여섯 글자를 보아야 한다. … 과・호・저・도는 늙은이가 반드시 먹지 못하는 것이 아니나,
늘 먹는 것으로 삼아서는 안 된다. … 개는 돕는다는 뜻이 있지만 곧 늘 먹는 것으로 삼는 것은 아니다.
… 벼를 먹고 고기를 먹음은 바로 늙은이가 늘 먹는 것이나, 과실주와 훌륭한 채소는 늘 먹는 음식의 바
깥에서 이것으로써 그 도움을 이루니, 이 빈(邠)땅의 사람들이 늙어감에 추위에 떨고 굶주림이 없었던 것
이다.')"
1053) 호광(胡廣) 등 찬, 『시전대전(詩傳大全)』의 소주 내용에서 발췌한 것이다. 그 전문은 다음과 같다. "安成
劉氏曰 : '此章終首章言食之意, 而以美者養老, 惡者常食, 是亦可見其愛敬於上之無已, 猶四章終無褐之意
也. 抑又可見其豊於供老奉賓, 而儉於自養也.'(안성 유씨가 말하였다. '… 이 또한 그 윗사람을 사랑하고
공경함이 그침이 없음을 볼 수 있으니, ….')"

그침이 없음을 볼 수 있다."

○ 永嘉陳氏曰 : "'豵'·'豜', 上下之分著矣, 此章, 長幼之義明矣."1054)

영가 진씨(永嘉陳氏 : 陳鵬飛)가 말하였다. "'종(豵)'과 '견(豜)'은 윗사람과 아랫사람의 구분이 분명한 것이며, 이 장은 어른과 아이의 의리가 분명한 것이다."

[1-15-1-7]

○九月築場圃, 十月納禾稼, 黍稷重穋, 禾麻菽麥.

嗟我農夫! 我稼旣同, 上入執宮功, 晝爾于茅,

宵爾索綯, 亟其乘屋, 其始播百穀.

구월에 마당을 텃밭에 다지고 시월에 볍씨를 넣어 보관하니 메기장과 찰기장 늦벼와 올벼, 벼와 삼씨와 콩과 보리이니라. 아아, 우리 마을에 농부들아! 우리 농사 수확이 이미 모이면 위로는 궁실에서 일해야 하니 낮에는 가서 띠풀을 베어오고 밤에는 앉아 새끼줄을 꼬아서 지붕에 올라 수리를 서둘러야 비로소 온갖 곡식 뿌리느니라.

詳說

○ 音布.1055)

'포(圃)'는 음이 포(布)이다.

1054) 호광(胡廣) 등 찬, 『시전대전(詩傳大全)』의 소주 내용에서 발췌한 것이다. 그 전문은 다음과 같다. "永嘉陳氏曰 : '取豵以爲私, 取豜以獻公, 上下之分著矣. 以美者養老, 惡者自養, 長幼之義明矣.'(영가 진씨가 말하였다. '새끼돼지를 잡아서 사사로이 하고, 큰 돼지를 잡아서 공에게 바치니, 윗사람과 아랫사람의 구분이 분명한 것이다. 맛있는 것으로 늙은이를 공양하고, 나쁜 것으로 스스로 공급하니, 어른과 아이의 의리가 분명한 것이다.')"
1055) 주자(朱子) 찬, 『시경집전(詩經集傳)』의 소주와 달리 호광(胡廣) 등 찬, 『시전대전(詩傳大全)』의 소주에는 "博故反.(박과 고의 반절이다.)"으로 되어 있다. 『광운(廣韻)』에는 본음이 "博古切.(박과 고의 반절이다.)"이고 상성(上聲), 또는 "博故切.(박과 고의 반절이다.)"이고 거성(去聲)이라고 하였다. 포(布)는 『광운(廣韻)』에서 "博故切.(박과 고의 반절이다.)"이고 거성(去聲)이라고 하였다. 『광운(廣韻)』에 의하면, 그 뜻이 현포(玄圃) 또는 현포(縣圃)일 경우에 "『唐韻』·『集韻』, 丛博故切, 音布.(『당운』·『집운』에서 아울러 박과 고의 반절이라고 하였으니, 음이 포이다.)"라고 하였으니, 그 뜻이 '크다, 넓다'의 의미를 내포한 것으로 보인다.

○ 叶, 古護反.1056)

'가(稼)'는 협운(協韻)이니, 고(古)와 호(護)의 반절이다.

○ 平聲.1057)

'동(重)'은 평성(平聲 : 늦벼)이다.

○ 音六, 叶, 六直反.1058)

'륙(穋)'은 음이 륙(六)이고, 협운(協韻)이니, 륙(六)과 직(直)의 반절이다.

○ 叶, 訖力反.1059)

'맥(麥)'은 협운(協韻)이니, 흘(訖)과 력(力)의 반절이다.

○ 音陶.1060)

'도(綯)'는 음이 도(陶)이다.

○ 音棘.1061)

'극(亟)'은 음이 극(棘)이다.

朱註

賦也. '場'・'圃', 同地, 物生之時, 則耕治以爲圃, 而種菜茹; 物成之際, 則

1056) 주자(朱子) 찬,『시경집전(詩經集傳)』및 호광(胡廣) 등 찬,『시전대전(詩傳大全)』의 소주 내용을 수용한 것이다.『광운(廣韻)』에는 본음이 "古訝切.(고와 아의 반절이다.)"이고 거성(去聲)이라고 하였다.
1057) 주자(朱子) 찬,『시경집전(詩經集傳)』및 호광(胡廣) 등 찬,『시전대전(詩傳大全)』의 소주 내용을 수용한 것이다.『정자통(正字通)』에는 본음이 "徒紅切.(도와 홍의 반절이다.)"이라고 하였는데, 이는 동(種)과 통하는 글자이다. 동(種)도 또한『광운(廣韻)』에서 "徒紅切.(도와 홍의 반절이다.)"이고 평성(平聲)이라고 하였다.
1058) 주자(朱子) 찬,『시경집전(詩經集傳)』및 호광(胡廣) 등 찬,『시전대전(詩傳大全)』의 소주 내용을 수용한 것이다.『광운(廣韻)』에는 본음이 "力竹切.(력과 죽의 반절이다.)"이고 입성(入聲)이라고 하였는데, 이는 륙(穋)과 통하는 글자이다.
1059) 주자(朱子) 찬,『시경집전(詩經集傳)』및 호광(胡廣) 등 찬,『시전대전(詩傳大全)』의 소주 내용을 수용한 것이다.『광운(廣韻)』에는 본음이 "莫獲切.(막과 획의 반절이다.)"이고 입성(入聲)이라고 하였다.
1060) 주자(朱子) 찬,『시경집전(詩經集傳)』의 소주와 달리 호광(胡廣) 등 찬,『시전대전(詩傳大全)』의 소주에는 "徒刀反.(도와 도의 반절이다.)"으로 되어 있다.『광운(廣韻)』에도 본음이 "徒刀切.(도와 도의 반절이다.)"이고 평성(平聲)이라고 하였다. 도(陶)도 또한『광운(廣韻)』에서 "徒刀切.(도와 도의 반절이다.)"이고 평성(平聲)이라고 하였다.
1061) 주자(朱子) 찬,『시경집전(詩經集傳)』의 소주와 달리 호광(胡廣) 등 찬,『시전대전(詩傳大全)』의 소주에는 "紀力反.(기와 력의 반절이다.)"으로 되어 있다.『광운(廣韻)』에는 본음이 "紀力切.(기와 력의 반절이다.)"이고 입성(入聲)이라고 하였다. 극(棘)도 또한『광운(廣韻)』에서 "紀力切.(기와 력의 반절이다.)"이고 입성(入聲)이라고 하였다.

築堅之以爲場, 而納禾稼, 蓋自田而納之於場也. '禾'者, 穀連藁秸之總名, 禾之秀實而在野者曰'稼'. 先種後熟曰'重', 後種先熟曰'穋'. 再言'禾'者, 稻秫苽粱之屬皆禾也. '同', 聚也. '宮', 邑居之宅也. 古者, 民受五畝之宅, 二畝半, 爲廬在田, 春夏居之; 二畝半, 爲宅在邑, 秋冬居之. '功', 葺治之事也. 或曰: "公室官府之役也, 古者, 用民之力, 歲不過三日", 是也. '索', 絞也. '綯', 索也. '乘', 升也. ○言: "納於場者, 無所不備, 則我稼同矣, 可以上入都邑, 而執治宮室之事矣, 故晝往取茅, 夜而絞索, 亟升其屋而治之, 蓋以來歲將復始播百穀而不暇於此故也." 不待督責而自相警戒, 不敢休息如此. 呂氏曰: "此章, 終始農事, 以極憂勤艱難之意."

부(賦)이다. '장(場)'·'포(圃)'는 같은 땅이니, 나물이 나는 때에는 갈고 다스려서 남새밭을 만들어 채소를 심고, 나물이 자랐을 즈음에는 다져서 굳게 하여 마당을 만들어 벼를 거두니, 대개 밭으로부터 마당에 거두는 것이다. '화(禾)'라는 것은 곡식에 볏짚이 잇닿아있는 모두를 일컬음이고, 벼가 패어서 영글어 들에 있는 것을 '가(稼)'라고 한다. 먼저 심어 뒤에 익는 것을 '동(重)'이라 하고, 뒤에 심어 먼저 익는 것을 '육(穋)'이라고 한다. 두 번 '화(禾)'를 말한 것은 벼와 차조와 교미와 수수의 등속이 모두 화(禾)여서이다. '동(同)'은 모임이다. '궁(宮)'은 도읍의 거주하는 집이다. 옛날에는 백성들이 다섯 이랑의 택지(宅地)를 받아서 두 이랑 반은 농막(農幕)을 만들어 전지(田地)에 두고 봄과 여름에 거주하였으며, 두 이랑 반은 집을 만들어 읍내에 두고 가을과 겨울에 거주하였다. '공(功)'은 지붕을 잇고 수리하는 일이다. 어떤 이가 말하기를, "공실(公室)과 관부(官府)의 부역이니, 옛날에 백성의 힘을 쓰되 한 해에 3일을 초과하지 않는다."고 한 것이 이것이다. '색(索)'은 새끼를 꼬는 것이다. '도(綯)'는 새끼줄이다. '승(乘)'은 올라가는 것이다. ○말하기를, "마당에 거두는 것이 갖춰지지 않는 것이 없으면 나의 농작물이 이미 모인 것이니, 위로 도읍에 들어가서 궁실의 일을 맡아 다스릴 수 있기 때문에 낮에는 나가서 띠풀을 취하고, 밤에는 새끼줄을 꼬아 그 지붕에 올라가서 수리(修理)함을 서둘러야 하니, 대개 이는 내년에 장차 다시 온갖 곡식을 씨 뿌려서 이것을 할 겨를이 없기 때문이다."라고 하였으니, 감독하면서 걱정함을 기다리지 않고 스스로 경계하여 감히 쉬지 못함이 이와 같은 것이다. 여씨(呂氏 : 呂大臨)[1062]가 말하였다.

1062) 여씨(呂氏 : 呂大臨): 여대림(1042-1090)은 송대 학자로, 자가 여숙(與叔)이고, 호는 옥계(玉溪)이며, 경조(京兆) 남전(藍田) 출신이어서 남전 여씨(藍田呂氏)라고 불렸다. 조부 여통(呂通)은 태상박사(太常博士)를 지냈고, 아버지 여분(呂賁)은 비부낭중(比部郎中)을 지냈으며, 여섯 아들 가운데 다섯 아들이 모두 등과급제(登科及第)하였다. 여대충(呂大忠)·여대방(呂大防)·여대균(呂大鈞)·여대림(呂大臨) 네 형제는 모두 조

"이 장은 처음부터 끝까지 농사이니, 힘들고 고생됨을 근심하고 격려하는 뜻을 지극히 하였다."

詳說

○ 音如.

'여(茹)'는 음이 여(如)이다.

○ 廬陵彭氏曰 : "築場於圃地, 地無遺利也."1063)

'즉축견지이위장(則築堅之以爲場)'에 대해, 여릉 팽씨(廬陵彭氏 : 彭執中)1064)가 말하였다. "남새밭에 마당을 다짐이니, 땅마다 다 이용하지 못하는 유익함이 없게 하는 것이다."

○ 音戛.1065) ○『說文』曰 : "秸, 禾稾去皮."1066)

'갈(秸)'은 음이 알(戛)이다. ○『설문(說文)』에 말하기를, "'갈(秸)'은 볏짚에서 껍질을 제거한 것이다."

○ 秀且實.

'화지수실(禾之秀實)'의 경우, 패고 또 영그는 것이다.

○ 一無'者'字.1067)

'이재야자(而在野者)'의 경우, 어떤 판본에는 '자(者)'자 없다.

○ 視「伐檀」註, 又別是一義也.1068)

정에 나아가 벼슬하면서 정치적 영향을 주었을 뿐 아니라 학문적인 공헌도 있었으니, 특히 여대균은 형제들과 같이 노력하여 『여씨향약(呂氏鄕約)』・『향의(鄕義)』를 편찬하였다. 여대림의 저서로는 『옥계집(玉溪集)』 외에 『시설(詩說)』・『역장구(易章句)』・『예각예기해(藝閣禮記解)』・『논어해(論語解)』・『중용용해(中庸解)』・『노자주(老子注)』・『서명집해(西銘集解)』・『편례(編禮)』 등이 있다.

1063) 호광(胡廣) 등 찬, 『시전대전(詩傳大全)』의 소주 내용을 수용한 것이다.
1064) 여릉 팽씨(廬陵彭氏 : 彭執中): 팽집중은 원(元)대 유학자로, 여릉(廬陵) 사람이다.
1065) 갈(秸)은 『광운(廣韻)』에 "古黠切.(고와 할의 반절이다.)"이라 하였고, 또한 갈(秸)로도 쓴다. 갈(戛)은 『강희자전(康熙字典)』에서 "『廣韻』, 古點切, 『集韻』・『韻會』・『正韻』, 訖點切, 夶音拮.(『광운』에서 고와 할의 반절이라 하였고, 『집운』・『운회』・『정운』에서 글과 할의 반절이라 하였으니, 아울러 음이 갈이다.)"라고 하였다.
1066) 호광(胡廣) 등 찬, 『시전대전(詩傳大全)』의 소주 내용을 수용한 것이다.
1067) 주자(朱子) 찬, 『시경집전(詩經集傳)』과 호광(胡廣) 등 찬, 『시전대전(詩傳大全)』 및 내각본에는 모두 '者'자가 없다.
1068) 호광(胡廣) 등 찬, 『시전대전(詩傳大全)』 권5, 「국풍(國風)・위(魏)・벌단(伐檀)」 1장에서 "不稼不穡, 胡

'이재야자왈가(而在野者曰稼)'의 경우, 「벌단(伐檀)」의 주(註)와 비교하면 또 다른 하나의 뜻이다.

○ 恐當作四物看, 而『諺』釋作'黍稷之重穋', 更詳之.1069)
'후종선숙왈륙(後種先熟曰穋)'에서 볼 때 '서직동륙(黍稷重穋)'은 아마도 마땅히 네 가지 물건으로 보아야 하는데, 『언해(諺解)』의 해석에서는 '서직지동륙(黍稷之重穋)'으로 썼으니, 다시 상고해야 한다.

○ 音孤.
'고(苽)'는 음이 고(孤)이다.

○ 廬陵羅氏曰 : "'稻', 秫也, '秫', 糯也, '苽', 雕胡也."1070)
'도출고량지속개화야(稻秫苽粱之屬皆禾也)'에 대해, 여릉 나씨(廬陵羅氏 : 羅大經)가 말하였다. "'도(稻)'는 찰벼이고, '출(秫)', 찰벼이고, '고(苽)'는 조호(雕胡 : 줄풀. 雕胡米)이다."

○ 『本草』註曰 : "秫似黍而小, 不堪爲飯, 最黏, 宜作酒. 苽又謂之茭. 黑米‧粱, 粟類."1071)
『본초』의 주(註)에서 말하였다. "출(秫)은 기장과 같은데 작아서 밥으로 짓기에 낫지 않고 가장 찰지니 술을 만들기에 마땅하다. 고(苽)는 또 교(茭)라고 이른다. 현미와 기장은 조의 무리이다."

取禾三百廛兮: 不狩不獵, 胡瞻爾庭有縣狟兮. 彼君子兮, 不素餐兮.(심지도 않고 거두지 않으면 어찌 벼 삼백 전을 취하며, 때려잡고 사로잡지 않으면 어찌 집에서 담비를 보리오. 저 훌륭하고 성실한 군자는 일도 않고 밥 먹지 않았다.)"라고 하였는데, 그 주(註)에 "種之曰'稼', 斂之曰'穡'.(심는 것을 '가(稼)'라 하고, 거두는 것을 '색(穡)'이라고 한다.)"이라고 하였다.
1069) 『언해(諺解)』의 해석에서는 '黍서와 稷직이 重동하며 穋륙하니"라고 하여 '서직(黍稷)의 동륙(重穋)'으로 해석한 것을 말한다.
1070) 호광(胡廣) 등 찬, 『시전대전(詩傳大全)』의 소주 내용에서 발췌한 것이다. 그 전문은 다음과 같다. "廬陵羅氏曰 : '稻, 秫也, 音杜. 秫, 音述, 糯也. 苽, 音孤, 雕苽也. 亦作雕胡, 卽板桑, 所謂安胡飯.'(여릉 나씨가 말하였다. '도는 찰벼이니, 음이 두이다. 술은 음이 술이니, 찰벼이다. 고는 음이 고이니, 조고이고, 또한 조호로도 쓰며, 곧 반상이니, 이른바 안호반이다.')"
1071) 호광(胡廣) 등 찬, 『시전대전(詩傳大全)』의 소주 내용에서 발췌한 것이다. 그 전문은 다음과 같다. "『本草』註曰 : '稻米有秔, 有糯. 秫米是粟, 秫似黍米而粒小, 不堪爲飯, 最粘, 宜作酒. 苽又謂之茭白, 歲久中心生白臺, 謂之菰米. 臺中有黑者, 謂之茭鬱. 至後結實, 乃雕胡. 黑米‧粱米, 皆是粟類.'(『본초』의 주에서 말하였다. '… 술은 기장과 같은데 쌀알이 작아서 밥으로 짓기에 낫지 않고, 가장 찰지니 술을 만들기에 마땅하다. 고는 또 교백이라고 이르니, … 현미와 기장은 모두 조의 무리이다.')"

○ 孔氏曰 : "麻・菽・麥, 則無禾稱, 故於麻・麥之上, 更言'禾'字, 以總諸禾."1072)
공씨(孔氏 : 孔穎達)가 말하였다. "삼과 콩과 보리는 곧 벼의 호칭이 없기 때문에 삼과 보리의 위에 다시 '화(禾)'자를 말하여 모든 벼를 총괄한 것이다."

○ 按, 本文二'禾'字, 所指有廣狹之殊.
내가 살펴보건대, 본문의 두 개의 '화(禾)'자는 가리키는 것이 넓고 좁음의 다름이 있다.

○ 東陽許氏曰 : "麥非納於十月, 蓋總言農事畢耳."1073)
동양 허씨(東陽許氏 : 許謙)가 말하였다. "보리는 10월에 거두는 작물이 아니니, 농사가 끝났음을 총괄하여 말하였을 뿐이다."

○ 臨川王氏曰 : "言所納備也."1074)
'취야(聚也)'에 대해, 임천 왕씨(臨川王氏 : 王安石)가 말하였다. "거둔 수확의 비축을 말한다."

○ 見『孟子』「梁惠王」.1075)
'민수오무지댁(民受五畝之宅)'의 내용이 『맹자(孟子)』「양혜왕(梁惠王)」에 보인다.

○ 安成劉氏曰 : "卽蟋蟀入牀, 塞向墐戶之時也."1076)
'즙치지사야(葺治之事也)'에 대해, 안성 유씨(安成劉氏 : 劉瑾)가 말하였다. "곧 귀뚜라미가 침상 아래로 들어오고, 북쪽 창을 막고 문틈에 흙 바르는 때이다."

1072) 호광(胡廣) 등 찬, 『시전대전(詩傳大全)』의 소주 내용에서 발췌한 것이다. 그 전문은 다음과 같다. "孔氏曰 : '麻與菽・麥, 則無禾稱, 故於麻・麥之上, 更言禾字, 以總諸禾也.'(공씨가 말하였다. '삼과 콩과 보리는 곧 벼의 호칭이 없기 때문에 삼과 보리의 위에 다시 화자를 말하여 모든 벼를 총괄한 것이다.')"
1073) 호광(胡廣) 등 찬, 『시전대전(詩傳大全)』의 소주 내용을 수용한 것이다.
1074) 호광(胡廣) 등 찬, 『시전대전(詩傳大全)』의 소주 내용에서 발췌한 것이다. 그 전문은 다음과 같다. "臨川王氏曰 : '言所納之備也.'(임천 왕씨가 말하였다. '거둔 수확의 비축을 말한다.')"
1075) 『맹자집주대전(孟子集註大全)』 권1. 「양혜왕장구상(梁惠王章句上)」에서 "五畝之宅, 樹之以桑, 五十者, 可以衣帛矣.(다섯 이랑의 집에서 뽕나무를 심으면 오십이 된 사람이 비단옷을 입을 수 있다.)"라고 하였고, 그 주(註)에서 "五畝之宅, 一夫所受, 二畝半在田, 二畝半在邑.('오무지택'은 한 남자가 받는 것이니, 두 이랑 반은 밭에 두고, 두 이랑 반은 읍내에 둔다.)"이라고 하였다.
1076) 호광(胡廣) 등 찬, 『시전대전(詩傳大全)』의 소주 내용에서 발췌한 것이다. 그 전문은 다음과 같다. "安成劉氏曰 : '十月禾稼, 旣同之後, 而入治邑居, 卽蟋蟀入牀下, 而塞向墐戶之時也.'(안성 유씨가 말하였다. '… 곧 귀뚜라미가 침상 아래로 들어오고, 북쪽 창을 막고 문틈에 흙 바르는 때이다.')"

○ 宮.
　'공실관부(公室官府)'의 경우, 궁(宮)이다.

○ 見『禮記』「王制」.1077)
　'시야(是也)'의 내용이 『예기(禮記)』「왕제(王制)」에 보인다.

○ 索事.
　'교(絞也)'의 경우, 새끼줄을 꼬는 일이다.

○ 索名.
　'삭야(索也)'의 경우, 새끼줄의 이름이다.

○ 慶源輔氏曰 : "'黍稷'以下, 一歲所種者, 皆舉矣, 故後總言之, 曰'我稼旣同'."1078)
　'즉아가동의(則我稼同矣)'에 대해, 경원 보씨(慶源輔氏 : 輔廣)가 말하였다. "'서직(黍稷)' 이하는 한 해에 심는 것을 모두 들었기 때문에 뒤에 총괄하여 그것을 말하여 '아가기동(我稼旣同 : 우리 농사 수확이 이미 모이면)'이라고 한 것이다."

○ 毛氏曰 : "入爲上, 出爲下."1079)
　'가이상입도읍(可以上入都邑)'에 대해, 모씨(毛氏 : 毛萇)가 말하였다. "들어감은 상(上)이고, 나옴은 하(下)이다."

1077) 호광(胡廣) 등 찬, 『예기대전(禮記大全)』 권5, 「왕제(王制)」. "用民之力, 歲不過三日.(백성의 힘을 쓰되 한 해에 3일을 초과하지 않는다.)"
1078) 호광(胡廣) 등 찬, 『시전대전(詩傳大全)』의 소주 내용에서 발췌한 것이다. 그 전문은 다음과 같다. "慶源輔氏曰 : '黍稷·重穋·禾麻·菽麥, 則凡一歲所種者, 先後大小皆舉之矣, 故後總言之, 曰我稼旣同, 謂事聚也. 上入執宮功, 觀上之一字, 恐當從范氏·董氏說, 以爲公室官府之役. 於其田畝, 則有兩我公田, 遂及我私. 於其居室, 則曰上入執宮功, 然後索綯, 以乘屋. 周人之忠君親上, 發於眞誠如此, 固不待使之而然也. 「七月」之民, 其事則不外於農桑, 其心則不忘乎君上. 治天下而未能使斯民至於如此, 則皆苟道也.'(경원 보씨가 말하였다. '서직·중륙·화마·숙맥은 모두 한 해에 심는 것으로 먼저하고 뒤에 하며 크고 작은 것을 모두 들었기 때문에 뒤에 총괄하여 그것을 말하여 아가기동이라고 하였으니, 다 모음을 이르는 것이다. ….')"
1079) 정씨(鄭氏) 전·육덕명(陸德明) 음의·공영달(孔穎達) 소, 『모시주소(毛詩注疏)』 권15, 「국풍(國風)·빈(豳)·칠월(七月)」. "『傳』: '入爲上, 出爲下.' 『箋』云 : '旣同, 言已聚也, 可以上入都邑之宅, 治宮中之事矣. 於是時, 男之野功畢, 晝爾于茅, 宵爾索綯.'(『전』에서 '들어감은 상이고, 나옴은 하이다.'라고 하였다.' ….)"

○ 三山李氏曰 : "自田野入."1080)
　삼산 이씨(三山李氏 : 李樗)가 말하였다. "전야(田野)로부터 들어가는 것이다."

○ 補'治'字.
　'극승기옥이치지(亟升其屋而治之)'의 경우, '치(治)'자를 보탰다.

○ 此三句, 申'宮功'二字義.
　이 세 구절은 '궁공(宮功)' 두 글자의 뜻을 편 것이다.

○ 『諺』讀叓商.1081)
　'승옥(乘屋)'의 경우, 『언해(諺解)』의 독해(讀解)를 다시 헤아려야 한다.

○ 去聲.
　'부(復)는 거성(去聲 : 다시)이다.

○ 補'來歲'字·'不暇'字.
　'개이래세장부시파백곡이불가어차고야(蓋以來歲將復始播百穀而不暇於此故也)'의 경우, '내세(來歲)'자와 '불가(不暇)'자를 보탰다.

○ 安成劉氏曰 : "亦猶三章, 旣終蠶桑之功, 復擬來歲治蠶之用也."1082)
　안성 유씨(安成劉氏 : 劉瑾)가 말하였다. "또한 3장과 같으니, 이미 누에치기와 뽕잎 따기의 일을 마치고 다시 내년의 누에치는 데 쓸 일을 헤아리는 것이다."

○ 臨川王氏曰 : "宵可以息矣而索綯, 冬可以息矣而乘屋."1083)

1080) 호광(胡廣) 등 찬, 『시전대전(詩傳大全)』의 소주 내용에서 발췌한 것이다. 그 전문은 다음과 같다. "三山李氏曰 : '自田野入都邑, 故謂之上.'(삼산 이씨가 말하였다. '전야로부터 도읍에 들어가기 때문에 상이라고 이른 것이다.')"
1081) 『언해(諺解)』에서 "亟극其기乘승屋옥이오야"라고 하여 "빨리 그 屋옥애 乘승ᄒ고야"라고 풀이하였는데, 박문호는 아마도 '그 지붕에 오름을 빨리 해야'로 해야 한다고 본 것 같다.
1082) 호광(胡廣) 등 찬, 『시전대전(詩傳大全)』의 소주 내용에서 발췌한 것이다. 그 전문은 다음과 같다. "安成劉氏曰 : '此章終首章言食之意, 而終始農事之艱難, 亦猶三章終無衣之意, 旣終蠶桑之功, 復擬來歲治蠶之用也.'(안성 유씨가 말하였다. '… 또한 3장의 무의의 뜻을 마친 뜻과 같으니, 이미 누에치기와 뽕잎 따기의 일을 마치고서 다시 내년의 누에치는 데 쓸 일을 헤아리는 것이다.')"
1083) 호광(胡廣) 등 찬, 『시전대전(詩傳大全)』의 소주 내용에서 발췌한 것이다. 그 전문은 다음과 같다. "臨川

'불감휴식여차(不敢休息如此)'에서, 임천 왕씨(臨川王氏 : 王安石)가 말하였다. "밤에 쉴 수 있는데도 새끼줄을 꼬고, 겨울에 쉴 수 있는데도 지붕에 오른 것이다."

○ 慶源輔氏曰 : "趨於農功, 如此其亟, 故孟子引之, 以證其民事不可緩之說."1084)

경원 보씨(慶源輔氏 : 輔廣)가 말하였다. "농사일을 좇는 것이 이와 같이 빨리하기 때문에 맹자(孟子)가 인용하여 그 백성의 일을 늦추어서는 안 된다는 말을 증명하였다."

○ 疑亦蒙上'東萊'字, 如著註耳.

'여씨(呂氏)'의 경우, 의심하건대, 위의 '동래(東萊)'자를 이은 것이니, 주(註)에 드러낸 것과 같을 뿐이다.

○ 豐城朱氏曰 : "事有始終, 而其憂勤艱難, 則無間於始終, 此所以爲厚也."1085)

'이극우근간난지의(以極憂勤艱難之意)'에 대해, 풍성 주씨(豐城朱氏 : 朱善)가 말하였다. "일에는 시작과 끝이 있는데, 그 힘들고 고생됨을 근심함에 곧 처음부터 끝까지 틈이 없으니, 이것이 두터움이 되는 까닭이다."

○ '不待'以下, 論也.

'부대(不待)' 이하는 논변한 것이다.

王氏曰 : '宵可以息矣而索綯, 多可以息矣而乘屋.'(임천 왕씨가 말하였다. '밤에 쉴 수 있는데도 새끼줄을 꼬고, 겨울에 쉴 수 있는데도 지붕에 오른 것이다.')
1084) 호광(胡廣) 등 찬, 『시전대전(詩傳大全)』의 소주 내용에서 발췌한 것이다. 그 전문은 다음과 같다. "慶源輔氏曰 :'『詩』言民之趨於農功, 自然如此其亟, 故孟子引之, 以證其民事不可緩之說.'(경원 보씨가 말하였다. '『시경』에서 백성들이 농사일을 좇는 것이 자연스럽게 이와 같이 빨리하기 때문에 맹자가 인용하여 그 백성의 일을 늦추어서는 안 된다는 말을 증명하였다.')"
1085) 호광(胡廣) 등 찬, 『시전대전(詩傳大全)』의 소주 내용에서 발췌한 것이다. 그 전문은 다음과 같다. "豐城朱氏曰 : '稼之旣同, 若可以少休也, 而卽念夫邑居之當修; 屋之方乘, 若可以少緩也, 而復念夫農功之當始. 於其築而納之也, 有以見其歡欣鼓舞之意; 於其亟而乘之也, 有以見其勤勉戒飭之意. 事有始終, 而其憂勤艱難, 則無間於始終, 此所以爲厚也歟.'(풍성 주씨가 말하였다. '농사 작물이 이미 모였으니 … 일에는 시작과 끝이 있는데, 그 힘들고 고생됨을 근심함에 곧 처음부터 끝까지 틈이 없으니, 이것이 두터움이 되는 까닭이다.')"

[1-15-1-8]

○二之日鑿冰沖沖, 三之日納于凌陰, 四之日其蚤, 獻羔祭韭.

九月肅霜, 十月滌場, 朋酒斯饗, 曰殺羔羊,

躋彼公堂, 稱彼兕觥, 萬壽無疆.

섣달에 얼음을 쿵쿵 끊어두고 정월달에 얼음 창고에 넣으며 이월이 되어 그 이른 아침에 염소와 부추로 제사 지내니라. 구월에 차가운 서리가 내리면 시월에 마당을 깨끗하게 씻고 두 동이 술로 잔치를 베풂에 어린 양을 잡는다고 하거니와 저기 임금의 공당에 올라가서 저기 뿔소 술잔을 높이 드니 오래도록 사시길 바람이로다.

詳說

○ 力證反.1086)

'릉(凌)'은 력(力)과 증(證)의 반절이다.

○ 叶, 於容反.1087)

'음(陰)'은 협운(協韻)이니, 어(於)와 용(容)의 반절이다.

○ 音早.1088)

'조(蚤)'는 음이 조(早)이다.

○ 音九, 叶, 己小反.1089)

1086) 호광(胡廣) 등 찬,『시전대전(詩傳大全)』의 소주 내용을 수용한 것이다. 주자(朱子) 찬,『시경집전(詩經集傳)』의 소주에는 "音另.(음이 령이다.)"으로 되어 있다.『광운(廣韻)』에는 본음이 "力膺切.(력과 응의 반절이다.)"이고 평성(平聲)이라고 하였다. 령(另)은『오음집운(五音集韻)』에서 "郞定切.(랑과 정의 반절이다.)"이고 거성(去聲)이라고 하였다.
1087) 주자(朱子) 찬,『시경집전(詩經集傳)』및 호광(胡廣) 등 찬,『시전대전(詩傳大全)』의 소주 내용을 수용한 것이다.『광운(廣韻)』에는 본음이 "於金切.(어와 금의 반절이다.)"이고 평성(平聲)이라고 하였다.
1088) 주자(朱子) 찬,『시경집전(詩經集傳)』및 호광(胡廣) 등 찬,『시전대전(詩傳大全)』의 소주 내용을 수용한 것이다.『광운(廣韻)』에는 본음이 "子皓切.(자와 호의 반절이다.)"이고 상성(上聲)이라고 하였다. 조(早)도 또한『광운(廣韻)』에서 "子皓切.(자와 호의 반절이다.)"이고 상성(上聲)이라고 하였다.
1089) 주자(朱子) 찬,『시경집전(詩經集傳)』및 호광(胡廣) 등 찬,『시전대전(詩傳大全)』의 소주 내용을 수용한 것이다.『광운(廣韻)』에는 본음이 "擧有切.(거와 유의 반절이다.)"이고 상성(上聲)이라고 하였다. 구(九)도 또한『광운(廣韻)』에서 "擧有切.(거와 유의 반절이다.)"이고 상성(上聲)이라고 하였다.

'구(韭)'는 음이 구(九)이고, 협운(協韻)이니, 기(己)와 소(小)의 반절이다.

○ 徒力反.1090)

'척(滌)'은 도(徒)와 력(力)의 반절이다.

○ 叶, 虛良反.1091)

'향(饗)'은 협운(協韻)이니, 허(虛)와 량(良)의 반절이다.

○ 子奚反.1092)

'제(齎)'는 자(子)와 해(奚)의 반절이다.

○ 虢彭反, 叶, 古黃反.1093)

'굉(觥)'은 괵(虢)과 팽(彭)의 반절이고, 협운(協韻)이니, 고(古)와 황(黃)의 반절이다.

朱註

賦也. '鑿冰', 謂取冰於山也. '沖沖', 鑿冰之意.『周禮』, "正歲十二月, 令斬冰", 是也. '納', 藏也, 藏冰, 所以備暑也. '凌陰', 冰室也. 豳土寒多, 正月風未解凍, 故冰猶可藏也. '蚤', 蚤朝也. '韭', 菜名, 獻羔祭韭而後啓之.「月令」, "仲春獻羔開冰, 先薦寢廟", 是也. 蘇氏曰: "古者, 藏冰發冰, 以節陽氣之盛. 夫陽氣之在天地, 譬猶火之著於物也, 故常有以解之. 十二月, 陽氣蘊伏, 錮而未發, 其盛在下, 則納冰於地中; 至於二月, 四陽作, 蟄蟲起, 陽始用事, 則亦始啓冰而廟薦之; 至於四月, 陽氣畢達, 陰氣將絶, 則冰於是大

1090) 호광(胡廣) 등 찬,『시전대전(詩傳大全)』의 소주 내용을 수용한 것이다. 주자(朱子) 찬,『시경집전(詩經集傳)』의 소주에는 "音笛.(음이 적이다.)"으로 되어 있다.『광운(廣韻)』에는 본음이 "徒歷切.(도와 력의 반절이다.)"이고 입성(入聲)이라고 하였다. 적(笛)도 또한『광운(廣韻)』에서 "徒歷切.(도와 력의 반절이다.)"이고 입성(入聲)이라고 하였다.
1091) 주자(朱子) 찬,『시경집전(詩經集傳)』및 호광(胡廣) 등 찬,『시전대전(詩傳大全)』의 소주 내용을 수용한 것이다.『광운(廣韻)』에는 본음이 "許兩切.(허의 량의 반절이다.)"이고 상성(上聲)이라고 하였다.
1092) 주자(朱子) 찬,『시경집전(詩經集傳)』의 소주에는 "音資.(음이 재이다.)"로 되어 있다. 호광(胡廣) 등 찬,『시전대전(詩傳大全)』의 소주 내용을 수용한 것이다.『광운(廣韻)』에는 본음이 "祖稽切.(조와 계의 반절이다.)"이고 평성(平聲)이라고 하였다. 재(賫)는 재(齎)의 속자이며,『광운(廣韻)』에서 "祖稽切.(조와 계의 반절이다.)"이고 평성(平聲)이라고 하였다.
1093) 호광(胡廣) 등 찬,『시전대전(詩傳大全)』의 소주 내용을 수용한 것이다. 주자(朱子) 찬,『시경집전(詩經集傳)』의 소주에는 "音肱, 叶, 古黃反.(음이 굉이고, 협운이니, 고와 황의 반절이다.)"으로 되어 있다.『광운(廣韻)』에는 본음이 "古橫切.(고와 황의 반절이다.)"이고 평성(平聲)이라고 하였다. 굉(肱)은『광운(廣韻)』에서 "古弘切.(고와 홍의 반절이다.)"이고 평성(平聲)이라고 하였다.

發, 食肉之祿, 老病喪浴, 冰無不及. 是以冬無愆陽, 夏無伏陰, 春無凄風, 秋無苦雨, 雷出不震, 無災霜雹, 癘疾不降, 民不夭札也." 胡氏曰 : "藏冰・開冰, 亦聖人輔相燮調之一事耳, 不專恃此以爲治也." '肅霜', 氣肅而霜降也. '滌場'者, 農事畢而掃場地也. 兩尊曰'朋', 鄕飮酒之禮, "兩尊壺于房戶間", 是也. '躋', 升也. '公堂', 君之堂也. '稱', 擧也. '疆', 竟也. ○張子曰 : "此章, 見民忠愛其君之甚, 旣勸趨其藏冰之役, 又相戒速畢場功, 殺羊以獻于公, 擧酒而祝其壽也."

부(賦)이다. '착빙(鑿冰)'은 산에서 얼음을 취하는 것을 이른다. '충충(沖沖)'은 얼음을 뚫는 뜻이다. 『주례(周禮)』에 "정세(正歲)[1094]인 12월에 얼음을 베어오게 한다."는 것이 이것이다. '납(納)'은 보관함이니, 얼음을 보관함은 더위를 대비하는 것이다. '능음(凌陰)'은 얼음집이다. 빈(豳) 땅은 추운 날이 많아서 정월에도 바람불고 얼음이 풀리지 않기 때문에 얼음을 오히려 보관할 수 있다. '조(蚤)'는 이른 아침이다. '구(韭)'는 나물 이름이니, 염소를 바치고 부추로 제사한 뒤에 얼음집을 연다. 「월령(月令)」에서 "중춘에 염소를 바치고 얼음집을 열어서 먼저 사당에 올린다."는 것이 이것이다. 소씨(蘇氏 : 蘇軾)[1095]가 말하기를, "옛날에 얼음을 보관하고 얼음을 꺼냄은 따뜻한 기운의 극성함을 조절하는 것이다. 무릇 따뜻한 기운이 세상에 있음은 비유하면 불이 물건에 붙은 것과 같기 때문에 항상 해소함이 있었다. 12월에 따뜻한 기운이 땅속에서 쌓이고 엎드려있음에 가로막혀 나오지 못하여 그 극성함이 아래에 있으면 얼음을 땅속에 넣어두었다가, 2월에 이르러 사양(四陽 : 雷天大壯)이 일어나고 땅 속에 숨어있던 벌레가 일어나서 따뜻한 기운이 비로소 일삼는 것이 있으면 또한 비로소 얼음집을 열어 사당에 올리며, 4월에 이르러 따뜻한 기운이 모두에 이르러 싸늘한 기운이 장차 끊어지면 얼음을 이에 크게 꺼내어 고기를 먹는 대부 집안의 늙은이와 병든 이나 초상나서 시신을 씻음에 얼음이 미치지 않음이 없었다. 이 때문에 겨울에는 지나친 따뜻함이 없고 여름에는 숨어있는 추움이 없으며, 봄에는 차가운 바람이 없고 가을에는 궂은비가 없으며, 우레가 침에 벼락을 치지 않고 서리와 우박의 재해가 없으며, 전염병이 내

[1094] 정세(正歲): 하정(夏正) 계동(季冬)이니, 음력 12월을 말한다.
[1095] 소씨(蘇氏 : 蘇軾): 소식(1037-1101)은 북송의 삼절(三絶) 학자로, 자가 자첨(子瞻)・화중(和仲)이고, 호가 동파(東坡)・철관도인(鐵冠道人)이며, 시호는 문충(文忠)이다. 세상에서는 동파거사・소동파・소선(蘇仙)이라고 일컬으며, 미주(眉州) 미산(眉山) 사람이라서 미산 소씨라고도 한다. 아버지 소순(蘇洵)과 아우 소철(蘇轍)과 함께 삼소(三蘇)로 일컬어졌다. 벼슬은 한림학사・시독학사(侍讀學士)・예부상서 등에 이르렀으며, 당송팔대가(唐宋八大家)의 한 사람으로 시문과 서화(書畵)에 매우 뛰어난 실력을 보였다. 저서로는 『동파문집』・『동파역전(東坡易傳)』・『서전(書傳)』・『동파악부』 등이 있다.

리지 않아 백성들이 일찍 죽지 않는 것이다."라고 하였다. 호씨(胡氏 : 胡安國)가 말하기를, "얼음을 보관하고 얼음을 꺼내는 것은 또한 성인이 도와주고 조리하는 한 가지 일일 뿐이고, 오로지 이것만 믿고 정치를 한 것은 아니다."라고 하였다. '숙상(肅霜)'은 기후가 추워져서 서리가 내리는 것이다. '척장(滌場)'이라는 것은 농사를 마치고 마당을 쓰는 것이다. 두 개의 술동이를 '붕(朋)'이라고 하니, 「향음주례(鄕飮酒禮)」에 "방문 사이에 두 술동이와 병을 둔다."는 것이 이것이다. '제(躋)'는 오름이다. '공당(公堂)'은 임금의 집이다. '칭(稱)'은 듦이다. '강(疆)'은 마침이다. ○장자(張子 : 張載)가 말하였다. "이 장에서는 백성들이 그 임금을 충성하고 사랑함의 심함을 볼 수 있으니, 이미 그 얼음을 보관하는 부역에 권하면서 달려가고, 또 빨리 마당의 일을 마치고 양(羊)을 잡아 공당(公堂)에 바치고 술을 들어 그 장수(長壽)를 빌자고 서로 타이른 것이다."

詳說

○ 『左』「昭四年」曰 : "取於深山窮谷, 固陰沍寒."[1096)

'위취빙어산야(謂取冰於山也)'에 대해, 『좌전(左傳)』「소공(昭公) 4년」조에서 말하였다. "깊은 산골짜기에서 취하니, 진실로 음산하고 꽤 추워서이다."

○ 蓋寒意也.

'착빙지의(鑿冰之意)'의 경우, 대개 차갑다는 뜻이다.

○ 孔氏曰 : "非貌非聲, 故云意."[1097)

공씨(孔氏 : 孔穎達)가 말하였다. "모양도 아니고 소리도 아니기 때문에 뜻이라고 말한 것이다."

○ 「凌人」.[1098)

1096) 호광(胡廣) 등 찬, 『시전대전(詩傳大全)』의 소주 내용에서 발췌한 것이다. 그 전문은 다음과 같다. "『左傳』「昭公四年」, '其藏冰也, 深山窮谷, 固陰沍寒, 於是乎取之.' 注 : '沍, 閉也, 必取積陰之冰, 所以道達其氣, 使不爲災.'(『좌전』「소공 4년」에, '그 얼음을 보관함이니, 깊은 산골짜기가 진실로 음산하고 꽤 추워서 여기에서 취하는 것이다.' ….)"
1097) 호광(胡廣) 등 찬, 『시전대전(詩傳大全)』의 소주 내용에서 발췌한 것이다. 그 전문은 다음과 같다. "孔氏曰 : '沖沖, 非貌非聲, 故云鑿冰之意.' 又曰 : '『周禮』「凌人」, 十二月, 斬冰, 則卽以其月納之.'(공씨가 말하였다. '모양도 아니고 소리도 아니기 때문에 얼음을 뚫는 뜻이라고 말한 것이다.' ….)"
1098) 호광(胡廣) 등 찬, 『시전대전(詩傳大全)』의 소주 내용에서 발췌한 것이다. 그 전문은 다음과 같다. "孔氏曰 : '沖沖, 非貌非聲, 故云鑿冰之意.' 又曰 : '『周禮』「凌人」, 十二月, 斬冰, 則卽以其月納之.'(… 또 말하였다. '『주례』「능인」에서 12월에 어름을 벤다면 곧 그 달에 보관하는 것이라고 하였다.')"; 정씨(鄭氏)

'『주례』(『周禮』)'는 「능인(凌人)」이다.

○ 音征, 下同.
'정(正)'은 음이 정(征)이니, 아래도 같다.

○ 按,『周禮』中, 凡言'正歲', 皆指正月, 而此云'正歲十二月', 恐非指正月, 蓋猶言'夏正十二月'也. 或曰 : "'正', 猶値也." 恐不然.
'정세십이월(正歲十二月)'에 대해, 내가 살펴보건대,『주례(周禮)』가운데에서 무릇 '정세(正歲)'를 말한 것은 모두 정월(正月)을 가리키는데, 여기서 '정세십이월(正歲十二月)'이라고 이른 것은 아마도 정월(正月)을 가리키는 것이 아닌 듯하니, 대개 '하정십이월(夏正十二月)'이라고 말하는 것과 같다. 어떤 이가 말하기를, "'정(正)'은 치(値)와 같다."고 하였는데, 아마도 그렇지 않은 듯하다.

○ 鄭氏曰 : "上言備寒, 此言備暑."1099)
'소이비서야(所以備暑也)'에 대해, 정씨(鄭氏 : 鄭玄)가 말하였다. "위에서는 추위를 대비함을 말하였고, 여기서는 더위를 대비함을 말하였다."

○ 蚤朝也.
'조조야(蚤朝也)'의 경우, 대개 초하룻날 아침이다.

○ 孔氏曰 : "以時韭新出, 故薦之."1100)
'헌고제구(獻羔祭韭)'에 대해, 공씨(孔氏 : 孔穎達)가 말하였다. "제철의 부추가 새로 나왔기 때문에 바치는 것이다."

○『禮記』.1101)
'「월령」(「月令」)'은『예기(禮記)』이다.

주 · 육덕명(陸德明) 음의 · 가공언(賈公彦) 소,『주례주소(周禮注疏)』권5,「천관(天官)」. "凌人, 掌氷. 正歲十有二月, 令斬氷, 三其凌.(능인은 얼음을 관장하니, 정세 12월에 얼음을 베게 하여 그 얼음집을 셋으로 한다.)"
1099) 호광(胡廣) 등 찬,『시전대전(詩傳大全)』의 소주 내용을 수용한 것이다.
1100) 호광(胡廣) 등 찬,『시전대전(詩傳大全)』의 소주 내용을 수용한 것이다.
1101) 호광(胡廣) 등 찬,『예기대전(禮記大全)』권6,「월령(月令)」.

○ 鄭氏曰 : "獻羔祭司寒而出冰, 薦於宗廟, 乃後賜之."1102)
'시야(是也)'에 대해, 정씨(鄭氏 : 鄭玄)가 말하였다. "어린 양을 바침에 제사장이 추워도 얼음을 꺼내서 종묘에 바치고 난 뒤에 나눠주는 것이다."

○ 音扶.
'부(夫)'는 음이 부(扶)이다.

○ 一作如.1103)
'비유(譬猶)'에서, 유(猶)는 어떤 판본에는 여(如)로 썼다.

○ 直略反.1104)
'착(著)'은 직(直)과 략(略)의 반절이다.

○ 猶生也.
'사양작(四陽作)'의 경우, 생(生)과 같다.

○ 杜氏曰 : "'食肉之祿', 謂在朝廷治其職事, 就官食者. '老', 謂致仕在家者."1105)
'빙무불급(冰無不及)'에 대해, 두씨(杜氏 : 杜預)가 말하였다. "'식육지록(食肉之祿)'은 조정에서 그 직무를 다스리면서 관록(官祿)을 취하는 사람이다. '노(老)'는 나이가 많아서 벼슬을 사양하고 물러나서 집에 있는 사람이다."

○ 杜氏曰 : "'愆', 過也, 謂冬溫; '伏陰', 謂夏寒."1106)

1102) 호광(胡廣) 등 찬, 『시전대전(詩傳大全)』의 소주 내용에서 발췌한 것이다. 그 전문은 다음과 같다. "鄭氏曰 : '獻羔祭司寒而出冰, 薦於宗廟, 乃後賜之.'(정씨가 말하였다. '어린 양을 바침에 제사장이 추워도 얼음을 꺼내서 종묘에 바치고 난 뒤에 나눠주는 것이다.')"
1103) 주자(朱子) 찬, 『시경집전(詩經集傳)』에는 '猶'로 표기되어 있고, 호광(胡廣) 등 찬, 『시전대전(詩傳大全)』 및 내각본에는 '如'로 표기되어 있다.
1104) 호광(胡廣) 등 찬, 『시전대전(詩傳人소)』의 소주에는 "長, 入聲.(싱징힘이니, 입성이다.)"으로 되어 있나. 그 뜻이 '밝게 드러나다, 짓다'일 경우에는 『광운(廣韻)』에서 "陟慮切.(척과 려의 반절이다.)"이고 거성(去聲)이라 하였고, 그 뜻이 '달라붙다, 입다'일 경우에는 『광운(廣韻)』에서 "張略切.(장과 략의 반절이다.)"이고 입성(入聲)이라 하였고, 그 뜻이 '성장하다'일 경우에는 『광운(廣韻)』에서 "直略切.(직과 략의 반절이다.)"이고 입성(入聲)이라고 하였다.
1105) 호광(胡廣) 등 찬, 『시전대전(詩傳大全)』의 소주 내용을 수용한 것이다. '식육(食肉)'은 직위가 높은 벼슬이나 제후(諸侯)를 이른다. 두씨(杜氏) 주·육덕명(陸德明) 음의·공영달(孔穎達) 소, 『춘추좌전주소(春秋左傳注疏)』 권7,「장공(莊公) 10년」조에 "肉食者鄙, 未能遠謀."라고 하였는데, 두예(杜預)가 "肉食, 在位者.(육식은 높은 직위에 있는 사람이다.)"라고 하였다.

'하무복음(夏無伏陰)'에 대해, 두씨(杜氏 : 杜預)가 말하였다. "'건(愆)'은 지나침이니, 겨울에 따뜻한 것을 이르며, '복음(伏陰)'은 여름에 추운 것을 이른다."

○ 發也.
'뇌출(雷出)'의 경우, 발생함이다.

○ 迅雷.
'뇌출부진(雷出不震)'의 경우, 급작스런 번개이다.

○ 天行, 故云降.
'여질불강(癘疾不降)'의 경우, 하늘이 행하기 때문에 강(降)이라고 이른 것이다.

○ 杜氏曰 : "夭死爲札."1107)
'민불요찰야(民不夭札也)'에 대해, 두씨(杜氏 : 杜預)가 말하였다. "젊은 나이에 일찍 죽는 것을 찰이라고 한다."

○ 去聲.
'역성인보상(亦聖人輔相)'에서, 상(相)은 거성(去聲 : 돕다)이다.

○ 以之禦暑.
'역성인보상섭조지일사이(亦聖人輔相爕調之一事耳)'의 경우, 그것으로써 더위를 막는 것이다.

○ 按, 蘇說雖本於左氏, 而嫌於太快, 故又引胡氏說, 以微抑之.
'부전시차이위치야(不專恃此以爲治也)'에 대해, 내가 살펴보건대, 소식(蘇軾)의 변설은 비록 좌씨(左氏 : 左丘明)에 근본하였는데, 너무 날카로운 것을 싫어하

1106) 호광(胡廣) 등 찬, 『시전대전(詩傳大全)』의 소주 내용에서 발췌한 것이다. 그 전문은 다음과 같다. "杜氏曰 : '愆, 過也, 謂冬溫; 伏陰, 謂夏寒. 淒, 寒也, 苦雨, 霖雨. 爲人所患苦. 短折爲夭, 夭死爲札.'(두씨가 말하였다. '건은 지나침이니, 겨울에 따뜻한 것을 이르며, 복음은 여름에 추운 것을 이른다. ….')" ; 두씨(杜氏) 주·육덕명(陸德明) 음의·공영달(孔穎達) 소, 『춘추좌전주소(春秋左傳注疏)』 권42, 「소공(昭公) 4년」조에서 "夫冰以風壯, 而以風出, 其藏之也周, 其用之也遍, 則多無愆陽, 夏無伏陰."이라 하였고, 두예(杜預)의 주(注)에서 "愆, 過也, 謂冬溫; …."이라고 하였다.
1107) 호광(胡廣) 등 찬, 『시전대전(詩傳大全)』의 소주 내용에서 발췌한 것이다. 그 전문은 다음과 같다. "杜氏曰 : '愆, 過也, 謂冬溫; 伏陰, 謂夏寒. 淒, 寒也, 苦雨, 霖雨. 爲人所患苦. 短折爲夭, 夭死爲札.'(두씨가 말하였다. '… 젊은 나이에 일찍 꺾이는 것을 요라 하고, 젊은 나이에 일찍 죽는 것을 찰이라고 한다.')"

였기 때문에 또 호씨(胡氏 : 胡安國)의 변설을 인용하여 약간 누른 것이다.

○ 慶源輔氏曰 : "周正之歲終焉."1108)
'농사필이소장지야(農事畢而掃場地也)'에 대해, 경원 보씨(慶源輔氏 : 輔廣)가 말하였다. "주(周)나라 월력(月曆)의 한 해가 끝난 것이다."

○ 罇同.
'양준(兩尊)'에서, 준(尊)은 준(罇)과 같다.

○ 『儀禮』注曰 : "置酒曰尊."1109)
'양준왈붕(兩尊曰朋)'에서, 『의례(儀禮)』의 주(注)에 말하였다. "술을 넣어두는 것을 준(尊)이라고 한다."

○ 『儀禮』.1110)
'향음주지례(鄕飮酒之禮)'에서, 『의례(儀禮)』「향음주례(鄕飮酒禮)」이다.

○ 廬陵羅氏曰 : "『儀禮』, '尊兩壺于房戶間.'「傳」云 : '兩尊壺', 恐傳寫之誤."1111)
'시야(是也)'에 대해, 여릉 나씨(廬陵羅氏 : 羅大經)가 말하였다. "『의례(儀禮)』에서, '방문 사이에 두 술동이와 병을 둔다.'고 하였는데, 「전(傳)」에 이르기를, '두 개의 술동이와 병이다.'라고 하였으니, 아마도 전하여 베껴 씀의 잘못인 듯하다."

―――――――――――
1108) 호광(胡廣) 등 찬, 『시전대전(詩傳大全)』의 소주 내용에서 발췌한 것이다. 그 전문은 다음과 같다. "慶源輔氏曰 : '此詩前三章, 皆以暑退將寒爲言, 故以七月流火一句, 爲始. 至四章, 則以四月秀葽純陽之月, 爲始. 五章則以五月斯螽動股, 爲始. 六章則以六月食鬱及薁, 爲始, 而迄乎九月叔苴. 七章則遂以九月築場圃, 爲始, 而繼以十月納禾稼. 八章則以十二月・正月・二月, 爲始, 而終於九月・十月. 周正之歲終焉, 其所擧時月, 雖若參差不齊, 而細觀之, 則亦有次序如此.'(경원 보씨가 말하였다. '… 주나라 일력의 한 해기 끝닌 것이니, ….')"
1109) 정씨(鄭氏) 주・육덕명(陸德明) 음의・가공언(賈公彦) 소, 『의례주소(儀禮注疏)』권1, 「사관례(士冠禮)」.
1110) 정씨(鄭氏) 주・육덕명(陸德明) 음의・가공언(賈公彦) 소, 『의례주소(儀禮注疏)』권4, 「향음주례(鄕飮酒禮)」.
1111) 호광(胡廣) 등 찬, 『시전대전(詩傳大全)』의 소주 내용에서 발췌한 것이다. 그 전문은 다음과 같다. "廬陵羅氏曰 : '儀禮』「鄕飮酒禮」, 尊兩壺于房戶間.「士冠禮」注: 置酒曰尊, 許云:「傳」云: 兩尊壺, 恐傳寫之誤.'(여름 나씨가 말하였다. '『의례』「향음주례」에서, 방문 사이에 두 술동이와 병을 둔다고 하였는데, …「전」에 이르기를, 두 개의 술동이와 병이라고 하였으니, 아마도 전하여 베껴 씀의 잘못인 듯하다.')"

○ 按, '尊兩壺', 猶言置兩壺也, 蓋尊以兩壺爲之, 而設于房戶間也. 兩尊, 酒與玄酒也.
내가 살펴보건대, '준량호(尊兩壺)'는 두 개의 병을 둔다고 말함과 같으니, 대개 술동이는 두 개의 병으로써 만들어서 방문 사이에 진열하는 것이다. 두 개의 술동이는 술과 무술이다.

○ 廬陵李氏曰 : "'房戶間', 堂東西之中."1112)
여릉 이씨(廬陵李氏 : 李如圭)1113)가 말하였다. "'방호간(房戶間)'은 집의 동쪽과 서쪽의 중간이다."

○ 境同.
'경(竟)'은 경(境)과 같다.

○ 可見.
'견(見)'의 경우, 볼 수 있는 것이다.

○ 照第二章註末而先總提.
'견민충애기군지심(見民忠愛其君之甚)'의 경우, 제2장 주(註) 끝을 참조하여 먼저 총괄하여 제시한 것이다.

○ 鄭氏曰 : "是謂豳頌."1114)
'거주이축기수야(舉酒而祝其壽也)'에 대해, 정씨(鄭氏 : 鄭玄)가 말하였다. "이를 일러서 빈송(豳頌)이라고 한다."

○ 朱子曰 : "'民何以得升君之堂?' 周初國小, 君民相親, 其禮樂

1112) 호광(胡廣) 등 찬, 『시전대전(詩傳大全)』의 소주 내용에서 발췌한 것이다. 그 전문은 다음과 같다. "廬陵李氏曰 : '房戶間者, 房, 西室 : 尸, 東於堂, 爲東西之中, 當兩楹間.'(여릉 이씨가 말하였다. '방호간이라는 것은 방은 서쪽 방이고, 호는 집을 동쪽으로 하여 동쪽과 서쪽의 중간이니, 두 기둥 사이에 해당하는 것이다.')"
1113) 여릉 이씨(廬陵李氏 : 李如圭) : 이여규는 남송대 학자로, 자가 보지(寶之)이고, 여릉(廬陵) 사람이다. 소희(紹熙) 연간(1190-1194)에 진사과에 합격하여 복건무간(福建撫幹)을 지냈다. 예학(禮學)에 전력하여 저서로 『의례집석(儀禮集釋)』・『의례석궁(儀禮釋宮)』・『의례강목(儀禮綱目)』을 남겼다.
1114) 정씨(鄭氏) 전・육덕명(陸德明) 음의・공영달(孔穎達) 소, 『모시주소(毛詩注疏)』 권15, 「국풍(國風)・빈(豳)・칠월(七月)」. "『箋』云 : '於饗而正齒位, 故因時而誓焉, 飮酒既樂, 欲大壽無竟, 是謂豳頌.'(『전』에서 말하였다. '… 이를 일러서 빈송이라고 한다.')"

法制, 亦未甚備, 而民事艱難, 君得而盡知之. 成王時, 禮樂備, 法制立, 但知爲君之尊, 而未必知爲國之初此等意思, 故周公特作此詩, 使之因是以知民事也."1115)

주자(朱子 : 朱熹)가 말하였다. "'백성들이 어떻게 임금의 집에 오를 수 있겠습니까?'라고 물었는데, 주(周)나라 초기에는 나라가 작아서 임금과 백성이 서로 친하였고, 그 예악(禮樂)과 법제(法制)가 또한 심히 갖춰지지 않아서 백성들의 일이 어려워지면 임금이 그것을 다 알 수 있었다. 성왕(成王) 때에 예악(禮樂)이 갖춰지고 법제(法制)가 세워졌으나 다만 임금이 존엄함이 되는 것만 알고, 반드시 나라의 초기에 이러한 의사가 됨을 알지 못하였다. 그러므로 주공(周公)이 특별히 이 시를 지어서 하여금 이로 인해 백성의 일을 알게 하였던 것이다."

○ 華谷嚴氏曰 : "君民相親, 不翅如家人父子. 國人以朋酒・羔羊, 自詣公堂, 其禮甚野, 其意甚眞, 非三代之時, 安得此風俗也?"1116)

화곡 엄씨(華谷嚴氏 : 嚴粲)가 말하였다. "임금과 신하가 서로 친함이 집안사람과 부모자식 같을 뿐만이 아니었다. 나라사람들이 두 개의 술동이와 어린 양으로써 스스로 공당(公堂)에 이르렀는데, 그 예절이 심히 거칠었으나 그 뜻이 심히 진실하였으니, 삼대(三代)의 때가 아닌데도 어찌 이러한 풍속을 얻을 수 있었는가?"

○ 慶源輔氏曰 : "'以介眉壽', 祝其親也, '萬壽無疆', 祝其君也. 歲終休暇之時, 以致其尊君・親上之誠, 此所謂'皥皥如'也."1117)

1115) 호광(胡廣) 등 찬, 『시전대전(詩傳大全)』의 소주 내용에서 발췌한 것이다. 그 전문은 다음과 같다. "問 : '民何以得升君之堂?' 朱子曰 : '周初國小, 君民相親, 其禮樂法制, 亦未甚備, 而民事艱難, 君則盡得以知之. 成王之時, 禮樂備, 法制立, 然但知爲君之尊, 而未必知爲國之初此等意思也. 故周公特作此詩, 使之因是以知民事也.'(물었다. '백성들이 어떻게 임금의 집에 오를 수 있겠습니까?' 주자가 말하였다. '주나라 초기에는 나라가 작아서 임금과 백성이 서로 친하였고, 그 예악과 법제가 또한 심히 갖춰지지 않아서 백성들의 일이 어려워지면 임금이 그것을 다 알 수 있었다. 성왕 때에 예악이 갖춰지고 법제가 세워졌으나 다만 임금이 존엄함이 되는 것만 알고, 반드시 나라의 초기에 이러한 의사가 됨을 알지 못하였다. 그러므로 주공이 특별히 이 시를 지어서 그로 하여금 이로 인해 백성의 일을 알게 하였던 것이다.')"

1116) 호광(胡廣) 등 찬, 『시전대전(詩傳大全)』의 소주 내용에서 발췌한 것이다. 그 전문은 다음과 같다. "華谷嚴氏曰 : '『補傳』云: 君民相親, 不啻如家人父子. 周之王業, 由於得民, 世三十・年八百基於此歟? 國人以朋酒・羔羊, 自詣公堂, 其禮甚野, 其意甚眞, 雖立國之初, 庶事草草, 然非三代之時, 安得此風俗也?'(화곡 엄씨가 말하였다. '… 임금과 신하가 서로 친함이 집안사람과 부모자식 같을 뿐만이 아니었다. … 나라사람들이 두 개의 술동이와 어린 양으로써 스스로 공당에 이르렀는데, 그 예절이 심히 거칠었으나 그 뜻이 심히 진실하였으니, … 삼대의 때가 아닌데도 어찌 이러한 풍속을 얻을 수 있었는가?')"

1117) 호광(胡廣) 등 찬, 『시전대전(詩傳大全)』의 소주 내용에서 발췌한 것이다. 그 전문은 다음과 같다. "慶源

경원 보씨(慶源輔氏 : 輔廣)가 말하였다. "'이개미수(以介眉壽)'는 그 친함을 축원하는 것이고, '만수무강(萬壽無疆)'은 그 임금을 축원하는 것이다. 한 해의 농사가 끝나서 쉬는 때에 그 임금을 존경하고 윗사람을 친애하는 정성을 다하였으니, 이는 이른바 '호호여(皞皞如)'1118)라는 것이다."

○ 豐城朱氏曰：＂獻羔祭韭, 君得以致其誠孝於神, 殺羊舉酒, 民得以致其忠愛於君.＂1119)

풍성 주씨(豐城朱氏 : 朱善)가 말하였다. "어린 양을 바치고 부추로 제사 지내는 것은 임금이 그 정성과 효성을 신에게 다하는 것이고, 양을 잡고 술잔을 드는 것은 백성이 그 충성과 친애함을 임금에게 다하는 것이다."

○ 按, 躋堂稱觥事, 與秦詩之鼓瑟爲樂1120), 其氣象相近, 蓋北土, 風氣淳厚, 人民朴野, 故其立國之初, 皆有此事耳. 但稱觥之謹嚴, 並坐之褻慢, 此其爲周爲秦也歟.

내가 살펴보건대, 공당(公堂)에 올라가서 술잔을 드는 일은 진(秦)나라의 시에 비파를 연주하여 즐거움을 삼는 것과 그 기상(氣象)이 서로 가까우니, 대개 북쪽 지방은 풍속이 순박하고 두터우며, 백성들이 질박하고 촌스럽기 때문에 그 나라를 세우는 초기에 모두 이 일이 있었을 뿐이다. 다만 술잔을 듦이 근엄하였으니, 아울러 앉는 것이 무람없고 거만하였으니, 이는 주(周)나라가 되기도 하고, 진(秦)나라가 되기도 하는 것이로다.

輔氏曰 : '以介眉壽, 祝其親也 ; 萬壽無疆, 祝其君也. 周之先公, 以農桑敎民, 而使民給足於衣食, 然未嘗以爲惠也. 周之民亦自力於農桑之事以樂其生, 至於歲終休暇之時, 則殺羊爲酒, 祝君之壽, 以致其尊君親上之誠, 亦未嘗以爲是足以報其上也. 上以誠愛下, 下以誠事上, 而兩不知其所以然, 此所謂皞皞如也.'(경원 보씨가 말하였다. '이개미수는 그 친함을 축원하는 것이고, 만수무강은 그 임금을 축원하는 것이다. … 한 해의 농사가 끝나서 쉬는 때에 이르면 양을 잡고 술을 만들어 그 임금의 장수를 축원하여 그 임금을 존경하고 윗사람을 친애하는 정성을 다하였으니, … 이는 이른바 훌륭하여 스스로 우쭐한다는 것이다.')

1118) '호호여(皞皞如)': 『맹자집주대전(孟子集註大全)』 권13, 「진심장구상(盡心章句上)」. "맹자가 말하였다. '패도를 행한 사람의 백성들은 기뻐하며 즐거워하며, 왕도를 행한 사람의 백성들은 훌륭하게 우쭐하는 것이다.'(孟子曰 : '霸者之民, 驩虞如也 ; 王者之民, 皞皞如也.')"

1119) 호광(胡廣) 등 찬, 『시전대전(詩傳大全)』의 소주 내용에서 발췌한 것이다. 그 전문은 다음과 같다. "豐城朱氏曰 : '鑿氷藏氷, 其供上役也, 爲甚勤肅霜滌場, 其畢農功也, 爲甚速, 故其開氷也, 獻羔祭韭, 以薦寢廟, 君既得以致其誠孝於神, 其雍閑也, 殺羊舉酒而祝其壽, 民復有以致其忠愛於君, 可謂上下相親之甚矣.'(풍성 주씨가 말하였다. '… 어린 양을 바치고 부추로 제사 지냄에 사당에 바침은 임금이 그 정성과 효성을 신에게 다하는 것이고, 양을 잡고 술잔을 들어서 그 장수를 축원함은 백성이 그 충성과 친애함을 임금에게 다하는 것이니, 윗사람과 아랫사람의 서로 친애함의 심함이라고 이를 만하다.')

1120) 호광(胡廣) 등 찬, 『시전대전(詩傳大全)』 권6, 「국풍(國風)·진(秦)·거린(車鄰)」. 2장에서 "阪有漆, 隰有栗. 旣見君子, 並坐鼓瑟. 今者不樂, 逝者其耋.(비탈에는 옻나무가 있으며 진펄에는 밤나무가 있도다. 이윽고 군자를 만나본지라 아울러 앉아 비파를 뜯노라. 지금 시간을 즐기지 않으면 가는 세월에 마냥 늙으리라.)"라고 한 것을 말한다.

[1-15-1-9]
「七月」八章, 章十一句.

「칠월(七月)」은 여덟 장이니, 장마다 열한 구이다.

朱註

『周禮』「籥章」, "中春晝, 擊土鼓, 龡豳詩, 以逆迎也暑; 中秋夜, 迎寒, 亦如之." 卽謂此詩也. 王氏曰 : "仰觀星日霜露之變, 俯察昆蟲草木之化, 以知天時, 以授民事. 女服事乎內, 男服事乎外, 上以誠愛下, 下以忠利上, 父父子子, 夫夫婦婦, 養老而慈幼, 食力而助弱, 其祭祀也時, 其燕饗也節, 此「七月」之義也."

『주례(周禮)』「약장(籥章)」에서 "중춘(仲春)의 낮에 질장구를 치고 빈시(豳詩)를 피리로 불면서 더위를 맞이하며, 중추(仲秋)의 밤에 추위를 맞이함도 또한 이와 같이 한다."고 하였으니, 곧 이 시(詩)를 이른 것이다. 왕씨(王氏 : 王安石)가 말하였다. "하늘을 우러러 별과 해와 서리와 이슬의 변화를 관찰하고, 땅을 굽어서는 곤충과 풀과 나무의 변화를 살펴서 천시(天時)를 알아서 백성들의 일을 알려주니, 여인네는 집안에서 일하고 남정네는 집밖에서 일하며, 윗사람은 정성으로 아랫사람을 사랑하고 아랫사람은 충성으로 윗사람을 이롭게 하며, 아버지는 아버지다워야 하고 자식은 자식다워야 하며, 남편은 남편다워야 하고 아내는 아내다워야 하며, 늙은이는 봉양하고 어린이를 자애(慈愛)하며, 자기 능력에 맞게 먹고 약한 이를 도와주며, 제사를 때에 맞게 하고 잔치를 절도에 맞게 하였으니, 이것이 「칠월(七月)」편의 뜻이다."

詳說

○ 春官.[1121]
'「약장」(「籥章」)'은 「춘관(春官)」이다.

○ 音仲.[1122] 下同.

[1121] 정씨(鄭氏) 주·육덕명(陸德明) 음의·가공언(賈公彦) 소, 『주례주소(周禮注疏)』 권17, 「춘관(春官)」. "籥章, 中士二人, 下士四人, 府一人, 史一人, 胥二人, 徒二十人." 그 주(注)에서 "籥章, 吹籥以爲詩.(약장은 피리를 불어서 시를 연주하는 사람이다.)"라고 하였다.
[1122] 호광(胡廣) 등 찬, 『시전대전(詩傳大全)』의 소주 내용을 수용한 것이다.

'중(中)'은 음이 중(仲)이니, 아래도 같다.

○ 吹同.1123)
'취(龡)'는 취(吹)와 같다.

○ 迎也.
'역(逆)'의 경우, 맞이함이다.

○ 鄭氏曰 : "土鼓, 以瓦爲匡, 以革爲兩面. 吹者以籥爲之聲. 迎暑以晝, 求諸陽 ; 迎寒以夜, 求諸陰."1124)
'즉위차시야(卽謂此詩也)'에 대해, 정씨(鄭氏 : 鄭玄)가 말하였다. "질장구는 기와로써 광주리를 만들고 가죽으로써 양면을 만든다. 부는 사람은 피리로써 소리를 낸다. 더위 맞이하는 것을 낮에 함은 양(陽)에서 구하려는 것이고, 추위 맞이하는 것을 밤에 함은 음(陰)에서 구하려는 것이다."

○ 程子曰 : "此詩多陳節物, 大要言歲序之遷, 人事當及時耳."1125)
'이수민사(以授民事)'에 대해, 정자(程子 : 程頤)가 말하였다. "이 시에서는 절기(節氣)의 사물을 많이 진술하였는데, 큰 줄거리는 해가 가는 순서의 변천과 인사(人事)가 마땅히 때에 미쳐야 함을 말하였을 뿐이다."

○ 是介甫一生本領, 故於此亦言之.1126)
'하이충리상(下以忠利上)'에서 '리(利)'자는 개보(介甫 : 王安石)의 일생에 본령이

1123) 호광(胡廣) 등 찬, 『시전대전(詩傳大全)』의 소주에는 "音吹.(음이 취이다.)"로 되어 있다.
1124) 호광(胡廣) 등 찬, 『시전대전(詩傳大全)』의 소주 내용에서 발췌한 것이다. 그 전문은 다음과 같다. "鄭氏曰 : 土鼓, 以瓦爲匡, 以革爲兩面, 可擊. 吹之者, 以籥爲之聲.「七月」言寒暑之事, 迎氣歆其類也. 迎暑以晝, 求諸陽 ; 迎寒以夜, 求諸陰.'(정씨가 말하였다. '질장구는 기와로써 광주리를 만들어 칠 수 있게 하였다. 부는 사람은 피리로써 소리를 낸다. … 더위 맞이하는 것을 낮에 함은 양에서 구하려는 것이고, 추위 맞이하는 것을 밤에 함은 음에서 구하려는 것이다.')
1125) 호광(胡廣) 등 찬, 『시전대전(詩傳大全)』의 소주 내용에서 발췌한 것이다. 그 전문은 다음과 같다. "程子曰 :「七月」大意憂思深遠, 欲成王知先公致王業之由. 民之勞力趨事艱難如此. 此詩多陳節物, 大要言歲序之遷, 人事當及時耳.'(정자가 말하였다. '… 이 시에서는 절기의 사물을 많이 진술하였는데, 큰 줄거리는 해가 가는 순서의 변천과 인사가 마땅히 때에 미쳐야 함을 말하였을 뿐이다.')
1126) 왕안석(王安石)이 법제(法制)를 바꾸려고 한 목적은 북송의 누적된 가난과 나약한 국면을 개변하고, 대외적인 방어와 대내적인 탄압의 능력을 증강시켜 봉건통치를 공고히 하고 더욱 강하게 하는 국리(國利)에 있었다.

기 때문에 여기에서 또한 말한 것이다.

○ 去聲.
'양(養)'은 거성(去聲 : 봉양하다)이다.

○ 詩中, 無'助弱'語, 蓋帶說耳.
'식력이조약(食力而助弱)'의 경우, 시(詩) 가운데는 '조약(助弱)'이라는 말이 없으니, 대개 곁들여서 한 말일 뿐이다.

○ 華谷嚴氏曰 : "「七月」之詩, 一言以蔽之曰豫而已."[1127]
'차「칠월」지의야(此「七月」之義也)'에 대해, 화곡 엄씨(華谷嚴氏 : 嚴粲)가 말하였다. "「칠월(七月)」의 시는 한 마디로 포괄(包括)하여 말하면 예(豫 : 미리 함)일 따름이다."

朱註

七月八章, 章十一句. 周禮籥章, 中春晝, 擊土鼓, 龡豳詩, 以逆暑, 中秋夜, 迎寒, 亦如之, 卽謂此詩也.
「7월」은 8장으로 장은 11구이다. 『주례(周禮)』의 「약장(籥章)」에 중춘의 낮에 질장구를 치면서 빈시(豳詩)를 연주하여 더위를 맞이하고, 중추의 밤에 추위를 맞이할 때도 이와 같이 하니, 곧 이 시를 말하는 것이다.

詳說

○ 春官.
「약장(籥章)」은 춘관이다.

○ 音仲,[1128] 下同.
'중(中 : 가운데)'자는 음이 '중(仲 : 가운데)'으로 아래에서도 같다.

[1127] 호광(胡廣) 등 찬, 『시전대전(詩傳大全)』의 소주 내용에서 발췌한 것이다. 그 전문은 다음과 같다. "華谷嚴氏曰 : '「七月」之詩, 一言以蔽之曰豫而已. 凡感萅物之變而脩人事之備, 皆豫爲之謀也.'(화곡 엄씨가 말하였다. '「칠월」의 시는 한 마디로 포괄하여 말하면 예일 따름이다. ….')"
[1128] 音仲 : 『시전대전(詩傳大全)』에도 동일하게 되어 있다.

○ 吹同.

'취(歋 : 불다)'자는 '취(吹 : 불다)'와 같다.1129)

○ 迎也.

'역(逆 : 맞이하다)'자는 '영(迎 : 맞이하다)'이다.

○ 鄭氏曰 : "土鼓以瓦爲匡, 以革爲兩面. 吹者, 以籥爲之聲. 迎暑, 以晝求諸陽, 迎寒, 以夜求諸陰."1130)

정씨(鄭氏 : 鄭汝諧)1131)가 말하였다 : "질장구는 질그릇을 둥글게 구워 양면에 가죽은 댄 것이다. 연주한다는 것은 피리로 연주하는 것이다. 더위를 맞이하는 것은 낮에 양에서 찾는 것이고, 추위를 맞이하는 것은 밤에 음에서 찾는 것이다."1132)

朱註

王氏曰 : 仰觀星日霜露之變, 俯察昆蟲草木之化, 以知天時以授民事, 女服事乎內, 男服事乎外, 上以誠愛下, 下以忠利上, 父父子子, 夫夫婦婦, 養老而慈幼, 食力而助弱, 其祭祀也時, 其燕饗也節. 此七月之義也.

왕씨(王氏)가 말하였다. "위로는 별과 해, 서리와 이슬의 변화를 보고, 아래로는 곤충과 초목의 변화를 살펴서 하늘의 때를 백성들에게 일을 주니, 여자는 안에서 일하고, 남자는 밖에서 일하며, 윗사람은 정성으로 아랫사람을 사랑하고, 아랫사람은 충성으로 윗사람을 이롭게 하며, 아버지는 아버지 노릇하고, 자식은 자식 노릇하며, 남편은 남편 노릇하고, 부인은 부인 노릇하며, 노인을 봉양하고, 어린이를 사랑하며, 능력에 따라 먹고, 약한 자를 도와주며, 제사를 때에 맞춰 지내고, 잔치

1129) '취(歋 : 불다)'자는 '취(吹 : 불다)'와 같다 『시전대전(詩傳大全)』에는 "음은 취이다(音吹)."로 되어 있다.
1130) 『시전대전(詩傳大全)』에 정씨의 말로 실려 있다.
1131) 정여해(鄭汝諧, 1126~1205) : 자는 순거(舜擧)고, 호는 동곡거사(東谷居士)이다. 송 대 처주 청전(處州靑田 : 현 절강성 소속) 사람이다. 고종(高宗) 소흥(紹興) 연간에 진사에 급제하여 양절전운판관(兩浙轉運判官), 이부시랑(吏部侍郎), 지신주(知信州), 휘유각대제(徽猷閣待制) 등을 역임했다. 『주역』과 『논어』에 정통했다. 저서에 『동곡역익전(東谷易翼傳)』과 『논어의원(論語意源)』, 『동곡집(東谷集)』 등이 있다.
1132) 『시전대전(詩傳大全)』에는 "정씨가 말하였다 : '질장구는 질그릇을 둥글게 구워 양면에 가죽을 대어 칠 수 있게 한 것이다. 연주한다는 것은 피리로 연주하는 것이다. 7월에는 추위와 더위의 일이 기운을 맞이하여 그 종류를 높인다는 말이다. 더위를 맞이한다는 것은 낮에 양에서 찾는 것이고, 추위를 맞이하는 것은 밤에 음에서 찾는 것이다.(鄭氏曰 : '土鼓以瓦爲匡, 以革爲兩面可擊. 吹之者, 以籥爲之聲. 七月, 言寒暑之事, 迎氣敎其類也. 迎暑以晝求諸陽, 迎寒以夜求諸陰.')"라고 되어 있다.

를 제도에 따라 한다. 이것이 7월의 뜻이다."

詳說

○ 程子曰 : "此詩多陳節物, 大要, 言歲序之遷, 人事當及時耳."1133)

정자가 말하였다 : "여기의 시는 대부분 사물을 절도대로 하는 것에 대해 진술했으니, 큰 요지는 한 해의 순서가 옮겨감에 사람들의 일이 때를 따라야 한다는 말이다."1134)

○ 利字, 是介甫一生本領, 故於此亦言之.

'이(利 : 이롭게 하다)'자는 일생의 본령을 크게 하는 것이기 때문에 여기에서도 말한 것이다.

○ 去聲.

'양(養 : 봉양한다)'자는 거성이다.

○ 詩中無助弱語, 蓋帶說耳.

시에는 약한 자를 도와준다는 말이 없으니, 붙여서 말한 것일 뿐이다.

○ 華谷嚴氏曰 : "七月之詩, 一言以蔽之曰, 豫而已."1135)

화곡 엄씨가 말하였다 : "7월의 시는 한마디로 요약하면 미리 하는 것일 뿐이다."1136)

1133) 『시전대전(詩傳大全)』에 정자의 말로 실려 있다.
1134) 『시전대전(詩傳大全)』에는 "정자가 말하였다 : '7월의 큰 뜻은 걱정하는 마음이 깊고 먼 것은 선공께서 앙업을 이룸이 백성들의 노력으로 말미암았음을 성왕이 알게 해서 일을 함에 이처럼 이럽게 여기도록 한 것이다. 여기의 시는 대부분 사물을 절도대로 하는 것에 대해 진술했으니, 큰 요지는 한 해의 순서가 옮겨감에 사람들의 일이 때를 따라야 한다는 말이다.(程子曰 : '七月大意, 憂思深遠, 欲成王知先公致王業之由民之勞力, 趨事艱難如此. 此詩多陳節物大要言歲序之遷人事當及時耳.))"라고 되어 있다.
1135) 『시전대전(詩傳大全)』에 화곡 엄씨의 말로 실려 있다.
1136) 『시전대전(詩傳大全)』에는 "화곡 엄씨가 말하였다 : '7월의 시는 한마디로 요약하면 미리 하는 것일 뿐이다. 사물의 변화에 감응해서 사람의 일에 대한 대비를 하는 것은 모두 미리 그것에 대해 헤아리는 것이다.(華谷嚴氏曰 : '七月之詩 一言以蔽之曰, 豫而已. 凡感節物之變, 而脩人事之備, 皆豫爲之謀也.)"라고 되어 있다.

[1-15-2-1]

鴟鴞鴟鴞, 旣取我子, 無毀我室. 恩斯勤斯, 鬻子之閔斯.

올빼미야 올빼미야 내 새끼를 이미 잡아갔으니, 내 둥지는 부수지 말거라.
사랑하고 독후하게 하며 자식을 기르느라 근심하였노라.

詳說

○ 又叶, 入聲.1137)
'자(子 : 새끼)'자는 또 협운으로 입성이다.

○ 又叶, 上聲.1138)
'실(室 : 둥지)'자는 또 협운으로 상성이다.

○ 音育.
'육(鬻 : 기르다)'자는 음이 '육(育 : 기르다)'이다.

○ 叶, 眉貧反.1139)
'민(閔 : 근심하다)'자는 협운으로, '미(眉)'와 '빈(貧)의 반절이다.

朱註

比也, 爲鳥言以自比也. 鴟鴞, 鵂鶹 惡鳥, 攫鳥子而食者也. 室, 鳥自名其巢也. 恩, 情愛也. 勤, 篤厚也. 鬻, 養. 閔, 憂也.

비(比)이니, 새의 말로 스스로 비유한 것이다. 치효(鴟鴞 : 올빼미)는 휴류(鵂鶹 : 올빼미)이니, 나쁜 새로 새의 새끼를 낚아채서 잡아먹는 것이다. 둥지(室)는 새가 그 집을 스스로 이름한 것이다. 은(恩)은 정(情)으로 사랑함이고, 근(勤)은 독후하게 함이다. 육(鬻)은 기름이고, 민(閔)은 근심함이다.

詳說

1137) 又叶, 入聲:『시전대전(詩傳大全)』에도 동일하게 되어 있다.
1138) 又叶, 上聲:『시전대전(詩傳大全)』에도 동일하게 되어 있다.
1139) 叶, 眉貧反:『시전대전(詩傳大全)』에도 동일하게 되어 있다.

○ 全篇皆比

전편이 모두 비이다.

○ 音, 休留.1140)

'휴류(鵂鶹)'는 음이 '휴류(休留)'이다.

○ 藍田呂氏曰 : "惡聲之鷙鳥."1141)

남전 여씨(藍田呂氏 : 呂大臨)1142)가 말하였다 : "맹금류가 싫어서 탄식하는 것이다."1143)

○ 俱縛反, 爪持也.1144)

'확(攫)'자는 '구(俱)'와 '박(縛)'의 반절로, 발톱으로 낚아채가는 것이다.

○ 育通

'육(鬻 : 기르다)'자는 '육(育 : 기르다)'자와 통한다.

朱註
○ 武王克商, 使弟管叔鮮蔡叔度, 監于紂子武庚之國,

무왕이 상나라를 이기고는 동생 관숙 선과 채숙 도에게 주왕의 아들인 무경의 나라를 감시하게 하였는데,

詳說
○ 平聲.

'감(監 : 감시하다)'자는 평성이다.

1140) 音, 休留 : 『시전대전(詩傳大全)』에도 동일하게 되어 있다.
1141) 『시전대전(詩傳大全)』에 남전 여씨의 말로 실려 있다.
1142) 여대림(呂大臨 : 1040~1092) : 북송 대 학자로, 자가 여숙(與叔)이고, 호가 운각(芸閣)이며, 경조남전(京兆藍田) 사람이다. 처음에는 장재(張載)에게 학문을 배우고, 금석학(金石學)에 조예가 있었으며, 유초(游酢)·사양좌(謝良佐)·양시(楊時)와 함께 정문사대제자(程門四大弟子)이다. 저서로는 『예기해』·『대학해』·『여씨가례』·『역장구(易章句)』·『대학설』·『예기전』·『논어해』·『맹자강의』 등이 있다.
1143) 『시전대전(詩傳大全)』에는 "남전 여씨가 말하였다 : '맹금류가 싫어서 탄식하는 것이다. 올빼미가 수풀에 있으니, 빠르게 저렇게 날아다니는 올빼미가 올빼미와 솔개로 올빼미의 종류들이다.(藍田呂氏曰 : 惡聲之鷙鳥也. 有鴞萃止, 翩彼飛鴞, 爲梟爲鴟, 蓋鴞之類也.)"라고 되어 있다.
1144) 俱縛反, 爪持也 : 『시전대전(詩傳大全)』에도 동일하게 되어 있다.

○ 殷也.
나라는 은나라이다.

朱註
武王崩, 成王立, 周公相之, 而二叔以武庚叛,
무왕이 돌아가고 성왕이 즉위함에 주공이 돕자, 관숙과 채숙은 무경을 데리고 배반하면서

詳說
○ 去聲.
'상(相 : 돕다)'자는 거성이다.

○ 挾武庚而將叛.
무경을 데리고 배반하려고 하였다.

朱註
且流言於國曰, 周公將不利於孺子.
또 나라에 '주공이 어린 왕에게 불리하게 할 것이다.'라고 유언비어를 퍼뜨렸던 것이다.

詳說
○ 九峯蔡氏曰 : "商人兄弟爭立者多, 管叔於周公爲兄, 尤所覬覦, 故流言以動搖周公."[1145]
구봉 채씨[1146]가 말하였다 : "상나라 사람들은 형제가 자리를 다투는 경우가 많아 관숙이 주공에게 형으로 더욱 분수 밖의 일을 바라기 때문에 유언비어로 주공을 동요시킨 것이다."[1147]

1145) 『시전대전(詩傳大全)』에 채씨의 말로 실려 있다.
1146) 남송의 학자 채침(蔡沉. 1167~1230)으로 자는 중묵(仲黙)이고 호는 구봉(九峯)으로 『서집전(書集傳)』을 펴냈다..
1147) 『시전대전(詩傳大全)』에는 "채씨가 말하였다. 유언비어는 근거 없는 말이다. 상나라 사람들은 형제가 자리를 다투는 경우가 많아 주공의 섭정을 상나라 사람들이 진실로 이미 의심했던 것이고, 또 관숙이 주공에게 형으로 더욱 분수 밖의 일을 바라고 있었기 때문에 무경과 관숙과 채숙이 나라에 유언비어를 퍼뜨려 성왕을 두렵게 하고 주공을 동요시켰던 것이다.(蔡氏傳曰 : 流言, 無根之言也. 商人兄弟爭立者多, 周公攝政, 商人固已疑之, 又管叔於周公爲兄, 尤所覬覦, 故武庚管蔡, 流言於國, 以危懼成王而動搖周公也.)"라고

朱註

故周公東征三[1148]年, 乃得管叔武庚而誅之, 而成王猶未知周公之意也.
그러므로 주공이 동쪽지방을 3년만에 정벌하여 마침내 관숙과 무경을 잡아 주벌하였으나, 성왕은 아직도 주공의 뜻을 알지 못하였다.

詳說

○ 一作二.
어떤 본에는 '삼(三)'자가 '이(二)'로 되어 있다.

○ 一無周字.
어떤 본에는 '주공(周公)'의 '주(周)'자가 없다.

○ 猶疑其將不利於己.
자신에게 불리하게 될 것이라고 여전히 의심했던 것이다.

朱註

公乃作此詩以貽王.
공이 이에 이 시를 지어 왕에게 드렸던 것이다.

詳說

○ 朱子曰:"金縢弗辟之說, 只從鄭氏爲是, 古注說不然."[1149]
주자가 말하였다: "『서경』「금등」에서의 '피하지 않을 것이다'는 말은 단지 정씨를 따라 옳게 여기는데, 옛 주석의 설명에서는 그렇게 하지 않았다."[1150]

되어 있다.
1148) 三:『시전대전(詩傳大全)』에는 '二'로 되어 있다.
1149) 『시전대전(詩傳大全)』에 주자의 말로 실려 있다.
1150) 『시전대전(詩傳大全)』에는 '주자가 말하였다 . 『서경』「금등」에서의 「씨하지 않을 것이나」는 말은 단지 정씨를 따라 옳게 여겼다. …. 옛 주석의 설명은 뒤에 생각해보니 그렇지 않았다.'(朱子曰:'弗辟之說, 只從鄭氏爲是. …. 當從古注說, 後來思之不然. ….)"라고 되어 있다. 『서경』의 「금등」에서 '관숙과 여러 동생들이 나라에 유언비어를 퍼뜨려 「공이 어린 왕에게 불리하게 할 것이다.'라고 하자 주공이 이에 두 공에게 '내가 피하지 않는 것은 선왕께 드릴 말씀이 없기 때문이다.'라고 하였다. 주공이 동쪽에 2년 동안 있으니, 죄인들이 잡혔다. 뒤에 공이 이에 시를 지어 왕께 드리면서 치효(鴟鴞)라고 하니, 왕도 감히 공을 책망하지 못하였다. 단지 정씨를 따라 옳게 여기는데, 옛 설명에서는 그렇게 하지 않았다.(金縢曰, 管叔及其羣弟流言於國, 曰將不利於孺子, 周公乃告二公, 曰我之弗辟, 我無以告我先王. 周公居東二年, 則罪人斯得. 于後公乃爲詩以貽王, 名之曰鴟鴞, 王亦未敢誚公.)"라는 주도 있다.

○ 九峯蔡氏曰：“辟讀爲避. 鄭氏謂避居東都, 孔氏以居東爲東征, 非也. 蓋周公居東二年, 成王因風雷之變, 迎公以歸. 三叔懷流言之罪, 遂脅武庚以叛王命, 公征之. 其東征往返, 首尾又自三年也.”

구봉 채씨가 말하였다 : "'피(辟 : 피하다)'자는 '피(避 : 피하다)'는 것으로 읽는다. 정씨가 피하여 동도(東都)에 있었다고 하고, 공씨가 동쪽에 있었던 것을 동쪽을 정벌한 것으로 여긴 것은 잘못된 것이다. 주공이 동쪽에 2년 있었던 것은 성왕이 바람 불고 번개 치는 변고로 공을 맞이해서 돌아왔던 것인데, 삼숙이 유언비어를 퍼뜨린 죄를 생각해서 마침내 무경과 협력으로 왕의 명을 배반하니, 공이 정벌했던 것이다. 동쪽으로 정벌을 나가 돌아온 것이 처음부터 끝까지 또 본래 3년이다."1151)

○ 安成劉氏曰：“集傳蓋用孔氏書注弗辟之說, 後來旣與九峯辨其不然, 以爲當從鄭氏, 而於詩傳則未及追改耳.”1152)

안성 유씨가 말하였다 : "『집전』에서는 공씨가 『서』에서 '피하지 않을 것이다'는 구절에 대한 주석의 설명을 인용한 것은 뒤에 이미 구봉이 그렇지 않다고 분명히 한 것과 함께 정씨를 따라야 한다고 한 것으로 여겼던 것인데, 『시전』에서는 아직 추급해서 고치지 못했던 것이다."1153)

1151) 『시전대전(詩傳大全)』에는 "…. '피(辟 : 피하다)'자는 '피(避 : 피하다)'는 것으로 읽으니, 정씨의 『시전(詩傳)』에서 '주공이 피하여 동도(東都)에 있었다.'고 한 것이 여기에 해당한다. 주공이 '나는 피하지 않을 것이다.'고 한 것은 의리에서 다하지 못한 것이 있어 지하의 선왕께 고하지 못한다는 것이다. 동쪽에 있었다는 것은 나라의 동쪽에 있었다는 것이다. 정씨가 피하여 동도(東都)에 있었다.'고 한 것은 어디에 근거했는지 모르겠고, 공씨가 동쪽에 있었던 것을 동쪽을 정벌한 것으로 여긴 것은 잘못된 것이다. 한창 유언비어가 퍼지고 있을 때 성왕은 죄인이 누구인지 몰랐으나, 2년이 지난 다음에 왕은 비로소 죄인이 관숙과 채숙임을 알았으니, 이에 잡았다는 것은 늦추었다는 말이다. 책망한다는 것은 양보한다는 것이다. 동산시에서 '내가 이것을 보지 못한 지가 이제 3년이 되었다.'라고 한 것을 살펴보면, 동쪽에 있었다는 것은 동쪽으로 정벌한 것이 아님이 분명하다. 주공이 동쪽에 2년 있었던 것은 성왕이 바람 불고 번개 치는 변고로 이미 친히 맞이해서 돌아왔던 것인데, 삼숙이 유언비어를 퍼뜨린 죄를 생각해서 마침내 무경과 협력으로 왕의 명을 배반했으니, 공이 정벌했던 것이다. 동쪽으로 정벌을 나가 돌아온 것이 처음부터 끝까지 또 본래 3년이다.(…. 辟讀爲避, 鄭氏詩傳曰, 周公辟居東都, 是也. 周公言我不避, 則於義有所不盡, 無以告先王於地下也. 居東, 居國之東也. 鄭氏謂辟居東都, 未知何據, 孔氏以居東爲東征, 非也. 方流言之起, 成王未知罪人爲誰, 二年之後, 王始知罪人之爲管蔡. 斯得者, 遲之詞也. 誚, 讓也. 按東山詩言, 自我不見于今三年, 則居東之非東征明矣. 蓋周公居東二年, 成王因風雷之變, 旣親迎以歸, 三叔懷流言之罪, 遂脅武庚以叛王命, 周公征之, 其東征往返, 首尾又自三年也.)"라는 말이 있다.
1152) 『시전대전(詩傳大全)』에 안성 유씨의 말로 실려 있다.
1153) 『시전대전(詩傳大全)』에는 "안성 유씨가 말하였다 : 『집전』에서 공이 유언비어를 당해 동쪽으로 2년 정벌해서 관숙과 무병을 주벌했고, 그 후에 이 시를 지었다. 성왕이 시를 얻고 또 바람과 번개의 변고에 감동해서 공을 맞이하니, 공이 이에 동산의 시를 지었다. 공씨가 『서』에서 '피하지 않을 것이다'는 구절에 대한 주석의 설명을 인용한 것은 뒤에 이미 구봉이 그렇지 않다고 분명히 한 것과 함께 정씨를 따라야 한다고 한 것으로 여겼던 것인데, 『시전』에서는 미처 추급해서 고치지 못했던 것이다. ….(安成劉氏曰 : 集傳以爲公遭流言, 卽東征二年而誅管叔武庚, 其後乃作此詩. 成王得詩, 又感風雷之變, 迎公以歸, 公乃作東山

○ 按, 孔氏以辟爲致辟之辟, 當從蔡氏書傳爲正, 而此註東征以下十三字, 追改以居東二年罪人斯得八字爲𠀤, 此實朱子晚年定論也.
살펴보건대, 공씨는 '벽(辟)'을 '치벽(致辟:주륙)'1154)으로 본 것은 채씨가 『서전』에서 바르다고 한 것을 따라야 하고, 여기의 주에서 동쪽으로 정벌하여 이하 13글자는 이에 따라 동쪽에 2년 있으면서 죄인을 여기서 잡았다는 말로 고쳐야 하니, 이것이 실로 주자의 만년 정론이다.

○ 居東, 蓋退而待命也.
'동쪽에 있었다'(居東)는 것은 물러나서 명을 기다린다는 것이다.

朱註
託爲鳥之愛巢者, 呼鴟鴞而謂之曰, 鴟鴞鴟鴞, 爾旣取我之子矣, 無𣞙毀我之室也.
새가 둥지를 사랑함을 가탁하여 올빼미를 불러 "올빼미야 올빼미야 내 새끼를 이미 잡아갔으니, 내 둥지는 부수지 말거라.

詳說
○ 汎指.
새는 넓게 가리킨 것이다.

○ 廬陵彭氏曰 : "鴟鴞比武庚, 子比羣叔, 室比王室."1155)
여릉 팽씨가 말하였다 : "올빼미는 무경을 비유한 것이고, 새끼는 여러 숙을 비유한 것이며, 둥지는 왕실을 비유한 것이다."

朱註
以我情愛之心篤厚之意, 鬻養此子, 誠可憐憫, 今旣取之, 其毒甚矣. 況又毀

之詩. 此蓋用孔氏書注弗辟之說, 後來旣與九峰辨其不然, 以爲當從鄭氏, 而於詩傳, 則未及追改耳. ….)"라고 되어 있다.
1154) 치벽(致辟) : 『주서』「채중지명편(蔡仲之命篇)」에 "주공의 여러 형제가 유언을 퍼뜨리니 이에 관숙을 상에서 주륙(誅戮)하였다.(群叔流言 乃致辟管叔于商.)"라는 말이 있다.
1155) 『시전대전(詩傳大全)』에 여릉 팽씨의 말로 동일하게 실려 있다.

我室乎.
내 사랑하는 마음과 독후한 뜻으로써 이 새끼를 기름에 진실로 가련하게 여기고 근심해야 했는데, 이제 이미 잡아갔으니, 그 폐해가 심하다. 하물며 또 내 둥지를 부순단 말인가."라고 하였다.

詳說

○ 補此三句.
여기의 세 구절을 보탰다.

朱註

以比武庚旣誅管蔡, 不可叓毁我王室也
이로써 무경이 이미 관숙과 채숙을 주벌하게 하였으니, 다시 우리 왕실을 훼손해서는 안됨을 비유한 것이다.

詳說

○ 此則說還本事, 凡比皆然.
이것은 본래 일로 되돌려 설명한 것이니, 일반적으로 비유는 모두 그런 것이다.

○ 朱子曰:"此詩艱苦深奧, 成王如何便理會得. 當時事變在眼前, 故讀其詩者, 便知其用意所在. 自今讀之, 旣不及見當時事, 所以謂其詩難曉."1156)
주자가 말하였다 : "이 시는 매우 어렵고 심오하니, 성왕이 당시에 어떻게 이해할 수 있었겠는가? 당시에 일의 변화가 눈앞에 있었기 때문에 시를 읽는 자는 바로 그 뜻이 어디에 있는지 알 수 있다. 지금에 그것을 읽으면 이미 그 당시의 일을 알 수 없기 때문에 그 시를 이해하기 어렵다고 하는 것이다."1157)

1156) 『시전대전(詩傳大全)』에 주자의 말로 실려 있다.
1157) 『시전대전(詩傳大全)』에는 "주자가 말하였다 '…': 물었다 : '올빼미 시는 그 말이 매우 어렵고 심오하니, 성왕이 당시에 어떻게 이해할 수 있었는지 알 수 없습니다.' 답하였다 : '당시에 일의 변화가 눈앞에 있었기 때문에 시를 읽는 자는 바로 그 뜻이 어디에 있는지 알 수 있습니다. 지금에 그것을 읽으면 이미 그 당시의 일을 알 수 없기 때문에 그 시를 이해하기 어렵다고 하는 것입니다. 그런데 성왕은 이 시를 얻었을지라도 감히 공을 꾸짖지 못할 뿐이었으니, 그 마음에 반드시 끝내 의심이 없을 수 없었기 때문입니다. 번개 치고 바람 부는 변고로 금등(金縢: 쇠사슬로 봉함)한 글을 열어보고 난 뒤에야 비로소 환히 알았던 것입니다.(朱子曰 : … 問 : 鴟鴞詩, 其詞艱苦深奧, 不知當時成王如何便理會得. 曰 : 當時事變在眼前, 故讀其詩者, 便知其用意所在. 自今讀之, 旣不及見當時事, 所以謂其詩難曉. 然成王雖得此詩, 亦只是未敢誚

○ 又曰:"當初管蔡挾武庚爲亂, 詩人之言, 只得如此, 不成歸怨管蔡."1158)

또 말하였다 : "당초에 관숙과 채숙이 무경을 끼고 반란을 일으켰는데, 시인의 말에서는 단지 이렇게 관숙과 채숙에게 원망을 돌리지 않았던 것이다."1159)

○ 安成劉氏曰:"此詩歸罪於武庚, 而於三叔則有閔惜之意. 蓋爲親者諱也, 書之大誥亦然. 此皆兄弟私情, 見於立言之際, 然而公義, 則不可掩, 故史臣於書特書曰, 管叔及其羣弟, 流言於國."1160)

안성 유씨가 말하였다 : "안성 유씨가 말하였다 : 여기의 시에서는 무경에게 죄를 돌렸으니, 세 명의 숙에게 가엽게 여기는 마음이 있었던 것이다. 친족에게는 숨겨주는 것이니,『서경』의 「대고(大誥)」에서도 그렇게 했던 것이다.1161) 이것은 모두 형제의 정이 말을 하는 사이에 드러난 것인데, 공평한 의리로는 덮어줄 수 없기 때문에 사관이『서경』에 특히 「관숙과 채숙과 그 여러 형제들이 나라에 유언비어를 퍼뜨렸다」고 기록했던 것이다."1162)

[1-15-2-2]

迨天之未陰雨, 徹彼桑土, 綢繆牖戶, 今女下民, 或敢侮予.

하늘에서 아직 비가 오지 않을 때에 저 뽕나무 뿌리를 가져와서

公, 其心未必能遂無疑. 及至雷風之變, 啟金縢之書後, 方始釋然開悟.)"라고 되어 있다.
1158)『시전대전(詩傳大全)』에 주자의 말로 실려 있다.
1159)『시전대전(詩傳大全)』에는 "어떤 이의 물음 : '「내 새끼를 이미 잡아갔으니, 내 둥지는 부수지 말거라」라는 구절. 해석할 경우에 무경이 이미 패해 관숙과 채숙이 왕실을 다시 어지럽힐 수 없다고 여겼으나, 결국 당초에 관숙과 채숙이 무경을 끼고 반란을 일으켰던 것입니다.' 주자가 말하였다 : '시인의 말에서는 이렇게 관숙과 채숙에게 원망을 돌리지 않았을 뿐입니다.'(或問 : 既取我子, 無毀我室, 鮮言以爲武庚既敗, 管蔡不可復亂王室. 畢竟是當初管蔡挾武庚爲亂. 朱子曰 : 詩人之言, 只得如此, 不成歸怨管蔡.)"라고 되어 있다.
1160)『시전대전(詩傳大全)』에 안성 유씨의 말로 실려 있다.
1161)『서경』의 「대고(大誥)」에서도 그렇게 했던 것이다 : 『서경』「대고(大誥)」에 "만약 아버지가 집을 지으려 작정하여 이미 그 규모를 정했는데도 그 아들이 기꺼이 집터(堂基)를 마련하지 않는데 하물며 기꺼이 집을 지으랴.(若考作室, 既底法, 厥子乃弗肯堂, 矧肯構.)"라는 말이 있다.
1162)『시전대전(詩傳大全)』에는 "안성 유씨가 말하였다 : '여기의 시에서는 무경에게 죄를 돌렸으니, 세 명의 숙에게 가엽게 여기는 마음이 있었던 것이다. 친족에게는 숨겨주는 것이니, 이를테면『서경』의 「대고(大誥)」에서도 그렇게 했던 것이다. 이것은 모두 형제의 정이 말을 하는 사이에 드러난 것인데, 공평한 의리로는 덮어줄 수 없기 때문에 사관이 서에 이미 「관숙과 채숙과 그 여러 형제들이 나라에 유언비어를 퍼뜨렸다」고 하고, 또 「주공이 총재에 올랐는데 여러 숙이 유언비어를 퍼뜨리자 이에 모두 공평한 의리로 그대로 기록했던 것이다.」라고 했다.(安成劉氏曰 : 此詩歸罪於武庚, 而於三叔則有閔惜之意. 蓋爲親者諱也, 如書之大誥亦然. 此皆兄弟之情, 見於立言之際, 然而公義, 則不可掩, 故史臣於書既曰, 管蔡及其羣弟流言于國, 又曰, 周公位冢宰, 羣叔流言, 乃皆以公義直書之者也.)"라고 되어 있다.

창과 문을 단단히 묶어놓는다면, 이제 너의 아래 백성들이 혹시라도 감히 나를 업신여기겠느냐!

詳說

○ 音, 杜.1163)
'두(土 : 뿌리)'자는 음이 '두(杜)'이다.

○ 音, 儔.
'주(綢 : 묶다)'자는 음이 '주(儔)'이다.

○ 莫侯反
'무(繆 : 얽다)'는 '막(莫)'과 '후(侯)'의 반절이다.

○ 音, 汝.1164)
'여(女 : 너)'자는 음이 '여(汝)'이다.

○ 叶, 演女反.1165)
'여(予 : 나)'자는 협운으로 '연(演)과 '여(女)'의 반절이다..

朱註

比也. 迨, 及, 徹, 取也. 桑土, 桑根也.
비(比)이다. '태(迨)'는 미침이고, '철(徹)'은 취함이다. '상두(桑土)'는 뽕나무 뿌리이다.

詳說

○ 釋文曰 : "韓詩作杜方言, 云東齊謂根曰杜."1166)
『석문』에서 말하였다. "한유의 시에서는 '두(杜)자의 방언으로 동제에서 뿌리를

1163) 音, 杜.『시전대전(詩傳大全)』에는 "음은 두로 '도(徒)'에서의 'ㄷ'과 '고(古)'자에서의 'ㅗ'를 합한 도이다.(音, 杜, 徒古反.)"라고 되어 있다.
1164) 音, 汝.『시전대전(詩傳大全)』에도 동일하게 되어 있다.
1165) 叶, 演女反.『시전대전(詩傳大全)』에도 동일하게 되어 있다.
1166)『시전대전(詩傳大全)』에도 동일하게 되어 있다.

두(杜)라고 한다.'라고 되어 있다."1167)

朱註
綢繆, 纏綿也. 牖, 巢之通氣處, 戶, 其出入處也.
주무(綢繆)는 묶는 것이다. '유(牖 : 창)'는 둥지의 공기를 통하는 곳이고, '호(戶 : 문)'는 그 출입하는 곳이다.

詳說
○ 諺音誤.
'무(繆)'자는 언해의 음이 잘못되었다.

○ 有牖, 又有戶.
창이 있고 또 문이 있는 것이다.

朱註
亦爲鳥言, 我及天未陰雨之時, 而往取桑根, 以纏綿巢之隙穴, 使之堅固以, 備陰雨之患,
또한 새의 말로 "내가 아직 비가 오지 않을 때에 가서 뽕나무 뿌리를 가져와서 둥지의 틈과 구멍을 단단히 묶고 견고하게 해서 비를 맞는 피해 대비한다면,

詳說
○ 添此二句.
여기의 두 구절을 보탰다.

朱註
則此下土之民
여기 하토 백성들이

1167) 『경전석문』에서는 상두(桑土)에 대해 "음은 '두(杜)'로 주에서도 같다. 상두(桑土)는 뽕나무 뿌리로 「소아」에서도 같다. 한유의 시에는 '두(杜)'자는 의미가 같은 방언으로 동제에서 뿌리를 두(杜)라고 한다.'라고 되어 있다. ….(音, 杜. 注同. 桑土, 桑根也, 小雅同. 韓詩作杜義同, 方言, 云東齊謂根曰杜. ….)"라고 되어 있다.

詳說
○ 巢在木上, 故謂人爲下民
둥지가 나무 위에 있기 때문에 사람들을 아래의 백성이라고 했다.

朱註
誰敢有侮予者, 亦以比己深愛王, 室而預防其患難之意.
누가 감히 나를 업신여길 자가 있겠는가?"라고 하였으니, 또한 이로써 자신이 왕실을 깊이 사랑하여 그 환난을 미리 방비하려는 뜻을 비유한 것이다.

詳說
○ 去聲.
'환란(患難)'에서의 '난(難)'자는 거성이다.

○ 此又說還本事.
여기에서 또 본래의 일로 돌아가 설명하였다.

○ 平日治國預備至矣, 而猶未免遭取子之侮, 公之情爲如何哉
평소 나라를 다스리는 방비가 지극했는데도 오히려 자식을 잡아가는 모멸을 모면하지 못했으니, 공의 심정이 어떠했겠는가?

朱註
故孔子贊之曰, 爲此詩者, 其知道乎. 能治其國家, 誰敢侮之.
그러므로 공자께서 "이 시를 지은 자는 아마도 도를 알고 있을 것이다. 그 국가를 잘 다스린다면 누가 감히 업신여기겠는가?"라고 칭찬하셨다.

詳說
○ 出孟子公孫丑.
『맹자』「공손추」가 출처이다.1168)

1168) 『맹자』「공손추」가 출처이다 : 『맹자』「공손추장구상」에 "『시경』에서 '하늘에서 아직 비가 오지 않을 때에 저 뽕나무 뿌리를 가져와서 창과 문을 단단히 묶어놓는다면, 이제 너의 아래 백성들이 혹시라도 감히 나를 업신여기겠느냐!'라고 하였으니, 공자께서 '이 시를 지은 자는 아마도 도를 알고 있을 것이다. 그 국가를 잘 다스린다면 누가 감히 업신여기겠는가?'라고 하셨던 것이다.(詩云, '迨天之未陰雨, 徹彼桑土, 綢繆

[1-15-2-3]

|予手拮据, 予所捋荼, 予所蓄租. 予口卒瘏, 曰予未有室家.|

내 손을 부지런히 움직이며 일한 것이 내가 가져온 갈대이고 내가 쌓아 모은 것이니라. 내 입이 모두 병든 것은 내 아직 집이 없었기 때문이라고 하느니라.

詳說

○ 音, 吉.1169)

'길(拮 : 부지런히 움직이다)'자는 음이 '길(吉)'이다.

○ 音, 居.1170)

'거(据 : 일하다)'자는 음이 '거(居)'이다.

○ 力活反.1171)

'랄(捋 : 집어 따다)'은 '력(力)'과 '활(活)'의 반절이다.

○ 子胡反.1172)

'조(租)'자는 '자(子)'와 '호(胡)'의 반절이다.

○ 音, 徒.1173)

'도(瘏 : 앓다)'자는 음이 '도(徒)'이다.

○ 叶, 古胡反.1174)

'가(家 : 집)'자는 협운으로, '고(古)'와 '호(胡)'의 반절이다.

朱註

鬻戶, 今此下民, 或敢侮予.' 孔子曰, '爲此詩者 其知道乎. 能治其國家, 誰敢侮之.')"라는 말이 있다.
1169) 音, 吉 : 『시전대전(詩傳大全)』에도 동일하게 되어 있다.
1170) 音, 居 : 『시전대전(詩傳大全)』에도 동일하게 되어 있다.
1171) 力活反 : 『시전대전(詩傳大全)』에도 동일하게 되어 있다.
1172) 子胡反 : 『시전대전(詩傳大全)』에도 동일하게 되어 있다.
1173) 音, 徒 : 『시전대전(詩傳大全)』에도 동일하게 되어 있다.
1174) 叶, 古胡反 : 『시전대전(詩傳大全)』에도 동일하게 되어 있다.

比也. 拮据, 手口共作之貌.
비(比)이다. '길거(拮据)'는 손과 입을 함께 움직여 일하는 모양이다.

詳說
○ 並下口字言之. 下文卒瘏, 亦當通手看.
아래의 '구(口 : 입)'자와 함께 말한 것이다. 아래 글의 '졸도(卒瘏 : 모두 병든 것)'도 손과 함께 봐야 한다.

朱註
捋, 取也. 荼, 萑苕, 可藉巢者也.
'날(捋)'은 취함이다. '도(荼)'는 억새 이삭이니, 둥지에 깔 수 있는 것이다.

詳說
○ 音, 丸.
'환(萑 : 갈대)'자는 음이 환(丸)이다.

○ 音, 迢.
'초(苕 : 이삭)'는 음이 '초(迢)'이다.

○ 孔氏曰 : "薍之秀穗也."[1175)
공씨가 말하였다 : "갈대의 이삭이다"[1176)

朱註
蓄, 積, 租, 聚,
'축(蓄)'은 쌓다는 것이고, '조(租)'는 모은다는 것이며,

詳說
○ 慶源輔氏曰 : "捋荼蓄租, 其所作之事也."[1177)

1175) 『시전대전(詩傳大全)』에 공씨의 말로 실려 있다.
1176) 『시전대전(詩傳大全)』에는 "공씨가 말하였다 : '억새는 갈대이고, 갈대의 이삭은 억새의 이삭이다. 억새는 단단한 것으로 거성이다.'(孔氏曰 : 薍爲萑, 萑苕, 謂薍之秀穗也. 薍, 頑, 去聲.)"라고 되어 있다.
1177) 『시전대전(詩傳大全)』에 경원 보씨의 말로 실려 있다.

경원 보씨(慶源輔氏 : 輔廣)1178)가 말하였다 : "가져온 갈대를 쌓아 모은다는 것은 그가 하는 일이다."1179)

○ 按, 蓄租, 謂積聚所捋之荼.
살펴보건대, '축조(蓄租 : 쌓아 모은다)'는 것은 가져온 갈대를 쌓아 모은다는 말이다.

朱註

卒, 盡, 瘏, 病也. 室家, 巢也.
졸(卒)은 다함이요, '도(瘏)'는 병듦이다. 실가(室家)는 둥지이다.

朱註

亦爲鳥言, 作巢之始, 所以拮据, 以捋荼蓄租,
○ 또한 새의 말을 하되 "둥지를 만드는 초기에 손과 입을 함께 움직여 갈대를 취해오고 물건을 저축하느라

詳說

○ 三句, 是一串事.
세 구는 하나로 된 일이다.

朱註

勞苦而至於盡病者
노고(勞苦)하여 모두 병든 까닭은

詳說

○ 手口皆病.
손과 입에 모두 병이 났다.

1178) 보광(輔廣) : 자는 한경(漢卿)이고, 호는 잠암(潛庵). 송나라 주희의 문인으로서 『주자어류』에 사단(四端)·칠정(七情)을 리(理)와 기(氣)에 배속시켜 기록하였다.
1179) 『시전대전(詩傳大全)』에는 경원 보씨가 말하였다 : "'길거(拮据)는 손과 입을 함께 움직여 일하는 모양이다. 가져온 갈대를 쌓아 모은다는 것은 그가 하는 일이다. 먼저 손을 부지런히 움직이는 것을 말하고, 끝에 입이 모두 병든 것을 말하는 것도 말하는 법이다.'(慶源輔氏曰 : 拮据, 手口共作之貌. 捋荼蓄租, 則其所作之事也. 先言手之拮据, 終言口之卒瘏, 亦言之法也.)"라고 되어 있다.

○ 華谷嚴氏曰 : "手拮据而捋荼蓄租, 而口卒瘏, 交錯言之也."1180)

화곡 엄씨가 말하였다 : "손을 부지런히 움직이고 일해서 갈대를 가져와 쌓아 모으고, 입이 모두 병들었다는 것은 교차해서 말한 것이다."

○ 互文.
글을 번갈아가며 든 것이다.

朱註
以巢之未成也.
둥지가 완성되지 않았기 때문이다."라고 하였으니,

詳說
○ 補以字.
'이(以)'를 더하였다.

朱註
以比己之前日, 所以勤勞如此者, 以王室之新造而未集故也.
이로써 자신의 전일(前日)에 이처럼 근로한 것은 왕실이 새로 만들어져서 아직 평온하지 않기 때문임을 비유한 것이다.

詳說
○ 安也.
'집(集 : 평온하다)'자는 편안하다는 것이다.

○ 此又說還本事.
여기에서 또 본래의 일로 돌아가 설명하였다.

1180) 『시전대전(詩傳大全)』에 화속 엄씨의 말로 동일하게 실려 있다.

[1-15-2-4]

予羽譙譙, 予尾翛翛, 予室翹翹, 風雨所漂搖, 予維音嘵嘵.

내 깃이 닳고 꼬리가 망가져가면서도 내 둥지가 위태로운데
비바람이 뒤흔드는지라 내가 소리 내어 울부짖노라.

詳說

○ 音樵.
'초(譙 : 깃이 줄어들다)'자는 음이 '초(樵)'이다.

○ 音消.
'소(翛 : 날개가 찢어지다)'자는 음이 '소(消)'이다.

○ 祈消反.[1181]
'교(翹 : 위태롭다)'자는 '기(祈)'와 '소(消)'의 반절이다.

○ 匹遙反.[1182]
'표(漂)'자는 '필(匹)'과 '요(遙)'의 반절이다.

○ 音囂.
'효(嘵 : 두려워서 울부짖는 소리)'의 음은 '효(囂)'이다.

朱註

比也. 譙譙殺也,

비(比)이다. '초초(譙譙)'는 깃이 닳는 것이고,

詳說

○ 去聲, 下同.
'쇄(殺 : 덜다)'자는 거성으로 아래에서도 같다.

1181) 祈消反 : 『시전대전(詩傳大全)』에도 동일하게 되어 있다.
1182) 匹遙反 : 『시전대전(詩傳大全)』에도 동일하게 되어 있다.

○ 勞敝而不齊.

피로로 부서져서 가지런하지 않은 것이다.

朱註

翛翛, 弊也, 翹翹, 危也.

소소(翛翛)는 망가지는 것이고, 교교(翹翹)는 위태로운 것이며,

詳說

○ 高, 故危.

높이 있기 때문에 위태로운 것이다.

朱註

嘵嘵, 急也.

요요(嘵嘵)는 다급한 것이다.

朱註

亦爲鳥言, 羽殺尾敝, 以成其室而未定也,

또한 새의 말로 "깃이 닳고 꼬리가 망가져가면서 그 둥지를 만들었어도 아직 안정되지 못하였는데,

詳說

○ 安也.

'정(定 : 안정되다)'는 것은 편안하다는 것이다.

朱註

風雨, 又從而漂搖之, 則我之哀鳴, 安得而不急哉. 以比己旣勞悴, 王室又未安, 而多難

비바람이 또 이어서 휘몰아치니, 내가 슬피 울부짖기를 어찌 급히 하지 않을 수 있겠는가."라고 한 것이다. 이로써 자신이 이미 수고로웠으나 왕실이 또한 편안하지 못하고, 많은 어려움이

詳說

○ 去聲.

'난(難 : 어려움)'자는 거성이다.

朱註

乘之,

올라타고 있으니,

詳說

○ 四國將叛.

사방의 나라들이 모반하려고 하는 것이다.

朱註

則其作詩以喩王, 亦不得而不汲汲也.

시를 지어 왕을 깨우치기를 또한 급급하게 하지 않을 수 없음을 비유한 것이다.

詳說

○ 慶源輔氏曰 : "此詩是周公赤心血誠."[1183]

경원 보씨가 말하였다 : "이 시는 주공의 붉은 마음과 피의 정성이다."[1184]

○ 安成劉氏曰 : "出於忠愛之情, 所不能已也."[1185]

안성 유씨가 말하였다 : "충성과 사랑의 심정에서 내놓았으니, 그만 둘 수 없었던 것이다."[1186]

[1183] 『시전대전(詩傳大全)』에 경원 보씨의 말로 실려 있다.
[1184] 『시전대전(詩傳大全)』에는 "경원 보씨가 말하였다 : '이 시는 진실로 주공의 붉은 마음과 피의 정성이다. 그런데 유언비어에서는 본래 주공을 자신을 위해 도모한다고 하고, 주공이 보낼 왕실을 자신의 집안으로 여긴다고 해서 피할 길이 없었으니, 여기에서 그의 바르고 큰 심정을 알 수 있다.'(慶源輔氏曰 : 此詩固是周公赤心血誠. 然流言自以周公爲己謀, 而周公自以王室爲己之室家, 無所避也, 此又可見其正大之情.)"라고 되어 있다.
[1185] 『시전대전(詩傳大全)』에 안성 유씨의 말로 실려 있다.
[1186] 『시전대전(詩傳大全)』에는 "안성 유씨가 말하였다 : '위의 장과 여기에서 주공은 스스로 이처럼 수고롭게 노력하였음을 스스로 비유하였다. 공은 제왕의 친족 대신으로 종사의 안위가 자신에게 달렸던 것이 짧은 시간이 아니었다. …. 울부짖는 소리는 충성과 사랑의 심정에서 내놓았던 것이기 때문에 그만 둘 수 없었던 것이다. ….(安成劉氏曰 : '上章及此, 周公自比其勤勞如此者. 蓋公以貴戚大臣, 宗社安危係於其身者, 非一日矣. …. 以嘵嘵之音, 出於忠愛之情, 所不能已也. ….)"라고 되어 있다.

○ 此又說還本事.
여기에서 또 본래의 일로 돌아가 설명하였다.

朱註

鴟鴞, 四章, 章五句.
「치효」는 4장으로 장은 5구이다.

詳說

○ 當與常棣叅看.
「소아」의 「상체」와 함께 참고해서 봐야 한다.

事見書金縢篇.
그 일은 『서경』「금등」편에 있다.1187)

詳說

○ 音現.
'현(見 : 있다)'자는 음이 '현(現)'이다.

[1-15-3-1]

我徂東山, 慆慆不歸. 我來自東, 零雨其濛. 我東曰歸, 我心西悲, 制彼裳衣, 勿士行枚.

내 동산(東山)에 가서 오랫동안 돌아오지 못했노라.
내 동쪽에서 올 제 내리는 비 부슬부슬 하더라.
내 동쪽에서 돌아올 제 내 마음 서쪽을 향해 슬퍼하였노라.
저 의상을 만들어 정벌을 일삼지 말지어다.

詳說

○ 音滔.

1187) 그 일은 『서경』「금등」편에 있다 : 주공이 섭정할 당시 관숙(管叔)과 채숙(蔡叔)이 반란을 일으키는 등 상황이 급박하게 돌아가던 때, 하늘에서 크게 벼락과 번개가 치고 바람이 부는 변고가 발생했다는 것이다.

'도(慆 : 경과하다)'자의 음은 '도(滔)'이다.

○ 無韻, 未詳.[1188]
운이 없는 것은 자세하지 않다.

○ 音杭.
'항(行)'의 음은 '항(杭)'이다.

○ 叶, 謨悲反.[1189]
'매(枚 : 채찍)'자는 협운으로 '모(謨)'와 '비(悲)'의 반절이다.

|蜎蜎者蠋, 烝在桑野. 敦彼獨宿, 亦在車下.|

꿈틀거리는 뽕나무벌레여! 뽕나무 들에 있도다.
외로이 저 홀로 잠듦이여! 또한 수레 밑에 있도다.

詳說

○ 音娟.
'연(蜎) : 장구벌레)'자의 음은 '연(娟)'이다.
○ 音蜀.[1190]
'촉(蠋 : 나비의 애벌레)'의 음은 '촉(蜀)'이다.

○ 叶, 上與反.[1191]
'야(野 : 들)'는 협운으로 '상(上)'과 '여(與)'의 반절이다.

○ 音堆.
'퇴(敦 : 외로운 모양)'의 음은 '퇴(堆)'이다.

○ 叶, 後五反.[1192]

1188) 無韻, 未詳 : 『시전대전(詩傳大全)』에도 동일하게 되어 있다.
1189) 叶, 謨悲反 : 『시전대전(詩傳大全)』에도 동일하게 되어 있다.
1190) 音蜀 : 『시전대전(詩傳大全)』에도 동일하게 되어 있다.
1191) 叶, 上與反 : 『시전대전(詩傳大全)』에도 동일하게 되어 있다.

'하(下 : 아래)'자는 협운으로 '후(後)'와 '오(五)'의 반절이다.

○ 按, 或曰, 章首山歸二字, 通四章, 自相爲韻. 此則朱子亦已見之, 而以單章觀之, 則爲無韻, 故斷之曰未詳.
살펴보건대, 장 첫머리의 '산(山)'과 '귀(歸)' 두 글자는 4장에서 모두 본래 서로 운이 된다. 그런데 이것이 주자가 또한 이미 그것을 알고 있는 것인데도 하나의 장으로 보았다면, 운이 없는 것이기 때문에 단정하여 '자세하지 않다.'고 한 것이다.

朱註
賦也.
부(賦)이다.

詳說
○ 賦而興也, 與末章同, 而此註分言, 於首末者, 亦其一例也
읊으면서 일으킨 것은 끝장과 같은데, 여기의 주에서 나눠 말한 것은 처음과 끝에서 또한 하나의 사례이다.

朱註
東山, 所征之地也.
동산(東山)은 정벌(征伐)한 지역이다.

詳說
○ 東土之山.
동토의 산이다.

朱註
慆慆, 言久也. 零, 落也. 濛, 雨貌. 裳衣, 平居之服也. 勿士行枚, 未詳其義. 鄭氏曰, 士, 事也, 行, 陣也. 枚如箸, 銜之有繢, 結項中以止語也.
'도도(慆慆)'는 오래동안을 말한다. '영(零)'은 내린다는 것이다. '몽(濛)'은 비가 오

1192) 叶. 後五反 : 『시전대전(詩傳大全)』에도 동일하게 되어 있다.

는 모양이다. '상의(裳衣)'는 평상시의 의복이다. '물사행매(勿士行枚)'는 그 뜻이 자세하지 않다. 정씨(鄭氏)는 말하기를 "사(士)는 일삼음이요, 행(行)은 행진(行陣)이다. 매(枚)는 젓가락과 같으니, 이것을 입에 무는데, 노끈이 달려 있어서 목 가운데에 묶어 말을 못하게 하는 것이다." 하였다.

詳說

○ 音, 懷, 又音畫, 徽也.1193)

'홰(繣 : 밧줄)'자의 음은 '회(懷)'이고, 또 음은 '획(畫)'이니, '휘(徽)'이다.

○ 鄭氏曰 : "軍法止語, 爲相疑惑."1194)

정씨가 말하였다 : "군대의 법에서 '멈춰'라는 말은 서로 의심하고 미심쩍어 하는 것이다."

朱註

蜎蜎, 動貌. 蠋

'연연(蜎蜎)'은 움직이는 모양이다. '촉(蠋)'은

詳說

○ 諺音, 誤.

『언해』의 음이 잘못되었다.

朱註

桑蟲, 如蠶者也. 烝, 發語辭. 敦, 獨處, 上聲不移之貌. 此則興也.

뽕나무벌레로 누에와 비슷하다. '증(烝)'은 발어사(發語辭)이다. '퇴(敦)'는 홀로 거처하고 옮기지 않는 모양이다. 이것은 흥(興)이다.

詳說

○ 上聲.

'처(處 : 거처하다)'는 상성이다.

1193) 『시전대전(詩傳大全)』에는 "音, 壞, 又音畫, 徽也."라고 되어 있다.
1194) 『시전대전(詩傳大全)』에는 "鄭氏曰 : 軍決止語, 爲相疑惑."라고 되어 있다.

朱註
成王旣得鴟鴞之詩,
성왕(成王)이 「치효(鴟鴞)」의 시(詩)를 얻은 다음에,

詳說
○ 承上篇.
앞의 편을 이어받았다.

朱註
又感雷風之變, 始悟而迎周公.
또 번개와 바람의 변고에 감동되어 비로소 깨닫고 주공(周公)을 맞이하였다.

詳說
○ 一作風雷.
'뢰풍(雷風)' 어떤 본에는 '풍뢰(風雷)'로 되어 있다.

○ 亦見金縢.
또한 「금등」편에 있다.

朱註
於是周公東征, 已三年矣.
이에 주공(周公)이 동쪽으로 정벌하러 간 것이 이미 3년이었다.

詳說
○ 亦用孔氏書註, 故以東征爲在雷風之前.
또한 공씨의 『서경』 주석을 인용했기 때문에 동쪽으로 정벌하러 간 것이 우레와 번개의 변고 앞에 있는 것이다.

○ 鄭氏曰 : "管蔡流言, 周公避居東都. 成王旣得金縢之書, 迎公歸, 三監及淮夷叛公, 東征三年而後歸."[1195]

정씨가 말하였다 : "관숙과 채숙의 유언비어로 주공이 피하여 동도에 가 있었
다. 성왕이 금등의 서를 얻은 다음에 공의 돌아옴을 친히 맞이하였는데, 삼감과
회이가 배반하니, 공이 동쪽으로 정벌을 나가 3년이 지난 다음에 돌아왔다
."1196)

○ 安成劉氏曰 : "承王命, 作大誥東征."1197)

안성 유씨가 말하였다 : "왕의 명으로 「대고」를 짓고 동쪽으로 정벌을 나갔다
."1198)

○ 按, 東征, 征管蔡奄商也. 孟子云, "伐奄三年討其君, 卽此時
也.".

살펴보건대, '동쪽으로 정벌을 나간 것'은 관숙과 채숙과 엄나라와 상나라를 정
벌한 것이다. 『맹자』에서 "엄나라를 정벌한지 3년에 그 군주를 토벌했다."1199)
는 것이 바로 이때이다.

朱註

1195) 『시전대전(詩傳大全)』에 정씨의 말로 있다.
1196) 『시전대전(詩傳大全)』에는 "정씨가 말하였다 : '관숙과 채숙의 유언비어로 주공이 피하여 동도에 가 있었다. 성왕이 금등의 서를 얻은 다음에 주공을 친히 맞이하였는데, 공의 섭정으로 삼감이 배반하니, 공이 이에 동쪽으로 정벌을 나가 3년이 지난 다음에 돌아왔다.'(鄭氏曰 : 管蔡流言, 周公避居東都. 成王旣得金縢之書, 親迎周公. 公攝政, 三監叛, 公乃東征之, 三年而後歸.)"라고 되어 있다.
1197) 『시전대전(詩傳大全)』에 안성 유씨의 말로 있다.
1198) 『시전대전(詩傳大全)』에는 "안성 유씨가 말하였다 : 「집전」에서는 공이 유언비어로 동쪽으로 정벌을 나가 관숙과 무경을 주벌하고 그 다음에 바로 이 시를 지었고, 성왕이 시를 얻고 또 바람과 번개의 변고에 느끼는 것이 있어 공을 맞이하니, 돌아와 공이 바로 동산의 시를 지었다고 여기는 것이다. 이것은 공씨의 『서경』 주석을 인용한 것이다. 「피하지 않을 것이다」라는 말은 뒤에 이미 구봉이 그렇지 않다고 분명히 한 것과 함께 정씨를 따라야 한다고 한 것으로 여겼던 것인데, 『시전』에서는 미처 추급해서 고치지 못했던 것일 뿐이다. 대개 유언비어가 퍼져나가는데 공이 피하지 않고 있으면서 성왕이 살피기를 기다리고 있었던 것은 그 마음에 사사로움이 없었을지라도 의리로는 미진한 것이 있었던 것이기 때문에 「내가 선왕께 고할 말이 없다」고 했던 것이다. 그래서 피하여 2년 동안 있은 다음에 성왕이 유언비어의 죄인을 안 다음에도 의혹을 풀지 않았으니, 이에 치효를 지어 깨우치게 했던 것이다. 치효로 「내 둥지를 부수지 말거라」라고 고하는 것을 보면 그 시가 무경이 아직 주벌되기 전임을 알 수 있으니, 번개와 바람의 변고에서 주공이 이미 돌아와 바로 왕명으로 대고를 짓고는 동쪽으로 정벌하러 간 것이다. ….(安成劉氏曰 : '集傳以爲公遭流言, 卽東征二年, 而誅管叔武庚, 其後乃作此詩, 成王得詩, 又感風雷之變迎公, 以歸公乃作東山之詩. 此蓋用孔氏書注. 弗辟之說, 後來旣與九峰辨其不然, 以爲當從鄭氏, 而於詩傳則未及追改耳. 蓋流言之興, 而公弗辟居, 以待成王之察, 則其心雖無私, 而義有未盡, 故曰我無以告我先王. 是以避居二年之後, 成王旣知流言之罪人, 而疑慮未釋, 乃作鴟鴞以喩之. 觀其告鴟鴞以無毁我室, 可見其詩作於武庚未誅之先, 自雷風之變, 而周公既歸, 乃承王命, 作大誥東征. ….)"라고 되어 있다.
1199) 엄나라를 정벌한지 3년에 그 군주를 토벌했다 : 『맹자』「등문공하」에 "주공이 무왕을 도와 주왕을 주벌하시고, 엄나라를 정벌한지 3년에 그 군주를 토벌하시고, 비렴을 바다 모퉁이로 몰아내어 죽이시니, 나라를 멸망시킨 것이 50개국이었고, 범과 표범, 코뿔소와 코끼리를 몰아내어 멀리 쫓으시니, 천하가 크게 기뻐하였다.(周公相武王, 誅紂, 伐奄三年, 討其君, 驅飛廉於海隅而戮之, 滅國者五十, 驅虎豹犀象而遠之, 天下大悅.)"라는 말이 있다.

既歸, 因作此詩以勞歸士. 蓋爲之, 述其意而言曰, 我之東征旣久, 而歸塗, 又有遇雨之勞.
돌아온 뒤에 이어서 이 시(詩)를 지어 돌아오는 장병들을 위로한 것이다. 군사들을 위하여 그들의 뜻을 서술하여 "내가 동쪽으로 정벌을 간 것이 이미 오래인데, 돌아오는 길에 또 비를 만난 수고로움이 있었다."라고 하였다.

詳說
○ 去聲.
'노(勞: 위로하다)'자는 거성이다.

○ 去聲.
'위(爲 : 위하여)'자는 거성이다.

○ 士自我也.
군사들이 스스로 '나'라고 하는 것이다.

○ 董氏曰 : "我徂東山, 記其地也. 慆慆不歸, 記其久也. 我來自東, 記其還也. 零雨其濛, 記其時也."1200)
동씨가 말하였다 : "'내가 동산에 갔다'는 것은 그 땅을 기록한 것이다. '오랫동안 돌아오지 못했다'는 것은 오래되었음을 기록한 것이다. '내가 동쪽에서 올 제'는 그 돌아옴을 기록한 것이다. '내리는 비 부슬부슬 하다'는 것은 그 때를 기록한 것이다."

朱註
因追言, 其在東而言
이어서 추언해서 "동쪽에 있다가

詳說
○ 曰.

1200) 『시전대전(詩傳大全)』에 동씨의 말로 동일하게 있다.

'언(言 : 말하다)'자는 '왈(曰)'이라는 것이다.

朱註
歸之時, 心已西嚮而悲,
'돌아올 때에 마음으로 이미 서쪽을 향하여 슬펐으니,

詳說
○ 思家而悲也, 且悲且喜.
집이 그리워 슬퍼했으니, 또한 슬프면서 즐거운 것이었다.

朱註
於是, 制其平居之服, 而以爲自今可以勿爲行陣銜枚之事矣
이에 평상시의 의복을 만들고, '지금부터는 행진(行陣)에서 군졸들이 소리를 내지 못하게 입에 재갈을 물리는 일을 하지 말아야 되겠다고 여겼다.'라고 하였다.

詳說
○ 製同.
'제(制 : 만들다)'자는 '제(製 : 짓다)'자와 같다.

○ 東萊呂氏曰 : "此亦歸士之情也."1201)
동래 여씨가 말하였다 : "이것도 돌아오는 병사들의 심정이다."1202)

朱註
及其在塗,
돌아오는 길에서는

詳說
○ 添此句.
이 구절을 더했다.

1201) 『시전대전(詩傳大全)』에 동래 여씨의 말로 있다.
1202) 『시전대전(詩傳大全)』에는 "동래 여씨가 말하였다 : '이것도 돌아오는 병사들의 심정이니, 이른바 그 심정을 기술해서 그들의 노고를 위로한다는 것이다.'(東萊呂氏曰 : 此亦歸士之情也, 所謂序其情而閔其勞也.)"라고 되어 있다.

朱註
則又覩物起興, 而自歎曰彼蜎蜎者蠋, 則在彼桑野矣, 此敦然而獨宿者, 則亦在此車下矣.
또 사물을 보고 흥기해서 스스로 탄식하기를 "저 꾸물거리는 뽕나무벌레는 저 뽕나무들에 있고, 여기에 외로이 홀로 잠자는 자는 또한 이 수레 아래에 있다."한 것이다.

詳說
○ 彼
'차(此 : 이)'는 '피(彼)'이다.

○ 蠋之在野固也, 我之亦在此, 則非其所也.
뽕나무벌레가 들에 있는 것은 본래 그런 것이고, 내가 또한 여기에 있는 것은 내가 있을 곳이 아니라는 것이다.

○ 臨川王氏曰 : "古用車戰, 則將卒有所蔽倚, 止則爲營衛與槧柵, 無異兵械衣服, 皆以載其中."1203)
임천 왕씨가 말하였다 : "옛날에 수레로 전쟁을 할 때에는 군졸들이 은폐하는 데 의지하였고, 멈춰있을 때는 군영의 호위와 목책으로 하고 무기와 의복을 가리지 않고 모두 그 속에 실었다."

[1-15-3-2]
我徂東山, 慆慆不歸. 我來自東, 零雨其濛. 果臝之實, 亦施于宇.

내 동산(東山)에 가서 오랫동안 돌아오지 못했노라. 내 동쪽에서 올 제 내리는 비 부슬부슬 하더라. 과라(果)의 열매가 집에 뻗어 있고,

---

1203) 『시전대전(詩傳大全)』에 임천 왕씨의 말로 동일하게 실려 있다.

詳說

○ 力果反.1204)

'라(贏)'는 '력(力)'과 '과(果)'의 반절이다.

○ 音異.

'시(施 : 뻗다)'의 음은 '이(異)'이다.

伊威在室, 蠨蛸在戶, 町疃鹿場, 熠燿宵行, 不可畏也, 伊可懷也.

쥐며느리가 방에 있으며, 납거미가 문에 있고,
집 곁의 놀리는 땅은 사슴마당이 되었으며,
반짝거리는 반딧불이는 두려운 것이 아니라 그리운 것이구나.

詳說

○ 音蕭.1205)

'소(蠨 : 납거미)'의 음은 '소(蕭)'이다.

○ 音筲.

'소(蛸 : 납거미)'의 음은 '소(筲)'이다.

○ 音梴.

'정(町 : 밭두둑)'의 음은 '정(梴)'이다.

○ 他短反.

'탄(疃)'은 '타(他)'와 '단(短)'의 반절이다.

○ 以執反.1206)

'습(熠 : 반짝이다)'은 '이(以)'와 '집(執)'의 반절이다.

1204) 力果反 : 『시전대전(詩傳大全)』에도 동일하게 되어 있다.
1205) 音蕭 : 『시전대전(詩傳大全)』에도 동일하게 되어 있다.
1206) 以執反 : 『시전대전(詩傳大全)』에도 동일하게 되어 있다.

○ 以照反.[1207]

'요(燿 : 빛나다)'의 음은 '이(以)'와 '조(照)'의 반절이다.

○ 叶, 戶郞反.[1208]

'항(行)'은 협운으로 '호(戶)'와 랑(郞)'의 반절이다.

○ 叶, 於非反.[1209]

'외(畏 : 두려워하다)'은 협운으로 '어(於)'와 '비(非)'의 반절이다.

○ 叶, 胡威反.[1210]

'회(懷 : 그리워하다)'는 협운으로 '호(胡)'와 '위(威)'의 반절이다.

朱註

賦也. 果蓏, 栝樓也.

부(賦)이다. 과라(果)는 괄루(栝樓)이다.

詳說

○ 音括.

'괄(栝 : 노송나라)'의 음은 '괄(括)'이다.

○ 孔氏曰 : "一名天瓜."[1211]

공씨가 말하였다 : "다른 이름으로는 천과(天瓜)이다."[1212]

朱註

施, 延也. 蔓生延施于宇下也.

[1207] 以照反 : 『시전대전(詩傳大全)』에도 동일하게 되어 있다.
[1208] 叶, 戶郞反 : 『시전대전(詩傳大全)』에도 동일하게 되어 있다.
[1209] 叶, 於非反 : 『시전대전(詩傳大全)』에도 동일하게 되어 있다.
[1210] 叶, 胡威反 : 『시전대전(詩傳大全)』에도 동일하게 되어 있다.
[1211] 『시전대전(詩傳大全)』에 공씨의 말로 실려 있다.
[1212] 『시전대전(詩傳大全)』에는 "공씨가 말하였다 : '다른 이름으로는 천과(天瓜)이다. 잎은 오이 같고, 잎의 모양은 둘씩이고 서로 겹치면서 쭉 뻗어 나가는데, 푸른 흑색으로 6월에 꽃이 피고, 7월에 열매가 달리는 것이 오이와 같다.(孔氏曰 : '一名天瓜. 葉如瓜, 葉形兩兩, 相值蔓延, 靑黑色, 六月華, 七月實, 如瓜瓣.)"라고 되어 있다.

시(施)는 뻗어 나가는 것이니, 덩굴로 자라면서 지붕 아래로 뻗어 나가는 것이다.

詳說

○ 果臝之蔓, 亦施于宇, 則他又可知也.
과라의 덩굴이 집으로 뻗어나간다면 다른 것들도 또 알 수 있다.

朱註

伊威, 鼠婦也, 室不掃則有之.
이위(伊威)는 쥐며느리이니, 방을 청소하지 않으면 생긴다.

詳說

○ 本草曰:"常惹著鼠背, 故名鼠負而誤作婦字."
『본초』에서 말하였다:"항상 엉겨 붙어 쥐의 등처럼 보이기 때문에 쥐의 등이라고 이름 붙였는데, 잘못 '며느리'라는 말로 기록했던 것이다."

朱註

蠨蛸, 小蜘蛛也, 戶無人出入, 則結網當之.
소소(蠨蛸)는 작은 거미이니, 문에 출입이 없으면 거미줄을 쳐놓는다.

詳說

○ 毛氏曰:"長踦也."[1213]
모씨가 말하였다:"발이 길다."[1214]

朱註

町畽, 舍傍隙地也, 無人焉, 故鹿以爲場也. 熠燿, 明不定貌. 宵行, 蟲名如蠶, 夜行.
정탄(町畽)은 집 곁의 놀리는 땅이니, 사람이 없기 때문에 사슴들이 마당으로 삼은 것이다. 습요(熠燿)는 밝음이 일정하지 않은 모양이다. 소행(宵行)은 벌레 이름이니, 누에와 같이 생겼는데, 밤에 다니고

1213) 『모시집해(毛詩集解)』에 모씨의 말로 실려 있다.
1214) 『모시집해(毛詩集解)』에는 "모가 말하였다:'이위(伊威)는 쥐며느리이고, 소소(蠨蛸)는 발이 길다.(毛曰:伊威, 委黍也. 蠨蛸, 長踦也.)"라고 되어 있다.

詳說
○ 諺音誤.
'습(熠)'은 언해』의 음은 잘못되었다.

○ 蓋不能飛.
날아다니는 데 능숙하지 않다.

朱註
喉下有光如螢.
목 밑에 빛이 있어 반딧불과 같다.

詳說
○ 濮氏曰 : "舊說以熠燿, 卽螢以宵行爲夜飛. 與下章熠燿其羽, 相戾, 當知宵行乃蟲名."1215)
강씨가 말하였다 : "옛 설명에서 '반짝이는 것(熠燿)'은 곧 반딧불이로 소행(宵行)을 밤에 날아다니는 것으로 여긴 것이다. 아래의 장에서 그 깃이 반짝인다는 것과 서로 맞지 않지만, 소행(宵行)이 바로 벌레의 이름임을 알아야 한다."

朱註
章首四句, 言其往來之勞在外之久. 故每章重, 言見其感念之深.
장의 첫머리 네 구에서는 그 왕래하는 수고로움과 밖에 있은 것이 오래 됨을 말하였다. 그러므로 각 장마다 거듭 말하여 감동과 생각함의 깊음을 나타낸 것이다.

詳說
○ 去聲.
'중(重 : 거듭)'자는 거성이다.

○ 音現.
'현(見 : 나타내다)'자의 음은 '현(現)이다.

1215) 『시전대전(詩傳大全)』에 강씨의 말로 동일하게 실려 있다.

○ 並總下二章.
아울러 아래의 2장을 총괄했다.

朱註

遂言己東征, 而室廬荒廢, 至於如此,
마침내 "자신이 동쪽으로 정벌을 나감에 집의 황폐함이 이 지경이 되었으니,

詳說

○ 程子曰:"在彼思念其如此."
정자가 말하였다:"저곳에서의 생각이 이와 같았던 것이다."

朱註

亦可畏矣.
또한 두려워할 만하다.

詳說

○ 先反說.
먼저 반대로 말하였다.

朱註

然豈可畏而不歸哉.
그러나 어찌 두려워서 돌아가지 않을 수 있겠는가?

詳說

○ 添不歸字.
돌아가지 않는다는 말을 더했다.

朱註

亦可懷思而已. 此則述其歸未至, 而思家之情也.
또한 그리울 뿐이다."라고 한 것이다. 이것은 돌아올 적에 미처 도착하지 못해 집을 그리워하는 심정을 서술한 것이다.

詳說

○ 此總論也.
　이것은 총론이다.

○ 華谷嚴氏曰 : "別家於久住之處, 猶或相忘, 至於歸心已動, 行而未至, 則思家之情, 最切, 故序其在途之情, 以慰勞也."1216)
　화곡 엄씨가 말하였다 : "오랫동안 있던 곳을 별도로 집으로 여겨 오히려 혹 서로 잊고 있을 수도 있지만, 돌아가려는 마음이 움직이고 나면 돌아오면서 덜 왔을 때 집을 생각하는 심정이 가장 절실하기 때문에 길에서의 심정을 서술하여 위로한 것이다."

[1-15-3-3]

我徂東山, 慆慆不歸, 我來自東, 零雨其濛. 鸛鳴于垤, 婦歎于室,

내 동산(東山)에 가서 오랫동안 돌아오지 못했노라. 내 동쪽에서 올 제 내리는 비 부슬부슬하더라. 황새는 개밋둑에서 우는데, 부인은 집에서 탄식하며,

詳說

○ 古玩反.1217)
　'관(鸛 : 황새)'은 '고(古)'와 '완(玩)'의 반절이다.

詳說

○ 田節反, 叶地一反.1218)
　'질(垤 : 개밋둑)'은 '전(田)'과 '절(節)'의 반절이고, 협운으로는 '지(地)'와 '일(一)'의 반절이다.

洒掃穹室, 我征聿至. 有敦瓜苦, 烝在栗薪. 自我不見, 于今三年.

집안을 청소하고 구멍을 막으니 내 걸음이 때마침 이르렀도다.
땅랑 달린 쓴 오이가 저 밤나무 섶에 있도다.

1216) 『시전대전(詩傳大全)』에 화곡 엄씨의 말로 거의 동일하게 실려 있다.
1217) 古玩反 : 『시전대전(詩傳大全)』에도 동일하게 되어 있다.
1218) 田節反, 叶地一反 : 『시전대전(詩傳大全)』에도 동일하게 되어 있다.

내 이것을 보지 못한 지가 지금 3년이 되었구나.

> 詳說

○ 叶, 入聲.1219)

'지(至 : 이르다)'자는 협운으로 입성이다.

○ 音堆.

'퇴(敦 : 외로운 모양)'는 음이 '퇴(堆)'이다.

○ 叶, 尼因反.1220)

'연(年 : 년)'은 협운으로 '니(尼)'와 '인(因)'의 반절이다.

> 朱註

賦也. 鸛, 水鳥, 似鶴者也.

부(賦)이다. 관(鸛)은 물새로 학(鶴)과 비슷하다.

> 詳說

○ 本草註曰 : "不善唳, 但以喙相擊而鳴."1221)

『본초』 주석에서 말하였다 : "잘 울지 못하고 단지 부리를 서로 부딪쳐 운다."1222)

> 朱註

垤, 蟻塚也.

질(垤)은 개미의 둑이다.

> 詳說

○ 諺音從, 叶.

1219) 叶, 入聲 : 『시전대전(詩傳大全)』에도 동일하게 되어 있다.
1220) 叶, 尼因反 : 『시전대전(詩傳大全)』에도 동일하게 되어 있다.
1221) 『시전대전(詩傳大全)』에 『본초』 주석의 말로 실려 있다.
1222) 『시전대전(詩傳大全)』에는 "『본초』 주석에서 말하였다 : '머리에 붉은 색이 없고, 목에 검은 띠가 없으며, 몸통은 학과 비슷하고, 잘 울지 못하고 단지 부리를 서로 부딪쳐 우는데, 또한 두 종류가 있으니, 흰 황새와 검은 황새이다.'(本草注曰 : 頭無丹, 項無烏帶, 身似鶴, 不善唳, 但以喙相擊而鳴, 亦有二種, 白鸛烏鸛.)"라고 되어 있다.

'질(垤 : 개미둑)'은 『언해』의 음을 따르고, 협운이다.

○ 孔氏曰 : "蟻輩土爲塚以避濕."1223)
공씨가 말하였다 : "개미가 흙을 옮겨 무덤을 만들어서 습기를 피한다."

朱註
穹窒, 見七月.
궁질(穹窒)은 「칠월(七月)」에 있다.

詳說
○ 音現.
'현(見 : 있다)'의 음은 '현(現)'이다.

○ 瓜苦, 苦瓜也, 古語倒也
'과고(瓜苦 : 쓴 오이)'는 '고과(苦瓜 : 쓴 오이)'로 옛말에서 거꾸로 한 것이다.

朱註
將陰雨, 則穴處者, 先知.
날씨가 흐려지면서 비가 내리려고 하면, 구멍에 사는 것들이 먼저 안다.

詳說
○ 上聲.
'처(處 : 살다)'자는 상성이다.

○ 詩考曰 : "巢處知風, 穴處知雨."1224)
『시고』에서 말하였다 : "둥지에 사는 것들은 바람을 알고, 구멍에 사는 것들은 비를 안다."

1223) 『시전대전(詩傳大全)』에 공씨의 말로 동일하게 실려 있다.
1224) 『시전대전(詩傳大全)』에 『시고(詩考)』의 말로 동일하게 실려 있다.

朱註

故蟻出坯, 而鸛就食之, 遂鳴于其上也.
그러므로 개미가 둑에 나와 있음에 황새가 가서 잡아먹고는 마침내 그 위에서 우는 것이다.

詳說

○ 孔氏曰 : "將雨水, 泉上潤, 故蟻避濕而上塚. 鸛是好水之鳥, 知天將雨, 故長鳴而喜."[1225]
공씨가 말하였다 : "비가 오려고 할 때는 물가가 젖기 때문에 개미가 습기를 피해 무덤 위로 올라온다. 황새는 물을 좋아하는 새로 하늘에서 비가 내리려고 하는 것을 알기 때문에 길게 울면서 좋아한다."[1226]

○ 埤雅曰 : "鸛知天將雨, 俯鳴則陰, 仰鳴則晴."[1227]
『비아』에서 말하였다 : "황새는 하늘에서 비가 내리려고 하는 것을 아니, 고개를 구부리고 울 때는 날이 흐린 것이고, 고개를 들고 울 때는 날이 맑은 것이다."

○ 其必于坯者, 爲食蟻也.
황새가 굳이 개미둑에 가는 것은 개미를 잡아먹기 위한 것이다.

朱註

行者之妻, 亦思其夫之勞苦, 而歎息於家,
부역을 간 자의 아내가 또한 그 남편의 노고를 생각해 집에서 탄식하고는

詳說

○ 鄭氏曰 : "行者於陰雨尤苦, 婦念之, 則歎於室也."[1228]

[1225] 『시전대전(詩傳大全)』에 공씨의 말로 실려 있다.
[1226] 『시전대전(詩傳大全)』에는 "공씨가 말하였다 : '비가 오려고 할 때는 물가가 젖기 때문에 개미가 습기를 피해 무덤 위로 올라온다. 황새는 물을 좋아하는 새로 하늘에서 비가 내리려고 하는 것을 알기 때문에 길게 울면서 좋아한다.'(孔氏曰 : 將陰雨, 水泉上潤, 故螘避溼而上塚. 鸛是好水之鳥, 知天將雨, 故長鳴而喜也.)"라고 되어 있다.
[1227] 『시전대전(詩傳大全)』에 『비아(埤雅)』의 말로 동일하게 실려 있다.
[1228] 『시전대전(詩傳大全)』에 정씨의 말로 동일하게 실려 있다.

정씨가 말하였다 : "부역을 간 자는 흐리고 비오는 날이 더욱 괴로우니, 부인이 그것을 생각하면 집에서 탄식하게 되는 것이다."

朱註
於是洒掃
이에 집안을 청소하고

詳說
○ 並去聲.
'쇄소(洒掃)'는 모두 거성이다.

朱註
穹窒以待其歸,
구멍을 막아 그가 돌아오기를 기다리고 있었는데,

詳說
○ 添此句.
이 구절을 더했다.

朱註
而其夫之行, 忽已至矣.
남편의 걸음이 갑자기 얼마 아니 있어 이르렀다.

詳說
○ 聿.
'이(已 : 얼마 아니 있어)'는 '때마침(聿)'이다.

○ 因雨而思行者, 遂待其歸, 聊爲其至家之備, 而未是必其至也, 果忽至矣.
비 때문에 부역 나간 분을 생각하고 마침내 돌아오실 것을 기다리며, 잠깐 집에 올 대비를 했지만 반드시 돌아오시리라는 것은 아니었으니, 과연 갑작스럽게 오신 것이다.

朱註

因見苦瓜繫於栗薪之上,
쓴 오이가 밤나무 섶 위에 매달려 있는 것을 보고

詳說

○ 與我昔獨宿車下之狀, 相類.
내가 전에 홀로 수레 아래에서 잠자던 것과 서로 비슷했다.

朱註

而曰自我之不見此,
"내가 이것을 보지 못한 지도

詳說

○ 栗瓜.
이것은 밤과 오이이다.

朱註

亦已三年矣. 栗周土所宐木, 與苦瓜皆微物也, 見之而喜,
이미 3년이나 되었다."라고 한 것이다. 밤나무는 주(周)나라 토질에 적당한 나무이니, 쓴 오이와 함께 모두 하찮은 물건인데도 이것을 보고 기뻐하였으니,

詳說

○ 物猶如此人何暇言.
물건은 오히려 이 같은 사람이 어느 겨를에 말하던 것이겠는가?

朱註

則其行久而感深可知矣.
부역을 간지가 오래되어 감회가 깊음을 알 수 있도다.

詳說

○ 照上註.
　감회가 깊음은 앞의 주를 참조하라.

○ 栗周以下, 論也.
　'밤나무와 주나라' 이하는 경문의 의미 설명이다.

[1-15-3-4]

我徂東山, 慆慆不歸. 我來自東, 零雨其濛. 倉庚于飛, 熠燿其羽. 之子于歸, 皇駁其馬. 親結其縭, 九十其儀. 其新孔嘉, 其舊如之何.

내 동산(東山)에 가서 오랫동안 돌아오지 못했노라. 내 동쪽에서 올 제 내리는 비 부슬부슬 하더라. 꾀꼬리가 낢이여 선명한 그 깃이로다. 그 자식이 시집감에 황백색과 얼룩무늬 말이로다. 친히 그 향주머니를 매주니 아홉이며 열인 그 위의(威儀)로다. 신혼이 매우 아름다우니 구혼(舊婚)이야 어떠하겠는고!

詳說

○ 音剝.
　'박(駁 : 얼룩말)'은 음이 '박(剝)'이다.

○ 叶, 滿補反.[1229)
　'마(馬 : 말)'는 협운으로 '만(滿)'과 '보(補)'의 반절이다.

○ 叶, 離羅二音.[1230)
　'리(縭 : 향주머니)' 협운으로 '리(離)'와 '라(羅)' 두 가지 음이다.

○ 叶, 㐀俄二音.[1231)

1229) 叶, 滿補反: 『시전대전(詩傳大全)』에도 동일하게 되어 있다.
1230) 叶, 離羅二音: 『시전대전(詩傳大全)』에도 동일하게 되어 있다.
1231) 叶, 㐀俄二音: 『시전대전(詩傳大全)』에도 동일하게 되어 있다.

'의(儀 : 위의)'는 협운으로 '의(호)'와 '아(俄)' 두 가지 음이다.

○ 叶, 居호, 居何, 二反.1232)
'가(嘉)'는 협운으로 음은 두 가지로 '거(居)'와 '의(호)', '거(居)'와 '하(何)'의 반절이다.

○ 叶, 奚何二音.1233)
'하(何 : 어찌)'는 협운으로 '해(奚)'와 '하(何)' 두 가지 음이다.

朱註

賦而興也.
부이면서 흥이다.

詳說

○ 上賦下興.
앞은 부이고 뒤는 흥이다.

朱註

倉庚飛, 昏姻時也.
꾀꼬리가 나는 것은 혼인할 때이다.

詳說

○ 鄭氏曰 : "仲春."1234)
정씨가 말하였다 : 중춘이다.1235)

朱註

熠燿, 鮮明也.

1232) 叶, 居호, 居何, 二反:『시전대전(詩傳大全)』에도 동일하게 되어 있다.
1233) 叶, 奚何二音:『시전대전(詩傳大全)』에도 동일하게 되어 있다.
1234)『흠정시경전설휘찬(欽定詩經傳說彙纂)』에 정강성(鄭康成)의 말로 실려 있다.
1235)『흠정시경전설휘찬(欽定詩經傳說彙纂)』에 "정씨, 강설이 말하였다 : '꾀꼬리가 중춘에 우니, 짝을 짓는 시절이기 때문이다.'(鄭氏康成曰 : '倉庚仲春而鳴, 嫁取之候也.')"라고 되어 있다.

습요(熠燿)는 선명하다는 것이다.

詳說

○ 安成劉氏曰:"上章言蟲之光, 故以爲明不定貌, 此章言倉庚之
羽, 故以爲鮮明. 集傳隨文解義類如此."1236)

안성 유씨가 말하였다 : "앞의 장에서는 벌래가 빛을 내는 것에 대해 말했
기 때문에 밝기가 일정하지 않은 것으로 여겼고, 여기의 장에서는 꾀꼬리의
깃에 대해 말했기 때문에 선명한 것으로 여겼다.『집전』에서 글에 따라 의
미를 해석하는 것은 이와 같다."1237)

朱註
黃白曰, 皇,

황백색(黃白色)을 황(皇)이라 하고,

詳說

○ 孔氏曰:"馬色有黃處有白處."1238)

공씨가 말하였다 : "말의 색에 누런 것과 흰 것이 있는 것이다."

朱註
騜白曰, 駁. 縞, 婦人之褍也,

얼룩무늬가 있고 흰무늬가 있는 것을 박(駁)이라 한다. 이(縞)는 부인(婦人)의 주머
니이니,

詳說

○ 音留,1239) 赤色.1240)

1236)『시전대전(詩傳大全)』에 안성 유씨의 말로 실려 있다.
1237)『시전대전(詩傳大全)』에는 "안성 유씨가 말하였다 : '앞의 장에서 「습요(熠燿)」는 반딧불이가 빛을 내는
것을 말했기 때문에 밝기가 일정하지 않은 것으로 여겼고, 여기의 장에서는 꾀꼬리의 깃을 말했기 때문에
선명한 것으로 여겼다.『집전』에서 글에 따라 의미를 해석하는 것은 이와 같다.'(安成劉氏曰 : 上章熠燿,
言宵行蟲之光, 故以爲明不定貌. 此章言倉庚之羽, 故以爲鮮明. 集傳隨文解義類如此.)"라고 되어 있다.
1238)『시전대전(詩傳大全)』에 공씨의 말로 동일하게 실려 있다.
1239) 音留:『시전대전(詩傳大全)』에 공씨의 말로 실려 있다.
1240)『시전대전(詩傳大全)』에 공씨의 말로 실려 있다.

'류(駵 : 월따말)'는 음이 '류(留)'로 적색이다.1241)

○ 音暉.
'위(幃 : 주머니)'는 음이 '휘(暉)'이다.

○ 爾雅注曰 : "帨巾也."1242)
『이아』의 주석에서 말하였다 : "'위(幃)'는 수건이다."1243)

朱註
母
어머니가

詳說
○ 親.
어머니는 부모이다

朱註
戒女而爲之施衿
딸을 경계하고 딸을 위하여 작은 띠를 채워주고

詳說
○ 去聲.
'위(爲 : 위하여)'자는 거성이다.

○ 其禁反.
'금(衿)'은 '기(其)'와 '금(禁)'의 반절이다.

朱註

1241) 『시전대전(詩傳大全)』에는 "공씨가 말하였다 : '말의 색에 붉은 곳과 흰 곳이 있는 것을 말한다. '류(駵 : 월따말)'은 적색이다(孔氏曰 : 謂馬色有駵處, 有白處. 駵, 赤色也.)."라고 되어 있다.
1242) 『시전대전(詩傳大全)』에 『이아』의 주석으로 실려 있다.
1243) 『시전대전(詩傳大全)』에는 "『이아』 손염의 주석에서 말하였다 : '위(幃)'는 수건이다.'(爾雅孫炎注. 幃, 帨巾也.)"라고 되어 있다.

結帨也.
향주머니를 매주는 것이다.

> 詳說
> ○ 見儀禮士昏禮.
> 『의례』「사혼례」에 있다.

朱註
九其儀十其儀,
그 위의(威儀)가 아홉이요 열이라는 것은

> 詳說
> ○ 或九或十.
> 아홉이거나 열이라는 것이다.

朱註
言其儀之多也.
그 위의(威儀)의 많다는 말이다.

朱註
賦時物以起興,
○ 시물(時物)을 읊어 흥을 일으켜

> 詳說
> ○ 與註首賦字, 各是一義.
> '부(賦 : 읊다)'는 첫 머리에서 부(賦)자를 주석한 것과는 각기 하나의 의미이다.
>
> ○ 釋自倉庚以下.
> 꾀꼬리 이하를 해석한 것이다.

朱註

而言東征之歸士, 未有室家者
"동쪽으로 정벌하러 갔다가 돌아온 군사로서 아직 가정을 이루지 않은 자들이

詳說
○ 補此句.
　이 구절을 더했다.

朱註
及時而昏姻, 旣甚美矣, 其舊有室家者, 相見而喜, 當如何耶.
제때에 혼인하여 이미 아주 아름다우니, 그 전부터 가정을 이루었던 자들이야 서로 만나 기뻐함이 어떠하겠는가!"라는 말이다.

詳說
○ 歎于室者.
　가정을 이루는 것을 기뻐한다는 것이다.

朱註
東山四章, 章十二句.
「동산」은 4장으로 장은 12구이다.

朱註
序曰, 一章言其完也, 二章言其思也, 三章言其室家之望女也,
서(序)에서 "1장에서는 완전함을 말했고, 2장에서는 그리워함을 말했으며, 3장에서는 가정에서 너에게 바라는 것을 말했고,

詳說
○ 音汝, 下同.
　'여(女:너)'는 음이 '여(汝)'로 아래에서도 같다.

○ 婦待夫歸.

부인은 남편이 돌아오기를 기다리고 있는 것이다.

朱註
四章, 樂男女之得及時也
4장에서는 남녀의 만남이 때에 맞는 것을 즐거워한 것이다.

> **詳說**
> ○ 音洛.
>> '락(樂 : 즐겁다)'자는 음이 '락(洛)'이다.
>
> ○ 如字.
>> '여(女 : 여자)'는 본래의 음 대로 읽는다.
>
> ○ 及時而昏.
>> 때에 맞게 혼인하는 것이다.

朱註
君子之於人, 序其情, 而閔其勞, 所以說也.
군자가 백성에게 그 심정을 서술하고 그 수고로움을 민망히 여겼기 때문에 백성들이 기뻐한 것이다.

> **詳說**
> ○ 音悅, 下同.
>> '열(說 : 기뻐하다)'자는 음이 '열(悅)'이로 아래에서도 같다.

朱註
說以使民, 民忘其死,
기뻐하게 하면서 백성들을 부려 백성들이 자신이 죽는 것마저 잊은 것은

> **詳說**
> ○ 二句見易兌象傳

朱註

其惟東山乎. 愚謂, 完謂全師而歸, 無死傷之苦, 思謂未至而思有愴恨之懷. 至於室家望女,

그 오직 동산(東山)일 것이다."라고 하였다. 내 생각에 완(完)은 군대를 온전히 보존하고 돌아와 죽거나 부상당하는 괴로움이 없는 것을 말한 것이고, 사(思)는 집에 이르기 전에 그리워하면서 슬프고 원통한 회한이 있음을 말한 것이다. 가정에서 너에게 바라는 것과

詳說

○ 其舊.

이미 가정을 꾸린 것이다.

朱註

男女及時

남녀가 때에 맞추는 것으로 말하면

詳說

○ 其新.

신혼이다.

朱註

亦皆其心之所願, 而不敢言者, 上之人乃先其未發, 而歌詠以勞苦之,

또한 모두 마음으로 원하는 것이지만 감히 말하지 못하던 것인데, 윗사람이 마침내 그들이 말하기에 앞서 노고를 노래로 읊었으니,

詳說

○ 去聲, 下同.

'노(勞 : 노고)'는 거성으로 아래에서도 같다.

朱註

則其歡欣感激之情, 爲如何哉. 蓋古之勞詩皆如此.
그 기뻐하고 감격하는 심정이 어떠하겠는가. 옛날에 노고의 시는 모두 이와 같았다.

詳說

○ 安成劉氏曰 : "四牡采薇出車杕杜等篇."1244)
안성 유씨가 말하였다 : "「사모」「채미」「출거」「체두」 등의 편이다."1245)

朱註

其上下之際, 情志交孚, 雖家人父子之相語, 無以過之, 此其所以維持鞏固, 數十百年, 而無一旦土崩之患也.
그들 상하의 사이에 정과 뜻이 서로 믿어져서 집사람들과 부자간에 서로 말하는 것이라도 이보다 더할 수가 없었으니, 이것이 유지하고 공고하게 하기를 수십백년 동안 하면서도 하루아침에 붕괴하는 우환이 없게 되는 까닭인 것이다.

詳說

○ 去聲.
'어(語 : 말하다)'는 거성이다.

○ 朱子曰 : "東山詩, 曲盡人情."1246)
주자가 말하였다 : "동산의 시는 사람의 심정을 곡진하게 한 것이다."1247)

○ 慶源輔氏曰 : "七月, 見君人之道, 鴟鴞, 見爲臣之義, 東山, 見用民之㤪, 三詩誠足以爲萬世法, 非周公其孰能爲之"1248)
경원 보씨가 말하였다 : "「7월」에는 임금의 도리가 있고, 「치효」에는 신하의 의로

1244) 『시전대전(詩傳大全)』에 안성 유씨의 말로 실려 있다.
1245) 『시전대전(詩傳大全)』에는 "안성 유씨가 말하였다 : '옛날에 노고의 시는 「사모」「채미」「출거」「체두」 등의 편과 같으니, 모두 상하의 심정을 교통하여 사람의 마음을 견고하게 단결하는 근본이었다.(安成劉氏曰 : 古之勞詩, 如四牡采薇出車杕杜等篇, 皆所以交通上下之情, 而爲固結人心之本也.)"라고 되어 있다.
1246) 『시전대전(詩傳大全)』에 주자의 말로 실려 있다.
1247) 『시전대전(詩傳大全)』에는 "또 주자가 말하였다 : '동산의 시는 사람의 심정을 곡진하게 한 것이다. 그것이 성대할 때에는 위에서 이렇게 했으니, 「동산」이 여기에 해당하고, 쇠퇴했을 때에는 아래에서 이렇게 했으니, 「백혜」가 여기에 해당한다.'(又曰 : 東山詩曲盡人情. 方其盛時, 則作之於上, 東山, 是也, 及其衰世, 則作之於下, 伯兮, 是也.)"라고 되어 있다.
1248) 『시전대전(詩傳大全)』에 경원 보씨의 말로 실려 있다.

움이 있으며, 「동산」에는 백성을 부리는 마땅함이 있다. 세 시는 진실로 만세의 법이 되기에 충분하니, 주공이 아니라면 누가 이것을 지을 수 있겠는가?"1249)

[1-15-4-1]

既破我斧, 又缺我斨, 周公東征, 四國是皇, 哀我人斯, 亦孔之將.

이미 내 도끼를 부수고 또 내 도끼를 망가뜨렸으나
주공이 동쪽으로 정벌하심은 사방의 나라를 바로잡으려 해서이니,
우리 백성들을 가엾게 여기심이 또한 심히 크신 것이도다.

詳說

○ 音搶.
'장(斨 : 도끼)'은 음이 '창(搶)'이다.

朱註

賦也. 隋銎,
부(賦)이다. 도끼 구멍이 타원형인 것을

詳說

○ 駝妥二音.1250)
'수(隋 : 타원형)'의 음은 '타(駝)'와 '타(妥)' 두 가지 음이다.

○ 音穹.
'공(銎 : 도끼 구멍)'의 음은 '궁(穹)'이다.

1249) 『시전대전(詩傳大全)』에는 "경원 보씨가 말하였다 : '주공의 시 「7월」에서는 후직과 공유가 이 백성들을 입히고 먹이는 일을 기술해서 성왕에게 고하였으니, 임금의 도리가 나타나있고, 「치효」에서는 자신의 노고를 기술해서 성왕이 깨닫게 했으니 신하의 의로움이 나타나있으며, 「동산」에서는 돌아오는 병사의 마음을 기술해서 위로했으니, 백성을 부리는 마땅함이 나타나있다. 세 시는 진실로 만세의 법이 되기에 충분하니, 주공이 아니라면 누가 이것을 지을 수 있겠는가?(慶源輔氏曰 : 周公之詩, 七月, 述后稷公劉衣食斯民之事以告成王, 見君人之道也. 鴟鴞, 述己之勤勞, 以悟成王, 見爲臣之義也. 東山, 述歸士之意, 以慰勞之, 見用民之宜也. 三詩誠足以爲萬世法, 非周公其孰能爲之.)"라고 되어 있다.
1250) 駝妥二音 : 『시전대전(詩傳大全)』에도 동일하게 되어 있다.

朱註

曰斧, 方銎, 曰斨, 征伐之用也

부(斧)라 하고, 도끼 구멍이 네모진 것을 장(斨)이라 하니, 정벌에 쓰는 기구이다.

詳說

○ 七月言於伐木, 故此特明之.

「7월」에서는 벌목에 대해 말했기 때문에 여기에서 특별히 밝힌 것이다.

朱註

四國, 四方之國也

사국(四國)은 사방의 나라이다.

詳說

○ 朱子曰 : "毛氏云, 四國是管蔡奄商, 詩裏多說四國, 如正是四國之類, 猶言四海."1251)

주자가 말하였다 : "모씨는 '사국(四國)은 관.채.상.엄이다.'라고 하였다. 『시』에서 '사국'이란 말을 많이 했는데, 바로 '사국' 같은 것은 사해라고 말하는 것과 같다."1252)

朱註

皇, 匡也,

황(皇)은 바로잡는 것이고,

詳說

○ 董氏曰 : "齊詩作四國, 是匡賈公彦, 引以爲据."1253)

동씨가 말하였다 : "제나라 시에서 사국이라고 한 것은 광

1251) 『시전대전(詩傳大全)』에 주자의 말로 실려 있다.
1252) 『시전대전(詩傳大全)』에는 "주자가 말하였다 : 이 시에서 말하고 있는 것은 극히 분명하다. 모씨의 『주』에서는 오히려 사국(四國)은 관.채.상.엄이라 하였다. 『시』의 여러 곳에 '사국'이란 말을 했는데, 바로 '사국' 같은 것은 사해라고 말하는 것과 같다. 그는 오히려 이런 예에 비추지 않고 제 멋대로 그렇게 말하였다.(朱子曰 : : …. 此詩說出極分明. 毛氏註却云, 四國是管蔡商奄. 詩裏多少處說四國, 如正是四國之類, 猶言四海也. 却不照這例是恁地說.)"라고 되어 있다.
1253) 『시전대전(詩傳大全)』에 동씨의 말로 실려 있다.

(匡)·가(賈)·공(公)·언(彥)이니, 이것을 인용해서 근거로 한 것이다."

朱註
將, 大也.
장(將)은 큼이다.

朱註
從軍之士, 以前篇周公勞己之勤, 故言此以答其意
종군한 군사들이 전편에 주공이 자신들의 수고를 위로하였기 때문에 이것을 말해 그 뜻에 답하기를

詳說
○ 去聲.
   '노(勞 : 위로하다)'자는 거성이다.
○ 勤意.
   그 뜻은 수고로운 뜻이다.

○ 慶源輔氏曰 : "東山, 周公能得歸士之心, 破斧, 歸士能得周公之心, 所謂上下交而其志同者也."1254)
경원 보씨가 말하였다 : "「동산」은 주공이 돌아오는 병사들의 마음을 얻을 수 있었던 것이고, 「파부」는 돌아오는 병사들이 주공의 마음을 얻을 수 있었던 것이니, 이른바 상하가 서로 그 뜻이 같은 것이다."1255)

朱註
曰東征之役, 旣破我斧, 而缺我斨,
"동쪽으로 정벌 가는 부역에 이미 내 도끼를 부수고 또 내 도끼를 망가뜨려

1254) 『시전대전(詩傳大全)』에 경원 보씨의 말로 실려 있다.
1255) 『시전대전(詩傳大全)』에는 "경원 보씨가 말하였다 : '「동산」의 시는 주공이 돌아오는 병사들의 마음을 얻을 수 있었던 것이고, 「파부」의 시는 돌아오는 병사들이 주공의 마음을 얻을 수 있었던 것이니, 이른바 상하가 서로 그 뜻이 같은 것이다.'(慶源輔氏曰 : 東山之詩, 周公能得歸士之心也, 破斧之詩, 歸士能得周公之心也, 所謂上下交而其志同者也.)"라고 되어 있다.

詳說

○ 又

'이(而 : 또)'는 '우(又 : 또)'이다.

朱註

其勞甚矣.

그 노고가 심하다.

詳說

○ 添此句.

이 구를 더했다.

朱註

然

그러나

詳說

○ 補然字.

'연(然 : 그러나)'자를 더했다.

朱註

周公之爲此擧, 蓋將使四方莫敢不一於正而後已, 其哀我人也,

주공이 이 때문에 거병을 하셔서 사방으로 감히 한결같이 하지 않을 수가 없게 한 뒤에 그만두려 하심이니, 우리 백성들을 가엾게 여기심이

詳說

○ 斯.

경문에서 '사(斯)'이다.

朱註

豈不大哉.
어찌 크지 않겠는가!"라고 한 것이다.

> 詳說

○ 豐城朱氏曰 : "匡四國, 以其功言, 哀我人, 以其心言."[1256]
　풍성 주씨가 말하였다 : "'사방의 나라를 바로잡는다.'는 것은 그 공으로 말한 것이고, '우리 백성을 가엾게 여긴다.'는 것은 그 마음으로 말한 것이다."[1257]

○ 朱子曰 : "聖人之心, 詩人眞是形容得出."[1258]
　주자가 말하였다 : "성인의 마음은 시인이 진실로 형용해 낼 수 있는 것이다."[1259]

> 朱註

然則雖有破斧缺斨之勞, 而義有所不得辭矣.
그렇다면 비록 도끼를 부수고 도끼를 망가뜨리는 수고로움이 있을지라도 의리상 사양할 수 없는 것이다.

> 詳說

○ 補此二句.
　이 두 구를 보탰다.

> 朱註

夫管蔡流言以謗周公, 而公以六軍之衆往而征之, 使其心一有出於自私, 而

[1256] 『시전대전(詩傳大全)』에 풍성 주씨의 말로 실려 있다.
[1257] 『시전대전(詩傳大全)』에는 "풍성 주씨가 말하였다 : '한 사람을 죽여 천하가 따르면 이전의 바르지 않은 자도 다시 바름으로 돌아온다. 사방의 나라를 바로잡는 것이 곧 우리 백성을 가엾게 여기는 것이다. 「사방의 나라를 바로잡는다.」는 것은 그 공으로 말한 것이고, 「우리 백성을 가엾게 여긴다.」는 것은 그 마음으로 말한 것이다. 오직 그 마음이 곧 천지가 사물을 낳은 마음이기 때문에 그 공이 곧 천지가 사물을 완성시키는 공이다. 이것은 시가 군사들에 의해 지어졌지라도 성인의 마음을 안다고 할 수 있는 것이다. (豐城朱氏曰 : "戮一人而天下服, 則向之不正者, 復反于正矣. 蓋其匡四國, 卽所以哀我人. 匡四國者, 以其功言也, 哀我人者, 以其心言也. 惟其心卽天地生物之心, 故其功卽天地成物之功也. 是詩雖作於軍士, 然亦可謂知聖人者矣.")라고 되어 있다.
[1258] 『시전대전(詩傳大全)』에 주자의 말로 실려 있다.
[1259] 『시전대전(詩傳大全)』에는 "주자가 말하였다 : '성인의 마음은 시인이 진실로 형용해 낼 수 있는 것이니, 이것은 동산의 시에 답한 것이다.'(朱子曰 : 聖人之心, 詩人眞是形容得出, 這是答東山之詩. ….)"라고 되어 있다.

不在於天下則撫之雖勤勞之雖至,
관숙과 채숙이 유언비어로 주공을 비방해서 주공이 육군의 군대를 거느리고 가서 정벌하였으니, 가령 그 마음이 조금이라도 스스로 사사로이 하려는 것에서 나와 천하에 있지 않았다면, 어루만지기를 비록 부지런히 하고 위로하기를 비록 지극히 하더라도

詳說
○ 音扶.
'부(夫 : 발어사)'자는 음이 '부(扶)'이다.

○ 去聲.
'노(勞 : 위로하다)'자는 거성이다.

朱註
而從役之士, 豈能不怨也哉. 今觀此詩, 固足以見, 周公之心, 大公至正, 天下信其無有一毫自愛之私, 抑又以見當是之時, 雖被堅執銳之人.
부역에 종사하는 군사들이 어찌 원망하지 않을 수 있겠는가. 이제 이 시를 보면 진실로 주공의 마음이 크게 공평하고 지극히 정당하여 천하 사람들이 조금이라도 자신을 아끼는 사사로움이 없는 것에 대해 믿었음을 충분히 알 수 있고, 또한 이 때에 비록 견고한 갑옷을 입고 예리한 병기를 잡은 사람들이라도

詳說
○ 一有有字
'우(又 : 또)' 다음에 어떤 본에는 '유(有 : 있다)'자가 있다.

○ 被甲執兵之戰士.
'견고한 갑옷을 입고 예리한 병기를 잡은 사람들'은 갑옷을 입고 무기를 잡은 전사이다.

朱註
亦皆能以周公之心爲心, 而不自爲一身一家之計, 蓋亦莫非聖人之徒也.

또한 모두 주공의 마음을 자기의 마음으로 삼아 스스로 일신과 일가를 위해 계산하지 않았음을 알 수 있으니, 또한 성인의 무리 아님이 없는 것이다.

詳說

○ 五字, 出孟子滕文公.

'성인의 무리이다'라는 말은 『맹자』「등문공」이 출처이다.[1260]

朱註

學者, 於此熟玩而有得焉, 則其心正大, 而天地之情,

배우는 자가 여기에서 익숙하게 완미하여 터득함이 있으면 그 마음이 정대하게 되어 천지의 실정을

詳說

○ 周公無私之心.

주공의 사심 없는 마음이다.

朱註

眞可見矣.

진실로 알 수 있을 것이다.

詳說

○ 夫管以下, 論也.

관숙 이하는 경문의 의미 설명이다.

[1-15-4-2]

既破我斧, 又缺我錡, 周公東征, 四國是吪, 哀我人斯, 亦孔之嘉.

이미 내 도끼를 부수고 또 내 끌을 망가뜨렸으나

[1260] 『맹자』「등문공」이 출처이다 : 『맹자』「등문공하」에 "양묵(楊墨)을 막을 것을 말하는 자는 성인의 무리이다.(能言距楊墨者는 聖人之徒也.)"라는 말이 있다.

주공이 동쪽으로 정벌하심은 사방의 나라를 교화하려 해서이니,
우리 백성들을 가엾게 여기심이 또한 아주 아름답도다.

詳說

○ 音, 奇, 叶, 巨何反.1261)
'기(錡 : 끌)'의 음은 '기(奇)'이고, 협운으로 '거(巨)'와 '하(何)'의 반절이다.

○ 五戈反.1262)
'와(吪 : 교화하다)'의 음은 '오(五)'와 '과(戈)'의 반절이다.

○ 叶, 居何反.1263)
'가(嘉 : 가상하다)'의 음은 '거(居)'와 '하(何)'의 반절이다.

朱註

賦也. 錡, 鑿屬. 吪, 化, 嘉, 善也.
부(賦)이다. 의(錡)는 끌의 등속이다. 와(吪)는 교화한다는 것이고, 가(嘉)는 좋다는 것이다.

[1-15-4-3]

旣破我斧, 又缺我錡, 周公東征, 四國是遒, 哀我人斯, 亦孔之休.

이미 내 도끼를 부수고 또 내 끌을 망가뜨렸으나
주공이 동쪽으로 정벌하심은 사방의 나라를 견고하게 하시려 해서이니,
우리 백성들을 가엾게 여기심이 또한 심히 아름다우시도다.

詳說

○ 音求.1264)

1261) 叶, 巨何反 : 『시전대전(詩傳大全)』에도 동일하게 되어 있다.
1262) 五戈反 : 『시전대전(詩傳大全)』에도 동일하게 되어 있다.
1263) 叶, 居何反 : 『시전대전(詩傳大全)』에도 동일하게 되어 있다.
1264) 音求 : 『시전대전(詩傳大全)』에도 동일하게 되어 있다.

'구(銶 : 끌)'는 음이 '구(求)'이다.

○ 在羞反.1265)
'주(遒 : 견고하게 하다)'의 음은 '재(在)'와 '수(羞)'의 반절이다.

朱註

賦也. 銶, 木屬.
부(賦)이다. 구(銶)는 나무 등속이다.

詳說

○ 釋文曰 : "今之獨頭斧."1266)
『석문』에서 말하였다 : " 요즘의 홀 머리 토끼이다."

朱註

遒斂而固之也.
주(遒)는 거두어 견고히 함이다.

詳說

○ 四國, 若指管蔡奄商, 則直討而誅之耳, 奚不消言, 匡化固之矣
사방의 나라가 만약 관숙과 채숙과 엄과 상을 가리킨다면 바로 토벌해야 할 뿐이고 다시 말할 필요가 없으니, 바로 잡아 교화시켜 견고하게 하는 것이다.

朱註

休, 美也.
휴(休)는 아름다움이다.

朱註

破斧, 三章, 章六句.
「파부」는 3장으로 장은 6구이다.

1265) 在羞反 : 『시전대전(詩傳大全)』에도 동일하게 되어 있다.
1266) 『시전대전(詩傳大全)』에 『석문』의 말로 동일하게 실려 있다.

詳說

○ 下三篇, 是居東時詩, 而以此篇先之者, 爲其答東山, 故以之相次耳.
아래의 세 편은 동쪽에 있을 때의 시인데, 여기의 편으로 앞세운 것은 동산에 답하는 것이기 때문에 이것으로 서로 차례로 했을 뿐이다.

朱註

范氏曰 : 象日以殺舜爲事, 舜爲天子也, 則封之,
범씨(范氏)가 말하였다. "상은 날마다 순임금 죽이는 것을 일삼았는데, 순임금이 천자가 되어서는 그를 봉하셨고,

詳說

○ 見孟子萬章.1267)
『맹자』「만장」에 있다.1268)

朱註

管蔡啓商以叛, 周公之爲相也,
관숙과 채숙은 상나라를 인도하여 배반하였는데, 주공이 정승이 되어서는

詳說

○ 猶導也.
'계(啓 : 인도하다)'는 '도(導 : 이끌다)'와 같다.

○ 去聲.
'상(相 : 재상)'은 거성이다.

朱註

1267) 『맹자』「만장상」에 있다.
1268) 『맹자』「만장」에 있다 : 『맹자』「만장상」에 "만장이 물었다 : '상이 날마다 순을 죽이는 것을 일삼았는데, 순이 즉위해 천자가 되어서는 그를 추방한 것은 무엇 때문입니까?' 맹자가 말하였다 : '그를 봉해 주셨는데, 혹자가 「추방했다」고 하는 것이다.(萬章問曰 : 象日以殺舜爲事, 立爲天子, 則放之, 何也. 孟子曰 : 封之也, 或曰放焉.)"라는 말이 있다.

則誅之, 迹雖不同, 其道, 則一也. 蓋象之禍, 及於舜而已.

이들을 죽이셨으니, 행적은 같지 않을지라도 그 도는 동일한 것이다. 상의 죄는 순에게만 미쳤던 것이다.

詳說

○ 廣平游氏曰 : "象之志, 不過富貴而已."1269)

광평 유씨가 말하였다 : "상의 뜻은 부귀에 불과할 뿐이었다."1270)

朱註

故舜封之. 管蔡流言, 將危周公, 以間王室, 得罪於天下.

그러므로 순임금이 그를 봉해주셨던 것이다. 그런데 관숙과 채숙이 유언비어를 퍼뜨린 것은 주공을 위태롭게 하고 왕실을 엿봤으니, 천하에서 죄를 얻었던 것이다.

詳說

○ 去聲.

'간(間 : 엿보다)'은 거성이다.

○ 之人.

'천하'는 '천하의 사람들'이다.

朱註

故周公誅之, 非周公誅之, 天下之所當誅也, 周公豈得而私之哉.

그러므로 주공이 죽이신 것인데, 주공이 죽인 것이 아니고, 천하가 당연히 죽여야 하는 것이다. 주공이 어찌 그들을 사사롭게 봐주실 수 있었겠는가?"

詳說

1269) 『시전대전(詩傳大全)』에 광평 유씨의 말로 실려 있다.
1270) 『시전대전(詩傳大全)』에는 "광평유씨가 말하였다 : '상의 뜻은 부귀에 불과할 뿐이었기 때문에 순이 이것을 가지고 온전히 해주었던 것이다. 주공이 형을 사랑함에는 당연히 극진하지 않은 것이 없었지만 관숙의 일은 성인의 불행이다. 봉해주고 죽인 것, 이것은 천리와 인륜의 지극한 것이니, 그 마음 씀에서는 동일한 것이다.'(廣平游氏曰 : 象之志, 不過富貴而已, 故舜得以是而全之. 周公愛兄, 宜無不盡者, 管叔之事, 聖人之不幸也. 封之誅之, 此天理人倫之至, 其用心一也.)"라고 되어 있다.

○ 朱子曰："他已叛, 只得殺, 如何調護得. 蔡叔罪較輕, 所以只囚."1271)

주자가 말하였다 : "그가 이미 배반하여 죽였을 뿐인데, 어떻게 보호할 수 있었겠는가? 채숙은 죄가 비교적 가벼웠기 때문에 가두었을 뿐이다."1272)

[1-15-5-1]

伐柯如何, 匪斧不克. 取妻如何, 匪媒不得.

도끼자루를 베기를 어찌해야 하는가?
도끼가 아니면 하지 못하느니라.
아내를 얻으려면 어찌해야 하는가?
중매가 아니면 얻지 못하느니라.

詳說

○ 去聲.

'취(取 : 얻다)'자는 거성이다.

朱註

比也. 柯, 斧柄也. 克, 能也. 媒, 通二姓之言者也. ○ 周公居東之時, 東人言此, 以比平日欲見周公之難.

비(比)이다. 가(柯)는 도끼자루이다. 극(克)은 능함이다. 매(媒)는 두 성씨의 말에 통하는 자이다. ○ 주공이 동쪽에 거처할 때에 동쪽지방 사람들이 이것을 말해 평소 주공을 뵙기 어려움을 비유했던 것이다.

詳說

○ 止說本事.

본래의 일을 말한 것일 뿐이다.

1271) 『시전대전(詩傳大全)』에 주자의 말로 실려 있다.
1272) 『시전대전(詩傳大全)』에는 "이요경이 물었다 : '이때에 보호해야 하는데 죽이지 않았습니까?' 주자가 답하였다 : '그가 이미 배반하여 죽였을 뿐인데, 어떻게 보호할 수 있었겠습니까? 채숙과 곽숙은 성격이 비교적 거만했으나 죄가 비교적 가벼웠기 때문에 곽린에 가두고 서인으로 강등시켰을 뿐입니다.(李堯卿問 : 是時可調護, 莫殺否. 朱子曰 : 他已叛, 只得殺, 如何調護得. 蔡叔霍叔, 性較慢, 罪較輕, 所以只囚于郭鄰, 降于庶人.)"이라고 되어 있다.

[1-15-5-2]

伐柯伐柯, 其則不遠. 我遘之子, 籩豆有踐.

도끼자루를 베고 도끼자루를 벰이여 그 법이 멀리 있지 않도다. 내 이 아가씨를 만나니 대나무 그릇과 나무 그릇이 질서정연 하도다.

詳說
○ 音姤.
'구(遘 : 만나다)'의 음은 '구(姤)'이다.

○ 踐淺反.[1273]
'천(踐 : 질서정연하다)'의 음은 '천(踐)'과 '천(淺)'의 반절이다.

朱註
比也. 則,
비(比)이다. 칙(則)은

詳說
○ 諺音誤.
『언해』의 음은 잘못되었다.

朱註
法也. 我, 東人自我也.
법이다. 아(我)는 동인(東人) 자신이다.

詳說
○ 取妻者.
처를 취하는 자이다.

朱註
之子, 指其妻而言也. 籩, 竹豆也. 豆, 木豆也. 踐, 行列之貌.

1273) 踐淺反: 『시전대전(詩傳大全)』에도 동일하게 되어 있다.

지자(之子)는 그 아내를 가리켜 말한 것이다. 변(籩)은 대나무로 그릇이고, 두(豆)는 나무 그릇이다. 천(踐)은 행렬(行列)의 모양이다.

詳說
○ 音杭.
'항(行 : 행렬)'은 음이 '항(杭)'이다.

朱註
言伐柯而有斧,
도끼자루를 벨 때에 도끼가 있으면,

詳說
○ 承上章.
위의 장을 이어받은 것이다.

朱註
則不過卽此舊斧之柯, 而得其新柯之法, 娶妻而有媒,
여기 옛 도끼자루를 가지고 도끼자루를 새 것으로 하는 법을 얻음에 지나지 않고, 아내를 얻음에 중매가 있으면,

詳說
○ 承上章.
위의 장을 이어받은 것이다.

○ 二章相承爲比, 亦詩之一例也.
두 장을 서로 이어가면서 비유하는 것도 시의 하나의 사례이다.

朱註
則亦不過卽此見之,
또한 이에 나아가 그를 만나보아

詳說

○ 覯.

'견(見 : 보다)'은 '구(覯 : 만나다)'이다.

朱註

而成其同牢之禮矣.

희생을 함께 먹는 예를 이룸에 지나지 않음을 말한 것이다.

詳說

○ 安成劉氏曰 : "昏禮同牢而食, 有豆無設籩之文, 讀者, 不以辭害義可也."1274)

안성 유씨가 말하였다 : "혼례에서 희생을 함께 해서 먹는데, 나무 그릇은 있고 대나무 그릇을 두었다는 말은 없으니, 독자들은 말로 뜻을 해치지 않아야 한다."1275)

朱註

東人言此, 以比今日得見周公之易, 深喜之之辭也.

동인(東人)들이 이것을 말해 금일에 주공을 뵙는 쉬움을 비유하였으니, 아주 기뻐한다는 말이다.

詳說

○ 去聲.

'이(易 : 쉽다)'는 거성이다.

○ 說還本事.

설명이 본래의 일로 되돌아갔다.

1274) 『시전대전(詩傳大全)』에 안성 유씨의 말로 실려 있다.
1275) 『시전대전(詩傳大全)』에는 "안성 유씨가 말하였다 : '혼례에는 숫돼지를 써는데 부부가 각기 희생의 반쪽을 하나씩 가지고 정조에 합하여 올리니, 이른바 희생을 함께 해서 먹는다는 것이다. 그런데 그 예에 식초와 젓갈 두 나무 그릇과 채소 절임과 물고기 절임 네 나무 그릇은 있으나 대나무 그릇을 두었다는 말은 없으니, 독자들은 말로 뜻을 해치지 않아야 한다.'(安成劉氏曰 : 昏禮用特豚, 夫婦各一胖, 合升于鼎俎, 所謂同牢而食也. 然其禮有醯醬二豆, 菹醢四豆, 無設籩之文. 讀者, 不以辭害意可也.)"라고 되어 있다.

詩集傳詳說 卷之六   467

> [!NOTE] 朱註
>
> 伐柯, 二章, 章四句.
>
> 「벌가」는 2장으로 장은 4구이다.

[1-15-6-1]

> 九罭, 之魚, 鱒魴. 我覯之子, 袞衣繡裳.

아홉 어망에 그 물고기가 송어와 방어로다.
내 그 분을 만나보니 곤의(袞衣)와 수상(繡裳)을 입었도다.

> [!NOTE] 詳說
>
> ○ 音域.
>
>   '역(罭 : 어망)'은 음이 '역(域)'이다.
>
> ○ 才損反.[1276]
>
>   '준(鱒 : 송어)'의 음은 '재(才)'와 '손(損)'의 반절이다.
>
> ○ 音房.[1277]
>
>   '방(魴 : 방어)'의 음은 '방(房)'이다.
>
> ○ 古本反.[1278]
>
>   '곤(袞 : 곤룡포)'의 음은 '고(古)'와 '본(本)'의 반절이다.

> [!NOTE] 朱註
>
> 興也. 九罭, 九囊之網也.
>
> 흥(興)이다. 구역(九罭)은 아홉 어망의 주머니이다.

> [!NOTE] 詳說

[1276] 才損反: 『시전대전(詩傳大全)』에도 동일하게 되어 있다.
[1277] 音房: 『시전대전(詩傳大全)』에도 동일하게 되어 있다.
[1278] 古本反: 『시전대전(詩傳大全)』에도 동일하게 되어 있다.

○ 孫氏炎曰 : "魚之所入有九囊."1279)

손씨 염이 말하였다 : "물고기가 들어가는 곳에 아홉 개의 주머니가 있다."

朱註

鱒, 似鯶,

존(鱒)은 잉어와 비슷한데,

詳說

○ 鯶, 上聲.

'혼(鯶 : 잉어)'의 음은 '혼(渾)'으로 상성이다.

朱註

而鱗細眼赤,

비늘이 가늘고 눈이 붉고,

詳說

○ 埤雅曰 : "鱒魚, 圓, 魴魚, 方. 鱒好獨行, 制字從尊, 以此也."1280)

『비아』에서 말하였다 : "송어는 둥글고, 방어는 각이 졌다. 송어는 혼자 다니기를 좋아하니, 글자가 만들어진 것이 존(尊)에서 온 것은 이 때문이다."1281)

朱註

魴已見上,

방(魴)은 이미 위에 있으니,

詳說

○ 音現.

'현(見 : 있다)'의 음은 '현(現)'이다.

1279) 『시전대전(詩傳大全)』에 손씨 염의 말로 동일하게 실려 있다
1280) 『시전대전(詩傳大全)』에는 『비아』의 말로 실려 있다.
1281) 『시전대전(詩傳大全)』에는 "『비아』에서 말하였다 : '송어는 둥글고, 방어는 각이 졌다. 송어는 혼자 있기를 좋아하니, 죽간에서 글자가 만들어진 것이 존(尊)에서 온 것은 아마도 이 때문일 것이다.(埤雅曰 : 鱒魚, 圓, 魴魚, 方. 鱒好獨. 竹制字從尊, 殆以此也.)"라고 되어 있다.

○ 汝墳.1282)
「여분」에 있다.1283)

朱註
皆魚之美者也. 我, 東人自我也.
모두 아름다운 고기이다. 아(我)는 동인(東人) 자신이다.

詳說
○ 作詩者.
시를 지은 자이다.

朱註
之子, 指周公也.
지자(之子)는 주공(周公)을 가리킨 것이다.

詳說
○ 上下篇, 之子所指, 各異. 又上篇之遘, 兼有遇義. 此篇之覯, 只爲見義者, 爲異耳.
상하권에서 '지자(之子)'가 가르키는 것은 각기 다른데, 또 위의 편의 '구(遘 : 만나다)'
에는 만난다는 의미가 아울러 있고, 여기 편에서의 '구(覯 : 만다다)'에는 단지 본다는 의미가 되는 것이 다를 뿐이다.

朱註
袞衣裳, 九章. 一曰龍, 二曰山, 三曰華蟲, 雉也,
곤의상(袞衣裳)은 9장(九章)이다. 첫째는 용(龍)이고, 둘째는 산(山)이며, 셋째는 화충(華蟲)으로 꿩이고,

---

1282) 『시전대전(詩傳大全)』에 "安成劉氏曰 : 見汝墳.)"라는 말이 있다.
1283) 「여분」에 있다 : 『시경』「주남(周南)」「여분(汝墳)」에 "방어 꼬리 붉어지고, 왕실은 불타는 듯.(魴魚赬尾 王室如燬)"이라는 말이 있다.

|詳說|

○ 二字, 華蟲之註也, 下虎蜼也三字同.

'치야(雉也 : 꿩이다)'라는 말은 (華蟲)의 주석이고, 아래에서 '호이야(虎蜼也 : 호랑이와 긴꼬리 원숭이이다)'라는 말도 같다.

|朱註|

四曰火, 五曰宗彛, 虎蜼也,

넷째는 불이며, 다섯째는 종이(宗彛)로 호유(虎蜼)인데,

|詳說|

○ 壘佑胃, 三音.1284)

'유(蜼 : 긴꼬리 원숭이)'는 '루(壘)'·'우(佑)'·'위(胃)' 세 가지 음이다.

○ 二獸也.

두 짐승이다.

|朱註|

皆繢

이상은 모두 상의(上衣)에 수를 놓는 것이고,

|詳說|

○ 音繪.

'궤(繢 : 수를 놓다)'는 음이 '회(繪)'이다.

|朱註|

於衣. 六曰藻, 七曰粉米, 八曰黼, 九曰黻, 皆繡於裳.

여섯째는 마름이고, 일곱째는 분미(粉米)이며, 여덟째는 보(黼)요, 아홉째는 불(黻)인데, 이상은 모두 아래치마에 수를 놓는 것이다.

1284) 壘佑胃三音 : 『시전대전(詩傳大全)』에도 동일하게 되어 있다.

詳說
○ 詳見書益稷註.
자세한 것은 『서경』「익직」의 주석에 있다.

朱註
天子之龍,
천자(天子)의 용(龍)은

詳說
○ 天子之衣, 所繢之龍.
천자의 옷에 수를 놓는 용이다.

朱註
一升一降, 上公
한 마리는 올라가고 한 마리는 내려가며, 상공(上公)은

詳說
○ 九命.
9명이다.

朱註
但有降龍, 以龍首卷然, 故謂之袞也.
다만 내려오는 용(龍)만 있고, 용(龍)의 머리가 숙여 있기 때문에 곤(袞)이라고 말한 것이다.

詳說
○ 音袞.1285)
'권(卷 : 숙이다)'의 음은 '곤(袞)'이다.

1285) 音袞 : 『시전대전(詩傳大全)』에도 동일하게 되어 있다.

○ 從其音同.
그 음을 따라 같이 한 것이다.

○ 安成劉氏曰 : "凡兵事韋弁服, 用赤色皮, 爲弁與衣, 而素裳白舃, 今乃冕服, 則此詩其作於周公避居之日, 成王將迎之際乎."1286)
안성 유씨가 말하였다 : "군사의 일에 위변복을 함에 적색 가죽을 쓰니, 고깔과 상의를 하고, 흰색 치마에 흰 신을 신은 것은 지금에 바로 면복이니, 이 시는 아마도 주공이 피해 있던 때와 성왕이 돌아오는 공을 맞이하려던 때에 지어졌을 것이다."1287)

朱註
此亦周公居東之時, 人喜得見之, 而言九罭之網, 則有鱒魴之魚矣,
이것 한 주공이 동쪽 지방에 있을 때에 사람들이 뵙게 됨을 기뻐하여 "아홉 어망의 그물에 송어와 방어 그 물고기가 있으며,

詳說
○ 二字爲一句, 詩中罕例也.
'지어(之魚 : 그 물고기)'라는 말이 한 구로 시에서는 드문 예이다.

朱註
我覯之子,
내 그 분을 뵈니,

詳說
○ 上下句文勢雖殊, 之字則亦相應.

1286) 『시전대전(詩傳大全)』에 안성 유씨의 말로 실려 있다.
1287) 『시전대전(詩傳大全)』에는 "안성 유씨가 말하였다 : '「주관」「사복」에서 '군사의 일에 위변복(韋弁服)을 한다.'고 했는데, 대개 적색 가죽을 사용했다. 고깔과 상의를 하고 흰색 치마에 흰 신을 신은 것이 동인이 보았던 것이라면 바로 주공의 면복이니, 이 시는 아마도 주공이 피해 있던 때와 성왕이 돌아오는 공을 맞이하려던 때에 지어졌을 것이다.(安成劉氏曰 : 周官司服云, 凡兵事韋弁服, 蓋用赤色皮. 爲弁與衣, 而素裳白舃, 令東人所見者, 乃公之冕服, 則此詩其作於周公避居之日, 成王將迎公歸之際乎.)"라고 되어 있다.

상하구의 문세가 다를지라도 '지(之)'자는 또한 서로 호응한다.

朱註

則見其袞衣繡裳之服矣.
곤의와 수상의 의복을 보게 되었다."라고 말한 것이다.

詳說

○ **周公之居東, 公之不幸, 而東人之幸也.**
주공이 동쪽에 있었던 것은 주공에게는 불행이었지만 동쪽의 사람들에게는 행복이었다.

[1-15-6-2]

鴻飛遵渚, 公歸無所. 於女信處
기러기가 날아감에 물가를 따르나니,
공이 돌아가심에 갈 곳이 없겠는가?
너에게만 이틀 밤을 묵어가신 것이니라.

詳說

○ 音汝.[1288)
'여(女 : 너)'의 음은 '여(汝)'이다.

朱註

興也. 遵循也. 渚, 小洲也. 女, 東人自相女也. 再宿曰, 信. ○ 東人聞成王將迎周公, 又自相謂, 而言鴻飛則遵渚矣,
흥(興)이다. 준(遵)은 따름이다. 저(渚)는 작은 모래섬이다. 여(女)는 동인(東人)이 자기들끼리 서로 너라고 한 것이다. 이틀 밤을 자고 가는 것을 신(信)이라 한다. ○ 동쪽의 사람들은 성왕이 주공을 맞이하려 한다는 말을 듣고 또 자기들끼리 서로 "기러기가 날아감에 물가를 따르나니,

---

1288) 音汝 : 『시전대전(詩傳大全)』에도 동일하게 되어 있다.

詳說

○ 毛氏曰：鴻不宜循渚也.[1289]

모씨가 말하였다 : "기러기는 당연히 물가를 따라가지 않는다는 것이다."

朱註

公歸, 豈無所乎

공(公)이 돌아가심에 어찌 돌아갈 곳이 없겠는가?

詳說

○ 鴻則失所, 而公必得所也.

기러기는 돌아갈 곳을 잃었지만 공은 반드시 돌아갈 곳을 얻었다는 것이다.

朱註

今特於女信處.

이제 너에게만 이틀 밤을 묵어가신 것이다."라고 말한 것이다.

詳說

○ 上聲.

'처(處 : 묵어가다)'는 상성이다.

朱註

而已

詳說

○ 朱子曰 : "此章飛歸字, 是句腰, 亦用韻, 詩中亦有此體."[1290]

주자가 말하였다 : "여기에서의 '비(飛)'와 '귀(歸)'자는 구의 핵심으로, 또한 운을 사용했으니, 시에도 이런 문체가 있다."

1289) 『모시주소(毛詩注疏)』에 동일하게 실려 있다.
1290) 『시전대전(詩傳大全)』에 주자의 말로 실려 있다.

○ 按, 女字亦然. 蓋麟趾詩, 振字, 亦近於此體云.
살펴보건대, '여(女)'자도 그렇다. 대개 「인지(麟趾)」의 시에서 '진(振)'자도 이 문제에 가깝다고 한다.

[1-15-6-3]
鴻飛遵陸, 公歸不復, 於女信宿.

기러기가 날아감에 육지를 따르나니
공(公)이 돌아가시면 돌아오지 않으시리니
너에게만 이틀 밤을 묵어가신 것이니라.

朱註
興也. 高平曰, 陸.
흥(興)이다. 높고 평평한 것을 육(陸)이라 한다.

詳說
○ 毛氏曰 : "陸, 非鴻所宜止."1291)
모씨가 말하였다 : "육지는 기러기가 머물러야 할 곳이 아니다."

朱註
不復, 言將留相王室而不復.
불복(不復)은 머물면서 왕실을 돕느라 다시는 동쪽으로 돌아오지 못함을 말한 것이다.

詳說
○ 去聲.
'상(相 : 돕다)'은 거성이다.

○ 去聲, 下同, 來東也.
'복(復 : 돌아오다)'은 거성으로 아래에서도 같으니, 동쪽으로 온다는 것이다.

1291) 『모시주소(毛詩注疏)』에 동일하게 실려 있다.

[1-15-6-4]

是以有袞衣兮, 無以我公歸兮, 無使我心悲兮.

이 때문에 곤의(袞衣)를 입은 분이 계시더니
우리 공을 데리고 돌아가지 말아
내 마음 슬프게 하지 말지어다.

朱註

賦也. 承上二章言, 周公信處信宿於此

부(賦)이다. 위의 두 장에 이어 "주공이 이곳에서 이틀 밤을 묵고 이틀 밤을 유숙하셨다.

詳說

○ 從是以字說出.

'시이(是以)'자를 따라 설명한 것이다.

朱註

是以東方有此服袞衣之人

이 때문에 동방(東方)에 이 곤의(袞衣)를 입은 분이 계시게 되었다."라고 말하고,

詳說

○ 承首章.

첫 장을 이어받은 것이다.

朱註

又願其且留於此, 無遽迎公以歸, 歸則將不復來, 而使我心悲也.

또 우선 이곳에 머무셔서 급히 공(公)을 맞이해 돌아가지 말기를 원했으니, 돌아가며 다시 오시지 못하여 내 마음을 슬프게 할 것이라고 말한 것이다.

詳說

○ 照上章.

'다시 오지 못한다'는 것은 위의 장을 참고하라.

○ 豐城朱氏曰 : "留公者, 東人之私情, 逆公者, 天下之公論. 此東人所以欲挽, 而卒不可得也."1292)

풍성 주씨가 말하였다 : "공을 머물게 하는 것은 동쪽 사람들의 사사로운 심정이고, 공을 맞이하는 것은 천하의 공평한 논의이다. 이것이 동쪽 사람들이 만류하려고 했으나 끝내 그렇게 할 수 없었던 까닭이다."1293)

朱註
九罭, 四章, 一章四句. 三章, 章三句.
「구역」은 4장으로 한 장은 4구이고 세 장은 3구이다.

[1-15-7-1]
狼跋其胡, 載疐其尾. 公孫碩膚, 赤舃几几.

이리가 턱살을 밟고는
바로 꼬리에 채이도다.
공께서 크면서 아름다운 것을 사양하시니,
붉은 신이 편안하도다.

詳說
○ 蒲末反.1294)
'발(跋 : 밟다)'의 음은 '보(蒲)'와 '말(末)'의 반절이다.

○ 音致.
'체(疐 : 채이다)'의 음은 '치(致)'이다.

○ 音遜.1295)

1292) 『시전대전(詩傳大全)』에 풍성 주씨의 말로 실려 있다.
1293) 『시전대전(詩傳大全)』에는 "풍성 주씨가 말하였다 : '공을 머물게 하는 것은 동쪽 사람들의 사사로운 심정이고, 공을 맞이하는 것은 천하의 공평한 논의이다. 한 사람의 사사로운 심정으로는 천하의 공평한 논의를 이길 수 없으니, 이것이 동쪽 사람들이 공에게 간절하게 만류해서 머물게 하려고 했으나 끝내 그렇게 할 수 없었던 까닭이다.'(豐城朱氏曰 : 留公者, 東人之私情, 而迎公者, 天下之公論. 一人之私情, 不足以勝天下之公論. 此東人所以拳拳於公, 雖欲挽而留之, 而卒不可得也.)"라고 되어 있다.
1294) 蒲末反 : 『시전대전(詩傳大全)』에도 동일하게 되어 있다.
1295) 音遜 : 『시전대전(詩傳大全)』에도 동일하게 되어 있다.

'손(孫 : 사양하다)'의 음은 '손(遜)'이다.

○ 音昔.1297)

'석(舃 : 신)'의 음은 '석(昔)'이다.

朱註
興也. 跋, 躐也. 胡, 頷下懸肉也. 載, 則, 疐, 跲也.
흥(興)이다. 발(跋)은 밟힘이다. 호(胡)는 턱 아래에 매달려 있는 살이다. 재(載)는 바로이고, 치(疐)는 넘어짐이다.

詳說
○ 鍼, 入聲.1297)

'겁(跲 : 넘어지다)'은 속박되는 것으로 입성이다.

○ 說文曰 : "躓也."1298)

朱註
老狼有胡, 進而躐其胡, 則退而跲其尾.
늙은 이리는 턱살이 있어 나아가면 그 턱살을 밟고는 바로 물러나면 그 꼬리에 채인다.

詳說
○ 進退皆失.

나아가든 물러나든 모두 잘못되는 것이다.

朱註
公, 周公也. 孫, 讓, 碩, 大, 膚, 美也. 赤舃, 冕服之舃也.
공(公)은 주공이다. 손(孫)은 겸양함이요, 석(碩)은 큼이요, 부(膚)는 아름다움이다.

1296) 音昔 : 『시전대전(詩傳大全)』에도 동일하게 되어 있다.
1297) 鍼入聲 : 『시전대전(詩傳大全)』에도 동일하게 되어 있다.
1298) 『시전대전(詩傳大全)』에는 "說文曰跲躓也"라고 실려 있다.

적석(赤舃)은 면복(冕服)에 신는 신이다.

詳說

○ 亦非兵事之舃.
    또한 전쟁에 신는 신이 아니다.

朱註

几几, 安重貌.
궤궤(几几)는 편안하고 중후한 모양이다.

詳說

○ 鄭氏曰：" 几人所憑以爲安." 1299)
    정씨가 말하였다：" '안석(几)'은 사람들은 그것에 의지해서 편안하게 여기기는 것이다." 1300)

朱註

○ 周公雖遭疑謗, 然所以處之, 不失其常, 故詩人美之. 言狼跋其胡, 則疐其尾矣,
주공이 비록 비방을 당하고 의심을 받았을지라도 대처함에 떳떳함을 잃지 않았기 때문에 시인이 찬미한 것이다. "이리가 그 턱살을 밟고는 바로 꼬리에 채이는데,

詳說

○ 上聲下同.
    '처(處：대처하다)'는 상성으로 아래에서도 같다.

詳說

○ 載.
    '즉(則)'은 '곧(載)'이다.

1299) 『시전대전(詩傳大全)』에 정씨의 말로 실려 있다.
1300) 『시전대전(詩傳大全)』에는 "정씨가 말하였다：'안석은 일반 사람들은 그것에 의지해서 편안하게 여기기 때문에 궤궤(几几)는 편안한 것이다.'(鄭氏曰：几人所憑以爲安, 故几几安也.)"라고 되어 있다.

朱註

公遭流言之變, 而其安肆自得乃如此,
공(公)은 유언비어의 변고를 만났으나 편안하고 자득(自得)함이 이와 같다."고 말하였으니,

詳說

○ 朱子曰:"此興, 是反說."1301)
주자가 말하였다:"여기에서의 흥은 반대로 말한 것이다."1302)

○ 按, 此與上篇鴻飛之興相類. 蓋彼之不如之反對也, 是亦興之一例云.
살펴보건대, 여기는 위의 편에서 '기러기가 날아간다는 흥과 서로 비슷하다. 대개 저것이 그와 같지 않은 반대이기 때문이니, 또한 흥의 한 사례이라고 한다.

朱註

蓋其道隆德盛而安土樂天
도덕(道德)이 높고 융성하여 사는 곳을 편안히 여기고 천명을 즐거워함을

詳說

○ 音洛.
'락(樂:즐거워하다)'은 음이 '락(洛)'이다.

○ 四字, 出易繫辭.
'사는 곳을 편안히 여기고 천명을 즐거워한다'는 말은 『주역』「계사」가 출처이다.1303)

1301) 『시전대전(詩傳大全)』에 주자의 말로 실려 있다.
1302) 『시전대전(詩傳大全)』에는 "주자가 말하였다: '여기에서의 흥은 반대로 말한 것인데, 또한 어떤 의미에서는 대충 정자의 설과 비슷하다. 다만 정자가 깊이 말하였으니, 이리의 성질은 탐욕스럽다고 하는 것 같은 것들이다.(朱子曰: 此興是反說, 亦有些意義, 略似程子說. 但程子說得深, 如云狼性貪之類.)"라고 되어 있다.
1303) '사는 곳을 편안히 여기고 천명을 즐거워한다'는 말은 『주역』「계사」가 출처이다: 『주역』「계사상」에는 "천(天)·지(地)와 함께 서로 같기 때문에 어기지 않으니, 지혜가 만물에 두루 하고 도가 천하를 구제하기 때문에 지나치지 않고, 사방으로 행하면서 말류로 흐르지 않고 천리를 즐거워하고 천명을 알기 때문에 근심하지 않으며, 사는 곳에 편안하여 어짊을 돈독히 하기 때문에 사랑할 수 있는 것이다.(與天地相似, 故不

朱註

有不足言者, 所以遭大變而不失其常也.

말로 충분히 할 수 없으니, 이 때문에 큰 변고를 당하여도 그 떳떳함을 잃지 않았다는 것이다.

詳說

○ 以論而先釋赤舃几几.

경문의 의미 설명을 가지고 먼저 붉은 신이 편안하다는 것을 해석하였다.

○ 華谷嚴氏曰 : "凡人處變, 則擧趾不安, 其常懼者, 或至於喪, 履喜者, 或至於折屐. 詩人以赤舃几几, 見周公之聖, 其善觀聖人矣."1304)

화곡 엄씨가 말하였다 : "사람들이 변화가 있게 되면 거동이 불안하며 늘 두려워하는 것은 혹 잃게 될까 해서이고, 자주 즐거워하는 것은 나막신을 꺾을까 해서이다. 시인은 '붉은 신이 편안하다'는 것으로 주공의 성스러움을 드러냈으니, 아마도 성인을 잘 관찰했기 때문일 것이다."1305)

朱註

夫公之被毁, 以管蔡之流言也. 而詩人以爲此非四國之所爲,

공(公)이 비방을 당한 것은 관숙(管叔)과 채숙(蔡叔)의 유언비어 때문이었다. 그런데 시인(詩人)이 "이것은 사방의 나라에서 한 것이 아니고,

詳說

○ 音扶

'부(夫 : 발어사)'는 음이 '부(扶)'이다.

違, 知周乎萬物, 而道濟天下, 故不過, 旁行而不流, 樂天知命, 故不憂, 安土, 敦乎仁, 故能愛.)"라고 되어 있다.
1304) 『시전대전(詩傳大全)』에 화곡 엄씨의 말로 실려 있다.
1305) 『시전대전(詩傳大全)』에는 "화곡 엄씨가 말하였다 : '사람들은 이해의 변화가 있게 되면 거동이 불안하며 늘 두려워하는 것은 혹 잃게 될까 해서이고, 자주 즐거워하는 것은 나막신을 꺾을까 해서이다. 시인은 「붉은 신이 편안하다」는 것으로 주공의 성스러움을 드러냈으니, 아마도 성인을 잘 관찰했기 때문일 것이다.'(華谷嚴氏曰 : 凡人處利害之變, 則擧止不安, 其常懼者, 或至於喪, 履喜者, 或至於折屐. 詩人以赤舃几几, 見周公之聖, 其善觀聖人矣.)"라고 되어 있다.

○ 安成劉氏曰 : "四國, 指管蔡奄商, 與破斧詩所言四國, 又不同."1306)

안성 유씨가 말하였다 : "사방의 나라는 관숙·채숙·엄·상을 가리키니, 「파부」시에서 말한 사방의 나라와 또 같지 않다."1307)

朱註

乃公自讓其大美,

바로 공(公)이 크면서 아름다운 것을 사양하여

詳說

○ 大且美.

'크면서 아름다운 것(大美)'은 크면서 또 아름다운 것이다.

朱註

而不居耳, 蓋不使讒邪之口, 得以加乎公之忠聖. 此可見其愛公之深, 敬公之至, 而其立言亦有法矣

자처하지 않은 것일 뿐이다."라고 하였으니, 참소하고 간사한 사람의 입이 공의 충성(忠聖)에 더해지지 않게 하려고 한 것이다. 여기에서 공을 사랑함이 깊고 공을 공경함이 지극하며, 그 글을 지음이 또한 법도가 있는 것이다.

詳說

○ 以論而後釋公孫碩膚.

경문의 의미 설명을 가지고 뒤에 공이 크고 아름다운 것을 겸양한다는 것을 해석하였다.

○ 朱子曰 : "魯昭公爲季氏所逐出奔, 春秋却書公孫于齊, 如其自出. 聖人只得如此說."1308)

1306) 『시전대전(詩傳大全)』에 안성 유씨의 말로 실려 있다.
1307) 『시전대전(詩傳大全)』에는 "안성 유씨가 말하였다 : '『집전』에서 말한 사방의 나라는 대개 관숙·채숙·상·엄을 가리키니, 「파부」시에서 말한 사방의 나라와 또 같지 않다.'(安成劉氏曰 : 集傳所謂四國, 蓋指管蔡商奄, 與破斧詩所言四國, 又不同也.)"라고 되어 있다.
1308) 『시전대전(詩傳大全)』에 주자의 말로 실려 있다.

주자가 말하였다 : "노소공은 분명 계씨에 의해 쫓겨났는데도 『춘추』에서 '공이 양보하여 제나라로 갔다'고 기록하였으니, 스스로 나간 것과 같기 때문이다. 성인은 단지 이처럼 설명할 뿐이다."1309)

[1-15-7-2]
|狼跋其尾, 載疐其胡. 公孫碩膚, 德音不瑕.|

이리가 꼬리를 채이고는 바로 턱살을 밟도다! 공이 큰 아름다움을 사양하시니, 훌륭한 말에 흠이 없으시도다!

詳說

○ 瑕, 洪孤反.1310)

'하(瑕 : 흠)'는 협음으로 음은 '홍(洪)'과 '고(孤)'의 반절이다.

朱註

興也.

흥(興)이다.

詳說

○ 退而跲其尾, 則進而躐其胡.

물러나다가 꼬리에 채이고는 바로 나아가다가 턱살을 밟는 것이다.

朱註

德音, 猶令聞也.

'덕음(德音)'은 훌륭한 명예와 같다.

1309) 『시전대전(詩傳大全)』에는 "주자가 말하였다 : '본래시를 짓는 체제는 이와 같아야 하며, 시인은 이렇게 말하여야 할 뿐이다. 이를테면 『춘추』에서 공이 「공이 양보하여 제나라로 갔다」라고 한 것은 소공이 달아난 것을 말하지 못한 것이다. 성인이 다만 이와 같이 말한 것은 본래 체제가 이와 같아야 하기 때문이다. 노소공은 분명 계씨에 의해 쫓겨났는데도 『춘추』에서 도리어 「공이 양보하여 제나라로 갔다」고 기록하였으니, 스스로 나간 것으로 한 것이다.'(朱子曰 : 自是作詩之體, 當如此. 詩人只得如此說. 如春秋公孫于齊, 不成說昭公出奔. 聖人也, 只得如此說, 自是體當如此. 魯昭公分明是爲季氏所逐, 春秋却書孫齊如, 其自出云耳.)"라고 되어 있다.

1310) 瑕, 洪孤反 : 『시전대전(詩傳大全)』에도 동일하게 되어 있다.

|詳說|

○ 去聲.

'문(聞 : 소문)'은 거성이다.

|朱註|

瑕, 疵病也.

하(瑕)는 하자와 병통이다.

|詳說|

○ 孔氏曰 : "瑕玉病也."¹³¹¹⁾

공씨가 말하였다 : "하(瑕)는 옥의 티이다."¹³¹²⁾

|朱註|

○ 程子曰 : 周公之處己也, 夔夔然存恭畏之心, 其存誠也, 蕩蕩然無顧慮之意, 所以不失其聖而德音不瑕也."

정자가 말하였다 : "주공(周公)이 처신하심에 조심스럽게 공경하고 두려운 마음을 가지셨고, 정성스럽게 하심에 대범하게 돌아보고 염려하는 마음이 없으셨기 때문에 그 성스러움을 잃지 않고 아니하여 훌륭한 소문에 흠이 없으셨던 것이다."

|詳說|

○ 叔子.

'정자왈(程子曰)'에서의 정자(程子)는 동생 정이(程頤)이다.

○ 以論而釋德音不瑕.

경문의 의미 설명을 가지고 '훌륭한 말에 흠이 없으시도다'라는 구절을 풀이하였다.

|朱註|

1311) 『시전대전(詩傳大全)』에 공씨의 말로 실려 있다.
1312) 『시전대전(詩傳大全)』에는 "공씨가 말하였다 : '하(瑕)'는 옥의 티이니, '자(疵)'도 옥의 티이다.(孔氏曰 : 瑕者, 玉病, 疵亦玉病.)"라고 되어 있다.

狼跋, 二章, 章四句.
「랑발(狼跋)」은 2장으로 장은 4구이다.

朱註
范氏曰 : 神龍或潛或飛, 能大能小, 其變化不測, 然得而畜之, 若犬羊然,
범씨(范氏)가 말하였다. "신룡(神龍)은 물에 잠기기도 하고 하늘을 날기도 하며, 커질 수도 있고 작아질 수도 있어 변화를 헤아릴 수 없는데, 이것을 잡아 개와 양처럼 기르는 것은

詳說
○ 許六反, 下同.
'휵(畜 : 기르다)'은 '허(許)'와 '육(六)'의 반절이다.

○ 句.
'연(然)'에서 구두한다.

朱註
有欲故也. 唯其可以畜之, 是以亦得醢而食之.
욕심이 있기 때문이다. 용(龍)을 기를 수 있다면 이 때문에 또한 잡아서 젓갈 담아 먹을 수 있다는 것이다.

詳說
○ 如劉累之擾龍.
유루가 용을 길들이는 것과 같다.[1313]

朱註
凡有欲之類, 莫不可制焉. 唯聖人無欲, 故天地萬物不能易也. 富貴貧賤死生, 如寒暑晝夜相代乎前,
모든 욕심 있는 것은 제어할 수 없는 것이 없다. 오직 성인은 욕심이 없기 때문에

1313) 유루가 용을 길들이는 것과 같다 : 『한서』「고제기(高帝紀)에 "유루(劉累)가 용 길들이는 것을 배워 공갑(孔甲)을 섬겼다."는 말이 있다.

천지만물이 바꿀 수가 없다. 부귀·빈천·사생은 한서·주야가 앞에서 서로 번갈아 드는 것과 같으니,

詳說

○ 眼前.
앞은 눈앞이다.

朱註

吾豈有二其心乎哉. 亦順受之而已矣. 舜受堯之天下, 不以爲泰,
내 어찌 그 마음을 변함이 있겠는가! 역시 순순히 받아들일 뿐이다. 순(舜)은 요(堯)의 천하를 받으면서도 크다고 여기지 않으셨고,

詳說

○ 出孟子滕文公.
『맹자』「등문공」이 출처이다.1314)

朱註

孔子厄於陳蔡,
공자는 진(陳)나라와 채(蔡)나라 사이에서 곤란을 당하셨어도

詳說

○ 出孟子盡心.
『맹자』「진심」이 출처이다.1315)

朱註

而不以爲戚, 周公遠則四國,

1314) 『맹자』「등문공」이 출처이다 : 『맹자』「등문공하」에 "맹자가 말하였다 : '정도가 아니면 밥 한 그릇도 남에게 받아서는 안 되지만, 그게 정도라면 순도 요의 천하를 받으면서도 지나치다 여기지 않으셨네. 자네는 이것을 지나치다고 여기는가?'(孟子曰 : 非其道, 則一簞食, 不可受於人, 如其道, 則舜受堯之天下, 不以爲泰, 子以爲泰乎.)"라는 말이 있다.

1315) 『맹자』「진심」이 출처이다 : 『맹자』「진심하」에 "맹자께서 말씀하셨다 : '공자께서 진陳나라와 채蔡나라의 사이에서 곤경을 당하신 것은 그 나라의 위아래가 모두 악하여 교세할 만한 상대가 없었기 때문이다.(孟子曰 : 君子之*厄於陳蔡*之間, 無上下之交也.)"라는 말이 있다.

詩集傳詳說 卷之六 487

근심스럽게 여기지 않으셨으며, 주공은 멀리에서는 사방 나라에서

詳說
○ 亦指管蔡奄商.
　　또한 관숙·채숙·엄나라·상나라를 가리킨 것이다.

朱註
流言, 近則王不知,
유언비어를 퍼뜨렸고 가까이에서는 성왕이 알아주지 않는데도
詳說
○ 不悟.
　　깨닫지 못한 것이다.

朱註
而赤舄几几, 德音不瑕, 其致一也.
붉은 신을 신고 편안히 계셔서 훌륭한 말에 흠이 없었으니, 그 이룬 것은 하나이다."

詳說
○ 猶理也.
　　이룬 것은 이치와 같다.

○ 慶源輔氏曰 : "首章朱子之說, 足以盡作詩者之情, 末章程子之說, 足以盡周公之德, 篇末范氏之說, 足以盡聖賢處窮通之道. 自有詩以來, 無人說得到此."1316)
　　경원 보씨가 말하였다 : "첫 장의 주자의 말은 시를 지은 자의 심정을 충분히 다하였고, 끝장의 정자의 말은 주공을 덕을 다하였으며, 편 끝의 범씨의 말은 성현이 궁할 때 통하게 하는 도리를 다하였다. 시가 있게 된 이후로 말이 이런 경지에 이른 사람들은 없었다."

1316) 『시전대전(詩傳大全)』에 경원 보씨의 말로 동일하게 실려 있다.

○ 龜山楊氏曰 : "學詩者, 不在語言文字, 當想其氣味, 則詩之意得矣."1317)

구산 양씨가 말하였다 : "시를 배울 경우에 언어와 문자에 매달리지 말고 그 기미를 생각하면 시의 뜻을 알 수 있다."1318)

豳國, 七篇, 二十七章, 二百三句.
빈국은 7편으로 277이고 203구이다.

朱註
程元問於文中子曰,
정원(程元)이 문중자(文中子)에게

詳說
○ 文中子門人.
정원(程元)은 문중자의 문인이다.

○ 姓王名通字仲淹. 隋龍門人. 門人謚曰, 文中子.
문중자(文中子)는 성이 왕이고 이름이 통이고 자가 중엄이다. 수용의 문인인데 문인의 시호에서 문중자라고 하였다.

朱註
敢問豳風何風也, 曰, 變風也.
"빈풍(豳風)이 어떤 풍(風)인지 감히 묻습니다."라고 하자, "변풍(變風)이다."라고 대답하였다.

詳說

1317) 『시전대전(詩傳大全)』에 구산 양씨의 말로 실려 있다.
1318) 『시전대전(詩傳大全)』에는 "구산 양씨가 말하였다 : '「랑발」의 시에서 「공이 큰 아름다움을 사양하고, 붉은 신이 편안하도다」라고 하였는데, 주공이 비방을 당함에 어찌 편안히 한가롭게 있었지만 절박하지 않았겠는가? 시를 배울 경우에 언어와 문자에 매달리지 말고 그 기미를 생각하면 시의 뜻을 알 수 있다.'(龜山楊氏曰 : 狼跋之詩云, 公孫碩膚, 赤舃几几, 周公之遇謗, 何其安閑而不迫也. 學詩者, 不在語言文字, 當想其氣味, 則詩之意得矣.)"라고 되어 있다.

○ 以鴟鴞以下而言也. 若七月, 則是正風也.
「치효」이하로 말한 것이다. 「7월」이라면 정풍이다.

朱註
元曰, 周公之際, 亦有變風乎. 曰, 君臣相誚,
정원이 "주공의 때에도 또한 변풍이 있었습니까?"라고 하자, "군신 사이에 서로 꾸짖었으니,

詳說
○ 誚字出金縢.
'소(誚 : 꾸짖다)'자는 「금등」이 출처이다.

朱註
其能正乎. 成王終疑周公, 則風遂變矣. 非周公至誠, 其孰卒能正之哉. 元曰, 居變風之末, 何也. 曰, 夷王以下, 變風不復
정원이 "주공의 때에도 또한 변풍이 있었습니까?"라고 하자, "군신 사이에 서로 꾸짖었으니, 정(正)이라고 할 수 있겠는가? 성왕이 끝내 주공을 의심하였다면 풍(風)이 마침내 변했을 것이다. 주공의 지성이 아니었다면 그 누가 끝내 이것을 바로잡을 수 있었겠는가?"라고 하였다. 정원이 "변풍의 끝에 있음은 무엇 때문입니까?"라고 하고 묻자, "이왕(夷王) 이후로 변풍이 다시

詳說
○ 去聲.
'부(復 : 다시)'는 거성이다.

朱註
正矣, 夫子蓋傷之也. 故終之以豳風, 言變之可正也, 唯周公能之. 故係之以正,
바루어지지 못했으니, 공자께서 이것을 슬퍼하신 것이다. 그러므로 빈풍으로써 끝을 마치셨으니, 변(變)을 바로잡을 수 있음은 오직 주공만이 할 수 있음을 말한

것이다. 그러므로 정(正)에 붙인 것이니,

詳說

○ 至此而遂成之爲正風.
여기에서 마침내 이루어서 정풍으로 한 것이다.

朱註

變而克正, 危而克扶, 始終不失其本,
변하였지만 바르게 할 수 있고 위태롭지만 붙들 수 있어서 시종 그 근본을 잃지 않은 것은

詳說

○ 狼跋註云, 不失其常, 又云不失其聖, 當參看.
「랑발」의 주에서 '떳떳함을 잃지 않았다.'고 하고, 또 '그 성스러움을 잃지 않았다.'고 한 것을 참고해서 봐야 한다.

朱註

其唯周公乎. 係之豳遠矣哉.
주공뿐이실 것이니, 빈풍에 붙인 것이 원대한 것이다."라고 하였다.

詳說

○ 風之末, 係之以豳.
풍의 끝은 빈풍에 붙인 것이다.

○ 夫子之意, 深遠.
공자의 뜻이 심원한 것이다.

○ 華陽范氏曰 : "邠居風雅之間, 風之所爲終, 而雅之所爲始也. 變風終於曹, 思明王賢伯, 於是次之以邠, 反之於周公而後, 至於鹿鳴, 言周之所以盛者, 由周公也."[1319]

화양 범씨가 말하였다 : "빈이 풍과 아의 사이에 있는 것은 풍이 끝이고 아가 시작이기 때문이다. 변풍이 조풍에서 끝난 것은 현명과 왕과 백을 얻지 못하는 것을 그리워하는 것이니, 이 때문에 빈을 이었던 것이고, 주공에게 돌아온 후에 「록명」까지는 주나라가 성대하게 된 것이 주공 때문이라는 말이다"1320)

詳說

○ 坊本無圈.

방본에는 동그라미(○)가 없다.

朱註

篇章, 歗豳詩以逆暑迎寒, 已見於七月之篇矣.

『주례』「약장」에서 "관악기로 빈시를 연주해 더위를 맞이하고 추위를 맞이한다."고 하였으니, 그 내용은 이미 「칠월」에 있다.

詳說

○ 音現.

'현(見 : 있다)'의 음은 '현(現)'이다.

朱註

又曰, 祈年于田祖, 則歗豳雅以樂田畯,

또 이르기를 "전조에게 농사를 기원할 때에는 관악기로 빈아를 연주해서 전준을 즐겁게 하고,

詳說

○ 篇章.

또는 「악장」이다.

1319) 『시전대전(詩傳大全)』에 화양 범씨의 말로 실려 있다.
1320) 『시전대전(詩傳大全)』에는 "화양 범씨가 말하였다 : '빈이 풍과 아의 사이에 있는 것은 무엇 때문인가? 풍이 끝이고 아가 시작이기 때문이다. 변풍이 조풍에서 끝난 것은 현명과 왕과 재상을 얻지 못하는 것을 그리워하는 것이니, 이 때문에 빈을 이었던 것이고, 주공에게 돌아온 후에 「록명」까지는 주나라가 성대하게 된 것이 주공 때문이라는 말이다.(華陽范氏曰 : "邠居風雅之間, 何也. 風之所爲終, 而雅之所爲始也. 變風終於曺, 思明王賢相之不可得, 於是次之以邠. 反之於周公而後, 至於鹿鳴, 言周之所以盛者, 由周公也.)"라고 되어 있다.

○ 音洛下同.
　'락(樂 : 즐겁다)'자의 음은 '락(洛)'으로 아래에서도 같다.

○ 鄭氏曰 : "祈豐年也. 田祖, 神農也. 田畯, 古之先敎田者."[1321]
　정씨가 말하였다 : "풍년을 기원한 것이다. 전조는 신농이다. 전준은 옛날의 앞서 농사를 가르친 분이다."[1322]

朱註

祭蜡, 則龡豳頌以息老物,
납향제사에는 빈송(頌)을 관악기로 연주해서 오래된 물건을 쉬게한다." 하였는데,

詳說

○ 音乍.
　'사(蜡 : 납향제사)'의 음은 '사(乍)'이다.

○ 鄭氏曰 : "蜡祭主先嗇, 而祭司嗇也. 歲十二月, 而合聚萬物, 索饗之, 萬物助天, 成歲事, 至此爲其老而勞, 乃祀而老息之."[1323]
　정씨가 말하였다 : "납향제사는 농사의 신을 위주로 농사의 신에게 제사하는 것이다. 매년 12월이 되면 모든 것을 모아놓고 찾아서 대접함에 만물이 하늘을 도와 한 해의 일을 이룸에 여기에 와서 노인을 위해 위로하고 이에 제사를 지내면서 노인이 쉬는 것이다."[1324]

朱註

則考之於詩, 未見其篇章之所在, 故鄭氏三分七月之詩以當之, 其道情思者 爲風,

[1321] 『시전대전(詩傳大全)』에 정씨의 말로 실려 있다.
[1322] 『시전대전(詩傳大全)』에는 "정씨가 말하였다 : '농사를 기원한 것은 풍년을 기원한 것이다. 전조는 처음 밭을 일군 분으로 신농을 말한다. 전준은 옛날의 앞서 농사를 가르친 분이다.'(鄭氏曰 : 祈年, 祈豐年也. 田祖, 始畊田者, 謂神農也. 田畯, 古之先敎田者.)"라고 되어 있다.
[1323] 『시전대전(詩傳大全)』에 정씨의 말로 실려 있는데, 순서가 다소 다르다.
[1324] 『시전대전(詩傳大全)』에는 "정씨가 말하였다 : '납향제사는 매년 12월이 되면 모든 것을 모아놓고 찾아서 대접하는 데, 납향의 제사는 농사의 신을 위주로 농사의 신에게 제사하는 것이다. 만물이 하늘을 도와 한 해의 일을 이룸에 여기에 와서 노인을 위해 위로하고 이에 제사를 지내면서 노인이 쉬는 것이다.'(鄭氏曰 : 蜡歲十二月, 而合聚萬物, 索饗之也, 蜡之祭也, 主先嗇而祭司嗇也. 萬物助天成歲事, 全此爲其老而勞, 乃祀而老息之.)"라고 되어 있다.

『시』에서 상고해보면 그 편장의 소재를 볼 수가 없기 때문에 정씨(鄭氏)는 「칠월
(七月)」의 시(詩)를 3등분하여 배당시켜놓고, 정사(情思)를 말한 것을 풍(風)이라
하고,

詳說

○ 豳雅豳頌.
'그(其)'는 「빈아」와 「빈송」이다.

○ 言也.
'도(道 : 말다다)'는 '말하다'는 것이다.

○ 去聲.
'사(思)'는 거성이다.

○ 孔氏曰 : "女心傷悲."1325)
공씨가 말하였다 "여자의 마음이 상해 슬퍼하는 것이다."1326)

朱註

正禮節者爲雅,
예절을 바르게 한 것을 아(雅)라 하고,

詳說

○ 孔氏曰 : "介眉壽."1327)
공씨가 말하였다 : "장수를 빌었다."1328)

1325) 『시전대전(詩傳大全)』에 경원 보씨의 말로 실려 있다.
1326) 『시전대전(詩傳大全)』에는 "경원보씨가 말하였다 : '주공이 이 시를 지은 것은 백성들의 뜻을 몸소 느낌에 작은 것에 이르고 모든 것에 이르러 여자의 마음이 상해 슬퍼하는 것에 이르렀다.'(慶源輔氏曰 : 周公作此詩, 所以體其民之意. 至纖至悉, 至於女心傷悲, ⋯.)"라고 되어 있다.
1327) 『시전대전(詩傳大全)』에 경원 보씨의 말로 실려 있다.
1328) 『시전대전(詩傳大全)』에는 "경원 보씨가 말하였다 : '장수를 비는 것으로 어버이께 축하드리고, 만수무강으로 임금께 축하드린다. ⋯.'(慶源輔氏曰 : 以介眉壽, 祝其親也, 萬壽無疆, 祝其君也. ⋯.)"라고 되어 있다.

朱註

樂成功者爲頌.

성공을 즐거워한 것을 송(頌)이라 했던 것이다.

詳說

○ 孔氏曰 : 萬壽無疆.1329)

공씨가 말하였다 : "만수무강을 빌었다."1330)

○ 安成劉氏曰 : "鄭氏分一章二章爲風, 三章四章五章六章之半爲雅, 又以六章之半七章八章爲頌."1331)

안성 유씨가 말하였다 : "정씨는 1장과 2장을 나눠 풍으로, 3장과 4장과 5장과 6장의 반을 아로, 또 6장의 반과 7장과 8장을 송으로 나누었다."1332)

朱註

然一篇之詩首尾相應, 乃劀取其一節, 而偏用之, 恐無此理. 故王氏不取, 而但謂本有是詩, 而亾之, 其說近是.

그러나 한 편의 시는 머리와 꼬리가 서로 응하는 것인데, 마침내 그 한 절을 잘라 한쪽으로 사용했으니, 이런 이치는 없을 것 같다. 그러므로 왕씨는 취하지 않고, 다만 "본래 이러한 시가 있었는데 없어졌다."고 하였으니, 그 말이 옳을 듯하다.

詳說

○ 音輟.

'철(劀)'의 음은 '철(輟)'이다.

1329) 『시전대전(詩傳大全)』에 경원 보씨의 말로 실려 있다.
1330) 『시전대전(詩傳大全)』에는 "경원 보씨가 말하였다 : '장수를 비는 것으로 어버이께 축하드리고, 만수무강으로 임금께 축하드린다. ….'(慶源輔氏曰 : 以介眉壽, 祝其親也, 萬壽無疆, 祝其君也. ….)"라고 되어 있다.
1331) 『시전대전(詩傳大全)』에 안성 유씨의 말로 실려 있다.
1332) 『시전대전(詩傳大全)』에는 "안성 유씨가 말하였다 : '정씨는 1장과 2장을 나눠 풍으로, 3장과 4장과 5장과 6장의 반을 아로, 또 6장의 반과 7장과 8장을 송으로 나누었다. 또 「약장」의 주에서는 빈과 아는 남녀의 바름을 말하는 것으로, 빈과 송은 한 해가 끝나면서 사람들의 공이 이룬 것에 대해 말하는 것으로 나누었다.'(安成劉氏曰 : 鄭氏分一章二章爲風, 三章四章五章六章之半爲雅, 又以六章之半七章八章爲頌. 又於籥章注分邠雅者, 以其言男女之正, 邠頌者以其言歲終人功之成.)"라고 되어 있다.

○ 豳雅豳頌.
'이러한 시'는 「빈아」와 「빈송」이다.

朱註
或者又疑, 但以七月全篇, 随事而變其音節, 或以爲風, 或以爲雅, 或以爲頌, 則於理爲通, 而事亦可行.
혹자는 또 의심하기를 "다만 「칠월(七月)」의 전편을 일에 따라 그 음절을 변화시켜 혹 풍이라 하고, 혹 아라 하며, 혹은 송이라 했을 것이다."라고 하였으니, 이렇게 하면 이치에도 통하고 일에도 행해질 수 있다.

詳說
○ 情思禮節成功.
일은 정사와 예절과 성공이다.

○ 非難事.
'행해질 수 있다'는 것은 어려운 일이 아닌 것이다.

○ 雙峰饒氏曰 : "雅有雅之音, 頌有頌之音, 風有風之音. 豳風, 蓋一詩而備三體也."1333)
쌍봉 요씨가 말하였다 : "아에는 아의 음이 있고 송에는 송의 음이 있으며 풍에는 풍의 음이 있다. 빈풍은 하나의 시인데 세 가지 문체가 있는 것이다."1334)

朱註
如又不然, 則雅頌之中, 凡爲農事而作者, 皆可冠以豳號. 其説具於大田良耜諸篇, 讀者擇焉可也.
만일 또 그렇지 않다면 아·송의 가운데에 모든 농사를 위하여 지은 것은 모두 빈이라는 칭호를 앞에 놓을 수 있을 것이다. 그 해설이 「대전(大田)」과 「양사(良)」의

1333) 『시전대전(詩傳大全)』에 쌍봉 요씨의 말로 실려 있다.
1334) 『시전대전(詩傳大全)』에는 "쌍봉 요씨가 말하였다 : '아에는 아의 음이 있고 송에는 송의 음이 있으며 풍에는 풍의 음이 있다. 그러므로 빈풍은 또한 빈아라고 하고 또한 빈송이라고 하니, 하나의 시인데 세 가지 문체가 있기 때문이다.'(雙峰饒氏曰 : "雅有雅之音, 頌有頌之音, 風有風之音. 故豳風亦曰邠雅, 亦曰邠頌, 蓋一詩而備三體也.")라고 되어 있다.

여러 편에 자세히 보이니, 독자들이 선택해야 될 것이다.

詳說

○ 小雅之楚茨信南山甫田大田, 周頌之臣工噫嘻豊年載芟良耜.
농사를 위하여 지은 것은 「소아」의 「초자」·「신남산」·「보전」·「대전」과 「주송」의 「신공」·「희희」·「풍년」·「재삼」·「양사」이다.

○ 蓋以最後說爲定論云.
대개 최후의 설을 정론으로 여긴다고 한다.

연구번역자 소개

신창호(申昌鎬)
현) 고려대학교 교수, 고려대학교 박사(동양철학/교육사철학 전공), 고려대학교 교육문제연구소 소장, 한국교육철학학회 회장, 한중철학회 회장 역임, 현) 한국학중앙연구원 이사
저서에는 『『중용』 교육사상의 현대적 조명』(박사학위논문), 『유교의 교육학 체계』 외 다수의 논문·번역·저서가 있음

김학목(金學睦)
전) 고려대학교 연구교수, 건국대학교 박사(한국철학 전공), 해송학당 원장(동양학·사주명리 강의)
저서에는 「박세당의 『신주도덕경』 연구」(박사학위논문), 『한국주역대전』 외 다수의 논문·번역·저서가 있음

빈동철(賓東哲)
현) 고려대학교 철학연구소 연구교수, 미국 인디애나대학 박사(동아시아 언어와 문화/고대 중국 전공)
저서에 「Calligraphy and Scribal Tradition in Early China」(박사학위논문), 「문헌 전통의 물줄기, 그 생성과 저장에 대한 비판적 접근: '논어'의 경우」 외 다수의 논문·번역·저서가 있음

조기영(趙麒永))
전) 고려대학교 연구교수, 연세대학교 박사(한문학 전공), 서정대 교수·연세대국학연구원 연구원
저서에 「하서 김인후 시 연구」(박사학위논문), 『한국시가의 정신세계』 외 다수의 논문·번역·저서가 있음

김언종(金彦鍾)
현) 고려대학교 명예교수, 國立臺灣師範大學(韓國經學 전공), 한국고전번역원 이사 및 고전번역학회 회장 역임, 현) 한국고전번역원장
저서에 「丁茶山論語古今注原義總括考徵」(박사학위논문), 『(역주)시경강의』 외 다수의 논문·번역·저서가 있음

임헌규(林憲圭)
현) 강남대학교 교수, 한국학중앙연구원 박사(동양철학 전공), 동양고전학회 회장 역임, 현) 강남대학교 참인재대학장
저서로 『유가의 심성론 연구-맹자와 주희를 중심으로」(박사학위논문), 『공자에서 다산 정약용까지 - 유교인 문학의 동서철학적 성찰』 외 다수의 논문·번역·저서가 있음

허동현(許東賢)
현) 경희대학교 교수, 고려대학교 박사(한국근대사 전공), 경희대학교 학부대학 학장·한국현대사연구원 원장 역임, 현) 국사편찬위원장
저서로 「1881년 조사시찰단 연구」(박사학위논문), 『한국의 국가 형성과 민주주의』 외 다수의 논문 번역 저서가 있음

시집전상설 3

초판 1쇄 | 2024년 8월 15일

책임역주(주저자) | 신창호
전임역주 | 김학목·빈동철·조기영
공동역주 | 김언종·임헌규·허동현

편   집 | 강완구
디자인 | S-design
브랜드 | 우물이있는집
펴낸곳 | 써네스트
펴낸이 | 강완구
출판등록 | 2005년 7월 13일 등록번호 제2017-000293호
주   소 | 서울시 마포구 망원로 94, 203호
전   화 | 02-332-9384   팩   스 | 0303-0006-9384
이메일 | sunestbooks@yahoo.co.kr
홈페이지 | www.sunest.co.kr
ISBN 979-11-94166-14-6   94140 값 30,000원
          979-11-94166-11-5   94140 (전 9권)
* <우물이 있는 집>은 써네스트의 인문브랜드입니다.

이 책은 신저작권법에 따라 보호받는 저작물이므로 무단 전재와 복제를 금하며, 내용의 전부 또는 일부를 재사용하려면 반드시 저작권자와 도서출판 써네스트 양측의 동의를 받아야 합니다.
정성을 다해 만들었습니다만, 간혹 잘못된 책이 있습니다. 연락주시면 바꾸어 드리겠습니다.